Lukesch / Perrez / Schneewind (Herausgeber)

Familiäre Sozialisation und Intervention

Helmut Lukesch
Meinrad Perrez
Klaus A. Schneewind

Herausgeber

Familiäre Sozialisation und Intervention

Verlag Hans Huber
Bern Stuttgart Wien

CIP-Kurztitelaufnahme der Deutschen Bibliothek

Familiäre Sozialisation und Intervention
Helmut Lukesch ... Hrsg. – Bern, Stuttgart, Wien:
Huber, 1980.
ISBN 3-456-80857-7

NE: Lukesch, Helmut (Hrsg.)

Satz und Druck: Druckerei Heinz Arm Bern
Printed in Switzerland

Inhaltsverzeichnis

Autorenverzeichnis 8
Vorwort 11

I. Einleitung

1. HELMUT LUKESCH, MEINRAD PERREZ und KLAUS A. SCHNEEWIND: Zum gegenwärtigen Stand der familiären Sozialisationsforschung 15

II. Methodische Probleme der familiären Sozialisationsforschung

2. ERNST PREISIG, MEINRAD PERREZ und JEAN-LUC PATRY: Konstruktion eines an der Verhaltenstheorie orientierten Fragebogens zur Erfassung des Bekräftigungs- und Bestrafungsverhaltens 35

3. MEINRAD PERREZ, JEAN-LUC PATRY und NIVARDO ISCHI: Verhaltenstheoretische Analyse der Erzieher-Kind-Interaktion im Feld unter Berücksichtigung mehrerer Interaktionspartner des Kindes 65

4. ANDREAS HELMKE und KARL-HEINZ KISCHKEL: Zur Wahrnehmung elterlichen Erziehungsverhaltens durch Eltern und ihre Kinder und dessen Erklärungswert für kindliche Persönlichkeitsmerkmale 81

5. FRANK BAUMGÄRTEL: Zur Struktur des Erziehungsverhaltens von Müttern in Abhängigkeit vom situativen Kontext 107

6. MARKUS ALLEMANN: Entwurf eines kognitiven Modells zur Analyse der Wahrnehmung und Wirkung von Erzieherverhalten 121

III. Bedingungen elterlichen Erziehungsverhaltens

7. FRANK BAUMGÄRTEL: Zur Struktur der Motivation von Müttern in Erziehungssituationen 135

8. Burkhard Genser, Cornelia Brösskamp und Hans-Peter Groth: Instrumentelle Überzeugungen von Eltern in hypothetischen Erziehungssituationen 145

9. Angela Schuch: Kontrollüberzeugungen im Bereich Erziehung 161

IV. Familiäre Interaktion und Leistungsverhalten

10. Bernhard Wolf: Lernumwelt und Sprachentwicklung im Kindergartenalter – eine Analyse sozialer Prozesse 173

11. Heinz Gattringer und Joachim Sauer: Determinanten der häuslichen Umwelt für die Kausalattribuierung von Erfolg und Mißerfolg bei Kindern 185

12. Andreas Helmke und Roswith Väth-Szusdziara: Familienklima, Leistungsangst und Selbstakzeptierung 199

13. Hans-Gerhard Walter: Familiäre Hintergründe der Ausbildungswahl bei Abiturienten 221

V. Familiäre Interaktion und kindliches Sozialverhalten

14. Klaus Grossmann und Karin Grossmann: Die Entwicklung sozialer Beziehungen in den ersten beiden Lebensjahren – Überblick über ein Forschungsprojekt 239

15. Maria Reif: Familiäre Lernbedingungen für die Entwicklung von Empathie 257

16. Peter G. Heymans: Erziehungseinflüsse auf einige Aspekte der moralischen Entwicklung 271

17. Michael Beckmann, Hans-Christian Krohns, Rita Rinke, Klaus A. Schneewind: Ökologie, Umweltpartizipation und Erziehungseinstellungen als Determinanten aktiv-extravertierten Temperaments bei Kindern 283

18. Paul M. A. Wels: Erziehungsstil und soziale Intelligenz 297

19. Helmut Kury und Siegfried Bäuerle: Perzipierter elterlicher Erziehungsstil und Angst bei Schülern 307

VI. Familiäre Interaktion und abweichendes Verhalten

20. Dietmar Schulte und Werner Nobach: Auffordern und Befolgen – eine Analyse kindlichen Ungehorsams 323

21. HELMUT KURY: Erziehungsstil und Aggression bei straffälligen Jugendlichen 337

22. WILLI SEITZ: Vergleich des Erziehungshintergrundes zwischen delinquenten und nicht-delinquenten Jugendlichen 353

23. IRMGARD VOGT: Der Einfluß der Eltern auf den Drogenkonsum ihrer Kinder 371

VII. Intervention in der Familie

24. SYLVIA-GIOIA CAESAR: Einige Überlegungen zur Konzeption von lerntheoretisch orientierten Elterntrainingsprogrammen mit dem Ziel der Prävention von Verhaltensstörungen und der Optimierung der Entwicklungsmöglichkeiten bei Kindern ... 387

25. ROLAND LÜTHI und JEAN-CLAUDE VUILLE: Präventives Elterntraining 397

26. PAUL INNERHOFER und ANDREAS WARNKE: Elterntrainingsprogramm nach dem Münchner Trainingsmodell – Ein Erfahrungsbericht 417

27. BEATE MINSEL und EBERHARD BIEHL: Überprüfung der Effekte eines Elterntrainings am realen Gesprächsverhalten 441

28. FREDI BÜCHEL und MEINRAD PERREZ: Implementierung eines verhaltenstheoretisch orientierten Mediatorensystems auf der Primarschulstufe unter Einbezug der Eltern 461

Namenregister 481
Sachregister 491

Autorenverzeichnis

ALLEMANN, MARKUS: Dr.; Psychologisches Institut der Universität Fribourg, Rue St-Michel 14, CH - 1700 Fribourg.

BÄUERLE, SIEGFRIED: Dipl.-Psych.; Im Rodel 6, D - 7500 Karlsruhe - Grünwettersbach.

BAUMGÄRTEL, FRANK: Prof., Dr.; Psychologisches Institut II an der Universität Hamburg, Von-Melle-Park 5, D - 2000 Hamburg 13.

BECKMANN, MICHAEL: Dr.; EKB-Projekt, Schellingstr. 9, D - 8000 München 40.

BIEHL, EBERHARD: Dipl.-Psych.; Fachbereich I – Psychologie der Universität Trier, Schneidershof, D - 5500 Trier.

BRÖSSKAMP, CORNELIA: Dipl.-Psych.; Fachgruppe Psychologie der Universität Konstanz, Universitätsstr. 10, D - 7750 Konstanz.

BÜCHEL, FREDI: Dr., lic. phil.; Pädagogisches Institut der Universität Fribourg, Place du Collège 22, CH - 1700 Fribourg.

CAESAR, SYLVIA-GIOIA: Dr.; Staatsinstitut für Frühpädagogik, Arabellastraße 1/II, D - 8000 München 81.

GATTRINGER, HEINZ: Dr. phil.; Institut für Psychologie der Universität Salzburg, Akademiestr. 22, A - 5020 Salzburg.

GENSER, BURKHARD: Dr.; Dipl.-Psych.; Fachgruppe Psychologie der Universität Konstanz, Universitätsstr. 10, D - 7750 Konstanz.

GROSSMANN, KARIN: Dipl.-Psych.; Institut für Psychologie der Universität Regensburg, Universitätsstr. 31, D - 8400 Regensburg.

GROSSMANN, KLAUS: Prof., Ph. D.; Institut für Psychologie der Universität Regensburg, Universitätstr. 31, D - 8400 Regensburg.

GROTH, HANS-PETER: Dipl.-Psych.; Fachgruppe Psychologie der Universität Konstanz, Universitätsstr. 10, D - 7750 Konstanz.

HELMKE, ANDREAS: Dipl.-Psych.; Zentrum I, Bildungsforschung der Universität Konstanz, Universitätsstr. 10, D - 7750 Konstanz.

HEYMANS, PETER: Dr.; Vakgroep Ontwikkligspsychologie der Katholieke Universiteit, Erasmuslaan 16, NL - Nijmegen.

INNERHOFER, PAUL: Prof., Dr.; Psychologisches Institut der Universität Heidelberg, Hauptstr. 47–51, D - 6900 Heidelberg.

ISCHI, NIVARDO: Lic. phil.; Pädagogisches Institut der Universität Fribourg, Place du Collège 22, CH - 1700 Fribourg.

KISCHKEL, KARL-HEINZ: Dipl.-Psych.; Institut für Psychologie der Universität Regensburg, Universitätsstrasse 31, D - 8400 Regensburg.

KROHNS, HANS-CHRISTIAN: Dipl.-Psych.; EKB-Projekt, Schellingstr. 11, D - 8000 München 40.

KURY, HELMUT: Dr.; Kriminologisches Forschungsinstitut Niedersachsen e. V., Ihmepassage 3, D - 3000 Hannover 91.

LÜTHI, ROLAND: Institut für Sozial- und Präventivmedizin der Universität Bern, Inselspital, CH - 3010 Bern.

LUKESCH, HELMUT: Prof., Dr.; Institut für Psychologie, Universität Regensburg, Universitätsstr. 31, D - 8400 Regensburg.

MINSEL, BEATE: Dr.; Fachbereich I - Psychologie der Universität Trier, Schneidershof, D - 5500 Trier.

NOBACH, WERNER: Dipl-Psych.; Psychologische Beratungsstelle für Eltern, Kinder und Jugendliche, Bismarckstr. 32, D - 5802 Wetter 1.

PATRY, JEAN-LUC: Dr., lic. phil.; Pädagogisches Institut der Universität Fribourg, Place du Collège 22, CH - 1700 Fribourg.

PERREZ, MEINRAD: Prof., Dr.; Pädagogisches Institut der Universität Fribourg, Place de Collège 22, CH - 1700 Fribourg.

PREISIG, ERNST: Dr., Dipl.-Psych.; Pädagogisches Institut der Universität Fribourg, Place du Collège 22, CH - 1700 Fribourg.

REIF, MARIA: Dr., Dipl.-Psych.; Werner-Sombart-Str. 26, D - 7750 Konstanz.

RINKE, RITA: Dipl.-Psych.; EKB-Projekt, Schellingstr. 9, D - 8000 München 40.

SAUER, JOCHEN: Dr. phil.; Institut für Psychologie der Universität Salzburg, Akademiestr. 22, A - 5020 Salzburg.

SCHNEEWIND, KLAUS, A.: Prof., Dr.; Institut für Psychologie der Universität München, Institutsbereich Persönlichkeitspsychologie und Psychodiagnostik, Schellingstr. 10, D - 8000 München 40.

SCHUCH, ANGELA: Dipl.-Psych.; Zentrales Institut für Fernstudienforschung der Fernuniversität Hagen, Körnerstr. 34, D - 5800 Hagen.

SCHULTE, DIETMAR: Prof., Dr.; Psychologisches Institut der Ruhr-Universität Bochum, Postfach 2148, D - 4630 Bochum.

SEITZ, WILLI: Prof., Dr.; Pädagogische Hochschule Rheinland, Abteilung Bonn, Seminar für Psychologie, Römerstr. 164, D - 5300 Bonn.

VÄTH-SZUSDZIARA, ROSWITH: Dr., Dipl.-Psych.; SFB 23 der Universität Konstanz, Universitätsstr. 10, D - 7750 Konstanz.

VOGT, IRMGARD: Dr.; Am Schloß 1, D - 4815 Schloß Holte-Stukenbrock.

VUILLE, JEAN-CLAUDE: Institut für Sozial- und Präventivmedizin der Universität Bern, Inselspital, CH - 3010 Bern.

WALTER, HANS-GERD: Dipl.-Soz.; SFB 23 der Universität Konstanz, Universitätsstr. 10, D - 7750 Konstanz.

WARNKE, ANDREAS: Dr. med. et phil.; Max-Planck-Institut für Psychiatrie, Kraepelinstr. 10, D - 8000 München 40.
WELS, PAUL: M. A.; Faculteit der Sociale Wetenshapen der Katholieke Universiteit, Erasmuslaan 16, NL - Nijmegen.
WOLF, BERNHARD: Dr., Dipl-Psych.; Zentrum für empirische pädagogische Forschung der Erziehungswissenschaftlichen Hochschule Rheinland-Pfalz, Industriestr. 15, D - 6740 Landau.

Vorwort

Als Herausgeber eines Buches muß man sich der Frage stellen, ob man es – trotz oder gerade wegen des Literaturbooms an sozialwissenschaftlichen Publikationen – überhaupt wagen soll, eine weitere Veröffentlichung in Angriff zu nehmen. Wir sind zu der Überzeugung gekommen, daß ein solches Unterfangen für den Bereich der familiären Sozialisationsforschung unbedingt lohnend ist. Gerade in letzter Zeit scheinen die Anregungen, die von verschiedenen Tagungen und Symposien ausgegangen sind, auf fruchtbaren Boden gefallen zu sein und haben mannigfaltige theoretische und empirische Forschungsergebnisse erbracht, die es angezeigt erscheinen lassen, in einem Buch zusammenfassend dokumentiert zu werden.

Ziel des Buches ist zu zeigen, inwieweit die wissenschaftliche Erforschung familiärer Sozialisationsprozesse Hinweise für eine Optimierung erzieherischen Handelns erbringen kann. Der Wissensstand ist dabei – je nach interessierender Fragestellung – höchst unterschiedlich. Im besonderen mangelte es lange Zeit an theoretischen Konzeptionen und dort, wo sie ansatzweise vorlagen, wurden sie nicht stringent in empirische Untersuchungen umgesetzt. Der interessierte Leser wird aber hoffentlich zu der Einsicht gelangen, daß dieses Stadium heute als überwunden gelten kann; es liegen in den einzelnen Beiträgen zahlreiche Beispiele vor, wie solche Fragestellungen in fruchtbringende Forschungsdesigns umgesetzt und welche Ergebnisse dabei erbracht werden können. Ohne den einzelnen Beiträgen vorweggreifen zu wollen, sei darauf hingewiesen, daß ein beträchtlicher Teil des Forschungsinteresses heute auf die Idiographisierung und eine möglichst situational angemessene Betrachtung der Vorgänge in den Eltern-Kind-Konstellationen hinausläuft. Es ist zu hoffen, daß diese Versuche näher an das Ziel einer theoretisch begründeten Praxeologie erzieherischen Handelns heranführen, durch die auch Eltern in den verflochtenen Alltagssituationen verbindlichere Anregungen finden. Zuletzt bleibt uns die erfreuliche Pflicht, uns bei den vielen Mitautoren zu bedanken, die durch großen persönlichen Einsatz und unter Zurückstellung anderer Arbeiten die angeforderten Beiträge durchgehend termingerecht an uns abgegeben und uns so das Los als Herausgeber sehr erleichtert haben. Ebenso soll an dieser Stelle Frau Prager (Universität Regensburg), Frau Baum (Universität Konstanz) und Frau van de Scheur (Universität Fribourg) gedankt werden, welche im Hintergrund wirkend die zum Teil mehrfachen Entwürfe einzelner Beiträge und die Detailarbeiten am Manuskript ausgeführt haben.

HELMUT LUKESCH (Regensburg)
MEINRAD PERREZ (Fribourg)
KLAUS A. SCHNEEWIND (München)

I. Einleitung

1. Helmut Lukesch, Meinrad Perrez und Klaus A. Schneewind

Zum gegenwärtigen Stand der familiären Sozialisationsforschung

Die familiäre Sozialisationsforschung hat in der neueren Entwicklung auf verschiedenen Ebenen eine längst fällige Differenzierung erfahren. Die durch Kurt Lewin angeregte Erziehungsstil-Forschung nahm ihren Weg von heute bereits in der Alltagssprache verwurzelten typologischen Konzepten über eine Fülle von Beiträgen, die oft den Status von punktuellem Tatsachenwissen nicht überstiegen, zu theoretisch anspruchsvolleren Versuchen. Diese forschungsgeschichtlichen Etappen haben eine Reihe von sozialwissenschaftlichen Stereotypien als Erbe hinterlassen – z. B. im Hinblick auf schichtspezifische Differenzen oder auch im Hinblick auf methodische Vorurteile –, die erst in der jüngsten Zeit eine gründlichere Hinterfragung erfahren. So scheinen uns für die gegenwärtige empirische familiäre Sozialisationsforschung die folgenden Aspekte kennzeichnend: Es wird klarer unterschieden zwischen punktuellem *Tatsachenwissen* und *Bedingungswissen;* es ist ein größeres Bemühen um *theoriegeleitete* Sozialisationsforschung bemerkbar; als Determinante wird die *Situation* (bzw. die Situation-Person-Wechselwirkung) stärker thematisiert; und schließlich sind auf der *methodischen Ebene* in den Bereichen der taxonomisch-klassifizierenden, der bedingungsanalytischen wie der interventionsorientierten Fragestellungen neue Wege und eine kritischere Betrachtung einzelner herkömmlicher Verfahren erkennbar.

Diese Aspekte sollen im folgenden kurz umrissen werden.

1. Tatsachenwissen versus Bedingungswissen

Ob Erzieherparameter oder Erzogenenparameter als abhängige Variable in Sozialisationsuntersuchungen einer theoretischen und empirischen Analyse unterzogen werden, in beiden Fällen wird Bedingungswissen angestrebt. Unter Bedingungswissen sei gesetzesartiges Wissen verstanden, das über die Richtung und Intensität des Zusammenhanges zweier oder mehrerer Variablen informiert. Ein großer Teil der Sozialisationsforschung ist korrelativer Art. Korrelationsstudien erlauben es nun aber gerade nicht – wie in jedem statistischen Lehrbuch beschrieben (vgl. z. B. Hofstätter 1953, S. 88 f.) –, Bedingungswissen zu generieren. Die

Interpretierbarkeit von Korrelationen im Sinne von Bedingungswissen schränkt sich praktisch auf jenen Fall ein, wo die Ergebnisse konsistent sind mit einer bereits bewährten Theorie. Solche Studien beziehen jedoch ihre Bedingungsrelevanz nicht aus sich selbst, sondern aus anderen, die experimenteller Art sind. Die familiäre Sozialisationsforschung hat umfangreiches Pseudowissen auf dieser Basis generiert. Es wurde zu oft vergessen, daß Korrelationen – beispielsweise zwischen sozialer Schichtzugehörigkeit von Erziehern und ihrem Erziehungsstil – zunächst ausschließlich über das Faktum informieren, daß zu einem bestimmten Zeitpunkt in einer bestimmten geographischen Region bei einer bestimmten Population (bzw. Stichprobe) zwei oder mehrere Variablen in einer korrelativen Beziehung stehen. Es handelt sich im besten Falle um Koexistenzgesetze, dann nämlich, wenn eine mehr oder weniger unbeschränkte Universalität, d. h. Zeit- und/oder Ortsunabhängigkeit der Korrelation nachweisbar ist. Aber auch dann verfügt der Nachweis über das gemeinsame Vorkommen bestimmter Ereignisse selber über keinen Erklärungswert. Dazu sind Sukzessionsgesetze erforderlich, die über die Richtung des Zusammenhanges zweier oder mehrerer Variablen informieren (vgl. Groeben & Westmeyer 1975, S. 104 f.). In vielen Fällen scheint die Koexistenz von bestimmten Ereignissen in der Erziehungsstilforschung akzidentellen Charakter zu haben. Diese Art von Wissen ist als deskriptives Tatsachenwissen zu kennzeichnen, das – seine Validität vorausgesetzt – über raum- und zeitgebundene Ereignisse informiert. Es basiert nicht auf mehr oder weniger universellen Aussagen, sondern auf singulären, auf raum-zeitlich begrenzten Existenzaussagen. Einen Erklärungswert im engeren Sinne besitzt es nicht. Die Tatsache, daß zwei oder mehr Variablen gemeinsam betrachtet werden, täuscht allzu leicht über den deskriptiven Charakter des Unterfangens hinweg.

Dieser – wie schon bemerkt – in allen statistischen Lehrbüchern behandelte Sachverhalt wird in der neueren familiären Sozialisationsforschung angemessener berücksichtigt. Vermehrt zeichnet sich einerseits die Tendenz zur vorsichtigeren Interpretation korrelativer Studien und andererseits die Tendenz zu experimentellen (z. T. feldexperimentellen) Versuchen ab, den Erziehungsstil als unabhängige Variable (UV) durch Treatments zu variieren (vgl. Dietrich & Walter 1971; Preisig et al. 1979; Perrez 1980a). Durch die deutlichere Unterscheidung von Bedingungswissen und singulärem Tatsachenwissen wird auch ein Teil der inkonsistenten Ergebnisse der familiären Sozialisationsforschung interpretierbar. Wenn zwischen sozialer Schicht und Erziehungsstil oder zwischen sozialer Schicht und Erziehungszielen in der Literatur (vgl. dazu Lukesch 1976, Kapitel 3) sehr unterschiedliche, z. T. einander widersprechende Ergebnisse vorzufinden sind, so zum Teil wahrscheinlich deshalb, weil diese Studien nicht Bedingungswissen, sondern Tatsachenwissen zutage gefördert haben, das als solches seine Gültigkeit für den Erhebungszeitpunkt und die beschriebene Population besitzen mag. Es wäre nützlich, künftig den Charakter empirischer Studien im Hinblick auf die intendierte und aufgrund der gewählten Versuchsanordnung intendierbare Wissensart klarer herauszustellen.

2. Theoriebezogene familiäre Sozialisationsforschung

Das in der Psychologie in den letzten Jahren beklagte «Datensammeln ohne Ende» (HERRMANN et al. 1975) war ein Kennzeichen großer Teile der Erziehungsstilforschung. Seit der Publikation des Zweikomponentenkonzeptes von STAPF et al. (1972) wurde die deutschsprachige Erziehungsstilforschung für die Dringlichkeit sensibilisiert, die familiäre Sozialisationsforschung theoretisch zu fundieren, empirische Untersuchungen theoriebezogen zu konzipieren – sofern sie Bedingungswissen anstreben (vgl. SCHNEEWIND 1974; LUKESCH und SCHNEEWIND 1978). Es setzte sich allmählich die Einsicht durch, daß der Forscher nicht über die Alternative verfügt, theoriefrei oder theoriebezogen die Wirklichkeit zu befragen, sondern die Alternative vielmehr darin besteht, seine naiven Alltagstheorien implizite in die Fragestellungen einfließen zu lassen oder explizite, theoretische Überlegungen der empirischen Kritik und Bewährung zu unterziehen. Empirische Forschung wird dadurch im POPPERschen Sinne zum Instrument der Ideenkritik.

Neuere theoretische Versuche im Bereich der familiären Sozialisationsforschung berücksichtigen in ihrem Netzwerk vermehrt die Situation als Kodeterminante des Erziehungsverhaltens (vgl. BELSCHNER & SPÄTH 1977; STAPF 1972; PREISIG et al. S. 35 ff.); ferner wird die Wechselwirkung zwischen Erzogenenvariablen und Erziehervariablen (SAMEROFF 1975) stärker thematisiert. Eine besondere Wende zeichnet sich in der Wiederentdeckung bzw. Rehabilitierung der idiographischen Betrachtung von Erzieher-Erzogenen-Dyaden ab. Dabei sind idiographische Forschungsmethoden von idiographischen Theorien zu unterscheiden (vgl. MARCEIL 1977). Die gelegentliche, unstatthafte Anwendung *idiographischer* Verfahren zur Prüfung von *allgemeinen* probabilistischen Gesetzeshypothesen hat in der Psychologie mitunter zum lange verbreiteten Diktum beigetragen, die idiographische Betrachtung des Individuums sei inkompatibel mit dem Gedanken einer nomothetischen Psychologie. MISCHEL (1973) und WESTMEYER (1973) haben im Bereich der Verhaltenstheorien gezeigt, daß diese nicht nur mit der Idee von Individualtheorien (d. h. Generalisierungen, die für ein Individuum Geltung haben), vereinbar ist, sondern daß die individualtheoretische Betrachtung aus den Postulaten der Verhaltenstheorie resultiert, da die für die

Verhaltenskontrolle relevanten sekundären Verstärker, diskriminativen Reize wie die bedingten Reize gelernt sind und es keine zwei gleichen Lerngeschichten gibt. Individualtheoretische Ansätze sind in den letzten Jahren auch im Forschungsbereich der familiären Sozialisation feststellbar (vgl. ELLER & WINKELMANN 1978; PERREZ, PATRY & ISCHI in diesem Band).

3. Zur Bedeutung der Situation in der familiären Sozialisationsforschung

Bei der Untersuchung von Sozialisationsprozessen wurde zumeist im Stil der frühen Persönlichkeitsforschung verfahren. Man wollte Komponenten des elterlichen Erziehungsstils erfassen, die in Analogie zu Persönlichkeitsmerkmalen möglichst generell und situationsunspezifisch die Verhaltens- und Erlebnisweisen von Erziehern beschreiben können. Es war dabei prinzipiell gleichgültig, auf welche Weise man sich einen datenmäßigen Zugang zu diesem Bereich verschafft hat, sei es durch Selbst- oder Fremdaussagen der Interaktionspartner selbst oder durch Aussagen unabhängiger Beobachter; immer ging es darum, die situationsübergreifenden Konstanten des Erziehungsverhaltens oder -erlebens zu extrahieren und in einem nächsten Schritt mit Merkmalen von Kindern in Beziehung zu setzen.

Obwohl aller Voraussicht nach nicht intendiert, dürfte diese Betrachtungsweise durch die bereits erwähnten LEWINschen Modelluntersuchungen (LEWIN et al. 1939) angeregt worden sein, welche von einer sehr handlichen und heute beinahe nicht mehr auszumerzenden Typisierung des Erziehungsverhaltens nach den drei bekannten Konzepten «autoritär», «demokratisch» und «laissez-faire» ausgegangen sind. In Vergessenheit ist dabei geraten, daß diese Konzepte für eine experimentelle Untersuchung eingeführt worden sind und daß damit nicht eine Abbildung des Erziehungsverhaltens, so wie es im Feld vorfindbar ist, intendiert war.

Obwohl die Konzipierung von Erziehungsstilmerkmalen im Sinne von Persönlichkeitskonstanten sich nicht als besonders fruchtbar erwiesen hat, wäre es vermutlich voreilig, die Alternative in nur situationsspezifisch gültigen Erziehungsverhaltensweisen zu finden. Vielmehr sollte eine Verbindung von Situation und Person des Erziehers stärker als Forschungsproblem in das Bewußtsein gehoben werden. Die Notwendigkeit einer situationsspezifischen Betrachtungsweise wird durch die Beiträge von BAUMGÄRTEL, von GENSER, BRÖSSKAMP & GROTH sowie PERREZ, PATRY & ISCHI nahegelegt. Gliedert man nämlich, wie es hier geschehen ist, Verhaltens- und Erlebensweisen des Erziehers nach verschiedenen Situationen auf, so läßt sich keine Konsistenz über diese Situationen hinweg finden. D. h. das Verhalten des Erziehers wird mitbestimmt durch die Situation bzw. die Wahrnehmung und Interpretation der Situation. Es ist allerdings wiederum leichter, den Einbezug der spezifischen Situation in die Verhaltenserklärung für den Erzieher als Desiderat zu fordern als dies auch forschungsmethodisch adäquat durchzuführen.

Der erste Schritt müßte darin bestehen, einzelne typische Erziehungssituationen und das Verhalten des Erziehers darin zu analysieren. Was sind aber wiederum typische Situationen? Man könnte sich etwa auf Situationen beschränken, in denen eine hohe Interaktionsdichte zwischen Eltern und Kindern anzunehmen ist (z. B. gemeinsames Frühstück, Hausaufgabensituation, Zu-Bett-Geh-Situation), aber auch solche herausgreifen, die eventuell nur selten vorkommen, die aber durch besonders intensive Anforderungen an das Handeln des Erziehers gekennzeichnet sind (z. B. wenn ein kleines Kind dabei ist, die Finger in eine elektrische Steckdose zu stecken oder auf die Fensterbank eines Hauses im dritten Stockwerk zu steigen). Eine bloße inhaltliche Aufgliederung nach solchen Situationen wird aber über kurz oder lang nicht genügen, denn jeder an Gesetzeswissen interessierte Forscher wird sofort danach fragen, ob es nicht wiederum allgemeine Parameter gibt, nach denen diese Situationen eingeschätzt werden können, z. B. nach dem Grad der Konflikthaltigkeit einer Situation oder dem erlebten Entscheidungsdruck durch den Erzieher. Vermutlich geht in die Situationswahrnehmung und -definition wiederum ein beträchtlicher individueller Bias mit ein, denn die gleichen Situationen werden unterschiedlich erlebt. Das Ziel müßte also nicht eine bloße Aufzählung möglicher Interaktionssituationen zwischen Erzieher und Educand sein, sondern zumindest eine an generellen Dimensionen orientierte Situationstypologie oder -klassifikation, wie sie von A. O. JÄGER für die Persönlichkeitsdiagnostik bereits 1967 gefordert wurde.

Ein solcher Klassifizierungsversuch könnte zumindest für die Beschreibung und Erklärung des Erzieherverhaltens selbst eine validere Grundlage abgeben als die Konzipierung von vorneherein situationsübergreifenden Erziehungsstilen. Was man damit erreichen könnte, ist eine Reduktion der individuellen Varianz des Erziehungsverhaltens, d. h. ein Teil derselben wird dann eben auf die Situation, ihre strukturellen und subjektiven Parameter zurückgeführt und nicht auf die «Persönlichkeit» des Erziehers selbst. Andererseits wird es darüber hinaus noch genügend Unterschiede zwischen den einzelnen Erziehern geben, gleich, ob man diese schon bei der subjektiven Definition der Situation oder ausgehend von gleichen Situationsdefinitionen beginnen läßt.

Auf alle Fälle könnte man damit dem LEWINschen Postulat, wonach das Verhalten einer Person eine Funktion der Persönlichkeit *und* der Situation sei, für diesen Bereich eine inhaltliche Bestimmung geben.

4. Zur Methodenentwicklung im Bereich der familiären Sozialisationsforschung

Sieht man die familiäre Sozialisationsforschung als Teilgebiet einer entwicklungspsychologisch akzentuierten Wissenschaft vom sich ändernden Individuum in einer bzw. seiner sich ändernden Umwelt (THOMAE 1968; BALTES, REESE & NESSELROADE 1977), wobei die zentrale Analyseeinheit die kindliche Entwicklung ist, so muß dies auch methodische Implikationen haben. Nimmt man weiter hinzu, daß allgemein ein Abrücken von mechanistischen zugunsten organismischer Konzeptionen von der Entwicklung des Menschen im Sinne interaktionaler oder transaktionaler Modelle (ENDLER & MAGNUSSON 1976; PERVIN 1968; SAMEROFF 1975; ZIGLER & SEITZ 1978) zu verzeichnen ist, so macht dies die Schwierigkeiten einer hinter der Erstellung komplexer heuristischer Modelle herhinkenden Methodologie deutlich. Obwohl man auf theoretischer Ebene vom Systemcharakter der Familie, von der wechselseitigen Verhaltenssteuerung von Erzieher und Erzogenem, von der Untauglichkeit der klassischen Aufteilung zwischen unabhängigen und abhängigen Variablen, von der Unzulänglichkeit korrelationsstatistischer Studien usw. spricht, gibt es kaum Methodenentwicklungen, die diesen theoretischen Erfordernissen und Kritikpunkten gerecht werden könnten.

Im Gegenteil: Bei der Untersuchung von Prozessen in der Familie lassen sich unter methodischem Gesichtspunkt eine Reihe von Unzulänglichkeiten feststellen, die zwar nicht auf diesen Untersuchungsbereich beschränkt sind, die hier aber besonders deutlich zum Ausdruck kommen, da dies ein Bereich ist, an den von den potentiellen Abnehmern der Ergebnisse wissenschaftlicher Forschung – und das sollten in diesem Fall nicht nur wiederum Wissenschaftler sein, sondern vielmehr praktische tätige Erzieher – besondere Erwartungen gestellt werden. Allerdings verdienen es die vorhandenen methodischen Moden, welche den möglichen Fortschritt bereits wissenschaftsimmanent behindern, im einzelnen genannt zu werden (vgl. Tabelle 1), damit jeder Forscher diese Aufzählung, die keinen Anspruch auf Vollständigkeit stellt, als Prüfstein für seine eigenen Unternehmungen zur Verfügung hat.

Im folgenden sollen dennoch – wiederum ohne Anspruch auf Vollständigkeit – einige Trends herausgearbeitet werden, die den gegenwärtigen Stand der Methodenentwicklung in der familiären Sozialisationsforschung skizzieren. Wir wollen dabei in Anlehnung an STAPF (1980), der zwischen a) Modellen zur Konstruktion von Erhebungsmethoden, b) empirischen Methoden der Datengewinnung und c) mathematisch-statistischen Methoden der Datenauswertung unterscheidet, die beiden zuletzt genannten Punkte stärker berücksichtigen. Darüber hinaus bedarf aber auch das Arrangement der Datengewinnung besondere

Tabelle 1: Negative Heuristik oder einige Regeln, um den wissenschaftlichen Erkenntnisfortschritt zu hemmen

1. Daß in der Psychologie Aussagen über Einzelpersonen getroffen werden sollen, ist ein unbegründetes Vorurteil aus den Anfängen dieser Disziplin. Allein Aussagen über Aggregate von Personen verdienen das Etikett «wissenschaftlich».
2. Nicht Fragestellungen sind entscheidend, sondern die Verfügbarkeit von Methoden. Wozu bist Du auch während Deiner Ausbildung mit Statistik und Methodologie traktiert worden?
3. Sei ein Grundlagenforscher und versuche nicht, anwendungsbezogenes Wissen zu finden. So etwas endet höchstens in Kochbuchrezepten, außerdem setzt man sich damit der Kritik kurzsichtiger Praktiker aus.
4. Halte Dich möglichst eng an gerade gängige Techniken, die Anerkennung durch die Gemeinschaft der Forschenden ist Dir damit garantiert (Vorsicht: Faktorenanalysen allein sichern heute nicht mehr die Dignität von Publikationen, zur Zeit sind eher Pfad- und demnächst hierarchische Analysen in Mode).
5. Begnüge Dich mit Einzelbefunden, die Kontinuität von Fragestellungen und Problemlösungen wird schon durch das Gesamt des Wissenschaftsbetriebes hergestellt. Es ist auch abwechslungsreicher, nur kurzfristig einer Frage nachzugehen als ein Problem tatsächlich zu lösen.
6. Lasse Dich nicht auf genaue Begriffsfestlegungen ein. Die meisten Probleme sind viel zu komplex, um mit einem starren oder gar konsistenten Begriffssystem eingefangen zu werden.
7. Begrenze Dich bei der Literatursammlung! Für die meisten Behauptungen ließen sich am Ende Gegenbeispiele finden und dies könnte zu abträglichen kognitiven Dissonanzen führen.
8. Antizipiere vor dem Beginn einer empirischen Untersuchung möglichst nie deren mögliche Resultate, das könnte eventuell entmutigen und der Betriebsamkeit abträglich sein.
9. Sei großzügig bei der Interpretation Deiner Befunde und vertraue auf die Richtigkeit Deiner alltagspsychologischen Assoziationen.
10. Gebrauche bei jeder Gelegenheit anspruchsvolle und schwer verständliche Begriffe zur Kennzeichnung Deiner Produkte: das klingt gut und schüchtert Kritiker ein.

Beachtung, das seinerseits von der Art des untersuchten Forschungsproblems determiniert wird. In grober Klassifikation lassen sich drei Gruppen von Forschungsproblemen benennen, denen hinsichtlich der Anordnung der Datengewinnung, der Erhebungsmethoden und der Auswertungstechniken zum Teil unterschiedliche Vorgehensweisen zugeordnet werden können. Es handelt sich dabei um a) taxonomisch-klassifizierende, b) bedingungsanalytische und c) interventionsorientierte Fragestellungen.

4.1 Taxonomisch-klassifizierende Ansätze

In dem Bemühen um eine möglichst umfassende Beschreibung von Sozialisationsvariablen, die als Einflußgrößen für die kindliche Entwicklung potentiell in Frage kommen, hat die traditionelle Erziehungsstilforschung ein zunehmend reichhaltiger werdendes Repertoire an Erhebungsinstrumenten zur Verfügung gestellt, mit dessen Hilfe eine inhaltliche Strukturierung verschiedener Aspekte des Elternverhaltens versucht wird.

Dabei hat es sich als nützlich erwiesen, einerseits zwischen den Personen, von denen die entsprechenden Daten stammen (Elternperson, Kindperson, Drittperson) und andererseits zwischen Personen, auf die sich die Daten beziehen (Elternperson, Kindperson), zu unterscheiden (Schneewind 1975; Lukesch 1975a; Stapf 1980). Darüber hinaus ergaben sich als grobe Einteilungsgesichtspunkte unterschiedliche Verhaltensdomänen wie elterliche Erziehungspraktiken, -einstellungen und -ziele, die sich jedoch zu domänenübergreifenden Erziehungsstilen (Krohns & schneewind 1979) bündeln lassen. Über die im deutschsprachigen Raum verfügbaren Erhebungsinstrumente – insbesondere aus der Sicht der Eltern und der Kinder – informieren überblicksartig Lukesch (1975a) und Stapf (1980).

Die meisten dieser Erhebungsinstrumente sind als Fragebögen konzipiert und müssen sich demzufolge mit der üblichen Kritik an dieser reaktiven Methode auseinandersetzen. Hinzu kommt, daß zur Strukturierung des Datenmaterials häufig die Technik der Faktorenanalyse Anwendung findet, die in letzter Zeit auch nicht gerade von Kritik verschont blieb (Kalveram 1970; Kempf 1972; Lukesch & Kleiter 1974). Auch die mangelnde Situationsspezifität sowie das weitgehende Außerachtlassen konkreter handlungswirksamer Momente bei der Erfassung von Elternverhalten via Fragebogen wird moniert, wobei freilich zumindest teilweise durch die Konstruktion von S-R-Fragebögen im Sinne von Endler und Hunt (1969) bzw. durch die explizite Berücksichtigung von Situationseinflüssen auf die Handlungsintention im Sinne von Fischbein und Ajzen (1975) diese Kritikpunkte aufgefangen werden könnten.

Neben Fragebogenverfahren finden sich alternative Erhebungstechniken zur Strukturierung des elterlichen Erziehungsverhaltens nur in sehr bescheidenem Umfang. Erwähnenswert ist hier etwa der von Baumgärtel (1975) entwickelte Hamburger Bildertest, ein aus 48 Bildvorlagen bestehendes projektives Verfahren, bei dem die Kinder die abgebildeten Situationen zu kommentieren haben. Es folgt dann über eine Reihe von Auswertungsschritten eine Dimensionierung des perzipierten mütterlichen Erziehungsverhaltens nach drei Aspekten (negative bzw. positive Verstärkung, kindorientierte Kontrolle, normenorientierte Kontrolle).

Auch Beobachtungsverfahren finden im deutschsprachigen Bereich in jüngster Zeit zunehmende Verbreitung. Hier sind vor allem die Ansätze der Berliner Projektgruppe (Winkelmann, Eller & Schultze 1977;

Eller & Winkelmann 1978) sowie der Arbeitsgruppe um Perrez (Perrez 1980b; Ischi 1978) zu nennen, die sich auf einen aus der Verhaltenstheorie abgeleiteten Vorschlag von Patterson (1973) zur Klassifikation von Reiz- und Responseklassen beziehen. Einen anderen Weg hat Innerhofer (1977; 1978) eingeschlagen, der im stärkeren Maße kognitions- und handlungstheoretische Überlegungen in die Konzeption seines Beobachtungssystems eingebracht hat. Für all diese Beobachtungssysteme gilt, daß sie weniger mit der Absicht einer taxonomischen Strukturierung des Elternverhaltens als mit Blick auf mögliche Veränderungen des Verhaltensaustauschs im Eltern-Kind-System geschaffen wurden. Auf z. T. noch ungelöste Probleme beim Einsatz von Beobachtungsverfahren zur Analyse von Eltern-Kind-Beziehungen haben unlängst Hughes und Haynes (1978) in ihrem Sammelreferat hingewiesen.

Bewegten wir uns bisher im Bereich der traditionellen Erziehungsstilforschung im Sinne einer Erfassung elterngebundener Verhaltensweisen, so ist in den letzten Jahren eine deutliche Erweiterung des Blickwinkels durch die Einbeziehung ökopsychologischer Aspekte zu verzeichnen. Die familiäre Sozialisationsforschung hat sich damit einem Trend angeschlossen, der die gesamte Psychologie erfaßt hat (Kaminski 1976; Graumann 1978; Stokols 1978). Die Ansätze zur Taxonomierung von familiären Umwelten gehen von unterschiedlichen theoretischen Grundannahmen und methodischen Zugangsweisen aus. Zudem sind diese Ansätze häufig speziell für bestimmte Verhaltensklassen konzipiert worden und somit nicht für alle Verhaltensbereiche gleichermaßen relevant. Das gilt z. B. für den von Caldwell und Koautoren entwickelten Home Observation for Measurement of Environment (Home) Fragebogen (Caldwell, Heider & Kaplan 1966; Bradley & Caldwell 1978; Hollenbeck 1978), der vornehmlich zur Untersuchung der Entwicklung kognitiver Funktionen in der Kleinkindforschung eingesetzt wird (Bradley & Caldwell 1976a; 1976b). Ähnliches gilt – wenn auch für spätere Entwicklungsabschnitte – für die Studien von Marjoribanks (1972), Walberg und Marjoribanks (1973) sowie für die Konzeption von leistungsmotivgenetisch bedeutsamen Umweltkennwerten in dem Forschungsansatz von Trudewind (1975a; 1975b).

Einen breiteren konzeptuellen Rahmen hat Bronfenbrenner (1976, 1977) mit seinem Programm einer ökologischen Sozialisationsforschung vorgelegt, in dem er verschiedene, ineinander verschaltete Systeme von materiellen und sozialen Umwelten unterscheidet (Mikro-, Meso-, Exo- und Makrosysteme). Während ein wichtiger Teilaspekt des Bronfenbrennerschen Ansatzes die Weiterführung einer traditionell eher von der Soziologie bearbeiteten sozialstrukturellen Sozialisationsforschung (Bertram 1976; Meulemann & Weishaupt 1976) beinhaltet, steht das in einer Arbeitsgruppe um Moos (Moos 1976; Moos & Insel 1974) entwickelte Konzept einer Erfassung perzipierter Umweltmerkmale eher der Psychologie nahe. Moos (1974) hat für den Bereich der Familie eine aus 10 Teilskalen bestehende «Family environment scale» entwickelt, die auch für den deutschsprachigen Raum adaptiert wurde und einige erste erfolgversprechende Ergebnisse erbrachte (ENGFER, SCHNEEWIND & HINDERER 1978a; 1978b; SCHNEEWIND & LORTZ 1978; SCHNEEWIND & ENGFER 1979).

Was die Weiterverarbeitung von Daten zur Klassifikation familiärer Sozialisationsvariablen anbelangt, so ist nach wie vor die Methode der Faktorenanalyse ein häufig verwendetes Verfahren. Daneben finden aber auch neuere Verfahren der Gewinnung von Merkmals- und Personentypen zunehmend Anwendung, so z. B. die von KRAUTH und LIENERT (1973) entwickelte Konfigurationsfrequenzanalyse zur Identifikation von Familientypen (LUKESCH 1975b; LÖSEL 1978) oder clusteranalytische Verfahren (v. EYE & SCHNEEWIND 1976).

4.2 Bedingungsanalytische Ansätze

Über den klassifikatorischen Ansatz hinausgehend bemüht sich die bedingungsanalytisch orientierte familiäre Sozialisationsforschung um eine Aufdeckung der Richtung und Gewichtigkeit des Erklärungsbeitrags von Sozialisationsvariablen im Eltern-Kind-System. Die Methode der Wahl bleibt nach wie vor das Experiment, sei es als Labor-, sei es als Feldexperiment (BRONFENBRENNER 1974; 1977; PERREZ 1980a).

Im stärkeren Maße scheint sich jedoch in neuerer Zeit eine theoriegeleitete Bedingungsanalyse auf der Basis von Korrelationsdaten auch im Bereich der familiären Sozialisationsforschung durchzusetzen. Zu erwähnen sind hierbei vor allem zwei Ansätze, nämlich einmal pfadanalytische Methoden (BLALOCK 1974; HUMMELL & ZIEGLER 1976; OPP & SCHMIDT 1976; WEEDE 1972) wie sie in der Soziologie vornehmlich zur Überprüfung von Mehrebenenmodellen (Aggregats-, Gruppen-, Individualebene) Verwendung finden (BERTRAM & BERTRAM 1974; BERTRAM 1976; 1977; JAGODZINSKI & ZÄNGLE 1977) und teilweise auch in der psychologischen Sozialisationsforschung Eingang gefunden haben, so z. B. in der Reanalyse der Daten von MARJORIBANKS (1972) durch BRANDTSTÄDTER (1976) oder in der in dem vorliegenden Band vorgestellten Studie von BECKMANN, KROHNS, RINKE & SCHNEEWIND.

Während die Pfadanalyse mit einer punktuellen Datenerhebung auskommt, greift der zweite Ansatz auf Mehrfachmessungen zurück. Dies gilt z. B. für das sogenannte «cross – lagged – Modell» – zu Deutsch etwa «kreuzverzögerte Korrelationsanalyse» (PETERMANN 1978) –, in dem es um die Analyse der Wirkungsrichtung eines korrelativen Zusammenhangs geht (DUNCAN 1969; KENNY 1975). Anwendungen auf die familiäre Sozialisationsforschung finden sich bislang jedoch kaum. Eine Ausnahme stellt die Studie von CLARKE-STEWART (1973) zur Bedingungsanalyse von mütterlicher Aufmerksamkeit und kindlichem Bindungsverhalten dar. Eine andere, wenn auch bedingungsanalytisch weniger stringent überprüfbare Möglichkeit zur Analyse von individuellen Veränderungsdaten im Hinblick auf Sozialisationsvariablen besteht in der diskriminanzanalytischen Auswertung der korrespondierenden Umweltveränderungen bei Personengruppen mit positiver oder negativer Entwicklungsbeschleunigung. Exemplarisch haben die Fruchtbarkeit dieser Auswertungsvariante BRADLEY und CALDWELL (1976a) in ihrer Studie zur Analyse des Beitrags unterschiedlicher häuslicher Umwelten für eine beschleunigte oder verzögerte Intelligenzentwicklung bei Kindern nachgewiesen.

Insgesamt wäre aus methodischer Perspektive wünschenswert, wenn die familiäre Sozialisationsforschung sich in stärkerem Maße entwicklungspsychologisch orientierten Versuchsplänen der Datengewinnung zuwenden würde. Dies gilt sowohl für die Beschreibung bzw. Erklärung gruppentypischer als auch individueller Entwicklungsverläufe (BALTES, REESE & NESSELROADE 1977; PETERMANN 1978; RUDINGER & LANTERMANN 1978).

4.3 Interventionsorientierte Ansätze

Neben der wissenschaftlichen Analyse von unkontrollierten Veränderungen von familiären Sozialisationsvariablen steht das gezielte Eingreifen in das Eltern-Kind-System. Die Zielsetzung dabei ist die Veränderung bzw. Lenkung des Kindverhaltens in eine gewünschte Richtung, wobei vornehmlich die Eltern als Mediatoren der angestrebten kindlichen Verhaltensänderung dienen.

Sofern die Eltern direkt als Veränderungsagenten infrage kommen, bieten sich je nach theoretischer Position unterschiedliche methodische Zugangsweisen an, auf die z. B. REISINGER, ORA und FRANGIA (1976) oder PERREZ (1980a) in ihren Überblicksreferaten hingewiesen haben. Insbesondere die verhaltenstheoretisch orientierte Interventionsforschung versucht über eine Analyse verhaltensauslösender und verhaltenskontingenter Ereignisse beim Studium von Eltern-Kind-Interaktionen das Elternverhalten so zu modifizieren, daß sich korrespondierende Verhaltensänderungen beim Kind ergeben. Als diagnostische Methoden stehen hierbei Beobachtungsverfahren im Vordergrund, auf die bereits weiter oben Bezug genommen wurde. An therapeutischen Methoden wird auf eine Vielfalt von Techniken zurückgegriffen, die sich vorwiegend aus der Umsetzung und dem Einüben lernpsychologischer oder kommunikationspsychologischer Prinzipien für den speziellen Fall von Eltern-Kind-

Beziehungen ergeben (PERREZ, MINSEL & WIMMER 1974; MÜLLER 1978; BASTINE 1978; INNERHOFER 1977). Daneben existiert eine Vielfalt von veränderungsinduzierenden Techniken, wie sie sich aus den verschiedenen Varianten der analytischen bzw. humanistisch orientierten Familientherapie entwickelt haben (STIERLIN 1975; RICHTER, STROTZKA & WILLI 1976; MINUCHIN 1974; SATIR 1967).

Während die genannten Ansätze sich vornehmlich auf die Erlebens- und Verhaltensebene im Eltern-Kind-System beziehen, legt BRONFENBRENNER (1977) seinem Programm einer experimentellen ökologischen Sozialisationsforschung eine andere Perspcktive zugrunde. Die sozialen und materiellen Kontextbedingungen, wie sie sich etwa in der Vielfalt infrastruktureller Anregungs- oder auch Belastungsmerkmale der Lebensumwelt oder in der Dichte und Engmaschigkeit persönlicher sozialer Netzwerke von Eltern und Kindern (COCHRAN & BRASSARD 1977) ergeben, stellen demnach wichtige Determinanten kindlicher Lern- und Lebenserfahrungen dar. Methodisch bedeutet dies

a) im Hinblick auf die Art der Daten eine stärkere Berücksichtigung von Informationen über die Zusammensetzung der Umwelt, mit der sich ein Kind auseinanderzusetzen hat, sowie Angaben darüber, wie häufig, mit welcher Intensität und mit welchen Konsequenzen die diversen personspezifischen Umweltsegmente benutzt werden. Neben sozialstrukturellen Daten bieten sich als objektive Merkmale z. B. Quartieranalysen oder Tagesverlaufsanalysen an (KAUFMANN, HERLTH, SCHULTZE & STROHMEIER 1978), während aus der subjektiven Sicht der Betroffenen entsprechende Umweltbewertungen (z. B. hinsichtlich des Arbeitsplatzes, der Wohnumgebung, der Freizeitmöglichkeiten, der Sozialkontakte) zu erheben sind (PERVIN 1978; PEDERSEN 1978; FALENDER & MEHRABIAN 1978).

b) im Hinblick auf die Versuchsplanung ergeben sich Konsequenzen für das kontrollierte Arrangement natürlicher Lebensumwelten, von BRONFENBRENNER in Anlehnung an CAMPBELLS (1969) Gedanken der Reformexperimente als Veränderungsexperimente bezeichnet. BRONFENBRENNER (1976) macht eine Reihe von Vorschlägen für eine solcherart gestaltete experimentelle ökologische Sozialisationsforschung, wobei er insbesondere auf die Verknüpfung von Sozialpolitik und anwendungsorientierter Forschung hinweist (GARBARINO & BRONFENBRENNER 1980). Exemplarisch für diese Art von Studien mag eine Untersuchung von COCHRAN (1977) über die Wirkung von Sozialisationseffekten durch Tagespflegestätten und traditionelle Familienerziehung unter weitgehender Kontrolle der ökologischen Bedingungen sein.

Es ist zu vermuten, daß durch das Zusammenwirken der traditionellen, eher verhaltenspsychologisch orientierten und der neueren ökopsychologisch orientierten Interventionsansätze im Bereich der familiären Sozialisationsforschung sich die Wirksamkeit gezielter Veränderungsmaßnahmen für das Eltern-Kind-System erhöhen läßt.

Literatur

BALTES, P. B., REESE, H. W. & NESSELROADE, J. R. 1977. Lifespan developmental psychology: introduction to research methods. Monterey: Brooks/Cole.

BASTINE, I. 1978. Verhaltenstherapeutisches Elterntraining. Ein empirischer Vergleich von zwei Trainingsmethoden für Eltern mit konzentrationsgestörten Kindern. In: SCHNEEWIND, K. A. & LUKESCH, H. (Eds.) Familiäre Sozialisation. Stuttgart: Klett, S. 249–261.

BAUMGÄRTEL, F. 1975. Das Erziehungsverhalten von Müttern im Spiegel eines projektiven Verfahrens. Hamburg (Dissertation).

BELSCHNER, W. & SPÄTH, H. 1977. Versuch einer Kategorisierung von erzieherischen Situationsdefinitionen mittels Cluster-Analyse. Psychologie in Erziehung und Unterricht *24,* S. 49–53.

BERTRAM, H. & BERTRAM, B. 1974. Soziale Ungleichheit, Denkstrukturen und Rollenhandeln. Weinheim: Beltz.

BERTRAM, H. 1976. Probleme einer sozialstrukturell orientierten Sozialisationsforschung. Zeitschrift für Soziologie *5,* S. 103–117.

BERTRAM, H. 1977. Sozialstruktur und Intelligenz. Ein altes Thema – eine neue Antwort? Kölner Zeitschrift für Soziologie und Sozialpsychologie *29,* S. 461–486.

BLALOCK, H. M. (Ed.) 1974. Causal models in the social sciences. Chicago: University of Chicago Press.

BRADLEY, R. H. & CALDWELL, B. M. 1976a. Early home environment and changes in mental test performance in children from 6 to 36 months. Developmental Psychology *12,* S. 93–97.

BRADLEY, R. H. & CALDWELL, B. M. 1976b. The relation of infant's home environments to mental test performance at fifty-four months: a follow-up study. Child Development *47,* S. 1172–1174.

BRADLEY, R. H. & CALDWELL, B. M. 1978. Screening the environment. American Journal of Orthopsychiatry *48,* S. 114–130.

BRANDSTÄDTER, J. 1976. Soziale Schicht, Umwelt und Intelligenz: eine Pfadanalyse der Korrelationsbefunde von Marjoribanks. Psychologische Beiträge *18,* S. 35–53.

BRONFENBRENNER, U. 1974. Developmental research, public policy, and the ecology of childhood. Child Development *45,* S. 1–5.

BRONFENBRENNER, U. 1976. Ökologische Sozialisationsforschung. Stuttgart: Klett.

BRONFENBRENNER, U.: 1977. Toward an experimental ecology of human development. American Psychologist *32,* S. 513–531.

CALDWELL, B., HEIDER, J. & KAPLAN, B. 1966. The inventory of home stimulation. University of Arkansas (Hektographisches Manuskript).

CAMPBELL, D. T. 1969. Reforms as experiments. American Psychologist *25,* S. 409–429.

CLARKE-STEWART, K. A. 1973. Interactions between mothers and their children: characteristics and consequences. Monographs of the Society for Research in Child Development *38,* Serial No. 153.

COCHRAN, M. 1977. A comparison of group day and family childrearing patterns in Sweden. Child Development *48,* S. 702–707.

COCHRAN, M. & BRASSARD, J. 1977. Child development and personal social networks. Cornell University (Hektographiertes Manuskript).

DANZIGER, K. 1974. Sozialisation. Düsseldorf: Schwann.
DIETRICH, G. & WALTER, H. 1971. Die Beeinflussung von Anpassungs- und Konzentrationsverhalten duch erzieherische Führungsformen. Schule und Psychologie *18,* S. 65–73.
DUNCAN, O. D. 1969. Some linear models for two-wave, two-variable panel analysis. Psychological Bulletin 70, S. 177–182.
ELLER, F. & WINKELMANN, K. 1978. Das Berliner Eltern-Trainings-Projekt. In: SCHNEEWIND, K. A. & LUKESCH, H. (Eds.) Familiäre Sozialisation. Stuttgart: Klett. S. 262–279.
ENDLER, N. S. & HUNT, J. McV. 1969. Generalizability of contributions from sources of variance in the S-R inventories of anxiousness. Journal of Personality *37,* S. 1–24.
ENDLER, N. S. & MAGNUSSON, D. (Eds.) 1976. Interactional psychology and personality. New York: Wiley.
ENGFER, A., SCHNEEWIND, K. A. & HINDERER, J. 1978a. Die Familien-Klima-Skalen nach R. H. Moos. Arbeitsbericht 16 aus dem Projekt Eltern-Kind-Beziehungen. Universität München (Hektographiertes Manuskript).
ENGFER, A., SCHNEEWIND, K. A. & HINDERER, J. 1978b. Zur faktoriellen Struktur der Familien-Klima-Skalen nach R. H. Moos. Arbeitsbericht 17 aus dem Projekt Eltern-Kind-Beziehungen. Universität München (Hektographiertes Manuskript).
EYE v., A. & SCHNEEWIND, K. A. 1976. MACS: Mehrdimensionale Automatische Clustersuche. Trierer Psychologische Berichte 3, No. 1.
FALENDER, C. A. & MEHRABIAN, A. 1978. Environmental effects on parent infant interaction. Genetic Psychology Monographs *97,* S. 3–41.
FISCHBEIN, M. & AJZEN, I. 1975. Belief, attitude, intention, and behavior: an introduction to theory and research. Reading: Addison-Wesley.
GARBARINO, J. & BRONFENBRENNER, U. 1980. Forschung im Bereich Eltern-Kind-Beziehungen und ihr Zusammenhang mit der Sozialpolitik: Wer braucht wen? In: SCHNEEWIND, K. A. & HERRMANN, T. (Eds.) Erziehungsstilforschung: Theorien, Methoden und Anwendung der Psychologie elterlichen Erziehungsverhaltens. Bern: Huber (im Druck).
GRAUMANN, C. F. (Ed.) 1978. Ökologische Perspektiven in der Psychologie. Bern: Huber.
GROEBEN, N. & WESTMEYER, H. 1975. Kriterien psychologischer Forschung. München: Juventa.
HERRMANN, T., STAPF, A. & DEUTSCH, W. 1975. Datensammeln ohne Ende? Anmerkungen zur Erziehungsstilforschung. Psychologische Rundschau *26,* S. 176–182.
HOFSTAETTER, P. R. 1953. Einführung in die quantitativen Methoden der Psychologie. München: J. A. Barth.
HOLLENBECK, A. R. 1978. Early infant home environments: validation of the home observation for measurement of the environment inventory. Developmental Psychology *14,* S. 416–418.
HUGHES, H. M. & HAYNES, S. N. 1978. Structured laboratory observation in the behavioral assessment of parent-child interactions: a methodological critique. Behavior Therapy *9,* S. 428–447.
HUMMELL, H. J. & ZIEGLER, R. (Eds.) 1976. Korrelation und Kausalität. Band 1. Stuttgart: Enke.
INNERHOFER, P. 1977. Das Münchner Trainingsmodell. Berlin: Springer.
INNERHOFER, P. 1978. Interaktionsanalyse. München (Hektographiertes Manuskript).

ISCHI, N. 1978. Die Erhebung interaktiven Eltern-Kind-Verhaltens durch systematische Beobachtung. In: SCHNEEWIND, K. A. & LUKESCH, H. (Eds.) Familiäre Sozialisation. Stuttgart: Klett. S. 44–62.

JAEGER, A. O. 1967. Symposion-Beitrag. In: HOERMANN, H. u. a. Die Beziehung zwischen psychologischer Diagnostik und Grundlagenforschung. In: MERZ, F. (Hrsg.) Bericht über den 25. Kongreß der Deutschen Gesellschaft für Psychologie. Göttingen: Hogrefe, S. 106–110.

JAGODZINSKI, W. & ZÄNGLE, M. 1977. Über einige Probleme der Anwendung der Pfadanalyse – Bemerkungen zu einer Studie über soziokulturelle Determinanten der Fähigkeit zum Role-Taking. Zeitschrift für Soziologie *6,* S. 49–61.

KALVERAM, T. 1970. Über Faktorenanalyse. Kritik eines theoretischen Konzepts und seine mathematische Neuformulierung. Archiv für die gesamte Psychologie *122,* S. 92–118.

KAMINSKI, G. (Ed.) 1976. Umweltpsychologie: Perspektiven, Probleme, Praxis. Stuttgart: Klett.

KAUFMANN, F. X., HERLTH, A., SCHULZE, H. J. & STROHMEIER, K. P. 1978. Sozialpolitik und familiale Sozialisation. Schlußbericht des Forschungsprojekts «Wirkungen öffentlicher Sozialleistungen auf den Sozialisationsprozeß». Universität Bielefeld (Hektographiertes Manuskript).

KEMPF, W. F. 1972. Zur Bewertung der Faktorenanalyse als psychologische Methode, Psychologische Beiträge *14,* S. 610–625.

KENNY, D. A. 1975. Cross-lagged panel correlation: a test for spuriousness. Psychological Bulletin *82,* S. 887–903.

KRAUTH, J. & LIENERT, E. A. 1973. KFA – Konfigurationsfrequenzanalyse. München: Alber.

KROHNS, H.-C. & SCHNEEWIND, K. A. 1979. Erziehungspraktiken, -einstellungen und -ziele als integrale Bestandteile von Erziehungsstilen. Arbeitsbericht 30 aus dem Projekt Eltern-Kind-Beziehungen. Universität München (Hektographiertes Manuskript).

LEWIN, K., LIPPITT, R. & WHITE, R. K. 1939. Patterns of aggressive behavior in experimentally created "social climates". Journal of Social Psychology *10,* S. 271–299.

LÖSEL, F. 1978. Konfigurationen elterlicher Erziehung und Dissozialität. In: SCHNEEWIND, K. A. & LUKESCH, H. (Eds.) Familiäre Sozialisation. Stuttgart: Klett. S. 233–245.

LUKESCH, H. 1975a. Erziehungsstile. Pädagogische und psychologische Konzepte. Stuttgart: Kohlhammer.

LUKESCH, H. 1975b. Identifikation von Familientypen. In: LUKESCH, H. (Ed.) Auswirkungen elterlicher Erziehungsstile. Göttingen: Hogrefe. S. 50–60.

LUKESCH, H. 1976. Elterliche Erziehungsstile. Psychologische und soziologische Bedingungen. Stuttgart: Kohlhammer.

LUKESCH, H. & KLEITER, G. D. 1974. Die Anwendung der Faktorenanalyse. Darstellung und Kritik der Praxis einer Methode. Archiv für die gesamte Psychologie *126,* S. 265–307.

LUKESCH, H. & SCHNEEWIND, K. A. 1978. Themen und Probleme der familiären Sozialisationsforschung. In: SCHNEEWIND, K. A. & LUKESCH, H. (Hrsg.) Familiäre Sozialisation. Stuttgart: Klett, S. 11–23.

MARCEIL, J. C. 1977. Implicit dimensions of idiography and nomothesis: a reformulation. American Psychologist *32,* S. 1046–1055.

MARJORIBANKS, K. 1972. Environment, social class, and mental abilities. Journal of Educational Psychology *63,* S. 103–109.

MEULEMANN, H. & WEISHAUPT, H. 1976. Örtliche soziale Milieus als Kontext für Sozialisations- und Entwicklungsprozesse. Deutsches Institut für Internationale Pädagogische Forschung. Frankfurt (Hektographiertes Manuskript).

MINUCHIN, S. 1974. Families and family therapy. Cambridge: Harvard University Press.

MISCHEL, W. 1973. Toward a cognitive social learning reconceptualization of personality. Psychological Review *80,* S. 252–283.

MOOS, R. H. 1974. Family environment scale. Preliminary manual. Palo Alto: Consulting Psychologists Press.

MOOS, R. H. & INSEL, P. (Eds.) 1974. Issues in social ecology. Palo Alto: National Press Books.

MOOS, R. H. (Ed.) 1976. The human context. New York: Wiley.

MÜLLER, G. F. 1978. Erfahrungen mit dem Präventiven Elterntraining. In: SCHNEEWIND, K. A. & LUKESCH, H. (Eds.) Familiäre Sozialisation. Stuttgart: Klett. S. 280–293.

OPP, K.-D. & SCHMIDT, P. 1976. Einführung in die Mehrvariablenanalyse. Reinbek: Rowohlt.

PATTERSON, G. R. 1973. Stimulus control in natural setting: I. A procedure for the identification of facilitating stimuli which occur in social interaction. University of Oregon (Hektographiertes Manuskript).

PEDERSEN, D. M. 1978. Dimensions of environmental perception. Multivariate Experimental Clinical Research *3,* S. 209–218.

PERREZ, M. 1980a. Implementierung neuen Erziehungsverhaltens: Interventionsforschung im Erziehungsstilbereich. In: SCHNEEWIND, K. A. & HERRMANN, T. (Eds.) Erziehungsstilforschung: Theorien, Methoden und Anwendung der Psychologie elterlichen Erziehungsverhaltens. Bern: Huber.

PERREZ, M. 1980b. Research on parental attitudes and behavior. German Journal of Psychology *4,* 135–151.

PERREZ, M., MINSEL, B. & WIMMER, H. 1974. Eltern-Verhaltenstraining. Salzburg: Müller.

PERVIN, L. A. 1968. Performance and satisfaction as a function of individual-environment fit. Psychological Bulletin *69,* S. 56–68.

PERVIN, L. A. 1978. Definition, measurements, and classifications of stimuli, situations, and environments. Human Ecology *6,* S. 71–105.

PETERMANN, F. 1978. Veränderungsmessung. Stuttgart: Kohlhammer.

PREISIG, E., PERREZ, M. & PATRY, J.-L. 1979. Der Zusammenhang zwischen Lehrer- und Schülerverhalten anhand eines quasi-experimentellen Untersuchungsdesigns. Berichte zur Erziehungswissenschaft des Pädagogischen Institutes der Universität Fribourg Nr. 12.

RICHTER, H. E., STROTZKA, H. & WILLI, J. (Eds.) 1976. Familie und seelische Krankheit. Reinbek: Rowohlt.

RUDINGER, R. & LANTERMANN, E.-D. 1978. Probleme der Veränderungsmessung in individuellen und gruppentypischen Entwicklungsverläufen. In: OERTER, R. (Ed.) Entwicklung als lebenslanger Prozeß. Hamburg: Hoffmann & Campe. S. 178–227.

SAMEROFF, A. 1975. Transactional models in early social relations. Human Development *18,* S. 65–79.

SATIR, V. 1967. Conjoint family therapy. Palo Alto: Science and Behavior Books.

SCHNEEWIND, K. A. 1975. Erziehungsstil und kindliches Verhalten. Medizinische Klinik *71,* S. 133–142.

SCHNEEWIND, K. A. 1974. Elterliche Erziehungsstile: Einige Anmerkungen zum Stand der Forschung: In: TACK, W. H. (Ed.) Bericht über den 30. Kongreß der Deutschen Gesellschaft für Psychologie in Regensburg 1976. Band 2. Göttingen: Hogrefe, S. 165–176.

SCHNEEWIND, K. A. & LORTZ, E. 1978. Familienklima und elterliche Erziehungseinstellungen. In: SCHNEEWIND, K. A. & LUKESCH, H. (Eds.) Familiäre Sozialisation. Stuttgart: Klett. S. 114–135.

SCHNEEWIND, K. A. & ENGFER, A. 1979. Ökologische Perspektiven der familiären Sozialisation. In: OERTER, R. & WALTER, H. (Eds.) Entwicklung und Ökologie. Donauwörth: Auer.

STAPF, K.-H. 1980. Methoden und Verfahrenstechniken im Bereich des Erziehungsverhaltens. In: ECKENSBERGER, L. H. & ECKENSBERGER, U. S. (Hg.) Bericht über den 28. Kongreß der Deutschen Gesellschaft für Psychologie in Saarbrücken. Göttingen: Hogrefe.

STAPF, K.-H. 1980. Methoden und Verfahrenstechniken im Bereich der Erziehungsstilforschung. In: SCHNEEWIND, K. A. & HERRMANN, T. (Eds.) Erziehungsstilforschung: Theorien, Methoden und Anwendung der Psychologie elterlichen Erziehungsverhaltens. Bern: Huber (im Druck).

STAPF, K. H., HERRMANN, TH., STAPF, A. & STAECKER, K. H. 1972. Psychologie des elterlichen Erziehungsstils. Stuttgart: Klett.

STIERLIN, H. 1975. Von der Psychoanalyse zur Familientherapie. Stuttgart: Klett.

STOKOLS, D. 1978. Environmental psychology. Annual Review of Psychology *29,* S. 253–295.

THOMAE, H. 1968. Das Individuum und seine Welt. Göttingen: Hogrefe.

TRUDEWIND, C. 1975a. Häusliche Umwelt und Motiventwicklung. Göttingen: Hogrefe.

TRUDEWIND, C. 1975b. Die Interaktion von ökologischen Variablen und Erziehungsvariablen in der Entwicklung der Schulreife und des Leistungsmotivs. Universität Bochum (Hektographiertes Manuskript).

WALBERG, H. & MARJORIBANKS, K. 1973. Differential mental abilities and home environment: a canonical analysis. Developmental Psychology *9,* S. 363–368.

WEEDE, E. 1972. Zur Pfadanalyse: Neuere Entwicklungen, Verbesserungen, Ergänzungen. Kölner Zeitschrift für Soziologie und Sozialpsychologie *24,* S. 101–117.

WESTMEYER, H. 1973. Kritik der psychologischen Unvernunft. Stuttgart: Kohlhammer.

WINKELMANN, K., ELLER, F. & SCHULTZE, J. 1977. Berliner Projekt zur Identifizierung kontrollierender Reize in Eltern-Kind-Interaktionen. In: TACK, W. H. (Ed.) Bericht über den 30. Kongreß der Deutschen Gesellschaft für Psychologie in Regensburg 1976. Band 2. Göttingen: Hogrefe. S. 90–92.

ZIGLER, E. & SEITZ, V. 1978. Changing trends in socialization theory and research. American Behavioral Scientist *21,* S. 731–756.

II. Methodische Probleme der familiären Sozialisationsforschung

Zur Erforschung der Prozesse, die in Familien vorgehen, wurde zumeist in theorieloser Weise verfahren. Das heißt, man sammelte weitgehend nur Statements, welche von ihrem Inhalt her gesehen zwar etwas mit Erziehung und Sozialisation zu tun hatten, kümmerte sich aber wenig um eine konsistente Erklärung gefundener korrelativer Beziehungen zwischen Einstellungen, Wertvorstellungen oder Verhaltensweisen von Erziehern und Merkmalen der kindlichen Persönlichkeit. Dieses Stadium des «Datensammelns ohne Ende» kann heute als prinzipiell überwunden gelten. Paradigmatisch dafür sind Konzepte, die sowohl von Verhaltenstheorien oder von kognitiven Theorien ihren Ausgang nehmen und versuchen, diese auf Prozesse in der Familie anzuwenden.

Eine konsequente Umsetzung der Verhaltenstheorie in ein Fragebogenverfahren wird in dem Beitrag von PREISIG, PERREZ und PATRY vorgestellt. Es werden dabei Skalen für Lehrer und für Eltern entwickelt, in denen mit beträchtlicher methodischer Sophistikation situationsspezifisch Bekräftigungs- und Bestrafungsintensitäten für die Bereiche Leistungs- und Sozialverhalten gemessen werden. Auch der nachfolgende Artikel von PERREZ, PATRY und ISCHI basiert auf einer verhaltenstheoretischen Grundlage. Es wird eine Methodik vorgestellt, durch welche die Labortheorie Skinners für Beobachtungen im Feld transponiert wird. Damit konnte die Grundlage für eine theoriegeleitete Analyse von Eltern-Kind-Interaktionen geschaffen werden, die auch zur Effizienzkontrolle bei Elterntrainingsprogrammen anwendbar ist.

HELMKE und KISCHKEL wenden sich in ihrem Beitrag der Frage zu, in welcher Weise Kind- und Elternperzeptionen des Erzieherverhaltens zusammenhängen. Neben einer umfassenden Literaturdarstellung werden empirische Daten über die unterschiedliche Vorhersagbarkeit von Persönlichkeitsmerkmalen des Kindes aufgrund der Kind- bzw. Elternangaben über das Erziehungsgeschehen in der Familie analysiert.

BAUMGÄRTEL untersucht die Situationsspezifität des mütterlichen Erziehungsverhaltens, erfaßt mittels projektiven Stimulusmaterials. Er kann dabei nachweisen, daß das mütterliche Erziehungsverhalten je nach situativen Kontext unterschiedlich ausfällt. ALLEMANN schlägt schließlich ein Modell zur Analyse des Erziehungsverhaltens vor, das an einer kognitiven Theorie orientiert ist. Damit schließt dieses Kapitel, das mit

Beiträgen auf der Ebene von Verhaltensanalysen begonnen hat, mit einem bemerkenswerten Vorschlag, der die Richtung andeutet, in welcher verhaltensanalytische und kognitive Ansätze bei der Erforschung von Prozessen in der Familie konvergieren könnten.

2. Ernst Preisig, Meinrad Perrez und Jean-Luc Patry

Konstruktion eines an der Verhaltenstheorie orientierten Fragebogens zur Erfassung des Bekräftigungs- und Bestrafungsverhaltens [1]

Zusammenfassung: Die verhaltenstheoretisch orientierte Erziehungsstilforschung hat bisher einige zentrale Postulate nicht berücksichtigt (Situationsspezifität, Idiographisierung). Ein Versuch, diese in die Entwicklung eines neuen Erziehungsstilerhebungsverfahren einzubeziehen, wird dargestellt. Das Verfahren setzt sich aus zwei Teilen zusammen: einem Fragebogen für die Erzieher (Lehrer/Eltern) und aus Unterlagen für die Erhebung von Bekräftigungsintensitäten (Verstärkervalenzen) beim Kind. In einer ersten Phase der referierten Untersuchung wurden 211 Eltern und 55 Lehrer auf der Basis von beschriebenen Kinderverhaltensweisen (i. S. von protocol material) anhand einer vorgegebenen Liste nach ihren Bekräftigungsprioritäten befragt. Es folgte eine Einschätzung dieser Prioritäten durch die Kinder. Das Ziel war die Zusammenstellung von je zwei bestrafungs- und belohnungsrelevanten Pools von Situations- bzw. Kindverhaltensbeschreibungen (Leistungs- und Sozialverhalten). Verwendet wurden die traditionellen dimensionsanalytischen Verfahren Faktoren- und Konsistenzanalyse. Die zweite Phase der Untersuchung betrifft die Bedingungen der erzieherischen Bekräftigungstendenzen anhand der revidierten Form des Fragebogens.

Es bestehen wenige bedeutsame Zusammenhänge zwischen dem selbstberichteten Bekräftigungsverhalten als abhängige Variable der Eltern und unabhängigen Variablen wie sozio-ökonomischer Status, Geschlecht des Kindes oder Stellung des Kindes in der Familie.

1. Einleitung

Verhaltenstheoretisch orientierte Erziehungsstilforschung muß mit dem Antagonismus leben, daß einerseits die optimale Datengewinnungsmethode für die Analyse der Eltern-Kind-Interaktionen die Verhaltensbeobachtung ist, daß aber andererseits der ökonomische Aufwand, der mit der Verhaltensbeobachtung verbunden ist, Studien an größeren Stich-

---

[1] Es handelt sich bei dieser Arbeit um ein durch den Schweizerischen Nationalfonds finanziertes Projekt im Rahmen des «Nationalen Programms: Soziale Integration», Projekt-Nummer: 4.135.0.76.03.

proben verbietet. Das ideale Instrument für diesen Fall ist der Fragebogen; dieser weist bei verhaltensorientierten Fragestellungen beträchtliche Nachteile auf. Es soll nun ein Instrument vorgestellt werden, das die Untersuchung größerer Gruppen erlaubt, ohne daß auf gewisse verhaltenstheoretische Grundlagen verzichtet werden muß.

STAPF, HERRMANN, STAPF und STÄCKER (1972) haben das Dilemma Instrument vs. Stichprobengröße zu lösen versucht, indem sie die Parameter, die das Elternverhalten betrafen, über das Urteil der Kinder gemessen haben. LUKESCH (1976) kritisiert diesen Versuch mit dem Argument, daß durch die kindperzipierte «Strenge» bzw. «Unterstützung» nicht elterliche Parameter, sondern Parameter der «Kind-Kognition» erforscht werden und demgemäß nicht die Verhaltenstheorie, sondern eine kognitive Theorie den Hintergrund bilden müßte.

Man kann aber die sich ergebenden Daten auch dahin interpretieren, daß durch die Kindbefragung im Fragebogen das Kind als Beobachter eingesetzt wird. Die erhobenen Daten beruhen dann nicht auf einer systematischen Beobachtungsstichprobe, sondern auf einem naiven Rating des Kindes. Ob dieses Rating verhaltenstheoretisch relevante Daten liefert, ist dann ein Problem der Validität. Es wäre naheliegend, eine komplexe kognitive Theorie zur teilweisen Erklärung der Meßfehler zu verwenden. Wenn wir unterstellen, daß das Meßverfahren als ausreichend valide betrachtet werden kann, darf dieser Versuch, auf ökonomische Weise Daten zu gewinnen, akzeptiert werden.

Das Marburger Verfahren verfügt indes über eine Reihe von Merkmalen, die eine Weiterentwicklung bzw. Neukonzeption nahelegen. Drei Kritikpunkte seien herausgegriffen und sollen als Grundlagen bei der Instrumentenkonstruktion einbezogen werden. Es sind dies

1. die *idiographische Bedeutung* des Bekräftigungswertes der Erzieher-Maßnahme;
2. die *Kindreaktions-Spezifität* des Erzieherverhaltens;
3. die *individuellen Bekräftigungspraktiken* der Erzieher.

Terminologisch sei geklärt, daß wir hier unter «*Bekräftigungsverhalten*» elterliche Erziehungsmaßnahmen verstehen, die für das Kind angenehm (= Belohnung) bzw. unangenehm (= Bestrafung) sind. Ob bestimmtes Bekräftigungsverhalten eine *positive Verstärkung* im Sinne der Verhaltenstheorie darstellt, oder ob eine Bestrafung im Sinne eines Reizes wirkt, der die Verminderung der Auftretenswahrscheinlichkeit einer Reaktion bewirkt, kann in diesem Zusammenhang nicht ausgesagt werden.

ad 1: *idiographische Bedeutung*

WESTMEYER (1973) fordert, den Verstärkerwert eines in einer Untersuchung als Verstärker verwendeten Reizes unabhängig von der interessierenden Untersuchung idiographisch zu prüfen, da nur sehr beschränkt davon ausgegangen werden kann, daß gleiche Stimuli auf verschiedene Personen gleich verstärkend wirken. Die Items der Marburger Skalen berücksichtigen diesen Aspekt nicht: es ist als wahrscheinlich anzunehmen, daß sich die Kinder in bezug auf ihre Bewertung von Stimuli wie Lob, schnelles Verzeihen, Trösten, Helfen, usw. in den verschiedensten Situationen («Wenn ich mich wie ein Erwachsener benehme», «Wenn ich etwas ausgefressen habe und mich entschuldige», usw.) unterscheiden. In den Marburger Skalen wird unterstellt, für alle Kinder seien gleiche Elternreaktionen gleichermaßen wirksam (bekräftigend).

Ein solcher idiographischer *Bekräftigungswert* läßt sich dadurch approximativ erfassen, indem man das Kind darüber befragt, wie angenehm es spezifische Reize (Erzieherreaktionen) empfindet (Idiographisierung; PATRY 1976). Wie erwähnt, ist damit noch nichts über den *Verstärkungswert* im Sinne der Verhaltenstheorie ausgesagt. Indem das Kind angibt, wie gern es einen bestimmten Reiz mag (bzw. welchen von zwei gegebenen Reizen es bevorzugt), kann man dessen Bekräftigungswert unabhängig von der Häufigkeit des Kindverhaltens in der gegebenen Situation kindspezifisch schätzen. Durch die individuelle Messung der subjektiven Beliebtheit definierter elterlicher Erziehungsmaßnahmen (Belohnung und Bestrafung) glauben wir, deren *idiographische* Dimension zu berücksichtigen.

ad 2: *Kindreaktionsspezifität des Erzieherverhaltens*
STAPF selbst hat 1974 darauf hingewiesen, daß das Marburger Verfahren die Situationsspezifität des Verhaltens nicht ausreichend berücksichtigt. So kann das gleiche Verhalten des Kindes in einem bestimmten Kontext andere Erizeherreaktionen nach sich ziehen als in einem anderen Kontext. Im Leistungsbereich mag beispielsweise kompetitives Verhalten durch die Eltern ganz anders bewertet werden als im Sozialbereich. Mit MISCHEL (1968, 1973, 1977) kann man hingegen annehmen, daß die Erzieher bei gleichbleibender Situation, d. h. wenn das Kindverhalten im gleichen Kontext auftritt, in bezug auf die Bekräftigung durchaus konsistent reagieren. Wie noch darzustellen sein wird, werden als kindliche Verhaltenstypen das Sozial- und Leistungsverhalten gewählt.

ad 3: *Individuelle Bekräftigungspraktiken*
Die Reaktion eines Erziehers auf ein bestimmtes Kindverhalten kann sich unterscheiden von der Reaktion eines anderen Erziehers auf genau das gleiche Verhalten, wobei beide Erzieherreaktionen bekräftigend sein können. In den Marburger Skalen wird pro vorgegebenem Kindverhalten nur eine elterliche Reaktionsalternative untersucht. Beispielsweise sagt die Mutter, was das Kind tun soll, wenn es mit einem Freund Streit hat.

Eine andere, nicht weniger bekräftigende Reaktion ist durchaus denkbar. Es müssen somit mehrere mögliche Alternativen vorgegeben werden.

Durch Kombination der dargestellten Aspekte ergibt sich, daß für jeden Kindverhaltenstyp ein Schätzwert für das kindreaktionsspezifische Bekräftigungsausmaß ermittelt wird. Dieser Schätzwert gilt nur für je ein Erzieher-Kind-Paar. Das gleiche Kind mit einem anderen Erzieher ergibt ebenso einen anderen Wert, wie wenn das Verhalten des gleichen Erziehers einem anderen Kind gegenüber untersucht wird. In beiden Fällen sind sowohl die Erzieherreaktionen als auch die individuellen subjektiven Bekräftigungswerte für das Kind verschieden.

Es ist anzunehmen, daß sich die theoretisch zu erwartenden Zusammenhänge zwischen der Bekräftigung durch die Erzieher und den abhängigen Variablen im Kindverhalten (z. B. Sozial- und Leistungsverhalten) bei jüngeren Kindern deutlicher zeigen als bei älteren. Da gleichzeitig in Schule und Elternhaus untersucht werden sollte, wurde das erste Schuljahr ausgewählt.

Kinder dieses Alters (7–8 Jahre) können nicht als Beobachter ihrer Eltern im oben dargestellten Sinne dienen. Hingegen ist es ihnen möglich, Fragen, die sie selber, ihre eigenen Urteile und Einschätzungen betreffen, zu beantworten. Bei einer solchen Konstellation bietet sich die Kombination von Eltern- und Kindbefragung an. Beide Gruppen werden als *Selbstbeobachter* eingesetzt: die Eltern, weil das interessierende Verhalten nur von diesen angegeben werden kann (angesichts des Alters der Kinder), und die Kinder, weil niemand anders, auch ihre Eltern nicht, ihre Empfindungen und Gefühle besser kennt.

2. Konstruktion

2.1 Die Bildung von Situationskategorien (Kindverhaltensweisen)

Es gibt eine große Anzahl von Kindverhaltensweisen (KV), auf die Erzieher häufig mit negativen oder positiven Konsequenzen reagieren. *Eine erste, mehr formale Unterscheidung der KV erfolgt nach dem Kriterium der Belohnungswürdigkeit (Erwünschtheit) bzw. der Bestrafungswürdigkeit (Unerwünschtheit).* Meist ist nur solches Kindverhalten Gegenstand von erzieherischen Einwirkungen, das entweder als ausgeprägt erwünscht bzw. unerwünscht betrachtet wird.

Hingegen ist weder mit einer vollständigen interindividuellen noch mit einer intraindividuellen Konstanz zu rechnen. Einzelne KV sind für einzelne Erzieher verschieden erwünscht bzw. unerwünscht, je nach den

Umständen. Deshalb soll in einer Voruntersuchung der Erwünschtheits- bzw. Unerwünschtheitsgrad des KV abgeklärt werden.

TAUSCH (1958) untersuchte im deutschsprachigen Raum erstmals auf Befragungsebene das situationsspezifische Erziehungsverhalten. Allerdings umfaßt die Befragung nur die Subgruppe der bestrafungswürdigen Situationen. Eine weitere Kategorisierung der 14 schulbezogenen Konfliktsituationen wurde nicht vorgenommen. Auch HOFFMANN und SALTZSTEIN (1967) begnügten sich in ihrer Untersuchung der elterlichen Disziplinierungstechniken im Zusammenhang mit der moralischen Entwicklung des Kindes mit der Vorgabe von wenigen konflikthaften, ausführlich dargestellten Situationen. HECKHAUSEN (1972), der das elterliche Bekräftigungsverhalten in bezug auf das Leistungsmotiv untersuchte, unterscheidet vier Situationstypen: a) intensive Leistungsbemühungen, b) Erfolg der abgeschlossenen Handlung (oder Teilhandlung), c) unzureichende Leistungsbemühungen, d) Mißerfolg. Das Kindverhalten wird einerseits im Hinblick auf den Leistungsbereich, andererseits auf inhaltlich nicht näher spezifizierte Bereiche analysiert. Im Punitivitätsdifferential (VIERNSTEIN 1972) werden schließlich dem Erzieher eine Anzahl konflikthafter Erziehungssituationen zusammen mit möglichen Bestrafungsarten vorgegeben. Dieser Ansatz kommt unserer Methode am nächsten.

Nicht berücksichtigt wird dabei die zweite Dimension, die Unterstützung erwünschten Kinderverhaltens. STAPF (1974) schlug ein erfahrungswissenschaftliches Vorgehen vor. Mittels einer mehrdimensionalen Ähnlichkeitsskalierung durch Experten (Psychologen, Pädagogen, Elternpersonen) konstruierte er fünf homogene, unabhängige Subskalen, die je drei Situationsitems umfassen. Es sind dies: a) Leistungsbereich, b) Eigentumsbereich, c) Sozialbereich, d) Verhalten Normen gegenüber und e) Verhalten Geboten gegenüber. Es handelt sich hier um einen recht differenzierten Vorschlag, der bisher nicht weiter aufgenommen wurde. BAUMGÄRTEL (1975) hat mit einer größeren Anzahl von bildlich dargestellten Erziehersituationen gearbeitet, die er inhaltlich den Bereichen «Leistungsverhalten» und «Aggressionen» zuordnete.

Die Methode von HAUF et al. (1977) ergab einen für den erzieherischen Alltag einigermaßen repräsentativen Pool von Konfliktsituationen bzw. Bekräftigungssituationen. Durch Interviews und Beobachtungen wurden für Schule und Elternhaus getrennt folgende Inhaltskategorien postuliert: a) emotionale Probleme, b) häusliche Aktivitäten, c) Versagen in der Schule, d) schulische Aktivitäten und e) Kontakt mit außerfamiliären Personen sowie eine Restkategorie. Die Sammlung berücksichtigt, fast müßte man sagen typischerweise, keine positiven KV.

Eine Verarbeitung der Situationen in einem Bekräftigungsfragebogen war nicht intendiert. Weit ausgeklügeltere Kategoriensysteme, die für

Befragungen aus Gründen der Ökonomie außer Reichweite liegen, finden wir in jenen Arbeiten, die sich auf Beobachtungsdaten abstützen (PATTERSON 1969; ELLER & WINKELMANN 1978; ISCHI 1979).

Zusammenfassend bleibt festzustellen, daß die *situationsspezifische Erfassung* des erzieherischen Bekräftigungsverhaltens noch keine konsequente Verwirklichung gefunden hat. Am weitesten fortgeschritten ist die Arbeit von STAPF (1974). Die hier referierte Arbeit will im wesentlichen diesen Ansatz aufnehmen und weiterführen. Der zu entwickelnde Fragebogen soll in der gleichen Form sowohl von Lehrern als auch von Eltern beantwortet werden. (Ein ähnlicher Versuch wurde schon von BORCHERT 1979 unternommen.) Aus diesem Grunde hatte die KV-Komponente des Bogens Situationen zu enthalten, die für Elternhaus und Schule möglichst dieselbe Relevanz besitzen. Ferner hängt der Einsatz erzieherischer Mittel teilweise davon ab, auf welche Erziehungsziele sich das Kindverhalten bezieht. Wir gehen davon aus, daß die erzieherischen Orientierungen im (Schul-)Leistungsbereich deutlich über jenen im Bereich des kindlichen Sozialverhaltens stehen, da im besonderen die Leistungsorientierung ein wesentliches Merkmal der in unserer Gesellschaft vorherrschenden Sozialisationsprozesse darstellt (FEND 1974). *Die in dem Fragebogen aufgeführten Situationsbeschreibungen sollen daher die zwei kindlichen Verhaltenstypen «Leistungsverhalten» und «Sozialverhalten» betreffen.*

In einem ersten Schritt wurden 48 Situationsbeschreibungen zusammengestellt, die teilweise dem Vorschlag von STAPF (1974) für die häusliche Erziehung sowie einer Arbeit von ROTH und SCHELLHAMMER (1972) im Hinblick auf schulische Erziehungssituationen entstammen. Eine größere Anzahl von Situationsbeschreibungen wurde neu formuliert. Mittels eines Expertenratings konnten die Situationsbeschreibungen folgenden vier Subskalen zugeordnet werden: a) erwünschtes Leistungsverhalten, b) unerwünschtes Leistungsverhalten, c) erwünschtes Sozialverhalten und d) unerwünschtes Sozialverhalten. Dem Leistungsbereich angehörend wurden alle Verhaltensbeschreibungen zugeordnet, die auf die Ausführung von schulischen Aufgaben und Arbeiten – zu Hause und in der Schule – ausgerichtet sind, ebenfalls alle Tätigkeiten, die lediglich sekundär mit mangelnden bzw. positiven Schulleistungen zusammenhängen, z. B. Fleiß vs. Trödelei, Aufmerksamkeit vs. Unkonzentriertheit, Ordentlichkeit vs. Unordentlichkeit. Dem Sozialbereich zugeordnet wurden Verhaltensepisoden, die sich auf Interaktionen mit Mitschülern und Erwachsenen beziehen sowie auf den Umgang mit Gegenständen, Normen und Regeln in der Umwelt des Kindes. Wir geben nachfolgend vier Beispiele von Situationsbeschreibungen wieder.

1. *Erwünschtes Leistungsverhalten:* (Kind/Schüler) A hat eine anspruchsvolle Aufgabe in kurzer Zeit sorgfältig und fehlerlos gelöst.

2. *Erwünschtes Sozialverhalten:* Sie erfahren, daß A aus eigenem Antrieb einen zur Zeit kranken, in der Klassengemeinschaft abseits stehenden Schüler täglich besucht, um ihn über das Geschehen in der Schule auf dem laufenden zu halten.
3. *Unerwünschtes Leistungsverhalten:* A hat bereits zum x-ten Mal die schriftlichen Hausaufgaben nicht gelöst.
4. *Unerwünschtes Sozialverhalten:* A wird auf frischer Tat ertappt, wie es andere zum Hänseln und Auslachen eines schwächeren Kameraden anstiftet.

2. 2 Bestrafungs- und Belohnungsmaßnahmen

Wir beabsichtigen, die Erziehungspraktiken ausschließlich unter verhaltenstheoretischem Aspekt (operantes Paradigma) zu analysieren. Nach KANFER und PHILIPS (1970) sind auf dem einfachsten Niveau der Analyse vier Reaktionsklassen voneinander zu unterscheiden: a) Positive Konsequenzen können auf eine kindliche Verhaltensepisode verabreicht (Verstärkung) bzw. b) entzogen werden (Verstärkerentzug); c) ebenso können negative Konsequenzen dargeboten (Bestrafung) bzw. d) entzogen werden (negative Verstärkung). Berücksichtigt man zusätzlich das Vorenthalten von positiven Konsequenzen (Löschung) und von negativen Konsequenzen (Vermeidung), kennen wir sechs Operationen des operanten Paradigmas (vgl. Tab. 1).

Tabelle 1: Zusammenstellung der Verstärkungsoperationen nach KANFER & PHILIPS (1970, S. 251)

Operation	K^+	K^-
Verabreichung	Positive Verstärkung	Bestrafung
Entfernung	Verstärkerentzug	Negative Verstärkung
Vorenthalten	Löschung	Vermeidung

Der Erzieher hat die Möglichkeiten, auf das Verhalten eines Kindes zu reagieren (einen Reiz zu verabreichen oder zu entfernen) oder aber dieses nicht zu beachten (evtl. einen Reiz vorzuenthalten). Er kann also nach der Wahrnehmung des Ereignisses auf das Kind erzieherisch einwirken oder äußerlich unbeteiligt seinen aktuellen Beschäftigungen nachgehen.

Weiter verfügt der Erzieher über ein vielfältiges Repertoire an konkreten Maßnahmen (SMITH & HUDGINS 1972). Verhaltenstheoretisch betrachtet, kann die erzieherische Konsequenz eine positive oder eine negative Verstärkung eines erwünschten Kindverhaltens darstellen. Das Kind kann dabei sozial-emotional (z. B. durch Lob), materiell (z. B. durch

Abgabe von Süßigkeiten) oder durch das Ausführenlassen beliebter Tätigkeiten (z. B. zeichnen, spielen) positiv bekräftigt werden.

Vom Kind wird auch die negative Verstärkung als angenehm wahrgenommen: Der Erzieher verzichtet in diesem Falle auf den Einsatz von in Aussicht gestellten negativen Verstärkern (z. B. Strafarbeiten).

Damit sind die Möglichkeiten streng behavioristischer Verstärkungsoperationen erschöpft, wobei bereits die letzte Operation Verhalten auf einer höheren Ebene anspricht: die in Aussicht gestellten Dinge sind im Geiste des Kindes repräsentiert. Negative Verstärkung wird von uns also umfassender interpretiert als nur die unmittelbare Entfernung eines zur Zeit andauernden negativen Reizes; einbezogen wird auch die kognitive Ebene. Aber auch in Aussicht gestellte Konsequenzen werden kognitiv repräsentiert. Erzieher führen die belohnenden bzw. bestrafenden Maßnahmen sehr oft nicht unmittelbar aus, sondern lassen sie verzögert folgen: Eine Reise, ein Geschenk, die Erfüllung eines Wunsches wird versprochen; dem Kind wird in Aussicht gestellt, am Abend länger aufbleiben zu dürfen, eine Fernsehsendung zusätzlich zu sehen oder früher aus der Schule nach Hause entlassen zu werden. Eine systematische Zusammenstellung der für den Erziehungsprozeß bedeutsamen Bekräftigungsoperationen zeigt Abb. 1.

Abbildung 1: Verstärkungsoperationsschema des Erziehungsprozesses

	unmittelbare Verabreichung	in Aussicht stellen	Entzug / Widerrufen
K^+ materiell	Belohnungen geben	Belohnungen versprechen	auf Belohnungen verzichten lassen
K^+ sozialemotional	– Lob – Zärtlichkeit	soziale Kontakte versprechen	– sozialer Ausschluß – Liebesentzug
K^+ als Tätigkeit	beliebtes Tun	beliebtes Tun versprechen	auf beliebtes Tun verzichten lassen
K^- sozialemotional	tadeln, schimpfen	*	*
K^- als Tätigkeit	Wiedergutmachung	unbeliebtes Tun versprechen	unbeliebtes Tun widerrufen
K^- Physische Schmerzreize	Körperstrafe	Körperstrafe androhen	Körperstrafe widerrufen

K^+ / K^- positive / negative Konsequenz
* in der Erziehungspraxis nicht relevant

Abbildung 2: Zusammenstellung der Belohnungs- und Bestrafungsitems

	Unmittelbare Verabreichung	In Aussicht stellen	Entzug, Widerruf
K^+ materiell	1 Ich verabreiche A unmittelbar eine kleinere Belohnung (Süßigkeiten, Heft, Sackgeld, z. B.)	6 Ich verspreche A beliebte Dinge (wie bei 1)	16 Ich teile A mit, daß es auf beliebte Dinge verzichten muß
K^+ sozial	2 Ich lobe, ermutige A 4 Ich bin zärtlich mit A (über das Haar streichen, z. B.)	5 Ich verschaffe A die Möglichkeit, zu einem späteren Zeitpunkt mit Kameraden / Erwachsenen zusammenzusein, die es gern hat	18 Ich stelle das Kind vor die Türe / ins Zimmer oder schicke es frühzeitig in Bett 19 Ich erkläre A, daß ich es so nicht mehr gern habe / daß ich enttäuscht sei
K^+ Tätigkeit	3 Ich lasse A sofort Tätigkeiten verrichten, die es gerne tut (lesen, spielen lassen, z. B.)	7 Ich verspreche A, eine angenehme Tätigkeit verrichten zu dürfen (wie bei 3)	17 Ich teile A mit, daß es auf eine beliebte Tätigkeit verzichten muß (zeichnen, fernsehen, z. B.)
K^- sozial	10 Ich schimpfe, tadle, weise A zurecht		
K^- Tätigkeit	11 Ich fordere A auf, den Schaden / die Verfehlung sofort wiedergutzumachen	14 Ich ordne unbeliebte Tätigkeiten an, die A zu einem späteren Zeitpunkt zu vollziehen hat (Strafarbeiten, z. B.)	8 Ich teile A mit, daß ich eine bereits angekündigte, unangenehme Tätigkeit (Strafarbeit, z. B.) erlassen werde
K^- physisch	12 Ich wende eine Körperstrafe an (Ohrfeige, z. B.) 13 Ich füge A zeichenhaft einen kleineren Schmerz zu (Haare, Ohren ziehen, z. B.)	15 Ich sichere auf später eine Körperstrafe zu (den Hintern versohlen, z. B.)	9 Ich sage A, daß ich auf die Abgabe von angekündigten körperlichen Strafen (Schläge, Klaps usw.) verzichten werde

Im Fragebogen sollen folgende globalen Kategorien verwendet werden: a) positive Bekräftigung (Belohnung), b) negative Bekräftigung (Bestrafung), c) Ignorieren und d) andere Maßnahmen (Restkategorie). Durch das Instrument ist erfahrbar, welche positiven Bekräftigungen sofort oder verzögert, in welcher relativen Häufigkeit nach den 21 erwünschten KV eingesetzt werden. Hingegen können keine vollständigen Aussagen über die Art der praktizierten Kontingenzen gemacht werden, zumal die Beantworter bei den jeweiligen Situationen auch nicht wissen können, ob ein Verhalten aufgebaut oder aufrechterhalten werden soll, d. h. ob sie kontinuierlich oder intermittierend verstärken sollen. Damit wird deutlich, daß die zu erfassende positive Bekräftigungstendenz im Erziehungsverhalten nicht im strengen Sinne als verhaltensmodifikatorisch interpretiert werden kann. In bezug auf die negative Bekräftigung (vgl. den Unterschied zur negativen Verstärkung) müssen analoge Einschränkungen gemacht werden.

Bei der dritten Möglichkeit, wenn also keine Erzieherreaktion gezeigt wird, kann nur bedingt von «Ignorieren» gesprochen werden. Zur Feststellung eines systematischen Nichtbeachtens müßten weitere, idiographische Informationen vorhanden sein. Ob ein Erzieher angesichts einer bestimmten Situationsbeschreibung berichtet, er reagiere bzw. er reagiere nicht, gibt möglicherweise mehr den reflektierten Toleranzspielraum des Erziehers wieder.

Selbstverständlich stehen dem Erzieher neben den bisher ausgeführten Maßnahmen eine Vielzahl weiterer Einwirkungs- und Einflußmöglichkeiten auf den Heranwachsenden zur Verfügung, z. B. mit dem Kinde über seine Verfehlungen sprechen. Aus diesem Grunde gaben wir eine Restkategorie «andere Maßnahmen» vor. Eine Spezifizierung ist insofern nicht notwendig, als die betreffenden Antwortalternativen außerhalb des von uns gewählten theoretischen Ansatzes liegen.

In Abb. 2 findet sich eine Zusammenstellung der aus dem Verstärkungsoperationsschema abgeleiteten und für die erste Fassung des Fragebogens benützten Bestrafungs- und Belohnungsmaßnahmen.

2.3 Idiographische Verstärkervalenzen als Bekräftigungsintensitäten

Zu den zwei bisher ausgeführten Elementen des Fragebogens kommt ein drittes hinzu: *die Erhebung der Intensitäten der Bestrafungs- und Belohnungsitems* bei den entsprechenden Kindern. Auch hier sind beide Wege, Fremd- und Selbstperzeption gangbar. Einerseits können die Erzieher befragt werden, wie sie die vorgeschlagenen Maßnahmen einschätzen, andererseits kann das Kind – sozusagen der Betroffene selbst – um seine Meinung gebeten werden. Stapf (1974) hat sich für das erste Vorgehen entschieden. Wir sind der Ansicht, daß die Intensität von erzieherischen Maßnahmen – analog zum Paradigma der individuellen Verstärkerwirkung – primär vom Gesichtswinkel des Kindes aus zu untersuchen sei (PATRY 1976). Zu diesem Zweck formulierten wir die Maßnahmenitems in kindgemäße Statements um.

Dabei stellten sich verschiedene Probleme. Einmal ist es schwierig, eine Verstärkungsoperation so vorzugeben, daß nicht einzelne präzisierende Zusatzaussagen eine dominierende Rolle übernehmen, bildlich gesprochen den Kindern «in die Augen springen». Nehmen wir z. B. den Fall, wenn ein Kind die Erziehungsmaßnahme «Verabreichung materieller, positiver Verstärker (Süssigkeiten, Heft, Sackgeld)» auf ihre Intensität hin einschätzt. In erster Linie wird das Kind die Verstärkerbeispiele wahrnehmen und auf diese reagieren. Auch wenn die Beispiele sorgfältig ausgewählt und in ihrer mutmaßlichen Bedeutung gegeneinander abgewogen wurden, bleibt dennoch ungewiß, ob nicht einzelne Beispiele oder Beispielkombinationen die Entscheidung mehr beeinflußt haben als die Präferenzen oder Abneigungen bei den einzelnen Maßnahmenarten.

Ein zweites Problem stellt sich bei der Auswahl der im Item beschriebenen Sozialisationsagenten. Es ist anzunehmen, daß sich die Gewichte verändern, je nachdem, wer in der Beschreibung die Maßnahme verabreicht. Im Vorversuch wurde die Mutter genannt, da diese in erster Linie mit dem Fragebogen konfrontiert wurde. Jene Kinder, für die der Lehrer / die Lehrerin einen Fragebogen ausfüllte, wurden ein zweites Mal nach den Intensitäten bezüglich der Verabreichung der entsprechenden Maßnahmen in der Schule befragt.

Ferner gingen wir davon aus, daß bei einer Befragung von 8jährigen Kindern auf der Grundlage von Illustrationen zuverlässigere Ergebnisse erzielt werden können als durch bloße verbale Vorgabe der Maßnahmen. Die Zeichnungen waren so auszuführen, daß sie die Bedeutung des Statements im ikonischen Medium wiederspiegeln. Besondere Hervorhebungen, ausgeprägte Blickfänge sowie humoristische Darstellungen mußten vermieden werden. Weiter war nicht beabsichtigt, die verbale Vorgabe der Items vollständig zu ersetzen. Die Darbietung von Text und Bild haben gleichzeitig zu geschehen. Ein weiteres Problem bei der Formulierung der kindspezifischen Maßnahmenitems stellte sich erneut: Soll eine Vater- oder eine Mutterfigur, ein Lehrer oder eine Lehrerin im Bild als handelnde Person dargestellt werden? Können die Bilder kontextunabhängig, weder allein auf die Schule noch allein auf das Elternhaus bezogen angefertigt werden?

In Abb. 3 sind einige Bilder dargestellt; es zeigte sich, daß einzelne Postulate berücksichtigt werden konnten, während andere vernachlässigt werden mußten. So ist die bekräftigende Figur mehrheitlich männlichen Geschlechts, was eventuell zu sehr auf den Vater und damit auf das familiäre Milieu hinweisen könnte, zumal in der Unterstufe die weiblichen

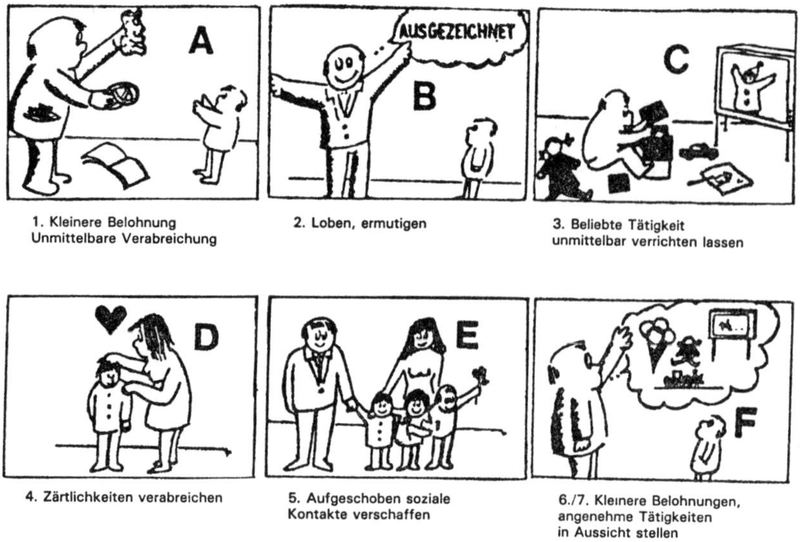

1. Kleinere Belohnung Unmittelbare Verabreichung

2. Loben, ermutigen

3. Beliebte Tätigkeit unmittelbar verrichten lassen

4. Zärtlichkeiten verabreichen

5. Aufgeschoben soziale Kontakte verschaffen

6./7. Kleinere Belohnungen, angenehme Tätigkeiten in Aussicht stellen

Abbildung 3: Beispiele von Illustrationen der Belohnungsitems
Die Illustrationen wurden freundlicherweise von Dipl. Psych. B. Peyer angefertigt

Lehrkräfte vorherrschen. Auch hier gilt, daß nur bei weiterer individualisierter Vorgehensweise unbeabsichtigte Störeffekte, die biographisch bedingt sind, d. h. in den Lebens- und Erziehungsverhältnissen des einzelnen Kindes wurzeln, teilweise eliminiert werden können.

Zur Erfassung der Intensitäten bestanden zwei Möglichkeiten: a) *Rating:* Dem Schüler werden alle Maßnahmenitems einzeln und zusammen mit den entsprechenden Illustrationen vorgegeben, wobei diese anhand einer Skala bezüglich der Belohnungs- bzw. Bestrafungsintensitäten einzuschätzen sind (UBBEN 1977). b) *Paarvergleich:* Das Verfahren setzt einerseits sämtliche Belohnungsitems (7), andererseits sämtliche Bestrafungsitems (8) je miteinander in Beziehung. Dies ergibt 21 bzw. 28 Paarvergleiche. Der Schüler wird gebeten, bei jeweils vorgelegten Paaren eine Maßnahme der anderen vorzuziehen. In der Auswertung werden die verteilten Punkte für jedes Maßnahmenitem addiert (individuelle Paarvergleichsmatrizen). Bei konstanter Gesamtpunktzahl (21, 28) können so für die beliebteste Belohnungsmaßnahme maximal 6 und für die «stärkste» Strafe maximal 7 Punkte vergeben werden.

Für den Einsatz des Ratings spricht, daß die Kinder auch Null-Antworten geben können, d. h. der Schüler empfindet eine Maßnahme als neutral, was beim Paarvergleich ausgeschlossen ist. Weiter besteht die Möglichkeit, auf die Vorgabe eines Bestrafungsitems positiv zu reagieren und umgekehrt. Ein sozialer Ausschluß (time out) – in der Regel als negative Konsequenz eingesetzt – mag im Einzelfall auch einmal als positiv beurteilt werden. Im Paarvergleich wird nur innerhalb der beiden Itemkategorien beurteilt.

Kleinere Pilotstudien in Gruppen von 8jährigen Schülern zeigten aber bezüglich des Ratingverfahrens verschiedene Unzulänglichkeiten. Schüler der betreffenden Altersstufe waren nicht in der Lage, die zwei kognitiven Dimensionen a) positive – negative Intensität, b) hohe – niedrige Intensität gleichzeitig zu berücksichtigen. Selbst bei alleiniger Vorgabe der zweiten Dimension erhielten wir von den Schülern keine differenzierte Einschätzung der Bestrafungs- und Belohnungsmaßnahmen. Meist begnügten sie sich mit der Angabe von Skalenextremwerten (sehr angenehm – sehr unangenehm). Die Durchführung des Paarvergleiches hingegen stieß auf die interessierte Mitarbeit der Schülergruppen, die meist nach einer kurzen Einführung das Verfahren mit Leichtigkeit beherrschten. Die Voruntersuchungen ließen darauf schließen, daß durch die Summe der einfachen Mehr-Weniger-Entscheidungen eine differenzierte Gewichtung der Items zustande kommt. Aus diesen Gründen war der Paarvergleich die Methode der Wahl.

3. Applikation des Fragebogens zur empirischen Überprüfung der Situations- und Bekräftigungsitems

3.1 Durchführung des Verfahrens und Stichprobe

Die provisorische Fassung des Erhebungsverfahrens bestand aus zwei voneinander getrennten Teilen, aus dem Fragebogen für den Erzieher und den Unterlagen für den Paarvergleich bei dem Erzogenen. Der Fragebogen für Lehrer und Eltern enthielt 45 nach Zufall angeordnete Situationsitems, wobei gleichzeitig jedem Item dieselben 21 Antwortalternativen (19 Bestrafungs- bzw. Belohnungsitems, Ignorieren, andere Maßnahme) zugeordnet waren. Die Erzieher wurden in einem ersten Schritt gebeten, den Erwünschtheitsgrad des geschilderten Kindverhaltens auf einer Ratingskala einzuschätzen, um im zweiten Schritt die adäquate Antwortalternative hinsichtlich jeder Situationsbeschreibung anzukreuzen. Somit ergeben sich für die Beantworter Entscheidungsverläufe, wie sie in Abb. 4 dargestellt sind.

Der Fragebogen zuhanden des Erziehers enthielt folgende Instruktionen: «Sie finden nachfolgend in freier Reihenfolge 45 Situationsbeschreibungen, nämlich solche, in denen sich ein Kind/Schüler in erwünschter, und solche, in denen es sich in unerwünschter Weise verhält. Stellen Sie sich nun vor, bei dem beschriebenen Kind/Schüler handle es sich um das/den Ihrige(n) (A). Wir möchten nun wissen, welches Ihre Reaktion

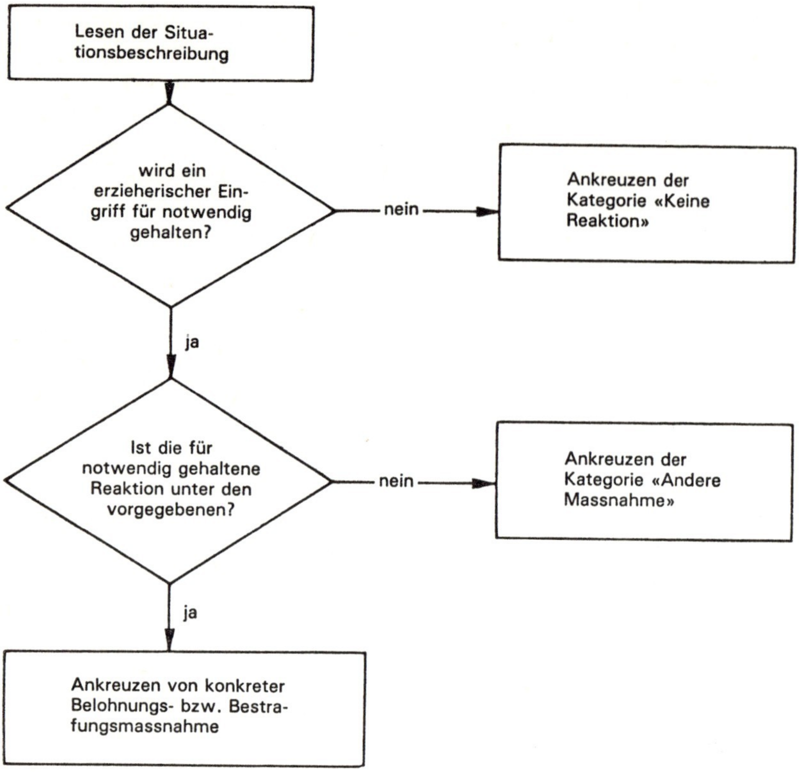

Abbildung 4: Entscheidungsverlauf bei der Fragebogenbeantwortung

war, als sich Ihr Kind/Schüler in der beschriebenen Weise verhielt. Ist die betreffende Situation im Verlaufe Ihrer bisherigen Erziehungserfahrungen mit A noch nie vorgekommen – was bei vielen Situationen sehr wohl möglich ist – bitten wir Sie um Auskunft darüber, welches Ihre Reaktion wäre, wenn sich A in der beschriebenen Weise verhielte. Lesen Sie nun die erste Situationsbeschreibung. Überlegen Sie sich dann zuerst, ob Sie angesichts der geschilderten Umstände überhaupt reagieren würden. Hätte Ihr Kind/Schüler keine Maßnahme zu erwarten, kreuzen Sie das entsprechende Feld (×) an. Kommen Sie aber zum Schluß, daß auf jeden Fall eine Maßnahme angebracht sei, dann kreuzen Sie unter den vorgegebenen Maßnahmen jene an, die für Ihr Erziehungsverhalten am ehesten zutrifft. Es mag sein, daß jene Maßnahme, die Sie in einer bestimmten Situation treffen würden, sich nicht unter der vorgegebenen befindet. In diesem Falle sind zwei Möglichkeiten offen:

1. Sie prüfen, welche Maßnahme noch am ehesten der Ihrigen entspricht, und entscheiden sich zugunsten dieser Ersatzmaßnahme.

2. Sie sehen, daß Ihr Vorschlag nicht im geringsten bestrafend bzw. belohnend ist. Kreuzen Sie daher, und nur unter diesen Umständen, das Feld «andere Maßnahme» an.»

Da der Fragebogen sowohl bei Eltern als auch bei Lehrern appliziert werden sollte, wurden zwei Stichproben benötigt. Über die Lehrer von 18 Klassen wurde der Fragebogen an die Eltern abgegeben. Es war nicht beabsichtigt, beide Elternteile in die Untersuchung einzubeziehen. Wir baten jenen Elternteil, der sich hauptsächlich mit der Erziehung beschäftigt, den Bogen auszufüllen. Die Rücklaufquote betrug 42 % (189 Mütter, 22 Väter). Studenten führten in den betreffenden Klassen zusätzlich nach standardisierten Anweisungen das Paarvergleichsverfahren mit den Kindern durch. Die jeweilige Gegenüberstellung von je zwei Maßnahmen wurde folgendermaßen kommentiert (Beispiel):

Vergleich C–B «Habt ihr lieber, daß Euch die Mutter etwas Angenehmes tun läßt oder daß Euch die Mutter lobt: Das hast Du gut gemacht?»

Der Fragebogen wurde weiter innerhalb eines Pflichtfortbildungskurses als Kursunterlage eingesetzt und auf freiwilliger Basis zur Auswertung eingereicht. Die Auswertung konnte sich auf die Angaben von 55 Lehrkräften stützen. An welche Kinder soll der Lehrer bei der Zuordnung von Maßnahmen zu Situationen denken? Es ist aus verschiedenen, leicht ersichtlichen Gründen nicht möglich, den Lehrer über die zu ergreifenden Maßnahmen bei jedem seiner Schüler nachdenken zu lassen. Die Lösung, wie sie Masendorf (1976) hinsichtlich des fremdperzipierten Lehrerverhaltens wählte, indem er die Schülerangaben einer Klasse zu einem Durchschnittswert verrechnete, ist hier also nicht anwendbar. Ein vorzustellender durchschnittlicher Schüler als Handlungssubjekt in den vorgegebenen Situationen kommt ebenfalls nicht in Frage, da wir davon ausgehen, daß der Lehrer jeden Schüler individuell behandelt und somit die Antworten des Lehrers auf keinen Schüler vollständig zutreffen. Dazu kommt, daß wir die Intensitäten individuell erheben. Welche Intensitäten müßten den erzieherischen Maßnahmen hinsichtlich eines solchen «Durchschnittsschülers» beigemessen werden? Deshalb wurden Lehrer gebeten, für einen bis zwei Schüler ihrer Klasse – in der Regel handelt es sich dabei um Problemschüler – den Bogen auszufüllen. Zusätzlich führten die Lehrer mit den betreffenden Schülern nach speziellen Anweisungen das Paarvergleichsverfahren durch.

3.2 Selektion der Situationsitems

Für die Selektion der Situationsitems wurden folgende Kriterien angewandt:

1. *Die Items müssen praktikabel, d. h. ohne Verständnisschwierigkeiten, klar formuliert und eindeutig interpretierbar sein,* unabhängig da-

von, welchen Erwünschtheits- bzw. Unerwünschtheitsgrad man den Items beimißt.

2. *Die verwendeten Situationsbeschreibungen müssen bezüglich ihrer Erwünschtheitseinschätzung eindeutig sein.* M. a. W. wir intendieren bei den Beurteilern gleichgeartete Wirkungen des Stimulusmaterials.

3. *Die Einteilung der Items nach einem Expertenrating in je zwei Subskalen (positive Bekräftigung im Sozialbereich [BS+], positive Bekräftigung im Leistungsbereich [BL+] negative Bekräftigung im Sozialbereich [BS−] sowie negative Bekräftigung im Leistungsbereich [BL−]) soll dimensionsanalytisch reproduzierbar sein.* Von den verbleibenden Items sollen vor allem jene beibehalten werden, die einen möglichst homogenen Itempool bilden.

4. *Items, in denen sich Eltern und Lehrer in ihrem Bekräftigungsverhalten bedeutsam unterscheiden, sollen so weit wie möglich ausgeschieden werden.*

3.2.1 Eindeutige Interpretierbarkeit

Dieser erste Punkt betrifft die Formulierung der Situationsitems. Es muß gewährleistet sein, daß die Beurteiler die Items in derselben Weise interpretieren. Varianzen in den Bekräftigungstendenzen sollten nicht auf unterschiedliche Deutungsmöglichkeiten der Items zurückgeführt werden können. Items der Erwünschtheitsdimension, denen ein größerer prozentualer Anteil an Bestrafungsmaßnahmen zugeordnet wird, sowie Items der Unerwünschtheitsdimension mit einem entsprechenden Anteil an Belohnungsmaßnahmen sind für den Bogen ungeeignet. Zwei Items genügten diesen Anforderungen nicht; der Anteil an Belohnungen war 71,9 % bzw. 37,9 %, der Bestrafung 19,6 % bzw. 36,8 %; keine Reaktion erfolgte in 1,5 % bzw. 17,5 % der Fälle, und in 7,0 % bzw. 7,8 % folgte eine andere Reaktion. In den betreffenden Items wird im ersten Teil unerwünschtes Verhalten beschrieben (Kind A zeigt Fehlverhalten). Erst im zweiten Teil wird das erwünschte Verhalten beschrieben (Entschuldigung, Wiedergutmachung). Die prozentuale Verteilung von Belohnungs- und Bestrafungsmaßnahmen weist darauf hin, daß sich Items dieser Art nicht für die Untersuchung der Bekräftigungstendenzen eignen. Je nachdem, ob beim Beurteiler der erste oder der zweite Teil der Situationsbeschreibung dominiert, schlägt er entsprechende Maßnahmen vor. Daß damit die Objektivität der Items wesentlich verringert wird, liegt auf der Hand.

3.2.2 Untersuchung des Erwünschtheits- bzw. Unerwüschtheitsgrades

Jedem Situationsitem wurde eine siebenstufige Skala beigegeben, die von sehr belohnungswürdig (erwünscht, 1) bis sehr bestrafungswürdig (unerwünscht, 7) reicht. Die Einschätzung dieser Items durch eine gemischte Lehrer-Eltern-Stichprobe (N = 114) zeigt uns den durchschnittlichen Erwünschtheits- bzw. Unerwünschtheitsgrad der geschilderten Kindverhaltensweisen. Für die Fragebogenerhebung wurden nur jene Items der Unerwünschtheitsdimension beibehalten, die einen Mittelwert von 5 (schwache Unerwünschtheit) oder mehr aufweisen. Dabei sind die Items mit den höchsten Mittelwerten von besonderem Interesse, da wir an Situationen interessiert sind, die eine hohe Unerwünschtheit beinhalten. Ebenso waren jene Items der Erwünschtheitsdimension auszuscheiden, die einen höheren Mittelwert als 3 (schwache Erwünschtheit) aufweisen. Items mit geringem Mittelwert sind vorzuziehen. Insgesamt fünf Items der ersten Fassung erreichten die festgesetzten Grenzwerte nicht und wurden eliminiert.

3.2.3 Faktorenanalytische Überprüfung der Subskalen

Für die folgenden Berechnungen wurden die idiographisch erhobenen Bekräftigungsintensitäten mit den gewählten Antwortalternativen der Erzieher verknüpft. Beispielsweise hat ein Erzieher bei der ersten Situationsbeschreibung die Antwortalternative B angekreuzt, das entsprechende Kind hat im Paarvergleich die Antwortalternative B vier mal anderen Handlungsmöglichkeiten vorgezogen (Intensität). Die in der ersten Situationsbeschreibung realisierte Bekräftigung bzw. das gesamte aus Erzieher- und Kindverhalten bestehende Item erhält für die weitere Auswertung den Wert 4. Zum Einsatz kamen für die beiden Subdimensionen «Erwünschtheit» und «Unerwünschtheit» getrennt je eine Faktorenanalyse mit anschließender Varimax-Rotation.

Die Faktorenanalyse hat hier nicht die Funktion eines Suchverfahrens, mit dessen Hilfe ein heterogener Itempool auf einige wenige Faktoren reduziert werden soll (Lukesch 1975a). Ihre Anwendung hat zum Ziel, die Apriori-Subkategorien «Leistungsverhalten» und «Sozialverhalten» in beiden Subdimensionen dimensionsanalytisch voneinander zu trennen. Für die Bildung der Subkategorien BS+ und BL+ bzw. BS− und BL− werden jene Items verwendet, die bei einer Zweifaktorenlösung auf den entsprechenden Faktoren am höchsten laden. Stapf et al. (1972) haben bei der statistischen Überprüfung ihrer Faktoren Unterstützung/Strenge jene Items ausgewählt, die auf dem einen Faktor eine Ladungszahl $> .30$ und zugleich auf dem anderen Faktor eine Ladungszahl von $< .30$ hatten. Tab. 2 zeigt die Faktorenstruktur der für die Endform des Fragebogens ausgewählten Items. *Da wir pro Subskala wenigstens sechs Items beibehalten wollten, hingegen eine zusätzliche Itemformulierung aus zeitlichen Gründen nicht mehr in Frage kam, ist die Ladungsreinheit nur teilweise befriedigend.* Ein Austausch von Items konnte ebenfalls nicht vorgenommen werden, da die betreffenden Items inhaltlich auf Sozial- bzw. Schulleistungsverhalten festgelegt waren.

Tabelle 2: Rotierte Faktorenmatrix[1] der Subskalen und Trennschärfekoeffizienten (r_{it}) der für die Endform des Fragebogens ausgewählten Items

Subskalen BL⁻ und BS⁻					*Subskalen BL⁺ und BS⁺*				
Itemnr.	Subskala	Faktor 1	Faktor 2	r_{it}	Itemnr.	Subskala	Faktor 1	Faktor 2	r_{it}
16	BL^-	0.72	0.0	0.33	36	BL^+	0.78	0.0	0.55
34	BL^-	0.68	0.0	0.42	19	BL^+	0.70	0.0	0.70
41	BL^-	0.66	–0.26	0.52	25	BL^+	0.65	0.0	0.56
18	BL^-	0.59	0.0	0.30	33	BL^+	0.65	0.32	0.41
22	BL^-	0.44	0.25	0.35	27	BL^+	0.60	0.32	0.62
26	BL^-	0.44	0.40	0.36	23	BL^+	0.38	0.64	0.64
43	BS^-	0.0	0.75	0.24	17	BS^+	0.0	0.82	0.58
3	BS^-	0.0	0.51	0.19	10	BS^+	0.0	0.73	0.46
14	BS^-	0.0	0.50	0.41	21	BS^+	0.0	0.65	0.40
9	BS^-	0.0	0.35	0.17	38	BS^+	0.29	0.56	0.27
37	BS^-	0.27	0.72	0.24	2	BS^+	0.47	0.54	0.35
11	BS^-	0.68	0.0	0.21	6	BS^+	0.63	0.0	0.44

Aufgeklärte Varianz: 39 % — Aufgeklärte Varianz: 45 %
N = 76 (Lehrer/Eltern) — N = 79 (Lehrer/Eltern)

[1] Ladungen unter 0.25 wurden durch 0.0 ersetzt.

3.2.4 Untersuchung der itemspezifischen Mittelwertdifferenzen der Lehrer- und Elternstichproben

Die Frage, ob es überhaupt möglich sei, einen Fragebogen für Eltern und Lehrer zu konstruieren, stellte sich bereits am Anfang bei der Formulierung der Items. Es wurden nur solche Items berücksichtigt, von denen wir annehmen konnten, daß sie sowohl im Elternhaus als auch in der Schule relevant sein würden. Mit den Antworten der Voruntersuchung ist es möglich, die Situationsitems indirekt daraufhin zu untersuchen. Es kann geprüft werden, ob Eltern und Lehrer verschieden intensive Maßnahmen bezüglich verschiedener Situationsbeschreibungen vorschlagen. Sollen die Bekräftigungstendenzen vergleichbar sein, dür-

Tabelle 3: Items mit signifikanten Mittelwertsdifferenzen Lehrer-Eltern (F-Test)

Subskala	Item	$\bar{x}$ Lehrer	s	$\bar{x}$ Eltern	s	p
BL^+	–	–	–	–	–	–
BL^-	17	2.4	2.2	3.5	2.0	0.02
	22	2.8	2.6	4.0	2.0	0.01
	41	2.6	2.4	3.7	2.1	0.02
BS^-	9	2.6	2.2	3.4	1.9	0.05
BS^+	38	2.9	2.2	3.8	2.0	0.03

fen sich in den Subskalen lediglich wenige Items befinden, deren Gruppenmittelwerte sich bedeutsam voneinander unterscheiden. *In Tab. 3 sind jene Items zusammengestellt, in denen sich Lehrer und Eltern in ihrer Bekräftigungstendenz signifikant unterscheiden.*

In drei Subskalen unterscheiden sich Lehrer und Eltern in keinem oder einem Item bedeutsam, wobei die Eltern durchwegs strenger reagieren. Hingegen kann bei dem realisierten Auswahlverfahren nicht vermieden werden, daß in der Subskala BL– drei Situationsitems vorkommen, bei denen signifikante Reaktionsunterschiede bestehen.

3.3 Bekräftigungstendenzverteilungen, Konsistenzkoeffizienten der Subskalen und Stichprobenunterschiede Eltern-Lehrer

Die Überprüfung der Verteilung der Bekräftigungstendenzen anhand von Schiefe und Exzeß zeigt, daß die zweiperspektivisch erfaßten erzieherischen Bekräftigungstendenzen weitgehend normal verteilt sind (vgl. Tab. 4). Eine signifikante Linksschiefe ist allein bei der Subskala BL– in der Elternstichprobe beobachtbar. Die Reduktion der Items pro Subskala hat erwartungsgemäß zu einer Verringerung der Konsistenzkoeffizienten nach CRONBACH (1951) geführt. Im besonderen weist die Subskala «Negative Bekräftigung im Sozialbereich» einen erheblich niedrigeren Konsistenzkoeffizienten auf als die restlichen Skalen. Für einen Gruppenvergleich kann aber diese Skala dennoch verwendet werden. Weiter ist anhand der Mittelwerte der beiden Stichproben zu untersuchen, ob sich die Bekräftigungstendenzen von Lehrern und Eltern unterscheiden. *Wir stellen fest, daß Eltern eine signifikant höhere negative Bekräftigungstendenz im Leistungsbereich berichten als Lehrer, aber auch im Sozialbereich kann eine Tendenz zu höherer negativer Bekräftigung bei Eltern festgestellt werden.* Keine bedeutsamen Unterschiede sind in den positiven Bekräftigungstendenzen festzustellen.

Tabelle 4: Mittelwerte, Schiefe und Exzeß(t-Werte), und Konsistenzkoeffizienten der Skalen sowie Signifikanzprüfung der Mittelwertdifferenzen (Irrtumswahrscheinlichkeit p)

Skala	$\bar{x}$ (E)	Schiefe	Exzeß	$\bar{x}$ (L)	Schiefe	Exzeß	r_{tt} [1]	p
BS^-	3.09	–0.49	2.09	3.47	–0.01	–1.01	0.48	0.06
BS^+	3.42	0.85	0.65	3.68	0.76	–0.04	0.69	0.20
BL^+	3.57	–0.53	0.83	3.49	0.89	0.25	0.83	0.71
BL^-	2.49	–2.15 *	–0.09	3.27	–0.13	–1.25	0.65	0.00

* Signifikante Abweichung von Normalverteilung. E: Eltern, L: Lehrer.
[1] Konsistenzkoeffizient von gemischter Eltern-Lehrerstichprobe (N = 114).

3.4 Auswahl der Maßnahmeitems

Um irrelevante Antwortalternativen aus einem möglichen Maßnahmenkatalog auszuscheiden, wurden den Eltern und Lehrern sämtliche verhaltenstheoretisch relevanten Handlungskategorien vorgegeben (vgl. Abb. 1), um auf empirischem Wege jene Maßnahmeitems zu identifizieren, die für die Beschreibung des elterlichen Bekräftigungsverhaltens de facto wichtig sind. *Die Ergebnisse zeigen, daß das selbstberichtete Erziehungsverhalten allgemein außerordentlich variationsarm ist, im besonderen was die Belohnungsmaßnahmen anbelangt.* Ähnliche Ergebnisse aus dem Beobachtungsbereich berichten ELLER und WINKELMANN (1978). In Tabelle 5 sind je die sechs häufigsten Maßnahmen aufgeführt.

Tabelle 5: Durchschnittliche prozentuale Häufigkeiten der ausgewählten Maßnahmeitems

	Eltern %	Lehrer %
Belohnungsitems		
1. (2) Lob, Ermutigung	51.0	60.2
2. (1) Kleinere Belohnung	13.4	9.7
3. (4) Zärtlichkeit	12.3	4.6
4. (3) Beliebte Tätigkeit	5.9	8.2
5. (5) Soziale Kontakte	3.1	1.4
6. (7) Tätigkeiten versprechen	2.8	3.5
Bestrafungsitems		
1. (10) Tadel	26.8	23.4
2. (11) Wiedergutmachung fordern	19.3	22.8
3. (17) Verzicht auf Tätigkeit	9.9	6.2
4. (19) Liebesentzug	5.4	3.8
5. (14) Strafen zusichern (Tätigkeit)	4.2	6.8
6. (13) Kleine Körperstrafe	4.1	2.6

Von den zur Auswahl vorgegebenen Belohnungsmaßnahmen wird von Lehrern und Eltern die verbale positive Bekräftigung (Lob, Ermutigung) allen anderen in hohem Maße vorgezogen. In 60 % aller Situationen geben Lehrkräfte an, ihre Schüler zu loben. An zweiter Stelle folgen die Abgabe materieller Belohnungen sowie im Elternhaus die Zärtlichkeit und in der Schule beliebte Tätigkeiten als Bekräftigung. Die restlichen Kategorien spielen lediglich noch am Rande eine Rolle. Für die revidierte Form des Fragebogens verwenden wir die in der obigen Tabelle aufgeführten Belohnungsmaßnahmen. Die Vorgabe von Maßnahmen, die von den Erziehern nicht als solche wahrgenommen werden, ist nicht sinnvoll, auch wenn sie in der Praxis möglicherweise angewandt werden. Bei den vorgeschlagenen Bestrafungsmaßnahmen liegen die Schwerpunkte in Schule und Elternhaus bei den Maßnahmen Tadel (10) und Wiedergutmachen (11). Am ehesten werden noch der Verzicht auf beliebte Tätigkeiten und in der Schule das Anordnen von Strafarbeiten angegeben. Praktisch ohne Bedeutung sind nach unserer Befragung andere Bestrafungsmaßnahmen, wobei das Abwenden vom Kind mit dem Terminus Liebesentzug nicht ganz korrekt abgedeckt wird. Damit werden die Bestrafungsmaßnahmen 10, 11, 13, 14, 17, 19 für die revidierte Form des Fragebogens benützt. Festzuhalten bleibt noch, daß unter den zwölf am häufigsten genannten Maßnahmeitems sich lediglich drei befinden, die nicht die unmittelbare Verabreichung betreffen (Versprechen von Belohnungen, Strafarbeiten, Verzichtstrafe).

3.5 Retestreliabilitäten der Bekräftigungsintensitäten

Im Abstand von 14 Tagen wurde der Paarvergleich in einer Schülergruppe wiederholt. Besitzen 8jährige Kinder relativ stabile Bekräftigungprioritäten? *Die mittleren Wiederholungsreliabilitäten betragen für die Bestrafungsitems* $\bar{r} = .44$ *und für die Belohnungsitems* $\bar{r} = .36$. Tabelle 6 gibt die Retestkoeffizienten sämtlicher Maßnahmen wieder.

Tabelle 6: Retestkoeffizienten der Bestrafungs- und Belohnungsintensitäten (N = 42)

Belohnungsitems		Bestrafungsitems	
Kleine materielle Belohnung	.68	Tadel	.39
Lob	.69	Wiedergutmachen	.38
Beliebte Tätigkeit	.22 *	Körperstrafe	.67
Soziale Kontakte	.40	Kleine Körperstrafe	.44
Versprechen	.59	Unbeliebte Tätigkeit	.45
Strafen erlassen	.46	Verzichtstrafe	.49
Zärtlichkeit	.56	Verzicht auf Tätigkeit	.52
		Sozialer Ausschluß	.45
		Liebesentzug	.55

* nicht signifikant auf dem 1 %-Niveau.

Zwischen den Korrelationen bestehen beträchtliche Unterschiede, Legt man das für Retestwerte gebräuchliche Kriterium an ($r > .90$), müßte man von durchwegs ungenügender Zuverlässigkeit sprechen. Die Methode des Paarvergleichs ist aber nicht mit den üblichen Tests zu vergleichen. Durch das Abwägen jeder Maßnahmen mit einer anderen sind Inkonsistenzen kaum vermeidbar, d. h. es ist bei einer einzelnen Einschätzung nicht durchwegs mit einer Urteilskonstanz zu rechnen. Aus diesem Grunde sollte man sich mit der Forderung nach Signifikanz der Koeffizienten begnügen.

3.6 Berechnung der individuellen Inkonsistenzen im Paarvergleich: Zirkuläre Triaden

KLAPPROTT (1975) schlägt ein Verfahren vor, mit dessen Hilfe die Anzahl der zirkulären Triaden in den Paarvergleichen der Schüler zu berechnen sind. Den entsprechenden Konsistenzkoeffizienten, der zwischen 0 (maximale Inkonsistenz) und 1 (keine Inkonsistenzen) variieren kann, nennen wir Beta-Koeffizienten. Tabelle 7 gibt die individuellen Beta-

Tabelle 7: Prozentuale Häufigkeiten der Beta-Koeffizienten (Indikatoren für Inkonsistenzen)

Beta-Koeffizient (Intervall)	Bestrafungs-maßnahmen	Belohnungs-maßnahmen
0 –0.125	1.2 %	9.3 %
0.126–0.25	1.8 %	11.1 %
0.26 –0.5	5.2 %	4.8 %
0.51 –0.75	16.7 %	16.3 %
0.76 –0.875	17.5 %	36.7 %
0.876–1.0	57.6 %	21.8 %

Koeffizienten für den Paarvergleich wieder. Die Einschätzung der Bestrafungsmaßnahmen mittels des Paarvergleiches geschieht mit bedeutend weniger Inkonsistenzen als jene der Belohnungsmaßnahmen. *Bei annähernd 60 % der Bestrafungsintensitäten sind keine oder wenige Inkonsistenzen beobachtbar, während dies nur zu 20 % bei den Belohnungsintensitäten der Fall ist. Hingegen liegt bei den Belohnungsmaßnahmen ein Viertel der Beta-Koeffizienten unter 0.5.* Wie sind diese Ergebnisse zu erklären? In Anlehnung an SIXTL (1967, zit. in KLAPPROTT 1975) sind folgende Ursachen anzuführen:

1. Der Schüler hat die Vergleiche unsorgfältig vorgenommen. Es ist zu erwarten, daß eine Erhebung auf individueller Basis bessere Resultate zeitigt als jene auf kollektiver Grundlage.

2. Die Intensitäten einiger Maßnahmen liegen für die Schüler dicht beisammen. In jenen Fällen, in denen also keine klaren Präferenzen bzw. Ablehnungen vorhanden sind, muß es zwangsläufig zu bedeutend mehr Inkonsistenzen kommen.

3. Eine weitere Quelle für Inkonsistenzen könnte darin bestehen, daß die Kinder die Maßnahmen losgelöst von konkreten Situationen zu be-

werten hatten. Vielleicht werden die Maßnahmen im Paarvergleich konsistenter beurteilt, wenn diese im Kontext definierter Erziehungssituationen zu bewerten sind. Eine Überprüfung dieser Vermutung wird z. Zt. in einer separaten Arbeit durchgeführt.

3.7 Validität des Fragebogens

Mißt der Bekräftigungsfragebogen das, was er vorgibt zu messen? Die sich mit dieser Frage ergebenden Probleme sind um einiges komplizierter, als sie etwa bei der Messung psychischer Merkmale sind. Als erster Gesichtspunkt ist die bekannte Diskrepanz zwischen selbst- und fremdperzipiertem Erziehungsstil zu erwähnen (LUKESCH & TISCHLER 1975). Wir können auf kein Verfahren zurückgreifen, welches das Bekräftigungsverhalten zweiperspektivisch erfaßt. Im Hinblick auf Vorhersagen über Bekräftigungswirkungen haben sich die Marburger Skalen (STAPF et al. 1972; STAPF 1975) vergleichsweise gut bewährt. Ein Vergleich der Ergebnisse in der Elternstichprobe mit den Marburger Skalen erscheint aus diesem Grunde ratsam. In vier Klassen, von deren Schülern bzw. Eltern bereits die Ergebnisse des Bekräftigungsfragebogens vorliegen, ließen wir zusätzlich die Marburger Skala bearbeiten. *Dabei zeigte sich ein Zusammenhang zwischen der Strengedimension der Marburger Skalen und der negativen Bekräftigungstendenz (BS– + BL–) von r = .39. Dieser Koeffizient ist auf dem 1 %-Niveau signifikant. Hingegen bestehen keine bedeutsamen Korrelationen zwischen der elterlichen Unterstützung und der positiven Bekräftigungstendenz (r = .05).*

4. Evaluation der revidierten Form des Bekräftigungsfragebogens

In der überarbeiteten Form befinden sich 24 Situationsbeschreibungen (je 6 pro Subskala) und je 6 Belohnungs- und Bestrafungsmaßnahmen. Bevor die Erzieher für jede Situationsbeschreibung eine Antwortalternative ankreuzen, werden ihnen die Möglichkeiten in ausführlicher Form erläutert. Die Berücksichtigung der idiographischen Bekräftigungsvalenz geschah wiederum mittels der von Studenten mit den Kindern durchgeführten Paarvergleiche, wobei nur noch 15 Vergleiche durchzuführen waren. Die Erhebung unterscheidet sich noch insofern von der Voruntersuchung, als in den kindgemäßen Statements das Indefinitpronomen «Man» verwendet wurde. Dem Kind wird also nicht spezifiziert, von wem es die vorgelegten Maßnahmen zu erwarten hätte.

In die zweite Untersuchung wurden 45 Lehrer mit ihren Schülern und deren Eltern einbezogen. Wir erreichten eine Rücklaufquote von 53,3 % (= 515 Bogen). Auch diesmal wurde auf die systematische Befragung sowohl des Vaters als auch der Mutter verzichtet. Die Stichprobe setzte sich zusammen aus 79,9 % Mütter, 17,9 % Väter und 7,2 % Eltern, die angaben, die Beantwortung des Bogens gemeinsam vorgenommen zu haben. Folgende Angaben wurden zusätzlich erhoben: *a) Geschlecht des Kindes, b) Alter des Kindes, c) Anzahl der Kinder in der Familie, d) Stellung in der Geschwisterreihe sowie e) der berufsrelevante Sozialstatus der Eltern (BRSS;* BAUER *1973).* Gleichzeitig wurden die beteiligten Lehrer gebeten, für zwei Schüler der Klasse ebenfalls je einen Fragebogen auszufüllen.

In Tabelle 8 sind die prozentualen Häufigkeiten der gewählten Antwortalternativen bei reduzierter Itemzahl aufgeführt. *Wiederum werden in durchschnittlich 60 % aller Fälle verbale positive Bekräftigungen genannt.*

Das deutliche Vorherrschen einer Kategorie (Lob) hat auch seine Auswirkungen auf die Berechnung der positiven Bekräftigungstendenzen. Dieses hängt in hohem Maße davon ab, ob ein Schüler der betreffenden Maßnahme eine hohe oder eine niedrige Intensität beimißt. M. a. W.

Tabelle 8: Durchschnittliche prozentuale Häufigkeiten der Bekräftigungsmaßnahmen bei reduzierter Maßnahmenzahl (Elternstichprobe, N = 485)

Belohnungsitems		Bestrafungsitems	
Lob	60.2 %	Tadel	25.5 %
Kleinere Belohnung	11.3 %	Wiedergutmachung	22.2 %
Zärtlichkeit	6.1 %	Enttäuschung zeigen	16.2 %
Beliebte Tätigkeit	5.3 %	Verzichtstrafe	14.2 %
Versprechen	2.9 %	Strafarbeiten	8.3 %
Soziale Kontakte	1.7 %	Körperstrafe	4.4 %
Keine Maßnahme	10.2 %	Keine Maßnahme	3.1 %
Andere Maßnahme	2.5 %	Andere Maßnahme	6.1 %

die Varianz der positiven Bekräftigungstendenz wird in erster Linie durch die Varianz der Intensitätseinschätzung einer einzigen Maßnahme (Lob) erklärt, die Varianz der restlichen Maßnahmen ist als unbedeutend einzuschätzen. Ferner stellen wir fest, daß die Umformulierung von Maßnahmeitems zu veränderten Häufigkeiten führen kann. Die Abschwächung der Formulierung «das Kind nicht mehr gern haben» in die neue Form «Enttäuschung zeigen» läßt die Erzieher im Vergleich zur Voruntersuchung (vgl. Tabelle 4) häufiger die betreffende Maßnahme wählen. Im allgemeinen besteht zwischen den beiden Erhebungen Übereinstimmung. Betrachten wir abschließend die zwei zusätzlichen Antwortalternativen. Während bei den Belohnungsitems in 10 % aller Fälle angegeben wird, keine Reaktion zu zeigen, und zugleich in wenigen Situationen die Restkategorie «andere Maßnahme» angekreuzt wird, ist das Verhältnis bei den Bestrafungsitems annähernd umgekehrt. Für die Berechnung der Bekräftigungstendenzen werden aber beide Alternativen als Nullwerte einbezogen. *Die Wiederholung der Faktorenanalyse mit den Daten der zweiten Erhebung zeigte keine beträchtlichen Veränderungen* (PREISIG & PERREZ 1978). Pro Subskala erreichen 1–2 Items die Ladungsgrenzwerte (über .30/unter .30) nicht. Die Verteilungen der Bekräftigungstendenzen (Schiefe, Exzeß) weichen mit Ausnahme jener der Subskala BL— in der Elternstichprobe nicht signifikant von der Normalverteilung ab. *Die Reduzierung der Situations- und Maßnahmenitems hat sich folglich unwesentlich auf Faktorenstrukturen und Verteilungen ausgewirkt.*

5. Das durch den Fragebogen erfaßte Bekräftigungsverhalten als abhängige Variable

Kindspezifisches Erziehungsverhalten ist von einer Anzahl Faktoren abhängig, die im Erzieher, in seiner Umwelt sowie im Kind liegen können. Einzelnen Variablen wurden in der zweiten Erhebung berücksichtigt. Ein bisher recht intensiv untersuchter Zusammenhang stellt jener mit dem sozioökonomischen Status der Eltern dar (KOHN 1959; LUKESCH 1975b; GRÜNEISEN & HOFF 1977; PERREZ et al. 1977). Es scheint, daß die erzielten Ergebnisse nicht nur von unterschiedlichen Stichproben, sondern vor allem auch von unterschiedlichen Befragungsinstrumenten abhängig sind. Ob für einzelne gesellschaftliche Subgruppen charakteristische Erziehungshaltungen, -einstellungen und -praktiken gefunden werden, hängt in hohem Maße von der gewählten Methode ab. Eine Befragung der Kinder in der Schule (STAPF et al. 1972) berücksichtigt eine größere Vielfalt erzieherischer Verhaltensstile als eine Befragung der Eltern. Bei auf freiwilliger Basis durchgeführten Eltern-Erhebungen erhalten wir oft verzerrte Stichproben. Im besonderen ist zu erwarten, daß sich Eltern mit niedrigem sozioökonomischen Status weniger an Befragungen beteiligen. Die Ausrichtung in Elternfragebogen nach der sozialen Erwünschtheit ist ein weiteres bekanntes Problem. Unterschiede, die in der Praxis bestehen, müssen sich daher nicht unbedingt im Fragebogen abbilden. Wie Abbildung 5 zeigt, fanden wir keine im weitesten Sinne schichtspezifischen Unterschiede im Bekräftigungsverhalten.

Tendenzmäßig ist festzustellen, *daß sich die Mittelschichteltern in ihrem Bekräftigungsverhalten von der Unter- und Oberschicht darin unterscheiden, daß sie höhere negative Bekräftigungstendenzen und zugleich niedrigere positive Bekräftigungstendenzen angeben.* Die Unterschiede konnten allerdings statistisch nicht abgesichert werden.

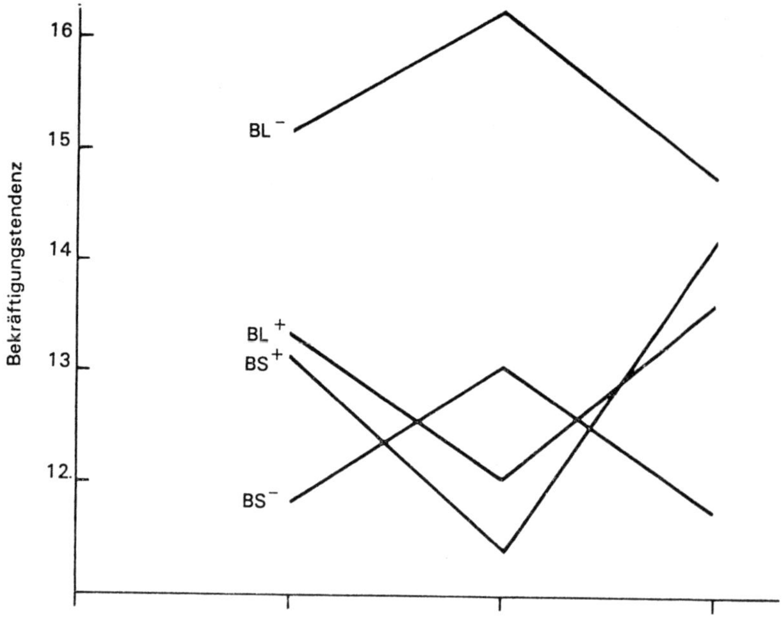

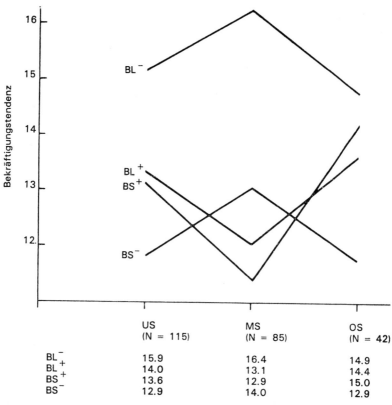

	US (N = 115)	MS (N = 85)	OS (N = 42)
BL⁻	15.9	16.4	14.9
BL⁺	14.0	13.1	14.4
BS⁺	13.6	12.9	15.0
BS⁻	12.9	14.0	12.9

Abbildung 5: Zusammenfassende Darstellung der Varianzanalysen aus Bekräftigungstendenzen und bildungsrelevantem Sozialstatus

Tabelle 9: Zusammenstellung der Varianzanalysen aus Bekräftigungstendenzen und Geschlecht des Kindes, der Erzieher und der Stellung des Kindes in der Familie

Gruppierung	N	BL⁺	BL⁻	BS⁺	BS⁻
Mädchen	206	2.7	3.1	2.7	2.6
Knaben	172	2.9	3.2	2.8	2.6
p		0.03 *	0.63	0.35	0.61
Mütter	268	2.8	3.2	2.7	2.7
Väter	66	2.8	3.2	3.0	2.7
p		0.75	0.92	0.04 *	0.62
Einzelkind	40	3.0	3.5	2.9	2.8
Jüngstes Kind	147	2.7	3.0	2.8	2.6
Ältestes Kind	113	2.8	3.1	2.8	2.7
p		0.26	0.02 *	0.77	0.33

Hinsichtlich der weiteren berücksichtigten Variablen sind nur wenige bedeutsame Mittelwertdifferenzen feststellbar:

1. Eltern geben bei Knaben eine höhere leistungsbezogene positive Bekräftigungstendenz an als bei Mädchen.
2. Väter geben eine höhere sozialverhaltensbezogene positive Bekräftigungstendenz an als Mütter.
3. Die Stellung des Kindes in der Familie ist ein bedeutsamer Faktor für leistungsbezogene negative Bekräftigungstendenzen (ELDER & BOWERMANN 1963).

6. Kritische Betrachtung und Ausblick

Die differenzierte Untersuchung des elterlichen Bekräftigungsverhaltens anhand des dargestellten Instruments erwies sich als weit schwieriger als ursprünglich angenommen. Wir wollen im folgenden auf einige im Verlaufe der Untersuchung aufgetauchten Probleme Bezug nehmen. Eltern sind in vielen Fällen nicht gewillt, über Erziehungsvorgänge Auskunft zu geben, da sie diese als dem Privatbereich angehörend betrachten. Verstärkt wird diese Tendenz dort, wo konkrete Erziehungspraktiken bezüglich des eigenen Kindes im Mittelpunkt stehen, wie es im vorliegenden Instrument der Fall ist. Es bleibt weiterhin offen, ob die gegebenen Antworten nicht eher Aspekte des sozial erwünschten Erziehungsverhaltens als das konkrete Erziehungsverhalten (DANZIGER 1972; ROBBINS 1963) repräsentieren. In vielen Fällen verlangten die Beantworter weitere Informationen. Von Interesse waren die Bedingungen, Ursachen sowie die durch das Kindverhalten angestrebten Ziele. Warum verhält sich das Kind in der gegebenen Situation so und nicht anders? Angesichts der massiven Eingriffe, wie es im besonderen negative Bekräftigungen sind, waren viele Eltern geneigt, die Situation vorgängig im Detail abzuklären. Aus der Literatur sind Ergebnisse bekannt, die sich auf die «Bestrafung der Absicht vs. die Bestrafung der Schwere des Vergehens bzw. der Handlung» beziehen (KOHN 1959). In dieser Hinsicht sind mit dem vorliegenden Instrument keine Aussagen möglich.

Ein weiterer kritischer Punkt betrifft die Reflektiertheit vs. Spontaneität. Das Spontanverhalten stellt einen bedeutenden Bestandteil der erzieherischen Praxis, im besonderen der Bekräftigungspraxis dar. Es hängt nun im wesentlichen von der Selbstkritik des Erziehers ab, ob er imstande ist, diese Tendenzen in seinem Bekräftigungsverhalten beim Ausfüllen des Bogens zu berücksichtigen. Hingegen sind die erfahrungswissenschaftlich gut abgesicherten Befunde über Diskrepanzen zwischen Einstellung und Verhalten für den Fragebogen nur zum Teil relevant, da keine allgemeinen, auf abstraktem Niveau formulierten Statements verwendet werden. Es ist mit hoher Wahrscheinlichkeit davon auszugehen, daß die konkrete Angabe des Verhaltens in den Statements die Übereinstimmung mit der Erziehungspraxis erhöhen wird (FISHBEIN 1967). Im Fragebogen unberücksichtigt blieb ferner der Aspekt des gleichzeitigen Verabreichens verschiedener Berkräftigungsarten. Wir müssen uns fragen, ob man den verschiedenen Situationen gerecht werden kann mit der Angabe einer einzigen Maßnahme. Im besonderen wirken Strafmaßnahmen in Kombination mit Erklärungen und Hinweisen nicht gleich wie Strafmaßnahmen ohne zusätzliche Erläuterungen (PARKE 1977). Durch die Möglichkeit, Lob nur als globale Kategorie wählen zu können, wird diese Erfahrung außer acht gelassen.

Noch sind die Arbeiten zur systematischen Evaluation des Instruments nicht abgeschlossen. Unsere weitere Aufmerksamkeit wird der Vorhersage von Bekräftigungswirkungen geschenkt. Es geht dabei um die Überprüfung von Hypothesen der folgenden Art: Eltern, die angeben, erwünschtes Sozialverhalten des Kindes in hohem Maße zu bekräftigen, haben Kinder, die im Vergleich mit weniger bekräftigten Kindern vermehrt erwünschtes Sozialverhalten zeigen. Im Zentrum wird also die Funktionalität des situationsspezifischen Bekräftigungsverhaltens, bezogen auf einzelne Kindverhaltenstypen stehen (PREISIG 1979).

Literatur

BAUER, A. 1973. Ein Verfahren zur Messung des für das Bildungsverhalten relevanten sozialen Status. In: Informationen zum Projekt Leistungsmessung in Gesamtschulen. Frankfurt-M. *1*, 36–40.

BAUMGAERTEL, F. 1975. Erziehungsverhalten von Müttern im Spiegel eines projektiven Verfahrens. Hamburg, Dissertation.

BORCHERT, J. 1974. Empirische Untersuchungen über Beziehungen zwischen Erziehungsverhalten von Lehrern und Müttern und seiner Rezeption durch die betroffenen Schüler im Hinblick auf Schulangst, Anstrengungsvermeidung und soziale Beliebtheit. Dissertation, Pädagogische Hochschule Ruhr, Dortmund.

BRONFENBRENNER, U. 1958. Socialization and social class through time and space. In: MACCOBY, E. E., NEWCOMB, T. M., HARTLEY, E. L. (Ed.) Readings in social psychology. New York: Holt, S. 400–425.

CRONBACH, L. J. 1951. Coefficient alpha and the internal structure of tests. Psychometrika *16*, 297–334.

DANZIGER, K. 1974. Sozialisation. Konzeptionelle Probleme, Methodologie und Ergebnisse. Düsseldorf: Schwann.

DIXON, W. D. (Ed.) 1977. Biomedical Computerprograms (BMDP). Berkley: University of California Press.

ELDER, G. H. & BOWERMAN, C. E. 1963. Family structure and child-rearing patterns: The effect of family size and sex composition. American Sociol. Review *28*, 891–905.

Eller, F. & Winkelmann, K. 1978. Kurzgefaßter Ergebnisbericht des Teilprojekts Eltern-Kind-Interaktion, Projekt Verhaltensbeobachtung und Therapietheorie an dem Institut für Psychologie, Freie Universität Berlin.

Fend, H. 1974. Gesellschaftliche Bedingungen schulischer Sozialisation. Basel: Beltz.

Fishbein, M. 1967. Attitude and prediction of behavior. In: Fishbein, M. (Ed.) Readings in attitude theory and measurement. New York: Wiley.

Grüneisen, V. & Hoff, E. H. 1977. Familienerziehung und Lebenssituation. Basel: Beltz.

Hauf, R., Wetter, H. & Zeltner, W. 1977. Erhebung alltäglicher Konfliktsituationen 4–7jähriger Kinder als methodisches Problem. ZeF. *11,* 216–235.

Heckhausen, H. 1972. Die Interaktion der Sozialisationsvariablen in der Genese des Leistungsmotivs. In: Graumann, C. F. u. a. (Hg.) Sozialpsychologie (Handbuch der Psychologie) 7. Bd., 2. Halbband. Göttingen: Hogrefe.

Herrmann, T. & Stapf, K. H. 1977. Das Marburger Zweikomponenten-Konzept des elterlichen Erziehungsstils: Anmerkungen zur Kritik von Lukesch. ZEPP *9,* 198–204.

Hoffmann, M. L. & Saltzstein, H. D. 1967. Parental diszipline and the child's moral development. Journal of Personal and Social Psychology *5,* 45–47.

Ischi, N. 1979. Beobachtungssystem zur Analyse sozialer Kontingenzen in der Schulklasse (Manual). Bericht zur Erziehungswissenschaft Nr. 12 des Pädagogischen Institutes der Universität Fribourg.

Kanfer, F. H. & Phillips, J. S. 1970. Learning foundations of behavior therapy. New York: Wiley.

Klapprott, J. 1975. Einführung in die psychologische Methodik. Stuttgart: Kohlhammer.

Kohn, M. L. 1959. Social class and the exercise of parental authority. American Soc. Review *24,* 337–351.

Lukesch, H. 1975a. Erziehungsstile: Pädagogische und Psychologische Konzepte. Stuttgart: Kohlhammer.

Lukesch, H. 1975b. Kriterien sozialer Schichtung und ihre Beziehungen zu Merkmalen des Erziehungsstils. Zeitschrift für experimentelle und angewandte Psychologie *12,* 55–79.

Lukesch, H. 1977. Das Marburger Zweikomponenten-Konzept des elterlichen Erziehungsstils: Vier kritische Anmerkungen. ZEPP *9,* 192–197.

Lukesch, H. 1980. Forschungsstrategien im Bereich der Erziehungsstilforchung. Paradigmata oder Paradoxa. In: Schneewind, K. A. & Herrmann, T. (Eds.). Erziehungsstilforschung: Theorien, Methoden und Anwendung der Psychologie elterlichen Erziehungsverhaltens. Bern: Huber.

Lukesch, H. & Tischler, A. 1975. Selbst- und fremdperzipierter Erziehungsstil. ZEPP *7,* 88–99.

Masendorf, F., Tuecke, M. & Bartram, M. 1973. Zur Genauigkeit der Einschätzung des Lehrers über seine Unterrichtsstrategie im Urteil seiner Schüler. Psychologie in Erziehung und Unterricht *20,* 89–93.

Mischel, W. 1968. Personality and assessment. New York: Wiley.

Mischel, W. 1973. Toward a cognitive social learning reconceptualization of personality. Psychological Review *80,* 252–283.

Mischel, W. 1977. On the future of personality measurement. American Psychologist *32,* 246–254.

PARKE, R. D. 1977. Punishment in children. Effects, side effects and alternative stategies. In: HOME, H. L. & ROBINSON, P. A. (Hg.) Psychological processes in early education. New York: Academic Press.

PATRY, J.-L. 1976. Zur Kritik von H. Lukesch am Marburger-Konzept der Erziehungsstilforschung. Unveröffentlichter Bericht. Pädagogisches Institut der Universität Fribourg.

PATTERSON, G. R., RAY, R. S., SHAW, D. A. & COBB, J. A. 1969. Manual for coding of family interactions. Manuscript, Oregon Research Institute.

PERREZ, M., PATRY, J.-L. & ISCHI, N. 1977. Verhaltensstörungen bei Schulkindern im Zusammenhang mit Erziehungsstil-, ökologischen und sozialstrukturellen Variablen. Bericht zur Erziehungswissenschaft Nr. 3 des Pädagogischen Instituts der Universität Fribourg.

PREISIG, E. 1979. Das erzieherische Belohnungs- und Bestrafungsverhalten. Eine empirische Untersuchung zur Befragung sowie zu den Auswirkungen und Bedingungen erzieherischer Bekräftigung. Dissertation, Psychologisches Institut, Universität Bern.

PREISIG, E. & PERREZ, M. 1979. Auswirkungen und Veränderungen elterlicher und schulischer Erziehungsstile: Konstruktion eines Erziehungssituationsfragebogens (ESF). In: ECKENBERGER, L. H. (Hg.) Bericht über den 31. Kongreß der Deutschen Gesellschaft für Psychologie in Mannheim 1978. Göttingen. Hogrefe, S. 343–345.

ROBBINS, L. C. 1963. The accuracy of parental recall of aspects of child development and of child rearing aspects. Journal of Abnorm. & Soc. Psychology *66,* 261–270.

ROTH, P. & SCHELLHAMMER, E. 1972. Entscheidungssituationen im Berufsfeld des Lehrers. Basel: Beltz.

SMITH, L. M. & HUDGINS, B. B. 1972. Pädagogische Psychologie. Stuttgart: Klett.

STAPF, A. 1975. Neuere Untersuchungen zur elterlichen Strenge und Unterstützung. In: LUKESCH, H. (Hg.) Auswirkungen elterlicher Erziehungsstile. Göttingen: Hogrefe, S. 28–39.

STAPF, K. H. 1974. Eine neue Methode zur Erfassung von elterlichem Erziehungsverhalten. In: ECKENSBERGER, L. H. & ECKENSBERGER, U. (Hg.) Bericht über den 28. Kongreß der Deutschen Gesellschaft für Psychologie in Saarbrücken. Göttingen: Hogrefe, S. 211–224.

STAPF, K. H., HERRMANN, TH., STAPF, A. & STAECKER, K. H. 1972. Psychologie des elterlichen Erziehungsstils. Stuttgart: Klett.

TAUSCH, A.-M. 1958. Empirische Untersuchungen über das Verhalten von Lehrern gegenüber erziehungsschwierigen Situationen. In: GERNER, B. (Hg.) Erziehungsstile und Lehrerverhalten. Darmstadt: Wissenschaftliche Buchgesellschaft.

UBBEN, B. 1977. Analyse von Interaktionseinheiten Schüleräußerungen-Lehreräußerungen in Merkmalskombinationen übersetzt. Diplomarbeit, Institut für Psychologie, Freie Universität Berlin.

VIERNSTEIN, N. 1972. Entwicklung eines Instruments zur Messung punitiver Einstellungen von Eltern (Punitivitätsdifferential). Zeitschrift für Entwicklungspsychologie und Pädagogische Psychologie *4,* 235–248.

WESTMEYER, H. 1973. Kritik der Psychologischen Unvernunft. Stuttgart: Kohlhammer.

3. Meinrad Perrez, Jean-Luc Patry und Nivardo Ischi

Verhaltenstheoretische Analyse der Erzieher-Kind-Interaktion im Feld unter Berücksichtigung mehrerer Interaktionspartner des Kindes[1]

Zusammenfassung: Im vorliegenden Beitrag wird der theoretische Rahmen eines Projektes erörtert, in dem der Versuch gemacht wird, Erzieher-Kind-Interaktionen unter verhaltenstheoretischen Aspekten zu analysieren. Da diese Analyse unter Feldbedingungen durchgeführt wird, erfordert sie eine entsprechende Reformulierung der Theorie. Besondere Aufmerksamkeit wird dabei der Klassifizierung von S-Ereignissen (unter Einbezug der Situation), der Berücksichtigung dreier Verhaltensströme – also nicht nur der Erzieher-Kind-Dyaden –, der Versuchsplanung (multiple baseline design) und der Datengewinnungsmethode (nichtreaktive Beobachtung) geschenkt.

1. Einleitung

Im Fribourger Projekt zur Analyse der Erzieher-Kind-Interaktion sollen die durch das operante Paradigma Skinners postulierte Bedeutung der sozialen Bekräftigung im Erziehungsbereich über Beobachtungs- und Fragebogendaten (vgl. Preisig et al. in diesem Band S. 35 ff.) präziser geschätzt bzw. entsprechende Vorhersagen, die sich aus kontingenztheoretischen Annahmen ergeben, überprüft werden.

Das operante Paradigma ist in den letzten zwanzig Jahren in verschiedener Hinsicht kritisiert worden. Bereits 1947 wies Postman auf die Zirkularität des Effekt-Gesetzes hin (Postman 1947). Es wurden verschiedene Lösungsversuche angeboten, z. B. durch Westmeyer, der die Verstärkertheorie als heuristische Rahmentheorie interpretiert, die idiographische Verstärkerhypothesen inspiriert, die dann idiographisch falsifizierbar sind (Westmeyer 1973). Eine zweite Kritik bezieht sich auf die Extrapolation des Geltungsbereiches der Theorie, der sich zunächst auf

---

[1] Es handelt sich bei dieser Arbeit um ein durch den Schweizerischen Nationalfonds finanziertes Projekt im Rahmen des «Nationalen Programmes: Soziale Integration», Projekt Nr. 4.135.0.76.03. Folgende Personen sind außer den im Titel genannten Verfassern an der Durchführung beteiligt: Dipl. Math. Arnold Aders, Dr. Fredi Büchel, lic. phil. Urs Christ, stud. phil. Donat Fritschy, Dr. Jo Kramis, Dr. Ernst Preisig und Dipl.-Psych. Beat Thommen.

Laborsituationen einschränkt, auf Situationen der natürlichen Umgebung und auch auf Verhaltensphänomene hoher Komplexität wie z. B. auf die Sprache (Breger & Mc Gaugh 1965; Chomsky 1959). Unter Feldbedingungen können zentrale Parameter der Theorie nicht mehr kontrolliert werden. Patterson (1973a und 1973b) hat aus diesem Grunde die Theorie von Skinner dergestalt modifiziert, daß sie auf die natürliche Umgebung anwendbar ist, d. h. daß Verhalten in der natürlichen Umgebung nach den Meßvorschriften der Theorie analysierbar und interpretierbar ist. Nach Patterson werden Verhaltensereignisse (A), die die Auftretenswahrscheinlichkeit (p) der nachfolgenden oder die Wiederauftretenswahrscheinlichkeit der vorausgegangenen Verhaltensereignisse (B) beim Sozialpartner erhöhen oder vermindern, *«kontrollierende Reize»* genannt: $p(B/A) \neq p(B)$.

Von einem *fördernden Reiz* (facilitating stimulus: S^F) spricht Patterson, wenn die bedingte Wahrscheinlichkeit für B gegeben A größer ist als die unbedingte Wahrscheinlichkeit für B : $p(B/A) > p(B)$.

Von einem *«hindernden Reiz»* (inhibiting stimulus: S^I) wird gesprochen, wenn die bedingte Wahrschenlichkeit für B gegeben A kleiner ist als die unbedingte Wahrscheinlichkeit für B: $p(B/A) < p(B)$.

S^F und S^I beschreiben kontrollierende Ereignisse, die dem Kindverhalten zeitlich *vorausgehen,* während die kontrollierenden Reize, die auf das Kindverhalten *folgen,* akzelerierende bzw. dezelerierende Stimuli genannt werden.

Von einem *akzelerierenden* (S^{acc}) bzw. *dezelerierenden* Stimulus (S^{dec}) wird dann gesprochen, wenn er das *Wiederauftreten* der beim Sozialpartner vorausgegangenen Reaktion bedeutsam wahrscheinlicher bzw. unwahrscheinlicher macht. Akzelerierende Stimuli fördern die Bildung von Verhaltensketten, während dezelerierende auf die Hemmung eines Verhaltens hinwirken.

Die Nähe der neuen Begriffe zu operanten Konzepten wird deutlich in der Gegenüberstellung der entsprechenden Begriffe. Die Unterschiede gehen aus den vorherigen Definitionen hervor, wobei die Vorteile der von Patterson eingeführten Parameter darin zu sehen sind, daß die Definitionsvorschriften die Messung der Parameter im Feld erlauben, was bei den Skinnerschen Konzepten nicht möglich ist.

S^D (diskriminativer Stimulus)	S^F
S^Δ	S^I
C+ (positiver Verstärker)	S^{acc}
C− (negativer Verstärker)	S^{dec}

Das Berliner Projekt zur Verhaltensdiagnostik spezifischer Verhaltensbereiche stellt eine konsequente und sophistizierte Fortsetzung dieses Ansatzes dar (vgl. PERREZ 1980; ELLER & WINKELMANN 1978, S. 1–119, Teil C III). Die empirische Analyse von Reiz-Reaktions-Zusammenhängen erlaubt auf diesem theoretischen Hintergrund die Identifikation der kontrollierenden Funktion bestimmter Verhaltenskategorien des Interaktionspartners A in bezug auf bestimmte Verhaltenskategorien des Interaktionspartners B und vice versa. Unbefriedigend ist die Charakterisierung eines der zentralen Begriffe dieser Theorie, nämlich die Definition des Akzelerators. Er bezieht sich ausschließlich auf die *Verlängerung* bzw. Bildung von *Verhaltensketten* und erweist sich deshalb als ungeeignet für die Analyse von *Ereigniskategorien*. Ebenso ist die technologische Relevanz einer auf dieser Basis durchgeführten Verhaltensanalyse zu problematisieren, da die Theorie nichts aussagt über das *Zustandekommen* der verschiedenen Modi der Kontrollfunktion, d. h. die Theorie enthält keine Informationen über den Aufbau noch nicht vorhandener Reaktionsklassen und über die Veränderung von Auftretenswahrscheinlichkeiten von Reaktionsklassen, bei denen keine kontrollierenden Reize empirisch ermittelt werden konnten.

Unserer Analyse des Erziehungsverhaltens und seiner funktionalen Bedeutung für das Kindverhalten legen wir Hypothesen über die Bekräftigungsvalenz *bestimmter sozialer* erzieherischer *Konsequenzen* zugrunde. Es soll geprüft werden, ob sich mit einer systematischen Veränderung bestimmter sozialer Kontingenzen (d. h. des erzieherischen Bekräftigungsverhaltens) die Auftretenswahrscheinlichkeit spezifischer Kindverhaltensweisen verändert, gemäß den kontingenztechnologischen Hypothesen, die darüber informieren, welche erzieherischen Verhaltenskategorien seltener bzw. häufiger kontingent zu bestimmtem Problem- bzw. Zielverhalten des Kindes geäußert werden sollen, damit sich die entsprechende Auftretenswahrscheinlichkeit erniedrige bzw. erhöhe. Damit soll ein Beitrag zur Klärung der Frage geleistet werden, ob es sich beim in der Literatur häufig besprochenen sogenannten «Kontingenzmanagement» (BLOESCHL 1978) bloß um eine «façon de parler» handelt, die das Labor-Paradigma des operanten Konditionierens auf Feldbedingungen anzuwenden vorgibt.

Das Verhalten des Zielkindes wird im schulischen und familiären Rahmen in Funktion von Stimulus- und Konsequenz-Ereignissen dergestalt interpretiert, daß bei einem *Verhaltensdefizit* die Auftretenswahrscheinlichkeit (p_1) des Zielverhaltens unter der Voraussetzung definierter Stimulusereignisse zu gering ist und daß dieses Verhalten auf eine niedrige bedingte Wahrscheinlichkeit (p_2) für positive Erzieher- und/oder Peerreaktionen zurückzuführen ist. Unter Feldbedingungen soll nun die Vorhersage geprüft werden, daß nach einer therapeutischen Intervention, die sich am operanten Paradigma orientiert, die Erhöhung von p_2 eine Erhöhung von p_1 bewirkt. Die allgemeine, am Einzelfall zu überprüfende Erwartung für Reaktionsklassen, deren Auftretenswahrscheinlichkeit als zu gering eingestuft worden ist, ist die folgende:

$$\text{Prae: } S_i \underset{p_1}{\longrightarrow} R_e \underset{p_2}{\longrightarrow} K+$$

$$\text{Post: } S_i \underset{p_3}{\longrightarrow} R_e \underset{p_4}{\longrightarrow} K+$$

Die allgemeine, am Einzelfall zu überprüfende Hypothese lautet:

$$(p_4 > p_2) \rightarrow (p_3 > p_1)$$

S_i = Situation.
R_e = Verhaltenskategorie des Kindes, die erwünscht ist und deren Auftretenswahrscheinlichkeit vor dem Treatment als zu gering eingeschätzt wird.
K^+ = Erzieherverhaltenskategorie, die eine positive Konsequenz auf Kindverhalten beschreibt.

Die Konstellation für Reaktionsklassen, deren Auftretenswahrscheinlichkeiten als zu groß eingestuft werden (Verhaltensüberschuß), ist analog.

Im folgenden sollen nun einige Fragen und Probleme, die sich im Zusammenhang der Prüfung der Hypothesen ergeben, dargestellt und diskutiert werden.

2. Zur Bedeutung der Situation in der verhaltenstheoretischen Erziehungsstilforschung

2.1 Die Situation als Kodeterminante des Verhaltens

In der oben dargestellten S–R–K–Kette wird eine Situationsvariable S berücksichtigt, die dem Zielkindverhalten vorausgeht. Da der Begriff der Situation sehr unterschiedlich und häufig pauschal verwendet wird (PERVIN 1978), sind diesbezüglich einige Ausführungen notwendig. Im folgenden soll kurz die Bedeutung der Situation in der verhaltenstheoretischen Erziehungsstilforschung aufgezeigt werden.

Nach der S – R – K – Heuristik geht es nicht darum, alle situativen Variablen in die Analyse einzubeziehen, sondern nur jene, «welche das beobachtete Verhalten kontrollieren» (KANFER & SASLOW 1974, S. 34). Mit der Formulierung spezifischer Hypothesen bezüglich der verhaltenskontrollierenden Funktion ausgewählter Situationsvariablen muß auch mitentschieden werden, auf welcher Ebene der Mensch-Umwelt-Beziehung (LANG 1974) diese Situationsvariablen zu erfassen sind. Mit der von LANG (1974) entwickelten Systematik idealtypischer Darstellungsebenen der Mensch-Umwelt-Beziehung kann gezeigt werden, daß es möglich ist, eine bestimmte Situation entweder auf der Wertungsebene, auf der Kognitionsebene, auf der Verhaltensebene, auf der Ebene des

Verhaltensrahmens (Barker & Wright 1954) oder auf der Ebene institutioneller Orte usw. zu beschreiben. Welches jeweils die adäquateste Beschreibungsebene darstellt, hängt vom theoretischen Rahmen ab und kann beispielsweise eine freche Bemerkung des Kindes u. U. aufgrund und eventuell der Zugänglichkeit der spezifischen Situationsvariablen für eine Intervention entschieden werden.

Meist wird in der Erziehungsstilforschung die Situationsvariable entweder auf der Ebene des Verhaltensrahmens (z. B. Mahlzeit, ins Bett gehen, Spielen) oder in Termini von mütterlichen Verhaltensweisen, die dem Zielkindverhalten vorausgehen (Patterson et al. 1969; Eller, Perrez, Schultze & Winkelmann 1975), erfaßt. Da es in der funktionalen Verhaltensanalyse u. a. darum geht, die bedingten Auftrittswahrscheinlichkeiten bestimmter Kindverhaltensweisen in der Situation i zu untersuchen, ist es unzureichend, die Situationsvariable lediglich auf der Ebene des Verhaltensrahmens ohne zusätzliche Berücksichtigung vorausgehender Verhaltensweisen der Sozialpartner zu beschreiben. So kann beispielsweise eine freche Bemerkung des Kindes u. U. aufgrund einer vorhergegangenen Verhaltensweise (z. B. Anweisung der Mutter) besser vorhergesagt werden als durch den Verhaltensrahmen (z. B. Mittagessen).

Wenn ein Individuum den Verhaltensrahmen wechselt, ist eine Vielzahl von Veränderungen in seinem Verhalten offensichtlich (Barker & Wright 1954), und dies auch ohne vorausgehende Verhaltensweisen von irgendeinem Interaktionspartner. Solche Verhaltensänderungen werden auf gelernte, settingspezifische Normen zurückgeführt. Für eine interventionsrelevante Erhebung der Situationsvariable auf der Ebene des Verhaltensrahmens sind diese Situationsnormen zu erfassen (vgl. Pkt. 5.2).

2.2 Zur Erfassung der situationsspezifischen Erwünschtheit des Kindverhaltens

Ein weiteres, entscheidendes Element des Grundprinzips zur Analyse sozialer Kontingenzen ist die Bestimmung der Erwünschtheit bzw. Unerwünschtheit spezifischer Kindverhaltensweisen, da die bedingten Auftrittswahrscheinlichkeiten sich darauf beizehen (vgl. Pkt. 1). Vor der Erfassung der Erwünschtheit des Kindverhaltens ist festzulegen, auf welche Norm sich diese Wertaussage beziehen soll. Dabei muß deren Geltungsbereich umschrieben werden.

Die von Eller, Perrez, Schultze und Winkelmann (1975) vorgeschlagene Lösung besteht darin, daß a priori sowohl familienspezifisch als auch verhaltensrahmenspezifisch jede Kindverhaltenskategorie als erwünscht eingeschätzt wird. Diese Lösung ist für alle jene Kindverhaltensweisen brauchbar, die für den spezifischen Verhaltensrahmen zu jedem Zeitpunkt und unter allen Umständen erwünscht bzw. unerwünscht sind (z. B. «verletzendes Verhalten», ebenda, S. 5). Dies ist jedoch für eine Vielzahl von Kindverhaltensweisen (z. B. «gemeinsam spielen», ebenda, S. 5) nicht unter allen Umständen der Fall, da bestimmte Partnerverhaltensweisen und/oder Wechsel in den Situationsnormen die Erwünschtheit oder Unerwünschtheit eines Kindverhaltens beeinflussen können.

Zur Verbesserung dieses ersten Lösungsvorschlages würde es genügen, daß der Beobachter jedes Kindverhalten mittels einer Schätzskala auf der Dimension «unerwünscht-erwünscht» einstuft. Mit einem entsprechenden Beobachtertraining ist dieser Weg gangbar. Mit der Anwendung eines reduktiven Meßverfahrens (= Schätzskala) bleibt es jedoch dem Beobachter überlassen, welche Verhaltensdetails er berücksichtigt und wie er sie gewichtet (Frey et al. 1975). Die reduktive Verhaltensmessung bietet deswegen keine Information über die Variablen, die nun tatsächlich in die Situationsdefinition eingegangen sind. Da dieses Verfahren keine Informationen zur Klärung der Determinanten der Erwünschtheit des Kindverhaltens liefert, ist es nur begrenzt brauchbar. Fruchtbarer scheint es uns, den Versuch zu unternehmen, jene Situationsvariablen, welche die Erwünschtheit des spezifischen Kindverhaltens ausmachen, zu erfassen. Dies soll dadurch erfolgen, daß, ausgehend von den Merkmalen des Kindverhaltens, zu jedem Zeitpunkt das erwartete (erwünschte) Verhalten gemäß gewählter Normen kodiert wird. Dabei können tolerierte oder gar erwünschte Abweichungen berücksichtigt werden. Die Erwünschtheit des Verhaltens des Zielkindes wird danach durch die allfällige Diskrepanz zwischen dem erwarteten Verhalten *(Sollwert)* – definiert durch antezedente Erziehungsverhaltensweisen und/oder Situationsnormen – und dem zum entsprechenden Zeitpunkt auftretenden Zielkindverhalten *(Istwert)* bestimmt (vgl. Pkt. 5.2). Durch die Erfassung der situativen Umstände des Kindverhaltens auf der Ebene des Verhaltensrahmens unter Berücksichtigung der kindbezogenen Partnerverhaltensweisen und der Situationsnormen soll ermöglicht werden, die dreigliedrige Kontingenzanalyse unter funktional ähnlichen situativen Bedingungen durchzuführen.

2.3. Zur Situationsspezifität der sozialen Konsequenzen

Da Verstärkerhypothesen situationsspezifisch formuliert werden, ist deren transsituationaler Geltungsbereich zu überprüfen (Westmeyer 1973). Die kontingenztheoretischen Hypothesen, die auf soziale Konsequenzen gründen, deren Verstärkerwert a priori definiert wurde, können somit über verschiedene Situationen überprüft werden. Eine situationsspezifische Geltung sozialer Konsequenzen kann angenommen werden, wenn die erwarteten Zusammenhänge unter einigen situativen Umständen vorliegen, nicht aber in anderen Situationen. Zusätzlich müssen die Unterschiede jedoch über die Zeit hinweg stabil sein.

3. Design zur verhaltenstheoretischen Analyse der Erzieher-Kind-Interaktion

Der verhaltenstheoretische Ansatz impliziert die Berücksichtigung idiographischer Elemente, da die Lerngeschichten der zu untersuchenden Personen individuelle Unterschiede aufweisen und demnach die Wirkungen verschiedener gegebener Reize als Verstärker bzw. Akzeleratoren/Dezeleratoren bei verschiedenen Individuen unterschiedlich sind (WESTMEYER 1973: idiographische Verstärkerhypothesen). Demgemäß muß die Analyse erzieherischen Verhaltens und dessen Auswirkungen primär auf den Einzelfall abstellen, wobei anstelle einzelner Versuchspersonen das Paar Erzieher-Erzogener, allenfalls unter Beizug weiterer Interaktionspartner (vgl. Pkt. 4: Berücksichtigung mehrer Verhaltensströme), als zugrundeliegende Einheit betrachtet wird.

Die Analyse wird dabei ergiebiger, wenn es sich nicht um eine Ex-post-facto-Studie handelt, sondern wenn ein Treatment durchgeführt wird (CAMPBELL & STANLEY 1963), wobei das Treatment grundsätzlich künstlich oder natürlich sein kann, aber zur Erhöhung der ökologischen Validität zumindest im natürlichen Setting erfolgen sollte (PATRY 1979). Nach Ansicht von WESTMEYER (1977) können beispielsweise die meisten Verstärkungspläne nicht aufgedeckt werden, wenn sie nicht (durch ein Treatment) implementiert worden sind (künstliches Treatment). Deshalb ist es nötig, neues Erziehungsverhalten zu implementieren, wenn man dessen Auswirkungen untersuchen will.

Zur quasi-experimentellen Analyse einzelner Fälle haben sich in der verhaltenstheoretisch orientierten Forschung vor allem das Reversionsdesign (ABAB) und das Design mit der multiplen Grundkurve (BAER et al. 1968) bewährt (BARLOW & HERSEN 1973; HERSEN & BARLOW 1976), wobei das Individuum bzw. die Einheit in einer Zeitreihe verschiedenen Treatment-Phasen unterworfen wird, von denen einzelne als Kontrolle dienen. Da sich das Reversionsdesign bei Implementierungen nicht eignet (man müßte zum Zweck der Kontrolle die Implementierung rückgängig machen), stellt die multiple Grundkurve das ideale Design dar: Die Implementation erfolgt stufenweise so, daß zunächst nur bestimmte Verhaltensweisen des Erziehers geändert werden, während die anderen unverändert bleiben. In der Theorie bzw. Hypothese wird beschrieben, welche Verhaltensweisen des Erzogenen sich in Funktion des Erzieherverhaltens ändern und welche sich nicht ändern sollten.

In diesem Design ist zu trennen zwischen der Implementation neuen Erziehungsverhaltens, die auf implementationstechnologischem Wissen beruht, und den Auswirkungen des Erziehungsverhaltens, deren Untersuchung letztlich zu erziehungstechnologischem Wissen führt (PERREZ 1980). Im vorliegenden Aufsatz werden nur die *Auswirkungen* untersucht, während der Aufsatz von BUECHEL und PERREZ in diesem Band der Implementation gewidmet ist. Nichtsdestoweniger muß jeweils geprüft werden, ob das Erziehungsverhalten sich tatsächlich im erwarteten Sinne geändert (bzw. nicht geändert) hat.

Wenn die Möglichkeit besteht, gleiche (bzw. ähnliche) N = 1-Designs parallel mit verschiedenen Erzieher-Erzogenen-Paaren unter Einschluß weiterer Verhaltensströme (vgl. unten) durchzuführen, stellt sich die Frage nach der Möglichkeit von Gruppenvergleichen. Dies ist insbesondere der Fall, wenn eine bestimmte Anzahl Paare als treatmentlose Kontrollgruppe (die allenfalls die Treatments später bekommt) verwendet werden kann. Die Treatments müssen theoriegemäß letztlich idiographisch sein, d. h. sie unterscheiden sich von Paar zu Paar. Dem wurde u. a. dadurch Rechnung getragen, daß die einzelnen Erzieher spezifische Reaktionen auf spezifisches Kindverhalten lernten, so daß die Treatments rein topographisch nicht vergleichbar sind. Ein Gruppenvergleich, der die Treatments als solche einbezieht, ist deshalb ausdrücklich nicht möglich.

Wenn die Treatments auch nicht identisch sind, so sind doch die Grundprinzipien, die zur idiographischen Formulierung der Treatments führten, gleich. Man kann sagen, der Algorithmus zur Ermittlung des Treatments ist in allen Fällen der gleiche, wenn auch, entsprechend den individuellen Unterschieden, verschiedene Treatments daraus resultieren. Der Gruppenvergleich muß sich demnach auf diese Grundprinzipien oder diesen Algorithmus beziehen.

Im vorliegenden Fall wird festgestellt, ob ($p_4 > p_2$), ($p_4 = p_2$) oder ($p_4 < p_2$) und analog dazu die Relationen zwischen p_3 und p_1. Die gewählten Verhalten Re, Ru, K^+, K^- sowie (nicht so ausgeprägt) Si sind idiographisch; die *Relationen* erlauben den Gruppenvergleich.

Dieser kann nach folgendem Schema geschehen:

	$p_3 > p_1$	$p_3 = p_1$	$p_3 < p_1$
$p_4 > p_2$			
$p_4 = p_2$			
$p_4 < p_2$			

Der Einbezug der Kontroll- (Non-Treatment-)Gruppe führt dazu, daß die Zeile $p_4 = p_2$ nicht unterbelegt ist. Die Statistik kann verwendet werden, um die Relationen festzustellen, nicht aber zur Interpretation dieses Schemas. Die Felder der Diagonalen sind theoriekonform. Alle anderen Felder kritisieren die Theorie und sollten leer sein.

4. Verhaltenstheoretische Analyse der Interaktion mehrerer Partner

Bei der Untersuchung sozialer Interaktionen im Feld sind oft nicht nur das Subjekt (Zielkind) und ein einziger Interaktionspartner (Mutter oder Lehrer) anwesend, die sich gegenseitig beeinflussen, sondern es gilt zusätzlich, noch weitere mehr oder minder an der Interaktion beteiligte Personen zu berücksichtigen. Es sind dies beispielsweise die Geschwister oder der Vater in der Familie oder die Mitschüler in der Schule. Die Hypothese

$$(p_4 > p_2) \rightarrow (p_3 > p_1)$$

für das Mutter- oder Lehrerverhalten p_4 und p_2 muß demnach unter Berücksichtigung der anderen Personen geprüft werden. Für die weitere Darstellung sei nur von einer einzigen zusätzlichen Person ausgegangen; die Analyse läßt sich jedoch grundsätzlich auf beliebig viele Partner des Zielkindes anwenden.

Grundlage der Analyse ist die Konsequenz-Koinzidenz-Matrix (Abbildung 1), in die für das durch p_1 bzw. p_3 erfaßte Zielkindverhalten Re in der Situation i die Konsequenzen p_2 bzw. p_4 beider Partner eingehen. Dabei wird vorerst nur unterschieden zwischen vom Zielkind als angenehm erlebten Konsequenzen K^+, als unangenehm erlebten Konsequenzen K^- sowie neutralen Konsequenzen K^n; diese Aufteilung kann nach Bedürfnis erweitert werden. Als Konsequenz wird das unmittelbar auf Re_i folgende Verhalten der Partner bezeichnet (bedingte Wahrscheinlichkeit).

In der Hypothese angenommen und zu prüfen sind die Richtungen der Einwirkungen der Konsequenzen: Die Erhöhung von K^+ führt zu einer Erhöhung von Re_i, die Erniedrigung von K^- ebenfalls, während sich eine Änderung von K^n nicht auswirkt. Dabei können sich die beiden Partner unterstützen oder konkurrenzieren. Die Hypothese besagt nun, daß das Zielkindverhalten wahrscheinlicher wird, wenn mindestens eines der in der Konsequenz-Koinzidenz-Matrix (Abbildung 1) mit «+» bezeichneten Felder zunimmt und keines abnimmt und/oder mindestens ein mit «–» bezeichnetes Feld abnimmt und keines zunimmt.

	Re_i	Partner 1 K^+	K^-	K^n
Partner 2	K^+	+	§	+
	K^-	§	–	–
	K^n	+	–	

Abbildung 1: Die Konsequenz-Koinzidenz-Matrix für das Verhalten Re in der Situation i des Zielkindes; K^+: angenehme Konsequenz, K^-: unangenehme Konsequenz und K^n: neutrale Konsequenz; +, –, §: vgl. Text.

Die mit § bezeichneten Felder sind als Spezialfall zu behandeln. In der Tat beeinflussen in diesen Fällen die beiden Partner das Verhalten Re in verschiedener Richtung. Auf die Konsequenzen der Übersetzung dieser Felder kann hier nicht eingegangen werden: Das Verhalten wird von einem Partner positiv, vom anderen negativ bekräftigt. Für die Hypothesenprüfung kann man davon ausgehen, daß eine Erniedrigung der mit § bezeichneten Felder keinen Einfluß hat und ebensowenig, wenn keine Änderung auftritt. Wenn hingegen eine Zunahme festzustellen ist, dürfte die Hypothesenprüfung komplex werden.

Was schließlich das leergelassene Feld angeht, so ist dessen Besetzung u. a. Ausdruck für den Verstärkungsplan: Bei Immerverstärkung ist dieses Feld leer. Sonst aber ist es für die Hypothesenprüfung irrelevant, da es im Treatment in jedem Fall darum gehen wird, K+ und/oder K– des einen oder beider Partner zu ändern. Dieses leere Feld dient dann als Pufferfeld, da die Summe der relativen Häufigkeiten über alle Felder 1 ergeben muß. Das Treatment zur Erhöhung von Re besteht dann darin, K^n durch K+ bzw. K– durch K^n oder K+ zu ersetzen.

5. Die systematische Beobachtung als Datenerhebungsverfahren in der verhaltenstheoretischen Analyse der Erzieher-Kind-Interaktion

Zur Erhebung der relevanten Daten zur funktionalen Verhaltensanalyse nach der Heuristik von Kanfer und Saslow (1974) unter Berücksichtigung mehrerer Sozialpartner bieten sich hauptsächlich die schriftliche und mündliche Befragung sowie die direkte Verhaltensbeobachtung an. Da es in unserer Fragestellung darum geht, vor und nach dem Elternverhaltenstraining die bedingten Auftrittswahrscheinlichkeiten bestimmter Kind- und Eltern*verhaltensweisen* zu erheben, ist die systematische Beobachtung den anderen Erhebungsverfahren vorzuziehen (Ischi 1978). Die wichtigsten Probleme im Zusammenhang mit der Anwendung der systematischen Beobachtung in der verhaltenstheoretisch orientierten

Erziehungsstilforschung sowie deren Lösungsversuche sollen im folgenden erörtert werden.

5.1 Die Erhebung der Rohdaten

Nach den oben beschriebenen Forderungen sollen die relevanten Daten zur Kontingenzanalyse im natürlichen Verhaltensrahmen der Familie erhoben werden. In Anbetracht der geschützten Privatheit der Familie und der zahlreichen familiären Lebensbereiche, die einen hohen Intimitätsgrad aufweisen (NEIDHARDT 1970), stellen sich bei Anwendung der direkten Beobachtung u. a. folgende methodologische Probleme: erstens in bezug auf die Zugänglichkeit des Forschers zum Forschungsgegenstand, zweitens in bezug auf die Arbeitsbedingungen der Beobachter und drittens bezüglich der Beobachterreaktivität auf die zu erhebenden Variablen. Der in früheren Arbeiten entwickelte und erprobte Lösungsvorschlag (ISCHI 1975 und 1978; PERREZ, ISCHI & PATRY 1979; PATRY 1979) besteht darin, die Beobachter im Feld durch ein partizipationsfreies Erhebungsverfahren zu ersetzen. Ein solches ist eine im familiären Verhaltensrahmen montierte Videoaufnahme-Apparatur, die über einen Zeitschalter automatisch in Betrieb gesetzt werden kann. Da die Aufnahmegeräte in einem schallgedämpften Behälter untergebracht sind, werden Hinweise auf die sich im Gange befindliche Datenerhebung eliminiert. Über längere Zeitspannen fällt es dadurch Kindern und Erwachsenen leichter zu vergessen, daß sie beobachtet werden (Gewöhnung an die implizite Instruktion, PATRY 1979). Die automatische Videoregistrierung vermindert somit die Beobachterreaktivität und verbessert für die Forscher den Zugang zu Interaktionen in der Familie. Die Vorteile dieses Verfahrens erstrecken sich auf die Erhebung der Rohdaten wie auch auf die Kodiertätigkeit der Beobachter, wo sich insbesondere die Möglichkeit der Verwendung komplexer Beobachtungssyteme, die mehrere Durchsichten der zu kodierenden Verhaltenssequenzen erfordern (ISCHI 1979), ergibt. Bei der Wahl der automatischen Video-Registrierung zur Erhebung der Rohdaten ist jedoch zu berücksichtigen, daß eine größere Aufnahmezone nur auf Kosten der Detailauflösung realisierbar ist. Durch Einsatz mehrerer Kameras kann teilweise Abhilfe geleistet werden. Auch der starre Aufzeichnungswinkel kann u. U. sehr einschränkend wirken. Um die beschränkte Aufzeichnungszeit optimal auszunützen, kann der Stichprobenplan entsprechend den Gewohnheiten der Familie programmiert werden. Die Aufnahme kann auch durch Licht- oder Schallsensoren gesteuert werden (HAEBERLE 1978). Durch die erörterte technologische Entwicklung in der Verhaltensaufzeichnung ist jedoch die Frage der Kategorisierung der relevanten Verhaltensweisen noch nicht beantwortet (COOPER et al. 1974). Inwieweit eine Video-Aufzeichnung brauchbar ist, hängt letzten Endes von der Erhebungsweise und vom Beobachtungssystem ab.

5.2 Das Beobachtungssystem

Im folgenden seien die wichtigsten Kriterien, denen ein Beobachtungssystem zur verhaltenstheoretischen Analyse der Erzieher-Kind-Interaktion genügen muß, dargelegt. Die unten angegebenen Handlungsvorschläge wurden für die Analyse sozialer Kontingenzen in der Schulklasse entwickelt (Ischi 1979; Perrez, Ischi & Patry 1979). Prinzipiell gelten sie jedoch auch für die Analyse in der Familie.

In unserer Untersuchung erfolgt die dreigliedrige Kontingenzanalyse (S–R–K-Analyse) durch den prä-post-Vergleich bestimmter Übergangsmatrizen. Zur Herstellung dieser Matrizen auf lerntheoretischer Grundlage muß das Beobachtungssystem

1. die relevanten Ereignisse erfassen,
2. eine sequentielle Analyse erlauben,
3. nicht nur zeitliche Kontingenzen, sondern auch Kontingenzen, die sich durch den thematischen Bezug definieren, erfassen,
4. Latenzzeiten im S-R-Schema mitberücksichtigen und
5. eine Zuordnung der sozialen Zuwendung zu den angezielten Personen erlauben, dies, wenn mehr als zwei Personen miteinander interagieren.

Dazu kommt noch, wie bereits erörtert, die Notwendigkeit der Erfassung der relevanten Parameter der Situation, der Erwünschtheit des Zielkindverhaltens und der unmittelbaren sozialen Konsequenzen und Antezedentien von Eltern und Geschwistern.

Die gleichzeitige Erfüllung der Forderung nach genauer zeitlicher Bestimmung aller Ereignisse mit der Forderung nach Ereignisstichproben an Stelle von Zeitstichproben wurde bis jetzt nur begrenzt realisiert. So werden nach den Beobachtungssystemen von Patterson et al. (1969) und Eller, Perrez, Schultze und Winkelmann (1975) durch die Zeitstichprobenverfahren Zustandskategorien (z. B. Spielen) und Ereigniskategorien (z. B. Schlagen) gleich behandelt. In bezug auf die funktionale Verhaltensanalyse heißt das, daß bei Zustandskategorien nicht nur das Wiederauftreten eines Ereignisses, sondern auch die zeitliche Ausdehnung des Ereignisses erfaßt werden. Dieses Problem wurde in unserem Beobachtungsystem gelöst, indem jedes Ereignis anhand eines durchgehenden Zeitrasters mit Zeitintervallen von fünf Sekunden kodiert wurde (Ischi 1979). Zur eindeutigen Markierung des Endes eines Ereignisses und zur Zuordnung der sozialen Antezedentien und Konsequenzen zum spezifischen Zielkindverhalten wurden einige Sonderzeichen eingeführt. Das interaktive Geschehen, beispielsweise einer vierköpfigen Familie, kann somit im Hinblick auf eine Kontingenzanalyse durch die Kodierung der Situation, des Verhaltens der Mutter, des Vaters, des Zielkindes und der Geschwister erfaßt werden. Die Vorteile der Zeitrasterung sind dazu bei der Herstellung der Auswertungsprogramme voll auszuschöpfen, indem nicht nur unmittelbar der mütterlichen Anweisung nachfolgende Kindeinwilligungen als erwünscht betrachtet werden, sondern beispielsweise auch all jene, die bis zu 30 Sekunden später erfolgen.

6. Zusammenfassung

Die obigen Ausführungen beschreiben den theoretischen und methodischen Rahmen eines Projektes, in dem Erzieher-Kind-Interaktionen einer verhaltenstheoretischen Analyse unterzogen werden. Das besondere Anliegen dieses Beitrages zur Untersuchung von Erzieher-Kind-Interaktionen besteht in der *theoriebezogenen* Analyse. Dabei sollte unter Feldbedingungen durch ein quasiexperimentelles Design die Bedeutung der sozialen Bekräftigung einer präziseren Schätzung zugänglich gemacht werden. Die der Arbeit inhärenten Ziele sind folgende:

1. Die Theorie soll so reformuliert werden, daß sie der Theorie entspricht, die dem sogenannten Kontingenz-Management zugrundegelegt wird.
2. Sie soll so formuliert werden, daß sie im Feld am Einzelfall kritisierbar ist.
3. Das Design soll so geartet sein, daß Datenkonstellationen möglich sind, die die Theorie kritisieren.
4. Sie soll nicht nur Dyaden, sondern drei Verhaltensströme berücksichtigen.
5. Bei der Beurteilung der Kindreaktionsklassen als erwünscht bzw. unerwünscht soll die Situation berücksichtigt werden.
6. Die Datengewinnung soll möglichst wenig Reaktivität implizieren.

Die oben skizzierten Lösungsvorschläge für diese Ziele sind als Versuch zu betrachten, die Erzieher-Kind-Interaktion unter verhaltenstheoretischen Gesichtspunkten kohärenter zu analysieren. Sie werden nicht nur der weiteren theoretischen kritischen Korrektur bedürfen, sondern auch die empirische Analyse wird Anhaltspunkte für ihre Fruchtbarkeit liefern.

Literatur

BAER, D. M., WOLF, M. M. & RISLEY, T. R. 1968. Some current dimensions of applied behavior analysis. J. Applied Behavior Analysis *1*, 91–94.

BARKER, R. G. & WRIGHT, H. F. 1954. Midwest and its children: The psychological ecology of an American town. Evanston, Ill.: White Plains, New York: Row & Peterson.

Barlow, D. H. & Hersen, M. 1973. Single-case experimental designs. Arch. Gen. Psychiatry *29,* 319–325.

Bloeschl, L. 1978. Kontingenzmodifikatorische Ansätze in der Verhaltenstherapie. Psychologische Rundschau *29,* 175–182.

Breger, L. & Mc Gaugh, J. L. 1965. Critique and reformulation of "Learning theory" approaches to psychotherapy and neurosis. Psychological Bulletin *63,* 338–358.

Buechel, F. & Perrez, M. 1978. Implementierung eines verhaltenstheoretisch orientierten Mediatorensystems auf der Primarschulstufe unter Einbezug der Eltern. Berichte zur Erziehungswissenschaft des Pädagogischen Institutes der Universität Fribourg Nr. 8.

Campbell, D. T. & Stanley, J. C. 1963. Experimental and quasi-experimental designs for research on teaching. Chicago: Rand Mc Nally College Publishing Company.

Chomsky, N. 1959. Review of B. F. Skinner, Verbal behavior. Language *35,* 26–58.

Cooper, E. S. et al. 1974. Direct observation? Bulletin of the British Psychological Society *27,* No. 94, 3.

Eller, F., Perrez, M., Schultze, J. & Winkelmann, K. 1975. Arbeitsbericht des Unterprojekts «Eltern-Kind-Interaktion». Berlin: interner Arbeitsbericht an der FU.

Eller, F. & Winkelmann, K. 1978. Ergebnisbericht des Teilprojektes «Eltern-Kind-Interaktion». In: Manns, M., Mees, U., Schultze, J. & Westmeyer, H. (Hg.): Abschlußbericht des Forschungsprojektes «Beobachtungsverfahren und Therapietheorie», Teil C III. Berlin, 1–115.

Frey, S. et al. 1975. Konstruktive Verhaltensmessung: Ein neues methodisches Paradigma für klinisch-psychologische Einzelfalluntersuchungen. Bern (mimeo).

Haeberle, W. 1978. Analyse der Objekt-Transaktion. Die familiäre Umwelt fünfjähriger Kinder. Aarau: Arbeitsbericht.

Hersen, M. & Barlow, D. H. 1976. Single-case experimental designs. Strategies for studying behavior change. New York: Pergamon.

Ischi, N. 1975. Zur familiären Sozialisation des Kindes im Vorschulalter. Ein methodologischer Versuch zur Beobachtung und Beschreibung der Interaktionen des Kindes mit seinen Sozialisatoren. Aarau und Bern: Bericht an den Schweizerischen Nationalfonds.

Ischi, N. 1978. Die Erhebung interaktiven Eltern-Kind-Verhaltens durch systematische Beobachtung. In: Schneewind, K. A. & Lukesch, H. (Hg.): Familiäre Sozialisation: Probleme, Ergebnisse, Perspektiven. Stuttgart: Klett, 44–62.

Ischi, N. 1979. Beobachtungssystem zur Analyse sozialer Kontingenzen in der Schulklasse (Manual). Fribourg: Berichte zur Erziehungswissenschaft des Pädagogischen Institutes der Universität Fribourg Nr. 12.

Kanfer, F. H. & Saslow, G. 1974. Verhaltenstheoretische Diagnostik. In: Schulte, D. (Hg.): Diagnostik in der Verhaltenstherapie. München: Urban & Schwarzenberg.

Lang, A. 1974. Versuch einer Systematik der Umweltpsychologie. Bern: Psychologisches Institut der Universität Bern (mimeo).

Neidhardt, F. 1970[2]. Die Familie in Deutschland. Gesellschaftliche Stellung, Struktur und Funktionen. In: Beiträge zur Sozialkunde. Reihe B. Opladen: Leske.

Patry, J.-L. 1979. Feldforschung in den Sozialwissenschaften. Zeitschrift für Klinische Psychologie und Psychotherapie *27,* 317–335.

Patterson, G. R. 1973a. Stimulus control in natural setting: I. A procedure for the identification of facilitating stimuli which occur in social interaction. University of Oregon: Unpubl. Manuscript.

PATTERSON, G. R. 1973b. Stimulus control: II. Stimuli which maintain ongoing noxious behaviors. University of Oregon: Unpubl. Manuscript.

PATTERSON, G. R. et al. 1969. Manual for coding of family interactions. Oregon Research Institute and University of Oregon (mimeo).

PERREZ, M. 1980. Implementierung neuen Erziehungverhaltens: Interventionsforschung im Erziehungsstilbereich. In: SCHNEEWIND, K. & HERRMANN, T. (Hg.): Erziehungsstilforschung. Bern: Huber.

PERREZ, M., ISCHI, N. & PATRY, J.-L. 1979. Implementation of the mediator counseling system and analysis of its theoretical foundations. Berichte zur Erziehungswissenschaft aus dem Pädagogischen Institut der Universität Fribourg Nr. 9.

PERVIN, L. A. 1978. Definitions, measurements, and classifications of stimuli, situations, and environments. Human Ecology *6,* 71–105.

POSTMAN, L. 1947. The history and present status of the law of effect. Psychological Bulletin *44,* 489–563.

PREISIG, E., PERREZ, M. & PATRY, J.-L. 1980. Konstruktion eines an der Verhaltenstheorie orientierten Fragebogens zur Erfassung des Bekräftigungs- und Bestrafungsverhaltens. Psychologie in Erziehung und Unterricht *27,* in press.

WESTMEYER, H. 1973. Kritik der psychologischen Unvernunft. Stuttgart: Kohlhammer.

WESTMEYER, H. 1977. Verhaltenstherapie: Anwendung von Verhaltenstheorien oder kontrollierte Praxis? Möglichkeiten und Probleme einer theoretischen Fundierung der Verhaltenstherapie. In: WESTMEYER, H. & HOFFMANN, N. (Hg.): Verhaltenstherapie – Grundlegende Texte. Hamburg: Hoffmann & Campe, S. 187–203.

4. Andreas Helmke und Karl-Heinz Kischkel

Zur Wahrnehmung elterlichen Erziehungsverhaltens durch die Eltern und ihre Kinder und dessen Erklärungswert für kindliche Persönlichkeitsmerkmale

Zusammenfassung: An einer Stichprobe von 633 Paaren von Eltern und jeweils einem ihrer Kinder im Alter von 11–15 Jahren wird der Zusammenhang zwischen selbstperzipiertem positiven und negativen elterlichen Sanktionsverhalten bei schlechten Schulleistungen ihrer Kinder und den entsprechenden Fremdperzeptionen der Kinder überprüft. Kind- und Elternangaben hängen im Ergebnis signifikant zusammen; dies gilt für negatives Sanktionsverhalten mehr als für positives. Wichtige Determinanten für die Enge dieser Zusammenhänge sind die perzipierte Stabilität, d. h. Berechenbarkeit des elterlichen Bekräftigungsverhaltens, in schwächerem Maße auch das Alter der Kinder.

Im Hinblick auf den prognostischen Wert von Fremd- und Selbstperzeptionen auf Persönlichkeitsmerkmale des Kindes ist das Ergebnis bei positivem und negativem Sanktionsverhalten unterschiedlich. Kindseits wahrgenommenes strenges, bestrafendes Elternverhalten hängt mit kindlichen Persönlichkeitsmerkmalen nur unwesentlich höher zusammen als die entsprechenden Selbstperzeptionen. Unverkennbar ist dagegen, daß Elternangaben zum eigenen positiven Sanktionsverhalten überhaupt nicht, entsprechende Kinderangaben dagegen signifikant mit kindlichen Merkmalen (außer mit Leistungsangst) zusammenhängen.

Ausgehend von der Frage, auf welche Informanten – Eltern oder Kinder – Aussagen über den Erziehungsstil und dessen Wirkungen primär zu stützen sind, werden Probleme der Erfassung von Erziehungsstilen und deren Wirkungen erörtert. Fragen systematischer Antworttendenzen in Erziehungsstilfragebögen und der Anwendung und Dokumentation von Faktorenanalysen werden diskutiert.

1. Fragestellung

Wenn man den Einfluß elterlichen Erziehungsverhaltens auf Aspekte kindlichen Verhaltens untersuchen will und Möglichkeiten der Verhaltensbeobachtung (Ischi 1978) oder experimentelle Methoden (wie in der klassischen Studie von Rosen & D'Andrade 1959) etwa aus ökonomischen Gründen nicht sinnvoll erscheinen, wird man sich in der Regel entscheiden müssen, welcher Informanten man sich bei der Erfassung des Elternverhaltens bedienen soll: der Eltern selbst oder der Kinder[1].

In diesem Zusammenhang sind folgende beiden Fragen von Bedeutung:

1. Wie stark hängen Angaben der Eltern über ihre Erziehungspraktiken mit denen ihrer Kinder zusammen? Praktisch relevant wird diese Frage etwa immer dann, wenn divergierende Eltern- und Kindangaben bewertet werden sollen, z. B. im Rahmen der Erziehungsberatung oder der forensischen Psychologie (Sorgerechtsverfahren, Adoptionsvoraussetzungen, Beurteilung der Glaubwürdigkeit usw.). Hierzu liegen einige empirische Untersuchungen vor, wenngleich über *Bedingungen* der mehr oder weniger großen Abweichungen der Eltern- und Kindangaben voneinander bisher nur wenig bekannt ist. Dies ist um so erstaunlicher, als man davon ausgehen kann, daß deutliche Diskrepanzen in der gegenseitigen Wahrnehmung innerhalb einer Familie Anzeichen schwerwiegender Kommunikations- oder Verständigungsstörungen sein können. Dies gilt nicht nur für Mißverständnisse und elterliche Fehleinschätzungen hinsichtlich kindlicher Gefühle und Erlebnisweisen (LUKESCH-TOMANN & HELMKE 1978 und 1979 sowie HELMKE 1979b), sondern auch für die Wahrnehmungen der Eltern durch ihre Kinder.

2. Eine vom Grad der Übereinstimmung zwischen eltern- und kindperzipiertem Erziehungsstil abhebbare Frage ist die, welche der beiden Wahrnehmungen bessere *Voraussagen* der Ausprägungen kindlicher Persönlichkeitsmerkmale und Verhaltensweisen erlaubt und welches hier die entscheidenden Einflußgrößen sind. Diesbezüglich scheint in der neueren Erziehungsstilforschung ein Trend zu bestehen, «daß kindperzipiertes Erziehungsverhalten eine bessere Vorhersage auf kindliche Verhaltensmerkmale erlaubt, als dies aufgrund der Selbstperzeption der Elternperson möglich ist» (DARPE & SCHNEEWIND 1978, S. 150). Die systematische Erforschung dieses Sachverhaltes bleibt hier aber weit hinter dem wünschbaren Stand zurück. Es gibt zwar einige Indizien für berechtigte Zweifel an der Validität elterlicher Selbstperzeptionen bei Fragebogen (etwa bereits in der Studie von GOODENOUGH 1931, wo signifikante Unterschiede zwischen elterlichen Antworten in Fragebögen und präzise registrierten Tagebucheintragungen festgestellt wurden). Es soll aber nicht unerwähnt bleiben, daß zwei (der insgesamt fünf) von DARPE und SCHNEEWIND (1978) als Beleg für ihre Aussage angeführten Autoren sich entweder gar nicht mit dieser Fragestellung befaßt (COOPER 1966) oder keinerlei eigene empirische Daten dazu vorgelegt haben (GOLDIN 1969).

---

[1] Für diese beiden Möglichkeiten haben sich bedauerlicherweise die Begriffe «selbstperzipierter» (Eltern) bzw. «fremdperzipierter» (Kinder) elterlicher Erziehungsstil eingebürgert (weshalb auch in diesem Beitrag von dieser Terminologie Gebrauch gemacht wird), obwohl es mit der Bezeichnung Selbst/Fremdwahrnehmung auch getan wäre.

Die Klärung der Frage, welche Faktoren für unterschiedlich starke oder schwache Zusammenhänge zwischen kindlichen Fremd- und elterlichen Selbstwahrnehmungen elterlichen Erziehungsverhaltens wirksam sind und in welchem Maße, erfordert einige Vorüberlegungen allgemeiner Art: Man kann davon ausgehen, daß die Enge der oben angesprochenen Zusammenhänge letztlich Ergebnis zahlreicher Eltern-Kind-Interaktionen und damit Indikator für mehrere Aspekte der Familienbeziehung ist, z. B. für die Dichte der Kommunikation zwischen Eltern und Kind über den betreffenden Sachverhalt, das Maß an Informiertheit der Eltern bzw. Kinder, den Grad an (Un-)Voreingenommenheit sowie die Bedeutung, die der betreffende Bereich im Bewußtsein von Eltern und Kindern hat. Dabei ist klar, daß die genannten Aspekte höchstens theoretisch trennbar, in Wirklichkeit dagegen in vielfältiger Weise miteinander verflochten sind.

Über diese inhaltlichen Gesichtspunkte hinaus unterliegt der Grad des (fragebogenmäßig erhobenen) Zusammenhangs zwischen Eltern- und Kindangaben aber auch *allgemeinen Beurteilungsfaktoren,* d. h. daß in das Resultat des Beurteilungsprozesses neben Merkmalen der beurteilten Person auch Faktoren des Beurteilers und des Beurteilungsmediums mit eingehen. Beurteilerfehler sind in der einschlägigen Literatur unter Termini wie «systematische Antworttendenzen» (COHEN 1969), implizite Persönlichkeitstheorie bzw. naive Verhaltenstheorie (LAUCKEN 1974) oder «Urteils-Täuschungen» (SEITZ 1977) bekannt; Fehler, die auf das Beurteilungsmedium bezogen sind, stellen auf semantische Strukturen der Sprache bzw. des Sprachgebrauchs (OSGOOD, SUCI & TANNENBAUM 1957; HOFSTÄTTER 1964) oder auf Spezifika des Untersuchungsvorgangs ab (wie Itemauswahl, Instrumentenkonstruktion, Untersucher- und Situationseffekte, Auswertungsprozeduren usw.; vgl. hierzu vor allem MISCHEL 1968, S. 42 ff.).
Erste Versuche einer Systematisierung und Überprüfung solcher Verfälschungsquellen, die sich auf den Grad der Übereinstimmung zwischen Selbst- und Fremdperzeptionen beziehen, sind unseres Wissens lediglich von GARBE und STRASSER (1978) und von FEND (1977) gemacht worden. Die erstgenannten Autoren machen zwei Gruppen von Faktoren für die Schwäche bzw. Stärke des Zusammenhangs verantwortlich:

a) die Situationsspezifität des zu beurteilenden Verhaltens: bei direkt sichtbarem Verhalten sei ein größerer Zusammenhang zu vermuten und

b) Merkmale der Mutter-Kind-Interaktion, die sich auf die Wahrnehmungsdiskrepanz zwischen den Angaben beider Gruppen auswirken: Anzahl der Kinder, Berufstätigkeit der Mutter, Stellung des Kindes in der Geschwisterreihe und Geschlecht des Kindes (vgl. GARBE & STRASSER 1978, S. 45 f.).

Fend 1977 unterscheidet, anknüpfend an die Forschungen zur «social perception» (Jahnke 1975) drei Klassen möglicher Verzerrungsbedingungen:

a) personbedingte Verzerrungen (mangelnde Kompetenz oder mangelnde Informiertheit; affektive Bedingungen richtiger Beurteilungen);

b) situativ bedingte Verzerrungen (Effekte der sozialen Wünschbarkeit) und

c) merkmalsbedingte Urteilsverzerrungen: Komplexitätsgrad und Aggregierungsniveau: Beurteilung einer konkreten Person («Lehrer A») vs. einer Gruppe («unsere Lehrer»).

Speziell für die Bedeutung des Komplexitätsgrades – je komplexer zu beurteilen, desto fehlerbehafteter ist das Urteil – ergibt sich aus den Arbeiten von Fend (1977) sowie Lukesch-Tomann und Helmke (1978 und 1979) eine Reihe von Hinweisen.

Im folgenden sollen – anknüpfend an Fend (1977) sowie Garbe und Strasser (1978) – die u. E. wichtigsten Faktoren beschrieben werden, die bei der Analyse der Zusammenhänge zwischen Selbst- und Fremdperzeptionen von Bedeutung sind. Dies gilt unabhängig davon, ob (wie in dieser Untersuchung) die Kinder in der Rolle der Fremd- und die Eltern in der Rolle von Selbstwahrnehmenden sind oder umgekehrt (wenn Beurteilungsgegenstand Merkmale des Kindes sind).

1. *Dauerhaftigkeit* und *zeitliche Nähe* des zu beurteilenden Sachverhaltes: In die Beurteilung eines momentanen Verhaltens (z. B. akute, transitorische Leistungsangst) werden weniger Fehler eingehen als bei der Beurteilung überdauernder, dispositioneller Merkmale (z. B. des Persönlichkeitsmerkmals «Ängstlichkeit»). Denn in letzterem Fall werden vom Beurteiler gedankliche Mittelungsprozesse über einen bestimmten Zeitraum verlangt, die ihrerseits wiederum fehlerbehaftet sein können; außerdem sind überdauernde Persönlichkeitsmerkmale anfälliger gegen Effekte der sozialen Erwünschtheit, Stereotype und implizite Persönlichkeitstheorien (vgl. Punkt 6).

Neben dem Gesichtspunkt der zeitlichen Erstreckung spielt auch die zeitliche Nähe zum Beurteilungsgegenstand eine Rolle: Je zeitlich näher dieser zu lokalisieren ist, desto höhere Urteilsübereinstimmungen sind zu erwarten (Beispiel: Der Zusammenhang zwischen Eltern- und Kindperzeptionen im Hinblick auf elterliche Berufs*status*erwartungen ($r = .29$) ist geringer als bei den Berufs*ausbildung*serwartungen ($r = .43$), und diese werden ihrerseits weniger übereinstimmend beurteilt als die Schul*abschluß*erwartungen ($r = .59$) (Lukesch-Tomann & Helmke 1978, S. 130, vgl. auch Lukesch-Tomann & Helmke 1979).

2. *Beobachtungsdichte und räumliche Nähe:* Je mehr Gelegenheiten es zur Beobachtung bzw. Beurteilung eines Verhaltens oder Merkmals gibt, desto prägnanter und differenzierter wird im allgemeinen das Urteil

des Informanten sein. Ein Verhalten, das sich z. B. überwiegend in der Schule manifestiert, läßt – im Hinblick auf die Beurteilung durch die Eltern – einen geringeren Beurteilungszusammenhang erwarten als ein zu Hause gut verfolgbares Verhalten.

GARBE und STRASSER (1978) vermuteten in diesem Zusammenhang, daß sich mütterliche Berufstätigkeit und größere Anzahl von Kindern einschränkend auf die Mutter-Kind-Interaktion auswirken und insofern zu geringerer Urteilsübereinstimmung führen würden (was ihre Ergebnisse dann nicht belegen). Es ist u. E. auch eine zu mechanische Sichtweise, allein aus der rein zeitlich verringerten Beobachtungsdichte auf eine Einschränkung der jeweiligen Wahrnehmungsübereinstimmungen zu schließen. Es ist vielmehr zu vermuten, daß Mütter, die mehrere Kinder zu erziehen haben, ein vergleichsweise stabileres – und damit für Kinder berechenbareres – Verhalten zeigen (müssen); ebenso liegt es nahe, daß berufstätige Mütter die geringere Zeit, die ihnen für ihre Kinder bleibt, durch entsprechend höhere Erziehungsintensität ausgleichen können.

Vor allem für die beiden erstgenannten, aber auch für die folgenden Punkte gilt, daß man nicht von (streng) linearen Zusammenhängen ausgehen kann. Sicher gibt es einen Punkt, wo weitere Beobachtungen keinen Informationszuwachs mehr bringen, wo weitere Beobachtungsgelegenheiten nicht genutzt werden. Haben sich z. B. die Wahrnehmungsstrukturen einmal verfestigt, werden im Extremfall erwartungswidrige Beobachtungen nicht beachtet («Ausnahme») oder als irrelevant für den in Frage stehenden Beurteilungsgesichtspunkt erachtet (zu Grenzen der Informationsverarbeitungskapazität vgl. MILLER 1956).

3. *Stabilität und Konsistenz* des zu beurteilenden Sachverhaltes: Je konsistenter und damit berechenbarer ein Verhalten gezeigt wird, desto unproblematischer wird die Beurteilung für andere sein. Zum Beispiel sollte ein im Bewußtsein des Kindes schwankendes elterliches Bekräftigungsverhalten für das Kind schwieriger berechenbar sein und infolgedessen in größerem Ausmaße Beurteilungsfehlern unterliegen. Diese Annahme wird in der vorliegenden Arbeit überprüft.

4. *Komplexität des Urteilsgegenstandes:*

a) *Situations- und Bereichsspezifität:* Je mehr mögliche Situationen und inhaltliche Bereiche der zu beurteilende Sachverhalt umfaßt, desto geringere Urteilsübereinstimmung ist zu erwarten (z. B. Items zur Beurteilung eines bestimmten Aspektes leistungsängstlichen Verhaltens, verglichen mit Aussagen zur Angst allgemein).

b) Davon gedanklich zu trennen ist das Kriterium der prinzipiellen *Beobachtbarkeit* (GARBE & STRASSER: «direkt sichtbares Verhalten» versus «Einstellungen und Gefühle»). Beobachtbares Verhalten (z. B. konkrete elterliche Erziehungspraktiken oder kindliches Verhalten bei den Hausaufgaben) sollte leichter beurteilbar sein als latente Merkmale, die sich nur indirekt in beobachtbarem Verhalten manifestieren (z. B. elterliche Erziehungsziele oder psychische Merkmale der Kinder). In bezug auf Kindmerkmale haben hierzu LUKESCH-TOMANN und HELMKE (1976, S. 130) entsprechende Ergebnisse vorgelegt: So korrelieren Eltern- und Kindperzeptionen kindlicher Merkmale wie Leistungsangst, Schulfreude, Ehrgeiz und Selbstvertrauen zwischen r = .22 bis r = .27 miteinander, dagegen betragen die entsprechenden Korrelationen bei leichter beobachtbarem Verhalten wie der geschätzten Zeitdauer für Hausaufgaben r = .42, für Tabak- r = .58 und Alkoholkonsum r = .47. Bereits FEND (1977, S. 267) hatte vergleichbare Daten vorgelegt: Die relativ hohe Übereinstimmung bei «Hausaufgabenzeit» (r = .61) bis zu den niedrigsten Übereinstimmungen, «der Wahrnehmung von Erziehungswerten, die Schüler ihren Elten unterstellen»: Elternangaben und perzipierte Werte der Eltern hängen lediglich in Höhe von r = .19 (Komformität) bzw. r = .17 (Selbstbestimmung) miteinander zusammen.

Dagegen fanden GARBE und STRASSER (1978) keine entsprechenden Unterschiede zwischen dem gut beobachteten Lernmoralverhalten (Korrelation Eltern/Kind: r = .69), verglichen mit den Merkmalen «Hoffnung auf Erfolg» (r = .68) und «Begabungseinschätzung» (r = .80).

c) Ein letzter Teilaspekt der Komplexität bezieht sich auf die *Prägnanz* des zu beurteilenden Verhaltens: Je prägnanter, je eindeutiger aus verbalen, verhaltensmäßigen o. a. Indikatoren ein Verhalten erschließbar ist, desto sicherer wird seine Beurteilung sein. Dieser Punkt stellt also nicht auf das Schwanken und die Unberechenbarkeit des Verhaltens ab, sondern auf die Fähigkeit, einen Sachverhalt adäquat zu benennen, z. B. auf die Artikulationsfähigkeit.

Gerade im Hinblick auf Aspekte der Komplexität ist aber zu beachten, daß begründete Annahmen darüber, wie gut Beurteiler übereinstimmen werden, nur bei präziser Prüfung aller hierfür relevanten Kriterien sinnvoll sind. So kann ein Merkmal «eigentlich» noch so gut beobachtbar sein, bei hoher Instabilität und/oder seltener Manifestation dennoch minimale Urteiler-Übereinstimmungen zur Folge haben.

5. *Aggregierungsniveau* (im Sinne von FEND 1977): Die Beurteilung einer konkreten Person (etwa der Mutter durch das Kind oder eines Lehrers durch den Schüler) läßt höhere Urteilsübereinstimmungen erwarten als die Beurteilung auf aggregiertem Niveau (Beurteilung «der Lehrer an unserer Schule», «der Eltern»).

6. *Soziale Erwünschtheit, Stereotype* und *implizite Persönlichkeitstheorien:* Je anfälliger das zu beurteilende Merkmal (und der Beurteiler) für Reaktionen im Sinne sozialer Erwünschtheit und je größer der entsprechende Aufforderungscharakter der Situation sind, mit desto niedrigeren Maßen des Zusammenhangs muß gerechnet werden; erst recht dann, wenn soziale Erwünschtheits-Effekte bei beiden Informanten in unter-

schiedlicher Richtung wirksam sind. Ähnliches gilt für die Starrheit von Stereotypen und den Grad der Ausformung impliziter Persönlichkeitstheorien (HOFER 1969) bzw. naiver Verhaltenstheorien (LAUCKEN 1974).

7. Schließlich spielen neben der *Parallelität der Formulierung* der jeweiligen Fragen und auch der Antwortkategorien noch alle jene – hier nicht weiter ausgeführten – Aspekte der *Merkmalsformulierung und Fragebogengestaltung* usw. eine Rolle, die sich auf das Vermeiden oder Verstärken allgemeiner Antworttendenzen auswirken (vgl. SEITZ 1977).

2. Forschungsstand

Bei der folgenden kurzen Charakterisierung des augenblicklichen Forschungsstandes zu den eingangs aufgeworfenen Fragen wollen wir uns auf solche empirischen Untersuchungen beschränken, die ihre Ergebnisse mit Hilfe psychometrischer Fragebögen gewonnen haben, da die Berechnung von Zusammenhangsmaßen bei Interviews und mehr noch bei projektiven Verfahren (BAUMGÄRTEL 1975) aus methodischen Gründen fragwürdig ist.

Eine zweite Einschränkung bei der Auswahl betrifft die Methoden, mit der die Daten zu Kind- und Elternperzeptionen elterlichen Erziehungsverhaltens analysiert werden. Außer Betracht bleiben im folgenden solche Untersuchungen, die sich auf reine *Mittelwertsvergleiche* zwischen Eltern und Kindern beschränken (HEILBRUNN 1960), auch wenn sie darüber hinaus, wie z. B. DAVIS und PHARES (1969), für Eltern und Kinder getrennte Varianzanalysen durchführen. Denn unterschiedliche Mittelwerte lassen lediglich Aussagen über die Richtung möglicher Abweichungen zu, sagen jedoch für sich allein genommen nichts über die Enge des Zusammenhangs zwischen den Angaben beider Informanten aus. Es ist z. B. denkbar, daß Kinder allgemein eine höhere Erziehungsintensität wahrnehmen, also bei verschiedenen Merkmalen elterlichen Erziehungsstils höhere Werte erreichen. Trotz eines solchen insgesamt höheren Niveaus kann es sich um sehr enge Zusammenhänge handeln.

Ebenfalls nur am Rande interessieren die Arbeiten, die lediglich die bei Kindern und Eltern unterschiedlichen *Faktorenstrukturen* analysieren (VIERNSTEIN 1972), ohne Korrelationen zu berechnen. Daß man von gut vergleichbaren Faktorenstrukturen keineswegs auf hohe Zusammenhänge zwischen Selbst- und Fremdperzeptionen schließen kann, ist z. B. von HOFF et al. (1973) gezeigt worden. Selbst wenn in solchen Arbeiten parallel formulierte Items für Eltern und Kinder verwendet werden, bleiben einige methodische Probleme ungelöst, oft sogar unberücksichtigt. Wegen des zu beobachtenden Überhandnehmens *faktorenanalyti-*

scher Methoden in diesem Bereich der Erziehungsstilforschung sollen im folgenden einige diesbezügliche methodische Anmerkungen gemacht werden.

Zunächst ist, wegen der Normierung der Varianzen bei der Berechnung der Korrelationen (z-Standardisierung), zu klären, ob in den Faktorenanalysen der Eltern- und Kinddaten die gleiche Metrik zugrunde liegt (CATTELL 1966). Dann ist zu entscheiden, welche formalen Übereinstimmungskriterien verwandt werden sollen. Naheliegend sind Verfahren, bei denen versucht wird, die Faktorenstrukturen der beiden Datensätze zur Deckung zu bringen bzw. auf maximale Ähnlichkeit zu rotieren (FISCHER & ROPPERT 1965). Eine weniger elaborierte Möglichkeit besteht darin, die Faktorenstruktur einer Gruppe (etwa der Eltern) im Datensatz der anderen Gruppe durch kriterienbezogene Rotation zu reproduzieren. Grobe Passungskriterien können hier Vergleiche der Prozentsätze aufgeklärter Varianz in beiden Datensätzen sein, die Korrelationen der Faktoren miteinander und/oder die Eindeutigkeit der Faktorenstruktur in beiden Analysen (Bargmann-Test, Thurstone-Kriterien; vgl. PAWLIK 1968).

Wenn man bei der Ähnlichkeitsprüfung zweier Faktorenstrukturen Faktorwerte benutzt (wofür gute Gründe sprechen, vgl. PAWLIK 1968; LUKESCH & KLEITER 1974), ist zu berücksichtigen, daß die Korrelationen zwischen den Eltern- und Kindangaben eben nur soviel Gewicht haben können – bezogen auf die ursprünglich im Datensatz enthaltene Information – wie die entsprechenden Faktoren Varianz des jeweiligen Datensatzes aufklären. (Bei der Berechnung der Faktorwerte geht der Prozentsatz der durch den jeweiligen Faktor aufgeklärten Varianz relativierend ein.) Bei der Interpretation so erhaltener Ergebnisse besteht die Gefahr, daß systematische Verzerrungen (Antworttendenzen usw., s. o.) durchschlagen bzw. sich bei einzelnen Faktoren unterschiedlich und möglicherweise in unterschiedlicher Richtung auswirken. Auch in methodischer Hinsicht sollten nach Möglichkeit schon bei den theoretischen Konzeptionalisierungen die verschiedenen Quellen systematischer Verzerrung mitberücksichtigt und in die Theorie mit eingebaut werden.

Allgemein ist zur Anwendung der Faktorenanalyse in der Erziehungsstiforschung festzustellen, daß der Stand der Theorienbildung oftmals in seltsamem Mißverhältnis zur Anwendung «exakter» Verfahren steht. Aus der Frühgeschichte der Faktorenanalyse scheint bei nicht wenigen Forschern (hier mehr als anderswo) der Enthusiasmus ungebrochen fortzubestehen, der meint, man könne mit Faktorenanalysen Theorien generieren – und nicht (höchstens) prüfen. Aus der psychologischen Diagnostik ist eine Reihe von Befunden bekannt, die hier zu ernsthaften Zweifeln Anlaß geben (zusammengestellt etwa bei MISCHEL 1968; LUKESCH 1976; LUKESCH & KLEITER 1974). Wenn theorie- und hypothesenlos («blind») eine Reihe von Items zusammengestellt und einer nicht weiter charakterisierten Stichprobe von Versuchspersonen vorgegeben wird, erreicht man selbst mit der besten Faktorenanalyse nicht mehr als eine Bestätigung der Vorurteile oder der vorläufigen Urteile des Forschers. Wesentliche Funktionen statistischer Verfahren – intersubjektiv zugängliche, nachvollziehbare Prüfung der Ergebnisse («Über-Ich» des Sozialwissenschaftlers, HARRIS 1975), leichte Kommunizierbarkeit usw. – sind aufgehoben und in ihr Gegenteil verkehrt.

In den entsprechenden Arbeiten fehlen oft elementare Angaben zum forschungsstrategischen Vorgehen und/oder zur Methode. Die Item-Grundgesamtheit wird nicht spezifiziert, Auswahlmodalitäten oder -kriterien für die schließlich verwendeten Items sind unklar, Antwortformate (Anzahl und Kodierung der Antwortalternativen) werden nicht angegeben usw.

Oft wird nicht bedacht, daß eine größere Anzahl extrem schwieriger (oder leichter) Items das Ergebnis der Faktorenanalyse beeinflussen und zu nicht intendierten Schlüssen und Interpretationen Anlaß geben kann (GEBERT 1979). Ebenso wie zum Antwortformat und zu den Verteilungen der Antworten werden hierzu oftmals keine oder nur rudimentäre Angaben gemacht.

Zum Auswertungsverfahren fehlen häufig wesentliche Angaben. Bei Faktorenanalysen vermißt man oft Angaben zum Modell, zur Kommunalitätenschätzung, zur Höhe der Kommunalitäten, zur Rotation, zum Abbruchkriterium (Eigenwerte, Faktorenanzahl), zur Kennzeichnung der Faktoren, zur Höhe der Faktorenladungen, zum Prozentsatz aufgeklärter Varianz (der einzelnen Faktoren und insgesamt) sowie zur Eindeutigkeit der Faktorenstruktur. Daß darüber hinaus wünschbar wäre, die gesamte Korrelations- und die Ladungsmatrix wiederzugeben und weitere Angaben, etwa zu alternativen Lösungen, zu machen, darauf haben nachdrücklich LUKESCH und KLEITER (1974) hingewiesen.

Nach diesem methodenbezogenen Exkurs soll nun der empirische Forschungsstand kurz skizziert werden.

Von unmittelbarem Interesse für unsere Fragestellung bleiben diejenigen Arbeiten, die quantitative Maße des Zusammenhangs a) zwischen kind- und elternperzipiertem Erziehungsstil und b) darüber hinaus mit Variablen des Verhaltens und Merkmalen der Persönlichkeit des Kindes berechnet haben, wobei zu b) solche Untersuchungen außer Betracht bleiben, die als abhängige Variable *nur* elternperzipiertes oder *nur* kindperzipiertes elterliches Erziehungsverhalten eingesetzt haben.

1. DAVIDS und HAINSWORTH (1967) verglichen – mit einer Kurzform des Parental Attitude Research Instrument (PARI) von SCHAEFER und BELL (1958) – selbstperzipiertes Erziehungsverhalten von 77 Müttern und ihren Söhnen (im secondary-school-Alter). Im Vordergrund stand

dabei die Frage, ob zwischen leistungsstarken und -schwachen Schülern Unterschiede hinsichtlich des mütterlichen Erziehungsverhaltens bestehen. Interessanterweise unterscheiden sich die Mütter-Angaben der «high-achiever»- und der «under-achiever»-Gruppe auf keiner Dimension des PARI signifikant voneinander, während statistisch bedeutsame Unterschiede zwischen den schülerperzipierten Angaben der leistungsschwachen Schüler einerseits und der leistungsstarken Schüler andererseits festzustellen sind: Letztere geben ein geringeres Maß an mütterlicher Kontrolle an.

Im Hinblick auf Zusammenhänge zwischen selbst- und fremdperzipiertem elterlichen Erziehungsverhalten gibt es signifikante Zusammenhänge lediglich bei der «high-achiever»-Gruppe: Mütter- und Kindangaben korrelieren auf dem Faktor «Kontrolle» (Dimensionen: Überlegenheit, Zudringlichkeit, Vergötterung des Kindes) in Höhe von $r = .40$ miteinander. (Es muß zur Höhe dieses Zusammenhangs allerdings einschränkend gesagt werden, daß die Söhne so urteilen sollten, wie sie glaubten, daß ihre Mütter den entsprechenden Fragebogen beantworten würden. Ohne diese Aufforderung zum «Sich-Hineinversetzen» dürfte der Zusammenhang wohl schwächer ausgefallen sein.)

2. HERRMANN und STAPF (1968) legten Müttern ($N = 100$) und deren Kindern (62 Haupt- und 38 Realschülern im Alter von durchschnittlich 13 Jahren) inhaltsparallele Formen eines Fragebogens zum Elternverhalten vor, der Strenge und Unterstützung von Vater und Mutter erfassen sollte. Während sich in der kindlichen Wahrnehmung des Elternverhaltens sehr enge Zusammenhänge zwischen beiden Elternteilen ergaben (bei Strenge $r = .55$, bei Unterstützung $r = .61$), sind die Zusammenhänge zwischen mütterlichen Selbstbeurteilungen und kindseits wahrgenommenem Mutterverhalten äußerst gering: Sie betragen $r = .19$ ($p \leqq .05$), bei mütterlicher Strenge und $r = .08$ (nicht signifikant) bei mütterlicher Unterstützung.

3. COX (1970) untersuchte Zusammenhänge zwischen Zuwendungs-/Ablehnungsverhalten (loving/rejecting) von Mittelschichts-Eltern ($N = 100$) und den vergleichbaren Angaben der Kinder (mit dem Parent Child Relations Questionnaire (PCR), ROE & SIEGELMANN 1963) sowie unterschiedlichen kindlichen Verhaltens- und Persönlichkeitsmerkmalen (die ihrerseits teils selbst-, teils lehrer- oder elternperzipiert waren). Der korrelative Zusammenhang zwischen der Schilderung der Kinder und den elterlichen Selbstdarstellungen beträgt für Väter $r = .32$ ($p \leqq .05$), bei Müttern lediglich $r = .17$ ($p \leqq .05$), während die kindliche Wahrnehmung väterlichen und mütterlichen Verhaltens – wie auch bei HERRMANN und STAPF (1968) – sehr stark zusammenhängt: Der Korrelationskoeffizient beträgt $r = .73$ ($p \leqq .001$), im Gegensatz zum Zusammenhang der Selbstschilderung beider Elternteile: $r = .33$ ($p \leqq .01$).

Für den prognosebezogenen Teil unserer Fragestellung ist es von Bedeutung, daß die Kindperzeption des elterlichen «loving-rejecting»-Verhaltens deutlich stärker mit den Angaben der Schüler selbst zusammenhängt (Selbstbild: r = .53/Vater, r = .53/Mutter; Kindliche Probleme: r = .44/Vater, r = .35/Mutter) als dies bei den jeweiligen Selbsteinschätzungen beider Elternteile der Fall ist; die Korrelationskoeffizienten betragen hier r = .13 und .22 (Selbstbild) und r = .17 sowie .25 (kindliche Probleme).

4. HOFF et al. (1973) untersuchten 69 Eltern-Kind-Paare (Alter der Kinder: zwischen 8 und 12) und maßen den Zusammenhang zwischen Selbst- und Fremdperzeptionen, indem sie den Fragebogen zum Elternverhalten von MINSEL und FITTKAU (1971) den Kindern und eine inhaltsparallele Form den Eltern vorlegten. Der Zusammenhang bei den Dimensionen «Verständnis» und «Kontrolle» zwischen Kindern (jeweils Skalenwerte) und Eltern (jeweils Faktorwerte, da der analoge Elternfragebogen eine andere Faktorenstruktur ergab) ergibt ein für Mütter und Väter unterschiedliches Bild: Bei Müttern zeigt sich ein enger Zusammenhang zwischen Selbst- und Fremdwahrnehmungen hinsichtlich «Verständnis» (bei Söhnen r = .57 und Töchtern r = .43) und bei Vätern hinsichtlich «Kontrolle» (bei Töchtern) r = .57 (jeweils $p \leqq .05$).

5. LUKESCH und TISCHLER (1975) untersuchten Zusammenhänge zwischen Eltern- und Kind-Perzeptionen elterlichen Erziehungsverhaltens bei einer Gruppe von 241 Eltern und ihren zwischen 10 und 13 Jahre alten Kindern. Die Kinder beantworteten die Marburger Erziehungsstilskalen (STAPF et al. 1972), die Eltern den Fragebogen zur Erfassung von Erziehungseinstellungen von LITTMANN und KASIELKE (1970). Die errechneten Zusammenhänge sind durchwegs sehr niedrig; statistisch bedeutsam sind lediglich diejenigen zwischen kindseits empfundener Strenge (der Mutter) und selbstberichtetem autoritären Verhalten beider Elternteile (Korrelationen zwischen r = .15 und .21).

6. FILIPP und SCHNEEWIND (1975) gaben jeweils 238 Eltern und Kindern (von 7 bis 13 Jahren) insgesamt 78 inhaltsparallele Items zu unterschiedlichsten Erziehungs*zielen* vor (im Gegensatz zu den bisher aufgeführten Studien, deren Gegenstand elterliche Erziehungspraktiken waren); die Eltern wurden schriftlich, die Kinder mündlich befragt. Für Eltern- und Kindantworten getrennte Faktorenanalysen ergaben für beide Gruppen je 7 Faktoren, von denen allerdings nur vier miteinander vergleichbar sind: «Orientierung an religiösen Vorschriften», «Führungsanspruch in peer-Gruppen» bzw. «demonstratives Leistungsverhalten», «Unterstützung bei häuslicher Arbeit» und «Informiertheit». Signifikante Zusammenhänge ergaben sich vor allem hinsichtlich der Orientierung an religiösen Vorschriften (r = .53/Mutter und .57/Vater), deutlich geringer hinsichtlich der Unterstützung bei häuslicher Arbeit (r = .27/Mut-

ter und .22/Vater) und schließlich noch zwischen «demonstratives Leistungsverhalten» (Elternfaktor) und «demonstratives Leistungsverhalten mit Führungsanspruch» (Kindfaktor), wobei hier lediglich der Zusammenhang zwischen Mutter und Kind bedeutsam ist. Alle anderen Korrelationen zwischen Selbst- und Fremdperzeption des gleichen Erziehungsziels sind nicht signifikant.

Eine inhaltliche Betrachtung der zur Kennzeichnung der einzelnen Faktoren angegebenen (ladungsstarken) Item-Beispiele legt die Annahme nahe, die Items des Faktors «Orientierung an religiösen Vorschriften» würden insbesondere bzw. hauptsächlich deshalb von Eltern und Kindern gleichsinnig beantwortet, weil allein sie explizit auf ein bestimmtes geschlossenes Normensystem (christliche Ethik) Bezug nehmen. Leider kann der Annahme nicht nachgegangen werden, weil dazu wesentliche Angaben fehlen (Item-Grundgesamtheit, Itemselektion, Antwortalternativen, nähere Kennzeichnung der Stichprobe).

Obwohl sich diese Arbeit von einer Vielzahl verwandter Arbeiten positiv abhebt, fehlen hier ebenfalls wichtige Angaben zur Faktorenanalyse, so daß sich eine methoden- und methodenanwendungsbezogene Kritik weitgehend in dieser Feststellung zu erschöpfen hat. Es wird z. B. nicht berichtet, welche Varianzanteile die einzelnen Faktoren aufklären. Die relative Bedeutung des Faktors «Orientierung an religiösen Vorschriften» in den Eltern- und Kindangaben läßt sich demzufolge auch nicht grob abschätzen. Im einzelnen ist auf häufig festzustellende Mängel beim Gebrauch von Faktorenanalysen in der einschlägigen Literatur zur Erziehungsstilforschung bereits oben hingewiesen worden.

7. Als letzte Untersuchung sei die Arbeit von GARBE und STRASSER (1978) genannt, die 117 Paaren von Müttern und ihren Kindern (4. Grundschulklasse) parallele Skalen zu elterlichem positiven und negativen Sanktionsverhalten bei kindlichen Schulleistungen (von FEND et al. 1974) vorlegten. Darüber hinaus wurden auch einige leistungsrelevante Merkmale (Lernmoral, Hoffnung auf Erfolg und Begabungsselbstbild) durch beide Informantengruppen beurteilt. Im Hinblick auf den Zusammenhang zwischen Eltern- und Kind-Beurteilungen elterlichen Verstärkungsverhaltens ergaben sich Korrelationen, die in ihrer Höhe aus dem Rahmen vergleichbarer Untersuchungen fallen: $r = .53$ bei positivem und $r = .60$ bei negativem mütterlichen Sanktionsverhalten.

Die Zusammenhänge zwischen mütterlichem Sanktionsverhalten und den drei von GARBE und STRASSER (1978) untersuchten kindlichen Merkmalen sind Tabelle 1 zu entnehmen. Alle berichteten Korrelationen sind signifikant von Null verschieden.

Tabelle 1: Zusammenhänge zwischen kind- und elternperzipiertem elterlichem Sanktionsverhalten und Merkmalen des Kindes, N = 117 (nach Garbe & Strasser 1978, Tab. 17, S. 53)

	negatives Sanktionsverhalten			positives Sanktionsverhalten		
	Kind-P.		Eltern-P.	Kind-P.		Eltern-P.
Hoffnung auf Erfolg	–.31	>	–.16	.13		.15
Lernmoral	–.31		–.25	.18		.27
Begabungseinschätzung	–.52		–.48	.30	<	.50

In bezug auf die Höhe der Korrelationen ist festzustellen, daß es zwischen Eltern- und Kindperzeptionen elterlichen Sanktionsverhaltens nur zwei Unterschiede gibt: Einmal den schwächeren Zusammenhang zwischen *kind*perzipiertem elterlichen positiven Sanktionsverhalten und kindlicher Begabungseinschätzung, zum anderen den niedrigeren Zusammenhang *eltern*perzipierten negativen Sanktionsverhaltens (verglichen mit kindperzipiertem) mit Hoffnung auf Erfolg auf seiten des Kindes. Von einem allgemein eindeutig höheren Prognosewert kindperzipierten elterlichen Erziehungsverhaltens kann hier also nicht die Rede sein; vielmehr stellen sich die Verhältnisse je nach untersuchtem Kindmerkmal unterschiedlich dar.

Insgesamt dokumentieren die meisten Ergebnisse (von der Arbeit von Garbe und Strasser 1978 einmal abgesehen) einen relativ schwachen, zuweilen nicht einmal statistisch zu sichernden Zusammenhang zwischen Angaben der Eltern über ihre Erziehungspraktiken und deren Beurteilung durch die Kinder. Zwei Untersuchungen (Davids & Hainsworth 1967; Cox 1970) legen darüber hinaus die Annahme nahe, daß kindliche Fremdperzeptionen elterlichen Erziehungsverhaltens insgesamt einen höheren Erklärungswert für die Ausprägung einiger kindlicher Merkmale besitzen, wohingegen Garbe und Strasser (1979) zeigen konnten, daß dies je nach betrachtetem Merkmal variiert.

Es könnte sein, daß einige der geschilderten sehr niedrigen Zusammenhänge zwischen Selbst- und Fremdperzeptionen elterlicher Erziehungspraktiken bereits zu einem Teil in der Anlage der jeweiligen Untersuchung enthalten sind. So wurden beispielsweise in der Studie von Lukesch und Tischler (1975) bei Eltern und Kindern unterschiedliche Instrumente zur Erfassung des Elternverhaltens eingesetzt; das gleiche gilt für die Untersuchung von Davis und Phares (1969). Wenngleich man in beiden Fällen von augenscheinlicher Validität (face validity) hinsichtlich der Vergleichbarkeit der entsprechenden Dimensionen sprechen kann, ist doch mit einer – in ihrem Umfang nicht präzise bestimmbaren – Einbuße an Kovarianz zu rechnen. Ähnliches gilt für die Fälle, in denen nicht streng miteinander vergleichbare Faktoren aus den Angaben von Eltern und Kindern miteinander korreliert wurden (Faktorwerte, HOFF et al. 1973; FILIPP & SCHNEEWIND 1975).

Was für das theorielose Vorgehen faktorenanalytischer Untersuchungen im besondern gilt, muß in abgeschwächtem Maße für einige andere Untersuchungen gesagt werden: Es werden – ausgenommen ist wiederum die Arbeit von GARBE und STRASSER (1978) – in der Regel keine spezifizierten Hypothesen oder a-priori-Annahmen über Höhe und Richtung der Zusammenhänge und Differenzen zwischen Kinder- und Elternangaben gemacht. Der Gebrauch elaborierter statistischer Verfahren steht oftmals in krassem Mißverhältnis zum gegebenen Stand der Theorienbildung, was wohl häufig genug einfach darauf zurückgeführt werden mag, daß leistungsfähige Programmsysteme existieren, deren (technische) Benutzung keine größeren Vorüberlegungen erfordert.

3. Stichprobe, Instrumente

Die Untersuchung, der die im folgenden berichteten Daten entstammen, erhebt nicht den Anspruch, die genannten Probleme bisheriger Forschungen zu lösen. Es können lediglich einige Schritte in Richtung eines besseren Verständnisses des Selbst-/Fremdperzeptions-Problems getan werden.

Es liegen Angaben von Eltern(personen) und ihren Kindern vor. Sie stellen einen kleinen Ausschnitt einer umfassenden schulvergleichenden Untersuchung an 11 147 Schülern, 633 Eltern und 1100 Lehrern dar (zur Schüleruntersuchung vgl. HELMKE 1978, 1979a, zur Elternuntersuchung LUKESCH-TOMANN und HELMKE 1978, 1979, zur Lehreruntersuchung KISCHKEL 1978, 1979). Die hier interessierende Stichprobe besteht aus 633 Eltern und jeweils einem ihrer Kinder. Die Kinder sind zwischen 11 und 15 Jahre alt (6., 8. und 9. Klasse) und entstammen allen Schulformen und sozialen Schichten.

Aus dem umfassend abgefragten Bereich des Familienklimas (vgl. HELMKE & VÄTH-SZUSDZIARA in diesem Band) sollen hier exemplarisch zwei – bei Eltern und Kindern parallel formulierte – Aspekte herausgegriffen werden: positives und negatives elterliches Sanktionsverhalten bei schlechten Schulleistungen des Kindes (vgl. Tab. 2). Als abhängige Variable auf seiten der Kinder wählten wir mehrere Merkmale kindlichen Verhaltens und Merkmale teils überwiegend kognitiver, teils emotional-affektiver Art aus, deren Zusammenhänge mit den genannten Aspekten elterlichen Erziehungsverhaltens empirisch evident sind, ohne daß die entsprechenden Funktionsmechanismen und Theorien hier im einzelnen dargestellt werden könnten (vgl. dazu FEND et al. 1976): Unseren Über-

Tabelle 2: Items der Skalen «negatives Sanktionsverhalten bei schlechten kindlichen Schulleistungen» (NSV) und «positives Sanktionsverhalten bei schlechten kindlichen Schulleistungen» (PSV) bei Eltern und Kindern

Kinder	Eltern
Was machen Deine Eltern, wenn Du schlechte Noten nach Hause bringst?	Was machen Sie, wenn Ihr Kind schlechte Noten nach Hause bringt?
Negatives Sanktionsverhalten (NSV)	
1. Sie bestrafen mich (z. B. verbieten mir etwas)	1. Wir bestrafen es (z. B. verbieten ihm etwas)
2. Sie schimpfen mit mir	2. Wir schimpfen mit ihm
3. Sie kontrollieren mich stärker	3. Wir kontrollieren es stärker
4. Sie machen mir Vorwürfe	4. Wir machen ihm Vorwürfe
5. Sie werden böse	5. Wir werden böse
6. Sie sind ärgerlich	6. Wir sind ärgerlich
Positives Sanktionsverhalten (PSV)	
1. Sie machen mir Mut	1. Wir machen ihm Mut
2. Sie trösten mich	2. Wir trösten es
3. Sie versuchen, mir zu helfen	3. Wir versuchen, ihm zu helfen
4. Sie lernen mit mir	4. Wir lernen mit ihm

legungen und früheren Befunden zufolge sollte negatives elterliches Sanktionsverhalten mit hoher Leistungsangst und Schulverdrossenheit sowie mit geringer Ausprägung von Variablen der Leistungsbereitschaft und des Selbstbildes zusammenhängen. Positives elterliches Sanktionsverhalten sollte mit einem günstigeren Selbstbild und höherem Maß an Leistungsbereitschaft zusammenhängen. Für die Leistungsangst wird eine Abhängigkeit von positivem Sanktionsverhalten nicht erwartet (Helmke & Väth-Szusdziara 1980). Abweichendes Schülerverhalten sollte positiv mit NSV, negativ mit PSV zusammenhängen.

4. Hypothesen

1. Wir gehen – wie auch Garbe und Strasser (1978) – davon aus, daß bei derjenigen Gruppe mit einem stärkeren Erwünschtheitseffekt (social desirability) zu rechnen ist, die ihr eigenes Verhalten zu beurteilen hat. Voraussetzung dafür ist, daß es sich überhaupt um ein Verhalten handelt, das für den genannten Effekt anfällig ist. Dies ist bei bestrafendem bzw. belohnendem Elternverhalten fraglos der Fall, so daß wir die Annahme formulieren: Eltern weisen für negatives Sanktionsverhalten niedrigere, für positives Sanktionsverhalten höhere Werte auf als ihre Kinder.

2. Wenn man das von uns bei Kindern und Eltern erfragte Sanktions-

verhalten an den zuvor dargestellten Kriterien mißt, die für die Enge des Zusammenhangs verantwortlich sind, dann ist festzustellen: a) Es handelt sich bei Eltern und Kindern um inhaltsparallele Formulierungen (vgl. Tab. 2). b) Die Beurteilung bezieht sich auf einen wenig komplexen Gegenstand, da elterliches Sanktionsverhalten – strafendes noch mehr als belohnendes – auf vergleichsweise konkrete Situationen abgestellt und unschwer beobachtbar ist.

Daraus resultiert die Annahme signifikant von Null verschiedener Korrelationen zwischen Eltern- und Kindangaben bezüglich elterlichen Sanktionsverhaltens. Sie erfährt allerdings insofern eine Abschwächung, als Träger des zu beurteilenden Verhaltens in unserer Untersuchung nicht eine Person, sondern *beide Eltern* als Einheit sind (zur Begründung vgl. HELMKE & VÄTH-SZUSDZIARA 1980 in diesem Band), so daß wir mit geringeren Korrelationen rechnen als sie etwa GARBE und STRASSER (1978) in ihrer Untersuchung (Befragung nur der *Mütter*) herausfanden.

3. Eine Rolle könnte das Alter der Kinder spielen: Wir nehmen an, daß die Eltern-Kind-Übereinstimmung mit wachsendem Alter der Kinder enger wird, da man von einer Verbesserung kindlicher Wahrnehmungs- und Urteilsfähigkeit in diesem Zeitraum ausgehen kann. Dies könnte mit einer höheren Kommunikationsdichte über das zur Debatte stehende Elternverhalten einhergehen; in gleicher Weise könnten sich auch Faktoren des Sprachgebrauchs, von Stereotypen usw. auswirken. Dagegen haben wir keinen Anlaß, von einem etwa geringeren Verständnis der Items durch die Sechsklässler auszugehen, denn die Skalenkonsistenzkoeffizienten (nach HOYT) betragen bei NSV: .78 (total), .78 (Hauptschüler 6. Klasse) und .77 (Gymnasiasten 9. Klassen); bei PSV: .81 (total), .78 (Hauptschüler 6. Klasse) und .80 (Gymnasiasten 9. Klasse).

4. Im Hinblick auf die Höhe der Zusammenhänge nehmen wir an, daß bei niedriger kindperzipierter Stabilität elterlichen Bekräftigungsverhaltens mit niedrigeren Zusammenhängen zwischen Eltern- und Kindbeurteilungen zu rechnen ist, verglichen mit der Elterngruppe, deren Verhalten von ihren Kindern als konsistent und berechenbar geschildert wird.

5. Wir nehmen an, daß die Korrelationen zwischen kindperzipiertem elterlichen Sanktionsverhalten und Merkmalen der Kinder (von diesen berichtet) größer sind, verglichen mit den Zusammenhängen, die sich bei elterlichen Selbsteinschätzungen ihres Sanktionsverhaltens ergeben (in dieser Richtung auch GARBE & STRASSER 1978; STAPF 1975 und AUSUBEL 1958). Es wäre sicher verfehlt, generell anzunehmen, daß Elternverhalten nur so und in dem Maße wirksam ist, wie es von den Kindern wahrgenommen und verstanden wird. Im Sinne klassisch-behavioristischer Lerntheorien spielen z. B. Fragen der kognitiven Bewertung durch

den Lernenden so gut wie keine Rolle. Ohne an dieser Stelle grundsätzlich auf Kontroversen zwischen mehr behavioristisch und mehr kognitiv orientierten Theorien des Lernens und der Informationsverarbeitung eingehen zu können, postulieren wir an dieser Stelle: In dem Maße, in dem es weniger um die Wahrscheinlichkeit eines Reaktionsverhaltens in Abhängigkeit von bestimmten Bekräftigungsbedingungen, sondern um den längerfristigen Aufbau komplexer emotionaler Merkmale wie Leistungsangst oder kognitiver Schemata des eigenen Selbst (Dimensionen des Selbstkonzeptes) geht, desto entscheidender werden Prozesse der Bewertung und Interpretation beim Kind. In diesem Sinn ist es z. B. plausibel, daß Elternverhaltensweisen wie «trösten», «Mut machen» (vgl. Tabelle 2) weitgehend wirkungslos bleiben, wenn sie nicht (ausreichend) so verstanden werden, wie sie intendiert waren.

5. Ergebnisse

1. In Tabelle 3 sind die Skalenmittelwerte zu positivem und negativem Sanktionsverhalten der Eltern dargestellt. Vor der Analyse einzelner Unterschiede fällt auf, daß sich bei Eltern allgemein ein höheres Niveau hinsichtlich ihres Sanktionsverhaltens zeigt. Im Lichte dieser Feststellung werden auch die Ergebnisse zu Hypothese 1 etwas verständlicher: Diese wird nur hinsichtlich des höheren elterlicherseits angegebenen *positiven* Sanktionsverhaltens bestätigt, während die Unterschiede zwischen Selbst- und Kindperzeptionen des negativen elterlichen Sanktionsverhaltens nicht signifikant voneinander unterschieden sind. Zu dem letztgenannten Ergebnis tragen, wie die Aufgliederungen in Tabelle 3 zeigen, vor allem die Ergebnisse der Mädchen, der Kinder der 8. und 9. Klassen und der Oberschicht-Eltern bei.

2. Wir hatten zweitens angenommen, daß sich zwischen Eltern- und Kind-Perzeptionen negativen und positiven elterlichen Sanktionsverhaltenssignifikante Zusammenhänge ergeben würden. Wie die Ergebnisse in Tabelle 4 demonstrieren, sind beide Korrelationskoeffizienten statistisch bedeutsam; sie bewegen sich ungefähr in der Größenordnung der zuvor berichteten meisten Ergebnisse anderer Untersuchungen, allerdings deutlich unter den von Garbe und Strasser (1978) berichteten Zusamenhängen. Wir führen dies vor allem darauf zurück, daß es dort nur um das Mutterverhalten ging, während wir das Verhalten beider Eltern als Einheit erfaßt haben. Dabei ist der Eltern-Kind-Zusammenhang bei ermutigendem, hilfreichem Elternverhalten als Reaktion auf schlechte kindliche Schulleistungen wie erwartet niedriger als bei strafenden, strengen elterlichen Verhaltensweisen, die wahrscheinlich schwieriger mißzuverstehen sind und seltener unbemerkt bleiben.

Tabelle 3: Ausprägungen negativen und positiven elterlichen Sanktionsverhaltens bei schlechten Schulleistungen ihrer Kinder; Selbstperzeptionsdaten der Eltern und und Fremdperzeptionsdaten der Kinder, N = 633 Eltern-Kind-Paare; Skalenmittelwerte [1]

	negatives Sanktionsverhalten		positives Sanktionsverhalten	
	Kind-Perz.	Eltern-Perz.	Kind-Perz.	Eltern-Perz.
Total	12.57	12.95	15.98	18.03
Geschlecht				
– Jungen	12.97	13.22	15.66	18.10
– Mädchen	12.13	12.66	16.21	17.89
Alter				
– 6. Klasse	12.78	12.97	16.45	18.53
– 8./9. Klasse	12.36	12.93	15.49	17.50
Schicht				
– Unterschicht	12.40	12.76	15.76	17.69
– Mittelschicht	12.64	13.11	15.92	18.17
– Oberschicht	12.68	12.34	16.78	18.05
Schulabschlußerwartung der Eltern für ihre Kinder				
– niedrig	13.10	13.59	14.91	18.23
– mittel	12.62	13.03	16.13	18.18
– hoch	12.31	12.55	16.20	17.67

[1] Skalengrenzen: von minimal 10 (niedrig ausgeprägt) bis maximal 20 (stark ausgeprägt.

3. Im Hinblick auf das Alter der Kinder als wirksamer Moderatorvariable für die Enge des Zusammenhanges zeigt sich, daß die Korrelationen bei älteren Kindern (8. und 9. Klasse) bei NSV (hier aber nicht signifikant) und bei PSV einen numerisch größeren Wert aufweisen; insbesondere positives Sanktionsverhalten wird von älteren Kindern den elterlichen Vorstellungen ähnlich gesehen. Offensichtlich sind die positiven Sanktionsformen insgesamt eher bei älteren Kindern wirksam, oder ältere Kinder nehmen die positiven Sanktionen eher und stärker als solche wahr. Allerdings ist der Unterschied hier nicht übermäßig groß (r = .16/6. Klasse, r = .29/9. Klasse).

Als unbedeutend stellen sich dagegen die soziodemographischen Variablen «soziale Schicht» und «Geschlecht der Kinder» heraus, die aus Vollständigkeitsgründen ebenfalls in Tabelle 4 aufgeführt sind. So unterschiedlich die Kommunikationsformen zwischen Eltern und Kindern in den verschiedenen Schichten sein mögen, sie scheinen auf ihre Art in allen Schichten gleich gut zu funktionieren.

Tabelle 4: Zusammenhänge zwischen kindperzipiertem und elternperzipiertem elterlichem positiven (PSV) und negativen Sanktionsverhalten (NSV) bei schlechten Schulleistungen ihrer Kinder, N = 633; Korrelationskoeffizienten

	NSV	PSV
Total	.35 **	.25 **
Klassenstufe		
– 6. Klasse	.31 **	.16 *
– 8./9. Klasse	.39 **	.29 **
Geschlecht		
– Jungen	.33 **	.26 **
– Mädchen	.36 **	.25 **
Schicht		
– Unterschicht	.32 **	.30 **
– Mittelschicht	.36 **	.21 **
– Oberschicht	.32 **	.30 **
Perzipierte Stabilität des Elternverhaltens		
– niedrig	.19 **	.04
– hoch	.32 **	.35 **

* $p \leqq .01$
** $p \leqq .001$

4. Dagegen entspricht es den formulierten Erwartungen, daß die Stabilität elterlichen Bekräftigungsverhaltens sich deutlich darauf auswirkt, wie gut Kinder und Eltern bei der Beurteilung elterlichen Sanktionsverhaltens übereinstimmen. Dies gilt in besonders deutlichem Maße für positives Elternverhalten. Kinder, die von ihren Eltern sagen, daß sie sie «je nach Laune» behandeln, die «nie wissen, wie sie es ihnen recht machen sollen» oder «häufig eine Strafe androhen, und sie dann nicht ausführen», weisen bei NSV nur einen geringen, bei PSV überhaupt keinen Zusammenhang mit den Selbstwahrnehmungen ihrer Eltern auf. Dieser Befund fügt sich gut in die bisher bekannten Ergebnisse zur Rolle der Konsistenz und Berechenbarkeit elterlichen Verhaltens, wie es an anderer Stelle in diesem Band von HELMKE und VÄTH-SZUSDZIARA (1980) dargestellt wurde. Gedacht ist hier auch an die Studie von DAVIS und PHARES (1969), bei der die Dimension «inconsistent discipline» die einzige von insgesamt 18 Dimensionen war, hinsichtlich derer sich «internal control»- und «external control»-Extremgruppen sehr signifikant voneinander unterschieden, was Wahrnehmungen der eigenen Eltern betrifft.

5. Wir hatten fünftens angenommen, daß Kind-Angaben zum elterlichen Sanktionsverhalten einen stärkeren Zusammenhang mit kindli-

Tabelle 5: Zusammenhänge zwischen eltern- und kindperzipiertem elterlichen Sanktionsverhalten sowie ausgewählten Merkmalen kindlicher Persönlichkeit und Leistungsbereitschaft (self-report-Daten der Kinder), N = 633; Korrelationskoeffizienten und Absolutbetrag der Differenzen zwischen den Korrelationskoeffizienten bei Eltern- und Kind-Perzeptionen (△ N und △ P)

	Negatives Sanktionsverhalten			Positives Sanktionsverhalten		
	Kind-P.	Eltern-P.	△ N	Kind-P.	Eltern-P.	△ P
Emotionale Merkmale						
Leistungsangst[1]	.24 **	.18 **	.06	.08	.09	.01
Schulverdrossenheit[2]	.18 **	.12 *	.06	–.25 **	–.06	.19
Soziale Angst[3]	.01	.03	.02	–.14 *	.00	.14
Kindliches Selbstkonzept	–.28 **	–.20 **	.08	.21 **	.02	.19
– Selbstakzeptierung[4]	–.24 **	–.11 *	.13	.15 **	.01	.14
– Begabungselbstbild[5]	–.23 **	–.16 **	.07	.07	–.08	.15
– soziales Selbstbild[6]	–.27 **	–.20 **	.07	.25 **	.07	.18
– körperliches Selbstbild[7]	–.15 *	–.13 *	.02	.12 *	.05	.07
– moralisches Selbstbild[8]	–.18 **	–.10 *	.08	.12 *	–.07	.19
– Kontrollbewußtsein[9]	–.25 **	–.21 **	.04	.22 **	–.02	.24
Leistungsbezogene Merkmale						
Lernmoral[10]	–.14 *	–.10 *	.04	.29 **	.10 (*)	.19
Ehrgeiz[11]	–.07	–.06	.01	.13 *	.03	.10
Arbeitskapazität[12]	–.14 *	–.15 *	.01	.13 *	–.01	.14
Abweichendes Verhalten in der Schule[13]	.11 *	.11 *	.00	–.12 *	.00	.12

(*) p ≦ .05
* p ≦ .01
** p ≦ .001

[1] Empfindungen der Bedrohung in leistungsthematischen Situationen (33 Items).
[2] Negative Einstellung zu Lehrern, Schulunlust (15 Items).
[3] Angst vor sozialen Kontakten, Durchsetzung eigener Interessen und allgemeiner negativer Bewertung (20 Items).

Positive Einschätzung
[4] – der eigenen Person: Selbstakzeptierung (10 Items).
[5] – der eigenen Begabung (9 Items).
[6] – des Akzeptiertwerdens durch peers, Eltern, Lehrer (20 Items).
[7] – des eigenen Aussehens (5 Items).
[8] – des eigenen Gewissens (7 Items).
[9] – der eigenen Kontrollierbarkeit schulischen Erfolges und der Bewältigbarkeit der Zukunft.
[10] Ausdauer, Zuverlässigkeit, Selbstkontingentierung von Belohnung (15 Items).
[11] Leistungsmotivation (7 Items).
[12] Konzentrationsfähigkeit, Arbeitsgeschwindigkeit, Dauerbelastbarkeit (18 Items).
[13] Aggressives Schülerverhalten gegenüber Lehrern und Mitschülern, reduzierte Unterrichtsteilnahme, aktive Unterrichtsstörungen und Unruhe, Vermeidungs- und Fluchttendenzen (34 Items).

chen Persönlichkeits- und Leistungsmerkmalen aufweisen sollten, verglichen mit den eigenen Angaben der Eltern zu ihrem Sanktionsverhalten. In Tabelle 5 sind die diesbezüglichen Daten dargestellt. Es zeigt sich, daß die aufgestellte Hypothese nur zu einem Teil bestätigt werden kann: Im Hinblick auf negatives Sanktionsverhalten ist lediglich die Differenz zwischen den Korrelationskoeffizienten kindperzipierte Selbstakzeptierung und elternperzipierte Selbstakzeptierung tendenziell gegen Zufall abzusichern. Im übrigen herrscht hier ein relativ eindeutiges Muster vor: Kind-Angaben zum elterlichen negativen Sanktionsverhalten korrelieren mit den meisten Kind-Variablen etwas höher als die entsprechenden Eltern-Perzeptionen, ohne daß die Differenzen zwischen den Korrelationskoeffizienten statistisch abzusichern wären.

Dagegen entsprechen die Ergebnisse zum positiven *elterlichen Sanktionsverhalten* bei den meisten Kind-Variablen der Hypothese 5: Abgesehen vom Merkmal «Leistungsangst»», für das weder Eltern- noch Kind-Perzeptionen positiven Sanktionsverhaltens eine Rolle spielen, hängt kindseits wahrgenommenes positives elterliches Bekräftigungsverhalten mit fast allen emotionalen, Selbstkonzept- und leistungsbezogenen Variablen signifikant zusammen. Elternwahrnehmungen ihres positiven Bekräftigungsverhaltens weisen dagegen lediglich mit kindlicher Lernmoral tendenziell einen Zusammenhang auf.

Die Ergebnisse zu Hypothese 5 kann man wie folgt zusammenfassen: *Bestrafendes, restriktives Elternverhalten* bei schlechten kindlichen Schulleistungen – ob es nun von den Eltern selbst oder von den Kindern berichtet wird – hängt mit als negativ empfundenen Konsequenzen auf seiten der Kinder zusammen. Hier zeigt sich lediglich eine schwache Tendenz in dem Sinn, daß die Kindangaben einen etwas höheren Erklärungswert haben.

Unterstützendes, ermutigendes, tröstendes Elternverhalten dagegen hängt – legt man die Elternangaben zu ihrem positiven Bekräftigungsverhalten zugrunde – mit so gut wie überhaupt keinem emotionalen, Selbstkonzept- oder leistungsbezogenen Kindmerkmal zusammen. Das steht im Gegensatz zu den eindeutigen Zusammenhängen, die sich ergeben, wenn man von den Kindperzeptionen positiven elterlichen Bekräftigungsverhaltens ausgeht. Man kann diesen Befund als Indiz dafür werten, daß Eltern oft dazu neigen, die Höhe und Intensität des von ihnen gezeigten hilfreichen Verhaltens deutlich zu überschätzen und daß sie die psychohygienische Bedeutung eines Mangels an positivem, also ermutigendem, tröstendem Verhalten, falsch einschätzen.

An dieser Stelle könnte man nun einen methodischen Einwand gegen den gefundenen höheren Erklärungswert kindseits wahrgenommenen positiven elterlichen Sanktionsverhaltens bringen: Handelt es sich nicht vielleicht um ein Artefakt, weil schon deshalb größere Zusammenhänge zu vermuten sind, wenn die jeweils *gleiche Person* (das Kind) verschiedene Sachverhalte beurteilt? Zum Beispiel kann man – im Einklang mit Ergebnissen neuerer kognitiver Emotionstheorien (Epstein 1972) – vermuten, daß etwa Kinder mit geringem Selbstwertgefühl sich von selbstbewußteren Kinder u. a. dadurch unterscheiden, daß sie speziell solche Aspekte im Verhalten von für sie bedeutsamen Bezugspersonen akzentuieren, also eher erkennen und in ihrer Bedeutung hervorheben, die selbstwertrelevant sind. Dies könnte für das Ausbleiben (ausreichend) ermutigenden, hilfsreichen Elternverhaltens bei schlechten Schulleistungen zutreffen, was seinerseits langfristig wieder zu einer Erniedrigung des Selbstwertgefühls führen kann.

Tatsächlich müßte man, um den genannten Effekt präzise zu kontrollieren, Kinder mit niedrigem und hohem Selbstwertgefühl mit Hilfe experimenteller Methoden standardisiertes Elternverhalten beurteilen oder sie darauf reagieren lassen. Mit Hilfe von Fragebogenmethoden allein ist nicht genau auszumachen, ob und in welchem Ausmaß wenig selbstbewußte Kinder das Verhalten von Bezugspersonen – hier speziell das positive Sanktionsverhalten der Eltern – durch spezielle Filter wahrnehmen und («falsch») interpretieren. Ohne diesen Effekt ausschalten zu können, lassen sich aus unseren Daten mit Hilfe der Berechnung partieller Korrelationen jedoch Anhaltspunkte für die Größenordnung des genannten Effektes entnehmen. Wenn man nämlich aus den berichteten Korrelationen zwischen selbst- und fremdberichtetem elterlichen Sanktionsverhalten die Variable «Selbstakzeptierung» auspartialisiert, bleibt die ursprüngliche Korrelation erhalten (bei NSV sinkt sie lediglich von $r = .35$ auf .33). Wenn man diese Prozedur mit allen in Tabelle 5 dargestellten Kindvariablen durchführt, ergeben sich ebenfalls nur Veränderungen sehr geringen Ausmaßes: Bei PSV sinkt die Korrelation Eltern-/Kindangaben von $r = .25$ auf .23, bei PSV von $r = .35$ auf .30. Es ergeben sich insofern also keine Anhaltspunkte dafür, daß die deutlicheren Zusammenhänge zwischen kindperzipiertem – speziell positiwem – elterlichen Sanktionsverhalten und kindlichen Persönlichkeitsmerkmalen überwiegend auf entsprechende Wahrnehmungs- und Interpretationseigenheiten der Kinder zurückzuführen sind.

Literatur

Ausubel, D. P. 1958. Theory and problems of child development. New York: Grune & Stratton.

Baumgärtel, F. 1975. Das Erziehungsverhalten von Müttern im Spiegel eines projektiven Verfahrens: Eine Untersuchung zur Dimensionalität des Verhaltens in Abhängigkeit von der sozialen Schicht der Familie und dem Geschlecht des Kindes. Dissertation Hamburg.

CATTELL, R. B. 1966. The meaning and strategic use of factor analysis. In: CATTELL, R. B. (Hg.) Handbook of multivariate experimental psychology. Chicago: McNally.
COHEN, R. 1969. Systematische Tendenzen bei Persönlichkeitsbeurteilungen: Eine empirische Untersuchung. Bern: Huber.
COOPER, J. B. 1966. Two scales of parent evaluation. Journal of Genetic Psychology *108,* 49–52.
COX, S. H. 1970. Intrafamily comparisons of loving-rejecting child-rearing practices. Child Development *41,* 437–448.
D'ANDRADE, R. G. 1965. Trait psychology and componential analysis. American Anthropologist (Special Publication) *67,* 215–228.
DARPE, F. & SCHNEEWIND, K. A. 1978. Elterlicher Erziehungsstil und kindliche Persönlichkeit. In: SCHNEEWIND, H. & LUKESCH, H. (Hg.) Familiäre Sozialisation. Stuttgart: Klett.
DAVIDS, A. & HAINSWORTH, P. 1967. Maternal attitudes about family life and child-rearing as avowed by mothers and perceived by their under-achieving and high-achieving sons. Journal of Consulting Psychology *31,* 29–37.
DAVIS, W. & PHARES, E. 1969. Parental antecedents of internal-external control of reinforcement. Psychological Reports *24,* 427–436.
EPSTEIN, S. 1972. The nature of anxiety with emphasis upon its relationship to expectancy. In: SPIELBERGER, C. D. (Hg.) Anxiety: Current trends in theory and research. Vol. 2. New York: Academic Press.
EPSTEIN, R. & KOMORITA, S. S. 1965. The development of a scale of parental punitiveness toward aggression. Child Development *36,* 129–142.
FEND, H. 1977. Schulklima: Soziale Einflußprozesse in der Schule. Soziologie der Schule III, 1. Weinheim: Beltz.
FEND, H., KNÖRZER, W., NAGL, W. & VÄTH-SZUSDZIARA, R. 1974. Schülerfragebogen, Lehrerfragebogen, Elternfragebogen der Hauptuntersuchung Herbst 1973, Frühjahr 1974. Konstanz: Universität Konstanz, Sonderforschungsbereich 23, Forschungsgruppe Schulische Sozialisation.
FEND, H., KNÖRZER, W., NAGL, W., SPECHT, W. & VÄTH-SZUSDZIARA, R. 1976. Sozialisationseffekte der Schule. Soziologie der Schule II. Weinheim: Beltz.
FILIPP, U. D. & SCHNEEWIND, K. A. 1975. Elterliche Erziehungsziele aus der Sichtweise von Eltern und Kindern. Zusammenhänge zwischen selbst- und fremdperzipierten elterlichen Erziehungszielen. In: LUKESCH, H. (Hg.) Auswirkungen elterlicher Erziehungsstile. Göttingen: Hogrefe.
FISCHER, G. H. & ROPPERT, J. 1965. Ein Verfahren zur Transformationsanalyse faktorenanalytischer Ergebnisse. In: FISCHER, G. H. & ROPPERT, J. (Hg.) Lineare Strukturen in Mathematik und Statistik. Wien: Physica.
GARBE, U. & STRASSER, E. M. 1978. Schulische Leistungen und ihre Bedingungen aus der Sichtweise von Schülern und ihren Müttern. Unveröffentlichte Diplomarbeit am Fachbereich Psychologie und Soziologie der Universität Konstanz.
GEBERT, A. 1979. Über Schwierigkeitsfaktoren bei Faktorenanalysen auf Itembasis. In: ECKENSBERGER, H. (Hg.) Bericht über den 31. Kongreß der Deutschen Gesellschaft für Psychologie in Mannheim 1978. Göttingen: Hogrefe.
GOLDIN, P. 1969. A review of children's report of parent behaviors. Psychological Bulletin *72,* 222–237.
GOODENOUGH, F. L. 1931. Anger in young children. Ann Arbor: University of Michigan Press.
HARRIS, R. J. 1975. A primer of multivariate statistics. New York: Academic Press.
HEILBRUNN, A. B. 1960. Perception of maternal child rearing attitudes in schizophrenics. Journal of Consulting Psychology *24,* 169–173.

HELMKE, A. 1978. Erzieherische Auswirkungen der Schule. Zwischenbericht einer vergleichenden empirischen Untersuchung an integrierten Gesamtschulen und Schulen des traditionellen Schulsystems in Hessen (Arbeitsbericht 2). Konstanz: Universität Konstanz, Zentrum I Bildungsforschung, Projekt Wissenschaftliche Begleitung von Gesamtschulen.

HELMKE, A. 1979a. Schulsystem und Schülerpersönlichkeit. In: HELMKE, A. & DREHER, E. Gesamtschule und dreigliedriges Schulsystem in Nordrhein-Westfalen – Erzieherische Wirkungen und soziale Umwelt. Paderborn: Schöningh.

HELMKE, A. 1979b. Elterliche Diagnosefähigkeit: Zur Frage des Zusammenhangs zwischen kindlicher Selbstwahrnehmung von Leistungsangst und Beurteilungen durch die Eltern. In: KROHNE, H. W. (Hg.) Psychologische Forschungsberichte aus dem Fachbereich 3 der Universität Osnabrück, Nr. 14 «Entwicklungsbedingungen von Angst und Angstabwehr».

HELMKE, A. & VÄTH-SZUSDZIARA, R. 1980. Familienklima und Angst bei Jugendlichen. In: LUKESCH, H., PERREZ, M. & SCHNEEWIND, K. A. (Hg.) Familiäre Sozialisation und Intervention. Bern: Huber (in diesem Band).

HERRMANN, T. & STAPF, A. 1968. Erziehungsstil und Reaktionseinstellung – eine Erkundungsstudie. Berichte aus dem Institut für Psychologie der Phillips-Universität Marburg Nr. 19.

HOFER, M. 1969. Die Schülerpersönlichkeit im Urteil des Lehrers. Weinheim: Beltz.

HOFF, F. H., MINSEL, W. R. & GRÜNEISEN, V. 1973. Beziehungen zwischen Erziehungsverhalten und Persönlichkeitsmerkmalen von Eltern und ihren Kindern. Psychologie in Erziehung und Unterricht *20,* 163–175.

HOFSTÄTTER, P. R. 1964². Sozialpsychologie. Berlin: de Gruyter.

ISCHI, N. 1978. Die Erhebung interkativen Eltern-Kind-Verhaltens durch systematische Beobachtung. In: SCHNEEWIND, K. & LUKESCH, H. (Hg.) Familiäre Sozialisation. Stuttgart: Klett.

JAHNKE, I. 1975. Interpersonale Wahrnehmung. Stuttgart: Kohlhammer.

KISCHKEL, K.-H. 1978. Schulalltagsprobleme, Zufriedenheits- und Einstellungsfaktoren und Stellungnahmen zu schulpolitischen und pädagogischen Fragen von Lehrern an integrierten Gesamtschulen und Schulen des traditionellen Schulsystems in Hessen (Arbeitsbericht 5). Konstanz: Universität Konstanz, Zentrum I Bildungsforschung, Projekt Wissenschaftliche Begleitung von Gesamtschulen.

KISCHKEL, K.-H. 1979. Gesamtschule und dreigliedriges Schulsystem in Nordrhein-Westfalen – Einstellungen, Zufriedenheit und Probleme der Lehrer. Paderborn: Schöningh.

LAUCKEN, U. 1974. Naive Verhaltenstheorie: Ein Ansatz zur Analyse des Konzeptrepertoires, mit dem im alltäglichen Lebensvollzug das Verhalten der Mitmenschen erklärt und vorhergesagt wird. Stuttgart: Klett.

LITTMANN, E. & KASIELKE, E. 1970. Zur Diagnostik elterlichen Erziehungsverhaltens. Probleme und Ergebnisse der Psychologie, Beiheft 2.

LUKESCH, H. 1975. Erziehungsstile. Pädagogische und psychologische Konzepte. Stuttgart: Kohlhammer.

LUKESCH, H. 1976. Elterliche Erziehungsstile. Psychologische und soziologische Bedingungen. Stuttgart: Kohlhammer.

LUKESCH, H. & KLEITER, G. D. 1974. Die Anwendung der Faktorenanalyse: Darstellung und Kritik der Praxis einer Methode. Archiv für Psychologie *126,* 265–307.

LUKESCH, H. & TISCHLER, A. 1975. Selbst- und fremdperzipierter elterlicher Erziehungsstil. Zeitschrift für Entwicklungspsychologie und Pädagogische Psychologie *7,* 88–99.

LUKESCH-TOMANN, M. & HELMKE, A. 1978. Schule und Schüler aus der Sicht der Eltern. Zwischenbericht einer vergleichenden empirischen Untersuchung an integrierten Gesamtschulen und Schulen des traditionellen Schulsystems in Hessen (Arbeitsbericht 7), Konstanz: Universität Konstanz, Zentrum I Bildungsforschung, Projekt Wissenschaftliche Begleitung von Gesamtschulen.

LUKESCH-TOMANN, M. & HELMKE, A. 1979. Gesamtschule und dreigliedriges Schulsystem in Nordrhein-Westfalen – Einschätzungen und Sichtweisen der Eltern. Paderborn: Schöningh.

MILLER, G. A. 1956. The magical number seven, plus or minus two: Some limits of our capacity for processing information. Psychological Review *63,* 81–97.

MINSEL, B. & FITTKAU, B. 1971. Konstruktion eines Fragebogens zum Elternverhalten und Versuch einer Validierung. Zeitschrift für Entwicklungspsychologie und Pädagogische Psychologie *3,* 73–88.

MISCHEL, W. 1968. Personality and Assessment. New York: Wiley.

MULAIK, S. A. 1964. Are personality factors raters' conceptual factors? Journal of Consulting Psychology *28,* 506–511.

OSGOOD, C. E., SUCI, G. J. & TANNENBAUM, P. H. 1957. The measurement of meaning. Urbana: University of Illinois Press.

PASSINI, F. T. & NORMAN, W. T. 1966. A universal conception of personality structure? Journal of Personality and Social Psychology *4,* 44–49.

PAWLIK, K. 1968. Dimensionen des Verhaltens. Eine Einführung in die Methodik und Ergebnisse faktorenanalytischer psychologischer Forschung. Bern: Huber.

PUMROY, D. K. 1966. Maryland Parent Attitude Survey: a research instrument with social desirability controlled. Journal of Psychology *64,* 73–78.

ROE, A. & SIEGELMANN, M. 1963. A parent-child relations questionnaire. Child Development *34,* 355–369.

ROSEN, B. C. & D'ANDRADE, R. 1959. The psychosocial origins of achievement motivation. Sociometry *22,* 185–218.

SCHAEFER, E. S. 1965. Children's reports of parental behavior: an inventory. Child Development *36,* 413–424.

SCHAEFER, E. S. & BELL, R. Q. 1958. Development of a parental attitude research instrument. Child Development *29,* 339–361.

SEITZ, W. 1977. Persönlichkeitsbeurteilung durch Fragebogen. Braunschweig: Westermann.

STAPF, A. 1975. Neuere Untersuchungen zur elterlichen Strenge und Unterstützung. In: LUKESCH, H. (Hg.) Auswirkungen elterlicher Erziehungsstile. Göttingen: Hogrefe.

STAPF, K. H., HERRMANN, T., STAPF, A. & STÄCKER, K. H. 1972. Psychologie des elterlichen Erziehungsstils. Stuttgart: Klett.

VIERNSTEIN, N. 1972. Entwicklung eines Meßinstrumentes zur Messung punitiver Einstellungen. Zeitschrift für Entwicklungspsychologie und Pädagogische Psychologie *4,* 235–248.

5. FRANK BAUMGÄRTEL

Zur Struktur des Erziehungsverhaltens von Müttern in Abhängigkeit vom situativen Kontext

Zusammenfassung: An einem projektiven Bildertest wird der Einfluß der Situationsvariable auf das Erziehungsverhalten der Mutter untersucht. Als Merkmale des Verhaltens werden verwendet: Negative versus positive Verstärkung (NEPOV), kindorientierte Kontrolle (KOKON) und normenorientierte Kontrolle (NOKON). Es wurden 330 Mütter getestet, die nach sozialer Schicht, Geschlecht und Alter des Kindes ausgesucht waren.

Die 48 Bilder des HABIT lassen sich zu 8 Clustern gruppieren, die durch inhaltliche Gesichtspunkte und durch die Intensität der Verwendung der drei Erziehungsverhaltensmerkmale zu differenzieren sind. In der quantitativen Ausprägung, wie auch der Koppelung zu den Situationen ergeben sich für die Erziehungsmerkmale spezifische Unterschiede für alle untersuchten soziographischen Variablen.

1. Fragestellung

Mit der vorliegenden Untersuchung sollte geprüft werden, ob die von BAUMGÄRTEL (1975) gefundenen drei Erziehungsmerkmale für das Erziehungsverhalten von Müttern sich zu einheitlichen Erziehungsverhaltensstilen zusammenfassen lassen, oder ob sie in Abhängigkeit von den jeweiligen Erziehungssituationen variieren. Gleichzeitig sollte eine eventuelle Abhängigkeit vom sozialen Status der Familie, vom Geschlecht des Kindes und seinem Alter untersucht werden. Diese Merkmale sind in zahlreichen Untersuchungen als wichtige Varianzquellen des Erziehungsverhaltens benannt worden (HERRMANN 1966).

2. Material

Da es besonders auf die Erforschung der situativen Abhängigkeit des Erziehungsverhaltens ankam, schloß sich die Verwendung eines Fragebogens mit einer festen Kopplung zwischen Situation und Erziehungsverhalten hier aus. Wir haben uns an verschiedene Untersuchungen aus dem Erziehungsbereich angeschlossen, die ihren jeweiligen Versuchspersonen bildlich dargestellte Erziehungssituationen darboten, zu denen die Pb Stellung nehmen sollten. Unsere Wahl fiel nicht nur deshalb auf ein projektives Verfahren, da wir annahmen, daß eine gewisse Fragebogenmüdigkeit vorhanden sein könnte, sondern auch eine Reihe von Vorversuchen schienen uns auf die Vorteile des projektiven Verfahrens hinzudeuten. So stellte u. a. WILLIAMS (1958) bei einem Vergleich eines projektiven Verfahrens mit einem Fragebogen fest, daß der projektive Test stärker zwischen verschiedenen Elternverhaltensweisen und verschiedenen Probandengruppen differenzierte und gleichzeitig weniger anfällig war für Verfälschung im Sinne der sozialen Erwünschtheit. Ähnlich lassen sich auch die Untersuchungen von MORGAN et al. (1956, 1957) interpretieren. KAGAN et al. (1960) wiesen darauf hin, daß die direkte Befragung im Gegensatz zum projektiven Verfahren in der Regel mehr Ängste und Abwehr bei dem Pb erzeugt. In diesem Zusammenhang wollen wir auch auf ein interessantes Nebenergebnis hinweisen, das sich aus der Zusammenstellung von GOLDIN (1969) ersehen läßt. Dieser hatte zahlreiche Untersuchungen über erlebte elterliche Erziehungsverhaltensweisen im Hinblick auf die Struktur dieser Verhaltensweisen verglichen. In einem dritten Faktor fand er Aspekte des Strafverhaltens vereinigt. Dieser Bereich ist, wie sich aus einer Reihe von Untersuchungen vermuten läßt, sehr stark mit sozialer Bewertung (um nicht zu sagen Tabuisierung) behaftet. Wenn wir einen Blick auf die Methoden der genannten Untersuchungen werfen, so zeigt sich, daß die ersten beiden Faktoren (loving, demanding) in 80 % der Untersuchungen mit nichtprojektiven Verfahren identifiziert wurden. Beim Faktor Bestrafung geht dieser Anteil auf 45 % zurück.

Für unsere vorliegende Untersuchung haben wir 48 Erziehungssituationen ausgewählt, in denen eine symbolische Mutterfigur zwischen einem und drei Kindern gegenübersteht. Wie später noch im Beispiel gezeigt wird, tun oder sagen die Kinder etwas. Die jeweilige zu untersuchende Mutter hat die Aufgabe, niederzuschreiben, was die bildlich gezeigte Mutter in dieser Situation wohl antworten soll. Inhaltlich waren die Situationen aufgeteilt nach den foglenden Themen:

- Leistungen in der Schule oder Leistungen, die sich auf den späteren Beruf beziehen;
- Leistungen, die in der Freizeit, beim Spiel oder im Zusammenhang mit einem Hobby erbracht werden; Leistungen im Sozialkontakt (Durchsetzungsfähigkeit, Aktivität, Geselligkeit);
- Traditionelle «Selbstverständlichkeiten» wie Ordnung, Sauberkeit, Disziplin, Benehmen in der Familie;
- Aggressionen gegen Kinder (verbal oder körperlich);
- Aggressionen gegen Erwachsene (verbal oder körperlich);
- Aggressionen gegen Sachen und Tiere (verbal oder körperlich).

3. Stichprobe

Es wurden insgesamt 330 Mütter mit Schulkindern im Alter zwischen 10 und 14 Jahren untersucht. Die Mütter erhielten die Testformulare zusammen mit anderen Fragebögen von ihren Kindern ausgehändigt. Die Kinder wurden in einer Gruppentestuntersuchung mit dem gleichen Verfahren sowie mit Leistungstests in der Schule untersucht (WAGNER et al. 1978). Aus der nachfolgende Tabelle geht die Aufgliederung der Gesamtstichprobe im Hinblick auf die untersuchten Merkmale hervor. Für die vorliegende Untersuchung interessieren uns nur die Untersuchungsergebnisse der Mütter.

Tabelle 1: Aufgliederung der Stichprobe nach: Schicht der Familie, Geschlecht und Alter des Referenzkindes

Altersgruppe	1		2		3		4		1–4	
Schicht	US	MS	US	MS	US	MS	US	MS	US	MS
Schicht/Alter	19	23	19	19	20	25	20	29	78	96
Alter	42		38		45		49		174	
Schicht/Alter	14	20	16	17	24	23	22	20	76	80
Alter	34		33		47		42		156	
Schicht/Alter	33	43	35	36	44	48	42	49	154	176
Alter	76		71		92		91		330	

Erklärungen der Abkürzungen:
Altersgruppe 1: 10.6–11.5 Jahre
2: 11.6–12.5 Jahre
3: 12.6–13.5 Jahre
4: 13.6–14.5 Jahre

Schicht: US: Unterschicht
MS: Mittelschicht

Da es uns nicht auf eine normative Untersuchung ankam, sondern wir eine deutliche Ausprägung der Tendenzen aller dieser Variablen erzielen wollten, wurde die Stichprobe etwa gleich stark nach den Kriterien erhoben.

4. Methode

Die jeweils 48 Antworten der Mütter wurden nach den in der bereits erwähnten Untersuchung (BAUMGÄRTEL 1975) gefundenen folgenden drei Erziehungsmerkmalen von je zwei Ratern eingeschätzt:

a) negative vs. positive Verstärker (NEPOV): zu diesem Merkmal gehörten in gleicher Weise die direkten, instrumentalen wie auch die indirekten, emotionalen Formen des Verhaltens. Dieses Erziehungsmerkmal dominierte in der Untersuchung über die anderen, d. h. es vereinigte die größte Varianz des gemeinsamen Raumes auf sich.

b) kindorientierte Kontrolle (KOKON): Es handelte sich hierbei um einzelne Erizehungsverhaltensweisen, die ein auf die Belange des Kindes konzentriertes Engagement des Erziehers wiedergeben.

c) normenorientierte Kontrolle (NOKON): Bei diesen Verhaltensweisen steht nicht das Kind im Vordergrund, sondern die aus der sozialen Umwelt gelieferten Normen. Diese werden zur Verhaltensregulierung beim Kind herangezogen.

Da zumindest die beiden letzten Merkmale in dieser Zusammenstellung in der Literatur noch nicht aufgetreten sind, sollen sie in der folgenden Abbildung in ihrer Lage zu den aus anderen Untersuchungen bekannten Erziehungsmerkmalen dargestellt werden.

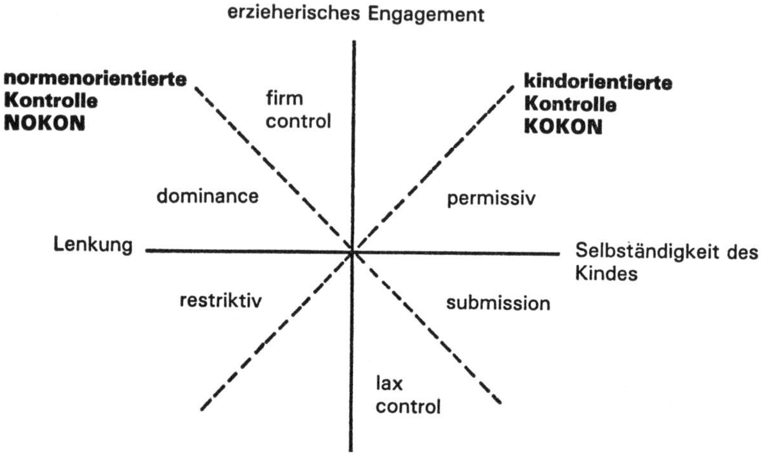

Abbildung 1: Schema zur Veranschaulichung der hypothetischen Lage verschiedener Erziehungsmerkmale.

Für das erste Merkmal standen sechs bipolare Erziehungsverhaltensweisen, für die beiden anderen jeweils drei bipolare Erziehungsverhaltensweisen zur Verfügung. Jede einzelne Antwort wurde dann von jeweils zwei Ratern nach den insgesamt 12 Polaritäten eingeschätzt. Das Mittel dieser Schätzung ging als Meßwert-Approximation ein. Über die zum jeweiligen Erziehungsverhaltensmerkmal gehörenden Polaritäten wurde ohne Gewichtung summiert. Die zu analysierende Datenmatrix hatte also drei Dimensionen: 330 Versuchspersonen/48 Bilder/3 Skalen. Zur näheren Analyse dieses Datenquaders haben wir mehrere Verfahren angewendet. Als erstes soll über die Ergebnisse einer speziellen dreidimensionalen Faktorenanalyse berichtet werden, die auf der Basis der individuellen Varianzen aller 330 Mütter uns Ergebnisse über die Kopplung der Erziehungsmerkmale mit den Erziehungssituationen liefern soll (BAUMGÄRTEL 1975a, S. 224 f.).

Da die Ergebnisse dieser Faktorenanalyse eine deutliche Kopplung zwischen Erziehungsmerkmalen und Situationen andeutete, suchten wir nach einem Verfahren, das uns die teilweise komplexen Ergebnisse der Faktorenanalyse einfacher darstellte. Wir griffen auf die Clusteranalyse zurück, wie sie von ROLLETT et al. (1976) beschrieben wurde.

5. Ergebnisse

Da es keine eindeutigen Abbruchkriterien für die Faktorenanalyse gibt (ÜBERLA 1968), haben wir einen Screening-Test entwickelt, der auf den Eigenwert-Differenzen der Korrelationsmatrix beruhte. Hier zeigte sich ein deutlicher Abfall zwischen dem 5. und 6. Faktor. Da zu erwarten stand, daß die Erziehungsmerkmale eine Variabilität in den Unterstichproben aufweisen würden, wendeten wir als zweites Kriterium zur Bestimmung der Zahl gemeinsamer Faktoren ein auf GUERTIN et al. (1970) zurückgehendes Verfahren an: Beginnend bei einer größeren Zahl von Faktoren werden Varimax-Rotationen mit von Stufe zu Stufe geringeren Faktorenzahlen durchgeführt. Mit Hilfe der von FISCHER und ROPPERT (1965) beschriebenen Ähnlichkeitstransformation prüften wir sodann die Stabilität der einzelnen Faktoren. Hierbei erwiesen sich vier Faktoren als hinreichend stabil auch über die einzelnen Untergruppen. Diese vier Faktoren extrahierten insgesamt 31,24 % der Varianz (9,61/8,2/6,8/6,63).

In der nachfolgenden Tabelle 2 haben wir nun die Daten der Faktorenanalyse so geordnet, daß in den Zeilen die Daten der Bilder stehen. Für die Einzelfaktoren haben wir die Ladungen der jeweiligen Erziehungsverhaltensmerkmale getrennt dargestellt. So lassen sich auf einen Blick die Anteile der Erziehungsmerkmale an diesen gemeinsamen Faktoren besser erkennen.

Der Faktor 1 besitzt mit einer Ausnahme nur Ladungen des Erziehungsmerkmals KOKON. Dieses Merkmal klärt 86 % der Varianz des Faktors auf. Fast alle Bilder haben hier eine Ladung. Dieses Faktum deutet an, daß das Merkmal kindorientierte Kontrolle annähernd situationsunabhängig auftritt. Wir können es also als eine einheitliche «erzieherische Grunddimension» oder auch als «menschliches Basisverhalten» (v. KRIEGSTEIN 1977) bezeichnen. Der zweite Faktor wird gebildet von Kombinationen der Ladungen des ersten und dritten Erzie-

Tabelle 2: Varimaxrotierte 4-Faktorenlösung zur Darstellung der Wechselwirkung zwischen Erziehungssituationen u. -merkmalen: Gesamtstichprobe Mütter (N=330) *

Faktor Erz.merkm. Bild Nr.	1 NE POV	 KO KON	 NO KON	2 NE POV	 KO KON	 NO KON	3 NE POV	 KO KON	 NO KON	4 NE POV	 KO KON	 NO KON
1							*–46*	39				*–43*
2		**65**		**57**		**50**						
3		*46*										*–40*
4		**64**		**57**		*41*						*–35*
5		**68**		*49*		*47*						
6		39					–38					
7		*40*					**–54**	**50**				**–54**
8		**55**		*44*								*–43*
9		*43*		*47*								*–44*
10		*47*					*–46*	*41*				37
11		**52**		**50**		*43*						
12		**66**		*48*		*41*						
13		*46*					–37					*–56*
14		*46*		36		36						
15		**69**		**53**		**48**						
16		*42*					*–40*					*–41*
17		**60**		37		*46*						
18							**–52**	37				**–55**
19		*45*					*–42*					
20		*41*		37								*–47*
21							**–54**	*47*				**–62**
22		**59**										–39
23		38					*–48*					–40
24							**–52**	*41*				–61
25		**59**		**61**		*47*						*–41*
26	–36	**55**				*41*						–37
27							–56	48				**–62**
28		**66**		**56**		*49*						
29		**55**		**51**		*45*						–38
30							*–43*	38				**–59**
31		**62**		45		40						
32								35				**–54**
33		*47*					–35					*–43*
34		**62**		**50**		*45*						
35		*45*										*–49*
36		**69**		*45*		*44*						
37		*41*					**–52**	*45*				**–60**
38		*40*					–35					**–47**
39		**50**		39		35						37
40							**–52**	*49*				**–64**
41		**61**		**51**		37						*–40*
42		**51**					–35					–39
43		**64**		**51**		*43*						–35
44							–38					–37
45		**58**		**51**		*41*						
46		**69**		**53**		38						
47		*44*										**–58**
48							**–55**	*49*				**–56**

* a) Es wurden nur Ladungen ≧ .35 berücksichtigt.
b) Alle Werte sind mit .01 zu multiplizieren.
c) Die verschiedenen Schrifttypen zeigen unsere Interpretationsschranken.

hungsmerkmals. Wenn wir zur Interpretation die quantitative Ausprägung dieses Merkmals hinzunehmen, so können wir den Faktor 2 kennzeichnen durch die Verhaltensdominanz der negativen Verstärker und eine hohe Ausprägung von normenorientierter Kontrolle. Diese beiden Aspekte teilen sich auch varianzmäßig etwa den Faktor.

Wenden wir uns dem dritten Faktor zu: Hier finden wir ebenfalls wieder eine Kombination von zwei Erziehungsmerkmalen: Die positiven Verstärker in Verbindung mit kindorientierter Kontrolle. Der letzte Faktor wird ausschließlich durch das dritte Erziehungsmerkmal bestimmt. Im Vordergrund steht hier jedoch der Pol einer nicht-normenorientierten Kontrolle. Diese konstante Kombination bestimmter Erziehungsmerkmale nennen wir *Erziehungsverhaltensstile,* da wir ausschließlich die Verhaltensweisen betrachten und Einstellungskomponenten außer acht lassen (BAUMGÄRTEL 1975b).

Da uns besonders die spezielle Kopplung des Erziehungsverhaltens mit den Situationen interessiert, wenden wir uns einer Cluster-Analyse zu, die die Aufgabe hatte, aus den 48 Dimensionen anhand der drei Erziehungsverhaltensmerkmale Gruppen von Situationen zu bilden, die sich innerhalb der Müttergruppe nach Ähnlichkeit der Reaktion der Mütter gruppieren ließen. Als Meßdaten verwendeten wir hier die Mittelwerte der Gesamtgruppe der Mütter aus den drei Erziehungsverhaltensmerkmalen. Diese Daten wurden für jedes Bild in eine Cluster-Analyse gegeben, wie sie von TÜCKE (1976) dargestellt wurde. Die Cluster-Analyse ist ein Verfahren, das in seiner Anwendung fast noch so willkürlich ist, was die Abbruckkriterien der Analyse anbelangt, wie die Faktorenanalyse. Wir haben in der Abbildung 2 zum einen die Fehlerkurve S dargestellt. Nach WELTNER (1976) sollte eine Cluster-Zahl gewählt werden, bevor der Wert S steil ansteigt. Da die Größe dieses Wertes abhängig ist von der Zahl der verrechneten Dimensionen und der Zahl der zu clusternden Merkmale, ist dies nur eine recht ungenaue Angabe. Wir haben deshalb hier eine der Schwellenbestimmungen in der Psycho-Physik nachempfundene Wertkurve $\frac{\Delta s}{s}$ gewählt. Diese Werte relativieren den Fehleranstieg in Abhängigkeit vom absoluten Fehler. Nach unserer Erfahrung ist diese Darstellung prägnanter als die u. a. von EYE (1977) gewählte Darstellung der Differenzen. Wie aus Abbildung 2 zu ersehen ist, ragen besonders heraus die Werte für 12, 8 und 6 Cluster.

Welche dieser drei möglichen Clusterzahlen wir verwenden, hängt neben einer rein rationalen Entscheidung hinsichtlich der Zahl von Situationen pro Cluster auch von inhaltlichen Gesichtspunkten ab, wie auch EYE (1977) betont. Aus Abbildung 3, in der wir das Dendogramm der Situationen aufgezeichnet haben, geht hervor, daß eine Verwendung von 12 Clustern eine zu geringe Anzahl von Situationen pro Cluster gebracht hätte.

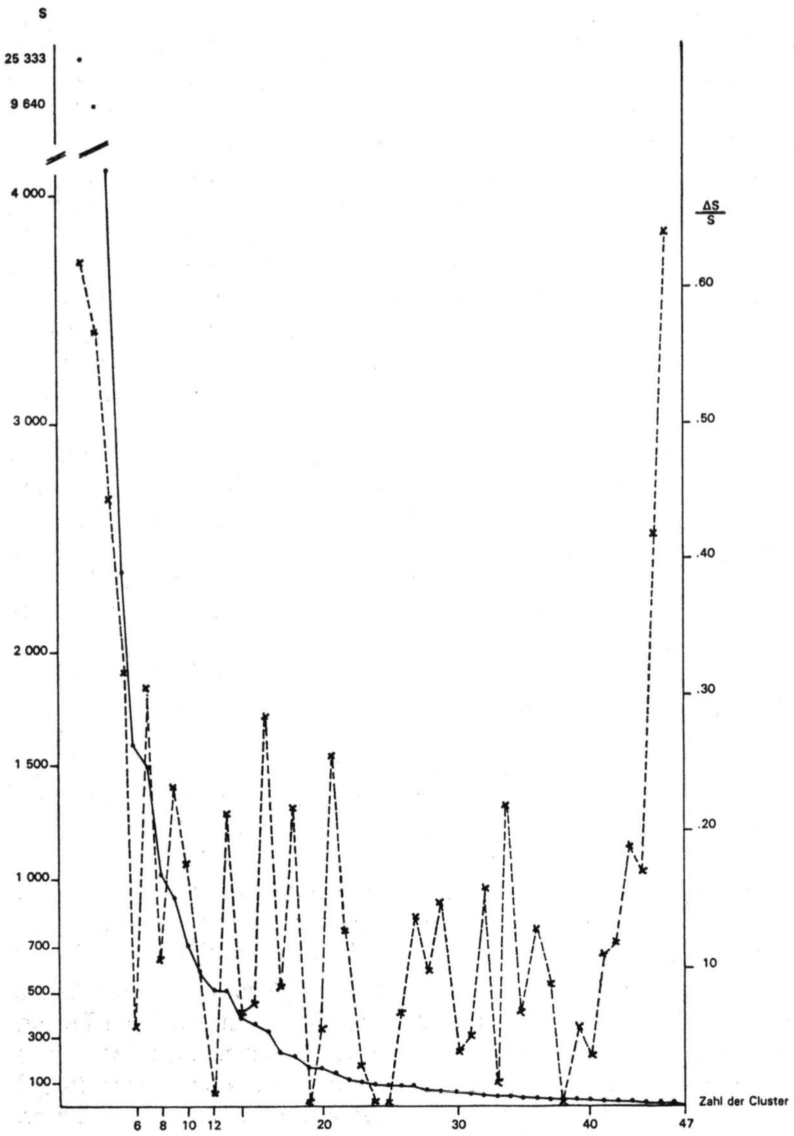

Abbildung 2: Fehlerwertkurven der Clusteranalyse.

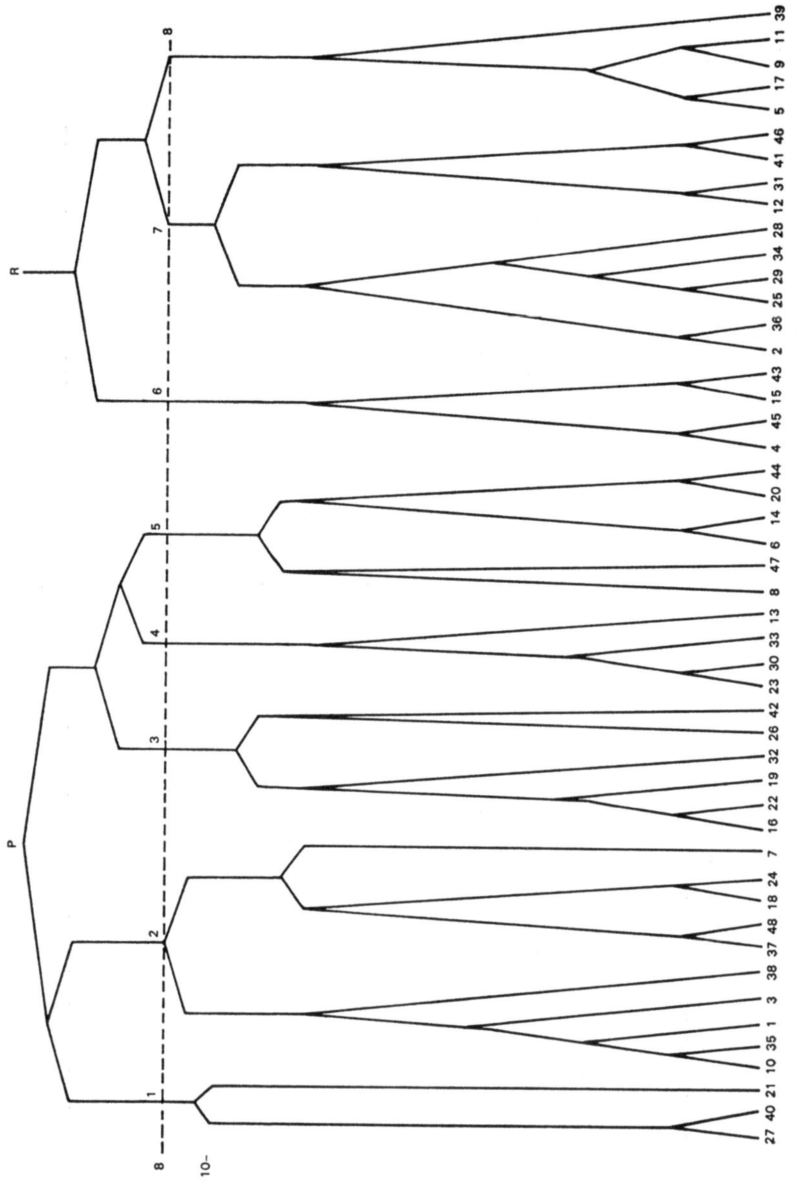

Abbildung 3: Dendogramm der 48 HABIT-Situationen
(Erziehungsverhalten, Mütter)

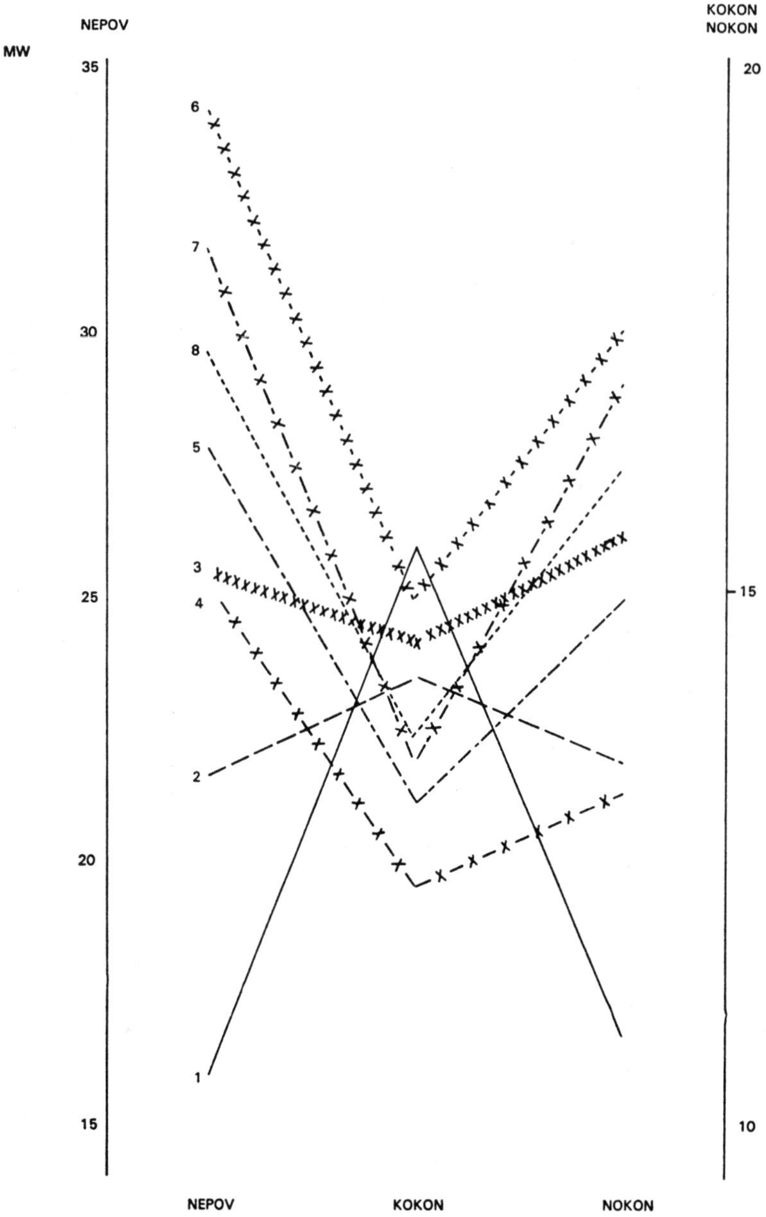

Abbildung 4: Mittelwerte der 8-Clusterlösung (Erziehungsverhalten, Mütter).

Dann bleiben uns als mögliche Cluster noch die Zahlen 8 und 6. Für eine 6-Cluster-Lösung müßten die Cluster 7 und 8 sowie 4 und 5 aus der 8-Cluster-Lösung zusammengefaßt werden. Wie aus den Mittelwerten in Abbildung 4 hervorgeht, würde zumindest eine Zusammenlegung der Gruppen 4 und 5 nicht sehr sinnvoll sein. Wir haben uns deshalb für die 8-Cluster-Lösung entschieden.

Sehen wir uns einmal die einzelnen Cluster an:

Cluster 1 beinhaltet Leistungssituationen, die eine positive Leistung des Kindes widerspiegeln. Die Mütter verwenden hier starke positive Verstärkung und ein Höchstmaß an kindorientierter Kontrolle. Die Außenbeziehungen sind irrelevant. Dies manifestiert sich in einem sehr niedrigen Wert für normenorientierte Kontrolle (vgl. Bild 40 in Abb. 5).

Abbildung 5: Beispielsituationen aus dem HABIT® für die Cluster.
Name und Ausstattung des Tests HABIT (Hamburger Bildertest) ist gesetzlich nach dem Urheberrecht geschützt. Der Test als Ganzes oder auch einzelne Situationen dürfen nicht kopiert, nach- oder umgezeichnet werden. Bei Interesse zu Forschungszwecken wenden Sie sich bitte an den Autor.

Das zweite Cluster beinhaltet Leistungssituationen, in denen das Kind versagt hat, verzweifelt ist oder einen Willen zur Besserung zum Ausdruck bringt. Die Mütter reagieren mit noch positiver Verstärkung, wenn auch deutlich schwächer als bei den Situationen zum Cluster 1. Kindorientierte Kontrolle in Form von Trost herrscht vor. Die normenorientierte Kontrolle wird deutlich stärker; möglicherweise sind die gesellschaftlichen Regeln für die Behandlung und Beurteilung dieser Situationen schon deutlicher ausgeprägt (vgl. Bild 37, Abbildung 5).

Auch in Cluster 3 finden wir Leistungssituationen, mit Ausnahme von einer Konfliktsituation zwischen Kindern. Das Kind wendet sich hier deutlich gegen geforderte Leistungsnormen. Es kommt aber eine gewisse Verzweiflung des Kindes oder psychische Unreife zum Ausdruck.

Die Mütter reagieren auf dieses Kindverhalten eher neutral, was Verstärkung oder Abschwächung des Verhaltens anbelangt, sie äußern aber doch Verständnis für das Kind, allerdings mit einem deutlichen Hinweis auf die Normen (vgl. Bild 32).

Das Cluster 4 enthält sowohl Leistungssituationen wie auch solche, die Konflikte zwischen Kindern widerspiegeln: Das Kind kann sich gegen andere nicht behaupten. Die Reaktionen der Mütter sind hier ähnlich wie bei den Situationen zum Cluster 3, nur daß die Mütter, was die Kontrolle (sowohl kind- als auch normenorientiert) anbelangt, weniger geneigt zeigen, einzugreifen (vgl. Bild 30).

Cluster 5 beinhaltet solche Situationen, in denen das Kind trotzig oder verbal aggressiv gegen andere Kinder bzw. gegen seine Spielsachen ist. Die Mütter reagieren auf dieses Verhalten eher ablehnend, berücksichtigen aber die Belange des Kindes noch. Allerdings fehlen hier nicht Hinweise auf die externen Verhaltensnormen.

Uns scheint dieses Cluster 5 recht wenig spezifisch zu sein. Dies kann u. a. daran liegen, daß die Clusteranalyse alle Situationen klassifiziert, da keine deutlichen Abbruch- oder Selektionskriterien für die Situation existieren. Die Situationen dieses Clusters sind bei der Faktorenanalyse fast alle als wenig ausgeprägt in Erscheinung getreten. Möglicherweise bietet die Weiterentwicklung der Clusteranalyse, wie sie bei Eye (1977) dargestellt wurde, für diese Probleme bessere Lösungen. Wir konnten sie jedoch für die vorliegende Untersuchung nicht mehr berücksichtigen.

Im Cluster 6 sind Situationen zusammengefaßt, bei denen das Kind massivste körperliche Aggressionen gegen Dinge, Tiere und auch gegen andere Menschen zeigt. Die Mütter reagieren hier mit stärkster Ablehnung des Verhaltens, bei einem deutlichen Willen, dem Kind die Situation zu erklären und besonders demonstrativ auf soziale Folgen seines Verhaltens und die Normen hinzuweisen (vgl. Bild 43).

Auch das Cluster 7 enthält aggressive Situationen, in denen das Kind aber vorwiegend «schlechte» Ausdrücke verwendet, Konflikte mit anderen Kindern hat, milde aggresiv gegen Dinge ist und «gutes Benehmen» vermissen läßt. Dieses Cluster ist neben dem Cluster 2 dasjenige, das die meisten Situationen beinhaltet. Die Mütter reagieren auf diese Verhaltensweisen des Kindes ebenfalls mit einer deutlichen Ablehnung des Verhaltens. Im Unterschied zu den vorherigen Situationen zeigen sie jedoch kaum Verständnis für die möglichen Motive des Kindes. Um so stärker ist jedoch der Hinweis auf die Verhaltensnormen. Möglicherweise werden die in diesem Situationen dargestellten Kinder von den Müttern unserer Stichprobe als tendenziell älter angesehen als die in den anderen Bildern dargestellten Kinder (vgl. hierzu Bild 2).

Das Cluster 8 ist inhaltlich ähnlich zu kennzeichnen wie das Cluster 7. Allerdings fallen hier die Reaktionen der Mütter im Durchschnitt milder aus. Wir können kaum Differenzen zum Cluster 7 erkennen. Wie wir oben bereits anführten, ließen sich ohne großen Schwierigkeiten diese beiden Cluster vereinigen.

Aus der strukturellen Analyse der Untergruppen unserer Stichprobe ergaben sich große Gemeinsamkeiten, was die Kopplung bestimmter Erziehungsverhaltensstile mit bestimmten Situationen anbelangt. Wir werten dies als deutlichen Hinweis darauf, das Situationismuskonzept im Bereich der Erziehungsstilforschung weiter zu verfolgen (BAUMGÄRTEL 1975a).

Abschließend seien noch zusammenfassend einige Ergebnisse zum Problem des Einflusses von sozialer Schicht der Familie und Geschlecht des zu erziehenden Kindes angeführt:

Bei der weiteren Untersuchung von Einflußquellen auf die Erziehungsverhaltensstile fanden wir, daß sich Mittelschicht- und Unterschichtmütter in ihren Verhaltensstilen weitgehend glichen. Bei Berücksichtigung der situativen Komponente zeigten sich zwar in der überwiegenden Zahl der Situationen übereinstimmende Reaktionen, jedoch tendierten Mütter der Mittelschicht dazu, mehr Verhaltensweisen ihrer Kinder einzuschränken, während Mütter der Unterschicht mehr dazu neigten, unterstützende Verhaltensweisen zu zeigen in solchen Situationen, in denen die Mittelschichtmütter eher Selbständigkeit ihrer Kinder erwarteten. Diese Situationen waren ausschließlich Leistungssituationen aller Bereiche. Die Beziehung zum Geschlecht des Kindes stellte sich so dar: Es bestand eine größere Einheitlichkeit zwischen den Müttern von Jungen und den Müttern von Mädchen in ihren Reaktionen bei solchen Situationen, in denen Verhaltensweisen der Kinder abgeschwächt oder ausgelöscht werden sollten. Die größten Differenzen traten in den Leistungssituationen auf. Hier unterstützen die Mütter von Jungen einheitlich und deutlicher das Verhalten, das im Zusammenhang mit Schule und Beruf steht sowie eine größere Durchsetzungsfähigkeit des Kindes erfordert. Die Reaktionen von Müttern der Mädchen zeichneten sich in dieser Situation eher durch die isolierte Verwendung einzelnen Erziehungsmerkmale und einen weniger einheitlichen Gebrauch derselben aus.

Die von uns gefundenen strukturellen Merkmale und Subgruppenunterschiede decken sich mit denen von anderen Autoren als quantitative Unterschiede beschriebenen. Wir gewinnen daraus die Überzeugung, daß unser Ansatz einer Betrachtung situativer Varianz richtig ist, da er deutlich macht, daß die von anderen Autoren gefundenen Unterschiede in den Quantitäten zurückzuführen sind auf unterschiedliche Bereiche, die erfragt und (vielleicht unberechtigterweise) zu stark generalisiert wurden. Wir glauben hier auch einen Hinweis gefunden zu haben auf unsere anderenorts (Baumgärtel 1979) ausgedrückte Überzeugung, daß in Phasen des gesellschaftlichen Umbruchs und der Neudefinition von Erziehungszielen ein vorrangiger Schwerpunkt der Forschung nicht in der Definition von Verhaltensstilen, bestehen sollte, sondern in der Erforschung neuer *Situationsstile*.

Literaturverzeichnis

Baumgärtel, F. 1975a. Das Erziehungsverhalten von Müttern im Spiegel eines projektiven Verfahrens. Hamburg: Phil. Diss.

Baumgärtel, F. 1975b. Erziehung und (Erziehungs-) Wissenschaft. Psychol. heute *2,* 13–18, 59–52.

Baumgärtel, F. 1979. Situationismus. In: Arnold, W., Eysenck, H. J. & Meili, R. (Hg.) Lexikon der Psychologie. Freiburg: Herder.

Eye, A. v. 1977. Zum Vergleich zwischen der hierarchischen Clusteranalyse nach Ward und Macs, einer mehrdimensionalen, automatischen Clusterstrategie. Psychol. Beitr. *19,* 201–217.

Fischer, G. H. & Roppert, J. 1965. Ein Verfahren der Transformationsanalyse faktorenanalytischer Ergebnisse. In: Fischer, G. H. & Roppert, J. (Hg.) Lineare Strukturen in Mathematik und Statistik. Würzburg: Physica, S. 1–30.

Guertin, W. H. & Bailey, J. P. jr. 1970. Introduction to modern factor-analysis. Ann Arbor.

Herrmann, T. (Hg.) 1966. Psychologie der Erziehungsstile. Göttingen: Hogrefe.

Kriegstein, M. v. 1977. Gesprächspsychotherapie in der Seelsorge. Stuttgart: Kohlhammer.

Rollet, B. & Bartram, M. (Hg.) 1976. Einführung in die hierarchische Clusteranalyse. München: Klett.

Tücke, M. 1976. Taxometrische Methoden unter besonderer Berücksichtigung des Wardschen Algorithmus. In: Rollet, B. & Bartram, M. (Hg.) Einführung in die hierarchische Clusteranalyse. Stuttgart: Klett, S. 19–34.

Überla, K. 1968. Faktorenanalyse. Berlin: Springer.

Wagner, H. & Baumgärtel, F. 1978. Hamburger Persönlichkeitsfragebogen für Kinder (HAPEF-K). Göttingen: Hogrefe.

Weltner, K. 1976. Elementare Darstellung der Clusteranalyse. In: Rollet, B. & Bartram, M. (Hg.) Einführung in die hierarchische Clusteranalyse. Stuttgart: Klett, S. 13–18.

6. Markus Allemann

Entwurf eines kognitiven Modelles zur Analyse und Wirkung von Erziehungsverhalten

Zusammenfassung: Befunde aus Arbeiten zum Problem des perzipierten Erziehungsstiles von Lehrern auf dem Hintergrund des Zwei-Komponenten-Modelles der Bekräftigung machen Zusatzannahmen zur Erklärung der gefundenen weiteren Dimensionen notwendig. Ein geeigneter Rahmen ergibt sich von der Ähnlichkeit der Probleme her aus den neueren Ansätzen der Psychologie der Repräsentation und des Verstehens von Texten. Auf diesem Hintergrund wird der Entwurf eines kognitiven Modelles zur Analyse der Wahrnehmung und der Wirkung von Erzieherverhalten bei Kindern dargestellt. Hinweise zur Operationalisierung der eingeführten Konzepte in einer Befragungssituation werden gegeben.

In diesem Beitrag wird ein Modell der kognitiven Prozesse skizziert, welche zur Produktion von als verhaltensrelevant betrachteten Antizipationen über Erzieherverhalten und dessen subjektiver Valenz beim Kind führen.

Ausgangspunkt dieses Anliegens sind Befunde aus Untersuchungen zur Konstruktion einer Skala zur Erfassung des beim Lehrer perzipierten Erziehungsstiles analog den Marburger-Skalen von Herrmann et al. (1971). Die Reinterpretation dieser Befunde aus Arbeiten von Lohri (1974) und Moos-Jordans (1976) sowie generelle Überlegungen lassen es als angezeigt erscheinen, neuere Ansätze der Psychologie der Repräsentation von Texten – insbesondere von Geschichten – auf das Problem der Repräsentation von Erziehungssituationen durch das Kind anzuwenden. Diese Übertragung ermöglicht eine elaboriertere Formulierung von Items zur Erfassung des perzipierten Erzieherverhaltens.

1. Ausgangspunkt: die Multidimensionalität des perzipierten Bekräftigungsverhaltens von Lehrern in den Untersuchungen von Lohri (1974) und Moos-Jordans (1976)

Die erstgenannte Arbeit ist vom Verfasser dieses Beitrages angeregt worden, um die Grundlagen für die Konstruktion eines Fragebogens zur Erfassung des Erziehungsstils des Lehrers zu schaffen, wobei ein primäres

Anliegen darin bestand, die Übertragbarkeit des von HERRMANN et al. (1968; 1971) und STAPF et al. (1972) entwickelten Zwei-Komponenten-Modelles elterlicher Bekräftigung auf den Bereich der Schule zu überprüfen. Dabei wurde erwartet, daß bei einer Faktorisierung der Urteile über das Bekräftigungsverhalten der Lehrer die zwei bekannten Dimensionen Strenge und Unterstützung resultieren würden und daß diese beiden Dimensionen zur Repräsentation sämtlicher Urteile hinreichend wären, daß also keine zusätzlichen Faktoren sich ergeben würden.

In einer Vorbefragung von 65 Schülern beider Geschlechter der 5. und 6. Primarschulstufe wurden Fragen nach Bestrafungs- und Belohnungsweisen der Lehrer sowie Fragen nach den Anlässen dieser Bekräftigungen gestellt. Anhand der Antworten sowie aufgrund zusätzlicher Hinweise von Lehrern wurden 60 Items formuliert, welche versehen mit dem bei den «Marburger-Skalen» üblichen fünfstufigen Beantwortungsschema insgesamt 212 Schülern (97 Mädchen und 115 Knaben) der 5. und 6. Stufe aus dem Kanton Luzern (CH) vorgelegt wurden.

Getrennt nach Geschlechtern wurden die entsprechenden Datensätze faktorisiert, mittels SCREE-Test und dem 5 %-Kriterium der Eigenwerte (UEBERLA 1968, 124 ff.) wurde die Zahl der zu extrahierenden Faktoren bestimmt. Die erhaltene Lösung wurde zudem mittels des Kriteriums von FUERNTRATT (1969) auf ihre Interpretierbarkeit überprüft und anschließend nach VARIMAX auf Einfachstruktur rotiert.

Bei der Gruppe der Mädchen ergab sich auf diese Weise eindeutig eine 4-Faktorenlösung, welche 44.0 % der Gesamtvarianz aufklärt:

Faktor I (Strenge)
Exemplarische Items mit Ladungen:
- Er schimpft mit denjenigen, die schlecht gearbeitet haben (.75).
- Wenn ich während des Unterrichts schwatze, bestraft mich der Lehrer (.74).
- Wenn ihm jemand widerspricht, wird er verärgert (.64).

Faktor II (belohnungsorientierte Unterstützung)
Exemplarische Items mit Ladungen:
- Ich darf als Belohnung früher nach Hause (.72).
- Der Lehrer belohnt mich, wenn ich mir besonders Mühe gegeben habe (.66).
- Er gibt uns zur Belohnung keine Hausaufgabe (.50).

Faktor III (Feindseligkeit)
Exemplarische Items mit Ladungen:
- Wenn eines von uns seine Aufgabe nicht versteht, wird er ungeduldig (.80).
- Er schlägt mich (.79).
- Der Lehrer ist auf einen Schüler noch böse, auch wenn er ihn schon bestraft hat (.68).

Faktor IV (verständnisvolle Anteilnahme)
Exemplarische Items mit Ladungen:
- Wenn mich etwas bedrückt, kann mir mein Lehrer helfen (.65).
- Er lobt uns und ist guter Laune (.57).
- Wenn ein Schüler ihn etwas fragt, antwortet er freundlich (.49).

Für die Gruppe der Knaben ergab sich nach Anwendung der genannten Kriterien eine 3-Faktoren-Lösung, welche 34.6 % der Totalvarianz erklärt. Die beiden Faktoren der negativen Bekräftigung (Strenge und Feindseligkeit) der Mädchenstichprobe erschienen in ähnlicher Form ebenfalls, hingegen resultierte nur ein Faktor der positiven Bekräftigung.

In einer späteren Untersuchung der Zusammenhänge zwischen perzipiertem Lehrerverhalten und Schulangst konnte Moos-Jordans (1976) unter Anwendung der Items aus der eben referierten Untersuchung bei beiden Geschlechtern je vier Faktoren der Bekräftigung reproduzieren, wobei aufgrund geschlechterspezifischer Itemkonstellationen die Faktorbenennungen unterschiedlich ausfielen:

Mädchen: wie bei Lohri (1974).

Knaben: belohnungsorientierte Unterstützung, Wertschätzung vs. Geringschätzung, Strenge, Unbeherrschtheit.

Gesamthaft gesehen, muß aufgrund der beiden Untersuchungen das Zwei-Komponenten-Modell zumindest für den Fall von Lehrerverhalten zugunsten einer erweiterten Version aufgegeben werden. Dabei kann kaum eingewendet werden, daß Items mit Gefühlsreaktionen der Lehrer in einer lerntheoretisch fundierten Skala nicht am Platze wären, daß aber aufgrund deren Präsenz die zusätzlichen Faktoren resultierten, ist doch der verwendete Itempool im wesentlichen ausgehend von Schüleraussagen über das Bekräftigungsverhalten von Lehrern zusammengestellt worden. Zudem wäre es höchst erstaunlich, wenn derartige Perzeptionen a) nicht realisiert und b) keine Verstärkerwirkung hätten. Weiter ist die Idee der Berücksichtigung manifester Eigenschaften, wie Ärger oder Freundlichkeit, bei der Erklärung von Schülerverhalten – und dazu wird letztlich perzipierter Erziehungsstil erfaßt – so neu auch nicht: dieses Element findet sich beispielsweise in den Paradigmen von Ryans (1960) oder Smith (1960) zur Analyse des Unterrichtsprozesses, wobei diese Modelle ohne wesentliche Probleme auch auf den familiären Erziehungsprozeß übertragen werden können.

Mit diesen Hinweisen ist nun freilich noch nicht erklärt, welches die psychologische Basis des Zustandekommens unserer zusätzlichen Faktoren ist. Diese Frage wird von den Autoren der beiden hier referierten Untersuchungen nicht diskutiert, beide beschränken sich auf eine den je sich ergebenden Variablenclusters gerecht werdende Faktorenbenennung. Ein Versuch zur Beantwortung dieser Frage wird notwendig zu einer Erweiterung des Zwei-Komponenten-Modelles und allenfalls zu einer Integration kognitiver Konzepte führen (vgl. dazu die Kritik von Lukesch 1977).

2. Überlegungen zur nachträglichen Interpretation der vier festgestellten Bekräftigungskomponenten

Eine erste naheliegende Vermutung ist die, daß Kinder neben der im Zwei-Komponenten-Modell postulierten Unterscheidung in positive und negative Bekräftigungen ein weiteres diskriminatives Konzept – nämlich so etwas wie »Gefühlsbetontheit der Bekräftigung» – anwenden, was zu folgenden, aus hier nicht weiter zu erläuternden Gründen unabhängig voneinander wahrgenommenen Bekräftigungskomponenten führen würde:

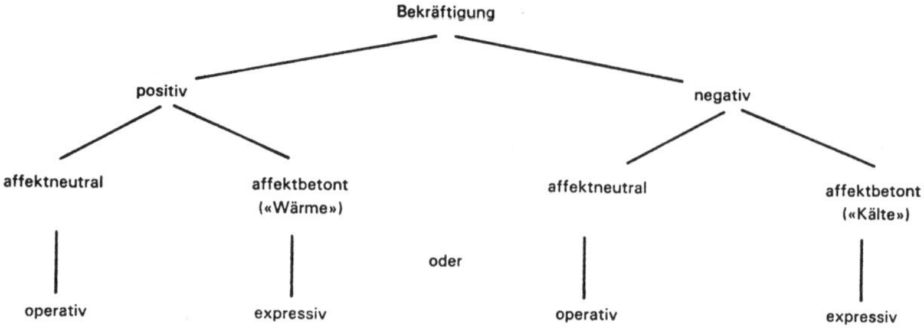

operativ: Bekräftigung durch eine Handlung
expressiv: Bekräftigung durch Ausdruck von Gefühlen

Dieser Sichtweise steht jedoch die Tatsache entgegen, daß in den beiden neutralen, operativen Bekräftigungsdimensionen etliche Items Ladungen zwischen 0.30 und 0.64 (LOHRI 1974, 97–99) aufweisen, welche eindeutig affektausdrückenden Charakter haben, etwa

- «wenn wir wegen etwas Lustigem lachen, ärgert sich der Lehrer» oder
- «wenn wir uns vor oder nach der Schule anständig benehmen, ist er besonders freundlich», usw.

Dieser Sachverhalt führt zu der Überlegung, daß das erwähnte Kategorisierungskriterium des affektiven Gehaltes aufgrund seiner hohen Überlagerung mit einem dahinterstehenden, «eigentlichen»» Kriterium postuliert wird. Eine Inspektion der zur Diskussion stehenden Faktorlösungen führt zur durchaus intelligiblen, theoretisch begründbaren und empirisch überprüfbaren Annahme, daß die Spaltung des Strenge- und zum Teil des Unterstützungsfaktors aufgrund der impliziten Unterscheidung in

- *rollenkonforme* Bekräftigungsformen (vom Kinderstandpunkt aus gesehen «normales» Belohnen und «legitimes» Bestrafen) und
- *nicht-rollenkonforme,* einer normativen Erwartung nicht entsprechende Bekräftigungsformen (über das «normalerweise» zu erwartende Maß hinausgehende Zuwendung und Hilfe, resp. nicht rollen-

entsprechende, «illegitime» negative affektive Reaktionen) zustande kam.

Es wird also angenommen, daß die Kinder Rudimente einer bei MERTON oder implizit bei DURKHEIM bereits vorfindbaren anomietheoretischen Überlegung – nämlich derjenigen der Beurteilung von Mitteln hinsichtlich ihrer Legitimität – angewendet haben (COHEN 1968, 131 ff.).

Diese Annahme der Anwendung eines impliziten Konzeptes der normativen Erwartung – die Beurteilung der Legitimität setzt dieses Konzept voraus – findet ihre Entsprechung in Überlegungen von ROSEMANN (1978), welcher im besonderen auf die Arbeit von SEIFERT (1975) über Schülererwartungen an den Lehrer hinweist und im weiteren der Konkordanz, resp. Diskordanz zwischen Schülererwartungen und Lehrerverhalten je unterschiedliche Auswirkungen auf das Schülerverhalten zuschreibt (HEROLD 1974).

In ihrer Tendenz stimmen zudem auch Hauptbefunde von MOOS-JORDANS (1976) zu Zusammenhängen zwischen Dimensionen des perzipierten Lehrerverhaltens und Dimensionen der Schulangst (ermittelt durch geschlechtergetrennte Faktorisierung der Items von GAERTNER-HARNACH (1973) mit den Annahmen von ROSEMANN (1978) überein:

– Sowohl die positive wie auch die negative Bekräftigungsdimension des oben als rollenkonform bezeichneten Typs korrelieren mit keiner der fünf Schulangstdimensionen in signifikanter Weise. Sämtliche 20 berechneten Koeffizienten liegen unter dem Wert von 0.15, dies bei einem Total von 144 Mädchen und 152 Knaben.

– Immerhin drei der 20 untersuchten Zusammenhänge zwischen Bekräftigungsdimensionen des als nicht-rollenkonform bezeichneten Typs und Schulangstdimensionen erweisen sich als signifikant:

- «Feindseligkeit» korreliert positiv mit «Aufregung und Unsicherheit beim Auftreten vor dem Lehrer» ($r = 0.18$, $p < .05$, Mädchen),
- «Wertschätzung vs. Geringschätzung» korreliert negativ mit «Sorge um die schulische Zulänglichkeit» ($r = -0.30$, $p < .001$, Knaben),
- «Unbeherrschtheit» (ein Teilaspekt von «Feindseligkeit») korreliert positiv mit «Prüfungsangst» ($r = 0.23$, $p < .01$, Knaben).

In der Folge soll nun ein Modell skizziert werden, welches

- die soeben angesprochenen kognitiven Prozesse im Gegensatz zum Marburger-Modell tatsächlich thematisiert,
- entsprechende Hypothesen wie etwa die hier vorgebrachte Annahme der Anwendung eines «impliziten Legitimationskonzeptes» präzisierbar und überprüfbar macht,
- verhaltensdiagnostisch relevante Überlegungen berücksichtigt (KANFER & SASLOW 1976) und sich so in das Grundanliegen einer funktionalen Verhaltensanalyse integrieren läßt und

– die Ableitung und Begründung adäquater Datenerhebungsverfahren erlaubt.

3. Skizze eines kognitiven Modelles der Wahrnehmung und Wirkung von Erzieherverhalten

Der Versuch, Annahmen über kognitive Prozesse in ein Wirkmodell zum Erzieherverhalten zu integrieren, ergibt sich hier zunächst aus notwendig gewordenen Zusatzüberlegungen bei der Interpretation von Befunden aus Arbeiten, welche sich auf das Marburger-Modell stützten. Unabhängig davon führt eine konsequente Operationalisierung einzelner Elemente der Verhaltensgleichung von KANFER (SCHULTE 1976, 67) mindestens zur Berücksichtigung des Konzeptes der Erwartung sowohl normativer wie auch antizipatorischer Art (SADER 1969; ROSEMANN 1978). Diese Sicht liegt implizit hinter bestimmten Fragen, welche KANFER und SASLOW (1976, 47) zur Analyse der sozialen Beziehungen eines Klienten formulieren. Der Prozeß der Produktion von Antizipationen – und dieser muß offensichtlich bei Fragen nach dem erwarteten Fremdverhalten, welches als Konsequenz eigenen Verhaltens interpretiert werden kann, vorausgesetzt werden – ist somit für den Verhaltenstheoretiker generell von Interesse (vgl. dazu auch das Konzept der «kognitiven Kontingenzen» von MAHONEY 1977, 183 f.).

Nun konzentrieren sich neuere Ansätze der Psychologie der Textrepräsentation und des Textverstehens (MINSKY 1975; RUMELHART 1975; SCHANK & ABELSON 1977; THORNDYKE 1977) allesamt auf den Prozeß, welcher bei gegebener Ausgangslage deklariert etwa durch einen Titel – spezifische Antizipationen betreffend den Verlauf des Geschehens und das Verhalten der Handlungsträger entstehen läßt. Je nach Autor und konkreter Ausrichtung der Modelle wird dabei von Rahmen («frames»), Schemata oder Scripts als erwartungsgenerierenden Strukturen gesprochen.

Genau diese Grundsituation ist nun auch in unserem Falle gegeben: bei Befragungen zu Erzieherreaktionen wird beim Kind – so die Annahme – ein *antizipatorisches Schema* (WALLER 1971) ausgelöst, welches die Antworten ermöglicht, wenn auch nicht vollständig determiniert, da gleichzeitig andere Schemata, bezogen auf die Befragungssituation, als solche wirksam sein können.

Analog wirkt ein solches antizipatorisches Schema in der konkreten Handlungssituation: hier erlaubt es dem Kind unter Rückgriff auf bereits herausgebildete kognitive Kontingenzen (= Erfahrung) Antizipationen betreffend das Erzieherverhalten und damit betreffend die zu erwartende Valenz einer bestimmten Lösung der Situation (= Konsequenz) zu produzieren und die Ergebnisse in seinem Verhalten zu berücksichtigen.

Es wird also postuliert, daß der Prozeß des Textverstehens dieselbe kognitive Basis habe wie derjenige des Verstehens sozialer Situationen, wobei dieses Verstehen im wesentlichen in der Erzeugung von antizipierten subjektiven Valenzen (= Bedeutungen) besteht. Damit ist übrigens einem der zentralen methodologischen Prinzipien des symbolischen Interaktionismus, der Forderung nämlich des Eingehens auf die Sichtweise der einzelnen Akteure bei der Analyse sozialer Prozesse entsprochen (BLUMER 1973). Der Frage nach der Ausbildung (Entwicklung) der angesprochenen antizipatorischen Schemata soll in der Folge nicht weiter nachgegangen werden. WALLER (1969; 1971; 1973) hat in seinen Arbeiten zur Rollenwahrnehmung und generell zu Verhaltenserwartungen die Richtung der notwendigen Überlegungen aufgezeigt.

Die bis zu dieser Stelle gemachten Überlegungen sollen – ergänzt durch einige weitere notwendige Annahmen – dargestellt und in einigen Punkten kommentiert werden (siehe das Schema auf der folgenden Seite).

Anmerkungen

a) Der Unterscheidung zwischen der objektiven Stimuluskonfiguration und einem kognitiven Auslöser liegt zunächst die Idee zugrunde, daß Schemata aufgrund rein interner Reize ausgelöst werden können (etwa beim Wachträumen). Die Struktur der kognitiven Auslöser kann hier nicht diskutiert werden, jedenfalls findet sich die Überlegung in ähnlicher Form bei NEISSER (1967) im Konzept des «retrieval schema» oder bei SCHANK und ABELSON (1977, 48) im Konzept des «header»: «The conceptualizations which invoke a script are its headers.»
Von Bedeutung für die Konstruktion von Items zu Befragungszwecken sind somit auch Arbeiten, welche sich mit der Wirkung von Erstinformation unterschiedlicher Art auf das Verstehen und Behalten von Texten beschäftigen (SCHWARZ & FLAMMER 1979).

b) Zur angenommenen Funktion der erwähnten Schemata soviel: ein *antizipatorisches Schema* vermag zu einer im Auslöser definierten Grundsituation Möglichkeiten des Verhaltens der Akteure zu generieren und versieht diese möglichen Ausgänge mit subjektiven Wahrscheinlichkeiten. Das Ergebnis dieses Prozesses ist determiniert durch Art und Häufigkeit kognitiver Kontingenzen. Somit wäre ein wesentlicher Aspekt der Analyse der Entwicklung solcher Schemata die Frage nach dem Aufbau dieser Kontingenzen.

Die so geschaffenen möglichen Lösungen der Situation werden mit subjektiven Valenzen versehen. Das Kindverhalten in der angesprochenen Situation dürfte eine Funktion der so attribuierten Valenz und der

Modell der Produktion verhaltensrelevanter Antizipationen über Erzieherverhalten durch das Kind

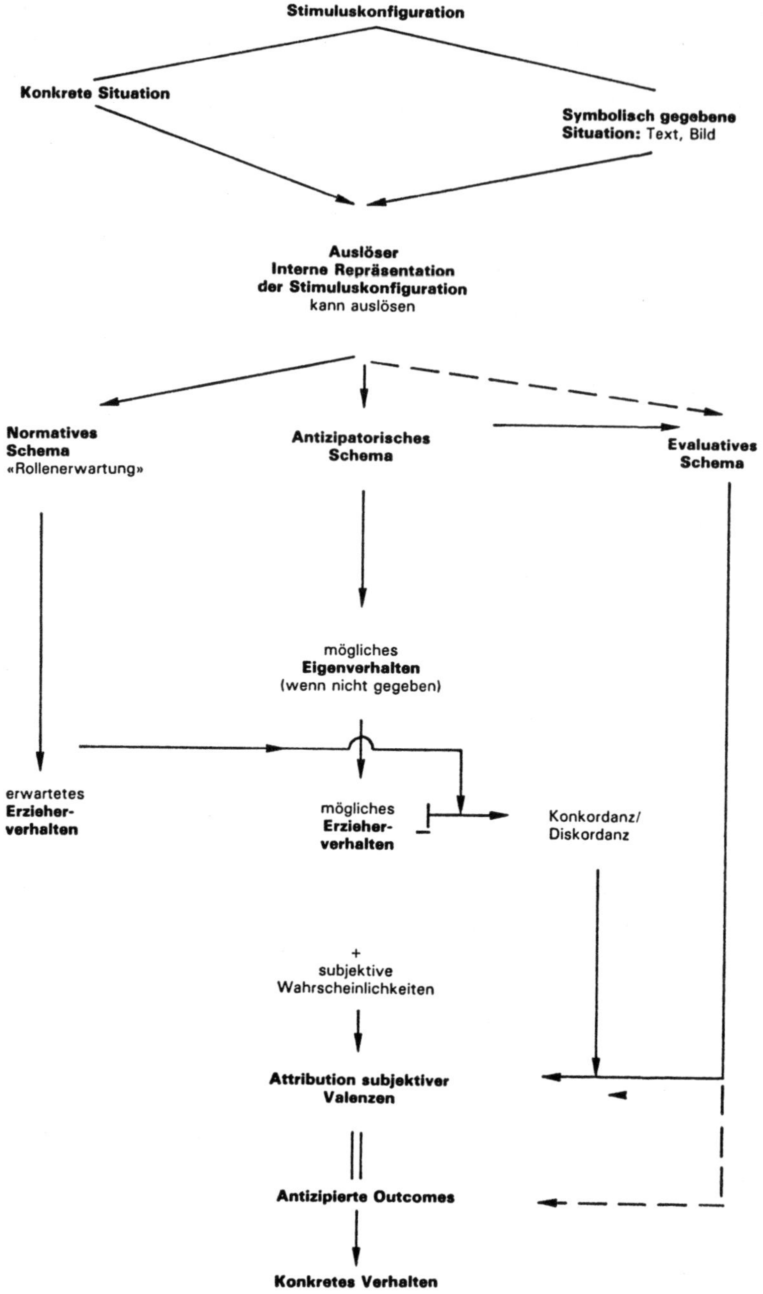

subjektiven Wahrscheinlichkeit sein, letztes kognitives Element in dieser Kette wäre damit die Kategorie der antizipierten «outcomes», an denen letzten Endes der kognitiv orientierte Verhaltenstheoretiker interessiert sein muß. Da es denkbar ist, daß keine konkreten Verhaltenserwartungen generiert werden können, hingegen wohl Erwartungen über «outcomes»», wird ein eigenes *evaluatives Schema* postuliert. Es bliebe zu diskutieren, ob nicht einfach von einer evaluativen Funktion des antizipatorischen Schemas gesprochen werden sollte. Das *normative Schema* kreiert Verhaltensforderungen, welche an Personen in einem bestimmten Handlungskontext gerichtet werden; analog zu den subjektiven Wahrscheinlichkeiten beim möglichen Verhalten wäre hier die subjektiv wahrgenommene Verbindlichkeit der Forderungen von Interesse. Aufgrund der möglichen Ankerwirkung dieser Forderung könnte das Ergebnis eines Vergleiches mit den Antizipationen (Konkordanz/Diskordanz) die Attribution subjektiver Valenzen beeinflussen (vgl. die oben vorgebrachte «Legitimationshypothese»).

Nach diesen generellen Erläuterungen sollen zum Schluß Hinweise zur Operationalisierung in einer Befragungssituation gegeben werden. Natürlich kann an dieser Stelle eine ausführliche Diskussion dieser Problematik nicht stattfinden.

4. Hinweise zur Operationalisierung in einer Befragungssituation

Es sollen vor allem kurz Hinweise auf eine mögliche Itemstruktur und interessierende Indikatoren und weniger Hinweise auf die konkrete Ausgestaltung von Items gegeben werden.

a) Die Deklaration der Ausgangssituation kann sprachlich und/oder graphisch geschehen. Das Kindverhalten kann bereits als zur Situation gehörig vorgegeben werden, muß aber nicht. Eine formale Systematisierung der möglichen Situation kann an dieser Stelle nicht diskutiert werden, bildet aber die Grundlage der Konstruktion von Items. Anhand eines Beispieles soll aber die Grundstruktur eines Items aufgezeigt werden.

b) Beispiel: «Mein Vater erwischt mich beim Rauchen.»

Programmfrage: «Was wird er tun?»
Form: So, daß mehrere Antworten ermöglicht werden, jedoch nicht um jeden Preis gegeben werden müssen.
Funktion: Ermitteln der antizipierten möglichen Verhaltensweisen.

Programmfrage: «Welches ist die subjektive Wahrscheinlichkeit der einzelnen Antizipationen?»
Form: Wohl mit Vorteil eine indirekte Bestimmung – etwa graphisch – oder lediglich mittels einer Rangierung.
Funktion: Ermitteln der subjektiven Wahrscheinlichkeiten; bei mehreren Antizipa-

tionen: ermitteln Struktur der Antizipationen durch Berechnen eines Entropiemaßes (als ein möglicher Deskriptor der Flexibilität des antizipatorischen Schemas).

Programmfrage: «Was sollte ein Vater in dieser Situation eigentlich tun?»
Funktion: Ermitteln der normativen Erwartung aufgrund eines allfälligen «Rollenschemas»; Voraussetzung zur Ermittlung der Konkordanz/Diskordanz zwischen subjektiv wahrgenommener Norm und Antizipation aufgrund kognitiver Kontingenzen.

Programmfrage: «Wie angenehm, resp. unangenehm ist (sind) die produzierte(n) Antizipation(en)?»
Form: Rating, Rangierung oder Vergleich.
Funktion: Ermitteln des Verstärkerwertes der Antizipationen.

Diese vier Programmfragen bilden die Grundstruktur eines Items. Weitere Fragen, etwa zur Operationalisierung der Verbindlichkeit von Verhaltenserwartungen normativer Art (Forderungen) sind denkbar und möglich.

c) Die Suche nach perzipierten Erziehungsstilen wäre im Rahmen des vorgestellten Paradigmas das Ermitteln von Itemclustern pro Kind aufgrund unterschiedlicher «outcome»-Kategorien sowie objektiver Charakteristika der Ausgangssituation. Interindividuelle Differenzen bezüglich Zahl, Umfang usw. dieser Clusters würden beschreibbar, Annahmen über die Auswirkungen unterschiedlicher subjektiver Strukturierungen in diesem Bereich wären überprüfbar.

d) In Termini des vorgeschlagenen Ansatzes sind die Items der Marburger-Skala (HERRMANN et al. 1971) folgendermaßen charakterisierbar:

1. Die Items, welche Kindverhalten und Erzieherreaktion vorgeben (z. B. «wenn ich schmutzig vom Spielen heimkomme, ist meine Mutter böse»), beziehen sich auf eine eventuell vorhandenen kognitive Kontingenz, deren Stärke erfragt wird.

2. Die Items, welche nur die Erzieherreaktion vorgeben (z. B. «zur Strafe gibt sie mir Schläge»), beziehen sich auf eventuell produzierte Antizipationen.

In beiden Fällen ist nicht sicher, ob diese Vorgaben tatsächlich in einem subjektiven Schema vorkommen, wie dringlich (wahrscheinlich) sie sind und in beiden Fällen wird nicht der subjektive Verstärkerwert erfragt.

Abschließend muß noch einmal darauf hingewiesen werden, daß die hier vorgelegten Überlegungen vor allem die *Ausrichtung* einer kognitiv orientierten Theorie der Wahrnehmung und Wirkung von Erzieherverhalten festlegen will. Einzelheiten sind zu diskutieren, Annahmen empirisch abzusichern.

Vor allem soll dieser Aufsatz nicht als Plädoyer gegen die traditionelle, nicht-kognitive Verhaltenstheorie verstanden werden. Hingegen scheint die hier postulierte Ausweitung notwendig, zumal die wissenschaftliche Beschäftigung mit kognitiven Prozessen eine der Voraussetzungen ihrer vermehrten Förderung ist.

Literatur

BLUMER, H. 1973. Der methodologische Standort des symbolischen Interaktionismus. In: Arbeitsgruppe Bielefelder Soziologen (Hg.). Alltagswissen, Interaktion und gesellschaftliche Wirklichkeit. Reinbek bei Hamburg: Rowohlt. S. 80–146.

COHEN, A. K. 1968. Abweichung und Kontrolle. München: Juventa.

FUERNTRATT, E. 1969. Zur Bestimmung der Anzahl interpretierbarer gemeinsamer Faktoren in Faktorenanalysen psychologischer Daten. Diagnostica *15*, 62–75.

GAERTNER-HARNACH, V. 1973. Fragebogen für Schüler FS 5–10. Weinheim: Beltz.

HEROLD, D. M. 1974. Interaction of subordinate and leader characteristics in moderating the consideration-satisfaction relationship. Journal of Applied Psychology *59*, 649–651.

HERRMANN, TH., SCHWITAJEWSKI, E. & AHRENS, H.-J. 1968. Untersuchungen zum elterlichen Erziehungsstil: Strenge und Unterstützung. Archiv für die gesamte Psychologie *120*, 74–105.

HERRMANN, TH., STAPF, A. & KROHNE, H. W. 1971. Die Marburger Skalen zur Erfassung des elterlichen Erziehungsstils. Diagnostica *17*, 118–131.

KANFER, F. H. & SASLOW, G. 1976². Verhaltenstheoretische Diagnostik. In: SCHULTE, D. (Hg.) Diagnostik in der Verhaltenstherapie. München: Urban & Schwarzenberg.

LOHRI, P. 1974. Aspekte des Unterrichtstils von Lehrern im Erleben der Schülerinnen und Schüler. Unveröffentl. Diplomarbeit. Freiburg/CH: Psychologisches Institut.

LUKESCH, H. 1977. Das Marburger Zweikomponenten-Konzept des elterlichen Erziehungsstils. Vier kritische Anmerkungen. Zeitschrift für Entwicklungspsychologie und Pädagogische Psychologie *9*, 192–197.

MAHONEY, M. J. 1977. Kognitive Verhaltenstherapie. München: Juventa.

MOOS-JORDANS, A. 1976. Über den Zusammenhang von perzipiertem Lehrerverhalten und Schulangst. Unveröffentl. Lizentiatsarbeit. Freiburg/CH: Psychologisches Institut.

MINSKY, M. 1975. A framework for representing knowledge. In: WINSTON, P. (Hg.) The psychology of computer vision. New York: McGraw Hill.

NEISSER, U. 1967. Cognitive Psychology. New York: Appelton-Century-Crofts.

ROSEMANN, B. 1978. Bedingungsvariablen der Lehrer-Schüler-Beziehung. Psychologie in Erziehung und Unterricht *25*, 39–49.

RUMELHART, D. E. 1975. Notes on schema for stories. In: BOBROW, D. G. & COLLINS, A. (Hg.) Representation and understanding. New York: Academic Press. S. 211–236.

RYANS, D. G. 1960. Characteristics of teachers. Washington DC: Americ. Council of Education.

SADER, M. 1969. Rollentheorie. In: GRAUMANN, C. F. (Hg.). Handbuch der Psychologie, Bd. 7/1. Göttingen: Hogrefe.

SCHANK, R. C. & ABELSON, R. P. 1977. Scripts, plans, goals and understanding. New York: Wiley.

SCHULTE, D. 1976². Der diagnostisch-therapeutische Prozeß in der Verhaltenstherapie. In: D. SCHULTE (Hg.) Diagnostik in der Verhaltenstherapie. München: Urban & Schwarzenberg. S. 60–73.

SCHWARZ, M. N & FLAMMER, A. 1979. Erstinformation einer Geschichte: Ihr Behalten und ihre Wirkung auf das Behalten der nachfolgenden Information. Forschungsbericht Nr. 14. Freiburg: Psychologisches Institut.

SEIFERT, K. H. 1975. Schülererwartungen und Lehrerverhalten. In: ECKENSBERGER, L. (Hg.) Bericht über den 28. Kongreß der DGfPs., Bd. 3. Göttingen: Hogrefe. S. 202–211.

SMITH, B. O. 1960. A concept of teaching. Teachers College Record *61,* 229–241.

STAPF, K. H., HERRMANN, TH., STAPF, A. & STAECKER, K. 1972. Psychologie des elterlichen Erziehungsstils. Stuttgart: Huber/Klett.

THORNDYKE, P. W. 1977. Cognitive structures in comprehension and memory of narritive discourse. Cognitive Psychology *9,* 77–110.

UEBERLA, K. 1968. Faktorenanalyse. Berlin: Springer.

WALLER, M. 1969. Die Diskrimination der Rollen «älteres» vs. «jüngeres» Kind durch Vorschulkinder. Zeitschrift für Entwicklungspsychologie und Pädagogische Psychologie *1,* 249–260.

WALLER, M. 1971. Die Genese der Rollenwahrnehmung: ihre Beziehung zur kognitiven Entwicklung und zu sozial-strukturellen Variablen. Zeitschrift für Sozialpsychologie *2,* 343–357.

WALLER, M. 1973. Die Stereotypität vs. Personenorientiertheit der Verhaltenserwartungen von Kindern in Abhängigkeit von deren Alter und der untersuchten Verhaltensdimension. Zeitschrift für Entwicklungspsychologie und Pädagogische Psychologie *1,* 1–15.

III. Bedingungen elterlichen Erziehungsverhaltens

Unter Bedingungen elterlichen Erziehungsverhaltens sollen hier verschiedene Umsetzungen des globalen Konzeptes «Erziehungsstil» verstanden werden, d. h. es handelt sich um Arbeiten, in denen eine Ausdifferenzierung und Klärung dieses Konstruktes versucht wird, wobei alle drei Beiträge auf der Ebene elterlicher Kognitionen anzusiedeln sind.

BAUMGÄRTEL setzt sich in einem empirischen Versuch mit der Frage auseinander, inwiefern typische Motive oder Motivkonfigurationen in den Aussagen von Müttern zu projektivem Stimulusmaterial über Erziehungssituationen gefunden werden können. Es zeigt sich hier eine Tendenz zu einer Verquickung von inhaltlich bestimmbaren Situationen und den Motivkonfigurationen bei Müttern. GENSER, BRÖSSKAMP und GROTH untersuchen in ihrem Beitrag explizit für wirksam gehaltene Erziehungsmittel zur Erreichung von Zielen bei Eltern. Diese sogenannten instrumentellen Überzeugungen enthalten Aussagen über bestimmte Mittel, welche in einer gegebenen Situation eingesetzt werden können, um erwünschtes Kindverhalten herbeizuführen. Die explorativ zu nennende Studie setzt sich damit ausdrücklich mit der Alltagstheorie von Erziehern auseinander und liefert deshalb einen wertvollen Beitrag zum Verständnis der Handlungen von Erziehern. Auch hier konnte eine beträchtliche situationale Bestimmtheit des Erzieherverhaltens nachgewiesen werden, denn die genannten Erziehungsmittel werden nicht konsistent über die einzelnen Situationen hinweg eingesetzt. Unterschiedliche Situationen scheinen demnach einen spezifischen Aufforderungscharakter für den Erzieher zu besitzen, durch den andere erzieherische Verhaltensweisen gefordert werden. Auch der Beitrag von SCHUCH ist in dem Bereich der Alltagstheorie über Erziehung anzusiedeln. Es wird dabei untersucht, inwieweit Erwachsene glauben, auf erwünschte bzw. unerwünschte Verhaltensweisen von Kindern Einfluß zu besitzen.

Diese Beiträge können richtungsweisend für die Untersuchung familiärer Sozialisationsprozesse sein, da hier von den Vorstellungen von Erziehern ausgegangen wird und da zugleich ein zumindest loser Zusammenhang zu übergreifenden psychologischen Theorien besteht, in deren Tradition diese Arbeiten einzuordnen sind.

7. Frank Baumgärtel

Zur Struktur der Motivation von Müttern in Erziehungssituationen

Zusammenfassung: Ausgehend vom Situationismuskonzept sind Erziehungssituationen hinsichtlich des von der Mutter verwirklichten Erziehungsverhaltens gruppiert worden. In der vorliegenden Arbeit wird versucht, am gleichen Reizmaterial typische Motive oder Motivkonstellationen in Abhängigkeit von der vorgestellten Erziehungssituation zu finden. 56 Mütter zwischen 25 und 48 Jahren wurden mit dem HABIT untersucht. Eine hierarchische Clusteranalyse lieferte acht Cluster, die sich quantitativ und qualitativ trennen lassen.

1. Fragestellung

Ausgehend vom Situationismuskonzept sind von Baumgärtel (1975, 1979a) Erziehungssituationen zwischen einer Mutter und ein bis drei Kindern hinsichtlich des von der Mutter verwirklichten Erziehungsverhaltensstils untersucht und gruppiert worden. Weil der gesamte Erziehungsverhaltensprozeß nicht nur aus Verhaltensweisen besteht, sondern auf seiten der Mütter mindestens noch die Erziehungsziele und im engeren Sinne die Motivation für das gezeigte Verhalten eine Rolle spielt, soll in der vorliegenden Arbeit, die auf einer empirischen Untersuchung von Schnöring (1977) basiert, anhand des gleichen Reizmaterials (HABIT) versucht werden, typische Motive und Motivkonfigurationen in Abhängigkeit von der vorgestellten Erziehungssituation zu finden.

2. Material

Der von Baumgärtel (1975) näher beschriebene HABIT enthält 48 Erziehungssituationen, in denen ein Kind etwas sagt, auf das die Mutter in erzieherischer Absicht antworten soll. Diese Situationen sind danach ausgesucht worden, daß sie einerseits im weitesten Sinne etwas mit Leistung zu tun haben (aus den Bereichen Schule, Hobby, Sozialkontakt und Freizeit sowie «soziale Selbstverständlichkeit») und andererseits solche Situationen beinhalten, die die verschiedensten Arten aggressiven Verhaltens darstellen. Für die von Schnöring (1977) geplante Untersuchung wurde der HABIT nur dahingehend verändert, daß in der direkten erzieherischen Antwort noch Platz für eine Begründung ihres Verhaltens gelassen wurde. In den Antwortkästchen der Mutter standen: «Ich würde ... (Platz für die Reaktion der Mutter), ... (Platz für die Begründung für die Handlung).» Die auf diese Weise gegebenen Begründungen hat SCHNÖRING nun versucht, in Kategorien zu fassen. Als Ergebnis ihrer Arbeit fand sie acht Motive, die wir unter Punkt 5 ausführlicher erläutern.

3. Stichprobe

Es wurden insgesamt 56 Mütter in vier Gruppen untersucht. Ihr Alter lag zwischen 25 und 48 Jahren. Sie hatten mindestens ein Kind im schulpflichtigen Alter zwischen 6 und 14 Jahren. Drei Viertel dieser Mütter konnten der Mittelschicht zugerechnet werden, ein Viertel der Unterschicht. Da die Untersuchung ein erster Schritt sein sollte, um das Reizmaterial über das Erziehungsverhalten hinaus in den weiteren Kontext der Erziehung einzuordnen, haben wir weniger Wert darauf gelegt, hinsichtlich der Schichtvariablen repräsentativ oder gleich stark auszuwählen.

4. Methode

Zur Beantwortung der Fragestellung, ob es typische Verknüpfungen bei einzelnen erzieherischen Äußerungen gibt, und zur Klärung, ob diese Einzelmotive oder die möglichen Motivkonstellationen in besonderer Weise mit den vorgegebenen Situationen gekoppelt sind, haben wir den Motivteil, der jeweils 48 Antworten einer Mutter in die von SCHNÖRING entwickelten acht Kategorien eingeordnet. Für die vorliegende Untersuchung unberücksichtigt bleibt das angegebene Erziehungsverhalten. Da uns die Variationsquelle «individuelle Mutter» nicht so sehr interessiert, wurde für jede einzelne Reizsituation die Zahl der jeweiligen Motive für alle Mütter summiert. Wir nehmen an, daß die so errechneten Häufigkeiten in einer Beziehung zur Stärke der Motive in den jeweiligen Reizsituationen stehen, so daß wir sie für die Gesamtstichprobe als quantitatives Maß der Kopplung zwischen Motiv und Reizsituation verwenden können. Da die vorliegende Untersuchung einen Vorläufigkeitscharakter hat, schien uns eine erste Deskription der Ergebnisse mit Hilfe einer Clusteranalyse methodisch ausreichend zu sein. Wir verwendeten die Methode der hierarchischen Klassifikation nach VELDMAN, wie sie in ROLLET et al. (1976) beschrieben wurde.

5. Ergebnisse

SCHNÖRING (1977, S. 28 f.) hat die folgenden acht Kategorien zur Klassifikation der Motive beschrieben (Wir haben sie hier anders geordnet, um den Bezug der Motive deutlicher zu charakterisieren.

a) *Rollenbewußt – mutterbezogen:* Die Mutter geht von ihrer Rolle aus und ist auf ein pädagogisch effektives Verhalten bedacht. Als mögliche Begründung für ihre Handlungen gibt sie an: Weil das Kind die Folgen nicht übersieht, weil ich ihm erst die Situation erklären muß.

b) *Situativ – mutterbezogen:* Die Mutter geht hier von ihren eigenen situativen Bedürfnissen aus, sie ist vorwiegend an ihrer subjektiven Bewertung der Situation orientiert und strebt nach Lösungen gemäß ihrer persönlichen Überzeugung, ohne die Bedürfnisse des Kindes mit einzubeziehen. Beispielsweise gibt sie an: Weil ich das so will; weil das Kind mich in Ruhe lassen soll.

c) *Emotional – mutterbezogen:* Die Mutter geht hier von ihren eigenen Gefühlen aus, ist auf diese selbst konzentriert und sieht sich selbst sehr stark vom dargestellten Konflikt betroffen. Sie gibt etwa an: Weil mich das wütend macht; weil ich früher selbst Angst hatte.

d) *Situativ – kindbezogen:* Hierbei geht die Mutter von der Situation des Kindes aus, sie akzeptiert seine Wünsche und orientiert sich an den Erwartungen des Kindes, etwa wenn sie angibt: Weil es das erzählen möchte, weil es Freunde braucht.

e) *Emotional – kindbezogen:* Die Mutter geht hier ausdrücklich auf die Emotion des Kindes ein, akzeptiert dessen Gefühle und ist auf das Kind konzentriert. Sie gibt als Begründung für ihre Handlung etwa an: Weil das Kind Angst hat, weil es stolz darauf ist.

f) *Regelbezogen:* Die Mutter geht hier von Prinzipien und auch Verpflichtungen aus, sie bezieht sich generalisierend auf externe Normen und Grundsätze und bezieht das Kind nicht mit ein. So sagt sie etwa: Weil man das nicht darf, weil jeder bei uns Pflichten zu erfüllen hat.

g) *Erziehungszielbezogen:* Die Mutter geht von den eigenen Zielvorstellungen hinsichtlich bestimmter wünschenswerter Verhaltensweisen aus und ist orientiert am möglichen Lernprozeß. So gibt sie z. B. an: Weil das Kind später auch Pflichten erfüllen muß, weil es solche Erfahrungen braucht.

h) *Situativ – problembezogen:* Die Mutter geht von der unmittelbaren Situation aus, es dominiert bei ihr das sachliche Problem, häufig fühlt sie sich persönlich nicht zuständig oder betroffen. Als mögliche Motive gibt sie an: Weil das passieren kann und nicht so wichtig ist, weil die Kinder allein damit klarkommen.

In welcher Weise sind nun die angegebenen Motive auf die Kategorien verteilt? Wir haben zunächst die 2688 Motive noch einmal zu Gruppen zusammengefaßt, um den Bezug deutlicher zu machen. In der folgenden Tabelle 1 finden wir die prozentuale Verteilung dieser Motive.

Tabelle 1: Relative Häufigkeit der Motive
(geordnet nach dem Bezug)

Motiv (bezogen auf):	%
Mutter	54.4
Kind	16.2
Problem	16.0
Regeln	7.3
Erziehungsziele	6.1

Die Mütter unserer Stichprobe gehen also zu mehr als der Hälfte in ihren Antworten zunächst von ihrer eigenen Person aus. Erst mit großem Abstand (jeweils 16 %) folgt die Orientierung am Kind und am dargestellten Problem. Inwiefern dies auf die besondere Provokation der Erzieherrolle durch den Test zurückzuführen ist, oder ob es sich hier um eine generelle Haltung handelt, läßt sich nicht entscheiden, da vergleichbare Untersuchungen noch nicht vorliegen.

Wir kommen nun zu den Ergebnissen der Clusteranalyse.

In Abbildung 1 sehen wir die Fehlerwerte für die einzelnen Cluster aufgetragen. Für unsere Entscheidung ziehen wir neben der absoluten

Tabelle 2: Relative Häufigkeit der Motive in den Clustern
(gemittelt über die jeweiligen Bilder)

Cluster	rollenbewußt mutterbezogen	situativ mutterbezogen	emotional mutterbezogen	situativ kindbezogen	emotional kindbezogen	regelbezogen	erziehungsziel-bezogen	situativ problembezogen	Zahl der Situat. im Cluster
1	45.5	13.8	7.6	2.4	4.5	11.9	5.5	8.8	11
2	25.1	26.2	4.0	9.2	16.0	17.3	3.6	13.0	8
3	17.6	14.0	5.4	3.2	0.4	9.0	23.4	17.9	5
4	34.2	14.2	4.6	31.5	2.8	2.5	2.8	7.5	8
5	13.0	16.3	11.3	24.5	29.9	0.5	1.8	2.3	3
6	13.7	44.2	6.3	8.4	0.9	2.1	3.6	20.9	6
7	21.5	13.8	5.0	12.9	4.1	2.7	5.4	34.6	6
8	10.7	14.4	1.8	0.0	0.0	0.0	0.0	73.2	1
Rang-platz	1	2	7	4	8	5	6	3	
%	28.6	19.8	5.9	11.9	4.3	7.3	6.1	16.1	

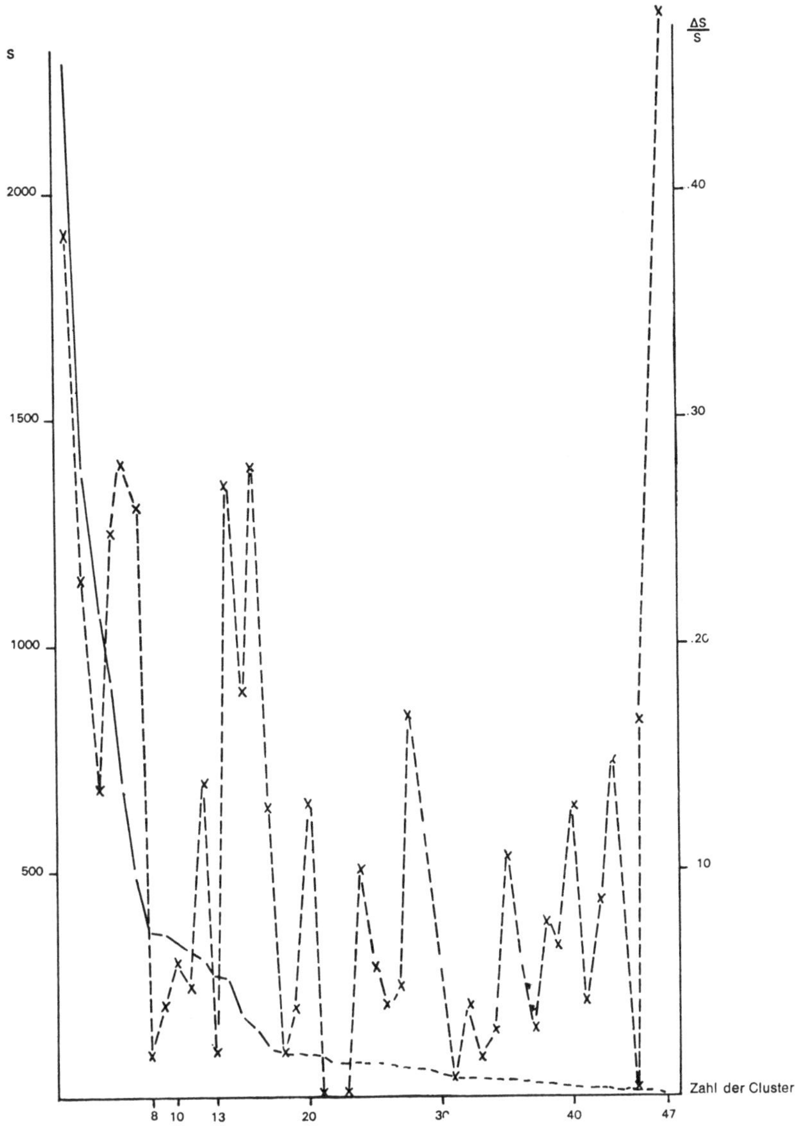

Abbildung 1: Fehlerwertkurven der Clusteranalyse

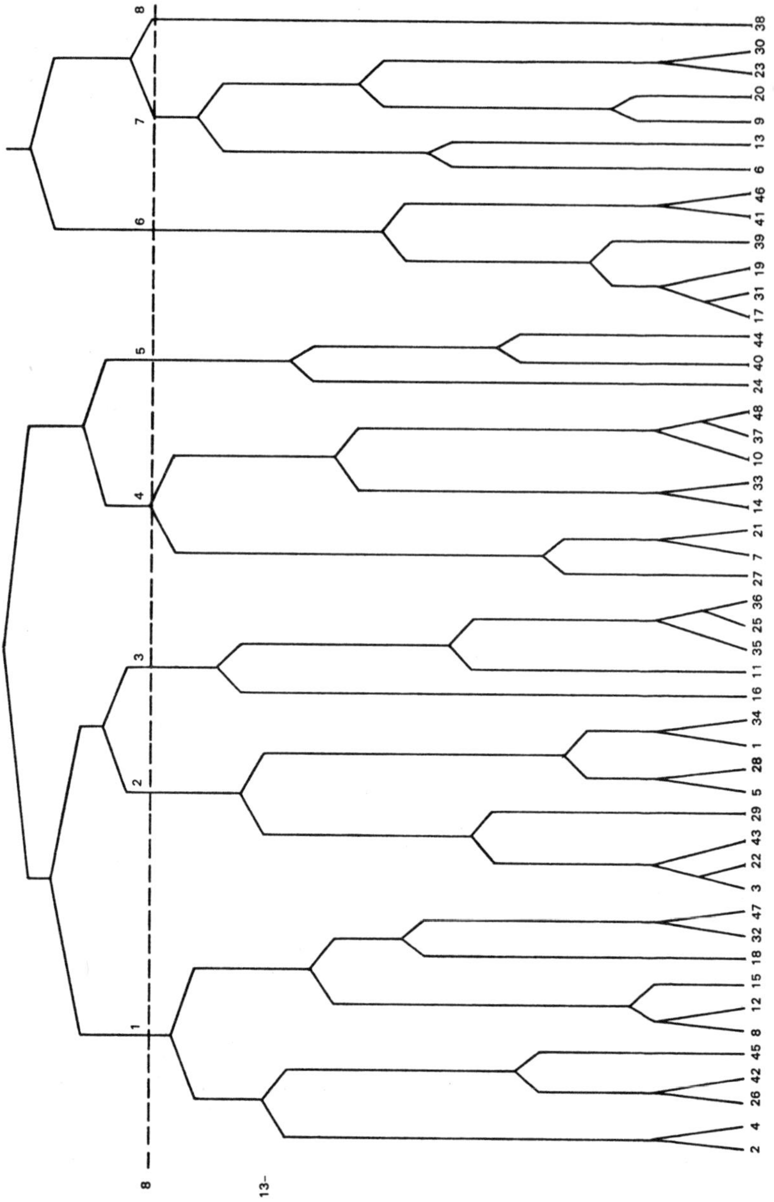

Abbildung 2: Dendogramm der HABIT-Situationen
(Erziehungsmotive, Mütter)

Größe des Fehlerwertes (S) auch den «Schwellenwert» der Fehlerkurve $\frac{\Delta s}{s}$ heran, den wir an anderer Stelle (Baumgärtel 1980a) erläutert haben. Aus Abbildung 1 können wir sehen, daß als mögliche Zahl zu berücksichtigender Cluster 13 resp. 8 bleiben. Aus der nachfolgenden Abbildung 2 sehen wir, daß bei der Berücksichtigung von 13 Clustern die Zahl der Situationen in den einzelnen Cluster teilweise recht niedrig ist, so daß wir uns hier auf die Zahl von 8 Clustern festlegen.

Zur besseren Interpretation der 8 Cluster haben wir in Tabelle 2 die relative Häufigkeit der Motive für die einzelnen Cluster dargestellt. In der letzten Zeile sehen wir außerdem noch einmal die relative Häufigkeit der Einzelmotive über alle 48 Bilder.

Die Kategorie «rollenbewußt–mutterbezogen» dominiert in fast allen Clustern.

Für das *Cluster 1* ist dieses Motiv das bestimmende. Zu diesem Cluster gehören Situationen, in denen erzieherische Normen nach außen behauptet werden müssen. Situationen, in denen ein Kind anderen auf den Kopf spuckt, in dem es Blumen anderer Leute zerstört, in dem es einem fremden Auto eine Beule beibringt.

Das *Cluster 2* wird ebenfalls wieder durch die mutterbezogenen Kategorien gekennzeichnet, hinzu kommen Motivationen mit dem Bezug auf das Kind und auf externe Regeln. Wir finden hier Situationen, in denen die Eltern Normen setzen müssen und diese dem Kind verständlich zu machen versuchen: Z. B. warum das Kind ordentlich schreiben muß, warum es einen Mülleimer wegbringen muß oder warum es beim Essen eine besondere Haltung einnehmen soll.

Das *Cluster 3* zeichnet sich durch eine besondere Dominanz der Erziehungsziele vor allen anderen Clustern aus. Wir finden hier insbesondere Situationen zusammengefaßt, in denen Kinder untereinander aggressiv sind, z. B. sich von der Schaukel schubsen oder Spielzeug kaputt machen.

Im *4. Cluster* dominiert das Rollenbewußtsein der Mutter. Gleichzeitig fühlen sich die Mütter hier durch die besondere Situation des Kindes motiviert. Es sind in diesem Cluster nur Leistungssituationen zusammengefaßt, die für das Kind wichtig sind und in denen die Hilfe der Mutter erforderlich wird. Z. B. hat das Kind eine 5 in der Schule geschrieben und glaubt, daß es nie eine bessere Zensur schaffe, oder die Mutter soll bei Hausaufgaben helfen, das Kind hat keine Lust zum Schularbeiten machen.

Für das *Cluster 5* sind die kindbezogenen Motivationen am wichtigsten. Die Situationen beziehen sich auf die Gefühle des Kindes, die pädagogisch zu beeinflussen sind: z. B. hat das Kind allein Angst im Bett, das Kind hat Dunkelangst.

Cluster 6 fällt auf durch das Vorherrschen der situativen Komponente; die Mütter sehen gleichzeitig den Bezug zu sich selbst und zu dem dargestellten Problem. Wir finden hier Situationen, in denen die Mutter Verhaltensnormen setzt, die aber in ihrer Allgemeingültigkeit nicht so bindend sind, wie die, die wir im Cluster 2 kennengelernt haben. Das Kind will sich Schokolade selbst nehmen oder das Kind lädt Freunde zu sich nach Hause ein.

Im *Cluster 7* sehen die Mütter das vorgestellte Problem wie auch ihre eigene Rolle wieder im Vordergrund. Das Cluster wird gebildet von Situationen aus der Lebenswelt des Kindes, wo die Entscheidungen der Mutter von untergeordneter Bedeutung sind: Das Kind berichtet, daß es sich bei seinen Kameraden nicht durchsetzen kann, oder das Kind petzt.

Das *8. Cluster* wird von einer einzigen Situation gebildet. Es ist hier der Fall von untergeordneter Bedeutung, da die Reaktionen der Mütter auf diese Situation kaum Varianz aufweisen.

Daß die Clusterung der HABIT-Situationen von einiger Effizienz gewesen ist, weist eine statistische Überprüfung der der Tabelle 2 zugrundeliegenden absoluten Häufigkeiten für die Cluster aus: Das Gesamt-Chi-Quadrat hat den Wert von 1679.76 bei 49 Freiheitsgraden. Auch in Relativierung der hohen Meßwertzahl ($N = 2688$) ergibt sich, daß das hoch signifikante Chi-Quadrat (es entspricht einem z-Wert von 32.33) von hoher Aussagekraft ist. Wir haben die Power mit Hilfe des Kontingenzkoeffizienten geprüft. Er beträgt hier (ohne Aufwertung) .62, was einer Determination von 39 % entspricht. In Relation zu anderen, in der Literatur zum Chi-Quadrat bekannt gewordenen Power-Werten (Baumgärtel 1980b) erweist sich, daß unsere Ergebnisse statistisch bedeutsame Aussagen erlauben. Wenn auch vielleicht inhaltlich die vorgestellten Cluster (besonders im Hinblick auf die Begrenzung der Stichprobe) noch keine endgültigen Aussagen erlauben, so lassen sich doch wohl für die weitere Erforschung des Themas Fragestellungen ableiten und auch für die unmittelbare Anwendung des Verfahrens (HABIT) und seiner Interpretation in der Praxis der Erziehungsberater Schlüsse ziehen. Interessant wäre für die weitere Forschung eine Verknüpfung dieser Motive mit dem gezeigten Erziehungsverhalten der Mütter in den Reizsituationen. Dies läßt sich jedoch anhand dieser kleinen Stichprobe kaum durchführen.

Literatur

Baumgärtel, F. 1975. Das Erziehungsverhalten von Müttern im Spiegel eines projektiven Verfahrens. Hamburg: Unveröff. Phil. Diss.

Baumgärtel, F. 1980a. Zur Struktur des Erziehungsverhaltens von Müttern in Abhängigkeit vom situativen Kontext. In: Lukesch, H., Perrez, M. & Schneewind, K. A. (Hg.) Sozialisation und Intervention in der Familie. Bern: Huber.

Baumgärtel, F. 1980b. Die verbale Kommunikation in der Kinderpsychotherapie – ein empirischer Beitrag zur Intra- und Interindividuellen Variation. In: Eckensberger, L. H. (Hg.) Bericht über den 31. Kongreß der DGfPs. Göttingen: Hogrefe.
Rollett, B. & Bartram, M. (Hg.) 1976. Einführung in die hierarchische Clusteranalyse. Stuttgart: Klett.
Schnöring, M. 1977. Motivation für mütterliches Erziehungsverhalten in bestimmten Situationen. Hamburg: Unveröff. Dipl. Arb.

8. Burkhard Genser, Cornelia Brösskamp und Hans-Peter Groth

Instrumentelle Überzeugungen von Eltern in hypothetischen Erziehungssituationen

Zusammenfassung: Beschreibungen von 16 Konfliktsituationen zwischen einer Elternperson und einem etwa achtjährigen Kind wurden Müttern und Vätern aus 36 Familien vorgelegt. Die Pbn antworteten darauf, wie sie sich in diesen oder vergleichbaren Situationen verhalten würden. Ausgewertet wurde, welche Erziehungsmittel zur Erreichung der von ihnen festgelegten Ziele die Pbn für angemessen halten. Die Situationen stammen aus vier Bereichen: Leistung Schule, Gleichaltrige, Interaktion mit Erwachsenen und Interaktion mit Erwachsenen in der Öffentlichkeit. Die Pbn nennen für die vier Bereiche deutlich unterschiedliche Erziehungsmittel, wobei es praktisch keine Konsistenz über die Bereiche gibt. Dieses Ergebnis stützt nicht die Konzeption eines einheitlichen Erziehungsstils. Zusammenhänge der Erziehungsmittel mit Merkmalen des Familienlebens, der sozialen Schicht u. ä. treten nur vereinzelt und ohne systematischen Trend auf.

1. Problemstellung

Unter instrumentellen Überzeugungen verstehen wir die Vorstellungen von Eltern, durch welche elterlichen Handlungen (= Erziehungsmittel) bestimmte Verhaltensweisen beim Kind (= Erziehungsziele) erreicht werden können. Vätern und Müttern werden in Interviews hypothetische Erziehungssituationen vorgelegt, in denen ein Konflikt zwischen den Zielen/Erwartungen einer Elternperson und dem Verhalten eines etwa achtjährigen Kindes beschrieben wird. Ein Beispiel aus der Version für Väter:

In den letzten Wochen hat das Kind zunehmend beim Hausaufgabenmachen gebummelt oder hat sie nicht zu Ende gemacht. Der Vater stellt wieder fest, daß die Aufgaben unvollständig sind. Der Vater verlangt, daß das Kind täglich seine Aufgaben gewissenhaft zuende macht.

Was sollte der Vater Ihrer Meinung nach tun?
Was können Sie ihm raten?
(In der Version für Mütter entsprechend: Die Mutter ...)

Die befragten Eltern sollen der fiktiven Elternperson vorschlagen, wie diese sich zur Erreichung ihres Ziels (im Beispiel «gewissenhaft die Hausaufgaben erledigen») verhalten solle.

1. Instrumentelle Überzeugungen bezeichnen «elterliche Urteile über den funktionalen Zusammenhang von Erziehungszielen und Erziehungspraktiken» (ENGFER u. a. 1973); sie sind Ziel-Mittel-Verknüpfungen (GENSER 1978). Wir geben nun Eltern eine Situation und ein Ziel vor und fragen sie nach geeigneten elterlichen Verhaltensweisen; die von den Eltern genannten Verhaltensweisen betrachten wir als Erziehungsmittel, die die instrumentellen Überzeugungen ausdrücken. Da wir konkrete Situationsbeschreibungen vorgeben, erwarten wir auch konkret und detailliert formulierte instrumentelle Überzeugungen.

Die instrumentellen Überzeugungen stellen einen Teilbereich des Erziehungswissens dar. Das Erziehungswissen wird aufgebaut und verändert sowohl durch verbale Informationen und Beobachtungen als auch durch Erfahrungen im Umgang mit Kindern. Wir gehen davon aus, daß das tatsächliche Verhalten der Eltern ihr Erziehungswissen beeinflußt als auch daß das Wissen ihre Handlungen beeinflußt. Das Erziehungswissen und insbesondere die instrumentellen Überzeugungen haben handlungssteuernde Funktion (GENSER 1978).

2. Erzieherisches Verhalten von Eltern und Lehrern ist abhängig von der jeweiligen Situation. Dies ergab sich bei der Beobachtung der Eltern-Kind-Interaktion in außerhäuslichen Situationen (LANGER u. a. 1973). Es zeigte sich bei der Verwendung von hypothetischen Erziehungssituationen in den Antworten von Eltern (HOFF et al. 1973; GECAS & NYE 1974), von männlichen Befragten (MAGMER & IPFLING 1973) und von Lehrern (HECKHAUSEN 1966). Auch die Entscheidungsfreiheit, die Jugendlichen in einer Befragung von Erwachsenen zugestanden wurde, war von den einzelnen Situationen abhängig (HAASE 1973). Die Konzeption eines einheitlichen, in allen Situationen gleichsinnig wirksamen «Erziehungsstils», der nur von der Person des Erziehenden abhängt, halten wir für unzutreffend (HECKHAUSEN 1966).

Wir verwenden Erziehungs-/Konfliktsituationen aus vier Bereichen; wir erwarten, daß die befragten Eltern in den Bereichen unterschiedliche instrumentelle Überzeugungen und Erziehungsmittel angeben. Die Situationsbereiche sind:

- Leistung Schule (LS): Das Kind erledigt die Hausaufgaben flüchtig bzw. unvollständig; es weigert sich, zu Hause zusätzlich zu üben, um schlechte Leistungen aufzuholen.
- Sozialbereich Gleichaltrige (SG): Das Kind hat Konflikte mit anderen Kindern; die Elternperson ist mit Spielpartnern des Kindes nicht einverstanden.
- Sozialbereich Erwachsene (SE): Elternperson und Kind wollen verschiedene Fernsehprogramme sehen; das Kind stört die Unterhaltung der Eltern beim Essen.
- Sozialbereich Erwachsene in der Öffentlichkeit (SEÖ): Das Kind ist unhöflich zu Verwandten; Konflikte bei Entscheidungen vor bzw. während eines Ausflugs.

Dieses Situationsbereiche entsprechen Bereichen, in denen von Eltern häufig Konflikte in der Familie genannt werden (GRÜNEISEN & HOFF 1977, 175 ff.).

3. Situation wird von FRIEDRICHS (1974, 47) als «raumzeitliche Einheit des Handelns» definiert. Antworten auf hypothetische Situationen können als verhaltensnäher angesehen werden als Antworten auf Fragebogenitems. FRIEDRICHS weist auf das Problem hin, daß hypothetische Situationen «unterdeterminiert» (50 f.) sein können: Wenn zuwenig Informationen gegeben werden, so wird der daraus entstehende Interpretationsspielraum von den Befragten unterschiedlich ausgefüllt, so daß die Antworten nicht vollständig vergleichbar sind. Unsere Situationsbeschreibungen enthalten daher konkrete Informationen über die Situation, die beteiligten Personen, die vorangegangenen Ereignisse sowie das Ziel der Elternperson.

Mit der Nennung des Ziels (z. B. «Kind soll seine Hausaufgaben machen») ist allerdings noch offen, wie dieses dem Kind gegenüber durchgesetzt werden soll, also ob die Elternperson unbedingten Gehorsam fordert oder ob sie dem Kind bei der Erfüllung ihrer Forderung einen Entscheidungsspielraum zugesteht. In Anlehnung an RAHM (1974) nennen wir das mit unbedingter Gehorsamsforderung verbundene Ziel restriktiv; bei nicht-restriktivem Ziel anerkennt die Elternperson das entgegengesetzte Interesse des Kindes. In jedem der vier Bereiche haben zwei Situationen eine restriktive und zwei eine nicht-restriktive Zielvorgabe.

Die befragten Eltern sind nun häufig nicht auf die Zielvorgabe eingegangen; sie äußern vielmehr für die jeweilige Situation ein eigenes Ziel und, wie sie sich verhalten würden bzw. verhalten haben, um dieses Ziel zu erreichen. Ein Vater z. B. begann seine Antwort auf eine Situation mit restriktiver Zielvorgabe: «Ja als erstes mal seine eigene Meinung revidieren, denn das kann ein Vater nicht: nur bestimmen.» In diesen Fällen wird die Restriktivität bzw. Nicht-Restriktivität des vorgegebenen Ziels also modifiziert. Deshalb wird bei jeder Antwort das tatsächliche Ziel der Eltern als restriktiv bzw. nichtrestriktiv klassifiziert. – Die Antworten der Eltern drücken also ihre Überzeugungen aus, wie sie in vorgegebenen Konfliktsituationen ein von ihnen festgelegtes Ziel erreichen können.

4. Neben der Rolle der Mutter in Erziehung und Sozialisation wird zunehmend die Rolle des Vaters gesehen (BILLER 1974). Allerdings üben Mütter und Väter in unterschiedlicher Weise Einfluß auf ihre Kinder aus, wie bei der Interaktion mit Säuglingen (PARKE & SAWIN 1978), der Leistungsmotiv-Entwicklung (ROSEN & D'ANDRADE 1973), bei Erziehungseinstellungen (COX 1970) und beim Erziehungswissen (STOLZ 1967) demonstriert wurde. Um mögliche Unterschiede in den

instrumentellen Überzeugungen von Vätern und Müttern herauszufinden, befragen wir daher beide Elternteile.

Weiterhin verhalten sich Väter und Mütter unterschiedlich gegenüber ihren Söhnen und Töchtern, wie Befunde zur Geschlechtsrollensozialisation zeigen (MUSSEN 1969). Der Einfluß des sog. Beziehungstyps (Mutter-Tochter, Mutter-Sohn usf.) wurde auch bei der kindlichen Selbstverantwortlichkeit (SCHNEEWIND & PPEIFFER 1978) und bei der Wahrnehmung elterlicher Erziehungsziele (FILIPP & SCHNEEWIND 1975) nachgewiesen. Unsere Stichprobe enthält deshalb Eltern von Buben und von Mädchen.

5. Die soziale Schicht der Eltern ist in sehr vielen Untersuchungen verwendet worden, wenn auch die Befunde über ihren Einfluß auf die Erziehung widersprüchlich sind (LUKESCH 1976, 91 ff.). Die befragten Eltern werden daher aus unterschiedlichen sozialen Schichten ausgewählt.

6. Das erzieherische Verhalten von Eltern und vermutlich auch ihre instrumentellen Überzeugungen werden durch viele weitere Variable beenflußt. Für die instrumentellen Überzeugungen sehen wir insbesondere die Erfahrungen der Eltern mit und Informationen über Kinder (STOLZ 1967) als wichtig an sowie die Lebensverhältnisse, Wohn- und Arbeitsbedingungen (GRÜNEISEN & HOFF 1977). Es werden daher von den Eltern Informationen zu folgenden Bereichen erhoben, um ihren Einfluß auf die instrumentellen Überzeugungen zu untersuchen:

a) demographische Variable: Alter der Eltern, Zahl, Alter und Geschlecht der Kinder;
b) Erfahrung mit dem (den) eigenen Kind(ern): Betreuung der Kinder, Freizeitaktivitäten mit Kindern;
c) Information über Kinder durch Medien und/oder Gespräche;
d) Einstellung zum Kind: Freude und Überforderung durch das Kind;
e) Schichtvariable: Beruf des Vaters und der Mutter, Schulabschluß, Familieneinkommen, Wohnungsgröße;
f) Belastungsvariable: Arbeitszeit, Wunsch nach beruflicher Veränderung, Arbeitsplatzsicherheit, Zufriedenheit mit den Wohnverhältnissen.

Diese Variablen werden im weiteren als Familienvariable bezeichnet.

2. Methode

1. Die Daten wurden durch Interviews mit freien Antwortmöglichkeiten erhoben. Die Interviewmethode wurde gewählt, weil mündliches Antworten für die Eltern leichter ist als schriftliches. Weiterhin können beim Interview eventuelle Mißverständisse ausgeräumt werden. Durch Nachfragen u. ä. kann sichergestellt werden, daß die gewünschten Informa-

tionen gegeben werden; Verweigerungen wurden jedoch dann akzeptiert, wenn ein Item für den Interviewten keine Bedeutung hat. Durch den Verzicht auf vorher festgelegte Antwortkategorien sollte die Sichtweise der Eltern möglichst unverfälscht zum Ausdruck kommen. Die Interviews wurden auf Tonband aufgenommen und transskribiert. Der Interviewleitfaden war in Vorversuchen mit Eltern mehrfach erprobt und revidiert worden.

Das Interview gliederte sich in drei Abschnitte: Nachdem den Eltern das Ziel der Untersuchung erklärt worden war, folgten Fragen zu den demographischen Variablen, Erfahrung mit Kindern, Informationen und Einstellung zum Kind (Familienvariable a–d). Dann wurden die Konfliktsituationen vorgegeben. Zum Schluß wurden die Fragen nach den Schicht- und Belastungsvariablen gestellt, da diese eher die Privatsphäre tangieren (Familienvariable e, f).

Die 16 Konfliktsituationen kommen durch Variation von vier unabhängigen Variablen zustande:

- Situationsbereich: LS, SG, SE, SEÖ.
- Zielvorgabe: restriktives bzw. nicht-restriktives Ziel.
- Kindverhalten: zwei Stufen der Intensität, mit der das Kind sich der Forderung der Elternperson widersetzt.
- Inhalt: zwei Inhalte des Konflikts, im Bereich LS z. B. Hausaufgabenerledigung und zusätzliches Üben für ein Schulfach.

Um die Zahl der Situationen zu begrenzen, wurden die letzten drei Variablen in einem lateinischen Quadrat kombiniert, so daß sich pro Bereich vier Situationsbeschreibungen ergeben. Zur Kontrolle möglicher Reihenfolgeeffekte wurden zwei Reihenfolgen der 16 Situationen bei jeweils der Hälfte der Pbn verwendet.

2. Die Personenstichprobe wurde nach einem dreifaktoriellen Versuchsplan mit folgenden Faktoren zusammengestellt: Schicht (drei Stufen), Geschlecht der Kinder und Geschlecht der Eltern; mit sechs Pbn pro Zelle ergaben sich 72 Elternpersonen aus 36 Familien. Um die Erfahrung der Eltern mit Kindern möglichst konstant zu halten, wurden nur solche Familien aufgesucht, deren ältestes Kind im 2. Schuljahr war (Alter 7–8 Jahre). Die Adressen wurden über die Schülerlisten aus 2. Grundschulklassen ausfindig gemacht und bis zur Auffüllung der Quoten ausgewählt. Die Schicht wurde aufgrund des Berufs des Vaters anhand der Listen von KLEINING und MOORE (1968) ermittelt: OU = Obere Unterschicht, UM = Untere Mittelschicht, OM = Obere Mittelschicht (inklusive Oberschicht).

Der Kontakt mit den Pbn verlief zweistufig: Nach einem Anschreiben wurden die Eltern angerufen bzw. aufgesucht, um festzustellen, ob ihr Kind in der 2. Klasse ihr ältestes war und ob beide Eltern zu dem Interview bereit waren. Das Interview selbst wurde zu einem späteren Zeitpunkt durchgeführt. Vater und Mutter wurden getrennt, aber hintereinander interviewt. Ein erheblicher Teil der angeschriebenen Familien konnte nicht erreicht werden, und ein großer Teil der erreichten Familien hatte ältere Kinder. Von den als geeignet gefundenen 77 Familien verweigerten 41. Die Verweigerungsrate war in der OU höher als 50 %, in der UM etwa bei und in der OM geringer als 50 %.

Die Interviews fanden bei den Pbn zu Hause statt, überwiegend wurden sie von zwei Interviewern durchgeführt. Die Dauer eines Einzelinterviews betrug 30 bis 90 Minuten. Nachdem beide Eltern interviewt waren, fand in der Regel noch ein Nachgespräch statt: die Gesamtdauer der Gespräche mit einer Familie betrug zwei bis drei Stunden.

3. Zur Auswertung der Interviews waren Antwortkategorien aufzustellen. Da sich die Fragen zu den Familienvariablen jeweils auf relativ eng umschriebene Sachverhalte beziehen (z. B. gemeinsame Freizeitaktivitäten mit dem Kind), wurden Antwortkategorien entsprechend dem vorliegenden Material formuliert. Die Antworten zu den Konfliktsituationen wurden im wesentlichen unter dem Aspekt der Erziehungsmittel ausgewertet. Als Erziehungsmittel wurden alle Aussagen verschlüsselt, die a) einen Handlungsvorschlag für die Elternperson der Situationsbeschreibung enthalten oder die b) ausgeführte bzw. hypothetische Handlungen der Pbn in einer derartigen Situation berichten. Dazu wuren 25 Kategorien von Erziehungsmitteln formuliert (Tab. 2), wobei theoretische Gesichtspunkte aus der Verhaltenstheorie und der Sozialpsychologie sowie die vorliegenden Antworten berücksichtigt wurden (Ritsert 1972); insbesondere wegen des zweiten Aspekts mußte der Codeplan mehrfach überarbeitet werden. Bei jeder Antwort wurde bezüglich jedes Mittels verschlüsselt, ob es als geeignet zur Zielerreichung genannt wird oder nicht. Die Coder-Übereinstimmung betrug bei fünf von zwei Codern getrennt verschlüsselten Interviews 88 %.

Die meisten der 25 Erziehungsmittel fallen in drei Gruppen: a) einsichtfördernde, motivierende Mittel, b) vorschreibende Mittel und c) strafende Mittel. Da einige Mittel ziemlich speziell sind bzw. nur in wenigen Antworten enthalten waren, wurden entsprechend den drei Gruppen sog. Gesamtvariable definiert: bei der Gesamtvariablen Einsichtfördern wurde vercodet, ob mindestens ein einsichtförderndes Mittel in der Antwort vorkommt; entsprechend bei den Gesamtvariablen Vorschriften und Strafen.

Als weitere Variable wurden die Anzahl der in der Antwort insgesamt genannten Mittel und die Antwortlänge verwendet, letztere wurde operationalisiert durch die Anzahl der Zeilen im Transskript. Weiterhin wurde das Ziel der Eltern als restriktiv bzw. nicht-restriktiv vercodet; dabei bestand das Problem, daß die Pbn ihr eigenes Ziel nicht immer explizit geäußert haben, so daß es z. T. aus den genannten Mitteln erschlossen werden mußte. Ziel der Eltern und Erziehungsmittel sind daher teilweise voneinander abhängig.

Von den 72 Eltern liegen die Antworten zu je 16 Situationen vor, zusammen 1152 Antworten. Die Auswertung dieser Antworten erfolgt mittels Kontingenztabellen. Weiterhin wurden über die vier Antworten zu den Situationen eines Situationsbereichs Summenskores gebildet und auf Intervallskalenniveau verarbeitet.

3. Ergebnisse

Die Ergebnisse werden in folgender Reihenfolge dargestellt: 1. Ziel der Eltern bei den Konfliktsituationen; 2. Erziehungsmittel bei den Konfliktsituationen, wobei insbesondere deren Abhängigkeit vom Situationsbereich untersucht wird; 3. Verteilungen der Familienvariablen, wobei Übereinstimmungen und Unterschiede zwischen Müttern und Vätern herausgestellt werden; 4. Zusammenhänge zwischen Erziehungsmitteln und Familienvariablen.

1. Das Ziel, das die Eltern selber für die Konfliktsituationen festlegen, ist häufiger restriktiv als nicht-restriktiv, und zwar in 63 % der Antworten. Dabei ergibt sich eine deutliche Bereichsabhängigkeit des Elternziels (Tabelle 1; $\chi^2 = 181.8$, $df = 6$, $p < .001$). Im Bereich Leistung Schule (LS) antworten die Eltern am restriktivsten, hier geht es den Eltern um strikte Erfüllung ihrer Forderungen. Dann folgen der Sozialbereich Gleichaltrige (SG) und der Sozialbereich Erwachsene in der Öffentlichkeit (SEÖ). Im Sozialbereich Erwachsene (SE, innerfamiliäre Konfliktsituationen) sind die Eltern am wenigsten restriktiv, hier berücksichtigen sie am stärksten die Bedürfnisse der Kinder. Die Zielvorgabe der Situationsbeschreibungen hat keinen Einfluß auf das Elternziel ($\chi^2 = 0.2$, $df = 2$, n. s.), es kommen Modifikationen des Ziels in beiden Richtungen vor.

Tabelle 1: Ziel der Eltern in Abhängigkeit vom Bereich

Bereich	Ziel der Eltern			Summe
	Keine Antwort	restriktiv	nicht restriktiv	
LS	0	260	28	288
SG	0	186	102	288
SE	1	108	179	288
SEÖ	4	175	109	288
Summe	5	729	418	1152

2. In jeder Antwort sind im Gesamtdurchschnitt 1.43 Erziehungsmittel enthalten. In Tabelle 2 wird angegeben, in wievielen Antworten die Mittel genannt werden, in Abhängigkeit vom Situationsbereich und vom Ziel der Eltern. Pro Bereich liegen 288 Antworten vor. In der Spalte rechts außen sind die Häufigkeiten der Mittelnennungen summiert. Die Erziehungsmittel werden mit sehr unterschiedlichen Häufigkeiten genannt, die Spannweite beträgt 2 bis 307 Nennungen. Z. B. ist in 307 Antworten das Mittel Vorschriften machen (Variable 14) enthalten, in 172 Antworten das Mittel Abmachungen treffen (5). In 453

Tabelle 2: Häufigkeiten der Erziehungsmittel in Abhängigkeit vom Situationsbereich und Ziel der Eltern

Ziel der Eltern: restriktiv bzw. nichtrestriktiv	LS		SG		SE		SEÖ		
Restriktivität	R	NR	R	NR	R	NR	R	NR	Summe
1 Ziel der Eltern	260	28	186	102	108	179	175	109	
2 Ursachen des Kindverhaltens erforschen, mit Dritten darüber sprechen	30	12	16	22	0	0	3	6	89
3 Gewähren lassen (billigen, entschuldigen, Beteiligte sollen es allein machen)	4	6	1	44	0	41	3	43	142
4 Auf Dritte einwirken, daß sie ihr Verhalten ändern; Eltern müssen ihr Verhalten ändern	6	1	30	9	1	6	4	12	69
5 Abmachungen treffen, gemeinsam Regeln erstellen, echter Interessenausgleich	0	1	0	0	1	129	0	41	172
Einsichtfördernde, motivierende Mittel									
6 Auf Folgen des negativen Verhaltens hinweisen	9	1	68	11	0	0	1	0	90
7 Auf Folgen des positiven Verhaltens hinweisen	2	0	0	0	0	0	0	0	2
8 Einsichtig machen von Erwartungen und Wünschen der Eltern bzw. Dritter	3	0	4	9	4	3	6	5	34
9 Handlungen der Eltern, die es dem Kind erleichtern, das erwünschte Verhalten zu zeigen (Modellverhalten, Ratschläge)	34	8	11	13	7	6	2	5	86
10 Modifizieren/Aufschieben der elterlichen Forderung (Ziel wird beibehalten, auf kindl. Bedürfnisse wird eingegangen)	56	0	15	0	29	0	16	0	116

11	Motivierende Anreize geben (materielle, soziale Verstärker)	21	1	0	0	1	1	11	1	36
12	Gut zureden, ermuntern, bitten, Vernunftappelle (Restkategorie)	36	4	17	18	14	5	42	20	156
13	Gesamtvariable Einsichtfördern	131	13	101	43	51	15	70	29	453
	Vorschreibende Mittel									
14	Vorschriften machen (ermahnen, immer wieder hinweisen, anordnen, befehlen, verbieten, zwingen)	87	1	98	1	60	2	57	1	307
15	Ab und zu kontrollieren, nachschauen	18	0	4	2	0	0	0	0	24
16	Permanent beaufsichtigen, von Anfang bis Ende dabei sitzen	61	0	0	0	0	0	0	0	61
17	Strafandrohung, Ultimatum stellen	6	0	3	0	1	0	6	0	16
18	Gesamtvariable Vorschriften	155	1	101	3	60	2	63	1	386
	Strafen									
19	Nichtbeachten des Verhaltens	0	1	0	0	1	0	21	1	24
20	Sanktionsgewalt an Dritte delegieren (z. B. Lehrer)	28	0	3	0	0	0	0	0	31
21	Tadeln, Schimpfen, Kind zur Rede stellen	4	0	21	0	1	0	30	0	56
22	Liebesentzug (zeitweise Nichtbeachtung des Kindes, Attacke auf Selbstkonzept)	3	1	5	0	0	0	14	0	23
23	Strafandrohung für Wiederholungsfall	1	0	8	0	0	0	1	0	10
24	Entzug von Vergünstigungen, Geldstrafen	18	0	2	0	0	0	3	0	23
25	Strafarbeiten	3	0	1	0	0	0	1	0	5
26	Freiheitsentzug (Hausarrest, Isolierung)	5	0	15	0	0	0	3	0	23
27	Freundschaft verbieten	0	0	26	0	0	0	0	0	26
28	Körperliche Strafen	5	0	11	0	0	0	13	0	29
29	Gesamtvariable Strafen	59	2	73	0	2	0	72	1	209

Antworten geben die Eltern mindestens ein einsichtförderndes Erziehungsmittel an (Gesamt-Einsicht, 13). Andererseits treten viele Mittel nur mit einer geringen Häufigkeit auf, 11 Mittel werden jeweils weniger als 30mal genannt.

Im Erziehungsverhalten, das die Eltern in den Konfliktsituationen für geeignet halten, zeigen sich fast keine *allgemeinen* Trends, durchgängig sind lediglich Vorschriften machen (14) und eine geringe Häufigkeit von Strafen. Im übrigen zeigt Tabelle 2 eine sehr deutliche Abhängigkeit der Erziehungsmittel vom Bereich und vom Ziel der Eltern. In den einzelnen Bereichen halten die Eltern für geeignet:

LS: Die Eltern versuchen, ihre Forderungen durchzusetzen (restriktives Ziel) mit Vorschriften (14) und permanenter Beaufsichtigung (16), sind aber bereit, ihre Forderung zu modifizieren (10; z. B. Hausaufgaben erst später am Nachmittag). Auch soll überlegt werden, welche Ursachen dem Kindverhalten zugrunde liegen (2), oder die Eltern versuchen es mit Ratschlägen (9) bzw. mit Bitten und Ermahnen (12).

SG: Wenn die Eltern ihren Standpunkt durchsetzen wollen (restriktives Ziel), machen sie Vorschriften (14) und weisen auf die Folgen des negativen/unerwünschten Verhaltens hin (6); auch verbieten sie die Freundschaft (27) oder versuchen, den Freund zu beeinflussen (4). Andererseits sind die Eltern bereit, nicht einzugreifen und das Kind gewähren zu lassen (nicht-restriktives Ziel; 3).

SE: Ihre Bedürfnisse versuchen die Eltern durchzusetzen (restriktives Ziel) durch Vorschriften (14) oder sie modifizieren ihre Forderung (10). Bei nicht-restriktivem Ziel treffen sie Abmachungen mit dem Kind (5) oder lassen es gewähren (3).

SEÖ: Um das Kind zu beeinflussen (restriktives Ziel), machen die Eltern Vorschriften (14), bitten und ermahnen (12) oder tadeln (21). Andererseits (bei nicht-restriktivem Ziel) lassen sie es gewähren (3) oder treffen eine Abmachung (5).

Bisher wurde die Bereichsspezifität der Erziehungsmittel anhand der Häufigkeiten gezeigt. Diese Frage wird nun korrelationsstatistisch untersucht. Für jedes Erziehungsmittel wird über die vier Situationen eines Bereichs jeweils ein Summenskore gebildet. Nun sind auch bei den Summenskores die Verteilungen sehr oft schief, und bei recht vielen Skores sind die Mittelwerte und damit die Standardabweichungen Null. Da Variable mit Standardabweichung Null nicht korrelierbar sind, treffen wir folgende Variablenauswahl: im weiteren werden pro Bereich folgende Summenskores verwendet: Nichtrestriktivität des Elternziels, Gesamt-Einsicht, Gesamt-Vorschriften, Gesamt-Strafen, Zahl der Mittel und Antwortlänge. (Im weiteren sind bei der Variablen Zahl der Mittel auch solche Mittel mitgezählt, die von den Eltern für weniger starke Konflikte derselben Art angegeben worden sind; Zahl der Mittel fällt dadurch etwas höher aus). In Tabelle 3 sind die Mittelwerte und Standardabweichungen der Summenskores pro Bereich angegeben. Die Mittelwerte variieren in Abhängigkeit vom Bereich, was mit den Ergebnissen von Tabelle 2 übereinstimmt.

Wenn die Summenskores einer Variablen in den vier Bereichen das-

Tabelle 3: Mittelwert und Standardabweichungen der Summenskores pro Bereich

		Bereich			
		LS	SG	SE	SEÖ
1 Nichtrestriktivität des Elternziels	$\bar{x}$	0.39	1.42	2.49	1.51
	s	0.78	0.83	1.31	1.21
13 Gesamt-Einsicht	$\bar{x}$	2.00	2.00	0.92	1.38
	s	1.23	1.21	0.93	0.94
18 Gesamt-Vorschriften	$\bar{x}$	2.17	1.44	0.86	0.89
	s	1.28	0.90	1.01	1.00
29 Gesamt-Strafen	$\bar{x}$	0.85	1.01	0.03	1.01
	s	0.88	0.97	0.17	0.93
30 Zahl der Mittel	$\bar{x}$	6.88	7.88	4.71	5.47
	s	1.85	1.81	0.80	1.47
31 Antwortlänge	$\bar{x}$	65.28	65.85	46.85	53.88
	s	31.05	31.33	21.03	24.64

selbe erfassen (unabhängig von den Mittelwertsunterschieden), dann muß z. B. der Summenskore Gesamt-Einsicht eines Bereichs mit Gesamt-Einsicht der anderen Bereiche hoch korrelieren. Zu einem vergleichbaren Ergebnis kommt man, wenn man von einer Variablen (z. B. Gesamt-Einsicht) die Summenskores der vier Bereiche als Items einer Skala betrachtet. Wenn die Summenskores der Bereiche dasselbe erfassen, dann ist die interne Konsistenz dieser Skala hoch. Tabelle 4 gibt die mittlere Interitem-Korrelation und die interne Konsistez (Cronbach's alpha, Guilford 1954, 385) der sechs ausgewählten Variablen wieder.

Tabelle 4: Konsistenz von 6 Variablen (Summenskores) zwischen den Bereichen – mittlere Korrelation und Cronbach's alpha

	mittlere Korrelation	α
1 Nichtrestriktiviät des Elternziels	.21	.50
13 Gesamt-Einsicht	.14	.38
18 Gesamt-Vorschriften	.15	.42
29 Gesamt-Strafen	.01	.00
30 Zahl der Mittel	.18	
31 Antwortlänge	.72	

Die Variablen (Summenskores) Gesamt-Einsicht, Gesamt-Vorschriften und Gesamt-Strafen haben nur eine sehr geringe interne Konsistenz, d. h. die durch sie erfaßten Erziehungsmittel werden bereichsspezifisch eingesetzt. Eine gewisse Übereinstimmung über die Bereiche zeigen Nichtrestriktivität des Elternziels und Zahl der Mittel. Lange oder kurze

Antworten zu geben, ist demgegenüber ein bereichsunabhängiges Merkmal der Pbn.

Eine weitere Möglichkeit der Auswertung besteht darin, pro Bereich die Summeskores miteinander zu korrelieren und die vier Korrelationsmatrizen auf Übereinstimmung zu überprüfen. In mindestens drei der vier Matrizen sind folgende signifikante Korrelationen aufgetreten. Wer einsichtfördernde Mittel (13) verwendet, nennt überhaupt mehr Mittel (30), vermeidet dabei aber Vorschriften (18). Vorschriftenmachen geht seinerseits einher mit einem restriktiven Elternziel (1). Schließlich werden in längeren Antworten (31) auch mehr Mittel genannt (30). Es zeigt sich also, daß die Eltern in den verschiedenen Bereichen unterschiedliche «Kombinationen» von Mitteln nennen.

3. Wir haben insgesamt 55 Familienvariable – jeweils bei Mutter und Vater – erhoben, darunter sind auch die drei Variablen Geschlecht der Eltern, der Kinder und soziale Schicht, nach denen die Stichprobe zusammengestellt wurde. Wir hatten erwartet, einige Variablencluster zu finden, mit deren Hilfe die Variablenzahl hätte reduziert werden können. Die Korrelationen der Familienvariablen sind aber durchgängig so gering, daß sich – bei verschiedenen Verfahren – weder bei der Gesamtstichprobe noch bei Vätern oder Müttern Cluster ergeben haben. Es wurden für die weitere Auswertung daher diejenigen 22 Variablen ausgewählt, mit denen die Hypothesen am besten überprüft werden können.

Die Daten geben Aufschluß über die Aufgabenverteilung von Vätern und Müttern in der Familie. Über die Hälfte (56 %) der Mütter sind nicht außer Haus berufstätig, 42 % sind halbtags, eine Mutter ist ganztags berufstätig. Alle Väter sind voll berufstätig. Entsprechend sind die Mütter an Werktagen erheblich mehr Zeit mit den Kindern zusammen; sie übernehmen vorwiegend die Hausaufgabenbetreuung, wobei auffällt, daß fast alle Mütter die Hausaufgaben nachsehen oder bei der Anfertigung danebensitzen und nur zwei Mütter die Anfertigung völlig ihren Kindern überlassen. Alle Mütter und 12 Väter beteiligen sich an routinemäßigen Aufgaben wie Ins-Bett-Bringen u. ä. Väter und Mütter nennen etwa 2.5 verschiedene Arten von Freizeitbeschäftigungen mit dem Kind. Alle Familien machen mindestens einmal pro Monat eine größere Wochenendunternehmung. Alle Eltern äußern, sich manchmal bis häufig über ihr Kind zu freuen, ein Teil der Eltern fühlt sich manchmal überfordert.

Um die Übereinstimmung der Ehepartner zu überprüfen, haben wir von jeder Variablen die Väter- und Mütter-Werte korreliert, außerdem haben wir die Mittelwertsunterschiede von Vätern und Müttern geprüft. Übereinstimmung, d. h. hohe Korrelationen, zeigen die Ehepartner im Alter, wobei die Männer durchschnittlich älter sind, in der Häufigkeitsangabe von Wochenendunternehmungen, in der Beurteilung medialer

Information über Erziehung, im Schulabschluß sowie in der Zufriedenheit mit der Wohnung. Mütter sind zufriedener mit der Wohnung und schätzen Gespräche über Erziehung als nützlicher ein. Bei den übrigen Variablen ergeben sich in den Verteilungen von Müttern und Vätern keine Unterschiede, gleichzeitig korrelieren die Mütter- und Väter-Werte nicht miteinander; in diesen Variablen variieren also Väter und Mütter in den Familien unabhängig voneinander.

Eine entsprechende Auswertung der Väter- und Mütter-Werte haben wir für die Summenskores der Erziehungsmittel pro Bereich vorgenommen. Bei allen Variablen ergeben sich keine Mittelwertsunterschiede zwischen Vätern und Müttern; es ergeben sich keine Korrelationen zwischen Müttern und Vätern außer beim Elternziel im Bereich LS und bei der Antwortlänge. Demnach sind Väter und Mütter weitgehend unabhängig darin, welche Erziehungsmittel sie nennen.

4. Um Zusammenhänge zwischen Erziehungsmitteln und Familienvariablen festzustellen, haben wir diese mit den Erziehungsmittel-Summenskores pro Bereich korreliert, und zwar für die Gesamtstichprobe und für Mütter und Väter getrennt. Einige Zusammenhänge gelten nur bei einem Elternteil. Väter, die mehr Freizeitaktivitäten nennen, äußern im Bereich LS mehr Einsichtfördern; Väter, die häufiger mit ihren Kindern am Wochenende etwas unternehmen, haben im Bereich SG ein weniger restriktives Elternziel, mehr Einsichtfördern und weniger Strafen. Väter, die ihre Kinder mehr betreuen und mehr Freizeitaktivitäten aufzählen, nennen im Bereich SE weniger restriktive Elternziele und weniger Vorschriften. Betreuung durch den Vater geht einher mit mehr Einsichtfördern und weniger Strafen im Bereich SEÖ.

Je mehr Freude Väter und Mütter über ihr Kind äußern, desto weniger Vorschriften nennen sie in den Bereichen LS, SG und SE sowie mehr Einsichtfördern im Bereich LS. Väter, die sich durch ihr Kind überfordert fühlen, nennen im Bereich LS weniger Vorschriften und mehr Strafen sowie im Bereich SEÖ ein weniger restriktives Elternziel. Mütter, die Gespräche über Erziehung als nützlich ansehen, nennen weniger Strafen im Bereich LS sowie im Bereich SE ein weniger restriktives Elternziel, weniger Einsichtfördern und weniger Vorschriften.

Wenn Väter sich selbst als nichtrestriktive Erzieher einschätzen, geht dies (in mindestens einem Bereich) einher mit einem weniger restriktiven Elternziel, mehr Einsichtfördern, weniger Vorschriften und weniger Strafen; entsprechendes gilt z. T. auch bei den Müttern. Schicht und Schulabschluß korrelieren bei den Müttern mit nicht-restriktivem Elternziel in den Bereichen LS, SG und SE, bei den Vätern im Bereich SEÖ mit nichtrestriktivem Elternziel, wenig Vorschriften und wenig Strafen.

Die Antwortlänge, die sich als konsistentes Merkmal über die vier

Bereiche erwiesen hat, korreliert am meisten mit den Familienvariablen; längere Antworten geben Mütter mit höherem Alter, mit mehr Freude am Kind und nichtrestriktiver Selbsteinschätzung, sowie Väter, die mehr Freizeitaktivitäten nennen und einen höheren Schulabschluß haben.

In den Erziehungsmittel-Summenskores gibt es Mittelwertsunterschiede weder zwischen Vätern und Müttern noch zwischen Söhnen und Töchtern und nur wenige Unterschiede in Abhängigkeit von Schichtvariablen. Das Geschlecht der Eltern moderiert allerdings einige Korrelationen von Erziehungsmitteln und Familienvariablen.

4. Diskussion

Den Pbn waren hypothetische Konfliktsituationen zwischen einer Elternperson und einem Kind vorgelegt worden; sie sollten antworten, wie, d. h. mit welchen Erziehungsmitteln, das jeweils vorgegebene restriktive bzw. nicht-restriktive Ziel der Elternperson zu erreichen wäre. Die befragten Eltern antworteten aber nicht hypothetisch, sondern gemäß den Zielen, die *sie* in den vorgelegten bzw. ähnlichen Situationen verfolgen würden; sie nennen nur Erziehungsmittel, die ihren Zielen entsprechen, Mittel für Ziele, die nicht die eigenen sind, werden nicht geäußert. Weiterhin können wir annehmen, daß die Pbn bei der Beantwortung von ihrer Erfahrung mit den eigenen Kindern ausgehen und diese auf die vorgelegten Situationen übertragen. Für die instrumentellen Überzeugungen, die durch die Erziehungsmittel ausgedrückt werden, und das Erziehungswissen allgemein bedeutet das: Die instrumentellen Überzeugungen stehen in engem Zusammenhang sowohl mit den Zielen als auch den Erfahrungen der Pbn. Eltern wissen, wie sie ihre Ziele erreichen können bzw. was sie versuchen würden.

Ein Problem besteht darin, daß die Eltern ihre Ziele nicht immer explizit angeben; das kann daran liegen, daß den Eltern alternative Ziele nicht gegenwärtig sind oder daß Handlungen und Ziele unmittelbar gekoppelt sind. Damit besteht das methodische Problem, daß in diesen Fällen das Ziel der Eltern aus ihrer gesamten Antwort und auch aus den von ihnen genannten Mitteln erschlossen werden mußte.

Die Bereichsspezifität der Erziehungsmittel ist sehr deutlich hervorgetreten. Unsere Kategorien von Erziehungsmitteln sind sehr nahe an dem, was die Eltern tun bzw. tun würden, und die Eltern setzen eben unterschiedliche Verhaltensweisen je nach Bereich ein. – Möglicherweise wären wir nicht zu dem Resultat der Bereichsspezifität gekommen, wenn wir die Elternantworten mittels Schätzskalen (wie z. B. Unterstützung, Höflichkeit, Zurückweisung) ausgewertet hätten.

Daß die Familienvariablen so gering mit den Erziehungsmitteln korrelieren, kann auch auf die hohe Verweigerungsrate zurückzuführen sein, die sicher auch bedingt ist durch die Befragung beider Elternteile. Weiterhin fallen die niedrigen Korrelationen zwischen den Ehepartnern auf, die geringer als die von Cox (1970) und LUKESCH (1975) berichteten Werte ausfallen, bei denen jedoch Erziehungseinstellungen erhoben worden sind. Mütter und Väter haben z. T. unterschiedliche Erfahrungen mit Kindern: ausschließlich Mütter kümmern sich um die Hausaufgabenerledigung, gemeinsam sind andererseits z. B. Wochenend-Unternehmungen und Mahlzeiten. Väter und Mütter nennen demnach unterschiedliche Mittel, weil sie ihre Kinder in unterschiedlichen Situationen erleben und – mit Ausnahme des Bereichs Leistung Schule – unterschiedliche Ziele haben.

Literaturverzeichnis

BILLER, H. B. 1974. Paternal deprivation. Family, school, sexuality and society. Lexington/Mass.: Heath.

COX, S. H. 1970. Intrafamilial comparison of loving-rejecting child-rearing practices. Child Development *41,* 437–448.

ENGFER, A., SCHNEEWIND, K. A. & FILIPP, U. D. 1973. Entwicklung eines Fragebogens zur Erhebung selbstperzipierter elterlicher Erziehungseinstellungen. Forschungsbericht 22 des SFB 22. Nürnberg.

FILIPP, U. D. & SCHNEEWIND, K. A. 1975. Elterliche Erziehungsziele aus der Sichtweise von Eltern und Kindern. Zusammenhänge zwischen selbst- und fremdperzipierten elterlichen Erziehungszielen. In: H. LUKESCH (Hg.) Auswirkungen elterlicher Erziehungsstile. Göttingen: Hogrefe. S. 96–110.

FRIEDRICHS, J. 1974. Situation als soziologische Erhebungseinheit. Zeitschrift für Soziologie *3,* 44–53.

GECAS, V. & NYE, F. 1974. Sex and class differences in parent-child-interaction. A test of Kohn's hypothesis. Journal of Marriage and the Family *36,* 742–749.

GENSER, B. 1978. Erziehungswissen von Eltern. In: K. A. SCHNEEWIND & H. LUKESCH (Hg.) Familiäre Sozialisation. Stuttgart: Klett-Cotta, S. 27–43.

GUILFORD, J. P. 1954. Psychometric methods. New York: McGraw-Hill.

GRÜNEISEN, V. & HOFF, E. H. 1977. Familienerziehung und Lebenssituation. Weinheim: Beltz.

HAASE, H. 1973. Ansichten Erwachsener zur Erziehung von Jugendlichen. Zeitschrift für Entwicklungspsychologie und Pädagogische Psychologie *5,* 182–199.

HECKHAUSEN, H. 1966. Situationsabhängigkeit, Persönlichkeitsspezifität und Beeinflußbarkeit der Lehrerreaktion auf unerwünschtes Schülerverhalten. In: T. HERRMANN (Hg.) Psychologie der Erziehungsstile. Göttingen: Hogrefe, S. 110–119.

HOFF, E. H., MINSEL, W. R., MINSEL, B. & GRÜNEISEN, V. 1973. Beziehungen zwischen Erzieherverhalten und Persönlichkeitsmerkmalen von Eltern und ihren Kindern. Psychologie in Erziehung und Unterricht *20,* 163–175.

KLEINING, G. & MOORE, H. 1968. Soziale Selbsteinstufung (SSE). Kölner Zeitschrift für Soziologie und Sozialpsychologie *20,* 502–552.

LANGER, I., RIECKHOF, A., STEINBACH, I. & TAUSCH, A. 1973. Mutter-Kind-Interaktionen in außerhäuslichen Situationen. Psychologie in Erziehung und Unterricht *20,* 361–376.

LUKESCH, H. 1975. Elternposition, Familienkonsens und Erziehungseinstellungen. Zeitschrift für erziehungswissenschaftliche Forschung *9,* 77–111.

LUKESCH, H. 1976. Elterliche Erziehungsstile. Stuttgart: Kohlhammer.

MAGMER, E. & IPFLING, H. J. 1973. Zum Problem des schichtenspezifischen Strafens. Scientia Paedagogica Experimentalis *10,* 170–192.

MUSSEN, P. H. 1969. Early sex-role development. In: D. A. GOSLIN (Hg.) Handbook of socialization theory and research. Chicago: Rand McNally, S. 707–731.

PARKE, R. D. & SAWIN, D. B. 1978. Kinder brauchen Männer. Psychologie heute *5* (4), 22–25.

RAHM, D. 1974. Untersuchung über den Zusammenhang von repressiver Erziehungseinstellung und Kreativität. Psychologie in Erziehung und Unterricht *21,* 259–269.

RITSERT, J. 1972. Inhaltsanalyse und Ideologiekritik. Frankfurt/M.: Fischer.

ROSEN, B. C. & D'ANDRADE, R. 1973. Die psychosozialen Ursprünge des Leistungsmotivs. In: C. F. GRAUMANN & H. HECKHAUSEN (Hg.) Pädagogische Psychologie 1. Entwicklung und Sozialisation. Frankfurt/M.: Fischer, S. 106–122.

SCHNEEWIND, K. A. & PFEIFFER, P. 1978. Elterliches Erziehungsverhalten und kindliche Selbstverantwortlichkeit. In: K. A. SCHNEEWIND & H. LUKESCH (Hg.) Familiäre Sozialisation. Stuttgart: Klett-Cotta, S. 190–205.

STOLZ, L. M. 1967. Influences on parent behavior. Stanford: Stanford Univ. Press.

9. Angela Schuch

Kontrollüberzeugungen im Bereich Erziehung[1]

Zusammenfassung: Die Kontrollüberzeugungen (KÜZ) – hier operationalisiert als das Ausmaß, in dem sich Erwachsene Einflußmöglichkeiten auf gewünschte bzw. ungewünschte Verhaltensweisen eines 14jährigen zuschreiben – wurde für die Verhaltensbereiche Leistungsfähigkeit, Eigenständigkeit und Hilfsbereitschaft erfaßt. Neben den Variablen Alter und Geschlecht wurde der Kontakt mit einem Kind dieser Altersgruppe als Einflußfaktor auf die KÜZ untersucht. Während sich Alter und Kontakt als relativ bedeutsam für die KÜZ erwiesen, konnte der Einfluß des Faktors Geschlecht erst im Zusammenhang mit der regionalen Herkunft deutlich nachgewiesen werden.

1. Zielsetzung

Die vorliegende Arbeit soll auf die mögliche Bedeutung von Kontrollüberzeugungen (KÜZ) im Bereich der familiären Sozialisation hinweisen. KÜZ meint allgemein, inwieweit Personen davon überzeugt sind, daß die sie betreffenden Ereignisse selbst-beeinflußt oder beeinflußbar sind (internal) oder das Resultat von außerhalb der eigenen Person liegenden Faktoren sind (external). Diese Definition lehnt sich an das von Rotter et al. (1962; Rotter 1966) entwickelte Locus-of-control-Konstrukt an.

Diese Wahrnehmung der Beeinflußbarkeit wird als Voraussetzung des Erlebens eigener Handlungsfähigkeit angesehen (Zébergs 1978). Als Bestandteil der kognitiven Kontrolle (Kumpf et al. 1978), damit in übergeordnete Realitätsdeutungsschemata eingebettet, ist sie auf unterschiedlichen Ebenen mit Handlungsaktivitäten verknüpft. So hängen beispielsweise die Bewältigungsversuche in Problemsituationen wesentlich von den sich selbst zugeschriebenen Beeinflussungsmöglichkeiten ab (Wortman & Brehm 1975). KÜZ können also als mehr oder weniger stabilisierte Beeinflussungserwartungen und somit als wesentliche Bedingungen zeitlich später liegenden Verhaltens gesehen werden.

---

[1] Für die Anregung zu diesem Thema danke ich Herrn Prof. Dr. Heinz Walter (FB Psychologie/Soziologie, Universität Konstanz).

Während die Mehrzahl der einschlägigen Autoren die KÜZ als eine auf unterschiedliche Inhaltsbereiche generalisierte Erwartungshaltung definiert, wird sie in der vorliegenden Untersuchung als bereichsspezifische Variable verstanden. Grundlage hierfür waren zum einen die für die Bereichsspezifität sprechenden empirischen Befunde (GURIN et. al. 1969; MIRELS 1970; REID & WARE 1970; LEVENSON 1972; ABRAHAMSON et al. 1973; OBITZ et al. 1973; ROST-SCHAUDE et. al. 1974; DIXON et al. 1976; LEVENSON & MILLER 1976), zum anderen die Annahme der größeren Verhaltensrelevanz der bereichsspezifisch erfaßten KÜZ (ROTTER 1975). Auch die Ergebnisse der Attributionsforschung betonen den situativen Kontext als wesentliche Rahmenbedingung des Zuschreibungsprozesses. Als Bereich, für den die Erwartungen der internalen bzw. externalen Beeinflußbarkeit von Ereignissen anhand eines Fragebogens erhoben werden soll, wurden Erfolge und Mißerfolge, die bei der Kindererziehung auftreten können, ausgewählt. Ziel der Befragung ist also, Aufschluß darüber zu gewinnen, inwieweit die Pbn meinen, daß ein gewünschtes (Erfolg) bzw. unerwünschtes (Mißerfolg) Kindverhalten Resultat *ihrer* oder *anderer* Einflüße ist.

Um der Bereichsspezifität der KÜZ Rechnung zu tragen, schien das Spektrum der Erfolge und Mißerfolge des Verhaltens- und Erfahrungsbereichs Erziehung zu weit. Daher fand eine Festlegung auf 3 Subbereiche statt, die nach Meinung fast aller Eltern mit wesentlichen Zielvorstellungen in der Kindererziehung verbunden und damit, bezogen auf die Frage der Beeinflußbarkeit, für sie relevant sind (LUKESCH 1976): *Leistungsfähigkeit, Eigenständigkeit* und *Hilfsbereitschaft.*

2. Methodik

Für den Fragebogen wurden aus dem zu diesen Bereichen zusammengestellten Itempool für jede der drei Subskalen 20 Items ausgewählt (10 erzieherische Erfolge und 10 erzieherische Mißerfolge): Die «ich»-formulierten Items bestehen analog zu den bereits vorliegenden Verfahren (ROTTER 1966; LEVENSON 1972; NOWICKI & DUKE 1974; für Kinder CRANDALL et al. 1965; NOWICKI & STRICKLAND 1972; SCHNEEWIND 1973; MISCHEL et al. 1974) aus *einer Situationsvorgabe* – Erfolg oder Mißerfolg aus einem der drei Bereiche – und einem externalen und einem internalen *Begründungsteil.* Jedes Item besteht also aus zwei Aussagen, zwischen denen sich der Proband entscheiden soll. Um die Pbn nicht zur Zustimmung zu einer Alternative zu zwingen, wurde in jedem Item zudem die Ausweichmöglichkeit «Keine Meinung» vorgegeben.

Itembeispiel:

A Es hängt von meiner Unterstützung ab, ob mein Kind in der Schule gut vorankommt (internal).

B Ob mein Kind in der Schule gut vorankommt, haben die Lehrer in der Hand (external).

C Keine Meinung.

Da anzunehmen ist, daß die Pbn ihre Kontrollmöglichkeiten je nach Alter des Kindes unterschiedlich einschätzen, wurden sie gebeten, sich bei ihren Antworten auf einen 14jährigen zu beziehen. Damit werden in den Ergebnissen die subjektiven Einschätzungen der faktischen Beeinflussungsmöglichkeiten, bezogen auf eine entsprechende Eigenschaft bzw. ein entsprechendes Verhalten bei einem bestimmten Kind, wiedergegeben.

Dieser Fragebogen zur Erfassung der KÜZ wurde, um einen umfangreichen Sozialdatenteil erweitert, 380 Frauen und Männern im Alter von 18–70 Jahren in drei Orten unterschiedlicher Größe (Baden-Württemberg) zugesandt. Nach Abzug der nicht auswertbaren Fragebogen verblieb ein tatsächlicher Rücklauf von 180 Fragebogen. Erste Analysen erzwangen eine weitere Reduktion der Stichprobe ($N = 153$):

Da der Anteil der «Keine Meinung» (KM)-Antworten mit 9,54 % für eine Hochrechnung der «fehlenden» Werte – KM wurde nicht als gleichwertige dritte Antwortalternative konzipiert – zu groß war und dieser Prozentsatz auf wenige Pbn zurückgeführt werden konnte, wurden die Pbn mit mehr als 25 % KM-Antworten pro Fragebogen von der weiteren Bearbeitung (außer zu Vergleichszwecken) ausgeschlossen.

Hierbei läßt sich anmerken: In den Items, die vor der Reduktion der Stichprobe die höchsten KM-Werte aufwiesen, wurden ausschließlich Mißerfolge thematisiert, die zudem im externalen Begründungsteil zumeist die «Eigenart des Kindes» aufführen. Die Verantwortlichkeit für den Mißerfolg soll also aus der eigenen Person hinaus-, nicht aber in das eigene Kind hineinverlegt werden.

Die nach den Ergebnissen der Itemanalysen notwendige Selektion führte zu einer Gesamtskala von insgesamt 42 Items (20 Erfolge und 22 Mißerfolge):

Die Items der revidierten Skalen sind in ihren Trennschärfen ($r_{it} \geqq .30$) und Schwierigkeiten (zwischen $p \geqq .20$ und $p \leqq .80$) entsprechend dem gewählten Kriterium zufriedenstellend. Gleiches gilt für die internen Konsistenzen der Gesamtskala (r_{tt} .90) und der Subskalen (r_{tt} .76 – r_{tt} .82). Damit liegen die internen Konsistenzen eindeutig über den Korrelationen zwischen der Leistungs- und Eigenständigkeitsskala ($r = .52$), was als erste «Rechtfertigung» für die Untergliederung in verschiedene Subbereiche gelten darf. – Die Interpretation der relativ hohen Interkorrelation von Eigenständigkeits- und Hilfsbereitschaftsskala steht in ausführlicher Form noch aus. – Zugleich erweist sich die getrennte Auswertung von Erfolgen und Mißerfolgen der Gesamtskala als sinnvoll, da die Erfolge der verschiedenen Subskalen höher korreliert sind als die Erfolge und Mißerfolge einer Subskala.

3. Ergebnisse

1. Als wesentliche Einflußgröße der Zuschreibung eigener bzw. fremder Beeinflußbarkeit von Erfolgen und Mißerfolgen in der Erziehung durch den Pb wurde die «Art» seiner Interaktion mit einem Kind gesehen. Zur Aufdifferenzierung dieser Annahme können Befunde aus dem Bereich der Attributionsforschung herangezogen werden (Beckman 1970, 1973, 1976; Schopler & Layton 1972; Ross et al. 1974; Ames 1975; Brandt et al. 1975), die stark zusammengefaßt belegen;

a) daß Lehrer, die keinen direkten Kontakt zu ihrem Schüler haben (z. B. Kommunikation über Tonband) im allgemeinen die ihrem Verhalten folgenden Mißerfolge im Sinne einer «ego defense» eher externalen Ursachen zuschreiben, sie also nicht auf die eigene Person zurückführen;

b) daß diese Tendenz sich umkehrt, wenn sie in direktem Kontakt zu dem Schüler stehen.

Diese über das Lehrer-Schüler-Verhältnis getroffenen Aussagen schienen auch auf die Zuschreibung innerhalb der elterlichen Erziehung übertragbar, so daß folgende Hypothese resultierte:

Pbn, die in direktem Kontakt zu einem Kind der entsprechenden Altersgruppe stehen, sollen Mißerfolge eher durch ihre eigene Person beeinflußt sehen als Pbn, die sich nicht in dieser direkten Interaktion befinden.

Bei der Überprüfung dieser Annahme wurden Pbn ohne Kind nicht miteinbezogen. Als Pbn mit direktem Kontakt wurden jene definiert, die Vater oder Mutter eines oder mehrerer Kinder im Altern von 10–16 Jahren waren. Da sich die «ego defensiveness« nur auf Mißerfolge be-

Tabelle 1: Mittelwertsvergleiche der Väter und Mütter, die Interaktion mit einem Kind «entsprechenden Alters» (10–16 J..) haben/nicht haben; N = 118

Summenscore	GS *	ME	LM	EM	HM
Kind(er) von 10–16 J. ..... (N = 72)	67.50	34.61	11.89	9.70	12.83
Kind(er) < 10 J. u. > 16 J. (N = 46)	65.22	32.88	11.28	9.31	12.00
t-Werte	1.36	1.75	1.41	1.25	1.85
df	116	116	116	116	116
	$p < .10$	$p < .05$	$p < .10$	n. s.	$p < .05$

* GS: Gesamtskala; ME: Mißerfolge der Gesamtskala; LM: Leistungsfähigkeit/Mißerfolg; EM: Eigenständigkeit/Mißerfolg; HM Hilfsbereitschaft/Mißerfolg. Höhere Werte weisen in Richtung Internalität.

zieht, wurden neben der Gesamtskala (GS) nur die verschiedenen Mißerfolgssummenscores berücksichtigt (s. Tab. 1).

Während sich, wie zuvor überprüft, für Pbn mit und ohne Kind keine signifikanten Unterschiede ergeben, ließ sich die hier referierte Annahme tendenziell bestätigen. Danach sind Väter und Mütter mit einem Kind der entsprechenden Altersgruppe eher bereit, die Verantwortlichkeit für Mißerfolge zu übernehmen (höhere Skalensummenscores). D. h., der reale Hier-und-jetzt-Kontakt mit einem Kind läßt für die Pbn wenig Raum, die Verantwortlichkeit für einen Mißerfolg des Kindes «abzuschieben»; Verantwortlichkeit ist hier zu interpretieren als das Repräsentiert-Sein normativer Orientierungen, nämlich für das Wohl des Kindes verantwortlich zu sein.

Bezogen auf den bereits eingeführten Verhaltensaspekt – je beeinflußbarer die Situation eingeschätzt wird, desto eher kommt es zur Planung von Handlungen – müßte also bei diesen Eltern verstärktes Handeln, um die Ist-Lage (Mißerfolg) in die Soll-Lage (Erfolg) zu überführen, erwartet werden. Die dabei in Betracht gezogenen Handlungsmöglichkeiten hängen von den jeweiligen Ursachen, die die Eltern dem ungewünschten Kindverhalten zuschreiben, ab (Hofer & Dobrick 1978).

2. Inwieweit Erfolge und Mißerfolge, bezogen auf bedeutsame Inhalte der Kindererziehung, als Resultat eigenen Verhaltens oder außerhalb des Pb liegender Einflüsse wahrgenommen werden, soll durch das Alter des Befragten mitbeeinflußt sein.

Für die Altersabhängigkeit der KÜZ sprechen bereits die Grundannahmen der Sozialen Lerntheorie Rotters: Die jeweiligen Bekräftigungserfahrungen führen zur Ausbildung einer entsprechenden KÜZ. Nach dieser Prämisse ist eine kurvilineare Beziehung zu erwarten:

- *ein Ansteigen der Internalität bis zum Erwachsenenalter (die Entwicklung der eigenen Fähigkeiten wird erfahren – es kann tatsächlich mehr Kontrolle ausgeübt werden);*
- *eine Phase der relativen Konstanz der KÜZ (die erworbenen Fähigkeiten werden kaum abgebaut; die wahrgenommenen Kontrollmöglichkeiten werden also nicht infragegestellt);*
- *ein Abnehmen der Internalität im Alter (aufgrund der veränderten Situation – Abnahme der Gesundheit, des Einkommens, der sozialen Beziehungen, des sozialen Status usw. – verringern sich die Möglichkeiten der eigenen Einflußnahme).*

Wenn sich auch dieser Zusammenhang anhand der Ergebnisse bereits vorliegender Arbeiten für die «allgemeinen» KÜZ nicht bestätigen ließ (Duke et al. 1974; Staats 1974; Wolk & Kurtz 1975; Ryckman & Malikiosi 1975; Lao 1976), konnte aufgrund verschiedener Studien über die Eltern-Kind-Interaktion und das Selbstbild im Alter (Lehr

Tabelle 2: Einfache Varianzanalyse für den Faktor Alter. Mittelwerte und Varianzen (in Klammern) für 6 Skalen; N = 153.

Summenscore	GS *	L	E	H	ME	ER
Alter	**					
18–25	68.67	21.36	23.54	23.29	35.21	33.25
(N = 24)	(63.71)	(14.33)	(6.35)	(9.87)	(21.96)	(17.15)
26–35	68.91	21.56	23.38	23.78	34.81	34.03
(N = 32)	(82.02)	(17.67)	(11.60)	(12.69)	(30.09)	(19.32)
36–45	67.24	20.76	23.15	22.94	34.12	33.24
(N = 33)	(75.94)	(14.63)	(10.70)	(12.00)	(22.48)	(19.19)
46–60	63.34	19.79	22.08	20.87	31.61	31.45
(N = 38)	(81.26)	(13.63)	(9.21)	(12.17)	(32.30)	(22.15)
> 60	65.00	19.69	22.62	22.15	33.42	31.27
(N = 26)	(79.36)	(9.18)	(13.37)	(12.22)	(25.85)	(22.20)
F-Wert	2.44	1.62	1.14	3.74	2.49	2.30
df	4/148	4/148	4/148	4/148	4/148	4/148
	$p < .05$	n. s.	n. s.	$p < .01$	$p < .05$	$p < .10$

* GS: Gesamtskala; L: Leistungsfähigkeit; E: Eigenständigkeit; H: Hilfsbereitschaft; ME: Mißerfolge der Gesamtskala; E: Erfolge der Gesamtskala.
** Signifikanzniveau —— $p < .05$ / .... $p < .01$.

1974) zumindest für den Bereich der Erziehung diese kurvilineare Beziehung angenommen werden.

Durch die Resultate findet diese Vermutung jedoch nur z. T. Bestätigung: So ist zwar die relative Konstanz der KÜZ bei Pbn im Alter von 18–45 Jahren festzustellen, nicht aber die Tendenz zur Externalität im Alter (kein Absinken der entsprechenden Summenscores). Vielmehr zeigt sich für die 46–60jährigen ein leichtes Abfallen der Internalität, – was besonders für die Mißerfolge der Gesamtskala deutlich wird –, während die Werte der über 60jährigen wieder leicht ansteigen. Inwieweit nun aber tatsächlich von einem Zuwachs der Internalität der über 60jährigen gesprochen werden kann, sei dahingestellt:

– Bezieht man ein, daß die aus der Auswertung ausgeschlossene Gruppe der Pbn über 25 % «Keine Meinung»-Antworten durchschnittlich externaler und älter ist als die Reststichprobe, kann das Ergebnis Produkt der Stichprobenreduktion sein.

– Da bisher keine Längsschnittstudien vorliegen, ist nicht zu überprüfen, ob diese Gruppe im Gegensatz zu früheren Lebensabschnitten nicht doch externaler wurde.

Dennoch bleibt ein weiterer interessanter Befund in diesem Zusammenhang festzuhalten. Wertet man die Subskalen für die verschiedenen

Altersgruppen getrennt nach Erfolg und Mißerfolg aus, ist festzustellen: Die Pbn aller Altersgruppen sind sich relativ einig bezüglich der wahrgenommenen Kontrollmöglichkeiten des gesamten Bereichs Leistungsfähigkeit und der Erfolge der Eigenständigkeitsskala. Sie unterscheiden sich jedoch in den KÜZ für die Mißerfolge der Eigenständigkeits- und für die gesamte Hilfsbereitschaftsskala.

Bei der im Vergleich stärksten «Externalisierung» der Mißerfolge im Sozialverhalten des Kindes bei der Gruppe der 46–60jährigen bleibt zu fragen, welche Erfahrungen bei dieser Altersgruppe zu einer solchen partiellen Abwehr von Verantwortlichkeit geführt haben.

3. Eine Reihe empirischer Untersuchungen weist auf geschlechtsspezifische Differenzen innerhalb der KÜZ hin. Grundannahme ist: Frauen, die aufgrund ihrer Lebenssituation im allgemeinen über weniger faktische Kontrollmöglichkeiten verfügen, sehen sich selbst weniger internal als Männer (PARSONS & SCHNEIDER 1974; MCGINNIES et al. 1974; ROST-SCHAUDE et al. 1975; KESTENBAUM & HAMMERSLA 1976; DIXON et al. 1976). Allerdings ist dabei hinzuzufügen, daß die gefundenen Geschlechtsdifferenzen in den meisten Arbeiten nur schwach nachgewiesen werden können.

Ein Arbeitsbericht von FILIPP und SCHNEEWIND (1974), der sich mit den von Müttern und Vätern vermuteten Einflußgrößen von bestimmten Kindeigenschaften (i. S. von Ursachenzuschreibung) befaßt, gibt dazu für den deutschen Sprachraum Auskunft. Danach ist der Anteil des zugeschriebenen «elterlichen Einflusses» (läßt sich hier Internalität vergleichen) neben dem Einfluß von «Vererbung», «Anderen» und «kindlicher Eigeninitiative» (läßt sich hier mit Externalität vergleichen) nur bei Vätern der Mittel- und Oberschicht insgesamt geringfügig häufiger (nicht signifikant) als Ursache genannt als bei Müttern.

Durch die eigenen Befunde kann der vermutete Effekt – höhere Internalität der Männer (höhere Summenscores) – auch nur zum Teil nach-

Tabelle 3: Mittelwertvergleiche für Männer und Frauen für die Gesamtskala, Erfolg, Mißerfolg und die 3 Subskalen; N = 153.

Summenscore	GS *	L	E	H	ME	ER
männlich (N = 78) ...	67.28	21.13	23.35	22.41	34.08	32.92
weiblich (N = 75)	65.61	20.05	22.44	22.64	33.29	32.32
t-Wert	1.51	1.77	1.76	0.40	0.91	0.82
df	151	151	151	151	151	151
	n. s.	$p < .05$	$p < .05$	n. s.	n. s.	n. s.

* GS: Gesamtskala; L: Leistungsfähigkeit; E: Eigenständigkeit; H: Hilfsbereitschaft; ME: Mißerfolge der Gesamtskala; E: Erfolge der Gesamtskala.

gewiesen werden. Signifikanzen ergeben sich nur auf der Leistungs- und Eigenständigkeitsskala, während die Items der Hilfsbereitschaftsskala eher von den Frauen etwas internaler beantwortet wurden. Auch bei der getrennten Auswertung von Erfolg und Mißerfolg wiederholt sich dieses Bild.

An den Inhalten der Skalen lassen sich Aspekte der «üblichen» Rollenteilung festmachen. Verkürzt formuliert: Der Mann fühlt sich verantwortlich für die Leistung und die Eigenständigkeit des Kindes, die Frau fühlt sich zur «Kontrolle» der Hilfsbereitschaft befähigt. In diesem Zusammenhang wurde die weitergehende Annahme überprüft: Je ungebrochener dieses «Rollenverhältnis» vorliegt, desto internaler ist der Mann im Vergleich zur Frau.

Als Indikator des Vorliegens bzw. des Nichtvorliegens solcher Rollenzuweisungen wurde die regionale Herkunft gewählt. Ausgangspunkt war die Überlegung, daß solche fixierten Rollenbilder in dörflichen Gemeinden in stärkerem Maße erhalten sind als in der Stadt; Männer und Frauen sich dort also in ihrer KÜZ stärker voneinander unterscheiden.

Tatsächlich stützen die Resultate diese Überlegung. Während sich Männer und Frauen aus der untersuchten Stadt in ihren KÜZ nicht signifikant unterscheiden, können für Männer und Frauen aus dem untersuchten Großdorf signifikante Mittelwertsdifferenzen im Sinne der Erwartung nachgewiesen werden.

Kurz und allgemein zusammengefaßt läßt sich sagen, daß die Art der Erfahrung mit dem Kind für die kindbezogenen KÜZ ausschlaggebend zu sein scheint. – Die Eltern, die aktuell mit von ihnen unerwünschtem Kindverhalten konfrontiert sind, erhalten sich durch die Überzeugung, selbst für dieses Verhalten verantwortlich zu sein, die «Illusion», durch «richtiges» Erziehungsverhalten den Mißerfolg doch noch abwenden zu können. Die Erfahrung der Älteren, daß eine Reihe von Mißerfolgen nicht verhindert werden konnte, schlägt sich in ihrer geringeren KÜZ nieder, die subjektiv aber dem gleichen Ziel dient: Der Eindruck, trotz der wahrscheinlich unternommenen Beeinflussungsversuche in bestimmten Bereichen der Erziehung «versagt» zu haben, wird durch das Delegieren der Verantwortung an außerhalb der eigenen Person liegende Faktoren vermieden. Auch die Art und das Ausmaß der jeweiligen «Zuständigkeit» für bestimmte Bereiche des Kindverhaltens – hier entsprechend der geschlechtsspezifischen Rollenverteilung – wirkt sich in der verstärkten Übernahme von Verantwortung für die Erfolge und Mißerfolge in diesem Bereich aus. D. h., daß das Ausmaß, in dem sich Eltern Einflußmöglichkeiten auf das Verhalten ihres Kindes zuschreiben, wesentlich durch die Notwendigkeit bestimmt ist, sich für die eigene Person ein subjektiv positives Selbstbild zu erhalten.

Literaturverzeichnis

ABRAHAMSON, D., SCHLUDERMANN, S. & SCHLUDERMANN, E. 1973. Replications of dimensions of locus of control. Journ. of Consulting and Clinical Psychology *41,* 320.

AMES, R. 1975. Teacher's attributions of responsibility. Some unexpected non defensive effects. Journ. of Educational Psychology *67,* 668–676.

BECKMAN, L. 1970. Effects of students' level and patterns of performance on teachers' and observers's attributions of causality. Journ. of Educational Psychology *61,* 76–82.

BECKMAN, L. 1973. Teachers' and observers' perception of causality for a child's performance. Journ. of Educational Psychology *65,* 198–204.

BECKMAN, L. 1976. Causal attributions of teachers and parents regarding children's performance. Psychology in the Schools *13,* 212–218.

BRANDT, L. J., HAYDEN, M. E. & BROPHY, I. E. 1975. Teacher's attitudes and ascription of causation. Journ. of Educational Psychology *67,* 677–682.

CRANDALL, V. C., KATKOVSKY, W. & CRANDALL, V. J. 1965. Children's beliefs in their control of reinforcements in intellectual-academic achievement situations. Child Development *36,* 91–109.

DIXON, D. N., MCKEE, C. S. & MCRAE, B. C. 1976. Dimensionality of three adult, objective locus of control scales. Journ. of Personality Assessment *40,* 310–319.

DUKE, M. P., SHAHEEN, J. & NOWICKI, S. 1974. The determination of locus of control in a geriatric population and a subsequent test of the social learning model for interpersonal distances. Journ. of Psycholgy *86,* 277–285.

FILIPP, U.-D. & SCHNEEWIND, K. A. 1974. Die Rangfolge globaler elterlicher Erziehungsziele und deren Einflußgrößen. Forschungsbericht 21 des SFB 22 der Universität Erlangen-Nürnberg. Nürnberg.

GURIN, P., GURIN, G., LAO, R. C. & BEATTIE, M. 1969. Internal-external control in the motivational dynamics of negro youth. Journ. of Social Issues *25,* 29–52.

HOFER, M. & DOBRICK, M. 1978. Die Rolle der Fremdattribution von Ursachen bei der Handlungssteuerung des Lehrers. In: GÖRLITZ, D., MEYER, W.-U. & WEINER, B. (Hg.), Bielefelder Symposium über Attribution. Stuttgart: Klett-Cotta.

KESTENBAUM, J. M. & HAMMERSLA, J. 1976. Filler items and social desirability in Rotter's locus of control scale. Journ. of Personality Assessment *40,* 162–168.

KUMPF, M., ROST-SCHAUDE, E., FREY, D., OCHSMANN, R. & SAUER, C. 1978. Kognitive Kontrolle und Kontrollverlust. Aus: Arbeits- und Ergebnisbericht des SFB 24 der Universität Mannheim. Mannheim. 543–595.

LAO, R. D. 1976. Is internal-external control an age-related variable? Journ. of Psychology *92,* 3.

LEHR, U. 1972. Psychologie des Alterns. Heidelberg: Quelle u. Meyer.

LEVENSON, H. 1972. Distinctions within the concept of internal-external control: Development of a new scale. APA Proceedings, 80th Annual Convention. Vol. 7, 261–262.

LEVENSON, H. & MILLER, J. 1976. Multidimensional locus of control in sociopolitical activists of conservative and liberal ideologies. Journ. of Personality and Social Psychology *33,* 199–208.

LUKESCH, H. 1976. Elterliche Erziehungsstile. Psychologische und soziologische Bedingungen. Stuttgart: Kohlhammer.

MCGINNIES, E., NORDHOLM, L. A., WARD, C. D. & BHANTHUMNAVIN, D. L. 1974. Sex and cultural differences in perceived locus of control among students in five countries. Journ. of Consulting and Clinical Psychology *42,* 451–455.

MIRELS, H. L. 1974. Dimensions of internal versus external control. Journ. of Consulting and Clinical Psychology *34,* 226–228.

MISCHEL, W., ZEISS, R. & ZEISS, A. 1974. Internal-external control and persistence: Validation and implications of the Stanford-Preschool Internal-External-Scale. Journ. of Personality and Social Psychology *29,* 265–278.

NOWICKI, S. & STRICKLAND, B. R. 1973. A locus of control scale for children. Journ. of Consulting and Clinical Psychology *40,* 148–154.

NOWICKI, S. & DUKE, M. P. 1974. A locus of control scale for non college as well as college adults. Journ. of Personality Assessment *38,* 136–137.

OBITZ, F. W., OZIEL, L. J. & UNMACHT, J. J. 1973. General and specific locus of control in delinquent drug users. International Journ. of the Addiction *8,* 723–727.

PARSONS, O. A. & SCHNEIDER, J. M. 1974. Locus of control in university students from eastern and western societies. Journ. of Consulting and Clinical Psychology *42,* 456–461.

REID, D. W. & WARE, E. 1973. Multidimensionality of internal-external control: Implications for past and future research. Canadian Journal of Behavioral Science *5,* 265–271.

ROSS, M., BIERBRAUER, G. & POLLY, S. 1974. Attribution of educational outcomes by professional and nonprofessional instructors. Journ. of Personality and Social Psychology *29,* 609–618.

ROST-SCHAUDE, E., KUMPF, M. & FREY, D. 1975. Untersuchungen zu einer deutschen Fassung der «Internal-External Control»-Skala von Rotter. In: TACK, W. H. (Hg.). Bericht über den 29. Kongreß der Deutschen Gesellschaft für Psychologie in Salzburg 1974, Band 2. Göttingen: Hogrefe, 327–329.

ROTTER, J. B. 1966. Generalized expectancies for internal versus external control of reinforcement. Psychological Monographs *80* (Nr. 609).

ROTTER, J. B. 1975. Some problems and misconceptions related to the construct of internal versus external control of reinforcement. Journ. of Consulting and Clinical Psychology *43,* 56–67.

ROTTER, J. B., SEEMAN, M. & LIVERANT, S. 1962. Internal versus external control of reinforcement: A major variable in behavior theory. In: WASHBURN, N. F. (Hg.). Decision, values and groups, Vol. 2. London: Pergamon Press. 473–516.

RYCKMAN, R. M. & MALIKIOSI, M. X. 1975. Relationship between locus of control and chronological age. Psychological Reports *36,* 655–658.

SCHNEEWIND, K. A. 1973. Entwicklung eines Fragebogens zur Erfassung internaler versus externaler Bekräftigungsüberzeugungen bei Kindern. Forschungsbericht 51 aus dem Sonderforschungsbereich 22 der Deutschen Forschungsgemeinschaft an der Universität Erlangen-Nürnberg. Nürnberg.

SCHOPLER, J. & LAYTON, B. 1972. Determinants of the self-attribution of having influenced another person. Journ. of Personality and Social Psychology *22,* 326–332.

STAATS, S. 1974. Internal versus external locus of control for three age groups. International Journ. of Aging and Human Development *5,* 7–10.

WOLK, S. & KURTZ, J. 1975. Positive adjustment and involvement during aging and expectancy for internal control. Journ. of Consulting and Clinical Psychology *43,* 173–178.

WORTMAN, C. B. & BREHM, J. W. 1975. Responses to uncontrollable outcomes: An integration of reactance theory and the learned helplessness model. In: BERKOWITZ, L. (Hg.) Advances in experimental social psychology. Bd. 8, 227–276.

ZÉBERGS, D. 1978. Schlußfolgerungen zur Entwicklung einer Konzeption eigener Handlungsfähigkeit. In: SILBEREISEN, R. K. (Hg.) Newsletter soziale Kognition, 2, TUB-Dokumentation aktuell, 4. Berlin. 5–28.

IV. Familiäre Interaktion und Leistungsverhalten

In den vier Abschnitten dieses Themenblocks stehen Aspekte der familiären Sozialisation des Leistungsverhaltens im Vordergrund. Die Aufdeckung kompetenzfördernder bzw. -hemmender Gegebenheiten in der Umwelt des Kindes ist seit je ein dominanter Problembereich der familiären Sozialisationsforschung. Gleichgültig unter welchem Erkenntnisinteresse und Verwertungsgesichtspunkt die Auseinandersetzung mit diesem Thema erfolgte: in einer sich selbst als «Leistungsgesellchaft» definierenden Sozietät liegt es nahe, den familiären Entstehungsbedingungen von Verhaltensmustern im Umfeld leistungsorientierten Handelns nachzuspüren. Leistungsverhalten umfaßt dabei nicht nur die Beweggründe für das Hervorbringen von Leistungen im Sinne der traditionsreichen Leistungsmotivforschung, sondern auch die Verfügbarkeit von Kompetenzen zur wirksamen Auseinandersetzung mit konkreten Lebenssituationen.

Eine wichtige Voraussetzung für einen effektiven Personen-Umwelt-Bezug ist das Vorhandensein und die angemessene Anwendung von Sprache. Wolf geht in seinem Beitrag der Frage nach, inwieweit verschiedene Variablen der häuslichen Lernumwelt bei Kindern im Alter von 4 bis 6 Jahren einen Einfluß auf semantische, syntaktische und pragmatische Aspekte der sprachlichen Kompetenz haben. Dabei zeigt sich, daß je nach dem in Frage stehenden Aspekt der Sprachleistung sich differentielle Einflußfaktoren der familiären Lernumwelt ergeben. Von durchgängiger Bedeutung scheint jedoch ein allgemein positives emotionales Klima in der häuslichen Umwelt des Kindes zu sein.

Während die Arbeit von Wolf eine Bedingungsanalyse verbaler Handlungsfähigkeit im Auge hat und somit auf eine zentrale Voraussetzung für leistungsthematisches Handeln abzielt, setzt sich die Untersuchung von Gattringer und Sauer unmittelbar mit dem Leistungsverhalten im Sinne der gelingenden oder mißlingenden Verwirklichung einer Handlungsabsicht auseinander. Im Rahmen des attributionstheoretischen Ansatzes stellt sich die Frage nach den subjektiven Verursachungsannahmen für Erfolg oder Mißerfolg. Gattringer und Sauer versuchen nun bei einer größeren Stichprobe 10jähriger Schüler die diversen subjektiven Erklärungsmuster auf dem Hintergrund familiärer Umwelterfahrungen aufzuklären. Dabei stehen insbesondere Aspekte des

Anregungsgehalts, des Leistungsdrucks und der vergangenen Erfolgserfahrungen in der häuslichen Umwelt im Vordergrund. Die Befunde dieser Untersuchung machen deutlich, daß die Erklärungskraft häuslicher Umgebungsbedingungen im Zusammenhang mit umfassenderen ökologischen Kontexten (z. B. Stadt-Land-Unterschieden) und geschlechtsspezifischen Sozialisationsmustern gesehen werden muß.

Mißlungene Handlungsabsichten im Leistungsbereich können zum Aufbau von Angst und Vermeidungsverhalten in Leistungssituationen führen, zugleich aber auch zu einer Minderung des allgemeinen Selbstwertgefühls beitragen. HELMKE und VÄTH-SZUSDZIARA gehen in einer groß angelegten Studie bei Schülern der Klassenstufen 6, 8 und 9 diesen Vermutungen nach. Dabei setzen Sie verschiedene Aspekte des Familienklimas, wie sie sich in elterlichen Erwartungsinhalten, Interaktions- und Sanktionsformen sowie Beziehungsqualitäten niederschlagen, mit dem Grad kindlicher Leistungsangst und Selbstakzeptierung in Beziehung. Es zeigt sich, daß sich ein autoritäres und ein egalitäres Syndrom des familiären Erziehungsklimas isolieren läßt, das in unterschiedlicher Weise mit Leistungsangst und Selbstwertgefühl verknüpft ist.

Ein Bereich, in dem sich das Leistungsverhalten in einer eher molaren Betrachtungsweise niederschlägt, ist die Ausbildungs- und Berufswahl. Daß dabei schichtspezifische Einflüsse eine bedeutsame Rolle spielen, läßt sich anhand der soziologischen Literatur gut belegen. WALTER geht in seinem Beitrag ein Stück über den traditionellen soziologischen Forschungsansatz hinaus, indem er bei einer größeren Stichprobe von Abiturienten neben Indikatoren der sozio-ökonomischen Schichtzugehörigkeit auch Variablen des häuslichen Familienklimas, wie etwa Art der Gesprächsthemen, Leistungserwartungen und Erziehungsverhalten im Elternhaus, als mögliche Bedingungsgrößen für die Ausbildungswahl mit in Betracht zieht. Die Befunde dieser Studie zeigen, daß Familienklimavariablen neben den Schichtindikatoren einen zusätzlichen Beitrag zur Erklärung für die Wahl bestimmter Ausbildungsgänge leisten.

10. BERNHARD WOLF

Lernumwelt und Sprachentwicklung im Kindergartenalter — eine Analyse sozialer Prozesse[1]

Zusammenfassung: Nach einer kurzen Erörterung des Begriffs der häuslichen Lernumwelt, vor allem aus der Sicht der von BLOOM angeregten Forschungsarbeiten, folgt die Darstellung einer Voruntersuchung zu Lernumwelt und Sprachentwicklung.

92 Kinder (Durchschnittsalter 5;6) bearbeiteten den Landauer Sprachentwicklungstest für Vorschulkinder; ihre Eltern füllten einen Fragebogen zur Lernumwelt aus.

Die in vielen bisherigen Untersuchungen vernachlässigte Annahme, daß das allgemeine emotionale Klima zu Hause einen erheblichen Einfluß auf die Sprache des Kindes hat, wurde bestätigt. Mit Hilfe schrittweiser Regressionsanalysen wurden außerdem spezifische relevante Lernumweltbedingungen für Wortschatz, Grammatik und Kommunikationsfähigkeit identifiziert. Insgesamt erscheint es lohnend, sozialen Faktoren bei der Erforschung der Sprache mehr Beachtung zu widmen.

1. Zur Bedeutung der häuslichen Lernumwelt

Der Ausgangspunkt des Konzeptes Lernumwelt ist die weit gefaßte Umweltauffassung BLOOMS (1964, 187): «Unter Umwelt verstehen wir die Bedingungen, Einflüsse (forces) und äußeren Reize, die auf Menschen einwirken. Dies können physische, soziale, aber auch intellektuelle Einflüsse und Bedingungen sein. Nach unserer Auffassung reicht Umwelt von den unmittelbarsten sozialen Interaktionen bis zu den entfernteren kulturellen und institutionellen Einflüssen.»

Diese vielfältigen Umweltfaktoren, denen BLOOM in seiner programmatischen Schrift (1964) einen wahrscheinlich zu starken Einfluß im Entwicklungsprozeß beimißt, müssen in mehrfacher Hinsicht präzisiert werden:

- Welche Teilbereiche der Umwelt sind relevant?

---

[1] Dieser Beitrag ist ein Teil des Forschungsprojektes «Der Einfluß häuslicher und institutioneller Lernumwelt auf die Sprachentwicklung 4- bis 6jähriger Kinder», das, mit Mitteln der Stiftung Volkswagenwerk unterstützt, im Zentrum für empirische pädagogische Forschung der EWH Rheinland-Pfalz durchgeführt wird.

- Welche speziellen inhaltlichen Schwerpunkte innerhalb der ausgewählten Teilbereiche sollen in bestimmten Entwicklungsstadien bei bestimmten Kriterienvariablen als Umweltindikatoren verwendet werden?
- Wie nahe bei oder wie weit entfernt von den «unmittelbarsten sozialen Interaktionen» zwischen Menschen soll die Erfassung der Umwelt erfolgen?
- Wie müssen die Instrumente aussehen, die eine möglichst valide (und reliable) Umweltmessung erlauben?

1.1 Teilbereiche der Umwelt

Bei Forschungen in Pädagogischer Psychologie oder Pädagogik ist derjenige Teilbereich der Umwelt von besonderem Interesse, der in Anlehnung an den in der angelsächsischen Fachsprache gebräuchlichen Begriff «learning environment» als «Lernumwelt» bezeichnet wird. Lernumwelt umfaßt diejenigen Aspekte der Umwelt, die zur Beschreibung, Erklärung und Vorhersage des kognitiven und affektiven Verhaltens und seiner Veränderungen relevant sind.

Die wichtigsten Impulse dazu gingen von denjenigen Arbeiten aus, die seit Anfang der sechziger Jahre von Bloom angeregt vor allem Meßinstrumente zur Lernumwelt im Zusammenhang mit verschiedenen Kriterienvariablen erprobten (Davé 1963; R. M. Wolf 1964; Mosychuk 1969; Weiss 1969; Marjoribanks 1970; Keeves 1972; Trudewind 1975). Die theoretische und forschungsmethodische Weiterentwicklung dieses «Chicagoer» Ansatzes – vgl. die zusammenfassende Darstellung durch B. Wolf (1980) – wird durch neuere Studien von Marjoribanks und von Walberg repräsentiert.

Abgesehen von Strukturdaten der Familie und der sozialen Schicht unterscheidet Marjoribanks (1974, 15) innerhalb des Bereiches der Lernumwelt zwischen:
- Häusliche Lernumwelt,
- Lernumwelt durch Nachbarschaftseinflüsse und Gleichaltrige,
- Schulische Lernumwelt (allgemeiner: institutionelle Lernumwelt),
- Lernumwelt im Hochschulbereich (man könnte hinzufügen: am Arbeitsplatz).

Die folgenden Überlegungen und Forschungsergebnisse beziehen sich nur auf den Teilaspekt «häusliche Lernumwelt», der aber zumindest im Kindergartenalter auch Gleichaltrige und die Nachbarschaft umfaßt, weil im Vorschulalter der Umwelteinfluß der primären Bezugspersonen (die hier vereinfachend generell als Eltern bezeichnet werden) stärker ist als derjenige anderer Lernumweltbereiche.

Die Orientierung an den Chicagoer Studien zur häuslichen Lernumwelt bedeutet jedoch nicht, daß hier alle Strategien und Operationalisierungen übernommen werden. Das ist schon deshalb nicht möglich, weil die Meßinstrumente zur häuslichen Lernumwelt vom Alter der Kinder und den gewählten Kriterienvariablen abhängig sind.

Die in differenzierten Interviewstudien zur häuslichen Lernumwelt bei verschiedenen Kriterienvariablen gefundenen hohen Anteile aufgeklärter Varianz (vgl. die Zusammenstellung bei WOLF 1980) lassen zwar keinen Zweifel an der Bedeutung der Lernumwelt für die Entwicklung weiter Verhaltensbereiche, aber einige ungelöste Probleme bleiben bestehen. So überzeugen die ausgewählten Teilaspekte der Chicagoer Arbeiten nicht in allen Fällen: Es gibt Fragenkomplexe, die den Kriterienvariablen so ähnlich sind, daß in der aufgeklärten Varianz auch ein unechter Anteil enthalten ist; es gibt unerwartete Zusammenhänge, die bei näherer Betrachtung auf eine unzutreffende Zusammenfassung oder falsche Benennung der zusammengefaßten Interviewfragen zurückgeführt werden können.

Der wichtigste Unterschied im Hinblick auf die Auswahl der speziellen Schwerpunkte der Umwelterfassung zwischen den bisherigen Arbeiten und diesem Ansatz (GÖTTE et al. 1977) besteht aber in den theoretischen Annahmen. Diese Annahmen sind in den bisherigen Studien selten explizit formuliert, sondern können meistens nur aus den Operationalisierungen erschlossen werden. Die unten vorgelegte Skizzierung unserer Annahmen ist nur ein vorläufiger Entwurf, der noch weiter ausgearbeitet werden muß.

1.2 Abstand von den unmittelbaren Interaktionen

Prinzipiell sind diejenigen Einflüsse der häuslichen Lernumwelt von vorrangigem Interesse, die möglichst treffend den direkten Interaktionsprozeß beschreiben. Um jedoch einzelne Beobachtungen, Einzelaussagen im Interview oder Antworten auf eine Frage nicht falsch- oder überzubewerten, empfiehlt sich eine Erfassungsebene, die «geronnene» Interaktionsmuster beschreibt.

Die Registrierung «entfernter Einflüsse», wie z. B. des Sozialen Status oder der Stellung in der Geschwisterreihe, dient der Abschätzung der Bedeutung dieser indirekt wirkenden Größen im Gesamtzusammenhang. MARJORIBANKS (1978) zeigt, daß gerade die Kombination von solchen «groben» Indikatoren wie dem Sozialen Status und Lernumweltmerkmalen aufschlußreich sein kann.

1.3. Gütekriterien der Meßinstrumente

Wenn man die vorliegenden Meßinstrumente zur häuslichen Lernumwelt, zu denen auch die Verfahren der Erziehungsstilforschung zählen, vor allem in Hinblick auf die kritische Frage der Validität betrachtet (GÖTTE 1979), sind Beobachtungen und Interviews in den meisten Fällen besser geeignet als die leichter handhabbaren Fragebogen, unabhängig davon, ob man Erzieher (Eltern), Erzogene (Kinder) oder Experten (nicht beteiligte Informanten) zu Rate zieht. Die durch Verfälschungstendenzen vielfältiger Art zu Lasten der Validität gehenden Fehler sind normalerweise bei Fragebogen gravierender als bei Interviews und Beobachtungen. Analoges gilt beim Vergleich von Interviews und Fragebogen für den Schluß von Einstellungen oder Wahrnehmungen, die zumeist erfragt werden, auf das Verhalten, den eigentlichen Gegenstand der Lernumweltforschung. Der kritische Überblick von GÖTTE (1979) zeigt auch, wie wenig Aufmerksamkeit bisher insgesamt der Frage gewidmet wurde, ob die Ankreuzungen in Meßinstrumenten Rückschlüsse auf das Verhalten zulassen, also auf die tatsächliche Lernumwelt.

In der unten referierten Voruntersuchung wird trotz aller Bedenken ein Fragebogen verwendet, weil auf diesem vergleichsweise sehr einfachen Weg bereits einige Fragen gelöst werden können. In der Hauptuntersuchung des Forschungsprojektes «Der Einfluß häuslicher und institutioneller Lernumwelt auf die Sprachentwicklung 4- bis 6jähriger Kinder» (GÖTTE et al. 1977) stehen allerdings Interviews (und Beobachtungen) im Mittelpunkt der Lernumwelterfassung, weil ein Fragebogen die vertiefte Einsicht in die häusliche Umwelt nicht zuläßt.

2. Häusliche Lernumwelt und Sprachentwicklung – eine empirische Untersuchung

2.1 Annahmen und Vorgehensweise

In acht Kindergärten in Rheinland-Pfalz und dem Saarland wurden 92 Kinder (Durchschnittsalter: fünfeinhalb Jahre) mit dem von GÖTTE (1976) entwickelten Landauer Sprachentwicklungstest für Vorschulkinder – LSV – untersucht (BRANDT 1978). Dieser Einzeltest, der von den Kindern als Spiel empfunden wird, erlaubt Aussagen über die verbale Handlungsfähigkeit im Sinne kommunikativer Kompetenz. Drei Untertests lassen Rückschlüsse auf wichtige Bereiche der verbalen Handlungsfähigkeit von Vorschulkindern zu: auf die Formen- und Satzbildungsfähigkeit (Grammatik), die Fähigkeit, Sprache anzuwenden (Kommunikationsfähigkeit im engeren Sinne), und den aktiven Wortschatz. In die

Auswertung gingen die auf das Lebensalter bezogenen Normwerte T ein.

Die Eltern, in den meisten Fällen die Mütter dieser Kinder, füllten zu Hause einen Fragebogen zur häuslichen Lernumwelt aus, der Fragen zur Erziehungs*praxis*, zu den *tatsächlichen* Umweltgegebenheiten enthielt. Die Eltern wurden ausdrücklich gebeten, nicht ihre Einstellungen oder Wünsche zu nennen, sondern Aussagen zur Wirklichkeit zu machen. Dieser Fragebogen stellt einen vorläufigen Versuch dar, neben dem Sozialen Status und Daten zur Familienstruktur diejenigen Aspekte der häuslichen Lernumwelt zu erfassen, die für die Sprachentwicklung der Kindergartenkinder relevant sind.

Der Konzeption der von GÖTTE et al. (1977) vorgeschlagenen Lernumwelterfassung liegen folgende Überlegungen zugrunde: Wenn man unter Sprache verbale Handlungsfähigkeit versteht, dann besitzt dieser kognitive Persönlichkeitsbereich eine bedeutende soziale Funktion. Sprache ist kein umweltunabhängiger Reifungsprozeß. Für die Entwicklung der Fähigkeit, mit anderen über Sprache in Kommunikation zu treten, spielt deshalb im Kleinstkind- und Kindesalter die Häufigkeit und die Qualität der Kontakte der Bezugsperson(en) eine äußerst wichtige Rolle. Das Ausmaß und die Art der emotionalen Zuwendung ist ein Schlüsselbereich der häuslichen Lernumwelt für die gesamte Sprachentwicklung des Kindes. In der Betonung dieser Dimension, die auch durch die Begriffspaare «Zuneigung gegenüber Ablehnung» oder «emotionale Wärme gegenüber Kälte» gekennzeichnet werden kann, unterscheidet sich der vorliegende Versuch am deutlichsten etwa von den Chicagoer Lernumweltansätzen, die diese Variable fast unberücksichtigt lassen.

Neben dem generellen Einfluß emotionaler Zuwendung auf die Sprachentwicklung werden folgende spezieller wirkenden Umweltaspekte angenommen:

a) Bezüglich der Entwicklung des Wortschatzes die Weite des häuslichen Erlebnis- und Erfahrungshorizontes, die sich in äußeren Gegebenheiten ebenso zeigt wie in der Möglichkeit, Zugang zur Welt der Erwachsenen zu finden und gemeinsam mit den Eltern Dinge zu unternehmen, aber auch, von den Eltern Bewegungsfreiheit zur eigenen Entfaltung zu erhalten.

b) Für die Entwicklung der Formen- und Satzbildungsfähigkeit (Grammatik) ist eine systematische Sprachförderung wesentlich, die u. a. in diesem Alter die Einübung dynamischer Stereotype durch Kinderreime, Lieder, Geschichten oder Schallplatten beinhalten kann.

c) Wichtige Bedingungen des Aufbaues der Kommunikationsfähigkeit im engeren Sinne sind sowohl das Ausmaß sozial-integrativer Erziehung als auch die Art (und Häufigkeit) sozialer Kontakte.

Natürlich muß auch die Gruppe der naheliegenden, offensichtlichen Umwelteinflüsse auf die Sprachentwicklung Berücksichtigung finden.

An erster Stelle steht hier das Sprachmodell der Eltern, dessen Imitationswirkung normalerweise eine erhebliche Bedeutung hat. Ob gezielte Sprachförderungsmaßnahmen oder sprachfördernde Materialien zuhause oder im Kindergarten den gewünschten Erfolg haben, hängt von der Art der Handhabung ab. Denn Sprachförderung muß in die Erlebniswelt des Kindes integriert werden, sie darf weder überfordern noch Langeweile hervorrufen, sie soll dem Kind Spaß machen.

Auf dem Hintergrund dieses vorläufigen Geflechtes von Annahmen enthält der Fragebogen folgende thematische Bereiche:

a) Objektive Strukturdaten der Familie, wie Altersangaben, Größe der Wohnung, Anzahl der Personen, Stellung in der Geschwisterreihe u. ä.

b) Der Soziale Status der Eltern, erfaßt nach dem Kategoriensystem von Bauer (1973).

c) Emotionale Zuwendung und Zuneigung der Bezugspersonen.

d) Vielfalt und Häufigkeit der sozialen Kontakte.

e) Weite des Erlebnis- und Erfahrungshorizontes.

f) Sprachverhalten und Lehrverhalten der Eltern in Bezug auf die Muttersprache.

g) Sächliche Ausstattung zur Sprachförderung zuhause.

h) Ansprüche an den Kindergarten im Hinblick auf Leistungsanforderungen an das Kind.

2.2 Regressionsanalysen von Grammatik, Kommunikationsfähigkeit und Wortschatz auf Umwelt- und Statusindikatoren

Die Vorauswahl der Variablen für die schrittweisen Regressionsanalysen ging von den Hypothesen aus, daß sich das Ausmaß der Zuwendung auf alle Sprachleistungen auswirkt, während den übrigen Lernumweltbereichen im Sinne der o. g. Annahmen eher ein bestimmter Aspekt der Sprachfähigkeit zugeordnet werden kann.

Obwohl der Nachteil reduzierter Reliabilität bei Einzelfragen stärker hervortritt als bei Zusammenfassungen von Fragen, basierte unsere Analyse auf den Antworten auf eine bis vier ähnlichen Fragen, um in diesem frühen Stadium den Stellenwert der einzelnen Werte besser abschätzen zu können.

Aus Gründen der Übersichtlichkeit werden hier nur die Endergebnisse der schrittweisen Regressionsanalysen mit 5 oder 4 Umweltindikatoren dargeboten; außerdem werden jeweils die Analysen mit den beiden Statusindikatoren «Ausbildung der Mutter» und «Beruf des Vaters» zum Vergleich vorgestellt.

Den Anteil der zusätzlichen Steigerung und der Überlappung der beiden Gruppen von Prädiktorvariablen kann man der abschließenden

Ergebnisdarstellung mit 7 oder 6 Prädiktoren entnehmen (5 oder 4 Umwelt- plus 2 Statusindikatoren).

Die Regressionstabellen 1 bis 3 enthalten sowohl die β-Gewichte wie auch die t-Werte zu den b-Koeffizienten[2].

Zu den beiden Statusindikatoren: Von den vier erhobenen Indikatoren (Beruf Vater; – Mutter; Ausbildung Vater; – Mutter) waren bei Grammatik und Kommunikationsfähigkeit die Ausbildung der Mutter der beste Einzelprädiktor, bei Wortschatz der Beruf des Vaters. In keinem Fall wurde der Varianzanteil durch einen der beiden anderen Statusmaße noch erhöht, wenn die Kombination Ausbildung der Mutter plus Beruf des Vaters bereits wirksam war.

2.2.1 Grammatik

Die wichtigsten fünf Umweltprädiktoren können in folgender Weise umschrieben werden (vgl. Tabelle 1):
Diejenigen Kinder zeigen tendenziell bessere Grammatikleistungen,

A) deren Mütter das Sprachtraining einschließlich der Korrektur eher nebenbei erledigen (weder starke Betonung noch Vernachlässigung);
B) deren Mütter eher Wert auf schulvorbereitende Aktivitäten im Kindergarten legen;
C) die Älteste oder Einzelkinder sind;
D) denen zuhause und in der Nähe der Wohnung mehr Platz eingeräumt wird, allein zu spielen;
E) die die Möglichkeit haben, bei dem Ins-Bett-Gehen mit den Eltern so Kontakt aufzunehmen, daß die spezifischen Wünsche des Kindes Beachtung finden.

Der Vergleich mit den beiden anderen Sprachbereichen (Tabellen 2 und 3) zeigt, daß in dieser Stichprobe der Aspekt der Grammatik am besten durch Variablen der häuslichen Lernumwelt erklärt werden kann.

Es entspricht den Erwartungen, daß das Lehrverhalten der Eltern bezüglich der Muttersprache und ihre Ansprüche an den Kindergarten als Prädiktoren erscheinen. Die zentrale Annahme der Bedeutung emotionaler Zuwendung wird für alle Sprachbereiche (Tabellen 1, 2 und 3) bestätigt: Die Art des Ins-Bett-Bringens ist die einzige Lernumweltvariable, die in allen Analysen hervortritt.

Interessanterweise taucht die Stellung in der Geschwisterreihe als Prädiktor auf, aber unerwarteterweise auch der Indikator «Raum zum Spielen».

Ein Teil der spezifischen Annahmen zur Entwicklung der Formen- und Satzbildungsfähigkeit wird nicht bestätigt.

---

[2] Die Berechnungen wurden am Regionalen Hochschulrechenzentrum Kaiserslautern mit Hilfe von BMDP-Programmen durchgeführt.

Tabelle 1: Regressionsanalysen mit dem Kriterium Grammatik

Prädiktor	β	t	Prädiktor	β	t	Prädiktor	β	t
A ...	0.31	2.95	Beruf Vater	0.16	1.28	A	0.27	2.66
B ...	0.29	2.81	Ausbildung Mutter	0.26	2.11	B	0.36	3.50
C ...	0.27	2.78				C	0.19	2.00
D ...	0.26	2.62				D	0.22	2.28
E ...	0.20	2.05				E	0.17	1.77
						Beruf Vater	0.12	1.02
						Ausbildung Mutter	0.23	1.97
$R = 0.51$			$R = 0.37$			$R = 0.58$		
$R^2 = 0.26$			$R^2 = 0.14$			$R^2 = 0.34$		

Von den beiden ausgewählten Statusindikatoren übt «Beruf des Vaters» einen deutlich schwächeren Einfluß aus als «Ausbildung der Mutter». Die fünf wichtigsten Einzelindikatoren der Lernumwelt können sich auch in Kombination mit den Statusvariablen gut behaupten, bei Berücksichtigung der Sozialen Schicht gewinnt der Prädiktor «Elterliche Anforderungen an den Kindergarten» (B) sogar stark an Bedeutung.

2.2.2 Kommunikationsfähigkeit

Die wichtigsten fünf Umweltprädiktoren können in folgender Weise umschrieben werden (vgl. Tabelle 2):

Diejenigen Kinder zeigen tendenziell bessere Leistungen in Kommunikationsfähigkeit,

A) deren Eltern sich für eine weniger übliche, aber für das Kind interessante Ausstattung des Spielplatzes aussprechen;
B) deren Mütter gerne Bilderbücher lesen;
C) die eher im elterlichen Haushalt nicht mithelfen;
D) die die Möglichkeit haben, bei dem Ins-Bett-Gehen mit den Eltern so Kontakt aufzunehmen, daß die spezifischen Wünsche des Kindes Beachtung finden;
E) die Mädchen sind.

Die Vorhersage der Kommunikationsfähigkeit gelingt in dieser Untersuchung insgesamt nicht so gut wie diejenige von Grammatik und Wortschatz. Die beiden stärksten Einzelindikatoren der Umwelt (das Eintreten für eine unübliche Spielplatzausstattung und die Freude der Mütter an Bilderbüchern) stehen im Einklang mit den Annahmen, ebenso – wie bereits erwähnt – die Variable «Art des Ins-Bett-Bringens» als Zeichen allgemeiner emotionaler Zuwendung. Demgegenüber läßt sich der Prädiktor C (Nicht-Mithilfe im Haushalt), der bei Berücksichtigung des

Tabelle 2: Regressionsanalysen mit dem Kriterium Kommunikationsfähigkeit

Prädiktor	β	t	Prädiktor	β	t	Prädiktor	β	t
A ...	0.28	2.76	Beruf Vater	0.16	1.18	A	0.18	1.72
B ...	0.21	2.07	Ausbildung Mutter	0.23	1.77	B	0.18	1.69
C ...	0.19	1.81				C	0.23	2.27
D ...	0.18	1.77				D	0.14	1.34
E ...	0.18	1.77				E	0.19	1.91
						Beruf Vater	0.19	1.51
						Ausbildung Mutter	0.09	0.65
$R = 0.48$			$R = 0.35$			$R = 0.54$		
$R^2 = 0.24$			$R^2 = 0.12$			$R^2 = 0.29$		

Sozialen Status an Bedeutung gewinnt, nicht ohne weiteres theoretisch einordnen.

In allen Sprachbereichen sind die Leistungen der Mädchen (nicht signifikant) besser; bei Kommunikationsfähigkeit ist dieser Unterschied relativ am stärksten.

Wenn man nur die beiden Statusvariablen heranzieht, ist der multiple Zusammenhang noch geringer als bei Grammatik.

2.2.3 Wortschatz

Die wichtigsten vier Umweltprädiktoren können in folgender Weise umschrieben werden (vgl. Tabelle 3):

Diejenigen Kinder zeigen tendenziell bessere Wortschatzleistungen,

A) die die Möglichkeit haben, bei dem Ins-Bett-Gehen mit den Eltern so Kontakt aufzunehmen, daß die spezifischen Wünsche des Kindes Beachtung finden;

B) deren Eltern eher Hochdeutsch sprechen;

C) deren Eltern mit ihnen gern sprechaktivierende Spiele durchführen;

D) die Älteste oder Einzelkinder sind.

Im Vergleich mit den beiden anderen Sprachbereichen fällt zunächst auf, daß die beiden Statusvariablen hier einen erheblich stärkeren Einfluß ausüben. Denn der Anteil aufgeklärter Varianz ist bei den zwei Statusausmaßen fast genauso hoch wie bei den vier Lernumweltvariablen. Die höhere Schichtabhängigkeit der Wortschatzleistung (gegenüber anderen sprachlichen Leistungen) wird auch in dieser Studie bestätigt.

Es verwundert dabei nicht, daß die Umweltvariable B (Hochdeutsch der Eltern) in der kombinierten Analyse ihre Bedeutung als Prädiktor fast ganz verliert, weil diese Variable stark statusabhängig ist. Der Indikator «Art des Ins-Bett-Bringens» steht bei Wortschatz sogar an erster

Tabelle 3: Regressionsanalysen mit dem Kriterium Wortschatz

Prädiktor	β	t	Prädiktor	β	t	Prädiktor	β	t
A ...	0.34	3.50	Beruf Vater	0.30	2.57	A	0.27	2.91
B ...	0.22	2.25	Ausbildung Mutter	0.23	1.99	B	0.05	0.49
C ...	0.17	1.79				C	0.18	1.91
D ...	0.14	1.47				D	0.07	0.75
						Beruf Vater	0.24	2.11
						Ausbildung Mutter	0.18	1.58
$R = 0.48$			$R = 0.47$			$R = 0.58$		
$R^2 = 0.23$			$R^2 = 0.22$			$R^2 = 0.34$		

Stelle. Die positive Wirkung sprechaktivierender Spiele entspricht natürlich den Annahmen. Wiederum, wenn auch schwach, taucht die «Stellung in der Geschwisterreihe» als Prädiktor auf.

2.2.4 Schlußfolgerungen

Variablen der häuslichen Lernumwelt tragen, auch wenn man den Anteil des Sozialen Status «subtrahiert», zur Erklärung der kindlichen Sprachleistungen Neuartiges bei.

Dies gilt natürlich eher für die Kriterien, die niedrig mit der Schicht korrelieren (hier: Grammatik und Kommunikationsfähigkeit), als für diejenigen, bei denen die Statusabhängigkeit deutlicher ist (Wortschatz).

Regressionsanalysen mit Einzelindikatoren, die nicht hinreichend reliabel sind, erlauben natürlich keine weitreichenden Schlußfolgerungen. Andererseits verdeutlicht diese Untersuchung Tendenzen, die den bisher eingeschlagenen Weg unterstützen. Dies gilt auch für die Bemühungen um den Aufbau einer Theorie.

Die oben aufgeführten multiplen Korrelationskoeffizienten zwischen 0.50 und 0.60 sind nicht sehr hoch, aber mit verbesserten Meßinstrumenten kann die Vorhersage der Sprachfähigkeit verbessert werden.

Das wichtigste Einzelergebnis besteht in der empirischen Bestätigung der Hypothese, daß die Art der allgemeinen emotionalen Zuwendung zuhause für die Sprachentwicklung von erheblicher Bedeutung ist.

Literatur

BAUER, A. 1973. BAUER-Status. In: STARK, G. (Hg.): Theorie und Praxis der Leistungsmessung in Gesamtschulen. Frankfurt: DIPF. S. 34–47.

BLOOM, B. S. 1964. Stability and change in human characteristics. New York: Wiley.

BRANDT, W. 1978. Auswirkungen eines Sprachförderungsprogramms und häuslicher Umwelteinflüsse auf die Sprachentwicklung 4- bis 5jähriger Kindergartenkinder. Unveröffentlichte Diplomarbeit. Landau: EWH Rheinland-Pfalz.

DAVÉ, R. H. 1963. The identification and measurement of environmental process variables that are related to educational achievement. Unpublished doctoral dissertation. Chicago: University of Chicago.

GÖTTE, R. 1976. Landauer Sprachentwicklungstest für Vorschulkinder (LSV). Weinheim: Beltz.

GÖTTE, R. 1979. Meßinstrumente zur Erfassung der häuslichen Lernumwelt von Kindern. Z. f. Emp. Päd. *3,* 95–120.

GÖTTE, R., INGENKAMP, K. & WOLF, B. 1977. Der Einfluß häuslicher und institutioneller Lernumwelt auf die Sprachentwicklung 4- bis 6-jähriger Kinder. Unveröff. Forschungsantrag. Landau.

KEEVES, J. P. 1972. Educational environment and student achievement. Stockholm: Almquist & Wiksell.

MARJORIBANKS, K. 1970. Ethnic and environment influences on levels and profiles of mental abilities. Unpublished doctoral dissertation. Toronto: University of Toronto.

MARJORIBANKS, K. (Hg.) 1974. Environments for learning. Windsor: NFER.

MARJORIBANKS, K. 1978. BLOOM's model of human development: a regression surface analysis. Internat. J. Behav. Developm. *1,* 193–206

MOSYCHUK, H. 1969. Differential home environments and mental ability patterns. Unpublished doctoral dissertation. Edmonton: University of Alberta.

TRUDEWIND, C. 1975. Häusliche Umwelt und Motiventwicklung. Göttingen: Hogrefe.

WEISS, J. 1969. The identification and measurement of home environmental factors related to achievement motivation and self esteem. Unpublished doctoral dissertation. Chicago: University of Chicago.

WOLF, B. 1980. Zum Einfluß der häuslichen Lernumwelt – der Chicagoer Ansatz. In: ROST, D. H. (Hg.): Entwicklungspsychologie für die Grundschule. Bad Heilbrunn: Klinkhardt. S. 172–186.

WOLF, R. M. 1964. The identification and measurement of environmental process variables related to intelligence. Unpublished doctoral dissertation. Chicago: University of Chicago.

11. Heinz Gattringer und Joachim Sauer

Determinanten der häuslichen Umwelt für die Kausalattribuierung von Erfolg und Mißerfolg bei Kindern

Zusammenfassung: An 503 10jährigen Volksschülern wurde untersucht, welchen Beitrag die häusliche Umwelt zur Ursachenerklärung von Erfolg und Mißerfolg leistet. Die varianzanalytische Auswertung – getrennt nach Geschlecht und regionaler Herkunft der Kinder – ergab, daß sich das familiäre Anregungsniveau und der elterliche Leistungsdruck nicht wie erwartet als bedeutsame Determinanten der Fähigkeitsattribuierung von Erfolg und Mißerfolg erwiesen. Dagegen war das Ausmaß bisheriger Erfolgserfahrungen der Stadtkinder eine entscheidende Variable für ihr «Selbstkonzept eigener Fähigkeiten». Bei den Landkindern konnte dies nicht bestätigt werden, was möglicherweise mit der Operationalisierung von Erfolgserfahrungen zusammenhängt. Außerdem fanden wir geschlechtsspezifische Kausalattribuierungsmuster in der Form, daß bereits auf dieser Altersstufe Jungen ihre Erfolge stärker mit eigener Fähigkeit und weniger mit Glück oder Zufall erklären als Mädchen.

1. Fragestellung und Hypothesen

Seit den Arbeiten von Weiner et al. (1971) haben in der Leistungsmotivationsforschung neben den Konzepten «Hoffnung auf Erfolg» und «Furcht vor Mißerfolg» Kausalattribuierungen von Erfolg und Mißerfolg wichtige Bedeutung erlangt. Ursachenerklärungen von Handlungsausgängen werden als entscheidende Parameter des Leistungsverhaltens betrachtet. Die individuellen Voreingenommenheiten in der Ursachenerklärung von Erfolg und Mißerfolg und die Konzepte «Hoffnung auf Erfolg» und «Furcht vor Mißerfolg» sind dabei nicht unabhängig voneinander. Für Erfolgs- und Mißerfolgsmotivierte wurden je typische Attribuierungsmuster vorgefunden (Weiner & Kukla 1970; Weiner & Popetan 1970; Meyer 1973). Erfolgsmotivierte führen demnach erfolgreiche Handlungsergebnisse eher auf internale und Mißerfolge eher auf variable Kausalfaktoren zurück; Mißerfolgsängstliche erklären ihre Erfolge eher mit externalen, ihre Mißerfolge eher mit stabilen Kausalfaktoren. Diese eindeutigen Attribuierungsmuster wurden allerdings nicht durchgehend festgestellt, sondern relativ gute Übereinstimmung herrscht nur darin, daß Erfolgsmotivierte Erfolg mehr auf gute eigene Begabung und Mißerfolge weniger auf mangelnde eigene Begabung zurückführen als Mißerfolgsängstliche. MEYER (1973, S. 148) definiert daher das Erfolgs- und Mißerfolgsmotiv als unterschiedliche Selbstkonzepte der eigenen Fähigkeit: «... das Erfolgsmotiv als Selbstkonzept guter eigener Fähigkeit und damit als Tendenz, Erfolg der eigenen Begabung zuzuschreiben (und daher Mißerfolg nicht mangelnder eigener Begabung); das Mißerfolgsmotiv als Selbstkonzept mangelnder eigener Fähigkeit und damit als Tendenz, Mißerfolg mangelnder eigener Begabung zuzuschreiben (und daher Erfolg nicht hoher eigener Begabung).»

Über die Genese individueller Attribuierungsvoreingenommenheiten existieren bisher weniger Befunde als für die Leistungsmotivgenese, außerdem gehen die meisten bisher vorliegenden Untersuchungen von dem weniger differenzierten Attribuierungskonzept von ROTTER (1966) bzw. CRANDALL et al. (1965) aus. Ausgehend von der Tatsache, daß Attribuierungen von Erfolg und Mißerfolg entscheidende Parameter des Leistungsmotivsystems sind, nimmt MEYER (1973, S. 32) an, «daß es zumindest teilweise dieselben Bedingungen sind, die hohe Motivausprägung und hohe Selbstverantwortlichkeit nach sich ziehen.» Umfassende Untersuchungen über die Genese von Attribuierungsmustern stehen jedoch noch aus.

Diese Arbeit stellt einen Versuch dar, das Wirkungsgefüge der Attribuierungsgenese aufzuhellen[1]. Es wird dabei die Taxonomie der Umwelteinflüsse von TRUDEWIND (1975) herangezogen. Als abhängige Variablen werden anstelle der Motivkonzepte «Hoffnung auf Erfolg» und «Furcht vor Mißerfolg» Attribuierungen von Erfolg und Mißerfolg untersucht. Zusätzlich werden noch die Variablen Geschlecht und regionale Herkunft auf ihre mögliche moderierende Wirkung in der Attribuierungsgenese untersucht.

Gerade im Zusammenhang mit der Frage geschlechtsspezifischer Kausalattribuierungen zeigte sich in empirischen Untersuchungen (FEATHER & SIMON 1973, 1975; FEATHER 1977; DEAUX & EMSWILLER 1974; NICHOLLS 1975; PIEHL 1976) nahezu durchgängig, daß weibliche Vpn bei erfolgreichen Handlungsausgängen zu einer niedrigeren Selbsteinschätzung «eigener Fähigkeiten» neigen als männliche Vpn. Diese Befunde wurden jedoch vorwiegend an weiblichen Jugendlichen und Erwachsenen gefunden und sind daher nicht auf die vorliegende Untersuchung, die an Schulkindern durchgeführt wurde, zu übertragen. Da man nach MUSSEN et al. (1976, S. 404 ff.) im Vorschulalter keine geschlechtsspezifischen Unterschiede bezüglich der Leistungsmotivation finden konnte und die größere Leistungsorientiertheit männlicher Jugendlicher im Vergleich zu gleichaltrigen Mädchen u. a. mit zunehmendem Leistungsdruck

[1] Für die Unterstützung dieser Arbeit danken wir Prof. Dr. E. Roth ganz besonders.

während der Schulzeit erklärt, muß für diese Untersuchung zunächst offen bleiben, ob sich solche Unterschiede bezüglich der Leistungsmotivation bzw. der Ursachenerklärungen von Erfolg und Mißerfolge nach vierjährigem Volksschulbesuch bereits andeuten.

In der Arbeit von TRUDEWIND (1975) wurde erstmals versucht, die komplexen Prozesse und die Mannigfaltigkeit der Einflußgrößen bezüglich der Genese des Leistungsmotivs in eine empirische Untersuchung einzubeziehen. Dazu war es notwendig, eine Taxonomie der Umwelteinflüsse zu erstellen, deren Grobeinteilung drei Dimensionen erfaßte: Anregungsgehalt des nicht-schulischen Lebensraumes (Anregungsdimension), Leistungsanforderungen von seiten der Eltern (Leistungsdruckdimension) sowie Erfolgs- und Mißerfolgserfahrungen des Kindes (Dimension kumulierter Erfolgs- und Mißerfolgserfahrungen). Dazu wurde in Anlehnung an bisherige Theorieansätze (MCCLELLAND 1953; HECKHAUSEN 1965, 1972) ein hypothetisches Funktionsmodell der Motivgenese entworfen, das im wesentlichen empirisch bestätigt werden konnte.

Einige der Hypothesen TRUDEWINDS (1975, S. 60 ff.) über Zusammenhänge zwischen der häuslichen Umwelt und Leistungsmotivparametern lassen sich auf Attribuierungsvoreingenommenheiten transformieren. Da bei Untersuchungen über typische Attribuierungsmuster Erfolgs- und Mißerfolgsmotivierter nur bezüglich des Kausalfaktors «Fähigkeit» übereinstimmende Ergebnisse berichtet werden, beschränken wir uns bei der Formulierung der Hypothesen auf das «Selbstkonzept der eigenen Fähigkeit». Wir werden bei der Interpretation zwar auch auf den Einfluß der häuslichen Umwelt auf Ursachenerklärungen von Erfolg und Mißerfolg mittels der Kausalfaktoren «Anstrengung», «Aufgabenschwierigkeit» und «Zufall» eingehen, ohne dafür wegen der genannten widersprüchlichen Ergebnisse hypothetisch erwartete Zusammenhänge anzugeben.

Höhe und Richtung des Leistungsmotivs sowie die bei Erfolg und Mißerfolg vorgenommene Kausalattribuierung dürften von der unmittelbaren elterlichen Leistungserziehung – wie sie in den Variablen der Leistungsdruckdimension repräsentiert ist – abhängig sein. Ähnlich wie bei der Leistungsmotivgenese scheint es plausibel, daß ein überhöhter elterlicher Leistungsdruck das Kind in seinem Leistungsvermögen überfordert und zur Ausbildung eines negativen Selbstkonzeptes der eigenen Fähigkeit beiträgt.

Hypothese 1: Kinder, die einem hohen Leistungsdruck unterliegen, schreiben Mißerfolge stärker mangelnder eigener Fähigkeit und Erfolge weniger der eigenen Tüchtigkeit zu als Kinder, die einem geringeren Leistungsdruck ausgesetzt sind.

Obwohl anzunehmen ist, daß die Erfolgs- und Mißerfolgsbilanz eines Kindes nicht unabhängig vom elterlichen Leistungsdruck und dem Anregungspotential verläuft, erscheint es nach TRUDEWIND (1975, S. 65 f.) plausibel, auch dem Erfolg und Versagen in anderen Umweltbereichen – z. B. der Schule – einen sehr nachhaltigen Effekt auf die Ausbildung des Leistungsmotivs und entsprechender Attribuierungsmuster bei Erfolg und Mißerfolg einzuräumen.

Hypothese 2: Kinder mit vorwiegend positiver Erfolgsbilanz attribuieren ihre Erfolge stärker mit eigener Fähigkeit und Mißerfolg weniger mit mangelnder eigener Tüchtigkeit als Kinder mit geringen Erfolgserfahrungen.

Die Ergebnisse TRUDEWINDS (1975) scheinen die früheren Argumente MCCLELLANDS et al. (1953) und HECKHAUSENS (1972) vollends zu bestätigen, daß die Höhe der leistungsthematischen Normwerte eines Kindes vorwiegend vom elterlichen Leistungsdruck abhängt. Dem Anregungspotential kommt lediglich eine moderierende Funktion zu, wobei die Höhe des Anregungsniveaus den Rahmen absteckt, in dem das Kind Möglichkeiten zu leistungsthematischen Tätigkeiten entwickeln kann, während die Höhe des Leistungsdruckes darüber entscheidet, ob bestimmte Handlungsausgänge als Erfolg oder Mißerfolg erlebt werden. Ein Effekt der Höhe des Anregungspotentials auf bestimmte Attribuierungsmuster wird sich demnach nur in Wechselwirkung mit dem elterlichen Leistungsdruck zeigen. Geringer bis mittlerer Leistungsdruck in einem anregungsreichen Milieu bietet die Gewähr für häufige Erfolgserlebnisse, die der eigenen Tüchtigkeit zugeschrieben werden können. Dagegen führt hoher elterlicher Leistungsdruck in einem anregungsreichen Milieu zu zahlreichen Mißerfolgserlebnissen, die bei den Kindern eine Attribuierung auf mangelnde eigene Fähigkeit nahelegen.

Hypothese 3: Es besteht eine Wechselwirkung zwischen dem Anregungspotential der häuslichen Umwelt und dem elterlichen Leistungsdruck auf die Kausalattribuierungen von Erfolg und Mißerfolg in der Form, daß ein hohes Anregungsniveau bei gleichzeitig niedrigem Leistungsdruck zu einem positiven Selbstkonzept eigener Fähigkeiten führt, während hoher Leistungsdruck in einem anregungsreichen Milieu die Ausbildunng eines negativen Selbstkonzeptes eigener Fähigkeiten fördert.

2. Operationalisierung, Stichprobe und Auswertungsmethode

Einer Stichprobe von 503 Volksschülern (251 Jungen, davon 169 aus Schulen der Stadt Salzburg, 82 aus Landschulen; 252 Mädchen, davon

170 aus Schulen der Stadt Salzburg, 82 aus Landschulen) der 4. Klasse (durchschnittliches Alter = 10 Jahre) wurde der Fragebogen «Woran liegt es» (MEYER o. J.) zur Erhebung der individuellen Voreingenommenheiten der Kausalattribuierung von Erfolg und Mißerfolg vorgelegt.

Dieser Fragebogen wurde in Anlehnung an das IAR-Verfahren (CRANDALL et al. 1965) konstruiert, bei dem jedoch bei den einzelnen Items nicht zwei Antwortalternativen (internal vs. external), sondern die vier von WEINER et al. (1971) vorgegebenen Kausalelemente zu gewichten sind.

Zur Erfassung des Anregungsgehaltes der häuslichen Umwelt (Dimension 1)[2], des elterlichen Leistungsdruckes (Dimension 2) und der Erfolgs- und Mißerfolgserfahrungen des Kindes (Dimension 3) wurde in Anlehnung an die Interviewfragen und den Verrechnungsschlüssel der Arbeit von TRUDEWIND (1974) ein Fragebogen entwickelt, der den Eltern der Kinder vorgelegt wurde.

Die Prüfung der Hypothesen wurde mit einem varianzanalytischen Auswertungsplan durchgeführt, getrennt nach Geschlecht und regionaler Herkunft der Kinder, so daß vier Teilstichproben entstanden (Jungen/Stadt, Jungen/Land, Mädchen/Stadt, Mädchen/Land). Jede Stichprobe wurde nach der Verteilung der T-transformierten Werte der drei Dimensionen Anregungsgehalt, Leistungsdruck sowie Erfolgs- und Mißerfolgserfahrungen medianhalbiert, so daß ein dreifaktorieller Varianzanalyseplan mit zwei Levels pro Faktor entstand.

Diese 2 x 2 x 2 Varianzanalysen[3] wurden zunächst für die abhängigen Variablen «Begabungsattribuierung von Erfolg» (Be) und «Begabungsattribuierung von Mißerfolg» (Bm) und dann auch für die übrigen Attribuierungselemente «Anstrengung», «Schwierigkeit der Aufgaben» und «Zufall» bei Erfolg und Mißerfolg gerechnet.

Um das Ausmaß der erklärten Varianz der Begabungsattribuierung bei Erfolg und Mißerfolg durch die einzelnen Variablen der häuslichen Umwelt, die in den drei genannten Dimensionen zusammengefaßt sind, zu ermitteln, wurden Regressionsanalysen[4] durchgeführt.

---

[2] In einer Faktorenanalyse der 30 Skalen, die die drei Dimensionen charakterisieren, zeigten sich ähnliche Ergebnisse wie in der Arbeit von TRUDEWIND (1975). Die Aufteilung in die Dimensionen Anregung, Leistungsdruck und Erfolgserfahrungen konnte z. T. bestätigt werden. Die Variablen der Anregungsdimension wurden in 2 Faktoren aufgespaltet, die Variablen der Leistungsdruckdimension deckten zu einem Teil einen eigenen Faktor ab, zum anderen Teil bildeten sie gemeinsam mit Variablen der Dimension kumulierter Erfolgs- und Mißerfolgserfahrungen einen Faktor.

[3] Die Varianzanalysen wurden mit dem BMDP2V-Programm (DIXON 1975) am Rechenzentrum der Universität Salzburg gerechnet.

[4] Die Regressionsanalysen wurden mit einem SPSS-Programm am Rechenzentrum der Universität Salzburg gerechnet.

3. Ergebnisse

Bevor im folgenden die Hypothesen beantwortet werden, sollen einige signifikante Unterschiede zwischen Jungen und Mädchen sowie Stadt- und Landkindern hinsichtlich der beschriebenen Variablen kommentiert werden (vgl. Tabelle 1).

Beim Vergleich der durchschnittlichen Kausalattribuierungsmuster von Jungen und Mädchen fällt auf, daß Jungen Erfolge signifikant höher mit dem Faktor «Fähigkeit» erklären als Mädchen ($p = .001$), während diese ihre Erfolge in höherem Maße als Jungen dem Zufall oder Glück zuschreiben ($p = .002$). Bei Kausalerklärungen von Mißerfolgen unterscheiden sich Jungen und Mädchen nur bezüglich des Faktors «Aufgabenschwierigkeit», der dazu von Mädchen stärker als von Jungen herangezogen wird ($p = .006$).

Bezüglich der Variablen der häuslichen Umwelt zeigt sich, daß auf Jungen insgesamt mehr Leistungsdruck ausgeübt wird als auf Mädchen (L-Gesamt $p = .045$), was sich besonders in einem höheren elterlichen Anspruch an die Schulleistungstüchtigkeit (Skalen L 11, L 12) von Jungen, mehr Maßnahmen zur Erzielung «guter» Schulleistungen (Skala L 21) und einem stärkerem Sanktionsverhalten (Skalen L 22, L 34) der Eltern gegenüber Jungen niederschlägt.

Stadt- und Landkinder unterscheiden sich bezüglich der Variablen der häuslichen Umwelt vor allem in der Höhe des familiären Anregungsniveaus: In 10 von 13 Skalen, die das häusliche Anregungspotential charakterisieren, erreichen Stadtkinder höhere Werte als Landkinder (vgl. Tabelle 1 – fast alle Unterschiede sind auf dem 1 ‰-Niveau signifikant).

Bei den Variablen der Leistungsdruckdimension zeigte sich, daß Eltern von Landkindern geringeres Interesse am schulischen Leben des Kindes ($p = .001$), niedrigere Schulbildungsambitionen für das Kind ($p = .001$) zeigen und weniger materielle und emotionale Belohnung für gute Schulleistungen ($p = .001$) gewähren als Eltern von Stadtkindern.

Die Ergebnisse der varianzanalytischen Prüfung der Hypothesen sind in Tabelle 2 zusammengefaßt.

Nach Hypothese 1 wird ein Haupteffekt der Leistungsdruckdimension auf die Begabungsattribuierung von Mißerfolg und Erfolg erwartet: In 2 der 4 Stichproben (Jungen/Stadt, $p = .034$; Mädchen/Land, $p = .007$) ist der Haupteffekt des Leistungsdruckes für die Begabungsattribuierung von Mißerfolgen signifikant; Kinder, die einem hohen Leistungsdruck unterliegen, schreiben Mißerfolge stärker mangelnder eigener Begabung zu als jene, die einem niedrigen Leistungsdruck ausgesetzt sind. Ein Einfluß der Höhe des Leistungsdrucks auf die Begabungsattribuierung von Erfolgen zeigte sich jedoch in keiner der Stichproben. In Hypothese 2 wird ein

Tabelle 1: Signifikante Mittelwertsunterschiede zwischen Jungen und Mädchen bzw. Stadt- und Landkindern bezüglich der Kausalattribuierungen bei Erfolg und Mißerfolg sowie der Variablen der häuslichen Umwelt

	männlich		weiblich		signifikante Unterschiede	
	$\bar{x}$	s	$\bar{x}$	s	t	p
Kausalattribuierungen						
Be – Begabung/Erfolg	24.2	6.5	22.5	6.7	3.31	.001
Ze – Zufall/Erfolg	15.9	7.4	17.9	7.9	–3.18	.002
Sm – Aufgabenschwierigkeit/Mißerfolg	15.7	6.9	17.2	7.3	–2.74	.006
Variablen der häuslichen Umwelt – Einzelwerte						
L 11 – Interesse am schulischen Leben des Kindes	50.9	9.9	49.1	10.0	2.06	.040
L 12 – Erwartungen bezüglich der Schulleistungen des Kindes	51.3	9.6	49.3	9.1	2.48	.013
L 21 – Intensität der Kontrolle der Schularbeiten	51.2	10.2	48.8	9.8	2.71	.007
L 33 – Materielle Bestrafung für schlechte Schulleistungen	51.3	10.6	49.3	9.4	2.28	.020
L 34 – Emotionale/körperliche Strafe für schlechte Schulleistungen	51.3	9.9	48.6	8.9	2.84	.005
L-Gesamt – Leistungsdruck	50.6	4.4	49.8	4.4	2.01	.045
	Stadt		Land			
A 12 – Frühe kindzentrierte Selbständigkeitserziehung	50.7	10.0	48.8	10.1	2.01	.040
A 13 – Variabilität des äußeren Lebensrahmens	51.1	10.7	47.2	6.9	4.92	.001
A 14 – Reisen, Anregungsgrad der Urlaubsbeschäftigung	52.7	9.0	44.2	9.2	9.94	.001
A 15 – Anregungsgrad von Ausflügen und Besichtigungen	52.4	9.5	45.2	9.3	8.20	.001
A 21 – Anregung durch Spielzeug und Malgeräte	52.0	9.6	45.9	9.7	6.71	.001
A 22 – Anregung durch Tierhaltung, Basteln, Hobbybeschäftigung usw.	50.7	10.1	48.3	9.8	2.56	.010
A 23 – Anregung durch Bücher, Hefte, Zeitschriften	51.0	10.0	47.4	9.1	4.10	.001
A 31 – Bedingungen für Hausaufgaben, verfügbare Hilfsmittel	51.9	9.8	45.8	9.0	7.07	.001
A 41 – Vielfalt der sozialen Kontakte	51.5	10.0	46.9	9.1	5.19	.001
A 42 – Häufigkeit/Qualität der Eltern-Kind-Interaktionen	51.0	10.0	48.6	10.0	2.55	.010
L 11 – Interesse am schulischen Leben des Kindes	52.2	8.9	45.4	10.5	7.21	.001
L 13 – Schulbildungsambitionen	52.6	10.2	44.7	7.2	10.19	.001
L 31 – Materielle Belohnung für gute Schulleistungen	51.4	10.4	46.9	8.1	5.37	.001
L 32 – Emotionale Belohnung für gute Schulleistungen	51.1	10.2	47.4	9.3	4.05	.001

Haupteffekt der Erfolgs- und Mißerfolgserfahrungen auf die Begabungsattribuierung von Erfolgen und Mißerfolgen angenommen. Für Kinder aus der Stadt lassen sich die erwarteten Effekte im wesentlichen nachweisen (vgl. Tabelle 2). Jungen aus der Stadt mit häufigen Erfolgserfahrungen führen ihre Erfolge mehr auf eigene Fähigkeit und ihre Mißerfolge weniger auf mangelnde eigene Begabung zurück als solche mit geringen Erfolgserfahrungen. Gleiches gilt für Mädchen aus der Stadt, die bei vorwiegend positiver Erfolgsbilanz Mißerfolge weniger auf mangelnde eigene Begabung zurückführen als Mädchen mit geringen Erfolgserfahrungen. Auch bei der Begabungsattribuierung von Erfolgen setzt sich diese Tendenz in Form eines positiveren Selbstkonzeptes eigener Fähigkeiten in Abhängigkeit von bisherigen Erfolgserfahrungen bei Mädchen aus der Stadt fort, ohne statistisch signifikant zu werden. Für Landkinder hingegen spielen die kumulierten Erfolgs- und Mißerfolgserfahrungen für die Fähigkeitsattribuierung von Erfolg und Mißerfolg überhaupt keine Rolle. Für die Stichprobe Jungen/Stadt erwies sich außerdem die Wechselwirkung von Leistungsdruck und Erfolgserfahrungen als signifikant ($p = .005$). Demnach begünstigt ein hohes Ausmaß an Erfolgserfahrungen bei gleichzeitig niedrigem Leistungsdruck die Ausbildung eines positiven Selbstkonzeptes der eigenen Fähigkeit bei der Erklärung von Mißerfolgen, wogegen positive Erfolgserfahrungen kombiniert mit hohem elterlichem Leistungsdruck dazu führen, Mißerfolge mangelnder eigener Begabung zuzuschreiben. Bei niedrigen Erfolgserfahrungen werden Mißerfolge – unabhängig von der Höhe des Leistungsdrucks – stets mit mangelnder eigener Fähigkeit attribuiert.

Die in Hypothese 3 erwartete Wechselwirkung zwischen dem Anregungsgehalt des außerschulischen Lebensraumes und dem elterlichen Leistungsdruck auf die Ausbildung des Selbstkonzeptes der eigenen Fähigkeit erwies sich in keiner Stichprobe als signifikant.

Werden die übrigen Kausalfaktoren (Anstrengung, Schwierigkeit und Zufall) als abhängige Variablen untersucht, weist bei Jungen vor allem die Dimension kumulierter Erfolgserfahrungen einige signifikante Effekte auf (vgl. Tabelle 3). Häufige Erfolgserfahrungen sollten eine Attribuierungsstrategie stabilisieren, wie sie für erfolgsmotivierte Personen typisch ist, nämlich Erfolge nicht auf die Leichtigkeit der Aufgabe oder auf Glück zurückzuführen. Diese Tendenz zeigt sich durchgängig bei Jungen hinsichtlich der Schwierigkeitsattribuierung und in der Stichprobe Jungen/Stadt hinsichtlich der Zufallsattribuierung.

Bei Mädchen zeigte sich (in Stadt und Land) dieser Effekt ebenfalls hinsichtlich der Zufallsattribuierung von Erfolgen und in der Stichprobe Mädchen/Stadt auch bezüglich der Schwierigkeitsattribuierung von Erfolgen. In der Stichprobe Mädchen/Land ergab auch die Leistungsdruckdimension signifikante Haupteffekte in der erwarteten Richtung bezüg-

Tabelle 2: Durchschnittliche Fähigkeits- bzw. Begabungsattribuierung bei Erfolg (Be) und Mißerfolg (Bm) von Jungen und Mädchen aus Stadt und Land in Abhängigkeit von der häuslichen Umwelt – Anregungsniveau (A), Leistungsdruck (L) und Erfolgserfahrung (E); signifikante Effekte der Varianzanalysen

Stichprobe	Anregung		Leistungsdruck		Erfolgserfahrung		sign. Effekte (p)
	hoch	niedrig	hoch	niedrig	hoch	niedrig	
Be							
Jungen / Stadt (N = 169)	25.70	23.62	23.95	25.33	26.72	22.64	E (.002)
Jungen / Land (N = 82)	24.24	24.78	24.02	24.08	24.06	24.04	keine sign. Effekte
Mädchen / Stadt (N = 170)	21.93	21.84	22.85	21.20	23.17	20.99	A × L × E (.039)
Mädchen / Land (N = 82)	24.42	22.37	24.60	22.31	23.42	23.31	keine sign. Effekte
Bm							
Jungen / Stadt (N = 169)	12.79	12.42	14.29	12.18	10.98	15.25	L (.034); E (.041); L × E (.005)
Jungen / Land (N = 82)	13.47	15.04	14.28	14.27	13.32	15.18	keine sign. Effekte
Mädchen / Stadt (N = 170)	13.43	14.64	13.10	14.98	12.12	15.78	E (.002)
Mädchen / Land (N = 82)	15.79	13.54	17.34	12.31	15.29	13.89	L (.007)

Tabelle 3: Signifikante Haupteffekte der drei Dimensionen Anregungsniveau (A), Leistungsdruck (L) und der kumulierten Erfolgserfahrung (E) auf die Ausprägung der Attributionsvoreingenommenheiten bezüglich der Kausalfaktoren «Anstrengung», «Schwierigkeit» und «Zufall» bei Erfolg

Stichprobe	*Kausalfaktoren* Anstrengung	Schwierigkeit	Zufall
Jungen / Stadt		E (.050)	E (.000)
Jungen / Land		E (.050)	
Mädchen / Stadt		E (.002)	E (.040)
Mädchen / Land		L (.009)	L (.003) E (.004)

lich der Schwierigkeits- und Zufallsattribuierung von Erfolgen: Mädchen, die einem hohem Leistungsdruck unterliegen, führen ihre Erfolge in höherem Ausmaß auf Aufgabenleichtigkeit und Zufall zurück als Mädchen, die einem geringen Leistungsdruck ausgesetzt sind.

Um abzuschätzen, in welchem Ausmaß die Varianz der Attribuierungskennwerte durch die in den drei Dimensionen enthaltenen Variablen erklärt wird, wurden Regressionsanalysen durchgeführt[5]. Dabei bestätigte sich, daß die erfaßte Umwelttaxonomie für die Stadtkinder jeweils signifikante Varianzbeiträge der Begabungsattribuierung von Erfolg und Mißerfolg abdeckt, jedoch in keinem Fall für die Landkinder.

Zusammenfassende Diskussion

Bezüglich erwarteter geschlechtsspezifischer Ursachenerklärungen von Erfolgen ließ sich nachweisen, daß bereits auf dieser Altersstufe unterschiedliche Kausalattribuierungsmuster benutzt werden. Jungen attribuieren Erfolge mehr mit dem Kausalfaktor «Fähigkeit», während Mädchen zur Erklärung ihrer Erfolge bedeutend stärker als Jungen den Kausalfaktor «Glück bzw. Zufall» heranziehen. Nicht erst im Jugendlichen- bzw. Erwachsenenalter, sondern bereits in der Volksschule lassen sich geschlechtsspezifische Kausalattribuierungsmuster ausmachen, wie sie dem traditionellen Rollenbild von Mann und Frau in unserer Gesellschaft zu entsprechen scheinen. Bezüglich der Variablen der häuslichen Umwelt wird fast durchgängig auf Jungen signifikant mehr Leistungsdruck ausgeübt als auf Mädchen. Hier scheint sich ein von MUSSEN et al. (1976, S. 404 ff.) genannter sozial- und entwicklungspsychologischer Befund zu dokumentieren, daß die größere Leistungsorientiertheit männ-

[5] Ergebnisse können hier aus Platzmangel nicht dargestellt werden, sind jedoch auf Wunsch erhältlich.

licher Jugendlicher im Vergleich zu weiblichen Jugendlichen auf zunehmenden Leistungsdruck während der Schulzeit zurückzuführen ist. Der elterliche Leistungsdruck in dieser Dimension von TRUDEWIND (1975) bezieht sich ja gerade auf den elterlichen Anspruch bezüglich der Schulleistungen ihrer Kinder.

Beim Vergleich von Stadt- und Landkindern hinsichtlich der Variablen der häuslichen Umwelt fällt das fast durchgängig höhere Anregungsniveau der Stadtkinder gegenüber den Landkindern auf. Auch bezüglich der Leistungsdruckdimension gibt es charakteristische Unterschiede: Schule bzw. Schullaufbahn der Kinder haben auf dem Lande bei den Eltern offensichtlich einen anderen Stellenwert als bei Stadtkindern. Von diesem Aspekt her scheinen auch die Unterschiede bezüglich des «Sanktionsverhaltens der Eltern» aus Stadt und Land plausibel, denn bei guten Schulleistungen werden die Stadtkinder sowohl materiell als auch emotional von ihren Eltern stärker belohnt als Landkinder. Bei der Diskussion dieser Unterschiede des familiären Lebensraumes von Stadt- und Landkindern muß jedoch zunächst offen bleiben, wieviel davon zu Lasten des Erhebungsinstrumentes geht, da der Fragebogen von TRUDEWIND (1975) für Stadtkinder konstruiert wurde. Dies gilt insbesondere für das Anregungspotential, da möglicherweise für Landkinder noch andere, hier nicht erfaßte Anregungsqualitäten von Bedeutung sind.

In Hypothese 1 wurde erwartet, daß hoher elterlicher Leistungsdruck zu einem negativen Selbstkonzept der eigenen Fähigkeiten führt. Dies konnte für die Einschätzung der eigenen Fähigkeit beim Zustandekommen von Mißerfolgen teilweise bestätigt werden: Bei 2 der 4 Stichproben (Jungen/Stadt, Mädchen/Land) führen Kinder, die einem hohen Leistungsdruck unterliegen, ihre Mißerfolge in höherem Ausmaß auf mangelnde eigene Fähigkeit zurück als Kinder, die einem geringen elterlichen Leistungsdruck ausgesetzt sind. Hinsichtlich der Begabungsattribuierung von erfolgreichen Handlungsresultaten ließ sich der erwartete Effekt des elterlichen Leistungsdrucks nicht nachweisen: Kinder mit hohem Leistungsdruck führen ihre Erfolge in gleichem Ausmaß auf eigene Fähigkeiten zurück wie jene, die einem geringem elterlichen Leistungsdruck unterliegen.

Für ein negatives Selbstkonzept der eigenen Fähigkeit ist auch charakteristisch, daß Erfolge vorwiegend mit externalen Kausalfaktoren attribuiert werden. Der Einfluß des Leistungsdrucks auf eine solche Attribuierungsstrategie konnte in einer Stichprobe (Mädchen/Land) nachgewiesen werden: Mädchen mit hohem Leistungsdruck führten erfolgreiche Handlungen in höherem Ausmaß auf Aufgabenleichtigkeit und Zufall zurück als solche, die einem geringen elterlichen Leistungsdruck ausgesetzt sind.

Nach Hypothese 2 sollten häufige Erfolgserfahrungen des Kindes ein positives Selbstkonzept der eigenen Fähigkeit stabilisieren. Für die Stadtkinder konnte dieser Zusammenhang bestätigt werden: bei positiver Erfolgsbilanz führen sie ihre Erfolge mehr auf ihre eigene Fähigkeit und Mißerfolge in geringerem Ausmaß auf mangelnde eigene Begabung zurück als Kinder mit geringen Erfolgserfahrungen. Dagegen spielen die kumulierten Erfolgs- und Mißerfolgserlebnisse bei der Fähigkeitsattribuierung von Landkindern überhaupt keine Rolle. Erklärungen für diesen Befund könnten sein, daß Landkinder bei geringerem familiären Anregungspotential und geringerem elterlichen Leistungsdruck weniger Chancen für Erfolgs- und Mißerfolgserlebnisse haben bzw. einem geringerem Konkurrenzdruck ausgesetzt sind. Eine weitere Ursache könnte in der Art der erhobenen Erfolgs- und Mißerfolgserlebnisse sein, die z. T. sehr stark auf den Schulerfolg zugeschnitten sind, der jedoch auf dem Land einen weniger wichtigen Stellenwert einzunehmen scheint als in der Stadt.

Der Einfluß der kumulierten Erfolgserfahrungen auf die Ausbildung eines positiven Fähigkeitskonzeptes konnte zusätzlich noch durch das Ergebnis erhärtet werden, daß Kinder mit hohen Erfolgserfahrungen ihre Erfolge in geringerem Ausmaß auf externale Kausalfaktoren zurückführen als Kinder mit geringen Erfolgserfahrungen. Dies konnte teilweise auch bei Landkindern bestätigt werden.

Die bei TRUDEWIND (1975) als wichtigster Befund ausgezeichnete signifikante Wechselwirkung zwischen Anregungspotential und Leistungsdruck auf entsprechende Motivkennwerte erwies sich in keiner der Stichproben als bedeutsam zur Erklärung bestimmter Kausalattribuierungsmuster, wie sie in Hypothese 3 vermutet wurden. Dies könnte daran liegen, daß die Leistungsdruckdimension nicht die erwartet wichtige Rolle bezüglich der Fähigkeitsattribuierung bei Erfolg spielte.

Am Ende muß jedoch offen bleiben, welche Rolle den Operationalisierungen von Erfolg und Mißerfolg bei Untersuchungen zu deren Ursachenerklärungen zukommt, da bisherige Arbeiten – wie auch die vorliegende – vorwiegend auf fiktive Handlungsausgänge zugeschnitten waren. Bei zukünftigen Untersuchungen über Kausalattribuierungen erscheint es wichtig abzuklären, ob unterstellte Handlungsausgänge subjektiv überhaupt als Erfolge bzw. Mißerfolge erlebt werden.

Literaturverzeichnis

CRANDALL, V. C., KATKOVSKY, W. & CRANDALL, V. J. 1965. Children's beliefs in their own control of reinforcement in intellectual-academic achievement situations. Child Development *36*, 91–109.

DEAUX, K. & EMSWILLER, T. 1974. Explanations of successful performance on sex-linked tasks: What is skill for male is luck for female. Journal of Personality and Social Psychology *29*, 80–85.

DIXON, W. J. (Hg.) 1975. Biomedical Computer Programms. Berkeley: University of California Press.

FEATHER, N. T. 1977. Causal attributions for male and female success and failure at occupations differing in perceived status and sex-linked appropriateness. Australian Journal of Psychology *29*, 151–165.

FEATHER, N. T. & SIMON, J. G. 1973. Fear of success and causal ascription for outcome. Journal of Personality *41*, 525–542.

FEATHER, N. T. & SIMON, J. G. 1975. Reactions to male and female success and failure at sex-linked occupations. Journal of Personality and Social Psychology *31*, 20–31.

HECKHAUSEN, H. 1965. Leistungsmotivation. In: H. THOMAE (Hg.) Handbuch der Psychologie, Bd. 2. Göttingen: Hogrefe, S. 602–702.

HECKHAUSEN, H. 1972. Die Interaktion der Sozialisationsvariablen in der Genese des Leistungsmotivs. In: C. F. GRAUMANN (Hg.) Handbuch der Psychologie, Bd. 7 (2. Halbbd.). Göttingen: Hogrefe, S. 995–1019.

MCCLELLAND, D. C., ATKINSON, J. W., CLARK, R. A. & LOWELL, E. L. 1953. The achievement motive. New York: Appleton.

MEYER, W. U. 1973. Leistungsmotiv und Ursachenerklärung von Erfolg und Mißerfolg. Stuttgart: Klett.

MEYER, W. U. o. J. «Woran liegt es?» – Fragebogen zur Erhebung der Kausalattribuierung von Erfolg und Mißerfolg. Unver. Manus.

MUSSEN, P. H., CONGER, J. J. & KAGAN, J. 1976. Lehrbuch der Kinderpsychologie. Stuttgart: Klett.

NICHOLLS, J. G. 1975. Causal attributions and other achievement-related cognitions: Effect of task outcome, attainment value and sex. Journal of Personality and Social Psychology *31*, 379–387.

PIEHL, J. 1976. Bedingungen unterschiedlicher Ursachenerklärungen von Examensnoten. Zeitschrift für Entwicklungspsychologie und Pädagogische Psychologie *8*, 51–57.

ROTTER, J. B. 1966. Generalized expectancies for internal versus external control of reinforcement. Psychological Monographs *80*, No. 1 (Whole No. 609).

TRUDEWIND, C. 1974. Häusliche Umwelt und Motiventwicklung: Materialien und Befunde. Trier: Zentralstelle für psychologische Information und Dokumentation an der Universität Trier – Kaiserslautern.

TRUDEWIND, C. 1975. Häusliche Umwelt und Motiventwicklung. Göttingen: Hogrefe.

WEINER, B., FRIEZE, I., KUKLA, A., REED, L., REST, S. & ROSENBAUM, R. M. 1971. Perceiving the causes of success and failure. New York: General Learning Press.

WEINER, B. & POPETAN, P. A. 1970. Personality characteristics and affective reactions toward exams of superior and failing college students. Journal of Educational Psychology *61*, 144–151.

12. Andreas Helmke und Roswith Väth-Szusdziara

Familienklima, Leistungsangst und Selbstakzeptierung bei Jugendlichen

Zusammenfassung: Vorgestellt wird eine Konzeption des Familienklimas, in der allgemeine Merkmale der Eltern-Kind-Beziehung bereichsübergreifend und konstruktunspezifisch gefaßt werden, und zwar aufgegliedert nach den Aspekten *Erwartungen, Interaktionsformen* und *Beziehungsqualitäten.* Das so konzeptualisierte und entsprechend erfaßte Klima wird mit leistungsspezifischen Einstellungs- und Verhaltensweisen der Eltern konfrontiert. Die Auswirkungen der Merkmale der Eltern-Kind-Beziehung werden für Leistungsangst und Selbstakzeptierung bei Schülern der 6. und 9. Klassenstufe aus unterschiedlichen Schulformen mittels Korrelationsverfahren und Mittelwertsvergleichen beschrieben.

1. Problemstellung

Mit diesem Beitrag sollen zwei Ziele verfolgt werden: die Darstellung einer Konzeption der familiären Umwelt und die Beschreibung der Auswirkungen des Familienklimas auf zwei Aspekte kindlicher Angst.

In einer sozialisationstheoretischen Konzeption der Familie werden allgemeine Merkmale der Eltern-Kind-Beziehung thematisiert, die über das Erziehungsverhältnis hinausgehen, das im Mittelpunkt der Erziehungsstilforschung steht. Zur Kontroverse um die bereichsspezifische versus bereichsübergreifende Operationalisierung elterlicher Denk- und Verhaltensweisen soll durch einen Vergleich allgemeiner und leistungsbezogener Elternvariablen ein Beitrag geleistet werden.

Die Relevanz des familiären Klima-Ansatzes soll anhand der Auswirkungen auf zwei Aspekte der Angst geklärt werden: zum einen auf die Leistungsangst als bereichsspezifischen Affekt und zum anderen auf die Selbstakzeptierung als generellen positiven Affekt in bezug auf die eigene Person. Durch einen Vergleich der Ergebnisse bei Schülern der 6. und 9. Klassenstufe können Aussagen über eine mögliche altersabhängige Bedeutungsverschiebung einzelner Klimavariablen erfolgen. Die Benennung fördernder Aspekte der Eltern-Kind-Beziehung läßt darüber hinaus Schlußfolgerungen für die Erziehungspraxis zu, und zwar für Kinder zwischen elf und fünfzehn Jahren.

Die empirischen Daten wurden mittels Fragebogeninstrumenten im

Rahmen einer groß angelegten Schulvergleichsuntersuchung 1977 gewonnen[1]. Die Stichprobe umfaßte 11.147 Schüler der 6., 8. und 9. Klassenstufe aller Schulformen (Haupt-, Realschule, Gymnasium, verbundene Haupt- und Realschule, additive und integrierte Gesamtschule) in Nordrhein-Westfalen und Hessen (zu Zielen, Methoden und Ergebnissen der Schüleruntersuchung siehe HELMKE [1978a, b, 1979a], zur Elternuntersuchung siehe LUKESCH-TOMANN & HELMKE 1978, 1979). Im Rahmen dieser Untersuchung liegen darüber hinaus Daten von 769 Eltern und 1100 Lehrern vor. Die innerhalb dieses Aufsatzes vorgenommenen empirischen Analysen beziehen sich auf eine (Zufalls-) Substichprobe von 2700 Schülern.

1.1 Forschungsstand

Die im deutschen Sprachraum vorliegenden empirischen Fragebogenuntersuchungen zum Thema «Leistungsangst in Abhängigkeit vom elterlichen Erziehungsstil» gehen zumeist vom Zweikomponentenmodell der elterlichen Bekräftigung von STAPF et al. (1972) aus oder es werden jedenfalls die entsprechenden Skalen zur Erfassung des perzipierten Erziehungsstils, die «Marburger Erziehungsskalen» (HERRMANN et al. 1971), verwendet. In dem genannten Modell wird bekanntlich angenommen, daß elterliche Strenge wegen der damit verbundenen häufigen Bestrafung zu einer Verbotsorientierung auf seiten des Kindes führt. Ein Aspekt dieser Verbotsorientierung ist zum Beispiel auch die Leistungsangst. Dagegen soll die Komponente «Unterstützung» (die nach den Annahmen des Modells von «Strenge» unabhängig sein soll; zur Überprüfung dieser Annahme vgl. BOLLINGER und KREFT 1978) keinen nennenswerten Einfluß auf kindliche Leistungsangst haben. Diese Annahmen werden durch Studien etwa von FLEMMING und RITTER (1972), KRAMER (1973), BORCHERT und MASENDORF (1975), BORCHERT (1976), BRINKMANN (1978), JACOBS und STRITTMATTER (1979) sowie GROEBEN (1978) recht gut bestätigt, wenngleich z. B. der letztgenannte Autor mit Hilfe konfigurationsfrequenzanalytischer Methoden zeigt, daß ein hohes Maß an Strenge fast durchweg mit niedriger Unterstützung (und vice versa) einhergeht.

Als Untersuchung mit teilweise konträren Ergebnissen ist uns nur die Studie von CHRISTMANN (1978) bekannt, bei der die einzigen signifikanten Korrelationen die negativen zwischen väterlicher Unterstützung und Prüfungsangst (bei Mädchen) und die positiven zwischen mütterlicher Strenge und Prüfungsangst (bei Jungen) sind.

---

[1] Mitarbeiter: BONGERS, FEND (Projektleitung), HELMKE, KISCHKEL, LUKESCH-TOMANN, STEFFENS.

Von einigen Autoren werden die genannten Beziehungen für genügend stabil und theoretisch stringent gehalten, um bei der Entwicklung von Leistungsangstfragebogen als Teil deren Validierung zu gelten (GÄRTNER-HARNACH 1973; SCHWARZER 1975).

Auch bei der Verwendung anderer Instrumente zur Erfassung des Erziehungsstils (z. B. WIECZERKOWSKI et al. 1974 mit dem «Fragebogen zum Elternverhalten» von MINSEL und FITTKAU 1971) mit Dimensionen, die analoge Bedeutung wie Strenge/Unterstützung haben, liegen die Ergebnisse in ähnlicher Richtung.

Die Wirkung speziell negativer Sanktionen der Eltern bei schlechten Schulleistungen auf Leistungsangst ist vielfach nachgewiesen worden. Stellvertretend kann hier die Querschnittuntersuchung von FEND et al. (1976) genannt werden, die darüber hinaus zeigen konnte, daß Angst in dem Ausmaß gesteigert wird, in dem die Eltern ihre emotionale Zuwendung von guten Schulleistungen abhängig machen.

Die zahlreichen amerikanischen Untersuchungen – von der klassischen Untersuchung von SARASON et al. (1960) über DAVIDSON (1959), ADAMS und SARASON (1963), SMITH (1969), GOLDIN (1969), BILLER und ZUNG (1972) bis hin etwa zu PERRY und MILLIMET (1977) – können hier nicht im einzelnen dargestellt werden, da sie in bezug auf Meßinstrumente, Untersuchungsplan und theoretische Ausgangsbasis sehr heterogen sind. Wenn man ihre Ergebnisse grob zusammenfaßt, ergibt sich, daß das elterliche Erziehungsverhalten sehr leistungsängstlicher Kinder vor allem geprägt zu sein scheint durch: 1. geringe Berücksichtigung kindlicher Gefühle und Bedürfnisse, insbesondere Einschränken des Freiheitsspielraums; 2. Diskrepanzen zwischen erziehungsrelevanten Einstellungen und Praktiken beider Elternteile; 3. ausgeprägt negatives Sanktionsverhalten und Konformitätsdruck sowie 4. eigene (elterliche) Gefühle der Angst und Unzulänglichkeit.

1.2 Hypothesen

1. Wir nehmen an, daß Leistungsangst in dem Maße verstärkt auftreten wird, in dem das elterliche Erziehungskonzept ausgeprägt autoritär ist, wobei man sich ein *autoritäres* Konzept als durch dominanten Interaktionsstil, machtorientiertes Sanktionsverhalten und starken Konformitätsdruck gekennzeichnet vorstellen kann. Im Hinblick auf die Wirkung dieses Erziehungsstils auf das Kind gehen wir davon aus, daß die überdauernde Verhaltensbereitschaft «Leistungsangst» in ein generelles Muster selbstbezogener Affekte eingebettet ist, wobei die allgemeine Selbstakzeptierung (Selbstwertgefühl) einen wichtigen Stellenwert hat (vgl. FILIPP 1978). Diese generelle Bewertung der eigenen Person entsteht als Resultat zahlreicher Eltern-Kind-Interaktionen, noch bevor Lei-

stungen, insbesondere Schulleistungen thematisiert werden. Geht daraus ein negatives Selbstwertgefühl hervor, dann dürfte es als Vorläufer-Motiv eine entscheidende Rolle für die (spätere) Entwicklung der Leistungsangst spielen.

Aus lerntheoretischer Sicht kann man annehmen, daß die durch autoritäres Elternverhalten entstandene Angst vor den Eltern auf andere Bereiche – wie Leistungssituationen – übertragen wird, wodurch diese einen aversiven Charakter bekommen können. Darüber hinaus kann man eine Generalisierung der mit der Abhängigkeit von den Eltern verknüpften Angst auf andere soziale Situationen vemuten, in denen andere Personen, z. B. Lehrer, eine den Eltern vergleichbare Machtquelle darstellen, also Sanktionen verteilen.

Aus psychoanalytischer Sicht ist es von entscheidender Bedeutung, daß autoritäres, unterdrückendes Elternverhalten starke Aggressionen im Kind hervorruft, die sich, wenn sie nur unzureichend zum Ausdruck kommen können, teilweise nach innen wenden und auf diese Weise zu Schuldgefühlen, Ängsten und Abwertung der eigenen Person führen. Speziell durch Autoritätspersonen (wie Lehrer) können entsprechende frühkindliche Erfahrungen, insbesondere in leistungsthematischen Situationen, reaktualisiert werden.

2. Eine wichtige Rolle spielt u. E. die *Stabilität* elterlichen Erziehungsverhaltens (vgl. hierzu auch COOPERSMITHS [1967, S. 206] Fassung von «extensive and very strict rules» versus «a more casual attitude toward regulation» oder KROHNES «Inkonsistenz» [ROGNER 1979]). Zum einen könnte das Gefühl, elterliches Verhalten nicht voraussehen zu können, als Streßfaktor wirken und etwa in Leistungssituationen die Aufmerksamkeit von aufgabenbezogenen Sachverhalten teilweise absorbieren. Für die Annahme, daß ein für das Kind nicht berechenbares Elternverhalten Leistungsangst erhöht bzw. aufrechterhält, spricht zudem der Befund, daß intermittierende Verstärkungsmuster im allgemeinen die Löschungsresistenz eines Verhaltens erhöhen. Der Zusammenhang zwischen elterlicher Instabilität und kindlicher Leistungsangst sollte noch verstärkt auftreten, wenn im Repertoire der Eltern ansonsten angstförderndes Sanktions- und Interaktionsverhalten vorherrscht.

3. Eine dritte Hypothese bezieht sich unmittelbar auf das Erziehungsziel *«Leistung»* und das leistungsbezogene Sanktionsverhalten der Eltern. Wenn man in Leistungsangst vor allem die Disposition sieht, Leistungsbewertungen als Bedrohung zu erleben und zum anderen davon ausgeht, daß die subjektive Bedeutung von Leistungen und entsprechend von Leistungsversagen von zentraler Bedeutung für Angstentstehung und -erleben ist (neben individueller Leistungskapazität und Angstkontrollsystem), dann ist hoher elterlicher Leistungsdruck (hohe Relevanz von Leistung) als eine wichtige Bedingung für die Entstehung

von Leistungsangst anzusehen. Werden hohe Leistungsziele mit negativen Reaktionen der Eltern auf Leistungen verknüpft, die ihren Erwartungen nicht entsprechen, erhalten Leistungssituationen für das Kind einen eindeutig aversiven Charakter, der Angst fördert.

2. Konstrukte und Operationalisierungen

2.1 Leistungsangst und Selbstakzeptierung

Unter Leistungsangst (zur Rolle der sozialen Angst vgl. HELMKE & VÄTH-SZUSDZIARA 1979) verstehen wir die überdauernde Bereitschaft, schulbezogene, leistungsthematische Situationen als persönliche Bedrohung («ego-involving») zu bewerten und mit (interindividuell unterschiedlichen) Mustern motorischer, affektiver und kognitiver Komponenten zu reagieren. Zur Erfassung von Leistungsangst entwickelten wir vor allem deshalb einen neuen Fragebogen, um Ergebnisse der neueren, überwiegend kognitiv orientierten Leistungsangstforschung Rechnung zu tragen (LIEBERT und MORRIS 1967; WINE 1971; SPIELBERGER et al. 1976; SARASON 1978), wonach der (kognitiven) Selbstzweifel-Komponente (worry, self-preoccupation) der Leistungsangst eine besondere Rolle zukommt. Dies berücksichtigten wir bei der Item-Konstruktion, indem wir neben affektiv bezogenen (emotionality-Komponente) auch solche Items entwickelten, die sich auf selbstzentrierte, aufgabenlösungsirrelevante Kognitionen beziehen: Empfindungen von Resignation und Ohnmacht, gedankliche Antizipation von Mißerfolg und Bestrafung, negative Selbstwertung und Selbstzweifel beim Vergleich mit anderen. Ebenfalls in Abhebung von vorliegenden deutschsprachigen Leistungsangstfragebogen versuchten wir, Items der Art weitgehend zu vermeiden, die genaugenommen nicht Angst, sondern vielmehr das eigene Begabungsselbstbild thematisieren (z. B. Items wie «Ich mache mir oft Sorgen, ob ich auch versetzt werde» im Angstfragebogen für Schüler [AF] von WIECZERKOWSKI et al. 1974) oder «Mit ist oft so, als würden meine Mitschüler im Unterricht leichter mitkommen als ich» in der Test Anxiety Scale for Children (TASC von SARASON et al. 1958). Insgesamt besteht der Angst-Fragebogen (dokumentiert bei HELMKE (1979a) aus 33 mit «stimmt»/«stimmt nicht» zu beantwortenden Items (z. B. «Wenn ich bei einer Klassenarbeit merke, daß ich Fehler gemacht habe, fange ich oft an, mir selbst Vorwürfe zu machen und an meinen Fähigkeit zu zweifeln»; «Wenn ich im Unterricht etwas vor der Klasse vortragen soll, habe ich Angst, mich zu versprechen oder zu stottern»; «Wenn ich bei einer Klassenarbeit sehe, daß andere fast fertig sind, ich dagegen noch längst nicht, will ich manchmal am liebsten gleich aufgeben»). Die interne Konsistenz ist zufriedenstellend, sie beträgt insgesamt .89 (zur Kontrolle der Verständnisfunktion: bei Schülern der 6. Klasse Hauptschule .90, bei Schülern der 9. Klasse Gymnasium .91).

«Selbtsakzeptierung», operationalisiert durch eine 10-Item-Skala, bezeichnet die allgemeine positive Bewertung der eigenen Person und entspricht dem umgangssprachlichen «Selbstwertgefühl». Bei den Items dieser Skala waren ebenfalls die Antwortkategorien «stimmt»/«stimmt nicht» vorgesehen (Beispielitems sind: «Im großen und ganzen bin ich mit mir zufrieden», «Manchmal komme ich mir nutzlos vor», «Ich finde mich o. k.», «Ich wünsche oft, ich wäre jemand anders»). Die interne Konsistenz beträgt hier insgesamt .74 (wie auch bei den Untergruppen der Schüler aus 6. Hauptschulklassen und 9. Gymnasialklassen).

2.2 Allgemeines Familienklima

Das Konzept des «Familienklimas» bezieht sich auf sozialisationswirksame Aspekte der Beziehung zwischen Eltern und Kind. In Abhebung von der Erziehungsstilforschung soll die Interaktion zwischen Eltern und Kind nicht nur als erziehungsbedeutsame Interaktion thematisiert werden, in der Eltern bestimmte spezielle Erziehungsziele mit entsprechenden Sanktionsmitteln durchsetzten. Die Interaktion zwischen Eltern und Kind läßt sich übergreifend durch allgemeine *Erwartungen* kennzeichnen, die im Umgang mit dem Kind mehr oder weniger direkt vermittelt werden, durch *Interaktionsformen,* die sich im Laufe der Zeit stabilisieren, und durch affektiv gefärbte Qualitäten der Eltern-Kind-*Beziehung.* Mit dem Klimakonzept sollen die überdauernden Interaktionsmerkmale zwischen Eltern und Kind erfaßt werden, die sich im Rahmen alltäglicher Interaktionssituationen verfestigen, und zwar solcher Merkmale, die als sozialisationsrelevant angesehen werden können. Auf diese Weisc ist es auch möglich, unterschiedliche Sozialisationskontexte in theoretisch vergleichbarer Weise zu konzipieren und damit empirisch vergleichbar zu machen (Moos [1976] und im deutschen Sprachraum die sozialisationstheoretisch orientierte Studie Fends [1977] zu Fragen der Konzeption, der Messung sowie zu Entstehungsbedingungen und Konsequenzen von Schulklima). Die Anlehnung an den Klimaansatz impliziert, daß hier einer situations- bzw. verhaltensbereichsübergreifenden Messung von Elternvariablen, so wie sie in der Erziehungsstilforschung bisher üblich war, der Vorzug geben wird. Das Konzept des Klimas schließt weiterhin ein, daß die familiäre Umwelt nicht konstruktspezifisch, also unabhängig von den jeweils interessierenden abhängigen Kind-Variablen erhoben wird: Klima läßt sich völlig unabhängig von seinen Wirkungen auf unterschiedliche Merkmale kindlicher Persönlichkeit beschreiben. Die Bezeichnung «Familienklima» wurde schließlich deshalb gewählt, weil im Rahmen des dargestellten globalen Ansatzes das Verhalten beider Elternteile gemeinsam von übergeordnetem Interesse ist: auf getrennte Instrumente für Vater und Mutter wurde deshalb verzichtet.

Als Erhebungsweise wurde die der kindlichen Wahrnehmung familiärer Umwelt gewählt, also Beschreibungen der Klimaaspekte aus der Sicht der Betroffenen. Die Klimaskalen wurden den Kindern zur Beurteilung vorgelegt, im Sinne einer ich-nahen Messung, und zwar wegen der Relevanz gerade der subjektiv gegebenen Realität für kindliches Erleben und Verhalten. Obwohl auch bei den Eltern inhaltlich analoge Instrumente zu einzelnen Dimensionen angewandt wurden, beschränken wir uns auf die kindperzipierten Elternklima-Dimensionen. Denn man kann davon ausgehen, daß das Elternverhalten für die kindliche Entwicklung nur insofern und in dem Maße von Bedeutung ist, wie es vom Kind wahrgenommen wird (zu allgemeinen Problemen und neuen Ergebnissen zum Thema «Zusammenhänge zwischen eltern- und kindperzipiertem Erziehungsstil» vgl. HELMKE und KISCHKEL in diesem Band).

Innerhalb der drei genannten Umweltaspekte «Erwartungsinhalte», «Interaktionsformen» und «Beziehungsqualitäten» wurden elf einzelne Dimensionen operationalisiert. Damit konnte ein Differenzierungsniveau erreicht werden, das weder zu reduktiv angelegt ist, wie z. B. das Zweikomponentenmodell (STAPF et al. 1972; zur Kritik: LUKESCH 1977), noch zu stark in Einzelaspekte aufgegliedert, wie es bei einer empirisch geleiteten Dimensionierung naheliegt (SCHNEEWIND 1976).

Die elf Dimensionen des Klimainstruments sollen in Kurzform inhaltlich beschrieben werden. Die Likertskalen enthalten jeweils 8–10 Items; die Antwortform ist 5stufig, von «völlig richtig» bis «völlig falsch»; es wurden Mittelwertscores gebildet mit den einheitlichen Skalengrenzen 4 und 20. In Klammern sind jeweils die Konsistenzkoeffizienten für die Gesamt-Schülergruppe (ohne Aufgliederungen) angegeben sowie Beispielitems.

Erwartungsinhalte:

1. Autonomie (.68): Anreiz und Spielraum für selbständiges Denken und Verhalten. («Meine Eltern fragen mich häufig nach meiner eigenen Meinung.»)
2. Konformität (.71): Erwartung der Unterordnung unter Elternanforderungen, rigide Reglementierung. («Meine Eltern achten sehr darauf, daß ich mich gut benehme, besonders wenn Besuch da ist.»)
3. Leistung (.72): Erwartung hoher Leistungserfüllung und Anstrengung, hohe Anspruchsniveausetzung. («Meine Eltern glauben, daß ich in der Schule immer noch ein bißchen mehr leisten könnte.»)
4. Bildung (.74): Anreiz und Unterstützung «kultureller» Freizeitinteressen. («Meine Eltern unterhalten sich mit mir oft über Dinge wie Kunst und Literatur.»)

Interaktions- und Sanktionsformen:

5. Autoritäre Interaktion (.74): Durchsetzung von Konformitätserwartungen, statusorieniert. («Meine Eltern erwarten, daß ich mich allem füge, was sie mir vorschreiben.»)
6. Egalitäre Interaktion (.69): Reziproke, partnerschaftliche Umgangsformen, personzentriert. («Meine Eltern nehmen Rücksicht auf mich und erwarten das gleiche von mir.»)
7. Machtorientierte Sanktionierung (.82): Bestrafung durch unmittelbare oder psychische Zwangsausübung. («Wenn ich etwas angestellt habe, verbieten sie mir Dinge, die ich gerne tue: z. B. Fernsehen, Aufbleiben, Ausflüge, Taschengeld.»)
8. Unterstützende Sanktionierung (.82): Ermutigung, Suche nach Gründen und Änderungsmöglichkeiten. («Meine Eltern reden mit mir über die Sache, wenn etwas schiefgelaufen ist.»)

Beziehungsqualitäten:

9. Stabilität (.81): Sicherheit durch stabile elterliche Erwartungen, Sanktionen und Interaktionen. («Meine Eltern verbieten mir manchmal, was sie mir ein anderes Mal erlauben.»)
10. Vertrauen (.87): Positiver und offener elterlicher Affektausdruck. («Ich habe das Gefühl, daß ich mit ihnen über alles reden kann.»)
11. Engagement (.81): Qualitative und quantitative Intensität der Beschäftigung der Eltern mit dem Kind. («Meine Eltern haben meistens etwas anderes zu tun, wenn ich mit ihnen zusammen sein möchte.»)

Die empirisch gefundenen Zusammenhänge zwischen diesen Klimadimensionen verlaufen nicht entsprechend der hier vorgenommenen Strukturierung nach primär formalen Aspekten familiärer Umwelt. Durch Faktorenanalysen wird vielmehr die Zusammenfassung in zwei inhaltliche Syndrome des Erziehungsklimas nahegelegt, nämlich in ein «autoritäres» und ein «egalitäres» (vgl. Tabelle 1).

Zur Validierung der Dimensionen haben wir u. a. Schichtunterschiede herangezogen, die entsprechend den bekannten Befunden eine höhere Ausprägung aller Dimensionen des «egalitären Syndroms» bei Eltern der «Mittelschicht» im Vergleich zu denen der «Unterschicht» belegen, und entsprechend eine geringere Ausprägung der Dimensionen des «autoritären Syndroms».

2.3 Leistungsbezogene Elternvariablen

Ohne direkt auf den Klimaansatz hin konzipiert zu sein, wurden im Rahmen der Untersuchung auch spezifisch schul- und leistungsbezogene Interaktionsformen und Erwartungen der Eltern operationalisiert. Sie werden hier aus zwei Gründen in die Analyse miteinbezogen: zum einen, weil dadurch der theoretisch interessante Vergleich zwischen bereichsübergreifender und bereichsspezifischer Messung von Elternvariablen

Tabelle 1: Ergebnisse der Faktorenanalyse[1] der Erziehungsklima-Dimension: Ladungen der Variablen auf beiden Faktoren, Kommunalitäten (h^2) und Prozentsätze aufgeklärter Varianz; N = 1135.

	1. Faktor	2. Faktor	h^2
8. Unterstützende Sanktionen	.84		.70
6. Egalitäre Interaktion	.83		.69
10. Vertrauen	.83	–.29	.77
11. Engagement	.81		.66
1. Autonomie	.76		.58
pos. Sanktion schlechte Leistung[2]	.59		.35
pos. Sanktion gute Leistung[2]	.51		.26
neg. Sanktion gute Leistung[2]	–.40	–.24	.21
7. Machtorientierte Sanktion		.76	.76
2. Konformität	–.26	.73	.58
5. autoritäre Interaktion	–.52	.68	.74
9. Stabilität	.55	–.61	.68
3. Leistung	.21	.53	.33
4. Bildung		.42	.21
neg. Sankt. schl. Leistung[2]	–.28	.37	.22
Prozentsatz aufgeklärter Varianz	32.6 %	19.1 %	51.7 %

[1] Varimax-Rotation mit Abbruchkriterium «Eigenwert = 1», Kommunalitätenschätzung nach KAISER, GUTTMANN; Nichtberücksichtigung von Faktorenladungen ≤ .20. Eine Promax-Rotation ergibt die gleiche Rangfolge der Dimensionen entsprechend ihren Ladungen; die Korrelationen beider Faktoren miteinander beträgt in diesem Falle r = –.28.

[2] Diese Dimensionen wurden in die Faktorenanalyse miteinbezogen, gehören aber nicht zum *allgemeinen* Familienklima, sondern sind Aspekte des leistungsbezogenen Familienklimas (s. 2.3).

möglich wird und zum anderen, weil dieser Ausschnitt der Eltern-Kind-Beziehung inhaltlich mehr mit dem unmittelbaren leistungsbezogenen Affekt Leistungsangst zu tun hat.

Unter dem Aspekt «Erwartungen» werden einzelne Items zu den auf Schule, Ausbildung und Beruf bezogenen Aspirationen der Eltern aufgeführt. Weiterhin lag es im Rahmen einer vergleichenden Analyse des allgemeinen Familienklimas und spezifisch leistungsbezogener Elternvariablen nahe, die Klimavariable «allgemeine Leistungserwartungen» in diesem Falle dem Bereich «Leistung» zuzuordnen.

In den Bereich der «Interaktionsformen» fällt das leistungsbezogene Sanktionsverhalten. Die positiven bzw. negativen Eltern-Verhaltensweisen entsprechen denen, die innerhalb der allgemeinen Klima-Dimensionen als «unterstützendes» bzw. «machtorientiertes» allgemeines Sanktionsverhalten operationalisiert wurden.

Im Zusammenhang mit elterlichen Reaktionen auf Schulleistungen wurden nicht nur diejenigen in bezug auf Leistungsversagen für relevant erachtet, sondern auch solche in bezug auf Leistungserfolg. Daher sind vier Skalen konstruiert worden (negatives und positives Sanktionsverhalten bei schlechten und bei guten Schulleistungen [Likert-Skalen entsprechen den Skalen zum allgemeinen Familienklima]; vgl. dazu FEND et al. 1976).

Um die affektive Beziehung zwischen Eltern und Kind im Leistungsbereich noch näher zu charakterisieren, wurden noch drei einzelne Items in die Analyse mit aufgenommen; und zwar

– zur affektiven Bedeutung des Schulabschlußwunsches («Wie schlimm wäre es für Deine Eltern, wenn Du den von ihnen erwarteten Schulabschluß nicht erreichen würdest?»; Antwortmöglichkeiten 4stufig von «Es würde ihnen wenig ausmachen» bis «Es wäre das Schlimmste, was ihnen passieren könnte»);

– zur affektiven Komponente elterlicher Anspruchsniveausetzung («Auch wenn ich mich sehr anstrenge – ganz zufrieden sind meine Eltern mit mir selten»);

– zum elterlichen Leistungsinteresse («Ich glaube, daß meine Eltern mich bereits aufgegeben haben und an meinen schulischen Leistungen nicht mehr interessiert sind»; Antwortmöglichkeiten der beiden letztgenannten Items jeweils 5stufig von «genau richtig» bis «völlig falsch»).

3. Ergebnisse

3.1 Allgemeine Übersicht

Die Bedeutung der Erziehungsklima-Dimensionen als Einflußgröße für affektive Variablen des Selbstkonzepts läßt sich durch den Anteil der aufgeklärten Varianz belegen. In einer multiplen Regressionsanalyse werden 14,7 % Varianz der Leistungsangst und 18,0 % Varianz der Selbstakzeptierung durch alle Erziehungsklimadimensionen (vgl. Tabelle 2) aufgeklärt. (Die genannten Ergebnisse beziehen sich immer auf die Schüler der 9. Klassenstufe (N = 1135), sofern die der 6. Klassenstufe (N = 1437) nicht ausdrücklich erwähnt werden. Es ergeben sich dort sehr ähnliche Ergebnisse.)

Wenn man in Rechnung stellt, daß die Familie zwar einen wichtigen, aber eben nur einen Teil der sozialen Umwelt von 14- bis 16jährigen Jugendlichen darstellt, welche wesentlich auch durch den Erfahrungsraum Schule bestimmt wird, dann ist der Erklärungswert als durchaus gut anzusehen. Damit wird gleichzeitig auch die Brauchbarkeit des hier vorgestellten Operationalisierungskonzepts dargelegt. Weiterhin ist zu berücksichtigen, daß mit dem Querschnittdesign immer nur eine «Momentaufnahme» der aktuellen Bedingungsfaktoren erreicht werden kann, die im Rahmen eines Konzepts der langfristigen Genese affektiver Haltungen in bezug auf die eigene Person von vorneherein nur einen eingeschränkten Erklärungswert besitzen kann.

Im Rahmen der in letzter Zeit verstärkt geführten Diskussion zur Notwendigkeit situations- bzw. bereichsspezifischer Erfassung elterlichen Erziehungsverhaltens (VÄTH-SZUSDZIARA und LUKESCH 1979) ist im Rahmen dieser Untersuchung ein Vergleich der Bedeutung von generellen Erziehungsklimadimensionen und speziellen, nämlich unmittelbar auf den Leistungsbereich bezogenen Erwartungen und Verhaltensweisen der Eltern von Interesse; darüber hinaus kann dieser Vergleich auch auf seiten der abhängigen Variablen auf einen speziellen leistungsbezogenen Affekt – Leistungsangst – und auf einen generellen Affekt in bezug auf die eigene Person – Selbstakzeptierung – bezogen werden. Dabei ist zunächst wichtig, daß die beiden Variablen in der Höhe von $r = -.42$ miteinander korrelieren. Wenn auch der Zusammenhang beträchtlich ist – wobei von einer wechselseitigen Beeinflussung auszugehen ist in dem Sinne, daß die Leistungsangst zum Teil in die allgemeine Selbstakzeptierung eingeht und die Selbstakzeptierung das Ausmaß der Leistungsangst mitprägt – werden doch auch unterschiedliche Aspekte der selbstbezogenen Affekte erfaßt, was die Annahme entsprechend unterschiedlicher Bedingungsfaktoren nahelegt. Zu diesem Zweck werden Determinationskoeffizienten jeweils für alle operationalisierten Dimensionen des allgemeinen und des leistungsbezogenen Erziehungsklimas herangezogen (vgl. Tabelle 2), wobei zu bedenken ist, daß das leistungsbezogene Erziehungsklima nicht in der gleichen differenzierten Weise erfaßt worden ist wie das allgemeine Klima: Es ist also nur ein eingeschränkter Vergleich möglich.

Die Erwartung, daß das leistungsbezogene Klima für Leistungsangst relevanter ist und das allgemeine Klima für die allgemeine Selbstakzeptierung, wird zum Teil bestätigt. Bei Schülern der 9. Klassenstufe treten die Unterschiede in den erwarteten Richtungen auf, wenn sie auch nicht sehr deutlich ausgeprägt sind. Bei Schülern der 6. Klassenstufe wird die Selbstakzeptierung erheblich stärker durch allgemeine Erziehungsklimadimensionen geprägt, während sich bei Leistungsangst keine Unterschiede hinsichtlich der Bedeutsamkeit des allgemeinen und des speziellen Erziehungsklimas ergeben.

Diese Daten sind als Beleg dafür zu werten, daß sehr generelle Aspekte des Beziehungsverhältnisses zwischen Eltern und Kind sozialisationswirksam sind, und daß sie über Situationen und über Verhaltens-

Tabelle 2: Zusammenhänge zwischen Dimensionen des allgemeinen und leistungsbezogenen Erziehungsklimas und Leistungsangst sowie Selbstakzeptierung bei Schülern der 6. Klassen (N = 1437) und der 9. Klassen (N = 1135). Korrelationskoeffizienten (r) und Determinationskoeffizienten (Prozentanteil aufgeklärter Varianz, R^2).

	Leistungsangst		Selbstakzeptierung	
	9. Kl.	6. Kl.	9. Kl.	6. Kl.
Allgemeines Erziehungsklima				
Erwartungen:				
– Autonomie	–.12	–.06	.24	.21
– Konformität	.21	.23	–.20	–.17
– Bildung	.03	.06	–.04	–.02
Interaktions- und Sanktionsformen				
– egalitäre Interaktion	–.13	–.01	.28	.19
– autoritäre Interaktion	.27	.26	–.31	–.28
– unterstützende Sanktionen	–.07	–.04	.25	.19
– machtorientierte Sanktionen	.25	.27	–.19	–.23
Beziehungsqualitäten:				
– Stabilität	–.23	–.25	.30	.30
– Vertrauen	–.14	–.17	.34	.35
– Engagement	–.13	–.14	.28	.30
R^2 (allgemeines Erziehungsklima)	9.4 %	9.6 %	13.7 %	15.9 %
Schul- und leistungsbezogenes Erziehungsklima				
Erwartungen:				
– Schulleistungen	–.03	.01	.01	.01
– Schulabschluß	–.06	–.06	.03	.11
– Berufsausbildung	–.03	–.07	–.02	.06
– Beruf	.03	.08	–.01	–.07
– allgemein: Leistung	.12	.11	–.13	.03
Sanktionsformen bei Schulleistungen:				
positives Sanktionsverhalten				
– bei guten Schulleistungen	–.01	–.01	.14	.15
– bei schlechten Schulleistungen	–.04	–.03	.20	.18
negatives Sanktionsverhalten				
– bei guten Schulleistungen	.12	.12	–.19	–.15
– bei schlechten Schulleistungen	.24	.23	–.23	–.21
Einstellungen:				
– Wichtigkeit des Schulabschlusses	.13	.10	–.10	–.09
– unerreichbares Anspruchsniveau	.24	.21	–.28	–.25
– Verlust des Leistungsinteresses	.14	.15	–.22	–.22
R^2 (schul- und leistungsbezogenes Erziehungsklima)	10.6 %	9.6 %	12.8 %	10.8 %
R^2 (allgemeines und schul- und leistungsbezogenes Erziehungsklima)	14.7 %	13.8 %	18.0 %	18.1 %

bereiche des Kindes hinweg zum Tragen kommen. Es kann nicht gefolgert werden, daß einer bereichsspezifischen Messung der Vorzug zu geben wäre.

3.2 Autoritäres Elternklima

Die Zusammenhänge zwischen den einzelne Dimensionen des *allgemeinen Erziehungsklimas* und den Variablen Leistungsangst und Selbstakzeptierung sind nur mäßig hoch. Jedoch ergibt sich ein eindeutiges Muster der Wirksamkeit eines gleichzeitig angstfördernden und selbstverunsichernden Klimas der Beziehung zwischen Eltern und Kind, da die Dimensionen des *autoritären Syndroms* – konformitätsorientierte Erwartungen, autoritäre Formen der Interaktion, machtorientierte Sanktionsformen – in gleicher Weise mit Leistungsangst und Selbstakzeptierung zusammenhängen und jeweils von etwa gleicher Bedeutung sind.

In bezug auf die Leistungsangst entspricht dieser Befund den zahlreichen Ergebnissen, die unter Heranziehung des «Strenge»-Faktors aus dem Marburger Erziehungsstilkonzept gewonnen wurden (STAPF 1975) und eine Verstärkung kindlicher Leistungsangst durch elterliche Strenge belegen. Der bekannte Zusammenhang kann durch die hier vorgelegte Untersuchung in zweierlei Hinsicht erweitert werden: a) Konforme Erwartungen und autoritäre Interaktionsformen wirken in die gleiche Richtung wie «strenge», machtorientierte Sanktionsformen. b) Nicht nur die Leistungsangst, sondern auch die allgemeine Selbstakzeptierung wird davon betroffen (vgl. Hypothese 1).

Daß für den Aufbau der Selbstakzeptierung zum Teil gleiche Bedingungsvariablen wirksam sind wie für Leistungsangst, wird durch den Befund nahegelegt, daß sich der Zusammenhang zwischen den Erziehungsklimadimensionen und Leistungsangst um nahezu die Hälfte reduziert, wenn die Variable «Selbstakzeptierung» auspartialisiert wird. Man hat sicher von einem komplexen, hier nicht überprüfbaren System von Wechselwirkungen zwischen Leistungsangst und Selbstakzeptierung auszugehen. Vor allem wird eine gefestigte Akzeptierung der eigenen Person eine wichtige Barriere gegen den Aufbau spezifischer Ängste, etwa im Leistungsbereich, darstellen.

3.3 Egalitäres Elternklima

Ein anderes Bild ergibt sich, wenn man die Dimensionen des *egalitären Erziehungssyndroms* betrachtet. Autonomieerwartungen, egalitäre Interaktionsformen und unterstützende Sanktionsformen sind für die Ausprägung der Leistungsangst nahezu irrelevant, für die Selbstakzeptierung jedoch von Bedeutung. Ein egalitäres Beziehungsverhältnis zwischen Eltern und Kind fördert den Aufbau einer günstigen Selbsteinschätzung, einer positiven Akzeptierung der eigenen Person. Vergleicht man die Daten zum Zusammenhang zwischen egalitären Erziehungsformen und Leistungsangst mit den bisherigen Befunden zu Leistungsangst und «Unterstützung» (Marburger Erziehungsstilansatz, dazu zuletzt GROEBEN 1978), so ergibt sich einerseits eine Parallele: Positive Interaktionsformen zwischen Eltern und Kind haben keinen Einfluß auf den Abbau von Leistungsangst. Daß dieser Wirkungszusammenhang aber für andere Variablen des affektiven Selbstbezugs nicht gilt, hat diese Untersuchung anhand der «Selbstakzeptierung» gezeigt. Es besteht sogar die Möglichkeit – wie der Zusammenhang zwischen Selbstakzeptierung und Leistungsangst nahegelegt –, daß ein egalitäres Erziehungsklima über die Stabilisierung eines positiven Selbstwertgefühls eine Zunahme der Leistungsangst hemmt, gering unterstützendes Elternverhalten also indirekt doch auf Leistungsangst wirkt: Mangelndes Zutrauen in sich selbst kann als Nährboden für spezifische Ängste wirken.

Ein weiterer Beitrag der hier berichteten Untersuchung ist in dem Nachweis zu sehen, daß die festgestellten Wirkungsweisen des elterlichen Erziehungsklimas weitgehend unabhängig vom Alter des Kindes sind. Bei Schülern des 9. Schuljahrs gibt es allerdings eine Tendenz, daß Autonomie-Erwartungen und egalitäre Interaktionsbeziehungen Angst direkt abbauen, und nicht nur Selbstakzeptierung fördern (in dieser Richtung auch: CHRISTMAN 1978).

3.4 Stabilität des Elternklimas

Welche Bedeutung ein *stabiles Beziehungsverhältnis* zwischen Eltern und Kind für das affektive Selbstkonzept hat, konnte in dieser Untersuchung deutlich nachgewiesen werden (vgl. Hypothese 2). Stabiles Elternverhalten, das durch konsistente Anforderungen und Elternreaktionen auf kindliches Verhalten gekennzeichnet ist, fördert in etwa gleichem Ausmaß die Selbstakzeptierung des Kindes wie es seine Leistungsangst abbaut. Entsprechend unserer Annahme wirken mangelnde Berechenbarkeit elterlicher Erwartungen und Verhaltensweisen, mangelnde Kontrollmöglichkeiten der familiären Umwelt angstverstärkend; Vertrauen in die Stabilität der familiären Umwelt ist dagegen eine wichtige Grundlage für das Vertrauen in sich selbst. In gleichem Ausmaß wird das Selbstvertrauen der Kinder auch gefördert, wenn die Eltern-Kind-Beziehung durch einen hohen Grad an Vertrauen und Engagement der Eltern für die Kinder gekennzeichnet ist; für Leistungsangst ergeben sich nur schwache Beziehungen.

Wenn autoritäre Anforderungen und Umgangsformen, sowie Instabilität von Erwartungen und Reaktionsweisen der Eltern angstverstärkend wirken, ist zu erwarten, daß die Angst der Kinder dann am größten ist, wenn beide Aspekte des Erziehungsklimas gemeinsam auftreten. Dies läßt sich feststellen, wenn man Schüler entsprechender Klimakombinationen miteinander vergleicht.

Tabelle 3: Wirkungen niedriger/hoher Konformitätserwartungen in Kombination mit hoher/niedriger Stabilität (beide Variablen jeweils dichotomisiert). N = 1053 Skalenmittelwerte

	Konformität niedrig		*Konformität hoch*	
	Stabilität hoch	Stabilität niedrig	Stabilität hoch	Stabilität niedrig
N =	445	356	56	196
Leistungsangst	12.75	13.49	13.09	14.14
Selbstakzeptierung	17.78	16.49	17.04	16.04

Tatsächlich zeigen diejenigen Kinder die meiste Angst und die geringste Selbstakzeptierung, deren Eltern sich durch starke Konformitäts-Erwartungen, gepaart mit geringer Stabilität auszeichnen, während umgekehrt diejenigen Kinder das größte Selbstvertrauen und die wenigste Angst aufweisen, deren Verhältnis zu den Eltern durch geringe Konformitätsanforderungen und hohe Vorhersagbarkeit elterlicher Anforderungen charakterisiert ist (vgl. Tabelle 3). Der gleiche Befund ergibt sich, wenn statt Konformität autoritäre Interaktionsformen mit Stabilität kombiniert werden.

3.5 Allgemeines versus leistungsbezogenes Elternklima

Es wurde schon festgestellt, daß *schul- und leistungsbezogenes Elternklima* insgesamt gesehen und über beide abhängigen Variablen hinweg einen etwa gleich großen Erklärungswert wie das allgemeine Erziehungsklima besitzt. Wie stellen sich die Verhältnisse beim Vergleich einzelner, konzeptuell paralleler Dimensionen dar? Wie Tabelle 2 zeigt, ist der Zusammenhang zwischen allgemeinen Konformitätserwartungen und Leistungsangst höher als der zwischen den Erwartungen der Eltern hinsichtlich der Leistungsanstrengungen ihrer Kinder und deren Leistungsangst. Interessanterweise spielen die Bildungsaspirationen der Eltern überhaupt keine Rolle. Langfristige Leistungsziele der Eltern für ihre Kinder sind für die Ausbildung von Leistungsangst oder Selbstakzeptierung offensichtlich irrelevant. Dies ist insofern plausibel, als leistungsbezogene Elternerwartungen als theoretisch unabhängig von Erziehungspraktiken gelten können, anders als im Falle von Autonomieerwartungen und die diese realisierenden Umgangsformen zwischen Eltern und Kind. Leistungserwartungen als solche üben keinen negativen Einfluß aus; erst wenn sie mit angstfördernden Umgangsformen der Eltern verknüpft werden, ist mit psychohygienisch ungünstigen Folgen zu rechnen (vgl. Hypothese 3). Ähnliches gilt auch für Erwartungen der Eltern hinsichtlich der kulturellen Bildung ihrer Kinder – die Dimension «Bildung» aus dem allgemeinen Erziehungsklima steht ebenfalls in keinem Zusammenhang zu Leistungsangst oder Selbstakzeptierung.

Wenn man nun die beiden theoretisch vergleichbar konzipierten Sanktionsformen allgemeiner und leistungsbezogener Art miteinander vergleicht, ist das Ergebnismuster in Richtung und Größenordnung sehr ähnlich. Negatives Sanktionsverhalten und allgemeines machtorientiertes Sanktionsverhalten fördern Angst und bauen Selbstakzeptierung ab. Positives, leistungsbezogenes Sanktionsverhalten und allgemeines, unterstützendes Sanktionsverhalten weisen aber keinen Zusammenhang mit Leistungsangst auf, wobei die Reaktionsmuster auf kindliches Leistungs*versagen* (schlechte Schulleistungen) insgesamt etwas bedeutsamer sind als die Reaktionsmuster auf Leistungs*erfolge* des Kindes. (Zusammenhänge: machtorientierte Sanktionen / negatives Sanktionsverhalten bei schlechten Schulleistungen: r = .27; machtorientierte Sanktionen / negatives Sanktionsverhalten bei guten Schulleistungen: r = .20; unterstützende Sanktionen / positives Sanktionsverhalten bei schlechten Schulleistungen: r = .45; unterstützende Sanktionen / positives Sanktionsverhalten bei guten Schulleistungen: r = .32).

Die Ähnlichkeit der Ergebnismuster ist auf die theoretische Vergleichbarkeit allgemeiner und spezieller Sanktionsformen zurückzuführen. Eltern, die generell bei ihren Reaktionen auf kindliches Versagen ihre Bestrafungsmacht (coercive power i. S. v. French und Raven 1959) ausspielen, werden dies sehr wahrscheinlich auch im speziellen Fall des Leistungsversagens tun. Und machtorientierte Sanktionsformen fördern unmittelbar kindliche Angst bzw. hemmen den Aufbau eines positiven Selbstwertgefühls.

Wie hoch der gemeinsame Anteil an der Aufklärung von Leistungsangst und Selbstakzeptierung ist, wurde mit der Methode der sequentiellen, orthogonalen Regressionsanalyse untersucht, mit der in der Abfolge 1. *allgemeines* machtorientiertes Sanktionsverhalten, 2. positives und negatives Sanktionsverhalten bei schlechten *Schulleistungen* die Varianz von Leistungsangst und Selbstakzeptierung aufgeklärt wurde: bei Leistungsangst ist der gemeinsame Anteil 7.2 % von 10.4 % der insgesamt durch beide Faktoren erklärten Varianz, bei der Selbstakzeptierung beträgt er 8.8 % von 11.1 %. Daraus läßt sich folgern, daß kindliche Angst durch generelle bereichsübergreifende Beschreibungen elterlichen Sanktionsverhaltens besser prognostiziert werden kann, andererseits jedoch ein kleinerer spezieller Erklärungsanteil für die direkt leistungsbezogenen Bestrafungsreaktionen der Eltern bleibt, welcher für allgemeine Affekte gegenüber der eigenen Person noch geringer ist als für leistungsbezogene Affekte.

Im Hinblick auf die Kontroverse «bereichsübergreifende versus bereichsspezifische Erfassung von Elternverhalten» ergibt sich somit, daß die Erfassung genereller Charakteristika der Eltern-Kind-Beziehung ausreicht, um selbstbezogene Affekte des Kindes aufzuklären. Die spezielle Fassung leistungsbezogenen Erziehungsverhaltens der Eltern ergibt einen vergleichsweise geringen zusätzlichen Erklärungsgewinn.

3.6 Verknüpfung von Leistungsdruck und negativem Sanktionsverhalten

Schließlich wurde angenommen, daß hohe Leistungserwartungen erst in Kombination mit angstfördernden Umgangsformen der Eltern Leistungsangst verstärken bzw. Selbstakzeptierung vermindern (vgl. Hypothese 3). Die Annahme kann durch einen Mittelwertvergleich der abhängigen Variablen nach Aufteilung der Schülergruppen in vier Kategorien elterlichen Erziehungsklimas bestätigt werden (vgl. Tabelle 4). Bei Kindern, deren Eltern relativ niedrige Leistungsanforderungen stellen und ein wenig ausgeprägtes negatives Sanktionsverhalten in bezug auf schlechte Schulleistungen ihrer Kinder zeigen, sind die geringste Leistungsangst und der höchste Grad an Selbstakzeptierung festzustellen. Besonders negative Auswirkungen auf Leistungsangst und Selbstakzeptierung zeigen sich dagegen bei solchen Kindern, deren Eltern relativ

Tabelle 4: Wirkung niedriger/hoher elterlicher Leistungserwartungen in Kombination mit geringem/hohem Ausmaß negativen Sanktionsverhaltens bei schlechten Schulleistungen (NSV-SL) (beide Variablen dichotomisiert), N = 966
Skalenmittelwerte

	Leistungserwartung niedrig		*Leistungserwartung hoch*	
	NSV-SL niedrig	NSV-SL hoch	NSV-SL niedrig	NSV-SL hoch
N =	357	31	509	69
Leistungsangst (S = 2.31)	12.95	13.87	13.21	15.20
Selbstakzeptierung (S = 2.53)	17.42	16.28	17.01	15.03

hohe Leistungserwartungen mit negativen Sanktionsformen in bezug auf Leistungsversagen verbinden. (Ein inhaltlich vergleichbares Ergebnis erhielten Fend et al. 1976, S. 430 bei ihrer Analyse der Auswirkungen kombinierter elterlicher [positive/negative Reaktionen bei schlechten Noten] und schulischer [niedriger/hoher Leistungsdruck] Kontexte). Die Art des Sanktionsverhaltens vermittelt die Wirkung der Leistungsanforderungen der Eltern: Im Kontext hoher elterlicher Leistungserwartungen wirkt die Art des Sanktionsverhaltens stärker differenzierend auf kindliche Leistungsangst als im Kontext niedriger Leistungserwartungen.

Grundlegende affektive Tönungen der Eltern-Kind-Beziehung im Leistungsbereich, die als «Einstellungen» bezeichnet wurden (vgl. Tabelle 2), sind insbesondere für die Ausbildung des Selbstwertgefühls relevant. Dabei spielt die emotionale Bedeutung der Schulabschlußerwartungen der Eltern eine geringere Rolle als die leistungsbezogenen Affekte der Eltern, die sich direkt auf das Kind beziehen. Der «Verlust des Leistungsinteresses» der Eltern beeinträchtigt das Selbstwertgefühl der Kinder: noch stärkere Auswirkungen hat eine permanente Unzufriedenheit der Eltern im Sinne der Setzung eines unerreichbaren Anspruchsniveaus. Daß Eltern ihre Kinder nicht uneingeschränkt loben können bzw. Lob mit Unzufriedenheit vermischen, wirkt wahrscheinlich über eine Verminderung der Berechenbarkeit elterlicher Reaktionen auf Schulleistungen angstverstärkend. Auch durch das bereichsspezifische, leistungsbezogene Elternverhalten kann also die Bedeutung der Instabilität der Eltern-Kind-Beziehung für den Aufbau von Angst bzw. die Hemmung des Aufbaus eines positiven Selbstwertes belegt werden.

Literatur

ADAMS, E. B. & SARASON, I. G. 1963. Relation between anxiety in children and their parents. Child Development *34,* 237–246.

BILLER, H. B. & ZUNG, B. 1972. Perceived maternal control, anxiety, and opposite sex role preference among elementary school girls. The Journal of Psychology *81,* 85–88.

BOLLINGER, G. & KREFT, W. 1978. Elterliche Strenge und Unterstützung – Methodologische Untersuchungen zu einem Zweikomponenten-Konzept der elterlichen Bekräftigung. Diagnostika *24,* 1–23.

BORCHERT, J. 1976. Das perzipierte Erziehungsverhalten von Lehrern und Müttern – seine Beziehungen zur Schulangst und zur Anstrengungsvermeidung. Heilpädagogische Forschung *6,* 348–355.

BORCHERT, J. & MASENDORF, F. 1975. Zum Bedingungsverhältnis von Sozialstatus, Erziehungsstil der Mutter und des Lehrers und affektiven Schülervariablen. Psychologie in Erziehung und Unterricht *22,* 137–147.

BRINKMANN, R. 1978. Die Beziehungen der Prüfungsangst zu Persönlichkeits-, Leistungs- und sozialen Variablen bei Schülerinnen der 5. Jahrgangsstufe. Unveröffentlicht Diplomarbeit. Bochum, Universität Bochum.

CHRISTMANN, H. 1978. Prüfungsangst bei Jungen und Mädchen und familiäre Erziehungsstile. Ein multipler Erklärungsansatz. Psychologie in Erziehung und Unterricht *25,* 345–351.

COOPERSMITH, S. 1967. The antecedents of self-esteem. San Francisco, London: Freeman.

DAVIDSON, K. S. 1959. Interviews of parents of high anxious and low anxious children. Child Development *30,* 341–351.

FEND, H. 1977. Schulklima: Soziale Einflußprozesse in der Schule. Soziologie der Schule III, 1. Weinheim: Beltz.

FEND, H. KNÖRZER, W., NAGL, W., SPECHT, W. & VÄTH-SZUSDZIARA, R. 1976. Sozialisationseffekte der Schule. Soziologie der Schule II. Weinheim: Beltz.

FILIPP, S. 1978. Meßmöglichkeiten von Selbstkompetenz bei 10–16jährigen (Gutachten). Arbeitsbericht der Projektgruppe «Sozialisation von Selbstkompetenz und Sozialkompetenz». Universität Konstanz, Zentrum I Bildungsforschung.

FLEMMING, B. & RITTER, J. 1973. Geschlechtsspezifische Angstinhalte und Ursachen ihrer Entstehung. Unveröffentlichte Diplomarbeit. Tübingen.

FRENCH, J. R. P. & RAVEN, B. H. 1959. The basis of social power. In: D. CARTWRIGHT (Hg.) Studies in social power. Ann Arbor, Michigan: University of Michigan Press.

GÄRTNER-HARNACH, V. 1973. Fragebogen für Schüler FS 5–10. Ein Schulangstfragebogen für 5. bis 10. Klassen. Weinheim: Beltz.

GOLDIN, P. C. 1969. A review of children's report of parents behaviors. Psychological Bulletin *71,* 222–236.

GROEBEN, U. 1978. Determinanten der Schulangst. Weinheim: Beltz.

HELMKE, A. 1978a. Schulangst in integrierten Gesamtschulen und in traditionellen Schulen. In: H. HEYSE und ARNHOLD (Hg.) Texte zur Schulpsychologie und Bildungsberatung, Band 3. Braunschweig: Westermann.

HELMKE, A. 1978b. Erzieherische Wirkungen der Schule. Zwischenbericht einer vergleichenden empirischen Untersuchung an integrierten Gesamtschulen und Schulen des traditionellen Schulsystems in Hessen (Arbeitsbericht 2). Konstanz: Universität Konstanz, Zentrum I Bildungsforschung, Projekt Wissenschaftliche Begleitung von Gesamtschulen.

HELMKE, A. 1979a. Schulsystem und Schülerpersönlichkeit. In: A. HELMKE & E. DREHER (Hg.) Gesamtschule und dreigliedriges Schulsystem in Nordrhein-Westfalen – Erzieherische Wirkungen und soziale Umwelt. Paderborn: Schöningh.

HELMKE, A. 1979b. Elterliche Diagnosefähigkeit: Zur Frage des Zusammenhangs zwischen kindlicher Selbstwahrnehmung von Leistungsangst und Beurteilungen durch die Eltern. In: Psychologische Forschungsberichte aus dem Fachbereich 3 der Universität Osnabrück. Bericht Nr. 14 («Entwicklungsbedingungen von Angst und Angstabwehr»). Osnabrück: Universität Osnabrück.

HELMKE, A. & KISCHKEL, K. H. 1980. Zur Wahrnehmung elterlichen Erziehungsverhaltens durch Eltern und ihre Kinder und dessen Erklärungswert für kindliche Persönlichkeitsmerkmale. In: H. LUKESCH, M. PERREZ & K. A. SCHNEEWIND (Hg.) Familiäre Sozialisation und Intervention. Bern: Huber.

HELMKE, A. & VÄTH-SZUSDZIARA, R. Leistungsangst, soziale Angst und Selbstakzeptierung in Abhängigkeit vom elterlichen Erziehungsklima. In: L. H. ECKENSBERGER (Hg.) Bericht über den 31. Kongreß der Deutschen Gesellschaft für Psychologie in Mannheim 1978, Band I. Göttingen: Verlag für Psychologie.

HERRMANN, T., STAPF, A., KROHNE, A. W. 1971. Die Marburger Skalen zur Erfassung des elterlichen Erziehungsstils. Diagnostica *17,* 118–131.

JACOBS, B. & STRITTMATTER, P. 1979. Der schulängstliche Schüler. Eine empirische Untersuchung über mögliche Ursachen und Konsequenzen der Schulangst. München: Urban & Schwarzenberg.

KRAMER, K. 1973. Erziehungsstile: Verbots- und Gebotsorientiertheit, Ängstlichkeit und Risikoverhalten. Unveröffentlichte Diplomarbeit. Marburg.

LIEBERT, R. M. & MORRIS, L. W. Cognitive and emotional components of test anxiety: A distinction and some initial data. Psychological Reports *20,* 975–978.

LUKESCH, H. 1977. Das Marburger Zweikomponenten-Konzept des elterlichen Erziehungsstils: Vier kritische Anmerkungen. Zeitschrift für Entwicklungspsychologie und Pädagogische Psychologie *9,* 129–197.

LUKESCH, H. & TISCHLER, A. 1975. Selbst- und fremdperzipierter elterlicher Erziehungsstil. Zeitschrift für Entwicklungspsychologie und Pädagogische Psychologie *7,* 88–99.

LUKESCH-TOMANN, M. & HELMKE, A. 1978. Schule und Schüler aus der Sicht der Eltern. Zwischenbericht einer vergleichenden empirischen Untersuchung an integrierten Gesamtschulen und Schulen des traditionellen Schulsystems in Hessen (Arbeitsbericht 5). Konstanz: Universität Konstanz, Zentrum I Bildungsforschung, Projekt Wissenschaftliche Begleitung von Gesamtschulen.

LUKESCH-TOMANN, M. & HELMKE, A. 1979. Gesamtschule und dreigliedriges Schulsystem in Nordrhein-Westfalen – Einschätzungen und Sichtweisen der Eltern. Paderborn: Schöningh.

MINSEL, B. & FITTKAU, B. 1971. Konstruktion eines Fragebogens zum Elternverhalten und Versuch einer Validierung. Zeitschrift für Entwicklungspsychologie und Pädagogische Psychologie *2,* 73–88.

MOOS, R. H. 1976. The human context. Environmental determinants of behavior. New York: Wiley.

PERRY, N. W. & MILLIMET, C. R. 1977. Child rearing antecedents of low and high anxiety. In: C. D. SPIELBERGER & I. G. SARASON (Hg.) Stress and anxiety, Vol. 4. New York: Wiley.

ROGNER, J. 1979. Zusammenhänge zwischen elterlichen Erziehungsstilen und Angstbewältigung. In: Psychologische Forschungsberichte aus dem Fachbereich 3 der Universität Osnabrück. Bericht Nr. 14 («Entwiklungsbedingungen von Angst und Angstabwehr»). Osnabrück: Universität Osnabrück.

SARASON, I. G. 1978. The Test Anxiety Scale: Concept and research. In: C. D. SPIELBERGER & I. G. SARASON (Hg.) Stress and anxiety, Vol. 5. New York: Wiley.

SARASON, S. B., DAVIDSON, K. S., LIGHTHALL, F. F. & WAITE, R. R. 1958. A test anxiety scale for children. Child Development *29,* 105–113.

SARASON, S. B., DAVIDSON, K. S., LIGHTHALL, F. F., WAITE, R. R. & RUEBUSH, B. K. 1960. Anxiety in elementary school children – A report of research. New York: Wiley.

SCHNEEWIND, K. A. 1976. Fragebogen zu Belohnungs- und Bestrafungstechniken, Erziehungseinstellungen, Erziehungszielen. Unveröffentlichte Arbeitsberichte. Trier.

SCHWARZER, R. 1975. Schulangst und Lernerfolg. Zur Diagnose und zur Bedeutung von Leistungsangst in der Schule. Düsseldorf: Schwann.

SMITH, C. P. 1969. The origin and expression of achievement-related motives in children. In: C. P. SMITH (Hg.) Achievement-related motives in children. New York: Russell.

SPIELBERGER, C. D., ANTON, W. D. & BEDELL, J. 1976. The nature and treatment of test anxiety. In: M. ZUCKERMANN & C. C. SPIELBERGER (Eds.) Emotions and anxiety. Hilldale: Erlbaum.

STAPF, A. 1975. Neuere Untersuchungen zur elterlichen Strenge und Unterstützung. In: H. LUKESCH (Hg.) Auswirkungen elterlicher Erziehungsstile. Göttingen: Hogrefe.

STAPF, K. H., HERRMANN, T., STAPF, A. & STÄCKER, K. H. 1972. Psychologie des elterlichen Erziehungsstils. Stuttgart: Klett.

VÄTH-SZUSDZIARA, R. & LUKESCH, H. 1979. Trends in der Erziehungsforschung. In: L. H. ECKENSBERGER (Hg.) Bericht über den 31. Kongreß der Deutschen Gesellschaft für Psychologie in Mannheim. Göttingen: Hogrefe.

WIECZERKOWSKI, W., NICKEL, H., JANOWSKI, A., FITTKAU, B. & RAUER, W. 1974. Angstfragebogen für Schüler. Braunschweig: Westermann.
WINE, J. 1971. Test anxiety and direction of attention. Psychological Bulletin *76*, 92–104.

13. Hans-Gerhard Walter

Familiäre Hintergründe der Ausbildungswahl bei Abiturienten

Zusammenfassung: Der Einfluß psychologischer Variablen auf die Ausbildungswahl von Abiturienten wird im Vergleich zu soziologischen Variablen untersucht. Die Ergebnisse einer Befragung zeigen, daß neben dem sozio-ökonomischen Status Klima-Variablen wie die Leistungserwartungen der Eltern, die Häufigkeit von Gesprächen in der Familie über Ausbildung und Beruf, die elterliche Zuneigung und Anteilnahme sowie Anforderung der Eltern, rational und selbständig zu sein, einen unabhängigen Einfluß auf die Wahl der Ausbildungsebene und des Ausbildungsfachs haben.

1. Einleitung

Daß die Inanspruchnahme weiterführender Schulbildung je nach sozialer Herkunft variiert, ist eine bekannte Tatsache. Auch die Mitte der sechziger Jahre einsetzende Bildungsexpansion, die eine stärkere Bildungsbeteiligung der unteren Schichten brachte, hat an dieser Situation nichts Grundsätzliches geändert. So hat sich zwar der Anteil der Arbeiterkinder unter den Abiturienten von 6,4 % im Jahre 1965 (Statistisches Bundesamt 1967) bis 1976 auf 13,2 % erhöht, dennoch bleibt diese Gruppe weiterhin stark unterrepräsentiert. Diese ungleiche Verteilung ist Resultat einer Kette von Selektionsprozessen. Der erste Einschnitt erfolgt durch den Übergang von der Grundschule auf das Gymnasium, der zweite durch den Abgang nach der mittleren Reife; daneben bestehen je nach Herkunft unterschiedliche drop-out Raten (Peisert 1967).

Mit dem Abitur hört nun diese Selektion keineswegs auf, wie Widmaier noch 1969 annahm (Widmaier et al. 1969).

Vielmehr zeigen sowohl die Ergebnisse des SOFI, Göttingen (Kern et al. 1973), als auch unsere Daten, daß zwischen dem sekundären und tertiären Bildungsbereich ebenfalls eine Selektion wirksam ist, die nach ähnlichen Mustern wie bei anderen Schwellen bestimmte soziale Gruppen in besonderem Maße betrifft. So bestätigt sich beispielsweise, daß die Wahl der weiteren Ausbildungsebene herkunftsspezifisch differiert. Darüber hinaus zeigen sich auch unterschiedliche Fachwahlmuster: so präferieren Arbeiterkinder technisch-naturwissenschaftliche Fächer, während Mittel- und Oberschichtkinder eher zu Medizin, Psychologie und geisteswissenschaftlichen Fächern tendieren (WALTER 1980).

So aufschlußreich diese bivariaten Zusammenhänge zwischen der Herkunft und dem Ausbildungswahlverhalten für die Frage der sozialen Selektion beim Übertritt in die weiteren Ausbildungsgänge und die dabei sichtbar werdende Chancenungleichheit auch sind, so unbefriedigend ist es, wenn die Analyse dabei stehen bleibt. Denn die eigentlich interessante Frage über den Indikator der sozialen Herkunft hinaus ist, welche Faktoren denn dieses unterschiedliche Wahlverhalten bewirken, beeinflussen oder vermitteln. Nur durch Kenntnisse über die Mechanismen der sozialen Selektion lassen sich sinnvolle Interventionsstrategien planen.

Die vorliegende Arbeit beschäftigt sich mit der Rolle, die einige Aspekte der familiären Umwelt dabei spielen. Der herkunftsspezifische Kontext dieser Bedingungen einerseits und ihr Zusammenhang mit der Ausbildungswahl andererseits sollen untersucht werden.

2. Die Stichprobe

Die Untersuchung, auf die sich diese Arbeit stützt, wurde im Frühjahr 1976 vom Projekt «Hochschulsozialisation» am Zentrum I Bildungsforschung der Universität Konstanz durchgeführt (dem Projekt gehören neben dem Autor noch an: T. Bargel, B. Dippelhofer-Stiem, G. Framhein, G. Lind, H. Peisert, J.-U. Sandberger). Mit einem schriftlichen Fragebogen wurden 708 Abiturienten in Baden-Württemberg zwischen dem schriftlichen und mündlichen Abitur klassenweise befragt. Die Stichprobe ist eine dreistufig geschichtete Klumpenauswahl.

Einheiten sind Klassen, Schultypen und Schulorte. Die Ortstypen wurden nach Kriterien wie Klein-, Mittel- oder Großstadt mit und ohne Universität gestuft, Schultypen sind das mathematisch-naturwissenschaftliche, das neusprachliche und das altsprachliche Gymnasium sowie das Wirtschaftsgymnasium. Die Auswahl der Klassen innerhalb der Orts- und Gymnasialtypen erfolgte nach Zufall. Durch das Auswahlverfahren und den Vergleich der Merkmale mit Vollerhebungen erhebt diese Stichprobe den Anspruch der Repräsentativität für das Gros Baden-Württembergischer Abiturienten.

Die Ausbildungsabsichten der Abiturienten wurden auf zwei Ebenen erhoben: einerseits wurde gefragt, welche weitere Ausbildung sie eigentlich am liebsten beginnen würden, wenn sie frei wählen könnten. Anschließend war die Ausbildung zu benennen, die nach dem Abitur aller Voraussicht nach verwirklicht wird.

3. Bedingungen für schichtspezifisches Wahlverhalten

Zumeist werden drei Aspekte der Lebensbedingungen für Kinder aus den verschiedenen Schichten angeführt, die für ein unterschiedliches Wahlverhalten verantwortlich sein könnten:

1. Zuerst wird an die materiellen Bedingungen, den ökonomischen Spielraum gedacht. Da sich tertiäre Ausbildungen in ihrer Länge und ihren Kosten unterscheiden, ist anzunehmen, daß Schichtzugehörigkeit und Einkommen der Eltern trotz Stipendien einen Einfluß auf den Ausbildungsplan haben.

2. Als zweites wird oft angeführt, daß die Kinder verschiedener Schichten sich in ihrem schulischen Leistungsvermögen unterscheiden. Auch ohne der Vorstellung von der Vererbung von Intelligenz und Begabung anzuhängen, ist dies nicht ohne Plausibilität. Denn für Arbeiterkinder wird die Schule oft als eine ihren Verhaltensgewohnheiten fremder Typus sozialer Situation angesehen, zudem wird herausgsetellt, daß ihnen ihre Eltern weniger Unterstützung angedeihen lassen können. Gerade für das Erreichen der sehr guten Noten, die dazu verhelfen, NC-Hürden zu überwinden, könnte das ausschlaggebend werden.

3. Der letzte Punkt weist bereits auf den dritten Aspekt hin: die sozialisatorischen Unterschiede in den Elternhäusern: diese sozialisatorischen Unterschiede sind selbst ein sehr weitverzweigter Komplex und reichen von den Anforderungsstrukturen, dem Aspirationsniveau über die Informiertheit durch das Elternhaus bis hin zu Stimulierung, Anregung und Vermittlung von Interesse. Einigen Momenten der Sozialisationsverhältnisse im Elternhaus, die für die Entscheidung für die tertiäre Ausbildung relevant werden könnten, wollen wir nachgehen.

3.1 Studienfinanzierung

Wenn auch bei den sozialen Gruppen erhebliche Einkommensunterschiede als gegeben angesehen werden können, so hat doch das Ausbildungsförderungswesen, das 1974 mehr als eine halbe Million Schüler und Studenten umfaßt hat (BMBW 1976), den Eindruck erweckt, als ob Bildungschancen nicht mehr wesentlich durch die finanzielle Lage bedingt seien, zumal bei Abiturienten, wo die Entscheidung über das finanzielle Opfer schon mit dem Eintritt in das Gymnasium getroffen wurde. Die «Bildungspolitische Zwischenbilanz» des Bundesministeriums für Bildung und Wissenschaft vermeldet 1976 denn auch stolz: «Der Ausbau von Bildungsförderung ... hat erheblich dazu beigetragen, Ungleichheiten der Bildungschancen abzubauen und zu verhindern, daß über Bildungswege schon durch soziale Herkunft und Einkommen entschieden wird» (BMBW 1976). Unter diesem Vorzeichen ist es auffällig, daß diese

Einschätzung sich nicht ganz in der Beantwortung der Frage nach der hauptsächlichen Ausbildungsfinanzierung der studienwilligen Abiturienten wiederspiegelt.

Tabelle 1: Ausbildungsfinanzierung studienwilliger Abiturienten

	Hauptsächliche Ausbildungsfinanzierung durch: Eltern	Stipendien	eigene Arbeit	Sonstiges	n
Arbeiter	29,0	39,7	17,2	4,8	66
Mittelschicht	57,4	26,1	11.1	2,2	240
Oberschicht	80,6	10,1	5,7	1,8	252

* nur Abiturienten mit dem Wunsch nach einem Hochschulstudium.

Zwar erwarten weitaus mehr Arbeiterkinder, durch Stipendien ihre Ausbildung zu finanzieren, jedoch sind 17 % von ihnen der Meinung, sich ihre Finanzierung hauptsächlich durch eigene Arbeit erschließen zu müssen, bei den Abiturienten aus der Mittelschicht beträgt dieser Anteil auch noch immerhin 11 %. Angesichts straffer werdender Studiengänge und mittlerweile für alle Fächer geltenden Studienzeitbegrenzungen ist die Gefahr nicht zu übersehen, daß damit bereits schichtspezifische Studienabbruchsquoten vorprogrammiert sind. Selbst wenn durch den Ausbau des Förderungswesens die Situation für Kinder aus finanziell schwachen Familien im Vergleich zu früher insgesamt verbessert wurde, scheint doch dies nicht ausreichend.

Ein anderer Effekt, der durch ökonomische Zwänge mitverursacht wird, ist die Ausrichtung des konkreten Ausbildungsplanes an den finanziellen Gegebenheiten. So zeigt sich ein deutlicher Zusammenhang zwischen Finanzierungsart und Verwirklichung des Ausbildungswunsches: von denjenigen, die glauben, ihre Ausbildung durch eigene Arbeit zu finanzieren, müssen fast ein Drittel «absteigen», das bedeutet, sie können ihren Wunsch nicht planen und weichen auf andere Ausbildungsebenen aus (beispielsweise vom Wunsch nach einem Universitätsstudium zu einer Fachhochschule oder einer berufsbildenden Schule). Bei geregelter Finanzierung durch Stipendien oder Eltern sind es nur 17 %, die sich so verhalten. So verwundert es auch nicht, daß bei der Frage nach den Gründen für die Diskrepanz zwischen Wünschen und Plänen 32 % der Arbeiterkinder, 16 % der Mittelschicht- und 3 % der Oberschichtkinder, unzureichende Finanzierungsmöglichkeiten geltend machen. Selbst wenn diese Einschätzung auf unzureichende Kenntnisse über die Bedingungen der Stipendienvergabe teilweise zurückgeführt werden kann, so bleibt doch die Tatsache, daß die finanzielle Situation – nach wie vor – in starkem Zusammenhang mit dem Wahlprozeß steht und dies widerspricht der Norm der Gleichheit der Zugangschancen zu den Bildungsinstitutionen.

3.2 Schulleistungsunterschiede

Schichtspezifische Leistungsunterschiede, wie sie sich in den Abiturvorschlagsnoten niederschlagen, scheinen auf den ersten Blick nicht relevant. Die von den Abiturienten erwarteten Durchschnittsnoten liegen dicht zusammen: bei Arbeiterkindern bei 2,86, Mittelschicht 2,71, Oberschicht 2,67. Dieses Ergebnis deckt sich zunächst mit KERN u. a., die feststellen, daß «... das Leistungsniveau der Abiturienten nicht mit sozialer Herkunft korreliert ...» (KERN et al. 1973). Zieht man jedoch einzelne Notenbereiche in Betracht, so wird eine Differenzierung deutlich:

Tabelle 2: Vorschlagsnoten

	n	«sehr gut» 1,0–1,9	«gut» 2,0–2,6	«befriedig.» 2,7–3,3	«schwach» 3,4–4,1	
Arbeiterschicht	86	3	22	48	13	n
		3,5	25,6	55,8	15,1	%
Mittelschicht	286	28	90	137	31	n
		9,8	31,5	47,9	10,8	%
Oberschicht	281	29	97	131	24	n
		10,3	34,5	46,6	8,5	%

Arbeiterkinder sind in den «guten» Notengruppen unterrepräsentiert, nur knapp 30% gegenüber 40 und 45% liegen in diesem Bereich. Noten, die zur Überwindung der NC-Hürde ausreichen, haben nur 3,5% der Arbeiterkinder, gegenüber rund 10% der anderen Gruppen. Dabei bleiben in der Regel prestige- und einkommensträchtige Berufe, deren Zugang durch den NC reguliert ist, bereits durch die Abiturnoten weitgehend Kindern aus Mittel- und Oberschicht vorbehalten, zumal lange Wartezeiten von ökonomisch schwächeren Gruppen schwerer durchzustehen sind.

Die Noten sind, wie auch die Untersuchung von LANGE (1978, 1) bestätigt, ein zentraler Orientierungspunkt bei der weiteren Ausbildungswahl (WALTER & BARGEL 1979).

3.3 Leistungserwartungen

Elterliche Leistungserwartungen, wie sie hier in einem Index zusammengefaßt sind, der generelle Schulleistungserwartungen und spezielle Erwartungen an die Abiturnote beinhaltet, lassen einen direkten Zusammenhang mit den Ausbildungsplänen erwarten. Einmal, als generelle Voraussetzung zur freien Ausbildungswahl, zum anderen weil bestimmte Studienfächer nur mit entsprechendem Notendurchschnitt belegt werden können.

Leistungserwartungen bilden also eher einen direkten Zusammenhang mit Ausbildungserwartungen der Eltern, mit dem elterlichen Aspirationsniveau. In der Tat zeigt sich auch ein empirischer Zusammenhang zwischen diesen Erwartungen und der Ebene der geplanten Ausbildung. Tabelle 3 berücksichtigt zusätzlich noch die Schichtvariable.

Tabelle 3: Schicht und Leistungserwartung / Ebene der geplanten Ausbildung

Schicht	Leistungserwartungen	n	Universitätsstudium	Fachhochschulstudium	Nichtakademische Ausbild.	noch unentschlossen
Arbeiter-	niedr. Leistungserw.	13	16,7	0,0	50,0	33,3
schicht	mittl. Leistungserw.	49	44,7	21,3	29,8	4,3
n = 83	hohe Leistungserw.	21	57,1	28,6	9,5	4,8
Mittel-	niedr. Leistungserw.	37	43,2	21,6	24,3	10,8
schicht	mittl. Leistungserw.	180	43,0	16,9	26,7	13,4
n = 283	hohe Leistungserw.	66	61,5	9,2	16,9	12,3
Ober-	niedr. Leistungserw.	39	43,6	23,1	17,9	15,4
schicht	mittl. Leistungserw.	155	55,3	14,5	17,8	12,5
n = 270	hohe Leistungserw.	76	69,7	11,8	6,6	11,8

Die Leistungserwartungen korrelieren deutlich mit der Ausbildungsebene: je höher die Leistungserwartung, desto eher wird ein Universitätsstudium geplant. Dieses Bild reproduziert sich auch innerhalb der Schichtgruppen (obwohl zwei Zellbesetzungen bei den Arbeiterkindern zu gering sind, um diese Aussage zu belegen) und legt die Vermutung nahe, daß Leistungserwartungen sowohl innerhalb als auch zwischen den Schichtgruppen einen zusätzlichen Erklärungsfaktor zur Ausbildungswahl bilden.

3.4 Das Elternhausklima

Der Prozeß der Ausbildungsentscheidung ist vielerlei Einflüssen ausgesetzt. Faktoren wie Schulumwelt und familiäre Umwelt, Bereiche wie Informationen, Interessen, Neigungen, Motive, Werthaltungen und nicht zuletzt der Numerus-clausus sind nur Beispiele für die Vielfältigkeit und Komplexität der Bedingungsstruktur solcher Entscheidungsprozesse. Wenn hier der Teilaspekt der familiären Umwelt, wie er sich im Elternhausklima niederschlägt, herausgehoben wird, ist damit noch keine

Wertung über das Gewicht dieses Faktors impliziert. Es wird davon ausgegangen, daß der Einfluß dieser Einzelaspekte, wird er allein betrachtet, eher gering zu veranschlagen ist. Die Fragestellung lautet hier deshalb nicht, wie gut das Elternhausklima die Ausbildungswahl erklären kann. sondern ob der Bereich der familiären Umwelt in einem relativ späten Stadium der Ausbildungsentscheidung überhaupt noch eine Rolle spielt.

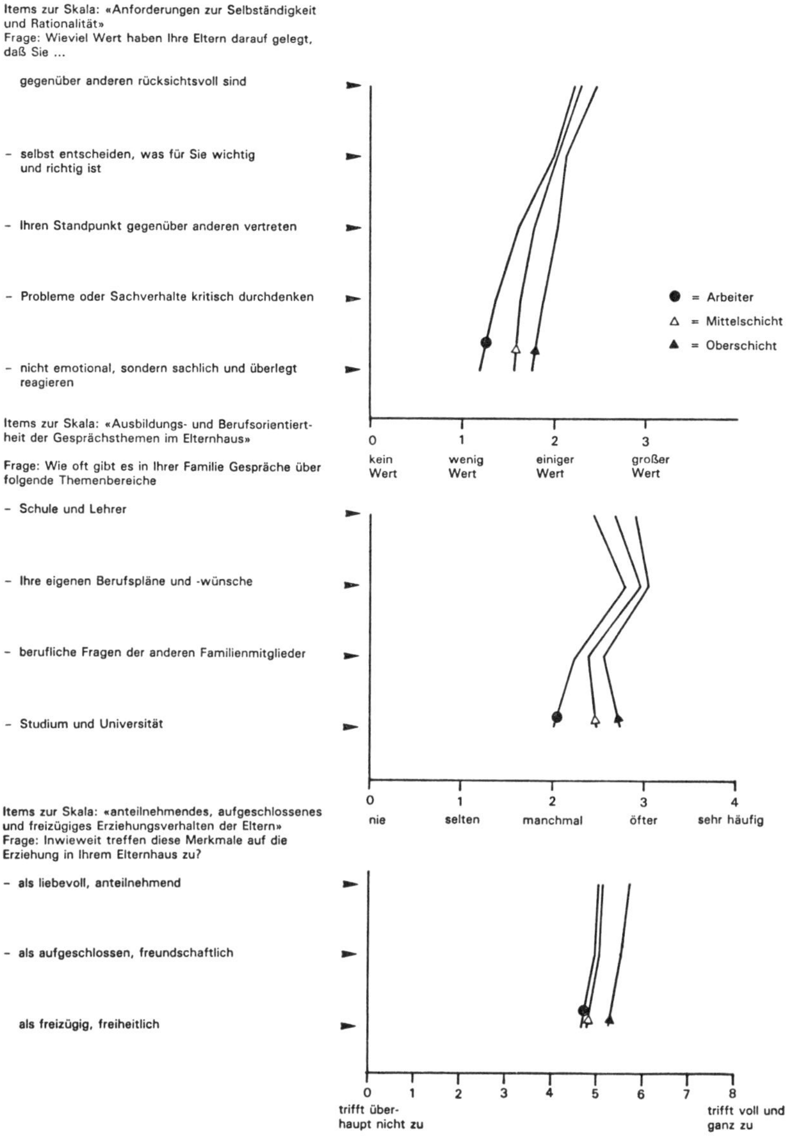

Zur Beschreibung des Klimas im Elternhaus lassen sich eine große Zahl von relevanten Aspekten untersuchen (Baur 1972). Für diese Darstellung sind drei ausgewählt worden, die einen Zusammenhang mit dem Wahlverhalten erwarten lassen:

1. das Ausmaß der Berufs- und Ausbildungsorientiertheit der Gesprächsthemen im Elternhaus,
2. das Ausmaß der Anforderungen an Selbständigkeit und Rationalität seitens der Eltern,
3. die Stärke eines anteilnehmenden, aufgeschlossenen und freizügigen elterlichen Erziehungsverhaltens.

Im folgenden wird der herkunftsspezifische Zusammenhang mit diesen einzelnen Klimavariablen und der zwischen Klima und Fachwahl dargestellt. Diese Darstellung kann auf der Ebene der einzelnen Fächer nur bivariat erfolgen, da sonst die einzelnen Zellbesetzungen zu gering werden. Am Schluß dieses Abschnittes werden mit dreivariaten Beispielen auf einer aggregierten Fachebene die Schichteffekte mit berücksichtigt.

Die Einzelitems, die die genannten drei Aspekte des Elternhausklimas beschreiben, zeigen, wie Graphik 1 verdeutlicht, einen Zusammenhang mit der Schicht. So haben jeweils die Mittel- und Oberschichtkinder einen abgestuft höheren Punktwert vor den Arbeiterkindern. Aufgrund von dimensionanalytischen Verfahren (Faktorenanalyse und Itemanalyse) sind diese Einzelitems zu den obengenannten Aspekten zu Summenscores zusammengefaßt, die es gestatten, die weitere Analyse nur mit jeweils einem Wert für den entsprechenden Bereich durchzuführen.

3.4.1 Gesprächsthemen im Elternhaus

Die Häufigkeit von ausbildungs- und berufsorientierten Gesprächen läßt einerseits Rückschlüsse auf die Relevanz oder die Zentralität zu, die dieser Themenkomplex im Elternhaus besitzt und gibt andererseits Hinweise auf die Kompetenz der Gesprächspartner in diesem Bereich. Bei Abiturienten, bei denen in den meisten Fällen der Schritt in die tertiären Bildungsinstitutionen unmittelbar bevorsteht, dürfte die Relevanz dieser Thematik für die Mehrheit gleich sein. So deuten unterschiedliche Gesprächshäufigkeiten wohl eher auf Kompetenzunterschiede hin, deshalb verwundert es auch nicht, daß die Mittelwerte auf dieser Skala, die von 0 Punkten (nie darüber gesprochen) bis 14 (sehr häufig) reicht, für verschiedene Herkunftsfamilien, wenn auch nicht stark, differieren: Arbeiterkinder erreichen einen Wert von 9, Mittel- und Oberschichtkinder je 10 und 11.

Deutlicher werden diese Unterschiede, wenn nur diejenigen, die diese Gesprächsthemen öfter und sehr häufig nennen, betrachtet werden. Es sind dies 86 % der Oberschichtkinder, gegenüber 75 % der Mittelschicht- und 61 % der Arbeiterkinder.

Welche Konsequenzen hat nun dies auf das weitere Ausbildungsverhalten?

Die nachfolgende Tabelle 4 zeigt den Zusammenhang zwischen einzelnen Ausbildungsfächern, die real geplant werden, mit der Häufigkeit der Ausbildungs- und Berufsorientiertheit der Gespräche im Elternhaus. Zu diesem Zwecke wurde die Skala am Median dichotomisiert, so daß zwei Häufigkeitsgruppen entstehen: solche mit häufiger und seltenerer Art dieser Gespräche.

Wo eine Präferenz für die «klassischen» akademischen Ausbildungen (Medizin, Jura und Theologie) besteht, zeigt sich ein deutlicher Zusammenhang mit der stärkeren Häufigkeit dieser Gesprächsthemen. Deutlich hebt sich davon die andere Gruppe ab, die dagegen im Zusammenhang mit Naturwissenschaften, Wirtschaft, Mathematik und den Geisteswissenschaften steht. Die stärkere Häufigkeit familiärer Gesprächsthemen dieser Art scheint also eher mit traditionellem Bildungsverhalten zu korrelieren. Die üblicherweise diesem Schema noch zugeordneten Fächer aus den Geistenswisenschaften und Kunst sind in diesem Falle in der anderen Gruppe positioniert.

Dies kann man vermutlich durch den hohen Anteil an Lehrerstudenten in diesen Fächern erklären, die sich in der Regel eher aus den unteren Schichten rekrutieren. Generell läßt sich zu diesem Fachwahltyp

Tabelle 4: Ausbildungspläne nach Häufigkeit von Ausbildungs- und Berufsorientiertheit von Gesprächen in der Familie
Gespräche im Elternhaus sind ausbildungs- und berufsorientiert ...

Ausbildungspläne (ausgewählt):	n	häufiger	weniger häufig
Medizin	38	67,6 *	32,4
Naturwissenschaften	42	21,4	78,6
Neue Sprachen	26	53,8	46,2
Wirtschaftswissenschaften	24	33,3	66,7
Psychologie	11	54,5	45,5
Mathematik	16	6,3	93,8
Jura	31	61,3	38,7
Theologie	20	60,0	40,0
Geisteswissenschaften	22	22,7	77,3
PH	38	47,4	52,6
Kunst	28	28,6	71,4
Ing.grad.	20	40,0	60,0
weiß noch nicht	85	19,0	81,0

* Angaben in Prozent

sagen, daß hier die traditionellen Aufstiegsfächer (WIDMAIER et al. 1969) Natur- und Ingenieurwissenschaft und das Lehrerstudium enthalten sind.

Es ist wenig wahrscheinlich, daß die Wahl traditioneller akademischer Ausbildungen problematischer ist als die der anderen Richtung, so daß hier häufiger Gespräche darüber in den Familien geführt werden. Die verstärkte Häufigkeit solcher Gesprächsthemen deutet eher darauf hin, daß familiäre Kompetenz in Fragen Ausbildung, Studium und Beruf zusammen mit der Zentralität dieser Bereiche in den Familien die Fachwahl prägen. Bedenklich ist unter diesem Aspekt allerdings, daß fast alle diejenigen, die noch nicht wissen, welche Ausbildung sie nach dem Abitur ergreifen werden, und dies sind immerhin 12 Prozent der Gesamtpopulation, aus der Gruppe derjenigen stammen, die ein Defizit an familiären Gesprächen über Ausbildung und Beruf melden. Dieser starke Zusammenhang verdeutlicht die Bedeutung dieses Faktors für die Ausbildungswahl und zeigt zugleich die mangelnde Kompensationsfähigkeit des Gymnasiums in diesem Bereich an.

3.4.2 Anforderungen im Elternhaus

Anforderungen und Erwartungen an das Verhalten bilden den normativen Rahmen im Elternhaus für den Abiturienten. Der Bereich dieser Anforderungen, der Selbständigkeit und Rationalität umfaßt, wurde nach dem gleichen Verfahren wie bei den Gesprächsthemen zu einer Skala zusammengefaßt, die von 0 Punkten (kein Wert darauf gelegt) bis 21 (großer Wert darauf gelegt) reicht.

Wie nicht anders zu erwarten war, hängt der Wert auf dieser Skala wieder ab von der Schichtzugehörigkeit mit Mittelwerten von 11,12 und 14 für Arbeiter-, Mittel- und Oberschichtkinder.

Ebenso tritt wieder ein Fachwahlmuster auf, das teilweise die gleiche Struktur ausweist, wie das nach der Häufigkeit der Gesprächsthemen, wenn die Wahl korreliert wird mit der (dichotomisierten) Anforderungsskala.

Hohe Erwartungen und Anforderungen an Selbständigkeit und Rationalität hängen zusammen mit einem Fachwahlverhalten, das wieder eher zu Fächern wie Medizin und Jura führt. Die Sprachen, Geisteswissenschaften und Kunst fallen diesmal in die Gruppe derjenigen, die stärker die elterlichen Anforderungen verspüren. Dieses Ergebnis deutet darauf hin, daß der sozialisatorische Aspekt der Anforderungen teilweise einen anderen Bereich markiert als der der Gesprächsthemen: Die Bildungstradition gegenüber der stärker berufs- und aufstiegsorientierten Ausrichtung. Ein Mehr oder Weniger beider Aspekte in der Herkunftsfamilie zeigt jeweils einen gleichen Teil an Ausbildungsverhalten (Medizin, Jura versus Naturwissenschaften, Technik) und einen wechselnden (Sprachen, Geisteswissenschaften).

Tabelle 5: Ausbildungspläne und Anforderungen zur Selbständigkeit und Rationalität

Ausbildungspläne (ausgewählt)	n	Anforderungen zur Selbständigkeit und Rationalität ... mehr	weniger
Medizin	38	60,5	39,5
Naturwissenschaften	42	26,2	73,8
Neue Sprachen	26	61,5	38,5
Wirtschaftswissenschaften	24	54,2	45,8
Psychologie	11	45,5	54,5
Mathematik	16	43,8	56,3
Jura	31	74,2	25,8
Theologie	20	40,0	60,0
Geisteswissenschaften	22	68,2	31,8
PH	38	39,5	60,5
Kunst	28	57,1	42,9
Ing.grad.	20	45,0	55,0
weiß noch nicht	85	45,8	54,2

3.4.3 Erziehungsverhalten

Die Schichtspezifität des elterlichen Erziehungsverhaltens, die bereits Gegenstand zahlreicher Untersuchungen war (LUKESCH 1976), läßt sich auch bei der hier zugrunde liegenden Population aufzeigen: Bei der Charakterisierung des Erziehungsverhaltens durch die Abiturienten läßt die

Tabelle 6: Ausbildungspläne und Erziehungsverhalten

Ausbildungspläne (ausgewählt)	n	Erziehungsverhalten anteilnehmend, aufgeschlossen und freizügig ... mehr	weniger
Medizin	38	50,0	50,0
Naturwissenschaften	42	39,0	61,0
Neue Sprachen	26	52,0	48,0
Wirtschaftswissenschaften	24	50,0	50,0
Psychologie	11	27,3	72,7
Mathematik	16	50,0	50,0
Jura	31	67,7	32,3
Theologie	20	40,0	60,0
Geisteswissenschaften	22	63,6	36,4
PH	38	47,4	52,6
Kunst	28	39,3	60,7
Ing.grad.	20	65,0	35,0
weiß noch nicht	85	42,9	57,1

Skala «anteilnehmendes, aufgeschlossenes und freizügiges Erziehungsverhalten», die von 0 Punkten (nicht zutreffend) bis 24 (voll und ganz zutreffend) reicht, diese Unterschiede wieder in den Mittelwerten von 14, 15 und 16 für die Herkunftsgruppen erkennen. Je höher die soziale Schicht, desto höher wird das elterliche Erziehungsverhalten auf dieser Skala eingeschätzt. Der Zusammenhang zwischen denjenigen, die mehr oder weniger in den Genuß eines solchen Erziehungsstils kommen und der spezifischen Fachwahl ist nicht mehr so ausgeprägt:

Dieser schwächere Zusammenhang zwischen Erziehungsverhalten und Studienplan ist einleuchtend, da das Erziehungsverhalten weniger in einem direkten Zusammenhang mit dem Wahlverhalten steht als dies die Anforderungen und die berufs- und ausbildungsbezogenen Gesprächsthemen sind. Aber dennoch zeigt sich eine dem Aspekt der Anforderungen ähnliche Wahlstruktur, lediglich das Medizinstudium diskriminiert hier nicht mehr.

Die drei beschreibenen Elemente familiären Sozialisationsverhaltens können weiterhin zu einer Klimavariablen des Elternhauses zusammengefaßt werden, wobei sich der Zusammenhang zwischen Herkunft, Klima und Ausbildungswahl verdeutlicht. Diese Variable des Elternhausklimas wird hier in zwei Ausprägungen verwendet: Klimamuster 1 enthält diejenigen Personen, die jenseits des Medians, also im «positiven» Teil der Skala ein Elternhausklima beschreiben, das ein «Mehr» von Gesprächsthemen, Anforderungen und Erziehungsverhalten enthält. Das Klimamuster 2 enthält Personen, die in ihrer Einschätzung des Elternhauses hier ein «Weniger» an Punktwerten vergeben haben.

Es überrascht nicht, daß ein starker Zusammenhang zwischen diesen beiden Klimamustern und der Schichtzugehörigkeit besteht.

Tabelle 7: Schichtzugehörigkeit und Elternhausklima

	Klimamuster 1	Klimamuster 2	
Arbeiter	29,5	70,5	n = 88
Mittelschicht	36,1	63,9	n = 294
Oberschicht	48,8	51,2	n = 287
Summe	40,7	59,3	n = 669

So beschreiben knapp die Hälfte der Abiturienten aus der Oberschicht das Klima des Elternhauses als positiv gegenüber weniger als einem Drittel der Arbeiterkinder. Diese deutlichen Unterschiede weisen einen Zusammenhang mit den Ausbildungsplänen auf, der in die gleiche Richtung wie bei den drei Einzelkomponenten deutet: positives Klima korreliert mit Medizin, Jura, Geisteswissenschaft, während die andere

Gruppe eher zur naturwissenschaftlichen Richtung tendiert. Auf einer aggregierten Ebene der «Fachbereiche», also einerseits «traditionelle» Studienfächer wie Medizin, Jura und Geisteswissenschaften und andererseits Naturwissenschaftlich-technische Fächer, läßt sich nun ein dreivariates Beziehungsmuster herstellen:

Tabelle 8: Sozialschicht, Fachwahl und Familienklima

Schicht		n	Klimamuster 1	Klimamuster 2
Arbeiterschicht	Medizin, Jura, Geisteswissensch. .	5	–	–
	Naturwissensch., Technik	20	35,0	65,0
Mittelschicht	Medizin, Jura, Geisteswissensch. .	29	51,7	48,3
	Naturwissensch., Technik	61	45,9	54,1
Oberschicht	Medizin, Jura, Geisteswissensch. .	58	77,6	22,4
	Naturwissensch., Technik	47	57,8	42,2

Durch die Hinzunahme der Schichtvariable ergibt sich nun folgendes Bild: innerhalb der Schichten korreliert das Klimamuster 2 – also eher negatives Klima – mit der Wahl der naturwissenschaftlich-technischen Fächer, am deutlichsten ist dies bei den Arbeiter- und Oberschichtkindern. Die traditionellen Fächer zeigen bei Oberschichtkindern einen starken Zusammenhang mit dem Klimamuster 1 (für Arbeiterkinder läßt sich hier mangels ausreichender Zellbesetzung keine Aussage machen).

Dieses Ergebnis legt die Vermutung nahe, daß Klima und Schicht einen eigenständigen Zusammenhang mit der Fachwahl haben, daß also die aufgezeigten bivariaten Zusammenhänge zwischen Klima und den einzelnen Fächern nicht eine Scheinkorrelation zwischen Schicht und Fachwahl darstellen.

Neben der direkten Fachwahl weisen die Probanden je nach Elternhausklima auch unterschiedliche Verwirklichungsgrade zwischen Ausbildungswunsch und -plan auf:

Tabelle 9: Elternhausklima und Verwirklichung des Ausbildungswunsches

	Wunsch und Plan identisch	Anderes Fach auf der gleichen Ebene	Abstieg von der Hochschule	Sonstiges	n =
Klimamuster 1	66,1	18,7	11,6	3,6	288
Klimamuster 2	54,0	21,4	19,1	5,5	420
					708

Je «positiver» das Elternhausklima eingeschätzt wird, desto höher ist der Verwirklichungsgrad der Ausbildungswünsche. So können 66 % der Abiturienten mit positivem Elternhausklima ihren Ausbildungswunsch auch konkret planen, 18,7 % müssen ausweichen – tun dies aber innerhalb der gleichen Ausbildungsebene – für 11,6 % ist die Diskrepanz zwischen dem eigentlichen Wunsch und dem Machbaren so groß, daß sie von der Hochschulebene auf andere Berufsausbildungsebenen «absteigen». Es sind dies deutlich weniger als bei denjenigen mit weniger positiv eingeschätztem Elternhausklima, von denen immerhin knapp ein Fünftel den Ausbildungswunsch nicht verwirklichen können.

«Positives» Elternhausklima, also Gesprächsbereitschaft über Ausbildungs- und Berufsfragen und Probleme, zusammen mit einem anteilnehmenden, aufgeschlossenen und freizügigen Erziehungsverhalten und elterlichen Anforderungen zur Selbständigkeit und Rationalität erhöhen die Wahrscheinlichkeit einer Ausbildungswahl, die sich an den Wünschen orientiert, unabhängig davon, ob sich die Wünsche an der Realität korrigieren oder die bessere Kenntnis der Realität diese besser bewältigen läßt.

4. Die Beziehung zwischen Schicht, Elternhausklima und der Ausbildungsfachwahl

Die dargestellten zwei- und dreivariaten Zusammenhänge zwischen Schicht, Klima und Fachwahl strukturieren zwar das Beziehungsmuster dieser Faktoren weitgehend und reduzieren so die Gefahr der Interpretation von Scheinkorrelationen, lassen aber letztlich keine kausale Aussage zu.

Zur Absicherung der Annahme, daß die soziale Herkunft, zusammen mit dem Klima im Elternhaus die Fachwahl besser erklärt als dies jeder der Faktoren alleine vermag, bedarf es eines kausalen Modells (Lange 1978, 2). In diesem Rahmen ist es nicht möglich, ein komplexes Modell aufzustellen, das der Vielfalt der Einflußfaktoren gerecht werden könnte. Es soll an einem Beispiel die kausale Beziehung der beiden behandelten Faktoren und das relativen Gewicht der Faktoren untereinander demonstriert werden. Das Beispiel zeigt am Studienplan der «traditionellen» Studienfächer wie Medizin, Jura und Geisteswissenschaften ein einfaches Modell einer Kausalbeziehung mit Schicht und Elternhausklima. Die Pfadanalyse erlaubt mit Hilfe der standardisierten Pfadkoeffizienten (Betakoeffizienten) diesbezügliche Aussagen zu machen (Weede 1970).

Die durch Pfeile markierten Abhängigkeiten zeigen, daß die Wahl dieser Studienfächer sowohl durch die Schichtzugehörigkeit als auch durch das Elternhausklima bedingt sind, und dies etwa gleichgewichtig.

Das Klima seinerseits wird wiederum durch die Schichtzugehörigkeit determiniert. Der «Pfad» Schicht-Klima-Fachwahl weist höhere Koeffizienten auf als die direkte Beziehung. Mithin wird durch die Hinzunahme des Faktors Elternhausklima ein größerer Anteil an der Fachwahl erklärt als ohne diesen. Die Frage nach der Gewichtung des Erklärungswertes relativiert den Einfluß von Schicht und Klima. Die relativ niedrigen Pfadkoeffizienten deuten darauf hin, daß die Wahl dieser Studienfächer nur zum geringeren Teil durch die hier ausgewählten Elternhausfaktoren erklärt werden können.

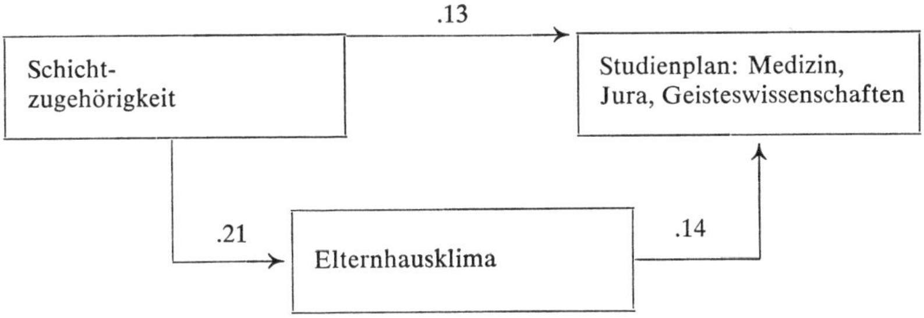

Abschließend läßt sich feststellen, daß familiäre Bedingungen auch in einem relativ späten Stadium der Ausbildungsentscheidung – Abiturienten sind ja bereits ein Ergebnis einer langen Selektions- und Sozialisationskette, und haben schon durch die Entscheidung für das Abitur eine weitgehende Festlegung vorweggenommen – eine durchaus sichtbaren Einfluß auf das Wahlverhalten der Abiturienten haben.

Literatur

BAUR, R. 1972. Elternhaus und Bildungschancen. Reihe: Bildung in Zahlen: Modelle, Prognosen, Alternativen, Nr. 4. Weinheim und Basel: Beltz.

Bundesministerium für Bildung und Wissenschaft. 1976. Bildungspolitische Zwischenbilanz. Bonn.

KERN, B., WELLENREUTER, M., HERLYN, I., MÜLLER, E. 1973. Ausbildungsentscheidungen von Abiturienten. Forschungsbericht des Soziologischen Forschungsinstituts Göttingen (SOFI). Göttingen.

LANGE, E. (1) 1978. Berufswahl. Eine empirische Untersuchung der Berufswahlsituation von Hauptschülern, Realschülern und Abiturienten. München: Fink.

LANGE, E. (2) 1978. Determinanten der Entscheidung für das Studium der Soziologie – eine Anwendung der Pfadanalyse. ZfS 7, 72–86.

LUKESCH, H. 1976. Elterliche Erziehungsstile. Psychologische und soziologische Bedingungen. Stuttgart: Kohlhammer.

PEISERT, H. 1967. Soziale Lage und Bildungschancen in Deutschland. München: Piper.

Statistisches Bundesamt. 1967. Wirtschaft und Statistik, Heft 9.

WALTER, H.-G. 1980. Soziale Herkunft und Ausbildungswahl. In: Peisert, H. (Hg.) Ausbildungswahl – soziale Selektion und individuelle Verwirklichungschancen am Beispiel von Abiturienten. (in Vorbereitung).

WALTER, H.-G. & BARGEL, T. 1979. Schultyp und Schulleistung als Faktoren der Ausbildungswahl von Abiturienten. Forschungsgruppe Hochschulsozialisation. Arbeitsunterlage 50. Universität Konstanz.

WEEDE, E. 1970. Zur Methodik der kausalen Abhängigkeitsanalyse (Pfadanalyse) in der nicht-experimentellen Forschung. KZfSS *22,* 532–550.

WIDMAIER, H. P., JERMANN, M. & REICHOLD, F. 1969. Analysen zum Hochschulgesamtbereich. Bildung in neuer Sicht, Reihe A, Nr. 19. Villingen.

V. Familiäre Interaktion und kindliches Sozialverhalten

In dem folgenden Themenblok finden sich sechs Arbeiten, die sich mit unterschiedlichen Aspekten des kindlichen Sozialverhaltens im Kontext familiärer Sozialisationsvorgänge beschäftigen. Dabei sind so unterschiedliche Bereiche wie Bindungssicherheit, Einfühlsamkeit, moralisches Urteilsverhalten, Extravertiertheit, soziale Intelligenz und Ängstlichkeit angesprochen. In der Heterogenität der Themen spiegelt sich der Aspektreichtum von Forschungsfragestellungen, die sich lose unter dem Stichwort «Soziales Verhalten» subsumieren lassen. Dabei tragen die Unterschiedlichkeit der theoretischen Positionen (z. B. Ethologie oder Lerntheorie) und des methodischen Zugangs (z. B. Interviewtechnik oder Pfadanalyse) gleichermaßen zur Farbigkeit des Spektrums an Fragen bei, wie die inhaltliche Konzentration auf verhaltensfernere Voraussetzungen (z. B. Empathie oder Ängstlichkeit) im Gegensatz zu verhaltensnahen Indikatoren des Sozialverhaltens (z. B. Extravertiertheit).

Am Anfang dieses Abschnitts steht eine Arbeit von GROSSMANN und GROSSMANN, die über eine Längsschnittstudie im Bereich der in Deutschland stark vernachlässigten Kleinstkindforschung berichtet. Es geht dabei um die Mikroanalyse des Verhaltensaustauschs von 0- bis 2jährigen Kindern mit den für sie bedeutsamen Bezugspersonen, Mutter und Vater. Von zentraler Bedeutung ist an diesem ethologisch orientierten Ansatz die Entwicklung einer intakten Beziehungsstruktur zwischen Kind und Bezugsperson, die als wesentliche Voraussetzung für die Offenheit und Lernfähigkeit des Kindes in späteren Lebenskontexten angesehen wird. Der Bericht von GROSSMANN und GROSSMANN vermittelt nicht nur ein Stück von der kaum zu unterschätzenden Bedeutsamkeit dieses Forschungsansatzes, sondern zeigt exemplarisch auch die Mühsamkeit empirischen Arbeitens in diesem Bereich.

Die Untersuchung von REIF bezieht sich auf einen späteren Entwicklungsabschnitt. Sie thematisiert eine wichtige Voraussetzung für Sozialverhalten – die Entwicklung von Empathie – im Kontext familiärer Lernbedingungen. In einer Erkundungsstudie bei Müttern und Vätern mit ihren 5- und 6jährigen Töchtern ließ sich nachweisen, daß bestimmte Aspekte des Elternverhaltens, wie z. B. das Informieren über Bedürfnisse oder das Gewähren eines Entscheidungsspielraums in verschiedenen Interaktionssituationen mit der kindlichen Emphathiefähigkeit in

Zusammenhang stehen. Freilich müssen dabei die Spezifität der Situation und die Gewichtigkeit der Bedürfnislage bei den jeweiligen Interaktionspartnern als moderierende Größen im Auge behalten werden.

Noch ein Stück weiter in Richtung eines kognitionstheoretischen Ansatzes geht die Arbeit von HEYMANS, die sich mit dem Einfluß des elterlichen Erziehungsstils auf das moralische Urteilsverhalten bei Kindern beschäftigt. HEYMANS konzipiert moralisches Urteilen im Sinne von Handlungsbewertungen in sozialen Situationen als einen Mustererkennungsprozeß, bei dem auf eine Reihe Prototypen des Urteilens zurückgegriffen wird. Diese Prototypen entwickeln sich als Folge bestimmter Stilmerkmale des Erzieherverhaltens, die sich grob nach einem konflikterzeugenden und einem konfliktlösenden Stil klassifizieren lassen. Anhand einer methodisch anspruchsvollen Einzelfallstudie demonstriert HEYMANS die Tauglichkeit seiner theoretischen Überlegungen und leitet daraus Vorschläge für ein allgemeines Prozeßmodell zur Verknüpfung von Erziehungsstilmerkmalen und moralischem Urteilsverhalten ab.

Einen deutlich anderen Zugang zur Erklärung unterschiedlicher individueller Ausprägungsgrade des Sozialverhaltens wählen BECKMANN, KROHNS, RINKE und SCHNEEWIND in ihrem Beitrag. Ausgehend von einem allgemeinen Modell der ökologischen Sozialisationsforschung versuchen sie am Beispiel des aktiv-extravertierten Temperaments bei 9- und 10jährigen Jungen den gemeinsamen Einfluß von Gegebenheiten der Nahumwelt und ihrer Nutzung einerseits sowie elterlicher Erziehungseinstellungen andererseits pfadanalytisch aufzuklären. An dieser Stelle wird deutlich, wie sozialstrukturelle und ökologische Variablen theoretisch plausibel mit traditionellen Erziehungsstilvariablen zur besseren Erklärung kindlicher Verhaltensdispositionen verbunden werden können.

Die letzten beiden Arbeiten in diesem Abschnitt nehmen ihren Ausgang vom sog. Marburger Konzept der Erziehungsstilforschung, demzufolge zwei Komponenten der elterlichen Erziehung, nämlich Strenge und Unterstützung unterschieden werden. Die Untersuchung von WELS versucht die Beziehungen zwischen diesen beiden Erziehungsstildimensionen und diversen Aspekten der sozialen Intelligenz aufzudecken, freilich ohne daß sich bedeutsame Zusammenhangsmuster ergeben hätten. In der Arbeit von KURY und BÄUERLE wurden bei einer größeren Stichprobe von Schülern im Alter zwischen 10 und 16 Jahren Zusammenhänge zwischen elterlicher Strenge bzw. Unterstützung und verschiedenen Angstkennwerten überprüft. Die Befunde sprechen dafür, daß manifeste und situationsspezifische Angstindikationen eher mit einem strengen elterlichen Erziehungsstil einhergehen, während Unlusterlebnisse eher mit einem geringen Ausprägungsgrad elterlicher Unterstützung verknüpft sind.

14. Klaus E. Grossmann und Karin Grossmann

Die Entwicklung sozialer Beziehungen in den ersten beiden Lebensjahren

Überblick über ein Forschungsprojekt

Zusammenfassung: Es wird über eine laufende Längsschnittuntersuchung mit Kindern in 49 Familien vom Zeitpunkt der Geburt bis zum 2. Lebensjahr berichtet. Für alle Kinder liegen Geburtsprotokolle und medizinische Daten vor. Mit jedem Kind wurde während der ersten 8 bis 10 Lebenstage drei Tests mit der *Neonatal Assessment Scale* von Brazelton durchgeführt. Jedes Mutter-Kind-Paar wurde während der Wochenbettzeit dreimal videographiert. Mit zwei, sechs und zehn Monaten wurden Hausbesuche durchgeführt; dabei wurden sowohl interviewartige Gespräche mit den Müttern durchgeführt als auch umfangreiche Beobachtungsprotokolle angefertigt. Mit einem Jahr wurden die Kinder in einer fremden Situation nach Ainsworth mit ihren Müttern beobachtet, mit 18 Monaten mit ihren Vätern. Mit 2 Jahren wurden wiederum umfangreiche Hausbesuche durchgeführt, in denen besonderes Augenmerk auf die Orientierung des Kindes über die enge Beziehung zu Bezugspersonen hinaus gelegt wurde. An einigen Punkten werden die methodischen Vorgehensweisen bei der Auswertung der Beobachtungen erläutert. Es wird versucht, die Beobachtungen in Beziehungen zu setzen zu einigen unterschiedlichen Bedingungen im Krankenhaus: Während die erste Gruppe von Mutter-Kind-Paaren die übliche Kreißsaal- und Wochenbettroutine erlebte, wurde einer zweiten Gruppe früher, etwa halbstündiger Kontakt mit ihrem unbekleideten Baby unmittelbar nach der Geburt ermöglicht. Die dritte Gruppe erlebte längeren Kontakt während der Wochenbettzeit, jedoch Kreißsaalroutine. Die vierte Gruppe hatte sowohl frühen Kontakt im Kreißsaal als auch ausgedehnten Kontakt während der Wochenbettzeit.

1. Zielsetzung

Wer sich in der Bundesrepublik Deutschland für die soziale Entwicklung des Säuglings und Kleinkinds innerhalb der Familie interessiert, ist gezwungen, sich nahezu ausschließlich mit amerikanischen und englischen Forschungsergebnissen auseinanderzusetzen. So gibt es z. B. bislang noch keine modernen deutschen Längsschnittuntersuchungen über die soziale Entwicklung des Säuglings, die auf direkter Beobachtung der

Interaktion der Sozialpartner beruhen und die weitgehend die ganze Familie des untersuchten Kindes einbeziehen. Es ist eines der erklärten Ziele des hier vorzustellenden Forschungsprojekts, die augenblicklich recht lebhaft werdende Diskussion um entwicklungspsychologische Probleme in der deutschen Literatur durch die unmittelbare Beobachtung und die dauernde Auseinandersetzung theoriengeleiteten Forschens sowie durch ständige Überprüfungen der unmittelbaren Erfahrungen zu ergänzen[1].

Die Ziele sind im einzelnen: Es werden Anhaltspunkte dafür gesucht, ob ein möglichst intensiver Kontakt zwischen Mutter und Kind zu beobachtbaren Unterschieden führt in:

1. der Art des Umgangs (soziale Interaktion) in den ersten Lebensjahren;

2. der Art der Entwicklungsverläufe im Hinblick auf die soziale Interaktion während des ersten Lebensjahres;

3. ob solche Unterschiede im Umgang zwischen dem Kind und seinen Bezugspersonen zu unterschiedlicher Ausprägung in der Sicherheit der Bindung führen.

In bezug auf das 2. Lebensjahr der Kinder werden folgende Fragen gestellt:

4. Erleichtert eine gute Beziehung zwischen Kindern und ihren Eltern die Häufigkeit der Annäherung an neue Ereignisse, eine schnelle Kontrolle von Konflikten, die durch neue Ereignisse ausgelöst sein können, sowie die Fröhlichkeit der Kinder?

5. Kann man aufgrund der Feinfühligkeit und der Ansprechbarkeit der Eltern durch das Kind während des 1. Lebensjahres Vorhersagen machen über die elterliche Unterstützung während des 2. Jahres, wenn das Kind sich anschickt, die soziale und intellektuelle Umwelt außerhalb der engen Eltern-Kind-Beziehung zu entdecken?

6. Erleichtert eine gute Beziehung (sichere Bindung) zwischen Kind und Eltern während der ersten 18 Lebensmonate intellektuelle Fortschritte während des 2. Lebensjahres?

7. Erleichtert das augenblickliche (nicht das frühere) elterliche Verhalten (z. B. emotionale Unterstützung) die Freude des Kindes am Spielen, beim Erkunden neuer Gegenstände oder bei der Annäherung gegenüber neuen Ereignissen – und, falls das der Fall ist, hat dies Auswirkungen auf die Konzentration des Kindes beim Erkunden und auf die Intensität seiner Aufmerksamkeit?

---

[1] Das Projekt wird unter der Bezeichnung «Bedingungen für den Aufbau von Beziehungsstrukturen zwischen Mutter und Kind und deren Auswirkungen während des 1. Lebensjahres» sowie «Untersuchungen über den Zusammenhang zwischen emotionalen und intellektuellen Unterschieden bei 2jährigen und Unterschieden in der Eltern-Kind-Beziehung insbesondere der elterlichen Unterstützung» von der Stiftung Volkswagenwerk finanziert.

2. Neu- und Umorientierungen in der heutigen Kleinkindforschung

Eine Vielzahl von Neu- und Umorientierungen kennzeichnet den Bereich der heutigen Kleinkindforschung. Diese Entwicklungen werden aus drei Blickrichtungen deutlich: aus der historischen, der theoretischen und der empirischen.

2.1 Historische Entwicklungen

Zu den historischen Entwicklungen ist folgendes zu bemerken: Mit dem Bereich der Kleinkindforschung sind noch immer Gedanken FREUDS und ERIKSONS stark verbunden. Erfahrungen während der frühen (oralen) Zeit beeinflußen die Fähigkeit zu guten zwischenmenschlichen Beziehungen. Sie sind damit Grundlage für eine mehr oder weniger gesunde psychische Entwicklung des Individuums.

Das Interesse an psychologischen Vorgängen im Zusammenhang mit dem Hospitalismus ist noch immer groß. VON PFAUNDLER (um 1910) in Kliniken und SPITZ (um 1940) in Säuglingsheimen erkannten den psychischen und körperlichen Verfall der Kinder als Folge der Mutterentbehrung. Neuere Untersuchungen (MEIERHOFER & KELLER 1966; PECHSTEIN 1974) konnten den Zweifel daran ausräumen, daß es eventuell andere Ursachen für die Gedeihstörungen gäbe, etwa Proteinmangel oder lediglich mangelnde Stimulierung. Beobachtungen an nichthumanen Primaten haben analoge Ergebnisse gebracht (HARLOW 1966). Darüber hinaus konnten Erkenntnisse über die Rolle einzelner Faktoren gewonnen werden: etwa kurze Trennung (HINDE 1972), Bewegung der Mutterattrappe (MASON 1977) oder jüngere Spielgefährten (NOVAK & HARLOW 1975). Neuerdings wächst das Interesse an der Erforschung des von klinischen Psychologen (DÜHRSEN 1962) und Verhaltensbiologen (LORENZ 1970; HASSENSTEIN 1973; TINBERGEN & TINBERGEN 1973) geäußerten Verdachts über hospitalismusähnliche Entwicklungen auch in Familien.

Sehr schmerzlich ist der Abbruch der entwicklungspsychologischen Forschungstradition in Deutschland. Die vielversprechenden und gegenüber den meisten amerikanischen Ansätzen umfassenderen Vorgehensweisen z. B. der BÜHLERschen Schule sind nach ihrer Verbannung aus der Woge oft unverbindlicher Einzeluntersuchungen nicht wieder aufgetaucht.

2.2 Empirische Entwicklungen

Die folgenden Veränderungen in der empirischen Kleinkindforschung sind festzustellen: Die Bestandsaufnahme der Zustände und des Verhaltensinventars Neugeborener ist über die für neurologische Zwecke erstellen Tests von PRECHTL und BEINTEMA (1968) hinaus auch für soziales Verhalten möglich geworden. Mit der in den USA recht populär gewordenen *Neonatal Behavioral Assessment Scale* (BRAZELTON 1973) arbeiten inzwischen zahlreiche Forscher (ALS 1978). Die Veröffentlichungen von KLAUS und KENNELL (1976) und ihren Mitarbeitern in Cleveland und inzwischen auch von CARLSSON (1978) mit schwedischen Müttern legen einen prägungsartigen Einfluß des Kindes auf die Mutter während der ersten Stunde nach der Geburt nahe. Dies scheint zu einer intensiveren gefühlsmäßigen Bindung der Mutter zu ihrem Kind zu führen.

Eine Reihe von Forschern haben unser Wissen über die Wahrnehmungsleistungen von Säuglingen während der ersten Lebensmonate bereichert: FANTZ (1965) vor allem für das Sehen, BOWER (1966, 1971) für Erwartungen und KORNER (1973) für selektives Reagieren auf Stimme, Aufnehmen und Schmusen, PAPOUŠEK (1975) über selektives lernendes Beantworten bestimmter Reize und viele mehr. WHITE (1959), BRUNER (1975), CAREW (1977) und andere haben gezeigt, daß zielorientiertes Planen bei frühen Kompetenzen als kognitives Moment bei der Steuerung des eigenen Verhaltens eine zentrale Rolle spielt. In seinem systemanalytischen Ansatz sieht auch BOWLBY (1969) das Planen (und zwar nicht nur zielorientiertes sondern auch zielkorrigiertes Planen) als die zentrale kognitive Leistung im Bereich des Aufbaus von Beziehungsstrukturen zu Bezugspersonen.

Auf Forscher wie THOMAS und CHESS (1970) gehen vor allem unsere Kenntnisse über individuelle Unterschiede bei Säuglingen zurück, die bis ins Jugendalter stabil zu bleiben scheinen. Mütter müssen sich also an ihre Kinder ebenso anpassen wie die Kinder an sie.

2.3 Theoretische Entwicklungen

Auch in theoretischer Hinsicht haben sich in den letzten Jahren wichtige Veränderungen ergeben. Die wichtigsten scheinen die folgenden zu sein: Die bisherige Einflußrichtung von Mutter und Kind ist, in der theoretischen Orientierung, abgelöst worden von einer Wechselbeziehung zwischen Kind und Bezugsperson. Mit dem Begriff «Wesenseinheit» war dieser Aspekt von Charlotte BÜHLER bereits 1926 als die wesentliche psychologische Perspektive für die kindliche Entwicklung erkannt worden (BÜHLER 1926, S. 15). Beide, Mutter und Kind, müssen sich aneinander anpassen, und das «Gelingen des Zusammenspiels» (BÜHLER 1962) ist von keinem der beiden Partner her allein vorhersagbar, sondern nur als eine eigene Systemqualität zu begreifen (BOWLBY 1969, S. 355).

Die Form des Zusammenspieles von Kind und Bezugsperson wird verstanden als offenes System. Sie paßt sich sowohl Veränderungen der Partner als auch Einflüssen von außen an. Damit sind Erwartungen im Hinblick auf einfache korrelative Zusammenhänge von einem Zeitpunkt der Ontogenese zu einem späteren Zeitpunkt der Ontogenese theoretisch nicht gerechtfertigt (SAMEROFF 1975).

Die Möglichkeit besonders prägsamer Phasen während der kindlichen Entwicklung ist aus vergleichender Sicht sehr wahrscheinlich. Das Prinzip genetischer Entfaltung ist ohne zeitliche Regulation der genetischen Wirkweisen nicht vorstellbar (Prinzip der Nockenwelle). Vor allem vor der Geburt zeigen sich eine Fülle phasenspezifischer Konsequenzen, z.B. bei Röteln und Contergan. Auch das Meinen und Verstehen von Zeichen im ersten Lebensjahr, darüber hinaus Qualität und Ökologie beim Aufbau sozialer Strukturen sind mehr oder weniger stark an bestimmte Lebensphasen gebunden.

Die Verhaltensbiologie hat für Forscher wie BOWLBY (1969, 1973), AINSWORTH (1973), MAIN (1977) u. a. die theoretischen Möglichkeiten eröffnet, bestimmte Verhaltensmuster und Verhaltenstendenzen als adaptiv im phylogenetischen Sinn zu interpretieren. Diese Forscher leiten daraus die Ontogenese von mehr oder weniger gestörten Beziehungen im Sozialbereich ab. Die bisherigen empirischen Ergebnisse lassen erkennen, daß die verhaltensbiologische, zum Teil von der Psychoanalyse beeinflußte Erfassung der Genese sozialer und emotionaler Erwartungen beim Kind das Verständnis vom Aufbau sozialer Beziehungen fördert. Die Fein- oder Mikroanalyse von Beziehungstrukturen eröffnet einen Bereich aufeinander bezogenen Verhaltens, der weit unterhalb der Schwelle bewußten Planens der beteiligten Partner liegt. D. STERN (1974) hat diese wechselseitigen Steuerungen sehr genau erforscht. PAPOUŠEK und PAPOUŠEK (1978) sehen in ihnen ein natürliches Modell pädagogischen Handelns: «... ein erstes natürliches Modell erzieherischer Aktivitäten ..., dem das Kind nach der Geburt ausgesetzt ist – ein Modell, das die Natur anbietet und das der Aufnahmefähigkeit des Kindes zu jeder Zeit vorzüglich angemessen ist» (S. 47).

Die genannten Forscher kommen aus verschiedenen Disziplinen. Die Interdisziplinarität, die Zusammenarbeit von Biologen, Kinderärzten, Psychiatern, empirisch orientierten klinischen und psychoanalytischen Psychologen erscheint erfolgsversprechend zu sein. Aus der Perspektive der Geschichte der experimentellen Psychologie gesehen ist folgendes bemerkenswert: Im Bereich der Kleinkindforschung bestimmen Forschungsfragen neue methodische und theoretische Entwicklungen; es stellt sich immer deutlicher heraus, daß für die oben angesprochenen Forschungsfragen das traditionelle psychologische Methodenrepertoire unzulänglich ist.

3. Aufbau der Längsschnittuntersuchung und erste Ergebnisse

Unsere eigene Untersuchung stellt ein offenes, exploratives, beschreibendes Vorgehen dar. Wir haben festgestellt, daß eine Phase der beschreibenden Beobachtung der Beziehung zwischen Kind und seiner mehr oder weniger verfügbaren Bezugspersonen in der deutschen Literatur fehlt. Vorhandene Kategoriensysteme (z. B. HOME von CALDWELL et al. 1966) ließen sich nicht ohne eingehende eigene Anschauung der Voränge verwenden. Schließlich haben wir auf eine Auswahl der beteiligten Familien nach Kriterien sozialer Homogenität verzichtet. Uns schien die breitere Problembasis unter dem beschreibenden Aspekt aus unserer Einschätzung der Lage entwicklungspsychologischer Forschung wichtiger zu sein als die Möglichkeit zu Aussagen inferenzstatistischer Art.

3.1 Beschreibung der beteiligten Familien

Innerhalb eines bestimmten Zeitraums, von März bis Juni 1976 und von März bis Juni 1977, wurde jede deutsche Mutter angesprochen und um ihre Mitarbeit gebeten, die zur Entbindung in ein mittleres Krankenhaus kam. Im Durchschnitt waren es zwei pro Woche. 56 der 58 angesprochenen Mütter sagten zu, 6 schieden aus, weil entweder ihr Kind noch während der Wochenbettzeit wegen medizinischer Indikation (meistens starker Neugeborenenikterus) in eine spezielle Kinderklinik verlegt wurde oder weil die Familie kurz nachher verzog. Eine weitere Familie ist

Tabelle 1: Alter, Schulbildung, Beruf, Einkommen und Anzahl der Kinder, der an der Untersuchung beteiligten Familien

Alter	M	V	Schulbildung	M	V	Beruf	M	V
unter 20	2	1	Volksschule .	38	32	ungelernt u. in Ausbildung .	5	4
20–30	36	25	Realschule ..	8	11	Lehrberuf	36	34
30–40	10	19	Gymnasium .	2	2	Mittlerer u. höherer Angst. .	7	7
über 40	1	4	Hochschule .	1	4	Akademiker ...	1	4

Familieneinkommen		Anzahl der Kinder		Geschlecht des Kindes	
unter 1500.–	8	1	25	Jungen	26
1500.– – 2000.–	18	2	18	Mädchen	23
2000.– – 3000.–	15	3	3		
über 3000.–	8	4	1		
		5	2		

später wegen Terminschwierigkeiten ausgeschieden. Gegenwärtig sind 49 Kinder und ihre Familien an der Untersuchung beteiligt; 23 Kinder wurden 1976, 26 Kinder 1977 geboren.

Schulbildung, Berufe und Einkommen sowie Größe der Familien sind sehr unterschiedlich. Tabelle 1 soll dies veranschaulichen.

3.2 Methodik

3.2.1 Untersuchungsbedingungen im Krankenhaus

Im Hinblick auf die Untersuchungsbedingungen im Krankenhaus muß unbedingt auf die Notwendigkeit einer sorgfältigen und ruhigen Vorbereitung der auf der Station arbeitenden Ärzte, Hebammen, Kinderschwestern und Wöchnerinnen hingewiesen werden. Ohne eine solche Vorarbeit sind die Forschungsmöglichkeiten von nicht zur Station gehörenden Psychologen wenig erfolgversprechend. Darüber hinaus wurde vor allem für die Protokollierung der Geburtsverläufe eine außerordentliche Einsatzbereitschaft der Mitarbeiter des Projekts verlangt, da der Zeitpunkt einer Geburt nur sehr ungenau vorhergesagt werden kann[2]. Vom Beobachter wurde ein Geburtsprotokoll bis zu einer Stunde nach der Geburt erstellt.

Die erste Gruppe von Müttern wurde unter den im Krankenhaus üblichen Bedingungen beobachtet. Die Kreißsaalroutine bestand darin, daß das Kind nach der Entbindung der Mutter kurz gezeigt wurde, damit sie sieht, «daß alles dran ist» und ob es ein Junge oder ein Mädchen ist. Das Kind wird dann versorgt und, nachdem es gebadet und bekleidet ist, in ein Bettchen neben die Entbindungsliege der Mutter gelegt. Mutter und Kind bleiben bis etwa 2 Stunden nach der Geburt im Kreißsaal beisammen. In diesen 2 Stunden ist die Mutter mehr oder weniger müde und schlapp, was u. a. von der Medikation und der Dauer der Geburt abhängt.

Die Wochenbettroutine sah folgendermaßen aus: Die Mutter bekam fünfmal am Tage für jeweils 25 bis 30 Minuten ihr wie ein Brotlaibchen verpacktes Kind ans Bett gebracht, um es dort zu stillen oder zu füttern. Bei unerfahrenen Müttern haben die Stillversuche nur wenige Male Erfolg gehabt. Demgegenüber steht die Tatsache, daß fast jede Mutter stil-

[2] Wir möchten an dieser Stelle unseren aufrichtigen Dank aussprechen an Herrn Dr. Ph. Lachenicht, Chefarzt der Abteilung für Gynäkologie des St. Franziskus Hospitals in Bielefeld und allen seinen Mitarbeitern, die uns im Krankenhaus so freundlich geholfen haben und gegenüber unseren Sonderwünschen so aufgeschlossen gewesen sind. In gleicher Weise danken wir auch Jutta Ermshaus und Elisabeth Heimesaat, damals Studentinnen an der PH Westfalen-Lippe, Abt. Bielefeld, für ihre unermüdliche Bereitschaft, Geburten zu protokollieren, Mütter und Babies zu videographieren, Babies zu testen sowie Hausbesuche durchzuführen.

len kann, wenn sie die dazu erforderliche Unterstützung und Anleitung erhält.

Für die zweite Gruppe von Müttern wurde früher Kontakt im Sinne von KLAUS und KENNELL (1974) eingeführt. Eine besondere Wärmelampe wurde verwendet, um einer von der Ärzten befürchteten Unterkühlung der Babies vorzubeugen. Unter dieser Versuchsbedingung bekam die Mutter ihr Kind, nachdem es gebadet worden war und nur mit einer Windel und der Nabelbinde bekleidet, in den Arm. Das Kind blieb dann bei der Mutter, bis sie zu müde wurde, um es zu halten. Die Mütter unter diesen Versuchsbedingungen haben ihr Kind selbst nach schweren Geburten gerne zwischen 20 und 40 Minuten bei sich behalten. Nach dem frühen Kontakt im Kreißsaal erlebten die Mütter mit ihren Kindern die übliche Wochenbettroutine.

Die dritte Gruppe von Müttern erlebte die übliche Kreißsaalroutine, durften aber ihr Kind in ihren Zimmern täglich bis zu 6 Stunden behalten (Kreißsaalroutine und verlängerter Kontakt im Wochenbett).

Die vierte Gruppe hatte sowohl frühen Kontakt als auch verlängerten Kontakt im Wochenbett.

Auf eine ursprünglich geplante Replikation der Kontrollgruppe (Kreißsaalroutine und Wochenbettroutine) mußte verzichtete werden, da sowohl der Chefarzt als auch viele Schwestern und Mütter sich die neue Form des Miteinanders von Mutter und Baby nicht mehr nehmen ließen. Die Annahme der neuen Rolle der Säuglingsschwestern als Beraterin der Mütter war nicht immer leicht, scheint aber inzwischen gelungen zu sein. Besonders die Hebammen nahmen bereitwillig alle Anregungen auf und legen nun den stillwilligen Müttern ihr Baby in den ersten zwei Stunden nach der Geburt an die Brust zum Trinken.

Die Mütter füllten an einem der ersten Tage Fragebögen über ihre Familie, Schwangerschaft und Geburtserfahrung sowie ihre Erziehungseinstellung (deutsche Version des *Parental Attitude Research Instrument)* (SCHAEFER & BELL 1958) aus. Der PARI wurde auch dem Vater mit nach Hause gegeben. Die Hebammen wurden zum Verhalten der Mutter bei der Geburt per Fragebogen befragt.

Gegen Ende der Wochenbettzeit wurden Fragebögen zur Gesundheit, Gewicht und Verhalten des Kindes ausgefüllt. Elf Erhebungs- bzw. Fragebögen für jede Familie liegen insgesamt vor.

3.2.2 Untersuchungen der Neugeborenen

Mit der uns zunächst unbekannten und unvertrauten *Brazelton Neonatal Assessment Scale* (BRAZELTON 1973) machten wir eine unabhängige Voruntersuchung mit 20 Babies, die je sechsmal getestet wurden (KESTERMANN 1976). H. ALS vom Brazelton Team in Boston hat uns trainiert. Das Ergebnis einer Faktorenanalyse der Daten dieser 20 Babies wurde von den 49 Babies der Längsschnittuntersuchung, die wir je dreimal getestet haben beinahe nahtlos repliziert. Unter Faktor 1 können wir alle diejenigen Verhaltenweisen zusammenfassen, die wir mit Erregbarkeit bezeichnen: Wie stark ist das Kind erregt? Wie schnell wird es erregt? Wie oft ist es erregt während der Untersuchung? Wie unbeständig in seinen Verhaltenszuständen ist es?

Faktor 2 besteht aus allen Verhaltensweisen der Aufmerksamkeit und der Orientierung: Im aufmerksamen Wachzustand wird geprüft, wie gut die Babies konzentriert mit den Augen sich bewegenden Gegenständen und Gesichtern folgen und wie gut sie eine Stimme und eine Rassel zu lokalisieren suchen, die man links oder rechts von ihnen betätigt.

Ein dritter Faktor faßt Verhaltensweisen zusammen, die motorische Reife des Neugeborenen charakterisieren; ein vierter Faktor bezieht sich auf physiologische Reaktionen des Kindes und ein fünfter Faktor beschreibt die Gewöhnung des Babies an äußere Reize während es noch schläft[3].

Innerhalb der einzelnen Faktoren gibt es große individuelle Unterschiede zwischen den Babies. Für die Faktoren und einzelnen Variablen findet sich die Mehrzahl der Babies bei den Testwiederholungen im gleichen Quartil.

Die Brazelton-Untersuchung dauert 30 Minuten, das Eintragen der Werte weitere 30 Minuten pro Untersuchung.

Mit den Versuchsbedingungen stehen die Verhaltensweisen der Babies in keinem nachweislichen Zusammenhang. In jedem Fall tritt die Individualität stärker hervor als die Zugehörigkeit der Mütter zu einer der vier genannten Versuchsgruppen. Zur Zeit sind Auswertungen in Arbeit, die prüfen, ob die individuellen Eigenarten des Neugeborenen im Zusammenhang stehen mit der Mutter-Kind-Interaktion im Wochenbett oder mit späteren Ergebnissen der Verhaltens- oder Interaktionsbeobachtung.

3.2.3 Videoaufnahmen im Wochenbett

Dreimal während des Krankenhausaufenthalts wurden Mutter und Kind während der Fütterungszeit im Wochenbett videographiert. Die Analyse einzelner Verhaltensmuster, z. B. Hautkontakt (GROSSMANN et al. in prep.), Haltung des Kindes und Reaktion der Mütter auf das Augenöffnen ihres neugeborenen Kindes sind in Arbeit bzw. erste Ergebnisse veröffentlicht (KARIN GROSSMANN 1978): Es zeigte sich bei jeder der 10 zu dieser Auswertung herangezogenen Erstmütter, daß die Mutter vor dem Augenöffnen ihres neugeborenen Kindes dieses vestibulär reizt, um

[3] Eine gesonderte Veröffentlichung über diese Ergebnisse mit dem Brazelton Test ist in Vorbereitung; eine ausführliche Beschreibung des Tests in GROSSMANN 1977b.

es wach zu machen. Nach dem Augenöffnen verändern die Mütter ihre Stimme, intensivieren ihre Mimik und verringern die Distanz zwischen sich und den Kindern; sie reizen damit vor allem Auge und Ohr ihres Kindes. Mit dem Moment des Augenöffnens verdoppeln sie solche Verhaltensweisen, die wir als sozial kategorisiert haben. Pflegerische Verhaltensweisen bleiben konstant. Auf andere Dinge gerichtete Verhaltensweisen werden nahezu völlig eingestellt, sobald das Kind auch nur zu blinzeln anfängt. Für den Gesamtzusammenhang wird es wichtig sein festzustellen, ob bestimmte individuelle Umgangsformen zwischen Mutter und Kind Zusammenhänge mit der Individualität des Kindes und mit späteren Umgangsformen aufweisen.

3.2.4 Hausbesuche (Verbale Protokolle und Interviews)

Im Alter von 2, 6 und 10 Monaten werden die Kinder von zwei Beobachtern gemeinsam besucht. Die Besucher führen ein längeres interviewartiges Gespräch mit der Mutter und beobachten danach das Kind in seiner Beziehung zur Mutter und anderen anwesenden Personen gemäß den Richtlinien von AINSWORTH. Die Besuche finden nachmittags statt, so daß oft die Väter später dazukommen. Bei der Terminabsprache wird betont, daß man auf die Anwesentheit der Väter Wert legt. Die Gespräche werden transkribiert und die Aussagen der Mütter werden nach den verschiedenen Funktionskreisen bzw. Situationen ausgewertet, weil diese unterschiedliches Verhalten verlangen. Die Funktionskreise sind: Schlaf, Pflege, Nahrung, soziales Mit- und Nebeneinander, sachliche Erfahrungen.

Die Beobachtungsphase wird der Mutter angekündigt und beide Beobachter notieren unabhängig voneinander das Geschehen. Von jeder Beobachtung, die 45 Minuten lang konzentriert durchgeführt wird, werden ausführliche beschreibenden Protokolle angefertigt (15 bis 20 Seiten pro Beobachtungszeit). Für die Bewertung verwenden wir u. a. die von AINSWORTH (1974) entwickelten Skalen über sensitivity versus insensitivity to the babies' communications (Feinfühligkeit versus Unempfindlichkeit gegenüber den Signalen des Babies; abgedruckt in GROSSMANN 1977a), acceptance versus rejection (Annahme gegenüber Ablehnung des Kindes) und cooperation versus interference (Zusammenspiel mit dem Kind gegenüber Beeinträchtigung seines Tuns). Zusätzlich erheben wir die Freude der Mütter an ihren Kindern und die Variabilität der Mütter im Umgang mit den Kindern. Wir konzentrieren uns dabei vor allem auf die Art, die Qualität des Umgangs und nicht so sehr auf die Häufigkeiten bestimmter Ereignisse. Zur Qualität der Interaktion gehören Stimme, Passung, Angemessenheit des Verhaltens und andere Aspekte. Die Entwicklung zuverlässiger Methoden geschieht im Wesentlichen in induktiver Weise jeweils zweier zusammenarbeitender Auswerter. Die Auswerter versuchen ihre Auswerteprinzipien so lange schriftlich zu verbessern, bis auch andere Auswerter bestimmte Ereignisse den gefundenen Kategorien zuordnen können.

3.2.5 Tonbandmitschnitt und Tonbandauswertung

Während der Beobachtungszeit läuft ein Tonbandgerät. Die bisher entwickelte Auswertungsmethode erlaubt es, die Laute der Kinder zu identifizieren und bestimmten Äußerungsmustern der Mutter zuzuordnen. Wir erhalten auf diese Weise sogenannte Kontingenztabellen, die für jedes Mutter-Kind-Paar bestimmte Zuordnungsmuster erkennen lassen. Mutter A z. B. reagiert bevorzugt unwirsch auf das Quengeln ihres Kindes, Mutter B dagegen fröhlich auf die Zufriedenheitslaute ihres Kindes. Mutter C mag selten reagieren und Mutter D jedesmal anders; auch hier scheint die Individualität stärker hervorzutreten als die Zugehörigkeit zu einer der 4 Versuchsgruppen. Die Auswertungen sind noch nicht abgeschlossen. Die bisherigen Daten lassen erkennen, daß beständige individuelle Unterschiede zwischen einzelnen Mutter-Kind-Paaren bestehen. Darüber hinaus scheinen die individuellen Muster über die Besuchstermine mit 2, 6 und 10 Monaten beständig zu sein. Zwei besondere Schwierigkeiten stellen sich der Auswertung der aufeinander bezogenen Vokalisation von Mutter und Kind entgegen: einmal das Erkennen invarianter Vokalisationen trotz der zum Teil großen individuellen Unterschiede in der Stimmqualität, zum anderen die Abhängigkeit der Art der mütterlichen Laute vom Zustand bzw. Befinden des Kindes. Auch hier wird der unseres Erachtens durchaus mögliche Erfolg davon abhängen, daß bei der Operationalisierung der Auswertungskategorien größte Sorgfalt darauf verwendet wird, die für das soziale Miteinander bedeutungsvollen Aspekte zu erfassen und sich nicht etwa auf diejenigen Elemente zu beschränken, die auf einer elementaren Ebene leicht erkennbar sind.

3.2.6 Fremde-Situations-Test (Mutter, Kind: 1 Jahr alt, Videoaufnahmen)

In einer Folge von Spiel- und Trennungsperioden wird das kindliche Verhalten nach einer Abwesenheit der Mutter von höchstens 3 Minuten Dauer während der Wiedervereinigung mit der Mutter analysiert. Die Trennung bewirkt nach AINSWORTH (1969) Unsicherheit. Die Wiedervereinigung der Mutter mit dem Kind ist bei guter Mutter-Kind-Bindung geeignet, die Unsicherheit wieder zu vermindern. Während bei Unsicherheit das Spiel- und Erkundungsverhalten abnimmt, steigt es bei der Abnahme der Verunsicherung wieder an (AINSWORTH & WITTIG 1969; MAIN 1977).

Der Fremde-Situations-Test ist folgendermaßen aufgebaut: Mutter und Kind treten in einen hellen, freundlichen, mit Spielzeug und Sesseln ausgestatteten Raum. Die Mutter (und der Vater, wenn er mit dabei ist) wird auf die hinter einer Holzwand stehenden beiden Kameras aufmerksam gemacht, die durch einen Schlitz sichtbar sind. Die Mutter bleibt mit dem Kind dann allein in dem Spielzimmer. Nach 3 Minuten kommt eine ihnen fremde Studentin und beginnt nach einer Weile, mit dem Kind Kontakt aufzunehmen. Nach weiteren 3 Minuten verläßt die Mutter den Raum (sie ist dann mit uns hinter der Einwegscheibe) und kehrt nach weiteren 3 Minuten zu ihrem Kind zurück. Diese erste Wiedervereinigung ist für uns eine kritische Szene. Nach weiteren 3 Minuten läßt die Mutter das Kind für 3 Minuten allein, danach kommt die Fremde für 3 Minuten zurück, um mit dem Kind zu spielen und schließlich, nach weiteren 3 Minuten, auch wieder die Mutter. Das Verhalten von Mutter und Kind während dieser zweiten Wiedervereinigung ist nach AINSWORTH kritisch für die Einschätzung des Zusammenspiels zwischen den beiden.

Diese Folge von Episoden von maximal 24 Minuten Dauer erzeugt eine zunehmende trennungsbedingte Verunsicherung des Kindes, die durch die Wiedervereinigung, wenn Mutter und Kind gut aufeinander eingespielt sind, wieder behoben wird. Mit zunehmender Verunsicherung nimmt das Bindungsverhalten zu, während Erkundungs- und Spielverhalten abnehmen. Am stärksten zeigt sich das Bindungsverhalten beim Kinde dann, wenn es für 3 Minuten allein gelassen wird.

Für die Auswertung der aufeinander bezogenen Verhaltensweisen von Mutter (und Vater) und Kind unter Bedingungen mehr oder weniger großer Verunsicherung stehen sehr detaillierte Kriterien zur Verfügung. Zum gegenwärtigen Zeitpunkt werden die Kinder nach Art und Grad ihrer Bindungsunsicherheit klassifiziert. Unser Fernziel ist jedoch eine genauere Analyse der Art der Beeinträchtigungen des Zusammenspiels von Mutter oder Vater und ihrem Kind in solchen Fällen, in denen die Vergewisserung nach der Verunsicherung nicht so gut gelingt.

Die Blindauswertung von 23 Fällen (die Kinder des Jahrgangs 1976) nach AINSWORTHS Kriterien hat bisher folgendes ergeben: In unserer Stichprobe befinden sich fast doppelt so viele Kinder, die nach der kurzen Trennung einen Kontakt mit der Mutter vermeiden) als in den vergleichbaren amerikanischen Stichproben, die bisher nahezu 300 Kinder umfassen. AINSWORTH bezeichnet solche Kinder als unsicher gebunden. Wir wissen jedoch nicht, ob dies Auswirkungen besonderer Umgangsformen unserer Mütter sind, also Unterschiede kultureller Art gegenüber den amerikanischen Müttern, oder vielleicht Stichprobenunterschiede, da wir ja praktisch jede angesprochene Mutter in unserer Längsschnittuntersuchung haben, während in den meisten amerikanischen Untersuchungen bisher eher eine Tendenz zur Zusammenarbeit mit Müttern höherer Schulbildung festzustellen ist. Um dieser Frage unter kontrollierten Bedingungen nachzugehen, sollen demnächst Untersuchungen stattfinden, in denen der mimische Ausdruck der Kinder während der Trennung und während der Wiedervereinigung getrennt analysiert wird. Auf diese Weise könnte vielleicht durch ein zusätzliches Kriterium eine Entscheidung über die Frage herbeigeführt werden, ob Kinder, die den Kontakt während der Wiedervereinigung vermeiden, dies als Ergebnis der Versagung sozialer Bedürfnisse während des ersten Lebensjahrs tun, oder ob eine Verunsicherung nicht in dem Maße stattgefunden hat wie bei amerikanischen Kindern oder schließlich, ob die Kinder unserer Stichprobe lediglich einen anderen Weg zur Herstellung von Nähe zur Bezugsperson einzuschlagen gelernt haben als bisher untersuchte amerikanische Einjährige.

Kritisch ist zum Fremde-Situations-Test folgendes zu bemerken: Ein einziges Ereignis – das Verhalten des Kindes während der Wiedervereinigung nach kurzer Trennung – entscheidet über die Einschätzung der Bindungsunsicherheit bzw. Sicherheit des Kindes. Testtheoretisch überzeugt das nicht, aber das erscheint im Hinblick auf den Ansatz eines qualitativen und komplexen Zusammenspiels von Mutter und Kind nichts auszumachen (GROSSMANN 1978). Qualitativ bestehen unsere Schwierigkeiten derzeit darin, festzustellen, ob die Kinder ihre Mütter nach kurzer Trennung aktiv vermeiden oder ob Nonchalance vorliegt, weil die Trennung zu keiner Verunsicherung beim Kind geführt hat. Wir werden das Problem in einer Vergleichsuntersuchung zwischen Berkeley und Regensburg aufgreifen und uns dabei vor allem mimischem Ausdrucksverhalten zuwenden. Wir greifen in diesem Zusammenhang auf Arbeiten von EMDE et al. (1976, 1978) zurück.

3.2.7 Fremde-Situations-Test (Vater, Kind: 18 Monate, Videoaufnahmen)

Mit 18 Monaten führen wir die gleichen standardisierten Beobachtungen durch wie oben, wobei der Vater die Bezugsperson ist. Wir beobachteten dabei eine deutliche Vermittlungsfunktion von Gegenständen (Spielzeug) beim Zusammenspiel von Vater und Kind. Dieser mit 18 Monaten sehr deutliche Hinweis könnte eine neue Perspektive bei der Auswertung der Videobänder über den Fremde-Situations-Test mit 12 Monaten ergeben. Vielleicht sind dort Vorläufer einer anderen Strategie der Kinder zu erkennen, wenn man die ausgeprägte Strategie der 18 Monate alten während der Wiedervereinigung kennt.

3.2.8 Hausbesuche mit 2 Jahren

Mit 2 Jahren werden ausführliche Hausbesuche durchgeführt. Dabei konzentrieren wir uns vor allem auf solche Aspekte des Zusammenspiels zwischen dem Kind und seinen Eltern, die günstige Voraussetzungen für

Erfahrungen in folgenden Bereichen beinhalten: sprachlich symbolisches Lernen, räumlich feinmotorisches Lernen, konkretes Denken und Ausdruck von Phantasien und Einfällen (CAREW 1977). Außerdem beachten wir die Fähigkeit der Eltern beim Vermitteln von Neuem und Reduzieren von Angst. Die Unterschiede in der Freude am Mitmachen, im Können und im Zusammenspiel sind bei den 47 verbliebenen Kindern außerordentlich groß. Die Begründung für diese Art der Weiterführung der Längsschnittuntersuchung ist grob gesagt folgende: Die Vertreter der Bindungstheorie behaupten, daß zwar die Erscheinungsformen der Eltern-Kind-Beziehung unterschiedlich sind je nach Alter des Kindes, daß jedoch die Qualität der Bindung relativ konstant ist. Gute empirische Ergebnisse für diese Position bringen MATAS, AREND und SROUFE (1978). Während nun im 1. Lebensjahr Bindungsverhaltensweisen, soziale Interaktion innerhalb der Familie und die Funktion der Mutter als Sicherheitsbasis im Vordergrund stehen und bei gutem Gelingen als Indikatoren für eine sichere Bindung gewertet werden, entwickelt das Kind im 2. Lebensjahr neue und weitergehende Interessen: Es lernt zu sprechen, erforscht die Umwelt jenseits des engen Familienkreises und erstrebt eine gewisse Selbständigkeit. Eine gute Eltern-Kind-Beziehung im 2. Jahr sollte also den neuen Bedürfnissen des Kindes gerecht werden, etwa indem die Eltern die Lernfreude unterstützen, das Erkunden der Umwelt ermöglichen und das Kind nicht zu fest an sich ketten.

Die Frage des Untersuchungsabschnitts über die 2jährigen im Rahmen der laufenden Längsschnittuntersuchung betrifft also eher die Frage, ob die Qualität der Bindung im 1. Jahr eine Vorhersage erlaubt für die Qualität der Beziehung im 2. Jahr, obwohl Eltern und Kind sich weiter entwickeln und eine Reihe neuer Verhaltensweisen die Grundlage ihrer Beziehung bilden. Die Fragestellung war im einzelnen schon eingangs angesprochen worden (Zielsetzung 4–7). Die Überlegungen, die diesen Fragen zugrunde liegen, sind allgemeines Grundwissen der Entwicklungspsychologie und wurden in vereinfacht-programmatischer Form von GROSSMANN (1977, besonders S. 175) diskutiert.

Die Hausbesuche bei den 2jährigen umfassen folgende Beobachtungen:

1. Ein ausführliches Interview zur Lebensform des Kindes.
2. Ein geflüstertes Beobachtungsprotokoll des Kindes bei seiner nachmittäglichen Beschäftigung.
3. Je ein videographiertes Mutter-Kind- und Vater-Kind-Spiel mit zwei mitgebrachten Spielzeugen.
4. Die videographierte Reaktion von Mutter und Kind auf ein Überraschungsspielzeug.
5. Ein videographierter BALEY-Entwicklungstest, den der Beobachter mit

dem Kind durchführt, um vor allem die Reaktion des Kindes auf eine anstrengende Anforderung zu prüfen.

6. Die Einstellung zur Erziehung wurde mit dem *Child Rearing Practices Report* (Block 1965) erfaßt.

4. Schlußbemerkung

Die laufende, zunächst auf die ersten beiden Lebensjahre beschränkte Längsschnittuntersuchung ist sehr komplex. Ihr Erfolg beruht darauf, daß die Qualität des Zusammenspiels im sozial-affektiven Bereich und im Bereich sachlicher Erfahrungen zuverlässig erfaßt wird. Das ethologisch orientierte Bindungskonzept gibt uns dabei die nötige Orientierungshilfe. Die Methodenentwicklung muß dagegen, je nach Fragestellung, Schritt für Schritt induktiv erfolgen. Durch Mehrschichtigkeit der Auswertung – von der Feinanalyse videographierter Szenen bis zum offenen Gespräch – hoffen wir zunächst, eine psychologisch fundierte Darstellung der Lage heutiger junger Familien zu geben, unabhängig von den geschilderten Versuchsbedingungen. Der mitgeplante Gruppenvergleich wird, nach allem was wir heute wissen, zugunsten der Verfolgung prominenter individueller Verhaltensmuster in den Hintergrund treten.

Literatur

Ainsworth, M. D. S. & Wittig, A. A. 1969. Attachment and exploratory behavior of one-year-olds in a strange situation. In: Foss, B. M. (Hg.) Determinants of infant behavior. London: Methuen.

Ainsworth, M. D. S. 1973. The development of mother-infant attachment. In: Caldwell, B., Ricciuti, H. N. (Eds.), Review of child development research. Vol. 3. Chicago: Univ. of Chicago Press, S. 1–94.

Ainsworth, M. D. S., Bell, S. M. & Stayton, D. J. 1974. Infant-mother attachment and social development: «Sozialization» as a product of reciprocal responsiveness to signals. In: Richards (Hg.), S. 99–135.

Ainsworth, M. D. S. 1977. Feinfühligkeit versus Unempfindlichkeit gegenüber den Signalen des Babys (Skala zur Erfassung mütterlichen Verhaltens). In: Grossmann (Hg.), S. 96–107.

Als, H. 1978. Assessing and assessment: Conceptual considerations, methodological issues, and a perspective on the future of the Brazelton Neonatal Behavioral Assessmen Scale. In: Sameroff, A. (Ed.), S. 14–29.

Block, J. H. 1965. The Child-Rearing Practices Report (CRPR): A set of *Q* items for the decription of parental socialization attitudes and values. Berkeley, Cal.: Institute of Human Development, University of California, Mimeo.

Bower, T. G. R. 1966. The visual world of infants. Scientific American *215,* 80–92.

BOWER, T. G. R. 1971. The object in the world of an infant. Scientific American *255,* 30–38.

BOWLBY, J. 1969. Attachment. London: Hogarth.

BOWLBY, J. 1973. Separation: Anxiety and anger. London: Hogarth.

BRAZELTON, T. B. 1973. Neonatal behavioral assessment scale. London: Heinemann.

BRUNER, J. 1975. Poverty and childhood. Oxford Review of Education *1,* 31–50 (Zuerst in: Relevance of Education. New York: W. W. Norton, 1971).

BÜHLER, CH. 1927. Die ersten sozialen Verhaltensweisen des Kindes. In: Soziologische und psychologische Studien über das erste Lebensjahr. BÜHLER, CH., HETZER, M. & TUDOR-HART, B. (Hg.), Quelle und Studien zur Jugendkunde, Heft 5, Jena: G. Fischer.

BÜHLER, CH. 1962. Wenn das Leben gelingen soll. Psychologische Studien über Lebenserwartungen und Lebensergebnisse. München: Droemersche Verlagsanstalt.

CAREW, J.V. 1977. Die Vorhersage der Intelligenz auf der Grundlage kindlicher Alltagserfahrungen. In: GROSSMANN, K. E. (Hg.), Entwicklung der Lernfähigkeit. München: Kindler.

CARLSSON, S. G., FAGEBERG, H., HORNEMANN, G. et al. 1978. Effect of amount of contact between mother and child on the mother's nursing behavior. Developmental Psychobiology *11,* 143–150.

CALDWELL, B., HEIDER, J. & KAPLAN, B. 1966. Home observation for measurement of the environment. Paper presented at the meeting of the APA, New York.

DÜHRSSEN, A. 1962. Psychogene Erkrankungen bei Kindern und Jugendlichen. Göttingen: Verlag für medizinische Psychologie.

EMDE, R. N., GAENSBAUER, T. J. & HARMON, R. J. 1976. Emotional expression in infancy: A biobehavioral study. Psychological Issues, Monogr. 37.

EMDE, R. N., KLIGMAN, D. H., REICH, J. H. & WADE, T. D. 1978. Emotional expression in infancy: I. Initial studies of social signaling and an emergent model. In: LEWIS, M. & ROSENBLUM, L. A. (Eds.), The development of affect, London, New York: Plenum Press.

GROSSMANN, K. 1978. Die Wirkung des Augenöffnens Neugeborener auf das Verhalten ihrer Mütter. Zeitschrift für Geburtshilfe und Frauenheilkunde *38,* 629–635.

GROSSMANN, K., THANE, K. & GROSSMANN, K. E. (in prep.). Maternal skin-touching behavior of her newborn after various post-partum conditions of mother-infant contact.

GROSSMANN, K. E. 1977a (Hg.). Entwicklung der Lernfähigkeit in der sozialen Umwelt. München: Kindler.

GROSSMANN, K. E. 1977b. Frühe Einflüsse auf die soziale und intellektuelle Entwicklung des Kleinkindes. Ztschr. f. Pädagogik *23,* 847–880.

GROSSMANN, K. E. 1979. Emotionale und soziale Entwicklung im Kleinkindalter. In: RAUH, H. (Hg.), Jahrbuch für Entwicklungspsychologie *1,* 25–82.

HARLOW, H. F. & HARLOW, M. K. 1966. Learning to love. American Scientist *54,* 244–272.

HASSENSTEIN, B. 1973. Verhaltensbiologie des Kindes. München: Piper.

HINDE, R. A. & DAVIES, L. 1972. Changes in mother-infant relationships after separation in rhesus monkeys. Nature *239,* 41–42.

KENNELL, J. H., TROUSE, M. A. & KLAUS, M. H. 1975. Evidence for a sensitive period in the human mother. In: Parent-infant interaction. CIBA Symp. Amsterdam: Elsevier, 87–95.

KESTERMANN, G. 1976. Die Erfassung individueller Verhaltensunterschiede bei menschlichen Neugeborenen mit Hilfe der Neonatal Behavioral Assessment Scale (BRAZELTON 1973). Diplomarbeit, Universität Bielefeld.
KLAUS, M. H. & KENNELL, J. H. 1974. Auswirkungen früher Kontakte zwischen Mutter und Neugeborenem auf die spätere Mutter-Kind-Beziehung. In: BIERMANN, G. (Hg.), Jahrbuch der Psychohygiene 2. München: E. Reinhardt Verlag.
KLAUS, M. H. & KENNELL, J. H. 1976. Maternal-infant bonding. The impact of early separation or loss on family development. Saint Louis: The C. V. Mosby Co.
KORNER, A. F. 1973. Early stimulation and maternal care as related to infant capabilities and individual differences. Child Development and Care *2*, 307–327.
LORENZ, K. 1970. The enmity between generations and its probable ethological causes. The Psychoanalytic Review *57*, 333–377.
MAIN, M. 1977. Sicherheit und Wissen. In: GROSSMANN, K. E. (Hg.), Entwicklung der Lernfähigkeit. München: Kindler.
MASON, W. A. 1977. Maternal attributes and primate cognitive development. (Vortrag gehalten anläßlich des Symp. on human ethology bei der Werner-Reimers-Stiftung, Bad Homburg).
MATAS, L., AREND, R. A. & SROUFE, L. A. 1978. Continuity of adaptation in the second year: The relationship between quality of attachment and later competence. Child Development *49*, 547–556.
MEIERHOFER, M. & KELLER, W. 1966. Frustration im frühen Kindesalter. Bern: Huber.
NOVAK, M. A. & HARLOW, H. F. 1975. Social recovery of monkeys isolated for the first year of life: I. Rehabilitation and therapy. Developmental Psychology *11*, 453–465.
PAPOUŠEK, H. & PAPOUŠEK, M. 1975. Cognitive aspects of preverbal social interaction between human infant and adults. In: Parent-Infant Interaction. CIBA Found. Symp. 33. Amsterdam: Elsevier, 241–260.
PAPOUŠEK, H., PAPOUŠEK, M. 1978. Interdisciplinary parallels in studies of early human behavior: From physical to cognitive needs, from attachment to dyadic education. International Journal of Behavioral Development *1*, 37–49.
PECHSTEIN, J. 1974. Umweltabhängigkeit der frühkindlichen zentralnervösen Entwicklung. Stuttgart: Thieme.
PEIPER, A. 1961[3]. Die Eigenart der kindlichen Hirntätigkeit. Leipzig: Georg Thieme.
PFAUNDLER, M. v. 1925. Über Anstaltsschäden bei Kindern. Monatsschrift für Kinderheilkunde *29*, 611 (zitiert nach PEIPER).
PRECHTL, H. & BEINTEMA, D. 1976. The neurological examination of the full term newborn infant. Spastics Soc. London: Heinemann (Deutsch: Die neurologische Untersuchung des reifen Neugeborenen, Stuttgart: Thieme, 2. Aufl.).
RICHARD, M. P. M. (Hg.). 1974. The integration of a child into a social world. Cambridge: University Press.
SAMEROFF, A. J. 1975. Early influences on development: Fact of fancy? Merrill-Palmer Quarterly *21*, 267–294.
SAMEROFF, A. J. (Ed.). 1978. Organization and stability of newborn behavior: A commentary on the Brazelton Neonatal Behavioral Assessment Scale. Monogr. Soc. Res. Child Development.
SCHAEFER, E. S. & BELL, R. Q. 1958. Development of a parental attitude research instrument (PARI). Child Development *29*, 339–361.
SPITZ, R. A. 1945. Hospitalism. Psychoanalytic Study of the Child *1*, 53–74.
STERN, D. N. 1974. Mother and infant at play: The dyadic interaction involving facial, vocal, and gaze behaviors. In: LEWIS, M. & ROSENBLUM, L. A. (Hg.). The effect of the infant on its caregiver. New York: Wiley.

Tinbergen, E. A. & Tinbergen, N. 1972. Early childhood autism – an ethological approach. Berlin: Parey.
Thomas, A., Chess, S. & Birch, H. G. 1970. The origins of personality. Scientific American *223,* 102–109.
White, R. W. 1959. Motivation reconsidered: The concept of competence. Psychological Review *66,* 297–333.

15. Maria Reif

Familiale Lernbedingungen für die Entwicklung von Empathie

Zusammenfassung: Familiale Interaktion wird daraufhin untersucht, welche Lernbedingungen sie für strukturelle Lernprozesse, Beobachtungs- und Bekräftigungslernen, und zwar speziell im Hinblick auf die Entwicklung von Empathie bei Kindern im Vorschulalter beinhaltet. Es wird über die Entwicklung eines Gesprächsleitfadens berichtet, der zur Erhebung dieser Lernbedingungen vier Situationen sowie jeweils sechs situationsspezifisch formulierte Verhaltensmöglichkeiten, die diesen Lernbedingungen eindeutig zugeordnet werden können, vorgibt und offene Beantwortung bzw. offene Gesprächsführung zuläßt. Ansatzweise werden Befunde sowie daraus abgeleitete Annahmen geschildert, die auf Gesprächen mit 30 Elternpaaren beruhen.

1. Ausgangspunkt und Fragestellung

Seit Beginn der 70er Jahre wurden soziale Lernziele wie Kommunikationsfähigkeit, Empathie, Rollendistanz u. a. zunehmend Gegenstand der Curriculumforschung im Vorschulbereich sowie der Elternbildung durch die Medien (*Empfehlungen der Bildungskommission* 1973; *Arbeitsgruppe Vorschulerziehung* 1974; Mundzeck 1973). Während einerseits bereits Curricula zur Förderung solcher sozialer Lernziele entwickelt und Anregungen zur Durchführung von Projekten veröffentlicht wurden, wie z. B. von der *Arbeitsgruppe Vorschulerziehung* (1974), lagen andererseits kaum Befunde zu spezifischen Lernbedingungen für diese angestrebten Lernziele vor (Keller 1976). Da derartige Befunde jedoch als Basis für die Entwicklung von Curricula für Kindergarten und Vorschule sowie für Elternbildung zu betrachten sind, ergab sich als Ziel der Untersuchung, zur Klärung dieser Lernprozesse beizutragen.

Für Kinder im Vorschulalter ist die familiale Interaktion als wesentlicher Erfahrungsraum in Betracht zu ziehen. Hier finden grundlegende Lernprozesse bereits vor dem Kindergartenbesuch sowie auch während der Kindergartenzeit statt. Dies ist auch bei der Förderung von Lernprozessen in Kindergarten und Vorschule zu berücksichtigen. Daher kann das Untersuchungsziel daraufhin spezifiziert werden, daß zur Klärung von Lernbedingungen, wie sie sich durch die familiale Interaktion ergeben, beigetragen werden soll.

Ausgehend von einem interaktiven Konzept der Entwicklung in Anlehnung an KOHLBERG (1969) beruhen Lernprozesse auf der Wechselwirkung zwischen Lernbedingungen, die durch die Umwelt des Kindes gegeben sind, und dem Kind mit seinem augenblicklichen Entwicklungsstand. Eine Beschränkung auf Lernprozesse des Bekräftigungslernens wie z. B. im Rahmen des Zweikomponenten-Konzepts der elterlichen Bekräftigung (STAPF et al. 1972) wird daher als unzureichend betrachtet. Lernbedingungen, wie sie durch die familiale Umwelt des Kindes gegeben sind, bestehen nicht nur in Reaktionen der Eltern auf Verhalten des Kindes in Form positiver oder negativer Bekräftigung, sondern auch in deren übrigem Interaktionsverhalten gegenüber dem Kind. Dieses Interaktionsverhalten umfaßt neben den Reaktionen der Eltern auch deren Modellverhalten als Lernbedingungen für Beobachtungslernen sowie Informationen, Anregungen und Freiraum für Eigenaktivität als Lernbedingungen für strukturelle Lernprozesse.

Spezifiziert auf soziale Lernziele beinhalten die familialen Lernbedingungen dementsprechend folgendes Interaktionsverhalten:

- Reaktionen der Eltern auf Verhalten des Kindes, das diesen Lernzielen entspricht bzw. entgegensteht,
- Modellverhalten der Eltern im Sinne dieser Lernziele sowie
- Informationen und Freiraum für Eigenaktivität in bezug auf diese Lernziele.

Eine Erhebung solcher spezifischer Lernbedingungen setzt zum einen die Operationalisierung der allgemein formulierten Lernziele, eine Differenzierung in Teilprozesse voraus, zum anderen eine Beschränkung auf wenige bzw. auf eines dieser Lernziele, um die Untersuchung überschaubar zu halten. Da es sich beim sozialen Lernziel «Empathie» um eine besonders umfassende und grundlegende Interaktionsfertigkeit handelt, soll dieses Lernziel auf seine spezifischen familialen Lernbedingungen hin untersucht werden. Unter Empathie werden dabei alle jene Prozesse gefaßt, die mit dem Erkennen und Berücksichtigen von Erwartungen des Interaktionspartners verbunden sind. D. h. Empathie wird nicht synonym mit «role-taking» verwendet wie bei DEUTSCH und MADLE (1975), auch werden nicht nur affektive Prozesse darunter verstanden wie z. B. bei HOFFMAN und LEVINE (1976), sondern sowohl affektive und kognitive als auch Verhaltensprozesse.

Hieraus läßt sich die Fragestellung ableiten, welche Lernbedingungen für strukturelle Lernprozesse, Beobachtungs- und Bekräftigungslernen in bezug auf die Entwicklung von Empathie im Rahmen familialer Interaktion gegeben sind und welche Hinweise sich auf Zusammenhänge zwischen diesen Lernbedingungen und Teilprozessen der Empathie auffinden lassen. Dem Forschungsstand entsprechend, kommt der Untersuchung dieser Fragestellung der Charakter einer Pilot-Studie zu. (Eine umfassende Beschreibung der Untersuchung findet sich bei REIF 1979).

An dieser Stelle soll der Schwerpunkt der Betrachtung bei den Lernbedingungen, wie sie durch die familiale Interaktion für die Entwicklung von Empathie gegeben sind, liegen.

2. Durch familiale Interaktion gegebene Lernbedingungen

Wie bereits ausgeführt, wird das gesamte Interaktionsverhalten zwischen Eltern und Kind als Lernprozesse auslösend betrachtet, wobei diese Lernprozesse in strukturelle Lernprozesse, Beobachtungs- und Bekräftigungslernen differenziert werden können.

Als Aspekte des Bekräftigungslernens interessieren uns die Rückmeldungen von Mutter und Vater auf Teilprozesse der Empathie beim Kind: negative Bekräftigung als Rückmeldung auf nicht-empathisches Verhalten des Kindes, positive Bekräftigung als Rückmeldung auf empathisches Verhalten. Im Gegensatz zur Verwendung dieser Begriffe der positiven und negativen Bekräftigung bei STAPF et al. (1972) beinhalten sie nicht nur «Lob» bzw. «Strafe», sondern werden umfassender als Rückmeldung definiert: Zwar kann die Bekräftigung in Form von Lob bzw. Strafe erfolgen, jedoch darüber hinaus auch in Form sachlicher Information, die sich auf das spezifische Verhalten des Kindes bezieht. Ob eine bestimmte konkrete Bekräftigung für das Kind Lob bzw. Strafe oder sachliche Rückmeldung bedeutet, hängt nicht nur vom spezifischen Verhalten der Eltern, sondern zudem von der jeweiligen Wahrnehmung durch das Kind ab.

Unter Beobachtungslernen werden solche Lernprozesse gefaßt, in denen die Umwelt in Form von Modellverhalten auf das Kind wirkt. Die Wirkung des Modellverhaltens hängt wiederum von der Wahrnehmung und Strukturierung dieses Modellverhaltens durch das Kind, vom Verlauf kognitiver Prozesse ab (BANDURA 1969; ARONFREED 1972; MISCHEL 1973). Hinsichtlich der Entwicklung von Empathie geht es um Modellverhalten folgender Art: Die Eltern zeigen Verständnis für die aktuellen situationsspezifischen Bedürfnisse und Erwartungen des Kindes und berücksichtigen sowohl diese als auch ihre eigenen Bedürfnisse bzw. setzen bei negativem Modellverhalten ihre eigenen Bedürfnisse durch, ohne die des Kindes mitzuberücksichtigen.

Abgeleitet von KOHLBERGS Konzept der kognitiven Entwicklung (KOHLBERG 1969) verstehen wir unter strukturellen Lernprozessen solche, in denen die Wechselwirkung zwischen dem Kind und seiner Umwelt, die Eigenaktivität des Kindes in seiner Auseinandersetzung mit der Umwelt im Vordergrund stehen: Lernprozesse, die vorwiegend durch die Wechselwirkung von Informationen und Anregungen durch die Eltern und der Eigenaktivität des Kindes zustande kommen. Eigenaktivität wird dabei von solchen Aktivitäten des Kindes abgehoben, die durch konkrete Aufforderung oder durch Androhung von Strafe hervorgerufen werden. Entsprechend beinhalten Lernbedingungen, die strukturelle Lernprozesse ermöglichen, sowohl Informationen als auch die Möglichkeit, aufgrund eigener (Mit-)Entscheidung diese Informationen und Anregungen im eigenen Verhalten zu berücksichtigen oder auch nicht bzw. kaum zu berücksichtigen. Hinsichtlich der Entwicklung von Empathie handelt es sich dabei um Informationen über die aktuellen Bedürfnisse der Eltern in der konkreten Interaktionssituation, und zwar im besonderen um Informationen über Bedürfnisse, die den vom Kind in dieser Situation geäußerten entgegenstehen. Der Freiraum für Eigenaktivität besteht entsprechend darin, daß dem Kind Mitentscheidungsmöglichkeiten gegeben werden, ob bzw. inwieweit es die Bedürfnisse und Erwartungen der Eltern berücksichtigt. Negative strukturelle Lernbedingungen beinhalten dagegen Verhaltensweisen der Eltern, bei denen das Vorenthalten von Informationen über eigene Bedürfnisse sowie das Vorenthalten von Mitentscheidungsspielraum, z. B. in Form konkreter Aufforderung ohne Begründung, im Vordergrund stehen.

3. Situationsspezifität des Interaktionsverhaltens

Im Gegensatz zu Konzepten, die von relativ stabilem und situationsunspezifischem Verhalten der Eltern gegenüber dem Kind ausgehen (Stapf et al. 1972; Schneewind & Lortz 1978; Darpe & Schneewind 1978) wird hier folgender Ansatz vertreten: Das Verhalten beruht auf einer Wechselwirkung von Person und Situation (Mischel 1968, 1973; Bowers 1973), wobei der Einfluß einer Situation u. a. davon abhängt, wie diese Situation von der Person aufgrund ihrer kognitiven Schemata wahrgenommen wird. Selbst Erziehungswerte, Erziehungseinstellungen, nicht nur das konkrete Verhalten werden durch die Situation beeinflußt, wie Hoff und Grüneisen (1978) am Beispiel der Erziehungswertorientierungen aufzeigen konnten.

Bei den Teilprozessen der Empathie, deren Entwicklungsbedingungen hier interessieren, handelt es sich im besonderen um Prozesse der Wahrnehmung, Interpretation und Berücksichtigung von Situationsbedingungen, zu denen auch die aktuellen Erwartungen des Interaktionspartners gehören. Bei der Analyse des familialen Interaktionsverhaltens ist daher dessen Situationsspezifität zu beachten, womit der Auswahl von Interaktionssituationen für die Erhebung des Interaktionsverhaltens besondere Bedeutung zukommt.

Ob die Erwartungen des Interaktionspartners wahrgenommen und im Verhalten mitberücksichtigt werden, zeigt sich vor allem in solchen Situationen, in denen die Bedürfnisse und Erwartungen der Interaktionspartner zueinander in Widerspruch stehen, sie sich nicht gleichzeitig bzw. in gleichem Ausmaß berücksichtigen lassen, und es den Interaktionspartnern nicht gleichgültig ist, ob der andere die an ihn gerichteten Erwartungen erfüllt oder nicht. Entsprechendes gilt für die Lernbedingungen in bezug auf Empathie: Um auf empathisches bzw. nicht empathisches Verhalten reagieren zu können, muß es zunächst für die Eltern als solches erkennbar sein. Auch wird das Berücksichtigen beider Bedürfnisse (positives Modellverhalten) für das Kind in einer solchen Situation leichter erkennbar, haben Informationen und Mitentscheidungsspielraum ein größeres Gewicht als bei übereinstimmenden Bedürfnissen und Erwartungen. Schließlich sind es gerade Situationen, in denen die Erwartungen der Interaktionspartner konfligieren, die Empathie erfordern, um eine beiden Interaktionspartnern gerecht werdende Lösung zu ermöglichen.

Für die Auswahl von Erhebungssituationen als angemessener Stichprobe für familiale Interaktionserfahrungen des Kindes in bezug auf Empathie ergeben sich daraus folgende Kriterien: Es soll sich um Situationen handeln, die in Familien mit einem Kind im Vorschulalter immer wieder vorkommen und Bedeutung haben und in denen die Erwartungen der Interaktionspartner zueinander im Widerspruch stehen.

4. Gesprächsleitfaden zur Erfassung von Lernbedingungen, die sich durch die familiale Interaktion ergeben

Obwohl es um Lernbedingungen in Form konkreten beobachtbaren Interaktionsverhaltens geht, sprechen folgende Gründe für eine Erhebung durch Befragung:

– Die sich im Rahmen der familialen Interaktion ergebenden Lernbedingungen sollen möglichst analog zur Erhebung der Teilprozesse der Empathie erfaßt werden. Empathie umfaßt jedoch neben Verhaltensprozessen vor allem auch kognitive Teilprozesse, die nicht direkt beobachtet werden können.

– Da sowohl hinsichtlich der Teilprozesse der Empathie als auch bezüglich des Interaktionsverhaltens der Eltern Situationsspezifität erwartet wird, sind mehrere verschiedene, für die Familien vergleichbare Situationen bei der Erhebung zu berücksichtigen.

– Die Untersuchung von DOUGLAS et al. (1968) konnte aufzeigen, daß der Unterschied von Verhaltensdaten, die durch Befragung einerseits und durch Beobachtung andererseits erhoben werden, erheblich verringert werden kann, indem Verhalten erlebens- und wirklichkeitsnah erfragt wird.

Zur Erhebung der durch die familiale Interaktion gegebenen Lernbedingungen für Empathie wurde daher ein Gesprächsleitfaden entwikkelt, der zum einen Situationen sowie situationsspezifisch ausformulierte Verhaltensmöglichkeiten vorgibt, und zum anderen offene Beantwortung zuläßt bzw. auf der Basis der standardisierten Vorgaben offene Gesprächsführung ermöglicht. Die Situationen sind so ausgewählt, daß sie möglichst in allen Familien mit einer Tochter im Alter von 5–6 Jahren vorkommen und Bedeutung haben und daß darin Bedürfnisse der Interaktionspartner angesprochen werden, die in der Situation nicht gleichzeitig oder nicht in gleichem Ausmaß berücksichtigt werden können. Die jeweiligen Verhaltensmöglichkeiten sind derart formuliert, daß sie entweder dem strukturellen Lernen, dem Beobachtungslernen oder dem Bekräftigungslernen zugeordnet werden können. Durch die offene Beantwortungsweise bzw. die offene Gesprächsführung sollen unterschiedliche Bedeutungszuschreibungen (CICOUREL 1970) erkannt und ausgeglichen werden. D. h. es soll jeweils nach der Vorgabe der Situationen und der einzelnen Verhaltensmöglichkeiten sichergestellt werden, daß die Eltern die wesentlichen Kriterien der Situation und der jeweiligen Lernbedingung, wie z. B. das Informieren über Bedürfnisse sowie das Gewähren von Mitentscheidungsspielraum bei der positiven strukturellen Lernbedingung, erkannt haben.

Um eine eindeutige Zuordnung der vorgegebenen Verhaltensmöglichkeiten zu Lernbedingungen des strukturellen Lernens, des Beobachtungs- und Bekräftigungslernens zu gewährleisten, fand ein Expertenrating durch 6 Experten statt. Darüber hinaus wurde unter Mithilfe von 9 Familien eine Voruntersuchung durchgeführt,

- um Hinweise hinsichtlich der Relevanz der ausgewählten Situationen bzw. auf noch nicht berücksichtigte, den Eltern jedoch relevant erscheinende Situationen zu gewinnen,
- um die Verständlichkeit der Vorgaben zu überprüfen und
- um festzustellen, ob mit der geplanten Vorgehensweise unterschiedliche Bedeutungszuschreibungen erkannt und ausgeglichen sowie konkrete wirklichkeitsnahe Verhaltensschilderungen gewonnen werden können.

Es entstand schließlich ein Gesprächsleitfaden, der die Vorgabe von vier verschiedenen Interaktionssituationen sowie jeweils sechs situationsspezifisch ausformulierten Verhaltensmöglichkeiten umfaßt. Bei drei der Situationen handelt es sich um Interaktionen zwischen den Eltern und dem Kind, in der vierten um Streitereien zwischen der Tochter und einem anderen Kind, die von den Eltern wahrgenommen werden. In einer der Eltern-Kind-Situationen kommt das Kind mit Fragen oder auch Wünschen, während die Mutter/der Vater anderweitig beschäftigt ist und diese andere Beschäftigung möglichst ungestört fortsetzen möchte. In einer weiteren Situation wünschen die Eltern, daß das Kind seine Spielsachen wegräumt, während das Kind lieber weiterspielen möchte. In einer dritten Eltern-Kind-Situation wollen die Eltern abends weggehen, das Kind möchte jedoch, daß die Eltern zuhause bleiben.

Die vorgegebenen Verhaltensmöglichkeiten beinhalten je ein positives und ein negatives Beispiel für Lernbedingungen des strukturellen Lernens, des Beobachtungslernens sowie des Bekräftigungslernens. Bei der Vorgabe dieser Verhaltensbeispiele geht es vor allem darum, die Eltern in vergleichbarer Weise anzuregen, sich ihr eigenes Verhalten in der angesprochenen Situation möglichst konkret und umfassend vorzustellen. Die Verhaltensbeispiele dienen als Auslöser für Überlegungen der Eltern, ob ihr eigenes Verhalten den Kriterien der Lernbedingung, wie sie durch das jeweilige Verhaltensbeispiel vorgegeben werden, entspricht oder nicht.

Da es sich bei den Situationsvorgaben um solche Situationen handelt, die im familialen Alltag immer wieder vorkommen, schildern die Eltern nicht ihr Verhalten in einer einzigen, ganz bestimmten Situation dieser Art, sondern ihr Verhalten im ganzen Spektrum dieser Situation. Deshalb wird, um eine Gewichtung der einzelnen Lernbedingungen zu erhalten, zusätzlich nach der Häufigkeit jeder erwähnten Verhaltensweise gefragt (dreistufig) und darüber hinaus nach der/den häufigsten Verhaltensweise(n) pro Situation.

Auf diese Weise kann für jede der vier Situationen festgestellt werden, welche der Lernbedingungen für strukturelle Lernprozesse, Beobachtungs- und Bekräftigungslernen und in welcher Häufigkeit auftritt.

5. Datenerhebung

Anhand dieses Gesprächsleitfadens wurden mit 30 Elternpaaren – jeweils mit Mutter und Vater getrennt – Gespräche geführt, bei deren Tochter zu denselben Situationen Teilprozesse der Empathie erhoben wurden. Diese Familien konnten zur Mitarbeit gewonnen werden, indem über die Kindergärten einer süddeutschen Stadt mittlerer Größe alle Familien mit einer 5–6jährigen Tochter als Einzelkind, das einen dieser Kindergärten besuchte und dessen Eltern zusammenlebten, angeschrieben und – soweit möglich – darüber hinaus von den Leiterinnen der Kindergärten angesprochen wurden. Nach Angaben der Leiterinnen der Kindergärten entsprachen diesen Auswahlkriterien etwa 50 Familien.

Diese Auswahlkriterien ergaben sich aufgrund der Annahme, daß die familiale Interaktion sowohl durch das Geschlecht des Kindes als auch vor allem durch Geschwister beeinflußt wird. Durch jede weitere Person wird das Netz möglicher wechselseitiger Beziehungen erweitert und komplexer.

Die Auswahl von Familien mit Töchtern statt Söhnen erfolgte willkürlich. Das Alter der Kinder ergab sich zum einen aus der Fragestellung und zum anderen aus Befunden der kognitiven Entwicklungspsychologie.

Die Voraussetzung, nicht nur mit der Mutter, sondern auch mit dem Vater ein Gespräch zu führen, erschwerte sowohl das Gewinnen von Familien, die zur Mitarbeit bereit waren, als auch die Terminplanung.

6. Ergebnisse und Diskussion

Zunächst läßt sich im Hinblick auf das Erhebungsverfahren selbst folgendes feststellen:

Die vorgegebenen Verhaltensmöglichkeiten erwiesen sich als geeignet, konkrete Vorstellungen und Verhaltensschilderungen anzuregen, und die offene Gesprächsführung ermöglichte sowohl das Erkennen als auch das Ausgleichen unterschiedlicher Bedeutungszuschreibungen. Das tatsächliche Auftreten und Auffinden unterschiedlicher Bedeutungszuschreibungen kann darüber hinaus als Hinweis auf die Notwendigkeit offener Gesprächsführung betrachtet werden. So kam es vor, daß Eltern auf die Vorgabe einer Verhaltensmöglichkeit hin äußerten, diese stimme genau mit ihrem eigenen Verhalten überein, während ihren Verhaltensschilderungen zu entnehmen war, daß sie die vorgegebene Verhaltensmöglichkeit anders auffaßten als intendiert: Ihre eigenen Schilderungen entsprachen einer anderen Lernbedingung als der vorgegebenen oder bezogen sich nur auf einen Teilaspekt der Vorgabe.

Im folgenden soll zusammenfassend über einige wesentliche Befunde sowie aus ihnen abgeleitete Annahmen berichtet werden (ausführliche Beschreibung sowie Nachweis der Häufigkeitsverteilungen, Phi- und Lamda-Koeffizienten sowie exakter Wahrscheinlichkeitsangaben siehe Reif 1979).

Den Annahmen entsprechend, zeigten sich kaum Zusammenhänge zwischen den von den Vätern und den von den Müttern geschilderten Lernbedingungen sowie zwischen den in den verschiedenen Situationen angegebenen Lernbedingungen: Die Eltern verhalten sich situationsspezifisch und Mütter und Väter unterscheiden sich in ihrem Interaktionsverhalten gegenüber dem Kind.

Unterschiede zwischen Müttern und Vätern zeigten sich nicht nur hinsichtlich des Auftretens der einzelnen Lernbedingungen, sondern es ergaben sich darüber hinaus unterschiedliche Zusammenhänge zwischen Lernbedingungen und Teilprozessen der Empathie beim Kind. So ergab sich z. B. bei den Müttern ein positiver Zusammenhang zwischen positiver Bekräftigung und dem Erkennen der Bedürfnisse des Interaktionspartners, bei den Vätern dagegen ein negativer. Hierzu wurde die Annahme getroffen, die sich noch aus weiteren Befunden ableiten ließ, daß positive Bekräftigung von seiten der Mütter eher eine sachliche Rückmeldung, von seiten der Väter dagegen eher eine globale Belohnung für die Kinder darstellt. In diesem Zusammenhang ist auf SCHNEEWIND und PFEIFFER (1978) zu verweisen, die hinsichtlich der Ausbildung kindlicher Selbstverantwortlichkeit jeweils unterschiedliche Aspekte des mütterlichen und des väterlichen Verhaltens als relevant vorfanden und daraus unterschiedliche Sozialisationsfunktionen von Müttern und Vätern ableiteten.

Das unterschiedliche Interaktionsverhalten von Müttern und Vätern sowie die unterschiedliche Wahrnehmung einzelner Verhaltensweisen durch das Kind ist u. E. darauf zurückzuführen, daß das Kind mit der Mutter normalerweise mehr und darüber hinaus auch andere Interaktionssituationen erlebt als mit dem Vater, so daß der Kontext der einzelnen Lernbedingung bei Mutter und Vater ein anderer ist (GENSER 1978).

Lernbedingungen des strukturellen Lernens, des Beobachtungs- und Bekräftigungslernens treten im Interaktionsverhalten der Eltern in unterschiedlichem Ausmaß auf:

Positive strukturelle Lernbedingungen, d. h. das Informieren über Bedürfnisse und Erwartungen sowie das Gewähren von Mitentscheidungsspielraum auf der Basis dieser Informationen ergeben sich durch das Interaktionsverhalten der Eltern nur selten, so in einer der drei Eltern-Kind-Situationen bei 7 der 30 Mütter und 2 der 30 Väter. In der Streitsituation der Tochter mit einem anderen Kind, in der durch das Gewähren von Mitentscheidungsspielraum die Bedürfnisse der Kinder, weniger dagegen die der Eltern betroffen werden können, kommt diese Lernbedingung dagegen häufig vor: jeweils bei 20 der 30 Mütter und Väter.

Während einzelne Mütter und Väter gezielt auf die Aspekte des Informierens und des Gewährens von Mitentscheidungsspielraum eingingen und deren Bedeutung im Rahmen der Erziehung hervorhoben, schien anderen Müttern und Vätern diese Möglichkeit des Interaktionsverhaltens relativ fremd. Einige der Eltern gingen weder auf den Aspekt des Informierens noch – und dies noch weniger – auf das Gewähren von Mitentscheidungsspielraum ein. Statt dessen berichteten sie ihre eigenen Entscheidungen, aus denen indirekt hervorging, daß sie keinen Mitentscheidungsspielraum gewähren.

Interaktionsverhalten der Eltern, in dem das Vorenthalten von Informationen und Mitentscheidungsspielraum im Vordergrund steht, kommt je nach Situation bei etwa jeder zweiten bzw. dritten Mutter und bei jedem zweiten bzw. jedem dritten Vater vor.

Positives Modellverhalten wird in den Eltern-Kind-Situationen von Müttern und Vätern häufig geschildert: Sie berücksichtigen in ihrem Verhalten sowohl ihre eigene Bedürfnisse als auch die des Kindes, wobei das Ausmaß, in dem die einzelnen Bedürfnisse mitberücksichtigt werden, nicht festgelegt ist. In der Kind-Kind-Situation, in der positives Modellverhalten darin besteht, für beide Kinder Verständnis zu zeigen und auf die Bedürfnisse beider Kinder einzugehen, kommt dieses Verhalten jedoch bei weniger als der Hälfte der Mütter und bei weniger als einem Drittel der Väter vor.

Negatives Modellverhalten, d. h. das Durchsetzen der eigenen Bedürfnisse, ohne die des Kindes mitzuberücksichtigen, wird in der Eltern-Kind-Situation, in der es um das Aufräumen von Spielsachen geht, immerhin von 19 Müttern und 18 Vätern angegeben. In den übrigen Situationen erwähnen die Eltern dagegen seltener negatives Modellverhalten.

Positive Bekräftigung wird von vielen Müttern geschildert, vor allem in der Situation, in der die Mutter vom Kind gestört wird: Hier bekräftigen 25 der 30 Mütter positiv, wenn die Tochter die Erwartungen der Mutter mitberücksichtigt. In der Kind-Kind-Situation, in der es um die Mitberücksichtigung der Erwartungen des anderen Kindes, nicht der Erwartungen der Mutter geht, bekräftigen dagegen lediglich 12 der Mütter positiv. Auch negative Bekräftigung wird von vielen Müttern erwähnt, in der Kind-Kind-Situation wiederum von weniger Müttern als in den Eltern-Kind-Situationen. Bei den Vätern findet sich positive Bekräftigung relativ selten: In der Situation, in der das Kind den Vater bei einer Beschäftigung stört, bekräftigen 12 der Väter positiv, wenn die Tochter die Erwartungen des Vaters mitberücksichtigt, dagegen bekräftigen 16 der Väter negativ, wenn die Tochter die väterlichen Erwartungen nicht beachtet. In der Kind-Kind-Situation erwähnt sogar nur einer der Väter positive Bekräftigung, 10 dagegen negative.

Unter Berücksichtigung des Gesprächskontextes, der Unterschiede zwischen Müttern und Vätern sowie zwischen den einzelnen Situationen, auf die hier nicht näher eingegangen werden konnte, ergeben sich hinsichtlich der einzelnen Lernbedingungen folgende Annahmen:

- Positive strukturelle Lernbedingungen treten um so seltener im Interaktionsverhalten auf, je eher durch das Ausnützen des Mitentscheidungsspielraums die Berücksichtigung der Bedürfnisse der Eltern beeinträchtigt werden kann und je mehr Relevanz die betroffenen Bedürfnisse der Eltern für diese besitzen.
- Negative strukturelle Lernbedingungen kommen vor allem dann vor, wenn die Eltern die Berücksichtigung ihrer Bedürfnisse bzw. Erwartungen durch das Kind als selbstverständlich betrachten.

– Ob bzw. inwieweit die Eltern die Bedürfnisse des Kindes in ihrem Verhalten mitberücksichtigen (positives Modellverhalten) hängt von spezifischen Situationsbedingungen, wie z. B. der Dringlichkeit der Bedürfnisse, ab.
– Negatives Modellverhalten zeigen die Eltern um so eher, je mehr sie ihre eigenen Bedürfnisse und Erwartungen als berechtigt und deren Berücksichtigung durch das Kind als selbstverständlich betrachten.
– Positive Bekräftigung bleibt aus, wenn die Eltern die Berücksichtigung ihrer Erwartungen durch das Kind als selbstverständlich betrachten.
– Väter betrachten es eher als Mütter als selbstverständlich, daß das Kind ihre Bedürfnisse berücksichtigt, weshalb sie seltener als Mütter positiv bekräftigen.
– Wann negative Bekräftigung ausbleibt, läßt sich weniger eindeutig ableiten. Doch bleibt sie u. a. dann aus, wenn die Eltern ihrer Erwartung an das Kind sowie der Berücksichtigung dieser Erwartung durch das Kind nur geringe Bedeutung zumessen. In der Kind-Kind-Situation bekräftigen einige der Eltern deshalb nicht negativ, da sie das Durchsetzen des eigenen Kindes gegenüber dem anderen Kind für wünschenswert halten.

Bei Betrachtung der Konfigurationen aller 6 Lernbedingungen pro Situation zeigte sich in einer der drei Eltern-Kind-Situationen folgendes Grundmuster: 8 der 30 Mütter und 4 der Väter schilderten positives Modellverhalten sowie positive und negative Bekräftigung. Weitere 5 Mütter und drei Väter nannten ebenfalls diese drei Lernbedingungen jedoch darüber hinaus noch eine weitere Lernbedingung. Bei vier Vätern fand sich lediglich positives Modellverhalten und negative Bekräftigung. Hieraus, sowie aus den Konfigurationen der beiden anderen Eltern-Kind-Situationen läßt sich folgendes ableiten: Die Eltern bringen ihre Erwartungen bzw. Forderungen an das Kind in die Situation ein und kommen teilweise auch den Bedürfnissen des Kindes entgegen. Ansonsten hat das Kind die Erwartungen der Eltern zu erfüllen. Tut es dies nicht, wird es negativ bekräftigt. Eine positive Bekräftigung bei Mitberücksichtigung der elterlichen Erwartungen findet sich dagegen weniger durchgängig. Informationen bzw. Begründungen bezüglich der geäußerten Erwartungen sowie Mitentscheidungsspielraum werden nur selten gegeben. Auch bei HOFF und GRÜNEISEN (1978) finden sich Hinweise darauf, daß positive strukturelle Lernbedingungen nur selten vorkommen. Sie baten Eltern 6- bis 9jähriger Kinder darum, konkrete Konfliktsituationen aus ihrem Familienalltag zu schildern. In diesen ansonst sehr anschaulichen Situationsschilderungen fehlten Erklärungen, die den situativen Kontext berücksichtigen, fast völlig. Statt dessen verdeutlichten die elterlichen Situationsschilderungen, daß sie Anpassung an ihre eigenen Verhaltenserwartungen verlangten.

Andererseits läßt sich aus den Befunden zu Zusammenhängen zwischen den einzelnen Lernbedingungen und Teilprozessen der Empathie beim Kind ableiten, daß für die Entwicklung dieser Teilprozesse vor allem auch strukturelle Lernprozesse von Bedeutung sind: Gewährten die Mütter Informationen und Mitentscheidungsspielraum, maßen die Kinder den Bedürfnissen ihres Interaktionspartners eher Bedeutung zu, bewerteten eher ihre eigenen Bedürfnisse und die des Intraktionspartners gleich und berücksichtigen eher beide Bedürfnisse. Hielten die Mütter Informationen und Mitentscheidungsspielraum vor, maßen die Kinder den Bedürfnissen ihres Interaktionspartners eher keine Bedeutung zu, bewerteten eher ihre eigenen Bedürfnisse höher als die ihres Interaktionspartners und berücksichtigten in Kind-Kind-Situationen seltener beide Bedürfnisse, in den Eltern-Kind-Stiuationen eher ihre eigenen. Gewährten die Väter Informationen und Mitentscheidungsspielraum, maßen die Kinder wiederum den Bedürfnisse ihres Interaktionspartners eher Bedeutung zu als Kinder, deren Väter diese Lernbedingung nicht boten. Enthielten die Väter Informationen und Mitentscheidungsspielraum vor, tendierten die Kinder dazu, ihre eigenen Bedürfnisse höher oder auch beide Bedürfnisse gleich hoch einzuschätzen sowie (wiederum wie bereits bei dieser Lernbedingung von seiten der Mütter) in Kind-Kind-Situationen seltener beide und in den Eltern-Kind-Situationen eher ihre eigenen Bedürfnisse zu berücksichtigen (detaillierte Beschreibung sowie Berücksichtigung der Situationsunterschiede vgl. Reif 1979).

Dieser Hinweis auf die Bedeutung struktureller Lernprozesse einerseits und auf das seltene Auftreten positiver struktureller Lernbedingungen im Rahmen der familialen Interaktion andererseits ist als ein Ansatzpunkt für Elternbildung in Betracht zu ziehen. Nicht zuletzt deshalb, da vielen Eltern ein Verhalten entsprechend dieser Lernbedingung fremd zu sein scheint, wie sich aus Reaktionen auf entsprechende Verhaltensvorgaben ableiten ließ. Der Aspekt der Information wird in Gordons Konzept der Elternbildung in Form der Ich-Botschaften aufgegriffen (Gordon 1972), während der Aspekt des Gewährens von Mitentscheidungsmöglichkeiten, von Freiräumen für Eigenaktivität bislang weitgehend unberücksichtigt blieb.

Aus der Fülle der Anregungen, die sich für weitere Untersuchungen ergeben, soll hier abschließend folgendes herausgegriffen werden: Auf der Basis unterschiedlicher Auswirkungen positiver Bekräftigungen von seiten der Mütter und von seiten der Väter auf Teilprozesse der Empathie wurde die Annahme entwickelt, daß positive Bekräftigung von seiten der Mütter eher informative Rückmeldung, von seiten der Väter dagegen eher globale Belohnung darstellt. Bekräftigungen sind daher in bezug darauf zu differenzieren, ob sie eine sachliche Information oder eine affektive Reaktion beinhalten und ob sich die affektive Reaktion auf das spezifische Verhalten oder eher auf die Persönlichkeit des Kindes bezieht. Darüber hinaus ist zu überprüfen, ob sich Zusammenhänge zwischen positiven strukturellen Lernbedingungen und Bekräftigungen – sowohl positiven als auch negativen – in Form sachlicher Informationen auffinden lassen und welche Zusammenhänge die Kombination dieser Lernbedingungen mit Teilprozessen der Empathie erbringt. Dies beruht auf der Annahme, daß sachliche, informative Rückmeldungen eine Ergänzung positiver struktureller Lernbedingungen darstellen: Sie sind die angemessene Reaktion auf Eigenaktivität des Kindes, die durch positive strukturelle Lernbedingungen ermöglicht wird.

Literatur

Arbeitsgruppe Vorschulerziehung. 1974. Anregungen I: Zur pädagogischen Arbeit im Kindergarten. München: Juventa.

ARONFREED, J. 1972. A developmental memoir of «social learning theory». In: PARKE, R. D. (Hg.) Recent trends in social learning theory. New York: Academic Press. S. 93–108.

BANDURA, A. 1969. Social learning theory of identificatory processes. In: GOSLIN, D. A. (Hg.) Handbook of socialization theory and research. Chicago: Rand McNally. S. 213–262.

BOWERS, K. S. 1973. Situationism in psychology: an analysis and a critique. Psychological Review *80,* 307–336.

CICOUREL, A. V. 1970. Methode und Messung in der Soziologie. Frankfurt am Main: Suhrkamp.

DARPE, F. & SCHNEEWIND, K. A. 1978. Elterlicher Erziehungsstil und kindliche Persönlichkeit. In: SCHNEEWIND, K. A. & LUKESCH, H. (Hg.) Familiäre Sozialisation. Stuttgart: Klett-Cotta. S. 149–163.

DEUTSCH, F. & MADLE, R. A. 1975. Empathy: historic and current conceptualizations, measurement, and a cognitive theoretical perspective. Human Development *18,* 267–287.

DOUGLAS, J. W., LAWSON, A., COOPER, J. E. & COOPER, E. 1968. Family interaction and the activities of young children. Journal of Child Psychology and Psychiatry *9,* 157–171.

Empfehlungen der Bildungskommission. 1973. Zur Einrichtung eines Modellprogramms für Curriculum-Entwicklung im Elementarbereich. Deutscher Bildungsrat. Bonn.

GENSER, B. 1978. Erziehungswissen von Eltern. In: SCHNEEWIND, K. A. & LUKESCH, H. (Hg.) Familiäre Sozialisation. Stuttgart: Klett-Cotta. S. 27–43.

GORDON, T. 1972. Familienkonferenz. Die Lösung von Konflikten zwischen Eltern und Kind. Hamburg: Hoffmann & Campe.

HOFF, E.-H. & GRÜNEISEN, V. 1978. Arbeitserfahrungen, Erziehungseinstellungen und Erziehungsverhalten von Eltern. In: SCHNEEEWIND, K. A. & LUKESCH, H. (Hg.) Familiäre Sozialisation. Stuttgart: Klett-Cotta. S. 65–89.

HOFFMAN, M. L. & LEVINE, L. E. 1976. Early sex differences in empathy. Developmental Psychology *12,* 557–558.

KELLER, M. 1976. Kognitive Entwicklung und soziale Kompetenz. Stuttgart: Klett.

KOHLBERG, L., 1969. The cognitive- developmental approach to soczialization. In: GOSLIN, D. A. (Hg.) Handbook of socialization theory and research. Chicago: Rand McNally. S. 347–480.

MISCHEL, W. 1968. Personality and assessment. New York: Wiley.

MISCHEL, W. 1973. Toward a cognitive social learning reconceptualization of personality. Psychological Review *80,* 252–283.

MUNDZECK, H. 1973. Kinder lernen fernsehen. Reinbek: Rowohlt.

REIF, M. 1979. Zur Entwicklung von Empathie im Rahmen der familialen Interaktion. Stuttgart: Hochschul Verlag.

SCHNEEWIND, K. A. & LORTZ, E. 1978. Familienklima und elterliche Erziehungseinstellungen. In: SCHNEEWIND, K. A. & LUKESCH, H. (Hg.) Familiäre Sozialisation. Stuttgart: Klett-Cotta. S. 114–135.

SCHNEEWIND, K. A. & PFEIFFER, P. 1978. Elterliches Erziehungsverhalten und kindliche Selbstverantwortlichkeit. In: SCHNEEWIND, K. A. & LUKESCH, H. (Hg.) Familiäre Sozialisation. Stuttgart: Klett-Cotta. S. 190–205.

STAPF, K. H., HERRMANN, T., STAPF, A. & STÄCKER, K. H. 1972. Psychologie des elterlichen Erziehungsstils. Bern/Stuttgart: Huber/Klett.

16. PETER G. HEYMANS

Erziehungseinflüsse auf einige Aspekte der moralischen Entwicklung

Zusammenfassung: Ziel dieses Beitrags ist es zu zeigen, wie neue Konzeptualisierungen des moralischen Urteilens zu einer verfeinerten Analyse des Erziehereinflusses führen können. Nach einer kurzen Skizze der moralischen Entwicklung und ihrer Determinanten werden einige globale, aus der Sicht der kognitiv-strukturellen Theorie relevante Erziehungsstile diskutiert. Sodann wird eine neue Konzeptualisierung des moralischen Urteilniveaus vorgestellt, die auf «pattern recognition»-Prozessen basiert. Daraus werden die Konsequenzen dieser Auffassung für die vom Erzieher geschaffene Umwelt gezogen. Das Kind arbeitet aus dieser Umwelt ein Muster von Regelmäßigkeiten heraus, die mit Hilfe von conjoint measurement beschrieben werden können. Letztlich werden Vorschläge für ein Prozeßmodell gemacht, das erklären soll, wie bestimmte Erzieherverhaltensweisen auf Aspekte der moralischen Entwicklung einwirken. Idiographische Daten von einem Eltern-Kind-Paar werden auf die oben skizzierte Weise analysiert.

1. Erziehungsstile als Kodeterminanten der moralischen Entwicklung

Ein Erziehungsstil besteht aus den Verhaltensweisen eines Erziehers, die, einer bestimmten Theorie zufolge, empirische Spezifizierungen einer Entwicklungsdeterminante sind (HEYMANS 1976). Dieser Standpunkt veranlaßt den Forscher, sich für den vorliegenden Fall zu einer Theorie der moralischen Entwicklung zu bekennen. Ich bin der Meinung, daß offenes Verhalten an sich nicht «moralisch» oder «unmoralisch» sein kann; die Moralität eines Verhaltens hängt ab von einem diesem Verhalten vorhergegangenen (moralischen) Urteil. Manche Theoretiker versuchen, diesen Satz, der schon von KOHLBERG (1958) formuliert wurde, auszuweichen; sie verschieben aber nur die Probleme. HOFFMAN (1970) zum Beispiel sieht altruistisches Verhalten als ein echtes moralisches Verhalten an; die Probleme bei der Feststellung von Altruismus kommen aber gerade daher, daß man das vorangegangene Urteil inferieren muß. Moralische Entwicklung ist also die Entwicklung des moralischen Urteils (M. U.). Nach KOHLBERG (1958, 1963, 1969, 1976) konstruiert ein Individuum als Folge der ständigen Interaktion zwischen seiner momentanen kognitiven Struktur und der Struktur der Umwelt in bezug auf die deontische Realität eine Sukzession von moralischen Urteilsstrukturen. Diese deontischen Strukturen oder Denkstadien beschreiben die verschiedenen Begründungsweisen für das Urteil, «dies ist moralisch gut bzw. schlecht», die eine Person im Laufe seiner Entwicklung benutzt. Im Stadium 0 basiert das moralische Urteil auf den egozentrischen Wünschen des Individuums; im Stadium 1 ist die Begründung die Vermeidung von Strafe; ein instrumenteller Hedonismus ist typisch für Stadium 2; im Stadium 3 ist das Individuum auf die Handhabung gegenseitiger (Rollen-)Erwartungen eingestellt. Stadium 4 ist durch eine «Recht- und Ordnung»-Perspektive gekennzeichnet; Stadium 5: Urteile werden durch Verweisung auf den «sozialen Kontrakt», der aber auch zu ändern ist, begründet und im Stadium 6 basiert diese Begründung auf universellen ethischen Prinzipien.

Der Motor der Entwicklung dieser deontischen Kognition ist die Lösung von strukturellen kognitiven Konflikten, die entweder hervorgerufen werden, wenn ein Individuum Erfahrungen macht, die ihm aus der Sicht seiner momentanen Denkstruktur paradox erscheinen, oder entstehen, wenn Denkstrukturen untereinander inkompatibel sind (LANGER 1969; STRAUSS 1972, 1974; TURIEL 1973, 1974, 1977; KUHN 1972, 1978). Die Lösung eines solchen Konfliktes erfordet, daß ein Individuum eine «höhere» Denkstruktur konstruiert, d. h. es muß bisher noch nicht berücksichtigte Merkmale der Handlungssituation einbeziehen in seine Urteilsbasis (HEYMANS 1976). Diese neuen Merkmale einer Handlungssituation können von einem Erzieher dadurch mehr oder weniger hervorgehoben werden, daß er die Aufmerksamkeit des Kindes darauf lenken kann (HOFFMAN 1977). Aus dieser Analyse geht hervor, daß zwei Stile wichtig sind für die Stimulierung der Entwicklung des moralischen Urteils: Der *konflikt-erzeugende* Stil, der typisiert ist durch Erzieherverhalten, das für das Kind Erlebnisse von deontischen Absurditäten ermöglicht, und der *konflikt-lösende* Stil, wo das Erzieherverhalten darauf gerichtet ist, das Kind aufmerksam zu machen auf potentiell konflikt-reduzierende Merkmale einer Handlungssituation. Der von HOFFMAN (1970) genannte «induktive Stil» ist eine Mischung aus beiden oben genannten Stilen. Beide Stile sind noch sehr allgemein. Die Formulierungen der kognitiv-strukturellen Entwicklungstheorie lassen, wie sie bis jetzt existieren, keine genaueren Analysen zu (KELLER 1977). Im folgenden wird versucht, auf der Basis einer tiefergehenden Analyse des moralischen Urteilens, eine feinere Analyse des relevanten Erzieherverhaltens zu gewinnen.

2. Mustererkennungsprozesse im moralischen Urteil

2.1 Überlegungen

Kohlberg sieht die von ihm formulierten M. U.-Stufen gerne als formale Charakteristika des moralischen Urteils. Bei genauer Betrachtung sind diese Stufen dennoch reich an Inhalt: Sie verweisen auf Aspekte oder Dimensionen der Handlungssituation, die eine Person zur Begründung ihres Urteil, «das ist gut bzw. schlech», benutzt. Im Lauf der Entwicklung ist die Urteilsrelevanz der verschiedenen Handlungsaspekte nicht gleich; es ist sogar möglich, daß neue Stufen erst dann sichtbar werden, wenn bisher unbeachtete Handlungsaspekte Urteilsrelevanz bekommen. Überdies muß das Individuum über eine Regel verfügen, mit deren Hilfe es die Informationen bezüglich der verschiedenen Aspekte einer Handlungssituation zu einem Endurteil kombinieren kann. Auch diese Regel kann sich im Laufe der Entwicklung ändern.

Betrachten wir die Aufgabe einer Person in einem moralischen Urteilstest einmal genauer. Das Individuum soll einen bestimmten Sachverhalt nach seinem moralischen Wert klassifizieren. Ich nehme an, daß dabei Mustererkennungsprozesse ablaufen. Und weil es sich hier um Klassifikationen in semantischen Kategorien («gut», «schlecht») handelt, ist es auf Grund der Arbeiten von Rosch und Mitarbeitern (Rosch 1975; Rosch & Mervis 1975; Rosch et al. 1976) nicht unwahrscheinlich, daß eine Person *Prototypen* dieser Kategorien bei der Urteilsbildung benutzt. Reed (1972) hat in einer Studie, in der die Versuchspersonen Gesichter klassifizierten, gezeigt, daß die mehr erfolgreichen Modelle für dieses Verhalten sich alle auf Distanzen zwischen Stimuli und Prototyp und überdies auf differentielle Berücksichtigung der Stimulusmerkmale stützten.

Die oben skizzierte Konzeptualisierung des moralischen Urteils führt zu den folgenden Fragen: 1. welche Merkmale einer Handlungssituation sieht eine Person, 2. welche Prototypen benutzt eine Person auf dem Gebiet der Moral, 3. welches sind die Merkmalswerte dieser Prototypen, 4. wie urteilsrelevant ist jedes der Merkmale und 5. durch welche Kombinationsregel werden all diese Informationen zu einem Urteil integriert. Im Prinzip kann jede dieser fünf Personencharakteristika vom Erzieherverhalten gesteuert werden. Bevor ich hierauf eingehe, berichte ich erst über empirische Resultate zu den gestellten Fragen.

2.2 Eine empirische Illustration

Hauptperson der hier folgenden Studie ist Han, ein 10jähriger Junge aus der vierten Klasse. Han kommt wöchentlich zu mir ins Laboratorium mit seinem Schulkameraden Joost und wir sprechen zu zweit oder zu dritt über Alltagserfahrungen mit der sozialen Wirklichkeit.

Die folgende Prozedur zur Datensammlung wurde angewandt. Han wurden 18 Handlungssituationen vorgelegt; 9 davon waren seiner eigenen Erfahrungen entnommen, die anderen 9 stammten aus verschiedenen Programmen zur Stimulierung sozialer Kognition. Alle 18 Situationen waren Han bekannt und er war sich auch bewußt, daß der Kontext der Aufgabe aus der beurteilten Moralität der abgebildeten Ereignisse bestand. Einen Ausschnitt der Handlungssituationen zeigt Anhang 1. Hans erste Aufgabe war es, gegeben eine bestimmte Handlungssituation, alle anderen Situationen nach subjektiver Ähnlichkeit in eine Rangordnung zu bringen, dann wurde eine andere der 18 Situationen als Ausgangspunkt genommen usw. Wir verfügen jetzt über eine Matrix von konditionalen Ähnlichkeiten zwischen den 18 Handlungssituationen. Zum Schluß beurteilte Han jede Situation auf ihre Moralität mit einer 9-Punkte-Skala und gab an, welche Handlungssituation für ihn eine «typisch gute Tat» bzw. eine «typisch schlechte Tat» darstellt.

Angenommen, daß eine dimensionale Repräsentation des kognitiven Raumes, in dem Han die Handlungssituationen kodiert, möglich sei, ist die Matrix konditionaler Ähnlichkeiten zwischen den 18 Handlungssituationen mit Hilfe von MINICPA * (ROSKAM 1971) entfaltet worden. Es wurde nach einer Lösung minimaler Dimensionalität bei gleichzeitig akzeptablem Streß ($<$ 15) gesucht. Acht Dimensionen waren notwendig; Streß-Wert = .13.

Diese Dimensionen werden aufgefaßt als fundamentale Merkmale, die Han Handlungssituationen zuschreibt. Eine vorläufige Interpretation der Dimensionen der 18 Situationen ist im folgenden zu finden.

Tabelle 1. Vorläufige Interpretation der Dimensionen des kognitiven Raumes, in dem Han 18 Handlungssituationen kodiert hat

Dimension 1:	Rücksicht nehmen auf andere
Dimension 2:	Verstehbarkeit des Grundes des Konflikts zwischen den Interaktionspartnern
Dimension 3:	Objekten versus Personen Schaden zufügen
Dimension 4:	(nicht interpretierbar)
Dimension 5:	Schon passierte versus antizipierte Konfrontationen mit Erwachsenen in einer Disziplinarsituation
Dimension 6:	Asymmetrische (Macht-)Relation zwischen Erwachsenen und Kind
Dimension 7:	Intention des Akteurs
Dimension 8:	Konflikt-abhandelndes Verhalten versus Konflikt-provozierendes Verhalten

Weiterhin wurde überprüft, welches Mustererkennungsmodell den moralischen Urteilprozeß beschreiben kann. Insgesamt wurden vier Modelle in Betracht genommen.

Modell 1: Das Moralitätsurteil basiert auf der Euclidischen Distanz zwischen einer Handlungssituation und einem Prototyp, also auf $(\Sigma_m (x_{jm}-p_{im})^2)^{1/2}$, wobei x_{jm} den Wert der j-ten Handlungssituation auf Dimension m angibt und p_{im} den Wert von Prototyp i.

Modell 2: Das Moralitätsurteil basiert auf einer linear gewogenen Kombination von Euclidischen Distanzen zu mehreren Prototypen, also auf $\Sigma_i (g_i \Sigma_m [x_{jm}-p_{im}]^2)^{1/2}$ wobei g_i das Gewicht repräsentiert, mit dem der i-te Prototyp eine Rolle spielt.

Modell 3: Das Moralitätsurteil basiert auf Merkmaldistanzen zu einem Prototyp, wobei jedes Merkmal differentiell gewichtet wird, also auf $\Sigma_m (w_m |x_{jm}-p_{im}|)$, wobei w_m die Merkmalsgewichtung bezeichnet.

Modell 4: Das Moralitätsurteil basiert auf einer linear gewogenen Kombination von Merkmalsdistanzen zu mehreren Prototypen, wobei jeder Prototyp eine unterschiedlich wichtige Rolle spielt, also auf $\Sigma_i (g_i \Sigma_m [w_m | x_{jm}-p_{im}|])$, wobei die Bedeutung der Symbole die gleiche wie oben ist.

Mit Hilfe von (mutiplen) Korrelationskoeffizienten zwischen den vom jeweiligen Modell indizierten Distanzen und der von Han beurteilten Moralität der Handlungssituationen sind die Modelle auf ihre Plausibilität getestet. Der Test von Modell 4 entfällt wegen der geringen Anzahl vorhandener Freiheitsgrade. Die Korrelationswerte sind für Modell 1: –.07 beim Prototyp «gut» und .35 beim Prototyp «schlecht». Für Modell 2 ist der Wert .43 und für Modell 3 mit dem Prototyp «schlecht» .83. Es scheint mir plausibel, daß Han bei der moralischen Beurteilung einer Handlungssituation diese Situation auf ihre Ähnlichkeit mit einem Prototyp einschätzt, wobei diese Ähnlichkeit aus Additionen der differentiell berücksichtigten Ähnlichkeiten pro Merkmal resultiert.

Im nächsten Abschnitt wird untersucht, ob die von Han differentiell benutzten Merkmale auch differentiell in Hans Umwelt vorhanden sind.

3. Typisierung der vom Erzieher geschaffenen Umwelt

Han unterscheidet an Handlungssituationen mehrere Merkmale, die aber unterschiedlich urteilsrelevant sind. Unterstellt wird, daß diese Unterschiede mit der Umwelt zusammenhängen, in der Han lebt, speziell der von den Eltern geschaffenen Umwelt. In der Konfrontation mit der (sozialen) Wirklichkeit sucht jedes Individuum nach Regelmäßigkeiten, die es dann durch Induktion von Regeln zu verstehen versucht (Karmilov-Smith & Inhelder 1975). Ich nehme an, daß Han die Handlungssituationen, die sich aus seinen Interaktionen mit seiner Mutter ergeben, auch hinsichtlich der acht gefundenen Dimensionen oder Merkmale einschätzt. Han hat die Chance, Hypothesen über das Wesen seiner Umwelt «Mutter» zu konstruieren, insofern als das Verhalten dieser Umwelt kovariiert mit Verhaltensvariationen von Han entlang dieser acht Dimensionen. Je größer diese Kovariation mit einem bestimmten Merkmal der Handlungssituation ist, um so mehr «saliency» gibt die Umwelt diesem Merkmal. In Abschnitt 4 gehe ich ein auf einen Mechanismus, der möglicherweise die Verbindung zwischen diesen «saliencies» und der Urteilsrelevanz der Merkmale formt. Zunächst werden diese «saliencies» gemessen.

Diese Umweltmessung kann auf mehreren Niveaus von Distalität stattfinden (Jessor & Jessor 1973; Heymans 1976). Messung durch das sozial-kognitive System des Bewohners dieser Umwelt (= Han) gibt ein proximales Meßniveau. Ein mehr distales Niveau ergibt sich aus der Benutzung der Antworten der Konstrukteure dieser Umwelt (z. B. der Mutter als Datenquelle).

Das Verfahren bei der proximalen Messung war wie folgt: Aus informeller Befragung war bekannt, daß Han aus der Empörung seiner Mutter schloß, daß er etwas Falsches gemacht hatte. Diese perzipierte mütterliche Empörung ist ein Teil des Verhaltens der Umwelt, wofür Han sehr sensibel ist. Deshalb wurde dieser Umweltindex als Träger der Kovariation gewählt. Um den Proband nicht zu überfordern, wurden nur drei der acht Dimensionen in die Untersuchung einbezogen, namentlich A (nimmt Rücksicht auf andere versus ist rücksichtslos), B (schadet Objekten versus Personen) und C (etwas passiert absichtlich versus aus Versehen). Auf jeder Dimension wurden mehrere Stufen gewählt. Nach einem komplexen faktoriellen Plan ($4 \times 2 \times 2$) wurden diese Stufen zu Handlungssituationen kombiniert. Alle Situationen waren auf den gleichen Prototyp bezogen: «Du kommst um vier Uhr von der Schule nach Hause; weil es regnet, spielst du im Wohnzimmer, wo um halb sechs die ganze Familie ißt, das Spiel bringt immer viel Unordnung». Je nach der Zelle aus dem faktoriellen Plan wird die Situation vervollständigt, zum Beispiel: «bei dieser Unordnung stößt du aus Versehen (C 2) eine Vase kaputt (B 1), du räumst die von dir gemachte Unordnung weg, so daß gleich beim Essen jeder bequem sitzen kann (A 3)». Hans Aufgabe ist es, für jede der 16 Handlungssituationen zu beurteilen, wie empört seine Mutter sein wird, wenn sie kurz vor halb sechs die Ereignisse erfährt. Figur 1 gibt einen Überblick über die Resultate.

Jetzt wird versucht herauszufinden, welche Regelstruktur Han in seiner Umwelt vorfindet. Dabei benutzen wir nur die ordinale Information, die in den Daten enthalten ist. Mit Hilfe von conjoint measurement (Luce & Turey 1964; Krantz 1964; Bezembinder 1967) werden so-

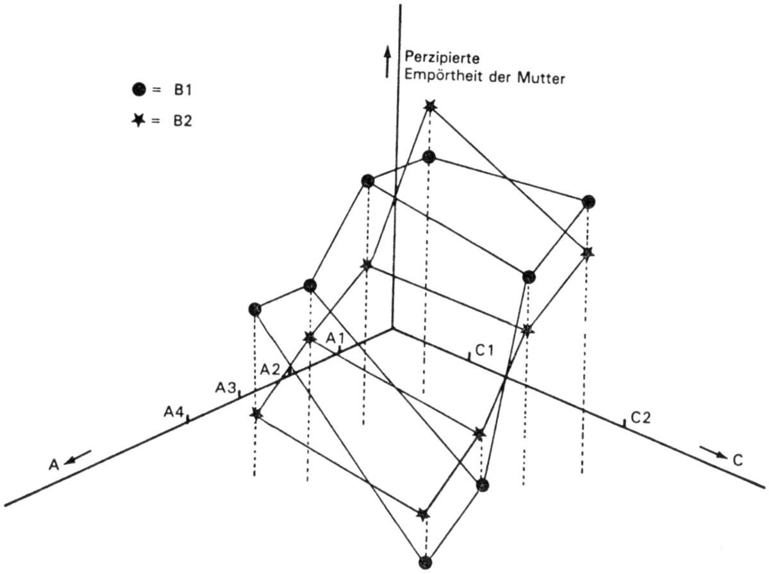

Figur 1. Perzipierte Empörtheit der Mutter als Funktion von drei Merkmalen einer Handlung des Sohnes: Rücksicht (A), Art des Schadens (Objekt [B 1], Person [B 2]) und Absicht (C).

wohl Modelle, in denen eine additive Verknüpfung zwischen den Handlungsmerkmalen A, B und C das Umweltverhalten regelt, als auch multiplikative Modelle, als auch gemischte Modelle auf ihre Plausibilität hin untersucht. Die Ergebnisse dieser Plausibilitätstets sind wiedergegeben in Tabelle 2.

Tabelle 2. Tests von verschiedenen Modellen für die Regelstruktur in Hans perzipierter Umwelt. Ausführung der Tests mit Hilfe von UNICON (Roskam 1974). A = Rücksicht, B = Schaden, C = Absicht.

Modell		Streßwert
1	(A + B + C)	.004
2	(A × B × C)	.016
3	(A × B) + C	.007
4	(A + B) × C	.007
5	(A × C) + B	.005
6	(A + C) × B	.005
7	A × (B + C)	–
8	A + (B × C)	–

Das additive Modell (1) schneidet am besten ab, obwohl die Unterschiede zwischen den verschiedenen Modellen nicht groß sind. Die skalierten Werte der Komponenten dieser proximalen Umgebung sind: A1 = 1.12; A2 = 1.08; A3 = .40; A4 = –.41; B 1 = –1.11; B 2 = 1.12; C 1 = .70; C 2 = .68. Die proximale Umgebung von Han und Han selbst benutzen beide ein additives Modell zur Integration von Informationen bezogen auf Handlungssituationen. Die Mutter gewichtet, nach Ansicht von Han, das Handlungsmerkmal «Rücksicht auf andere» (A) weitaus stärker als die Merkmale B und C (siehe die Unterschiede in der Varianz). Das bedeutet, daß die Mutter durch ihr Verhalten stark Hans Aufmerksamkeit auf dieses Merkmal A lenkt. Im nächsten Abschnitt wird versucht zu klären, wie diese Unterschiede in der Gewichtung einen Effekt auf Hans moralische Kognitionen haben können.

4. Vorschläge für ein Prozeßmodell

Auf der Basis seiner momentanen deontischen Regelstruktur handelt eine Person in seiner Umwelt. Handeln impliziert, daß Erwartungen in bezug auf die Ergebnisse dieses Handelns vorhanden sind. Wenn die Person in einer Umwelt handelt, die nicht die gleiche Struktur besitzt wie die, die seinen Handlungen zugrunde liegt, dann führen diese Handlungen gelegentlich zu nicht erwarteten Folgen. Aus einer Studie von KARMILOV-SMITH und INHELDER (1975) ist bekannt, daß das Auftreten von Vorhersage-Ergebnis-Diskrepanzen von der Person einmal als ein «Fehler» der Umwelt gedeutet wird, ein anderes Mal als «der eigenen Theorie über die Umwelt widersprechend» gesehen wird. Im letzten Fall ist ein «adaptational disequilibrium» (STRAUSS 1972) vorhanden, das dadurch gelöst wird, daß die Person eine revidierte Regelstruktur herstellt, welche die erlebten Vorhersage-Ergebnis-Diskrepanzen erklärt. In Abschnitt 2 wurde schon darauf hingewiesen, daß vom Erzieher geschaffene Umwelten sich unterscheiden nach dem Maß an Diskrepanz-Erlebnissen, die dem Zögling zuteil werden, und auch bezüglich der Hilfe bei der Schaffung von Diskrepanzen lösenden kognitiven Strukturen.

Diese Überlegungen führen zu den folgenden Annahmen:

1. Das Kontinuum der Zeit ist mit aufeinanderfolgenden Handlungen gefüllt.

2. Manchmal führt eine Handlung zu unerwarteten Ergebnissen; die Chance dafür ist ψ.

3. Wenn das unter 2 gemeinte Ereignis auftritt, kann eine Person in einem von drei Zuständen sein: F, in dem die Diskrepanz als Fehler bewerte wird, oder R, in dem die momentane kognitive Struktur als revisionsbedürftig erfahren wird, oder L, in dem eine Lösung vorhanden ist.

4. Die Konflikterzeugungsqualität einer Umwelt bestimmt die Chance ε, daß ein Übergang F → R stattfindet.

5. Die Konfliktlösungsqualität einer Umwelt bestimmt die Chance λ, daß ein Übergang R → L stattfindet.

6. Direkter Übergang F → L ist nicht möglich; ein einmal erlebter Konflikt kann nur gelöst, nicht vergessen werden.

Diese Annahmen führen zu einem System, dessen Verhaltensverlauf durch die folgende Matrix beschrieben werden kann.

		Handlung (n + 1)				Chance, umweltstrukturgerecht zu respondieren
		L	R	F		
Handlung n	L	1.0	0.0	0.0	L	1.0
	R	$\lambda\psi$	$(1-\lambda\psi)$	0.0	R	γ
	F	0.0	$\varepsilon\psi$	$(1-\varepsilon\psi)$	F	0.0

Nachdem die Parameter geschätzt worden sind, können entweder durch Simulierung oder analytisch Vorhersagen über den Entwicklungsverlauf gemacht werden. Die Parameter λ und ψ sind beide eine Funktion von der Aufmerksamkeit, die eine Umwelt einem Handlungsmerkmal gibt, also abhängig von der Gewichtung, die nach irgendeinem Meßmodell dieses Merkmal in dieser Umwelt hat. Die genaue Art dieser Funktion steht zur Zeit noch aus. Das oben vorgestellte Modell ist eine Variante des Konzeptlernmodells von BOWER und TRABASSO (1964).

5. Einige abschließende Bemerkungen

Gezeigt wurde, wie aus einem Modell des moralischen Urteilens Konsequenzen für die Messung der vom Erzieher geschaffenen Umwelt gezogen werden können. Ein Ansatz für ein Prozeßmodell, das Erziehereinflüsse auf einige Aspekte der moralischen Entwicklung erklären soll, wurde gegeben. Der verfolgte Gedankengang führt zu vielen Fragen, von denen nur einige in dem vorliegenden Bericht beantwortet wurden. Ich bin dennoch optimistisch, denn liegt in einer klaren Fragestellung nicht schon zum Teil die Antwort verborgen?

Literatur

BEZEMBINDER, T. 1967. Inleiding to de theorie over conjunct meten. Gawein *15,* 50–64.

BOWER, G. H. & TRABASSO, T. R. 1964. Concept identification. In: ATKINSON, R. C. (Hg.) Studies in Mathematical Psychology. Stanford: Stanford University Press, S. 1–31.

HEYMANS, P. G. 1976. Erziehungsstile als Kodeterminanten der sozial-kognitiven Entwicklung: Eine konzeptuelle Analyse. Vortrag Symposion Erziehungsstile, Trier 1976. Internal report 76 ON 08, Psychologisch Laboratorium, Nijmegen.

HOFFMANN, M. L. 1970. Moral development. In: MUSSEN, P. H. (Hg.) Carmichael's manual of child psychology. New York: Wiley. Vol. II, S. 261–360.

HOFFMANN, M. L. 1977. Personality and social development. Annual Review of Psychology *28,* 295–322.

JESSOR, R. & JESSOR, S. L. 1973. The perceived environment in behavioral science. American Behavioral Scientist *16,* 801–828.

KARMILOV-SMITH, A. & INHELDER, B. 1975. «If you want to get ahead, get a theory». Cognition *3,* 195–212.

KOHLBERG, L. 1958. The development of modes of moral thinking and choice in the years ten to sixteen. Unpublished doctoral dissertation, University of Chicago.

KOHLBERG, L. 1963. The development of childrens orientations toward a moral order: I. Sequence in the development of moral thought. Vita Humana *6,* 11–33.

KOHLBERG, L. 1969. Stage and sequence: The cognitive-developmental approach to socialization. In: GOSLIN, D. A. (Hg.) Handbook of socialization theory and research. Chicago: Rand McNally, 347–502.

KOHLBERG, L. 1973. Continuities in childhood and adult moral development revisited. In: BALTES, P. B. & SCHAIE, K. W. (Hg.) Life span developmental psychology: Personality and socialization. New York: Academic Press.

KOHLBERG, L. 1976. Moral stages and moralization: The cognitive-developmental approach. In: LICKONA, T. (Hg.) Moral development and behavior. New York: Holt, Rinehart and Winston, 31–53.

KRANTZ, D. H. 1964. Conjoint measurement: The LUCE-TUKEY axiomatization and some extensions. Journal of Mathematical Psychology *1,* 248–277.

KUHN, D. 1978. Mechanisms of cognitive and social development: One psychology or two? Human Development *21,* 92–118.

KUHN, D. 1972. Mechanisms of change in the development of cognitive Structures. Child Development *43,* 833–844.

LANGER, J. 1969. Disequilibrium as a source of development. In: P. MUSSEN, J. LANGER & M. COVINGTON (Hg.) Trends and issues in developmental psychology. New York: Holt, Rinehart and Winston.

LUCE, R. D. & TUREY, J. 1964. Simultaneous conjoint measurement: A new type of fundamental measurement. Journal of Mathematical Psychology *1,* 1–27.

REED, S. K. 1972. Pattern recognition and categorization. Cognitive Psychology *3,* 382–407.

ROSCH, E. 1975. Cognitive reference points. Cognitive Psychology *7,* 532–547.

ROSCH, E. & MERVIS, C. B. 1975. Family resemblances: Studies in the internal structure of categories. Cognitive Psychology *7,* 573–603.

ROSCH, E., MERVIS, C. B., GRAY, W., JOHNSON, D. & BOYES-BRAEM, P. 1976. Basic objects in natural categories. Cognitive Psychology *8,* 382–439.

ROSKAM, E. 1971. MNCPAEX. Program-Bulletin no. 20. Psychological Laboratory Nijmegen.

ROSKAM, E. 1974. Unidimensional conjoint measurement for multi-faceted designs. Internal report 74 Ma 09, Psychological Laboratory, Nijmegen.
STRAUSS, S. 1972. Inducing cognitive development and learning: A review of short-term training experimental I. The organismic-developmental approach. Cognition *1,* 329–357.
STRAUSS, S. 1974. A reply to Brainerd. Cognition *3,* 155–185.
TURIEL, E. 1973. Conflict and trasition in adult moral development. Child Development *44,* 14–29.
TURIEL, E. 1974. Conflict and transition in andolescent moral development. Child Development *45,* 14–29.
TURIEL, E. 1977. Conflict and transition in andolescent moral development II: The resolution of disequilibrium through structural reorganization. Child Development *48,* 634–637.

Anhang 1. Zwei der 18 Handlungssituationen, die Han zur Beurteilung vorgelegt wurden.

17. Michael Beckmann, Hans-Christian Krohns, Rita Rinke und Klaus A. Schneewind

Ökologie, Umweltpartizipation und Erziehungseinstellungen als Determinanten aktiv-extravertierten Temperaments bei Kindern

Zusammenfassung: Zunächst wird versucht, einen allgemeinen Leitfaden für die ökologische Sozialisationsforschung zu entwickeln. Sodann wird dieser Leitfaden anhand einer spezifischen Fragestellung, die die Herausbildung eines aktiv-extravertierten Temperaments bei Kindern zum Inhalt hat, exemplarisch konkretisiert. Außerdem wird gezeigt, in welcher Weise sich die Fragestellung auf den am Anfang formulierten Forschungsleitfaden beziehen läßt.

Im Anschluß daran werden die bei der empirischen Überprüfung der Hypothesen gewonnenen Ergebnisse vorgestellt und diskutiert. Es zeigte sich dabei, daß die postulierten Beziehungsrichtungen im wesentlichen als bestätigt angesehen werden können, insbesondere die Beziehung zwischen der Urbanität des Nahraumes, der Aktionsraumdichte, den außerhäuslichen Freizeitaktivitäten der Eltern und dem sozial-aktiven Erfahrungsbereich des Kindes; ebenso die Beziehung zwischen den Einstellungsvariablen und dem extravertierten Temperament. Auch der Einfluß von ökologischen Variablen und Persönlichkeitsvariablen auf die außerhäusliche Freizeitgestaltung konnte nachgewiesen werden.

Abschließend werden einige Hinweise gegeben, wie sich das von uns entwickelte pfadanalytische Modell verbessern ließe.

1. Einleitung

In neueren Arbeiten zur Sozialisationsforschung gewinnt die ökologische Perspektive zunehmend an Bedeutung (Bronfenbrenner 1975). Bestimmend für diesen Trend mag einerseits die Unzufriedenheit mit dem herkömmlichen Schichtkonzept sein als einer zu globalen und daher eher nichtssagenden «Bereichsangabe», die der Variabilität und Komplexität der äußeren Lebensbedingungen nicht gerecht wird, und andererseits das Aufkommen der «ökologischen Psychologie» (Graumann 1978; Kaminski 1976; Craik 1973; Proshansky et al. 1970; Wohlwill 1970), die die physikalisch-räumliche Sachumwelt in ihrer Bedeutung für den Menschen wieder stärker ins Bewußtsein hob und damit einen Anstoß für eine detailliertere Beschreibung familialer Umwelten im Hinblick auf räumlich-sachliche Gegebenheiten lieferte (Architektur, Wohnung, Spielmöglichkeiten für Kinder usw.).

Allerdings geschieht die Beschäftigung mit der familialen Umwelt mehr unter dem Gesichtspunkt, entwicklungsrelevante Dimensionen in der Ökologie des Kindes ausfindig zu machen, und weniger unter dem Aspekt, sozio-ökologische Einflußgrößen für das elterliche Erziehungsverhalten zu finden. Lediglich BRONFENBRENNER versucht in einem umfassenden Ansatz einer «comparative ecology of human development», beide Aspekte in den Blick zu nehmen.

Auf dem Hintergrund dieser Problemlage soll zunächst im Anschluß an diese Vorbemerkungen ein allgemeiner Forschungsleitfaden für die ökologische Sozialisationsforschung vorgestellt werden. In einem zweiten Schritt wird dann dieser Forschungsleitfaden auf die oben formulierte Fragestellung angewendet.

Man könnte auch sagen, daß die in dem Forschungsleitfaden angedeuteten globalen Fragerichtungen anhand der oben formulierten Fragestellung konkretisiert werden sollen. Damit kommt dem Forschungsleitfaden im wesentlichen eine heuristische Funktion zu. Darüber hinaus besitzt er aber auch eine integrative Funktion, da er die unterschiedlichen Datenbereiche, Variablenkomplexe und Beziehungsrichtungen auf dem Hintergrund eines einheitlichen Bezugsrahmens zu interpretieren erlaubt.

Bei der eigentlichen Fragestellung als konkrete Ausgestaltung der im Forschungsleitfaden angedeuteten allgemeinen *Fragerichtungen* geht es um die Überprüfung von Hypothesen zur Erklärung der Herausbildung eines aktiv-extravertierten Temperaments bei Kindern unter expliziter Berücksichtigung des ökologischen Kontextes – mit dem Ziel, innerhalb dieses Kontextes jene Faktoren zu isolieren bzw. zu spezifizieren, die sowohl für das Erziehungsverhalten der Eltern als auch für die Persönlichkeitsentwicklung des Kindes als maßgebliche Einflußgrößen angesehen werden können. Damit wird auch das langfristig *praktische* Anliegen dieses Forschungsansatzes deutlich, nämlich optimale ökologische Arrangements sowohl im Hinblick auf das Erziehungsverhalten der Eltern als auch im Hinblick auf die Persönlichkeitsentwicklung des Kindes zu finden.

2. Ein allgemeiner Forschungsleitfaden für die ökologische Sozialisationsforschung

Ökologische Sozialisationsforschung – so wie wir sie verstehen wollen – versucht, Umweltgegebenheiten systematisch zum Sozialisationsgeschehen innerhalb der Familie in Beziehung zu setzen.

Wir haben es also mit zwei großen Bereichen zu tun: a) mit der familienspezifischen Umwelt und b) mit dem familiären Sozialisationsprozeß.

Was nun den ersten Aspekt anbelangt, so läßt sich in Anlehnung an Bronfenbrenner (1974, 1976a, 1976b) jede Umgebung in zwei Komponenten zerlegen: in eine, die die «materielle Ausstattung» des Nahraumes zum Inhalt hat (= räumlich-sachliche Umwelt) und in eine andere, die sich auf die «soziale Zusammensetzung» bezieht (= soziale Nahumwelt).

Da jede Nahumwelt auf diesen beiden Dimensionen variieren kann, manifestiert sich *soziale Ungleichheit* in einer unterschiedlichen materiellen Ausstattung und in einer unterschiedlichen sozialen Zusammensetzung.

Während ersteres den «materiellen Besatz» des Raumes betrifft, insbesondere Wohngebäude und infrastrukturelle Einrichtungen, bezieht sich letzteres auf die Homogenität oder Heterogenität des sozialen Umfeldes im Hinblick z. B. auf Alter, Geschlecht oder Sozialstatus. Beide Komponenten zusammen konstituieren den *potentiellen Erfahrungsbereich* einer Familie.

Mit der Inanspruchnahme der vorhandenen Kontaktmöglichkeiten (= soziale Komponente) bzw. mit der Nutzung infrastruktureller Einrichtungen (= materielle Komponente) wird der potentielle Erfahrungsbereich der Familie in den *aktuellen Erfahrungsbereich* überführt. In der Terminologie von Uexküll (Uexküll & Kriszat 1956) markiert dieser Schritt den Übergang von der Umgebung zur Umwelt.

Die Beziehung zwischen dem potentiellen und dem aktuellen Erfahrungsbereich kann nun auf qualitativ verschiedenen Dimensionen untersucht werden. Grundsätzlich lassen sich folgende drei Dimensionskomplexe unterscheiden: a) Anregungsdimensionen, b) Belastungsdimensionen und c) Deprivationsdimensionen.

Zum Komplex der *Anregungsdimensionen* sind solche Variablen zu rechnen, die durch das Vorhandensein bzw. die Nutzung von verhaltensprovozierenden Gegebenheiten in der näheren und ferneren Umgebung der Familie die Gelegenheit zu differenzierten Lern- und Erfahrungsmöglichkeiten bieten.

Unter *Belastungsdimensionen* sind jene Umweltgegebenheiten zu verstehen, die – grob gesagt – die «Lebensqualität» der Menschen beeinträchtigen und die gewöhnlich als «Stressoren» bezeichnet werden.

Deprivationsdimensionen hingegen stellen den negativen Pol der Anregungsdimensionen dar; konkret wird mit ihnen auf ein defizitäres Umweltangebot abgehoben.

Bei den genannten Begriffen handelt es sich um zweistellige Prädikate, insofern eine Relation hergestellt wird zwischen Merkmalen der Umgebung und Personen. Daraus ergibt sich, daß die anregende, belastende oder deprivierende Qualität von Umgebungsmerkmalen nicht losgelöst von den betroffenen Personen bestimmt werden kann. Vielmehr kann die Qualität dieser Merkmale erst dann eruiert werden, wenn sie in den aktuellen Erfahrungsbereich der betroffenen Personen eingehen und dort zu entsprechenden Reaktionen führen.

Als nächstes soll die Beziehung zwischen dem aktuellen Erfahrungsbereich des Kindes und dem der Eltern genauer betrachtet werden.

Der Dimensionskomplex, der dieser Beziehung zugrunde liegt, läßt sich in Form von *Partizipationsdimensionen* erfassen. Als Partizipationsdimensionen sind vornehmlich Aspekte von gemeinsam gelebten Aktivitäten zu klassifizieren. Formal gesprochen handelt es sich um die Intersektion der Erfahrungsbereiche von Eltern und Kindern. Es geht also um die Frage, in welchem Umfange das Kind an den elterlichen Aktivitäten partizipiert bzw. ob und in welchem Umfang die Eltern an den Erfahrungen und Aktivitäten des Kindes teilhaben.

Daß der Erfahrungsbereich für die Eltern bzw. für das Kind mit bestimmten Erlebnisqualitäten verbunden ist, wurde bereits bei der Beschreibung der verschiedenen Dimensionen angedeutet. Ausdruck für diese Erlebnisqualitäten sind spezifische Gefühlslagen, eine bestimmte «psychische Verfassung», die sich in Gefühlen der Zufriedenheit oder Unzufriedenheit, in Niedergeschlagenheit oder Gereiztheit manifestieren kann.

Solche spezifischen Reaktionen auf Umwelttatbestände dürften einen Einfluß darauf haben, wie Eltern oder Kinder mit ihrer Ökologie umgehen, sei es unter dem Aspekt der aktiven Nutzung oder des resignativen Rückzugs oder unter dem Aspekt des Verändernwollens.

Ebenfalls einen Einfluß dürften in diesem Zusammenhang bestimmte Persönlichkeitsvariablen haben. Unter Persönlichkeitsvariablen sollen relativ invariante, transsituationale Persönlichkeitseigenschaften oder -merkmale verstanden werden, wie sie sich etwa in CATTELS (CATTELL et al. 1970) 16-PF-Test finden. Man kann annehmen, daß sie im wesentlichen die Form der Umweltauseinandersetzung bestimmen, d. h. die Art und Weise wie eine Person auf ihre Umwelt zugeht, ob sie z. B. bereit ist, Kontakte zu knüpfen und Möglichkeiten des materiellen Angebots zu nutzen.

Die Frage, die als nächstes angeschnitten werden soll, lautet, welche Konsequenzen der ökologische Kontext für das innerfamiliäre Sozialisationsgeschehen besitzt. Damit wird der zweite der beiden am Anfang genannten Bereiche thematisiert. Die zentrale Variable innerhalb des Sozialisationsgeschehens der Familie ist sicherlich der *Erziehungsstil* der Eltern.

Unter Erziehungsstil soll ein Erziehungsverhalten verstanden werden, welches durch eine typische Konfiguration von Merkmalskomplexen aus den Bereichen Erziehungseinstellungen, Erziehungspraktiken und Erziehungszielen charakterisiert werden kann (zu dieser Unterscheidung siehe SCHNEEWIND 1975).

Da sich der Erziehungsstil der Eltern nicht im «luftleeren» Raum bildet, ist anzunehmen, daß er durch den Erfahrungsbereich der Eltern aber auch durch ihre Persönlichkeitsmerkmale beeinflußt wird, so, wenn Eltern ihre Erziehungsziele, -einstellungen und -praktiken im Kontakt mit Freunden, Bekannten, Verwandten usw. reflektieren, evaluieren und kognitiv validieren, oder wenn beengte Wohnverhältnisse zu vermehrten Disziplinierungsmaßnahmen Anlaß geben usw. (WEINERT 1974).

Ein weiterer Indikator für die Qualität des innerfamiliären Sozialisationsprozesses ist das *Familienklima,* denn die für eine Familie charakteristischen Attribute ihres Zusammenlebens wirken auf das Handeln und Erleben des einzelnen insofern normierend, als bestimmte Verhaltensformen durch das psychosoziale Familiengefüge gefördert oder gehemmt werden.

Damit wird deutlich, daß es sich bei dem Familienklima um ein Gruppen- oder Kollektivmerkmal handelt. Hypothesen, die eine Beziehung herstellen zwischen dem Familienklima und Persönlichkeitsmerkmalen werden auf diese Weise zu «Kontexthypothesen» (HUMMELL 1972).

Es ist anzunehmen, daß die Art des Familienklimas im wesentlichen von zwei Faktoren abhängt, nämlich von den Persönlichkeitsmerkmalen der Eltern und dem Verhältnis, das die Eltern zueinander haben. Letzteres wurde von uns z. B. mit Hilfe eines Ehefragebogens zu erfassen versucht.

Die eigentliche abhängige Variable in unserer Konzeption ist die Persönlichkeit des Kindes, obwohl natürlich der Sozialisationsprozeß keineswegs so eindimensional verläuft wie es hier den Anschein hat. Kinder beeinflussen mindestens in ähnlicher Weise ihre Eltern wie umgekehrt Eltern Einfluß auf ihre Kinder haben. Im Grunde handelt es sich um einen Wechselwirkungsprozeß. Doch nicht nur das Erzieherverhalten ist für die Ausbildung von Persönlichkeitsmerkmalen relevant, sondern auch, welche Erfahrungen das Kind in seiner häuslichen und weiteren Umgebung machen kann. Das hängt nun offensichtlich davon ab, wie der potentielle Erfahrungsbereich des Kindes beschaffen ist, d. h. welche materielle Ausstattung im Nahraum vorhanden ist und wie die Zusammensetzung seines sozialen Umfeldes aussieht (hier sei nur auf das Problem der «peer groups» verwiesen).

Ob und in welcher Weise das Kind in der Lage ist, in diese Umwelt hinein handeln zu können, hängt dabei weitgehend von seinen «Handlungskompetenzen» ab; sie bestimmen in hohem Maße, welche Umweltgegebenheiten aus dem potentiellen Erfahrungsbereich selegiert werden. Die Ausbildung dieser Kompetenzen ist aber weitgehend eine Frage des

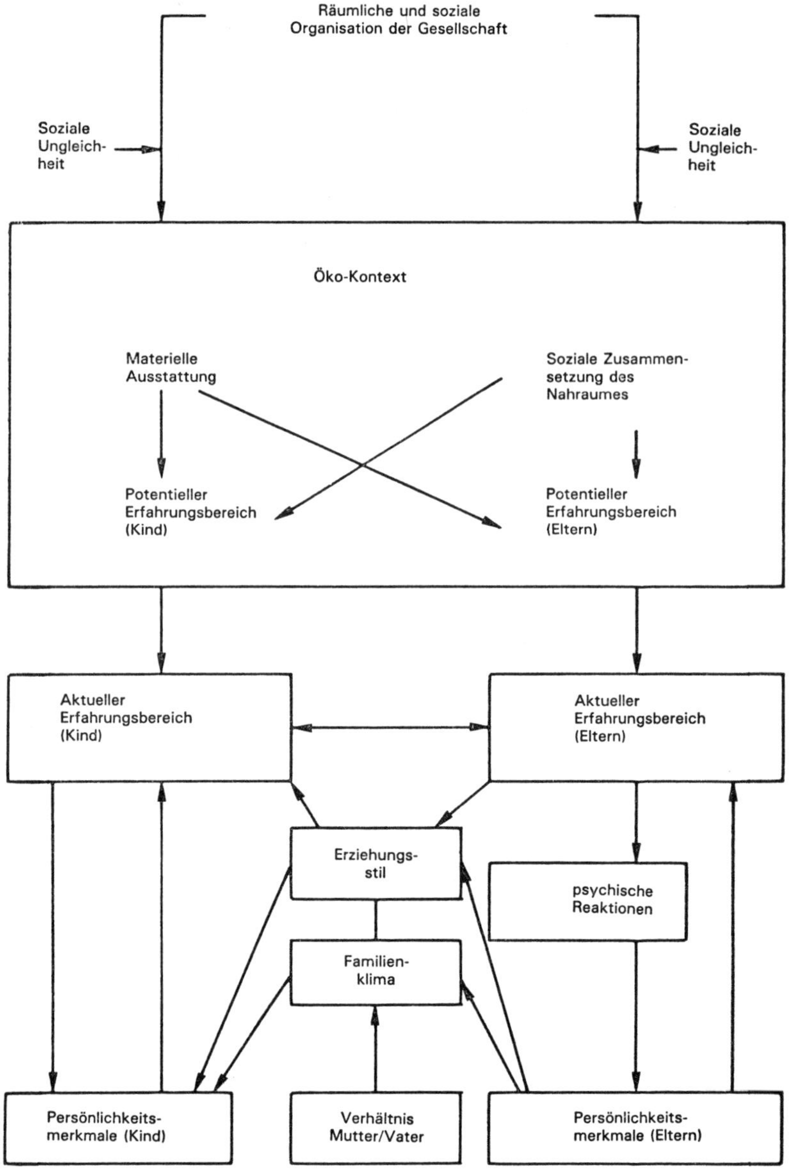

Abbildung 1: Modell eines Forschungsleitfadens für familiäre ökologische Sozialisationsforschung.

innerfamiliären Sozialisationsprozesses. Je nach Art und Qualität dieses Prozesses sind beim Kind unterschiedliche Kompetenzen zu erwarten und damit unterschiedliche Formen der Umweltauseinandersetzung. Damit haben wir den Leitfaden skizziert. Zusammenfassend läßt sich das bisher Gesagte anhand eines Modells verdeutlichen (vgl. Abbildung 1).

3. Eine exemplarische Anwendung des Forschungsleitfadens

Anhand der am Anfang formulierten Fragestellung sollen nun einige der im Modell angedeuteten Fragerichtungen exemplarisch konkretisiert werden. Untersucht werden soll:

1. Welche Faktoren sind dafür verantwortlich zu machen daß Eltern zu einer außerhäuslichen Freizeitgestaltung tendieren? Wir vermuten, daß eine hohe «Aktionsraumdichte» (AD), die in Abhängigkeit gesehen wird vom Grad der Urbanisierung (URB-N), im Zusammenhang mit einer hohen Wohndichte (WD) außerhäusliche Freizeitaktivitäten (AFG [E]) provoziert, allerdings unter der weiteren Voraussetzung, daß Eltern (E), die entsprechende soziale Initiative oder Aufgeschlossenheit (SA [E]) zeigen. Unterscheidet man zwischen der außerhäuslichen und der innerhäuslichen Freizeitgestaltung (IFG[E]) der Eltern, so lassen sich folgende Zusatzfragen formulieren: a) Besteht ein Zusammenhang zwischen der innerhäuslichen Freizeitgestaltung der Eltern (IFG [E]) und dem sozial-aktiven Erfahrungsbereich des Kindes (SAEB [E])? b) Wie wirkt sich die «soziale Aufgeschlossenheit» der Eltern (SA[E]) auf ihre innerhäusliche Freizeitgestaltung (IFG [E]) aus?

2. Geklärt werden soll außerdem, ob die außerhäusliche Freizeitgestaltung der Eltern (AFG [E]) in Verbindung mit bestimmten kindperzipierten Erziehungseinstellungen (EE [E]) Auswirkungen auf den sozial-aktiven Erfahrungsbereich (SAEB [K]) des Kindes hat.

3. Schließlich soll untersucht werden, ob sich der sozial-aktive Erfahrungsbereich des Kindes (SAEB [K]) in Verbindung mit kindperzipierten Erziehungseinstellungen (EE [E]), die die Dichte des Rapports zwischen Kind und Eltern zum Ausdruck bringen (Seitz & Rausche 1976), auf das «extravertierte Temperament» (EX [K]) des Kindes auswirken.

Wenn man diese drei Fragenkomplexe in einem Strukturdiagramm zusammenfaßt, ergibt sich folgendes Bild (siehe Abbildung 2).

Was nun die Beziehung zur Gesamtkonzeption anbelangt, so haben wir es zunächst mit drei Variablen zu tun, die alle dem ökologischen Kontext zuzurechnen sind, nämlich a) mit der Urbanität des Nahraumes (URB-N), b) mit der Aktionsraumdichte (AD) und c) mit der Wohndichte (WD).

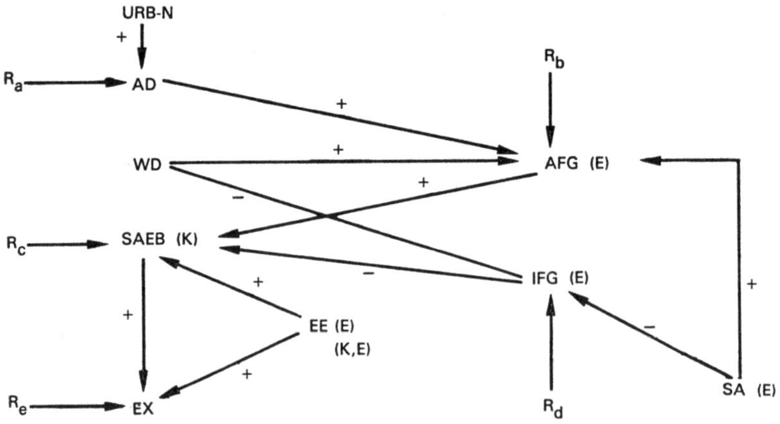

Abbildung 2: Strukturdiagramm zur Überprüfung der Fragestellungen

URB-N	Grad der Urbanität des Nahraumes = df. Größe des Wohnortes, in dem die Familie lebt.
AD	Aktionsraumdichte = df. mittlere zeitliche Distanz zu infrastrukturellen Einrichtungen.
SA (E)	Soziale Aufgeschlossenheit (Eltern) = df. Persönlichkeitsmerkmal, welches durch ein offenes, aktives, selbstsicheres Auftreten im sozialen Feld charakterisiert werden kann.
WD	Wohnraumdichte = df. Quadratmeter pro Person.
AFG (E)	Außerhäusliche Freizeitgestaltung (Eltern) = df. umfaßt Anzahl und Intensität von Freizeitaktivitäten im außerhäuslichen Bereich.
IFG (E)	Innerhäusliche Freizeitgestaltung (Eltern) = df. umfaßt Anzahl und Intensität von Freizeitaktivitäten im innerhäuslichen Bereich.
EE_{KE} (E)	Erziehungseinstellungen (kindperzipiert) = df. vom Kind wahrgenommene Verhaltensbereitschaft der Eltern, hier im Hinblick auf Kontaktbereitschaft und Einfühlungsvermögen (K, E).
SAEB (K)	Sozial-aktiver Erfahrungsbereich (Kind) = df. umfaßt Anzahl und Frequentierung sozial orientierter Aktivitätsbereiche.
EX (K)	Aktiv-extravertiertes Temperament (Kind) = df. expressiver Verhaltensstil, der sich durch Offenheit, Engagement und Kontaktfreudigkeit auszeichnet.
$R_{a, b, c, d, e}$	Residualpfadkoeffizienten.

Alle drei Faktoren beeinflussen den aktuellen Erfahrungsbereich der Eltern – ausgedrückt in den außerhäuslichen Freizeitaktivitäten (AFG [E]).

Aber der Erfahrungsbereich der Eltern wird auch beeinflußt durch Persönlichkeitsmerkmale, wie z. B. in unserem Fall durch die soziale Aufgeschlossenheit (SA [E]). Sowohl der Erfahrungsbereich der Eltern als auch ihre vom Kind wahrgenommenen Erziehungseinstellungen (EE [E] haben Einfluß auf den sozial-aktiven Erfahrungsbereich des Kindes (SAEB [K]). Der wiederum in Verbindung mit den Erziehungseinstel-

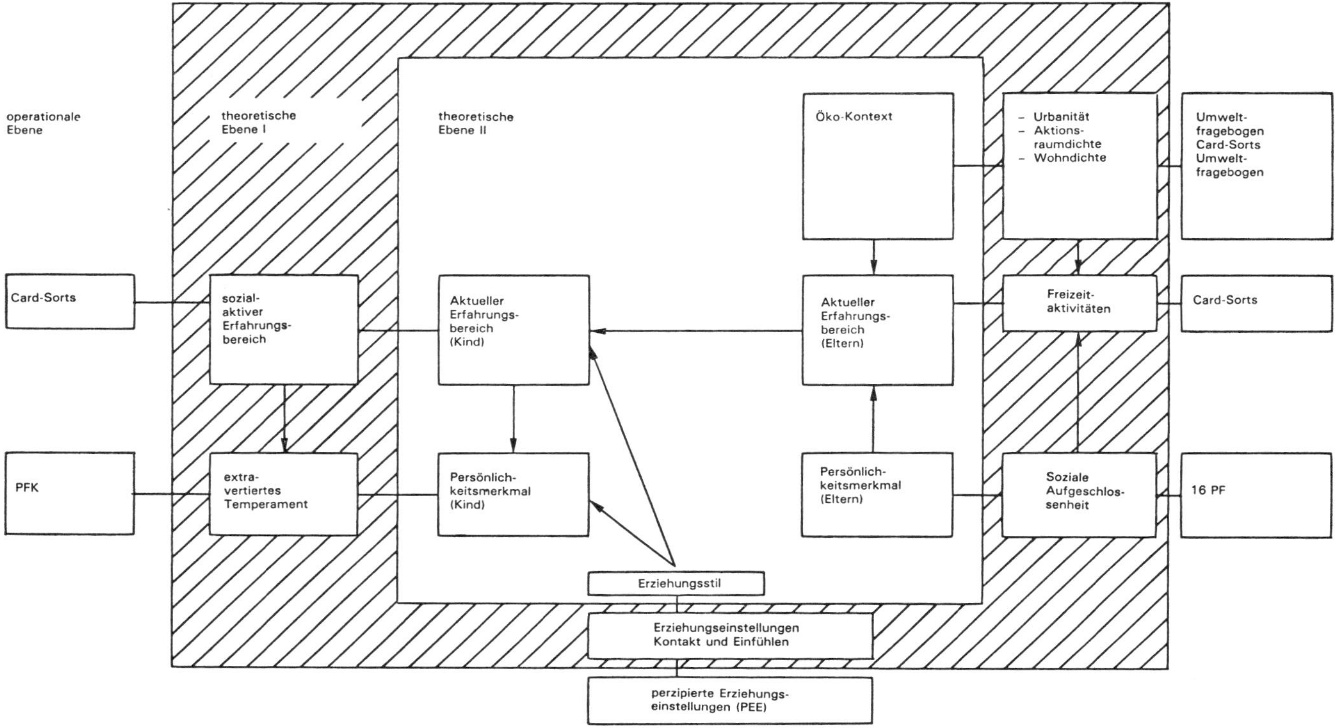

Abbildung 3: Schematische Darstellung der Beziehungsebenen.

lungen der Eltern die kindliche Persönlichkeit beeinflußt – hier das extravertierte Temperament des Kindes (EX [K]).

Schematisch lassen sich die Zusammenhänge wie folgt verdeutlichen (vgl. Abbildung 3).

Die Beziehung der Variablen im schraffierten Feld sind der eigentliche Untersuchungsgegenstand (theoretische Ebene I), während im mittleren Feld der Bezug zur Gesamtkonzeption hergestellt wird (theoretische Ebene II), den äußeren Rahmen bilden die jeweiligen Instrumente, mit denen die Variablen der Ebene I gemessen wurden (operationale Ebene).

4. Ergebnisse

Die für eine angemessene Beurteilung der postulierten Beziehungen relevanten Größen wurden von uns mit Hilfe der Pfadanalyse ermittelt.

Zugrunde gelegt wurde eine Stichprobe von N = 93 Vpn für den Beziehungstyp Vater/Sohn mit Kindern im Alter von 9 bis 10 Jahren. In dem nachfolgend abgebildeten Modell sind sowohl die Pfadkoeffizienten als auch die Korrelationskoeffizienten (eingeklammerte Werte) enthalten (vgl. Abbildung 4).

Verfolgt man die einzelnen Pfade (Pfeile), so lassen sich aufgrund unserer Ergebnisse folgende Schlußfolgerungen ziehen:

1. Die Behauptung, daß mit zunehmender Urbanisierung die Aktionsraumdichte zunimmt, wird durch unsere Daten bestätigt.

2. Ebenso bestätigt wird die Vermutung, daß die außerhäusliche Freizeitgestaltung (hier des Vaters) von Persönlichkeitsmerkmalen, wie in unserem Fall von der «sozialen Aufgeschlossenheit» abhängt, aber auch von der Aktionsraumdichte und von der Wohndichte. Den stärksten Effekt auf die außerhäusliche Freizeitgestaltung hat allerdings die «soziale Aufgeschlossenheit», also die Persönlichkeitsvariable.

3. Auch die Hypothese, daß der sozial-aktive Erfahrungsbereich des Kindes (hier des Sohnes), wesentlich durch die Aktivitäten des Vaters beeinflußt wird, kann aufgrund unserer Daten vorläufig als bestätigt angesehen werden.

4. Dagegen ist der Effekt des sozial-aktiven Erfahrungsbereiches auf das «aktiv-extravertierte Temperament» des Kindes (sprich des Sohnes) eher gering.

5. Besonders hoch ist jedoch der Effekt der kindperzipierten Erziehungseinstellungen (hier «Kontaktbereitschaft» und «Einfühlungsvermögen») auf das extravertierte Temperament des Kindes.

Aufgrund der Testung der Kausalketten (zur Überprüfung rekursiver Systeme siehe Opp & Schmidt 1976) kann die Behauptung aufrecht er-

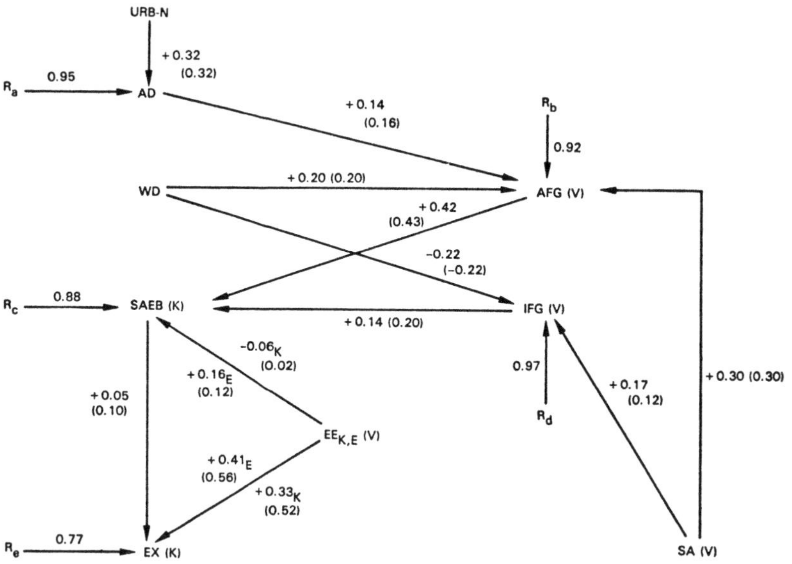

Abbildung 4: Beziehungen zwischen Ökologie, Umweltpartizipation, Erziehungseinstellungen und Persönlichkeitsmerkmalen (Stichprobe: Vater – Sohn, 9- bis 10-jährige Kinder, N = 93).

URB-N	=	Urbanität des Nahraumes
AD	=	Aktionsraumdichte
SA (V)	=	Soziale Aufgeschlossenheit (Vater)
WD	=	Wohndichte
AFG (V)	=	Außerhäusliche Freizeitgestaltung (Vater)
IFG (V)	=	Innerhäusliche Freizeitgestaltung (Vater)
$EE_{K,E}$ (V)	=	Perzipierte Erziehungseinstellungen: Kontaktbereitschaft, Einfühlungsvermögen (Vater)
SAEB (K)	=	Sozial-aktiver Erfahrungsbereich (Kind)
EX (K)	=	Aktiv-extravertiertes Temperament (Kind)
$R_{a,b,c,d,e}$	=	Residualpfadkoeffizienten

halten werden, daß 1. die Aktionsraumdichte mit dem Grad der Urbanisierung wächst, daß 2. die Aktionsraumdichte im Zusammenhang mit der sozialen Aufgeschlossenheit einen positiven Einfluß auf die außerhäusliche Freizeitgestaltung der Eltern (hier des Vaters) hat, daß 3. die Freizeitaktivitäten des Vaters einen deutlichen Effekt auf den Aktivitätsbereich des Kindes ausüben und daß 4. der Aktivitätsbereich des Kindes in Verbindung mit den kindperzipierten Erziehungseinstellungen in einem positiven Zusammenhang zum extravertierten Temperament des Kindes steht.

Allerdings ist der Zusammenhang zwischen den Einstellungsvariablen und dem extravertierten Temperament ungleich deutlicher als zwischen dem Aktivitätsbereich und dem genannten Persönlichkeitsmerkmal.

5. Diskussion

Bei den vorliegenden Ergebnissen handelt es sich um einen ersten vorläufigen Versuch, die verschiedenen Variablenbereiche in einem pfadanalytischen Modell zu verknüpfen.

Durch Hinzufügung neuer Variablen, wie etwa «Anzahl und Umfang der Sozialkontakte» und einer Reihe anderer Varıablen, die von uns erhoben wurden, ließe sich das Modell vermutlich optimieren.

Was die Operationalisierung der «Nutzungsvariablen» anbelangt – und das betrifft auch die ökologischen Variablen – so handelt es sich um neu konzipierte Instrumente, die noch nicht vollständig ausgetestet sind. Wir konnten also in diesem Zusammenhang nicht auf bewährte Instrumente zurückgreifen.

Außerdem erscheint die Operationalisierung des sozial-aktiven Erfahrungsbereichs anhand von Freizeitaktivitäten als zu begrenzt. Es wäre denkbar, daß durch Verwendung weiterer Indikatoren der Zusammenhang stringenter abgebildet werden kann. Da wir das Modell auch für den Beziehungstyp Mutter/Sohn durchgerechnet haben, seien an dieser Stelle kurz einige ergänzende Bemerkungen zu den bisher vorgetragenen Ergebnissen erlaubt.

Bei den Müttern zeigt sich z. B., daß die Aktionsraumdichte für die außerhäusliche Freizeitgestaltung eine größere Rolle spielt als bei den Vätern, eine geringere dagegegen die Wohndichte und die soziale Aufgeschlossenheit.

Außerdem ist der Effekt des sozial-aktiven Erfahrungsbereichs auf das extravertierte Temperament des Kindes in dieser Stichprobe ungleich prägnanter ($p_{98} = .22$).

Der Unterschied mag darauf zurückgeführt werden, daß es sich bei dem sozial-aktiven Erfahrungsbereich um Angaben handelt, die von den Eltern stammen. Es ist anzunehmen, daß Mütter gemeinhin validere Aussagen über das Verhalten ihrer Kinder machen als Väter.

Literatur

Bronfenbrenner, U. 1974. Experimental human ecology. Ithaca, New York: Cornell University (mimeographed).

Bronfenbrenner, U. 1975. The challenge of social change to public policy and developmental research. Paper prepared for presentation at the President's Symposium «Child Development and Public Policy» at the annual meeting of the Society for Research in Child Development. Denver, Colorado.

Bronfenbrenner, U. 1976a. Ein Bezugsrahmen für ökologische Sozialisationsforschung. Neue Sammlung, *16,* 238–249.

Bronfenbrenner, U. 1976b. Ecological validity in research on human development. New York: Cornell University.

Cattell, R. B., Eber, H. W. & Tatsuoka, M. M. 1970. Handbook for the sixteen personality factor questionnaire (16 PF). Champain: Institute for Personality and Ability Testing.

Craik, K. H. 1973. Environmental psychology. Annual Review of Psychology *24,* 403–422.

Graumann, C. F. (Ed.) 1978. Ökologische Perspektiven in der Psychologie. Bern: Huber.

Hummell, H. J. 1972. Probleme der Mehrebenenanalyse. Stuttgart: Teubner.

Kaminski, G. (Ed.) 1976. Umweltpsychologie. Perspektiven, Probleme, Praxis. Stuttgart: Klett.

Opp, K.-D. & Schmidt, P. 1976. Einführung in die Mehrvariablenanalyse. Reinbek: Rowohlt.

Proshansky, H. M., Ittelson, W. H. & Rivlin, L. G. (Ed.) 1970. Environmental psychology: Man and his physical setting. New York: Holt, Rinehart & Winston.

Schneewind, K. A. 1975. Elterliche Erziehungsstile: Einige Anmerkungen zum Stand der Forschung. In: Tack, W. H. (Ed.) Bericht über den 29. Kongreß der Deutschen Gesellschaft für Psychologie in Salzburg 1974. Göttingen: Hogrefe. S. 165–176.

Seitz, W. & Rausche, A. 1976. Persönlichkeitsfragebogen für Kinder (PFK 9–14). Braunschweig: Westermann.

v. Uexküll, J. & Kriszat, G. 1956. Streifzüge durch die Umwelt von Tieren und Menschen. Reinbek: Rowohlt.

Weinert, F. E. 1974. Die Familie als Sozialisationsbedingung. In: Weinert, F. E., Graumann, C. F., Heckhausen, H. & Hofer, M. (Ed.) Pädagogische Psychologie, Band 1. Frankfurt: Fischer. S. 357–386.

Wohlwill, J. F. 1970. The emerging discipline of environmental psychology. American Psychologist *25,* 30–312.

18. Paul M. A. Wels

Erziehungsstil und Soziale Intelligenz

Zusammenfassung: In diesem Artikel wird eine Hypothese vom Marburger Modell der elterlichen Erziehung über den Zusammenhang zwischen elterlicher Unterstützung und Sozialer Intelligenz abgeleitet. Soziale Intelligenz wurde mit dem Verfahren von Berger gemessen, indem vier Bildertests den Kindern vorgelegt wurden. Die Ergebnisse zeigen, daß es wahrscheinlich keine Eins-zu-eins-Beziehung zwischen Unterstützung und Sozialer Intelligenz gibt. Unterscheidet man die Kinder nach Familientypen, in denen Unterstützung und Strenge beider Eltern berücksichtigt werden, dann sind die Ergebnisse in dieser Untersuchung ebenfalls nicht gemäß den Erwartungen. In weiteren Untersuchungen, bei Vermeidung einiger Probleme der Meßumstände und mit einer größeren Zahl an Kindern, müßte dies nachgeprüft werden.

1. Einleitung

Das Ziel dieses Beitrags ist es, die Beziehung zwischen dem Erziehungsstil von Eltern und dem Ausmaß der Sozialen Intelligenz aufzudecken. Die Frage nach dieser Beziehung ergab sich aus dem Bestreben, im Rahmen eines breit aufgefaßten Programms der Erziehungsstilforschung den Einfluß der elterlichen Erziehung auf verschiedene Persönlichkeitsmerkmale der Erzogenen zu untersuchen.

Ein zweiter Beweggrund bestand in dem Studium der Sozialen Intelligenz selbst, dafür ist seit den sechziger Jahren ein spezielles Interesse einer Gruppe Entwickungspsychologen in Nijmegen vorhanden (Vijftigschild et al. 1969; Berger 1972; Wels et al. 1976).

Dieser Artikel versucht, diese zwei Bereiche miteinander zu verbinden und enthält somit eine theoretische Analyse und einen Bericht über eine empirische Untersuchung der Beziehung zwischen Erziehungsstil und Sozialer Intelligenz.

2. Das Erziehungsmodell

Der theoretische Ausgangspunkt wurde gefunden in dem Zweikomponentenmodell der elterlichen Erziehung, wie es von HERRMANN und seinem Kreis verfaßt worden ist (STAPF et al. 1972). Dieses kognitiv-lerntheoretische Modell spezifiziert die Erziehung von Eltern als Bekräftigungsweisen. Es werden ein negativ bekräftigender (strafender) Erziehungsstil (elterliche Strenge) und ein positiv bekräftigender (belohnender) Erziehungsstil (elterliche Unterstützung) unterschieden.

Strenge bedeutet im extremen Fall, daß Eltern immer negativ bekräftigend (strafend) auf das in ihren Augen unerwünschte Verhalten des Kindes reagieren. Ist das Verhalten des Kindes (nicht un-)erwünscht, dann reagieren die Eltern nicht. Unterstützung beinhaltet, wieder im extremen Fall, daß die Eltern immer positiv bekräftigend (belohnend) reagieren, wenn das Kind erwünschtes Verhalten zeigt und daß sie auf unerwünschtes Verhalten nicht reagieren.

Strenge der Eltern bewirkt beim Erzogenen Verbotsorientierung, die gekennzeichnet wird durch ein sogenanntes «Bravheitssyndrom». Unterstützung führt zur Gebotsorientierung, für das das «Cleverness-Syndrom» charakteristisch ist.

Für eine detailliertere Auseinandersetzung des Marburger Modells sei auf STAPFT et al. (1972) verwiesen. Hier soll die Anmerkung genügen, daß das Marburger Modell verschiedene theoretisch ableitbare Aussagen ermöglicht, die teilweise schon überprüft worden sind (STAPF et al. 1972; WELS 1977, 1979). Die Frage ist hier, ob und wie eine Hypothese hinsichtlich der Genese Sozialer Intelligenz von diesem Modell abzuleiten ist. Wir werden uns damit in Abschnitt 4 befassen.

3. Soziale Intelligenz

Sprach man bis vor einigen Jahren von Sozialer Intelligenz, dann betraf die Diskussion fast hauptsächlich das Meßproblem dieses Konzepts. Obwohl viele überzeugt waren und noch sind von der «observational evidence» Sozialer Intelligenz («... Wir fühlen, es müsse so etwas geben wie Soziale Intelligenz ...», ORLIK 1972, S. 380), war bis in die sechziger Jahre noch kein befriedigendes Meßverfahren bekannt (BERGER 1972).

Auf dem 28. Kongreß der DGfPs 1972 wurde noch ein Workshop dem Problem der Sozialen Intelligenz gewidmet. In dem Bericht dieses Workshops (HOEPFNER 1972; ORLIK 1972) finden wir verschiedene neuere Ansätze zur Messung Sozialer Intelligenz, dabei auch den von BERGER (ORLIK 1972, S. 365).

BERGER definiert Soziale Intelligenz folgendermaßen: «Jene Fähigkeit, durch die man alltägliches zwischenmenschliches Verhalten erfaßt, das Verhalten, das man sieht, wenn man handelt, nicht jenes Verhalten, das man in einem Gesichtsausdruck sieht, der aus dem Zusammenhang gerissen ist.» In seiner Dissertation gibt er folgende Definition: «... die Begabung, sich zu öffnen gegenüber alltäglichem zwischenmenschlichen Verhalten» (BERGER 1972, S. 49).

In diesem Zitat wird deutlich, warum BERGER meint, es sei sinnlos, Soziale Intelligenz mit einem situationsfreien Verfahren zu messen. Es geht nicht um eine konzeptuelle Denkweise, sondern um ein spontanes Reagieren in der alltäglichen Wirklichkeit. Deshalb hat er in seinem Verfahren die offene Frageform statt der Multiple-choice-Technik angewendet, die in diesem Bereich oftmals üblich ist.

4. Erziehungsstil und Soziale Intelligenz

Nach dem Marburger Erziehungsstilkonzept führt Unterstützung in der Regel zur Gebotsorientierung. Dies «... bedeutet u. a. die Beherrschung und Manifestation sozialer Spielregeln und Rituale, gutes Benehmen, Gewandtheit und Soziale Intelligenz (= Cleverness-Syndrom)» (STAPF et al. 1972, S. 34).

Wir haben deswegen die empirische Erwartung, Soziale Intelligenz sei in positiver Weise mit Unterstützung und deren Auswirkung, nämlich Gebotsorientierung, verknüpft. Die Ableitung dieser Hypothese aus dem Erziehungsstilkonzept ist der der Intelligenz sehr ähnlich, wie sie in STAPF et al. (a. a. O.) dargestellt ist:

«Ausgeprägt gebotsorientierte Individuen haben relativ viele differenzierte und ausgeformte Fertigkeiten und Gewohnheiten entwickelt. Diese Fertigkeiten und Gewohnheiten werden in der Primärgruppe als erwünscht, geboten bzw. richtig bewertet. ... Dabei handelt es sich auch um kulturelle Fähigkeiten. Soweit intellektuelle Leistungen stark lern- und umweltabhängig sind, sind die unterstützend erzogenen Individuen in dieser Hinsicht den nicht unterstützend Erzogenen überlegen. Diese Leistungen resultieren aus vielfältigen positiven Bekräftigungen, die zur allmählichen Differenzierung und Spezialisierung und damit zur Optimalisierung des intellektuellen Verhaltens geführt haben. Unterstützend erzogene Individuen sollten danach u. a. über *ein besseres allgemeines intellektuelles Verständnis sozialer Situationen* und über ein besseres Sprach- bzw. Wortverständnis verfügen ...» (STAPF et al. 1972, S. 135 f.; Hervorhebung von mir).

Zur Verdeutlichung dieser Ableitung können wir noch folgendes hinzufügen. Für gebotsorientierte Kinder ist eine sozial aktive Einstellung charakteristisch. Außerdem haben sie ein relativ hohes Aktivitätsniveau und verfügen über ein sehr ausgebreitetes Verhaltensrepertoir. Diese sozial aktive Einstellung, große Aktivität und die große Verhaltensdifferenziertheit führt zu einer intensiven und variationsreichen Interaktion mit der sozialen Umgebung.

Demzufolge sind die Chancen für richtiges Lernen und Beobachten des Verhaltens der Menschen in verschiedenen sozialen Situationen erhöht. Das Kind lernt also um so besser die Rollen der andern und welches Verhalten von andern in sozialen Interaktionen zu erwarten ist und schließlich, welches eigene Verhalten adäquat ist. Deshalb steigen die Möglichkeiten der Entwicklung Sozialer Intelligenz.

Es ergibt sich also folgende Erwartung: Je unterstützender Kinder erzogen sind, desto höher ist das Ausmaß ihrer Sozialen Intelligenz.

5. Methoden[1]

5.1 Versuchspersonen

Die Versuchspersonen waren 72 Kinder zweier fünfter Klassen einer Grundschule. Das Alter der Kinder lag zwischen 11 und 13 Jahren; der Mittelwert war 11;5. In der Stichprobe waren 38 Mädchen und 34 Jungen enthalten. Es wurde von den Eltern mittels eines Briefes die Zustimmung erbeten und von fast allen gegeben. Wegen zufälliger Abwesenheit der Kinder, Mißlingens der Tonbandaufnahme usw. sind nicht alle Daten der Kinder vollständig.

5.2 Variablen und methodische Überlegungen

1. Erziehungsstil. Zur Messung des Erziehungsstils wurde die in Nijmegen übersetzte und bearbeitete Fassung der Marburger Skalen angewendet (WELS 1977). Jede Skala zur Messung von elterlicher Strenge und Unterstützung besitzt eine Mutterversion und eine Vaterversion und enthält je 16 Items mit 3 Antwortalternativen: kaum je/manchmal/oft. Für diese Untersuchung würde die Unterstützungsskala genügen, aber wegen der Tatsache, daß in unserer Fassung alle Strenge- und Unterstützungsitems in willkürlicher Reihenfolge durcheinander angeordnet sind, haben wir die ganzen Skalen vorgelegt.

2. Soziale Intelligenz. Zur Messung der Sozialen Intelligenz wurden die Tests von BERGER den Kindern vorgelegt (BERGER 1972; ORLIK 1972).

Untertest 1. «Sozialer Interpretationstest». Der Test besteht aus zweifarbigen, gezeichneten Bildern, deren Darstellung nicht unbedingt realitätgetreu ist. Es gibt zwei Formen A und B; Bild B soll eine Parallelform zu Bild A darstellen. Die beiden Bilder stellen einen Autounfall mit verschiedenen Leuten dar (darunter auch Kinder), die in die Situation involviert sind oder gar nicht an der Sache

---

[1] Die Untersuchung wurde durchgeführt von Ab HERMANS. H. BERGER wirkte freundlicherweise bei der Bewertung der Meßwerte der Sozialen Intelligenz mit.

beteiligt erscheinen. Zu jedem der beiden Bilder werden Fragen gestellt, welche die Kinder frei beantworten können. Diese Antworten werden per Tonband protokolliert.

Untertest 2. «Suggestibilitätstest». Auch hier handelt es sich um ein farbiges, gezeichnete Bild, auf dem einige Jungen Schneebälle auf einen alten Mann werfen. Noch andere Kinder und ein Erwachsener sind an dieser Szene mehr oder weniger beteiligt. Zu diesem Bild sind 12 Fragen, von denen einige in die Irre führen, schriftlich zu beantworten. BERGER ist der Überzeugung, daß sozial intelligente Personen unabhängig bleiben und der Irreführung widerstehen.

Untertest 3. «Vergleichstest». Den Kindern werden zwei Bilder vorgelegt, die je eine Familie in ungefähr der gleichen Situation (der Sohn hat beim Ballspielen die Fensterscheibe des Nachbarn eingeworfen) darstellen, in der aber die beiden Familien unterschiedliche Reaktionen zeigen. Auch hierzu werden 12 Fragen mündlich gestellt und die Antworten wieder per Tonband aufgenommen.

BERGER (1972) hat in seinen Untersuchungen gezeigt, daß die Untertests hoch miteinander korrelieren und relativ unabhängig von der verbalen Intelligenz sind. Dies wurde auch von WELS et al. (1976) bestätigt.

Es bestehen für die Bewertung der «Suggestibilitätstests» und der «Vergleichstests» keine offiziellen, veröffentlichten Bewertungsverfahren. Die Bewertung der Untertests wurde deshalb mit Hilfe BERGERS ausgeführt.

3. Verbale Intelligenz. Eine Messung der verbalen Intelligenz erschien zur Kontrolle unerwünschter Varianz notwendig. Eine alternative Erklärung der gemeinsamen Varianz zwischen Unterstützung (Fragebogenmeßverfahren) und Sozialer Intelligenz durch Wirksamkeit einer dritten Variable, nämlich verbaler Intelligenz, kann somit kontrolliert werden. Wir erwarten eine relative Unabhängigkeit der Unterstützungsskala und der sozialen Intelligenztests von verbaler Intelligenz.

Für die Messung verbaler Intelligenz wurden drei Untertests des ISI (SNIJDERS et al. 1970) angewendet. Es wurden die Untertests Synoniemen (Synonyme), Tegenstellingen (Gegensätze) und Soortbegrip Woorden (Gattungsbegriff der Wörter) ausgewählt.

5.3 Durchführung der Untersuchung

Die verschiedenen Variablen wurden wie folgt gemessen:
1. Die Erziehungsstilskalen.
2. Die ISI Untertests.

Die Erhebung erfolgte klassenweise und schriftlich nach einer mündlichen Instruktion.

3. Die Suggestibilitätstests.
4. Der soziale Interpretationstest (Form A und Form B).
5. Der Vergleichstest.

Diese Tests erfolgten individuell und die Antworten wurden per Tonband protokolliert.

Die Erziehungsstilskalen wurden wegen eines möglichen Reihenfolgeeffekts so vorgelegt, daß je die Hälfte der Klasse die Mutterversion als erste und die andere Hälfte der Vaterversion als erste zu beantworten bekam.

Der Teil der Untersuchung, der individuell stattfand, wurde mit dem schriftlich zu beantwortenden Suggestibilitätstest begonnen. In dieser Weise konnte das Kind sich einigermaßen an die Testsituation gewöhnen. Die Kinder wurden gebeten, nichts von der Testdurchführung den anderen Kindern zu erzählen, woran sich fast alle Kinder hielten.

6. Ergebnisse und Diskussion

Zuerst stellen wir die Ergebnisse der Zusamenhänge zwischen den Erziehungsstilskalen einerseits und den Untertests der Sozialen Intelligenz und den Unterstests der verbalen Intelligenz andererseits dar. Tabelle 1 zeigt die Korrelationen zwischen allen diesen Variablen.

Tabelle 1. Korrelationen zwischen Erziehungsstil, Sozialer Intelligenz und verbaler Intelligenz

	ISI Synonyme	ISI Gegensätze	ISI Gattungsbegriff der Wörter
Perzipierte Unterstützung Mutter	.21*	–.02	–.03
Perzipierte Unterstützung Vater	.24*	.06	–.02
Perzipierte Strenge Mutter	.14	–.21*	–.15
Perzipierte Strenge Vater	.03	–.07	–.09
Sozialer Interpretationstest Form A	.08	.13	.02
Sozialer Interpretationstest Form B	.07	.22	.13
Suggestibilitätstest	.10	.25*	.23*
Vergleichstest	.33*	.33*	.23*

* $p < .05$

Die Koeffizienten sind ohne Ausnahme sehr niedrig, obwohl einige Koeffizienten einen signifikanten Wert erreichen. Der höchste gefundene Wert beträgt nur .33, so daß man auf eine relative Unabhängigkeit der Variablen von verbaler Intelligenz schließen kann.

Als nächstes prüften wir die Hypothese über den erwarteten positiven Zusammenhang zwischen elterlicher Unterstützung und Sozialer Intelligenz. In Tabelle 2 sind die Ergebnisse dargestellt.

Tabelle 2: Korrelationskoeffizienten zwischen perzipierter elterlicher Unterstützung und den Untertests zur Messung der Sozialen Intelligenz

	Sozialer Interpretationstest Form A	Sozialer Interpretationstest Form B	Suggestibilitätstest	Vergleichstest
Perzipierte Unterstützung Mutter	–.04	.05	–.10	.06
Perzipierte Unterstützung Vater	.04	.21*	–.05	.10

* $p < .05$

Die Resultate sind sehr mager. Nur ein Koeffizient (.21) ist signifikant, aber sehr niedrig, so daß die eingangs aufgestellte Hypothese verworfen werden muß.

Bevor wir diese Ergebnisse theoretisch zu erklären versuchen, möchten wir einige methodische Schwächen dieser Untersuchung kurz erwähnen.

Wir haben keine oder relativ niedrige Zusammenhänge gefunden zwischen den vier Untertests der Sozialen Intelligenz. In früheren Untersuchungen zeigten sich Korrelationskoeffizienten bis zu .82 zwischen Form A und B des sozialen Interpretationstests. Die Korrelationen zwischen den anderen Untertests beziffern sich auch meistens um .60 und höher (VIJFTIGSCHILD et al. 1969; BERGER 1972; WELS et al. 1976). BERGER war, als er sich die Protokolle anschaute, darüber erstaunt, daß diese wohl sehr kurz waren im Vergleich zu denen aus anderen Untersuchungen. Die geringe Länge der Protokolle ist vielleicht auf ein zu straff geplantes Untersuchungsverfahren zurückzuführen, vor allem auf eine zu schnell aufeinanderfolgende Vorlage der Tests.

In der Anleitung des sozialen Interpretationstests wird erwähnt, daß dieser Test nie als Anfang einer Untersuchungssituation angewendet werden darf. Das Kind soll unbefangen auf die Bilderserie reagieren, die Situation soll offen sein. In unserer Untersuchung wurden zuerst die (schriftlich zu beantwortenden) Suggestibilitätstests vorgelegt. Vielleicht war nach diesem Test mit seinen irreführenden Fragen die Situation so, daß die Kinder nicht mehr unbefangen auf die weiteren Untertests reagierten.

Eine theoretische Überlegung zu diesen Ergebnissen ist, daß die Ableitung der Hypothese aus dem Marburger Modell gar zu einfach ist. Die von uns formulierte Hypothese berücksichtigt nur die elterliche Unterstützung und läßt die elterliche Strenge (die immer in einem gewissen Maß bei allen Eltern eine Rolle spielt) außer Betracht. Darüber hinaus empfindet das Kind die Einflüsse der beiden Eltern, die nicht unbedingt kompatibel, d. h. von einem ähnlichen Charakter sind.

Ein hohes Ausmaß an Strenge kann so gewissermaßen einen hemmenden Effekt auf die Entwicklung sozialer Intelligenz besitzen, indem sie den fördernden Effekt der Unterstützung der Mutter oder des Vaters oder aber beider Eltern beseitigt.

Dies führt uns zu der Diskussion, die LUKESCH (1975) schon in bezug auf die Marburger Skalen geführt hat. LUKESCH schlägt sogenannte Familientypen vor, in denen Strenge und Unterstützung sowohl der Mutter als auch des Vaters berücksichtigt werden.

Er unterscheidet 4 Typen, in denen jeweils der Vater und die Mutter übereinstimmen in bezug auf Strenge und Unterstützung:

	Typ 1	Typ 2	Typ 3	Typ 4
Strenge Mutter	–	–	+	+
Strenge Vater	–	–	+	+
Unterstützung Mutter	–	+	+	–
Unterstützung Vater	–	+	+	–

–: niedrig
+: hoch

Wenn wir diese Typen hinsichtlich ihrer möglichen Beziehungen zu Sozialer Intelligenz betrachten und unterstellen, daß hohe Strenge einen negativen Effekt und hohe Unterstützung einen positiven Effekt auf die Entwicklung der Sozialen Intelligenz hat, dann ist zu erwarten, daß Kinder, die zum Typ 2 gehören, die höchste Soziale Intelligenz aufweisen. Die Kinder der Typen 1 und 3 werden eine mittlere Position einnehmen und die Kinder des Typs 4 werden die niedrigsten Werte an Sozialer Intelligenz zeigen.

Diese Erwartungen lassen sich leicht nachprüfen. Aufgrund ihrer Werte der Strenge und der Unterstützung sind die Kinder diesen 4 Familientypen zugeordnet worden. Dazu wurde der Mittelwert der gesammten Stichprobe ($n = 72$) als Dichotomisierungswert angewendet: Ungefähr die Hälfte der Kinder ($n = 37$) konnte auf diese Weise eingeteilt werden. Die andere Hälfte der Kinder gehörte zu den sogenannten Antitypen (LUKESCH 1975).

Die Mittelwerte und Streuungen sind aus Tabelle 3 ersichtlich.

Die Unterschiede müßten wohl sehr groß sein, um signifikant zu werden, weil die Gruppen sehr klein sind. Jedenfalls konnten keine signifikanten Unterschiede nachgewiesen werden (t-Test).

Als letztes ist auch noch eine multiple Regression mit den 4 Erziehungsstilwerten der Eltern als Prädiktoren des Suggestibilitätstests und der A-Form des Sozialen Interpretationstests für die 4 Familientypen berechnet worden.

Tabelle 3. Mittelwert ($\bar{X}$) und Streuung (s) der Meßwerte der Sozialen Intelligenz für die 4 Familientypen

		Typ 1 (n = 11)	Typ 2 (n = 10)	Typ 3 (n = 12)	Typ 4 (n = 6)
Sozialer Interpretationstext Form A	$\bar{X}$	10.50	10.20	9.64	9.33
	s	2.07	3.12	2.06	1.37
Sozialer Interpretationstest Form B	$\bar{X}$	8.00	8.50	8.80	7.50
	s	1.67	1.84	2.20	1.72
Suggestibilitätstest	$\bar{X}$	4.27	5.70	4.08	6.00
	s	2.19	2.56	1.93	3.22
Vergleichstest	$\bar{X}$	7.10	8.70	7.55	7.55
	s	3.69	2.50	2.81	2.74

Nur das Resultat in bezug auf Familientyp 2 und den sozialen Interpretationstest war signifikant. Dies könnte als Beleg für die Hypothese gelten, daß niedrige Strenge zusammen mit hoher Unterstützung beider Eltern mit einem hohen Ausmaß der Sozialen Intelligenz einhergeht. Doch wir dürfen dieses Ergebnis nicht überinterpretieren. Es handelt sich bei dieser Berechnung nur um 10 Versuchspersonen mit 4 Prädiktoren (R war .99).

Ist die Interpretation einer multiplen Korrelation sowieso eine schwierige Sache, so ist sie in diesem Fall sehr dubios, so daß wir diesen Resultaten keinen großen Wert beilegen können. Dazu müßte die Fragestellung an einer größeren Stichprobe neu untersucht werden.

Zum Schluß können wir bemerken, daß wir gemäß unserer Ergebnisse damit rechnen müssen, daß es keine einfache Eins-zu-eins-Beziehung zwischen Unterstützung und Sozialer Intelligenz gibt. Folgt man der Strategie der Familientypen und berücksichtigt dabei sowohl die Strenge als auch die Unterstützung der beiden Eltern, dann sind die Ergebnisse dieser Untersuchung nicht viel deutlicher. Wie erwähnt, könnten die nicht idealen Meßumstände bei der Sozialen Intelligenz eine Rolle gespielt haben, außerdem war die Zahl der Kinder arg klein. Dabei könnten weitere Untersuchungen, in denen diese beiden Punkte beachtet werden, nähere Aufklärung bringen.

Literatur

BERGER, H. J. C. 1972. Kijk op de werkelijkheid von alledag. Het meten van sociale intelligentie. Amsterdam: Swets & Zeitlinger.

HOEPFNER, R. 1972. The validity of tests of social intelligence. In: ECKENSBERGER, L. H. & ECKENSBERGER, U. S. (Hg.) Bericht über den 28. Kongreß der Deutschen Gesellschaft für Psychologie in Saarbrücken 1972. Band 3. Göttingen: Hogrefe, S. 321–338.

LUKESCH, H. 1975. Auswirkungen elterlicher Erziehungsstile. Göttingen: Hogrefe.

ORLIK, P. 1972. Probleme der Operationalisierung Sozialer Intelligenz. In: ECKENSBERGER, L. H. & ECKENSBERGER, U. S. (Hg.). Bericht über den 28. Kongreß der Deutschen Gesellschaft für Psychologie in Saarbrücken 1972. Band 3. Göttingen: Hogrefe, S. 339–383.

SNIJDERS, J. T., SOUREN, C. J. & WELTEN, V. J. 1970. ISI-REEKS: Interesse – Schoolvorderingen – Intelligentie. Groningen: Wolters-Noordhof.

STAPF, K. H., HERRMANN, T., STAPF, A. & STÄCKER, K. H. 1972. Psychologie des elterlichen Erziehungsstils. Stuttgart: Klett.

VIJFTIGSCHILD, W., BERGER, H. J. C. & VAN SPAENDONCK, J. A. S. 1969. Sociale Interpretatie Test. Amsterdam: Swets & Zeitlinger.

WELS, P. M. A. 1977. Kijken naar ouders. Opvoedingsstijl emirisch onderzocht aan de hand van een model van bekrachtiging. Doktoral Dissertation, Nijmegen: Stichting Studentenpers.

WELS, P. M. A. 1979. Erziehungsstil und die Entwicklung des Kindes. Eine Anwendung des Marburger Modells. In: KLAUER, K. J. & KORNADT, H.-J. (Hg.) Jahrbuch 1979 für empirische Erziehungswissenschaft. Düsseldorf: Pädagogischer Verlag Schwann.

WELS, P. M. A., BERGER, H. J. C., VAN DEN MUNCKHOF, H. C. P. & LECKIE, G. 1976. Sociale Intelligentie en role taking, synoniem? In: DE WIT, J., BOLLE, H. & VAN MEEL, J. M. (Hg.) Psychologen over het kind. Deel IV. Groningen: Tjeenk Willink, S. 59–86.

19. HELMUT KURY und SIEGFRIED BÄUERLE

Perzipierter elterlicher Erziehungsstil und Angst bei Schülern

Zusammenfassung: Nach einem kurzen Überblick über die relevanten Ergebnisse der bisherigen Forschung zum Zusammenhang zwischen elterlichem Erziehungsstil und Angst bei Kindern wird über eine eigene empirische Untersuchung berichtet. Insgesamt 625 Schüler (N = 310 Jungen und N = 315 Mädchen) verschiedener Schularten im Alter von 10 bis 16 Jahren (Mittelwert = 12,7 Jahre, s = 1,5) wurden mit den «Marburger Skalen zur Erfassung des elterlichen Erziehungsstiles» sowie dem «Angstfragebogen für Schüler (AFS)» getestet. Die Mittelwerte der Marburger Skalen sind im Vergleich zu den Ergebnissen der Testautoren jeweils geringer und zeigen Abweichungen in der Streuung, die Resultate des AFS stimmen mit bisherigen Befunden weitgehend überein. Korrelationsberechnungen sowie Varianz- und Regressionsanalysen ergaben erwartungsgemäß wesentliche Beziehungen zwischen kindperzipiertem elterlichem Erziehungsverhalten sowie Angst der Kinder. Alter, Geschlecht, Schulart und Schichtvariablen erweisen sich als bedeutsame Prädiktoren sowohl für den perzipierten Erziehungsstil als auch für die erlebte Angst der Schüler.

1. Problemstellung

In den letzten Jahren wurden im Rahmen der Erziehungsstilforschung von verschiedener Seite Zusammenhänge zwischen elterlichem Erziehungsverhalten und Merkmalen der kindlichen Persönlichkeit, so auch der Dimension Angst, nachgewiesen (SEITZ et al. 1970; STAPF et al. 1972; HERRMANN et al. 1973; ENGFER & SCHNEEWIND 1975; DARPE & SCHNEEWIND 1978). Es fällt jedoch auf, daß die Ergebnisse der einzelnen Untersuchungen keinesweg einheitlich, sondern vielfach widersprüchlich sind (SLATER 1962; JOHNSON & MEDINNUS 1965; HERRMANN 1969). Teilweise dürfte das daher rühren, daß unterschiedliche Erhebungsinstrumente zur Erfassung des elterlichen Erziehungsstiles eingesetzt wurden, teilweise dürfte der Grund aber auch in den verschiedenartigen, vielfach kaum vergleichbaren Stichproben zu suchen sein. Manche Untersuchungen zeigen auch den Nachteil, daß die Stichprobengröße relativ klein, die Verallgemeinerbarkeit der gefundenen Resultate somit fraglich ist (Pütz 1972). Die von Herrmann et al. (1975, S. 180) aufgestellte Forderung, daß im weiteren Verlauf der Erziehungsstilforschung die aufgestellten Hypothesen neu, und zwar auch mit anderen Instrumenten, zu überprüfen sind, um zu einem gesicherten Bestand an Wissen zu gelangen, gilt somit nach wie vor.

Die vorliegende Untersuchung will auf dem Hintergrund bisheriger relevanter Ergebnisse einen Beitrag zur weiteren Erforschung des Zusammenhangs zwischen kindperzipiertem elterlichem Erziehungsstil hinsichtlich väterlicher und mütterlicher Strenge und Unterstützung sowie kindlicher Angst, vor allem auch Prüfungsangst, leisten. Insgesamt kann als gesichert gelten, daß die «Art und Weise des Erziehungsstiles ... der durch die Erziehungspersonen vertreten wird ... neben biologischen und persönlichkeitsspezifischen Faktoren das mehr oder weniger starke Angstverhalten eines Individuums» determiniert (Lazarus-Mainka 1976, S. 135). So weisen bisherige Forschungsergebnisse vor allem auf eine positive Beziehung zwischen elterlicher Strenge bzw. Kontrolle sowie kindlicher Angst hin (Bandura & Walters 1963). Sarason und Palola (1960) konnten zeigen, daß das Angstverhalten der Kinder durch das Strafverhalten der Eltern mitbedingt ist. So üben Eltern ängstlicher Kinder mehr negative Sanktionen aus als Eltern weniger ängstlicher Kinder (Kornadt & Wirsing 1960; Barnard 1966; Emery & Krumboltz 1967). Auch Stapf et al. fanden, daß Jungen, «die ihre Eltern als streng erleben ... ängstlicher sind als Jungen, die ihre Eltern als nicht streng erleben» (1972, S. 118). Verbotsorientierte haben gelernt, daß sie häufiger bestraft werden und entwickeln offensichtlich aufgrund antizipierter aversiver Reize eine höhere Ängstlichkeit (Stapf 1975, S. 34). Seitz weist auf die Relevanz sowohl erhöhter elterlicher Strenge als auch geringer Unterstützung als Erziehungshintergrund bei kindlicher Angst (1975, S. 128; Christmann 1978) hin. Mehrere Untersuchungen kamen jedoch zu dem Ergebnis, daß im Gegensatz zur elterlichen Strenge die Dimension elterliche Unterstützung offensichtlich keine bzw. eine geringere Bedeutung bei der Entwicklung ängstlicher Verhaltensweisen der Kinder hat (Stapf et al. 1972; Gärtner-Harnach 1973; Schwarzer 1975).

Verschiedene Autoren, so beispielsweise Davidson (1959), Katz (1967), Sarason et al. (1971) und Czerwenka & Seitz (1975) betonen, daß vor allem das Erziehungsverhalten des Vaters mit kindlicher Angst maßgeblich in Beziehung stehe. Im Gegensatz dazu fand Pütz (1972) lediglich zwischen mütterlicher Strenge und Angst einen positiven Zusammenhang. Zu einem vergleichbaren Resultat kamen Biller und Zung (1972), bei deren Untersuchung sich eine positive Korrelation zwischen der mütterlichen Kontrolle und dem Ausmaß kindlicher Angst ergab. Auf eine Beziehung zwischen elterlicher Kontrolle sowie allgemeiner

Ängstlichkeit als auch Schulangst wiesen z. B. MINSEL und FITTKAU (1971) hin. KROHNE betont vor allem einen Zusammenhang zwischen väterlicher Strenge und «erhöhter Angst der so erzogenen Kinder im Leistungsbereich». Im Gegensatz dazu ist nach ihm «mütterliche Strenge eher mit einer allgemeinen Ängstlichkeit der Kinder assoziiert» (1977, S. 23 f.).

2. Hypothesen

Aufgrund bisher vorliegender Forschungsergebnisse gingen wir von folgenden Hypothesen aus:

1. Es besteht ein positiver Zusammenhang zwischen kindperzipierter elterlicher Strenge und den gefundenen Angstwerten (SEITZ & JANKOWSKI 1969a, 1969b; STAPF et al. 1972; BOTTENBERG et al. 1973; DARPE & SCHNEEWIND 1978). Aufgrund der Untersuchungsbefunde von KROHNE (1977, S. 23 f.) kann diese Hypothese wie folgt ergänzt werden: Väterliche Strenge geht vor allem mit erhöhter kindlicher Leistungsangst und mütterliche Strenge mit erhöhter allgemeiner Ängstlichkeit einher.
2. Es besteht ein positiver Zusammenhang zwischen perzipierter elterlicher Strenge und Schulunlust. Aufgrund der wahrgenommenen elterlichen Strenge und der dadurch auch im schulischen Bereich erlebten verstärkten Leistungsanforderung besitzt dieser Bereich für die Schüler vermehrt aversiven Charakter, was sich in einer größeren Schulunlust ausdrückt.
3. Zwischen perzipierter elterlicher Unterstützung und den gefundenen Angstwerten bestehen keine bedeutsamen Beziehungen (STAPF et al. 1972, S. 118; SCHWARZER 1975, S. 80).
4. Zwischen perzipierter elterlicher Unterstützung und Schulunlust besteht ein negativer Zusammenhang: Je mehr die Eltern in ihrem Erziehungsverhalten unterstützend erlebt werden, desto weniger ist der schulische Bereich für die Kinder aversiv besetzt.

3. Erhebungsinstrumente

Zur Operationalisierung des elterlichen Erziehungsverhaltens wählten wir die «Marburger Skalen zur Erfassung des elterlichen Erziehungsstiles» (HERRMANN et al. 1971; STAPF et al. 1972). Überprüfungen zur Testgüte der einzelnen Skalen liegen z. B. von LUKESCH und TISCHLER (1975a) und BOLLINGER und KREFT (1978) vor, wobei hier die Ergebnisse teilweise von den Angaben der Testautoren abweichen.

Die Marburger Skalen erfassen das vom Kind perzipierte elterliche Erziehungsverhalten, das zwar nur schwache Zusammenhänge mit dem von den Eltern selbst wahrgenommenen Erziehungsverhalten zeigt (EPSTEIN & KOMORITA 1965; HERRMANN & STAPF 1968; COX 1970; LUKESCH & TISCHLER 1975b), jedoch eine bessere Vorhersage auf kindliche Verhaltensmerkmale erlaubt und somit offensichtlich relevanter für die kindliche Persönlichkeitsentwicklung ist (COOPER 1966; DAVIDS & HAINSWORTH 1967; DAVIS & PHARES 1969; GOLDIN 1969; AUSUBEL & SULLIVAN 1974).

Das Persönlichkeitsmerkmal Angst wurde mittels des «Angstfragebogens für Schüler (AFS)» erfaßt (WIECZERKOWSKI et al. 1975). Hierbei handelt es sich um einen der am besten standardisierten und validierten Angstfragebogen im deutschsprachigen Bereich. Das Inventar erfaßt die vier faktorenanalytisch gewonnenen Dimensionen Prüfungsangst (PA), manifeste Angst (MA), Schulunlust (SU) sowie soziale Erwünschtheit (SE).

4. Stichprobe

In der Zeit von Januar bis März 1978 wurden von uns in Baden-Württemberg insgesamt N = 310 Schüler und N = 315 Schülerinnen im Alter von 10–16 Jahren (Durschnittsalter = 12,7 Jahre; s = 1,5 Jahren) untersucht. Der Großteil der Stichprobe konzentriert sich auf die Altersgruppen 12 (21,8 %), 13 (25,3 %) und 14 (17,3 %) Jahre. Was die Schulart angeht, wurden neben Realschülern (17,6 %) und Gymnasiasten (21,3 %) vorwiegend Hauptschüler befragt (61,1 %), was an der für uns leichteren Zugänglichkeit dieser Probandengruppe liegt. Bei allen Untersuchungsgruppen war die Mitarbeit der Schüler bei den Testdurchführungen sehr gut; dies zeigte sich auch darin, daß der Ausfall durch unvollständig oder fehlerhaft ausgefüllte Testunterlagen verschwindend gering war. Die Testleiter waren jeweil erfahrene Pädagogen und Psychologen, die besonders eingewiesen wurden. Um zu überprüfen, inwieweit Verfälschungseinflüsse hinsichtlich sozialer Erwünschtheit beim Beantworten der Fragebogen wirksam wurden, füllte etwa die Hälfte der Probanden (52,0 %), die per Zufall ausgewählt wurden, die Fragebogen anonym aus. Obwohl die Mitarbeit der Schüler(-innen) freiwillig war, waren keine Ausfälle zu verzeichnen.

5. Ergebnisse

Tabelle 1 gibt die Mittelwerte und Standardabweichungen der Marburger Skalen sowie der AFS-Dimensionen wieder. Ein Vergleich der Werte der Marburger Skalen mit den entsprechenden Resultaten der Testautoren (Herrmann et al. 1971, S. 123) sowie mit den Ergebnissen von Lukesch & Tischler (1975a, S. 23) zeigt, daß die von uns gefundenen Mittelwerte jeweils kleiner sind. Hinsichtlich der Streuung ergeben sich

Tabelle 1: Mittelwerte und Standardabweichungen der Skalen (Gesamtgruppe, N = 625)

		M	s
Marburger Skalen:	VS	27,02	7,19
	MS	24,54	6,87
	MU	49,50	11,36
	VU	46,42	12,72
AFS:	PA	8,08	4,30
	MA	7,22	3,79
	SU	4,17	2,47
	SE	1,86	1,91

bei uns bei den Strenge-Skalen ebenfalls kleinere, bei den Unterstützung-Skalen jedoch größere Werte. Diese Unterschiede können durch die jeweils andersartige Stichprobenzusammensetzung bedingt sein: So sind die von uns untersuchten Probanden einerseits älter und gehören andererseits zum Teil anderen Schultypen an. Hinsichtlich des AFS konnten die von den Testautoren (Wieczerkowski et al. 1975, S. 29) mitgeteilten Ergebnisse weitgehend bestätigt werden.

Um zu überprüfen, inwieweit die einzelnen Skalen von den erfaßten soziographischen Merkmalen (Alter, Geschlecht, Schulart) sowie der Art der Testdurchführung (anonym bzw. nicht anonym) abhängig sind, führten wir getrennt für beide Erhebungsinstrumente jeweils eine mehrfaktorielle Varianzanalyse durch (vgl. Tabellen 2 und 3). Für beide Inventare zeigten sich – erwartungsgemäß – teilweise starke Abhängigkeiten von den einzelnen Faktoren. So sind beide Strenge-Skalen vom Alter und Geschlecht abhängig, wobei die älteren Jahrgänge offensichtlich dazu tendieren, den Erziehungsstil ihrer Eltern weniger streng zu schildern, was damit zusammenhängen dürfte, daß bei den 14- bis 16jährigen aufgrund der zunehmenden Ablösung vom Elternhaus der Erziehungseinfluß der Eltern abnimmt, somit von den Jugendlichen auch weniger streng empfunden wird; dies sicherlich auch deshalb, weil sie nun mehr Möglichkeiten haben, sich der elterlichen Strenge zu entziehen. Eine ergänzende Erklärungsmöglichkeit ist darin zu sehen, daß die Eltern aufgrund des zunehmenden Alters der Kinder ihren Erziehungsstil in Richtung geringerer Strenge (sowie beim Vater in Richtung geringerer Unterstützung) ändern, was sich auf die Einschätzung des Erziehungsverhaltens von seiten der Erzogenen auswirken dürfte. Die geringeren Strengewerte bei den Mädchen dürften auf ein geschlechtsspezifisches Erziehungsverhalten der Eltern in dieser Dimension zurückzuführen sein. So fanden auch LUKESCH und TISCHLER bei ihrer Untersuchung, daß Mädchen ihre Eltern als weniger streng sehen als Buben (1975a, S. 23; BOLLINGER & KREFT 1978). Die Abhängigkeit beider Unterstützungsskalen von der Schulart, wobei jeweils zunehmende Werte von den Hauptschülern zu den Realschülern und Gymnasiasten festzustellen sind, dürfte weitgehend auf die Variable Schichtzugehörigkeit zurückzuführen sein, worauf auch die relativ hohe Korrelation von r = .41 zwischen Schicht und Schule sowie die Korrelation zwischen Schicht und MU (r = .19) bzw. VU (r = .14) hinweist (vgl. Tabelle 4). Nachgewiesenermaßen besteht ein starker Zusammenhang zwischen Schichtzugehörigkeit der Eltern und deren Erziehungsverhalten sowie der Art der von den Kindern besuchten Schule (SEWELL & HALLER 1959; CAESAR 1972; TRAUTNER 1978). Die unterschiedliche Testdurchführung (anonym versus nicht anonym) hat sich lediglich auf die Skala VU signifikant ausgewirkt, wobei diejenigen Probanden, die den Test anonym ausfüllten, ihren Vater als unterstützender schilderten.

Was die Skalen des AFS anbetrifft, zeigt sich eine Abhängigkeit der Prüfungsangst sowie der Sozialen Erwünschtheit vom Alter, ein Ergebnis, das hinsichtlich der PA das von den Testautoren gefundene Resultat bestätigt (WIECZERKOWSKI et al. 1975, S. 30). Auch die von uns gefundene größere Prüfungsangst und manifeste Angst der Mädchen unterstützt die Ergebnisse von WIECZERKOWSKI et al. Was die Abhängigkeit der Skalen PA, MA und SU von der besuchten Schule anbetrifft, fanden wir im Gegensatz zu den Testautoren jeweils bei den Realschülern die höchsten Angstwerte. Keine der Skalen erwies sich von der Art der Testdurchführung abhängig.

Die bei den Varianzanalysen gefundenen Ergebnisse werden durch die Korrelationsberechnungen bestätigt (vgl. Tabelle 4). Interessante Ergänzungen bringen vor allem die Variablen Geschwisterzahl und Schichtzugehörigkeit.

Es besteht vor allem ein signifikanter negativer Zusammenhang zwischen Geschwisterzahl und den Unterstützungsskalen: je mehr Geschwister die Probanden haben, um so weniger fühlen sie sich von den Eltern unterstützt, was plausibel ist, da die Eltern sich bei mehreren Kindern weniger intensiv dem einzelnen zuwenden können (MÜLLER 1968).

Hinsichtlich des Zusammenhangs zwischen Erziehungsstil und Angst zeigen sich hochsignifikante positive Beziehungen zwischen beiden Strengeskalen sowie PA und MA. Hypothese 1 kann somit in ihrem ersten Teil als bestätigt gelten. Was jedoch die vermuteten Beziehungen zwischen väterlicher Strenge und Angst im Leistungsbereich bzw. müt-

(mehrfaktorielle Varianzanalyse, N = 625)

			VS		*MS*		*MU*		*VU*	
			M	s	M	s	M	s	M	s
Alter in Jahren	10, 11	(N = 146)	27,39	7,89	25,71	7,15	50,19	11,89	48,33	13,38
	12	(N = 136)	26,65	7,78	25,08	7,20	48,99	11,71	47,91	12,93
	13	(N = 158)	28,23	7,25	25,12	7,30	49,84	11,46	45,38	11,98
	14	(N = 108)	26,40	6,06	23,35	5,72	48,65	10,64	45,00	12,30
	15, 16	(N = 77)	25,32	5,52	21,79	5,35	49,55	10,56	44,33	12,73
Geschlecht	männlich	(N = 310)	28,03	7,77	25,72	7,51	48,59	11,14	46,33	12,53
	weiblich	(N = 315)	26,05	6,44	23,38	5,98	50,39	11,51	46,51	12,93
Schulart	Hauptschule	(N = 382)	27,28	7,68	24,87	7,03	48,38	12,07	45,33	13,24
	Realschule	(N = 110)	27,17	6,80	24,56	7,53	49,90	10,50	47,48	11,53
	Gymnasium	(N = 133)	26,21	6,06	23,59	5,71	52,37	9,29	48,47	12,01
Anonymität	anonym	(N = 325)	26,95	6,89	24,81	6,96	49,71	11,69	47,23	12,78
	nicht anonym	(N = 300)	27,10	7,52	24,25	6,78	49,26	11,00	45,53	12,63

		F	p	F	p	F	p	F	p
Haupteffekte	Alter-Geschl.-Schulart-Anonym.	3,35	.00	5,58	.00	2,64	.01	4,65	.00
	Alter	3,09	.02	6,01	.00	1,54	.19	6,21	.00
	Geschlecht	12,27	.00	15,99	.00	1,80	.18	0,03	.99
	Schulart	2,12	.12	0,82	.99	9,19	.00	10,92	.00
	Anonymität	1,75	.18	0,54	.99	2,88	.09	11,97	.00
Wechselwirkung	Alter – Geschlecht	1,40	.23	0,57	.99	0,32	.99	0,82	.99
	Alter – Schulart	1,59	.15	1,09	.37	1,23	.29	1,77	.10
	Alter – Anonymität	0,54	.99	0,41	.99	0,83	.99	2,08	.08
	Geschlecht – Schulart	2,49	.08	0,96	.99	0,30	.99	1,15	.32
	Geschlecht – Anonymität	0,00	.99	0,26	.99	2,53	.11	3,40	.06
	Schulart – Anonymität	0,19	.99	0,61	.99	0,32	.99	0,08	.99
	mult. r^2 =	.045		.074		.036		.061	

Tabelle 3: Abhängigkeit des Angstfragebogens für Schüler von soziographischen Merkmalen (mehrfaktorielle Varianzanalyse, N = 625)

			PA		*MA*		*SU*		*SE*	
			M	s	M	s	M	s	M	s
Alter in Jahren	10, 11	(N = 146)	8,33	4,27	7,35	3,63	3,59	2,39	2,35	2,08
	12	(N = 136)	8,10	4,22	7,15	3,46	3,95	2,24	2,05	1,90
	13	(N = 158)	9,03	3,84	7,66	3,75	4,48	2,32	1,70	1,82
	14	(N = 108)	6,94	4,69	6,54	4,09	4,26	2,77	1,45	1,73
	15, 16	(N = 77)	7,23	4,40	7,16	4,19	4,87	2,64	1,48	1,78
Geschlecht	männlich	(N = 310)	7,28	4,44	6,49	3,74	4,27	2,51	1,81	1,93
	weiblich	(N = 315)	8,88	4,01	7,94	3,70	4,07	2,43	1,90	1,89
Schulart	Hauptschule	(N = 382)	8,04	4,47	7,23	3,83	3,90	2,36	1,93	1,97
	Realschule	(N = 110)	8,81	3,98	8,36	3,65	5,37	2,54	1,48	1,66
	Gymnasium	(N = 133)	7,61	3,99	6,26	3,53	3,95	2,45	1,95	1,90
Anonymität	anonym	(N = 325)	8,20	4,16	7,66	3,73	4,38	2,44	1,80	1,84
	nicht anonym	(N = 300)	7,96	4,45	6,75	3,79	3,94	2,49	1,92	1,98

		F	p	F	p	F	p	F	p
Haupteffekte	Alter-Geschl.-Schulart-Anonym.	6,35	.00	6,74	.00	5,88	.00	3,28	.00
	Alter	5,22	.00	1,48	.20	2,27	.06	5,11	.00
	Geschlecht	22,34	.00	25,38	.00	2,00	.15	0,62	.99
	Schulart	3,04	.05	5,34	.01	11,69	.00	2,43	.09
	Anonymität	0,07	.99	1,76	.18	1,27	.26	1,85	.17
Wechselwirkung	Alter – Geschlecht	2,61	.03	0,93	.99	4,29	.00	1,28	.28
	Alter – Schulart	2,31	.03	1,85	.09	2,24	.04	0,37	.99
	Alter – Anonymität	3,98	.00	1,26	.28	3,07	.02	1,87	.11
	Geschlecht – Schulart	3,58	.03	5,65	.00	6,23	.00	0,93	.99
	Geschlecht – Anonymität	2,94	.08	1,04	.31	6,44	.01	1,00	.99
	Schulart – Anonymität	0,10	.99	3,40	.06	3,38	.06	2,18	.14
	mult. r^2 =	[illegible]		[illegible]		[illegible]			

Tabelle 4: Interkorrelationen zwischen den Testskalen sowie soziographischen Merkmalen

	Geschl.	Alter	Schule	Geschw.	Schicht	VS	MS	MU	VU	PA	MA	SU	SE
Geschlecht	–												
Alter	.03	–											
Schule	.05	.33	–										
Geschwisterzahl	.08	.05	–.21	–									
Schicht	.04	.31	.41	–.07	–								
VS	–.14	–.07	–.06	–.04	–.02	–							
MS	–.17	–.17	–.07	–.02	–.15	.63	–						
MU	.08	–.03	.14	–.21	.19	–.08	–.09	–					
VU	.01	–.13	.11	–.17	.14	–.22	–.06	67	–				
PA	.19	–.10	–.02	.07	–.12	.17	.15	.00	–.08	–			
MA	.19	–.04	–.07	.09	–.15	.20	.19	.10	–.04	.59	–		
SU	–.04	.15	.06	.07	.01	.10	.04	–.20	–.25	.37	.28	–	
SE	.02	–.19	–.02	–.13	–.12	–.01	–.04	.08	.10	–.01	–.11	–.12	-

Anmerkung: Bei einer Stichprobengröße von N = 625 ist der Korrelationskoeffizient signifikant
auf dem 5 % – Niveau bei r = .08
auf dem 1 % – Niveau bei r = .10
auf dem 1 ‰ – Niveau bei r = .13

terlicher Strenge und allgemeiner Ängstlichkeit anbetrifft (KROHNE 1977), fanden wir keine elternspezifischen Differenzen. Das kann jedoch auf die Operationalisierung der unterschiedlichen Angstbereiche zurückzuführen sein. Die postulierte positive Beziehung zwischen elterlicher Strenge und Schulunlust (vgl. Hypothese 2) zeigte sich nur bei der väterlichen Strenge, wobei zu berücksichtigen ist, daß auch hier der Zusammenhang relativ gering ist. Offensichtlich hat elterliche Strenge kaum einen Einfluß auf die Schulunlust der Kinder. Auffallend ist dagegen die starke negative Beziehung zwischen elterlicher Unterstützung und SU (vgl. Hypothese 4): Sowohl väterliche als auch mütterliche Unterstützung stehen in hochsignifikantem Zusammenhang mit geringer kindlicher Schulunlust. Vielmehr als die elterliche Strenge ist es somit die Dimension Unterstützung, welche einen Einfluß darauf auszuüben scheint, wie gerne bzw. ungerne die Kinder zur Schule gehen. Wie aufgrund bisheriger Untersuchungen erwartet (vgl. Hypothese 3), fanden wir zwischen elterlicher Unterstützung sowie kindlicher Angst kaum wesentliche Zusammenhänge.

Die Ergebnisse der Korrelationsberechnungen werden durch die durchgeführte schrittweise multiple Regressionsanalyse im wesentlichen bestätigt (vgl. Tabelle 5). Zur Erklärung sowohl der PA als auch der MA der Kinder trägt die väterliche Strenge am meisten bei. Was die Schulunlust anbetrifft, wird diese vor allem von der väterlichen Unterstützung beeinflußt. Auffallend ist, daß die jeweilige Hinzunahme weiterer Variablen keine wesentliche Steigerung der erklärten Varianz in Prozent der Gesamtvarianz mit sich bringt. Insgesamt ist der durch alle vier Variablen jeweils aufgeklärte Varianzanteil relativ niedrig, was darauf hinweist, daß die durch den AFS gemessenen Angstdimensionen nur eingeschränkt durch den kindperzipierten Erziehungsstil, wie er von den Marburger Skalen erfaßt wird, vorhergesagt werden kann. In diesem Zusammenhang ist auch zu beachten, daß elterliches und kindliches Verhalten in enger Interdependenz zu sehen ist, daß somit nicht nur

Tabelle 5: Abhängigkeit der Angstwerte vom perzipierten Erziehungsstil (schrittweise multiple Regression, N = 625): erklärte Varianz (in % der Gesamtvarianz)

	Abhängige Variable (AFS-Skalen)							
	PA		MA		SU		SE	
Unabhängige Variable (Marburger Skalen)	VS	2,96	VS	3,97	VU	6,68	VU	0,90
	VU	3,24	MU	5,28	VS	6,92	MU	1,01
	MU	3,73	VU	6,22	MU	7,06	MS	1,07
	MS	4,18	MS	7,26	MS	7,15	VS	1,21

eine Beeinflussung kindlicher Persönlichkeit durch das Erziehungsverhalten der Eltern, sondern auch ein umgekehrter Prozeß anzunehmen ist (SCHNEEWIND 1975; 1976; DARPE & SCHNEEWIND 1978).

Die vorliegende Untersuchung konnte einige wesentliche Beziehungen zwischen kindperzipiertem elterlichem Erziehungsverhalten sowie kindlicher Angst nachweisen. Da gerade die Persönlichkeitsdimension Angst eine wichtige Rolle bei der Entstehung von psychischen Störungen spielt (LAZARUS-MAINKA 1976, S. 157), muß die Erforschung ihrer Ursachen eine wesentliche Aufgabe der Psychologie sein. In diesem Zusammenhang hat, wie sich auch bei unserer Untersuchung zeigte, das elterliche Erziehungsverhalten eine große Bedeutung.

Literatur

AUSUBEL, D. P. & SULLIVAN, E. V. 1974. Das Kindesalter. München: Juventa.

BANDURA, A. & WALTERS, R. H. 1963. Social learning and personality development. New York: Holt.

BARNARD, J. W. 1966. The effects of anxiety on connotative meaning. Child Development *37*, 461–472.

BILLER, H. B. & ZUNG, B. 1972. Perceived maternal control, anxiety, and opposite sex role preference among elementary school girls. Journal of Psychology *81*, 85–88.

BOLLINGER, G. & KREFT, W. 1978. Elterliche Strenge und Unterstützung – Methodologische Untersuchungen zu einem Zweikomponenten-Konzept der elterlichen Bekräftigung. Diagnostica *24*, 1–23.

BOTTENBERG, E. H., GAREIS, B. & RAUSCHE, A. 1973. Perzipierte elterliche Erziehungsstile bei männlichen Jugendlichen: Dimensionierung und Skalenkonstruktion. Psychologie und Praxis *17*, 105–125.

CAESAR, B. 1972. Autorität in der Familie. Hamburg: Rowohlt.

CHRISTMANN, H. 1978. Prüfungsangst bei Jungen und Mädchen und familiäre Erziehungsstile. Ein multipler Ekrlärungsansatz. Psychologie in Erziehung und Unterricht *25*, 345–351.

COOPER, J. B. 1966. Two scales of parent evaluation. Journal of Genetic Psychology *108*, 49–52.

COX, S. H. 1970. Intrafamily comparison of loving-rejecting childrearing practices. Child Development *41*, 437–448.

CZERWENKA, K. & SEITZ, W. 1975. Schulrelevante Persönlichkeitsmerkmale bei Jungen und Mädchen und ihr Zusammenhang mit dem verbalen Erziehungsverhalten des Vaters. In: LUKESCH, H. (Hg.) Auswirkungen elterlicher Erziehungsstile. Göttingen: Hogrefe, S. 131–149.

DARPE, F. & SCHNEEWIND, K. A. 1978. Elterlicher Erziehungsstil und kindliche Persönlichkeit. In: SCHNEEWIND, K. & LUKESCH, H. (Hg.) Familiäre Sozialisation. Stuttgart: Klett, S. 149–163.

DAVIDS, A. & HAINSWORTH, P. 1967. Maternal attitudes about family life and childrearings as avowed by mothers and perceived by their under-achieving and high-achieving sons. Journal of Consulting Psychology *31*, 29–37.

DAVIDSON, K. S. 1959. Interviews of parents of high anxious and low anxious children. Child Development *30*, 341–351.

DAVIS, W. & PHARES, E. 1969. Parental antecedents of internal-external control of reinforcement. Psychological Reports *24,* 427–436.

EMERY, J. R. & KRUMBOLTZ, J. D. 1967. Standard versus individualized hierarchies in desensitization to reduce test anxiety. Journal of Counseling Psychology *14,* 204–209.

ENGFER, A. & SCHNEEWIND, K. A. 1975. Über den Zusammenhang zwischen elterlichen Erziehungseinstellungen und dem Bild von der kindlichen Persönlichkeit. In: TACK, W. H. (Hg.) Bericht über den 29. Kongreß der Deutschen Gesellschaft für Psychologie in Salzburg 1974. Göttingen: Hogrefe, S. 189–191.

EPSTEIN, R. & KOMORITA, S. S. 1965. The development of a scale of parental punitiveness toward aggression. Child Development *36,* 129–142.

GÄRTNER-HARNACH, V. 1973. Fragebogen für Schüler FS 5–10. Weinheim: Beltz.

GOLDIN, P. 1969. A review of children's reports of parent behaviors. Psychological Bulletin *71,* 222–237.

HERRMANN, TH. 1969. Lehrbuch der empirischen Persönlichkeitsforschung. Göttingen: Hogrefe.

HERRMANN, TH. & STAPF, A. 1968. Erziehungsstil und Reaktionseinstellung – eine Erkundungsstudie. Berichte aus dem Institut für Psychologie der Philipps-Universität in Marburg/Lahn, No. 19. Marburg: Universität Marburg.

HERRMANN, TH., STAPF, A. & DEUTSCH, W. 1975. Datensammeln ohne Ende? Anmerkungen zur Erziehungsstilforschung. Psychologische Rundschau *26,* 176–182.

HERRMANN, TH., STAPF, A. & KROHNE, H. W. 1971. Die Marburger Skalen zur Erfassung des elterlichen Erziehungsstils. Diagnostica *17,* 118–131.

HERRMANN, TH., STAPF, K. H. & STÄCKER, K.-H. 1973. Elterliche Bekräftigung in der Erziehung. In: REINERT, G. (Hg.) Bericht über den 27. Kongreß der Deutschen Gesellschaft für Psychologie in Kiel 1970. Göttingen: Hogrefe, S. 475–493.

JOHNSON, R. C. & MEDINNUS, G. R. 1965. Child psychology. New York: Wiley.

KATZ, J. 1967. The socialization of academic motivation in minority group children. Nebraska Symposium on Motivation, 133–191.

KORNADT, H. J. & WIRSING, M. 1960. Erziehungsmethoden und frühkindliches Verhalten. Psychologische Beiträge *5,* 383–392.

KROHNE, H. W. 1977. Angst bei Schülern und Studenten. Hamburg: Hoffmann und Campe.

LAZARUS-MAINKA, G. 1976. Psychologische Aspekte der Angst. Stuttgart: Kohlhammer.

LUKESCH, H. & TISCHLER, A. 1975a. Kreuzvalidierung der Marburger Skalen zur Erfassung des elterlichen Erziehungsstils. Psychologie und Praxis *19,* 19–30.

LUKESCH, H. & TISCHLER, A. 1975b. Selbst- und fremdperzipierter elterlicher Erziehungsstil. Zeitschrift für Entwicklungspsychologie und Pädagogische Psychologie *7,* 88–99.

MINSEL, B. & FITTKAU, B. 1971. Konstruktion eines Fragebogens zum Elternverhalten und Versuch einer Validierung. Zeitschrift für Entwicklungspsychologie und Pädagogische Psychologie *3,* 73–88.

MÜLLER, J. O. 1968. Beziehungen zwischen dem Erziehungsstil der Eltern und den Schulleistungen der Kinder. Unveröff. Zulassungsarbeit zum Vordiplom für Psychologen. Würzburg.

PÜTZ, A. 1972. Delinquenz und aggressives Verhalten. Empirische Untersuchung zum Vergleich und zur Analyse von Deliktgruppen mit einer Normalgruppe hinsichtlich aggressiven Verhaltens. Diss. phil., Mainz.

SARASON, J. G. & PALOLA, E. G. 1960. The relationships of test and general anxiety, difficulty of task, and experimental instructions to performance. Journal of Experimental Psychology *59,* 185–191.

SARASON, S. B., DAVIDSON, K. S., LIGHTHALL, F. F., WAITE, R. R. & RUEBUSH, B. K. 1971. Angst bei Schulkindern. Stuttgart: Klett.

SCHNEEWIND, K. A. 1975. Auswirkungen von Erziehungsstilen. Überblick über den Stand der Forschung. In: LUKESCH, H. (Hg.) Auswirkungen elterlicher Erziehungsstile. Göttingen: Hogrefe, S. 14–27.

SCHNEEWIND, K. A. 1976. Erziehungsstil und kindliches Verhalten. Medizinische Klinik *71,* 133–142.

SCHWARZER, R. 1975. Zur Diagnose und zur Bedeutung von Leistungsangst in der Schule. Düsseldorf: Schwann.

SEITZ, W. 1975. Erziehungshintergrund jugendlicher Delinquenz. In: LUKESCH, H. (Hg.) Auswirkungen elterlicher Erziehungsstile. Göttingen: Hogrefe, S. 111–130.

SEITZ, W. & JANKOWSKI, P. 1969a. Zusammenhänge zwischen elterlichem Erziehungsstil und Persönlichkeitszügen der Kinder. Zeitschrift für erziehungswissenschaftliche Forschung *3,* 88–116.

SEITZ, W. & JANKOWSKI, P. 1969b. Zusammenhänge zwischen elterlichem Erziehungsstil und Persönlichkeitszügen der Kinder (2. Teil). Zeitschrift für erziehungswissenschaftliche Forschung *3,* 165–179.

SEITZ, W., WEHNER, E. G. & HENKE, M. 1970. Zusammenhänge zwischen elterlichem Erziehungsstil und Persönlichkeitszügen 7- bis 9jähriger Jungen. Zeitschrift für Entwicklungspsychologie und Pädagogische Psychologie *2,* 165–180.

SEWELL, W. H. & HALLER, A. O. 1959. Factors in the relationship between social status and the personality adjustement of the child. American Sociological Review *63,* 511–520.

SLATER, P. E. 1962. Parental behavior and the personality of the child. Journal of Genetic Psychology *101,* 53.

STAPF, A. 1975. Neuere Untersuchungen zur elterlichen Strenge und Unterstützung. In: LUKESCH, H. (Hg.) Auswirkungen elterlicher Erziehungsstile. Göttingen: Hogrefe, S. 28–39.

STAPF, K.H., HERRMANN, TH., STAPF, A. & STÄCKER, K.-H. 1972. Psychologie des elterlichen Erziehungsstils. Stuttgart: Klett.

TRAUTNER, H. M. 1978. Lehrbuch der Entwicklungspsychologie. Band 1. Göttingen: Hogrefe.

WIECZERKOWSKI, W., NICKEL, H., JANOWSKI, A., FITTKAU, B. & RAUER, W. 1975. Angstfragebogen für Schüler, AFS. Braunschweig: Westermann.

VI. Familiäre Interaktion und abweichendes Verhalten

Für die Erziehungsstilforschung ist die Untersuchung des familiären Interaktionssystems im Hinblick auf seinen Erklärungswert für die Entwicklung von primärem Interesse. Während die Kapitel IV und V dieses Bandes der normalen Entwicklung gewidmet sind, setzt sich das vorliegende mit der Entwicklung von abweichendem Verhalten unter dem Einfluß familiärer Interaktionsdeterminanten auseinander. Die Annahme, daß die menschliche ontogenetische Entwicklung nicht nur eine Resultante von genetischen Faktoren, sondern eine Resultante vielfältiger Wechselwirkungsprozesse darstelle, in die genetische, soziale, ökologische, aber auch kognitive, selbstkontrollierende Determinanten involviert sind, ist nicht nur für die Ausprägung erwünschter Kompetenzen, sondern auch für unerwünschtes Verhalten berechtigt. Die Besonderheit des unerwünschten Verhaltens charakterisiert sich nicht so sehr durch sich selbst als vielmehr durch seine Abweichung besonders von soziokulturellen und funktionalen Normen. Die Erziehungsstilforschung hat deshalb schon früh damit begonnen, Annahmen über familiäre Interaktionskonstellationen zu entwickeln, die die Entwicklung bestimmter Typen von Abweichung begünstigen. Besonders angeregt wurde diese Betrachtung durch die Psychoanalyse. Ein Teil der vorliegenden Beiträge bezieht sich auf die empirische Prüfung verhaltenstheoretischer Hypothesen über die Entstehung abweichenden Verhaltens. In der Arbeit von SCHULTE und NOBACH werden die Mutter-Kind-Interaktionen von «ungehorsamen» Kindern verglichen mit denen von «braven». Neben unmittelbaren Reiz-Reaktions-Parametern, die durch Sequenzanalysen auf ihren Erklärungswert hin überprüft werden, beziehen die beiden Autoren auch einen S-R-übergreifenden Parameter, jenen des Interaktionsklimas, in die Analyse ein.

KURY untersucht die Bedeutung der elterlichen Strenge und Unterstützung nach dem Marburger Zweikomponenten-Konzept bei delinquenten Jugendlichen. Unterscheiden sich delinquente Jugendliche von nicht-delinquenten in diesen beiden verhaltenstheoretisch orientierten Variablen? SEITZ geht bei seiner Arbeit von der Delinquenz als Folge einer in der Lerngeschichte des Individuums erworbenen devianten Persönlichkeitsstruktur aus. Analog zum Beitrag von KURY sollen einerseits unmittelbar wirksame Aspekte des elterlichen Erziehungsverhaltens in ihrem Erklärungswert für die Entstehung von Devianz untersucht werden; darüber hinaus werden diese in ihrem Zusammenwirken mit mittelbar wirksamen Eltern- und Familienvariablen, wie Familienstruktur oder -atmosphäre analysiert. Wie weit ist die Annahme, daß das Ausmaß des Drogenkonsums von Jugendlichen von entsprechenden Verhaltensweisen ihrer Eltern abhängig sei, berechtigt? Diese Frage wird von VOGT untersucht. Die Verfasserin unterzieht diese weitverbreitete These einer präziseren Analyse .

20. Dietmar Schulte und Werner Nobach

Auffordern und Befolgen Eine Analyse kindlichen Ungehorsams[1]

Zusammenfassung: Mutter-Kind-Interaktionen wurden mit Hilfe eines Kategoriensystems (BEKI) nach der Häufigkeit spezifischer Interaktionssequenzen, nämlich Aufforderungen der Mütter und Befolgen bzw. Nicht-Befolgen der Kinder, ausgewertet. 1. Werden Aufforderungen wiederholt, so steigt bei «ungehorsamen» Kindern die Wahrscheinlichkeit zu folgen, während «brave» Kinder solche wiederholten Aufforderungen seltener befolgen. 2. Der Inhalt der Aufforderungen hat kaum einen Einfluß auf die Bereitwilligkeit zu gehorchen, bei braven Kindern jedoch der Ton, in dem die Aufforderungen formuliert wurden. 3. Der Unterschied zwischen den Kindern ist zurückzuführen auf ein gespannteres Interaktionsklima in der Familie ungehorsamer Kinder infolge häufiger negativer Zuwendungen der Mütter wie Kritik und Aufforderungen. Die Ergebnisse werden im Hinblick auf mögliche Schlußfolgerungen für die Therapie diskutiert.

1. Einleitung

Auffordern und das Befolgen oder Nicht-Befolgen von Aufforderungen spielen in der Interaktion von Eltern und ihren Kindern eine entscheidende Rolle. Die Art und Weise, wie Eltern versuchen, das Verhalten ihrer Kinder unmittelbar zu steuern und wie die Kinder darauf reagieren, scheint für das Klima in der Familie besonders wichtig zu sein. Ungehorsam ist – allerdings meist zusammen mit anderen Problemen – ein häufiger Vorstellungsgrund in Erziehungsberatungsstellen. Zusammen mit Wutanfällen, Trotzverhalten, Schimpfen und aggressivem Verhalten wird Ungehorsam von Bernal (1969) als brat-syndrome bezeichnet, als ein höchst aversives Verhaltensmuster, das der Umgebung des Kindes Kontrollversuche äußerst schwer macht.

Die Frage nach den Bedingungen für Befolgen bzw. Nicht-Befolgen von Aufforderungen ist noch aus einem weiteren Grund von Interesse.

[1] Dieser Beitrag erschien in der Zeitschrift für Entwicklungspsychologie und Pädagogische Psychologie (1979). Der Abdruck hier erfolgt mit der freundlichen Genehmigung des Verlages für Psychologie (Dr. C. J. Hogrefe).

Nach der Theorie LURIAS (1961) ist das Befolgen von Aufforderungen die erste Stufe in der Entwicklung der verbalen Selbststeuerung. Entsprechend ähnlich sind auch die experimentellen Versuchsbedingungen bei Untersuchungen zur Selbstregulation, speziell zum «Widerstehen einer Versuchung» (z. B. DMITRUK 1971; KANFER 1966) und bei experimentellen Versuchen zur Bedingungsanalyse kindlichen Gehorsams («forbidden toy paradigm», vgl. DEMBROSKI & PENNEBAKER 1977). In beiden Fällen wird dem Kind eine bestimmte Tätigkeit verboten bzw. eine andere Tätigkeit wird gewünscht; im ersten Fall (Widerstehen einer Versuchung) verläßt der Versuchsleiter danach den Raum, im zweiten Fall bleibt er anwesend. WINSTON und REDD (1976) konnten zeigen, daß die Anwesenheit des Versuchsleiters dann keinen Einfluß hat, wenn das erwünschte Verhalten und das nicht-erwünschte Alternativverhalten gleichermaßen positiv verstärkt werden. Erst wenn das Alternativverhalten stärker belohnt wird als das gewünschte Verhalten, macht sich die Abwesenheit des Versuchsleiters bemerkbar: die Kinder gehorchen weniger.

Verstärkung und Bestrafung ist nach den vorliegenden – in der Regel der Lernpsychologie verpflichteten – Untersuchungen eine entscheidende Variable zur Kontrolle des Verhaltens «Befolgen einer Aufforderung». BUCHER (1973) konnte in Einzelfallexperimenten zeigen, daß die Häufigkeit des Befolgens einer Instruktion bei positiver Verstärkung bedeutend größer ist als unter Löschungsbedingungen. Entscheidend scheint zu sein, in welchem Ausmaß gleichzeitig alternative Tätigkeiten, die jedoch nicht erwünscht bzw. verboten sind, verstärkt werden (WINSTON & REDD 1976). Die Bestrafung der unerwünschten Tätigkeit führt zu einer Reduktion des Nicht-Befolgens bzw. zu einem Anstieg des Befolgens von Instruktionen (DEMBROSKI & PENNEBAKER 1977; FOREHAND et al. 1976; SCARBORO 1975).

Entsprechend solcher Ergebnisse versteht BUCHER (1973) das Verhalten «Befolgen von Instruktionen» (compliance with instructions) als eine generalisierte operante Reaktionsklasse, analog zum Imitationsverhalten, das ebenfalls als ein generalisiertes Operant aufgefaßt werden kann (GEWIRTZ 1969). Das Kind lernt das Befolgen von Instruktionen – unabhängig vom jeweiligen Inhalt. BUCHER (1973) sieht diese Auffassung unter anderem dadurch gestützt, daß sich in seinen Einzelfallexperimenten eine Diskrimination zwischen verstärkten und nicht-verstärkten Aufforderungen nur schwer, bei zwei der vier untersuchten Kinder überhaupt nicht ausbilden ließ.

Dieses Ergebnis widerspricht allerdings der Alltagserfahrung, nach der der Inhalt der Aufforderung durchaus einen Einfluß darauf zu haben scheint, ob das Kind die Aufforderung befolgt oder nicht. Die Übertragbarkeit der experimentellen Ergebnisse auf die familiäre Alltagssituation erscheint grundsätzlich fraglich. Die Reaktion von Kindern auf die Instruktion eines ihnen weitgehend fremden Erwachsenen, in einer fremden Umgebung ein bestimmtes Spiel zu spielen oder nicht, ist nicht unbedingt vergleichbar mit der Reaktion von Kindern auf die täglichen Aufforderungen, Befehle, Verbote und Wünsche der eigenen Eltern.

In der unseres Wissens einzigen Arbeit, in der das Gehorchen von Kindern unter natürlichen Bedingungen systematisch beobachtet wurde (LYTTON & ZWIRNER 1975), zeigte sich, daß die Wahrscheinlichkeit, ob eine Aufforderung befolgt wird oder nicht, nicht unabhängig ist von der Art der Aufforderung. Differenziert wurde allerdings nicht nach dem Inhalt, sondern nach dem Ton und der Art der Aufforderung: Vorschlägen der Eltern (suggestion: «Would you like to ...») gehorchten die Jungen im Alter von durchschnittlich 2,6 Jahren häufiger als direkten Aufforderungen oder Verboten (command-prohibition) oder Aufforderungen mit Angabe des Grundes (reasoning).

Weiterhin konnte in dieser Untersuchung gezeigt werden, daß das Befolgen von Aufforderungen auch davon abhängt, wie sich die Eltern vor der Äußerung der Aufforderung verhalten haben: «Physical control» (Schläge, körperliches Verhindern von Tätigkeiten usw.) und auch «negative action» (Kritik, Ungehaltensein, Schimpfen) förderten eher ein Nicht-Befolgen, hingegen wurde das Befolgen unterstützt durch «positive action» (Ausdruck von Liebe und Zuneigung, Lächeln, Spielen mit dem Kind, Erfüllen von Wünschen).

In dieser Untersuchung steht die Frage im Vordergrund, inwieweit eine Mutter durch ihr Verhalten, vor allem durch die Art ihrer Aufforderungen, das Verhalten ihres Kindes beeinflußt.

2. Methode

Stichprobe und Verhaltensbeobachtung: Untersucht wurde eine unselegierte Stichprobe von Müttern mit ihren Kindern im Grundschulalter, die sich an eine von vier verschiedenen Erziehungsberatungsstellen wegen unterschiedlicher Probleme gewandt hatten. Nur bei einer von diesen 34 Familien war Ungehorsam neben anderen als Vorstellungsgrund angegeben worden. Vorstellungsgründe waren ansonsten bei 13 Familien Schulleistungsprobleme und Konzentrationsstörungen, bei 5 Aggressivität und Gereiztheit der Kinder oder Störung des Unterrichts, bei 4 Kontaktprobleme und somatische Beschwerden wie Kopf- oder Leibschmerzen oder Schlafstörungen. Die restlichen 8 Familien waren wegen unterschiedlicher Probleme angemeldet.

Von den 34 Kindern waren 8 Mädchen und 26 Jungen. Das Durchschnittsalter betrug 9,2 Jahre bei einer Streubreite von 6,7 bis 11 Jahren.

Die behandelnden Kollegen der Beratungsstellen waren gebeten worden, die Mütter – sofern sie einverstanden waren – mit ihren Kindern zu einer etwa einstündigen Sitzung in das Psychologische Institut zu einer Verhaltensbeobachtung für wissenschaftliche Zwecke zu schicken. Die Mütter waren instruiert worden,

Unterlagen für Schularbeiten oder gegebenenfalls Übungsmaterial mitzubringen und für sich selber etwas zur eigenen Beschäftigung, sofern sie ihre Kinder zu Hause normalerweise alleine Schularbeiten machen lassen. Den Müttern wurde außerdem freigestellt, ihre Kinder über die Tatsache der Verhaltensbeobachtung zu informieren.

Nach der Begrüßung versicherte sich der Versuchsleiter, daß die Mutter ausreichend informiert war und gab die erste Instruktion, in der Mutter und Kind gebeten wurden, die Hausaufgaben für den nächsten Tag zu erledigen, und zwar so, wie dies normalerweise auch zu Hause geschehe.

Mutter und Kind saßen in einem Beobachtungsraum vor einer Einwegscheibe und einer Video-Kamera. Aufgezeichnet wurden Zeitstichproben von jeweils 5 Minuten, gefolgt von fünfminütigen Pausen, und zwar vier Phasen, in denen Mutter und Kind Hausaufgaben erledigten, und drei Phasen, in denen sie mit bereitgestelltem Spielmaterial spielen konnten. In einer Nachbefragung gaben drei Viertel der Mütter an, das Verhalten ihrer Kinder und ihr eigenes Verhalten sei durchaus typisch gewesen.

Die Interaktionen von Mutter und Kind wurden mit einem von uns entwickelten Kategoriensystem für die Beobachtung von Eltern-Kind-Interaktionen, genannt BEKI, codiert (SCHULTE in Vorbereitung). Das Beobachtungssytem umfaßt 21 Kategorien, von denen 9 durch Zusatzzeichen noch weiter aufgeteilt sind, so daß insgesamt 32 Kategorien zur Verfügung stehen.

Die Verhaltenscodierung erfolgte anhand der Video-Aufzeichnungen unabhängig durch jeweils zwei von fünf geschulten Beobachtern. Für die Beobachter war zu dem Zeitpunkt die konkrete Fragestellung nicht bekannt. Codiert wurde abwechselnd das Mutterverhalten, dann das Kindverhalten, wieder das Mutterverhalten usw., und zwar jeweils eine Mutter- und eine Kindreaktion pro 6 Sekunden; entsprechende akustische Zeitmarkierungen waren auf die Video-Bänder überspielt worden.

Die Beobachterübereinstimmung war recht gut; im Mittel stimmten die Beobachter in 83,6 Prozent aller Notierungen überein. Der von COHEN (1968) vorgeschlagene zufallskorrigierte Koeffizient Kappa ist im Durschnitt .79. Aufforderungen der Mutter wurden durch folgende Kategorien des BEKI operationalisiert:

AF Aufforderungen und Verbote (keine Hilfestellungen).
AF– Aufforderung minus: in gereiztem Ton vorgetragene Aufforderungen.
AA Ablenkende Aufforderung: Aufforderung, die vom Arbeiten oder Spielen ablenkt.
KA Kritisieren und Auffordern.
BA Bestätigen und Auffordern.
Doppelcodierungen für das schnelle Hintereinander von Kritisieren bzw. Lob und einer Aufforderung, zum Beispiel «gut, weiter!».

Kam das Kind der Aufforderung der Mutter nach, so wurde vorrangig die Kategorie Befolgen bzw. Befolgen minus (unwilliges Befolgen) codiert. Die Dyade: Aufforderungscode – Befolgen bzw. Befolgen minus ist die Operationalisierung für Gehorchen. Der Prozensatz von Aufforderungen der Mutter, auf die das Kind mit Ignorieren (IG), Sich Weigern (WG), Protestieren (PR) oder mit einer (Gegen-) Aufforderung (AF, AF–, AA, KA, BA) reagierte, wurde als Maß für den Ungehorsam eines Kindes gewählt. Sonstige Codes als Antworten auf Aufforderungen der Mütter kamen praktisch nicht vor.

Die Verhaltensprotokolle wurden durch ein von KÜNZEL, SCHULTE und NOBACH (1978) entwickeltes Programm hinsichtlich des Auftretens bestimmter Codefolgen, also etwa Auffordern – Nicht-Befolgen – erneutes Auffordern, analysiert.

3. Ergebnisse

3.1 Häufigkeit von Ungehorsam

Die Mütter der 34 Familien forderten ihre Kinder insgesamt 677mal zu irgendwelchen Tätigkeiten auf, das sind 6 % aller codierten Verhaltensweisen der Mütter. Die Kinder befolgten in 76,7 % der Fälle die Aufforderungen der Mütter; in 23,3 % der Fälle gehorchten sie nicht.

Die Unterschiede zwischen den einzelnen Familien sind recht groß: Die Standardabweichung beträgt 14,9 %. Vier Kinder befolgten sämtliche Aufforderungen ihrer Mütter, hingegen gehorchte ein Kind nur in etwa 40 % der Fälle seiner Mutter.

Zwischen der Situation, in der Mutter und Kind Hausaufgaben erledigten, und der Situation des gemeinsamen Spielens besteht ein Unterschied hinsichtlich der Häufigkeit, mit der Mütter ihre Kinder auffordern: In 6,8 % aller Interaktionen in der Arbeitssituation, hingegen nur in 4,7 % der Fälle in der Spielsituation. Der Unterschied ist hoch signifikant, Chi^2 (1) = 19,95. Die Wahrscheinlichkeit, daß die Kinder die Aufforderungen befolgen bzw. nicht befolgen, ist jedoch in der Arbeits- und der Spielsituation im Mittel gleich, 23,8 % bzw. 21,3 %; Chi^2 (1) = 0,959, $p > .10$. Daher werden für die folgenden Auswertungen die Daten der Arbeits- und der Spielsituation zusammengefaßt.

Die acht Mädchen der Stichprobe sind zwar etwas braver als die Jungen (sie gehorchen in 81,6 %, die Jungen hingegen in 75,2 %); der Unterschied ist jedoch nicht signifikant, $t\ (32) = 1{,}048$, $p > .10$.[1]

Die Stichprobe wurde nach dem Grad des Ungehorsams beim Median in zwei Teilstichproben mit jeweils 17 Versuchspersonen aufgeteilt, in die Gruppen der relativ braven und der relativ ungehorsamen Kinder. Die braven Kinder befolgen durchschnittlich 89 % der Aufforderungen (± 7,6 %), die ungehorsamen nur 64,7 % (± 9,3 %). Die weitere Auswertung geschieht gelegentlich für diese beiden Teilstichproben getrennt.

3.2 Sequentielle Analyse

Aufforderungen der Mütter sind aufzufassen als ein Mittel, das Verhalten des Kindes in eine angezielte Richtung zu verändern. Von daher ist zu erwarten, daß die Mutter gegebenenfalls eine Aufforderung solange wiederholt, bis das Ziel erreicht ist (vgl. Abbildung 1).

---

[1] Von den «first and second grade»-Kindern der Untersuchung von Redd, Amen, Meddock & Winston (1974) waren die Mädchen deutlich ungehorsamer.

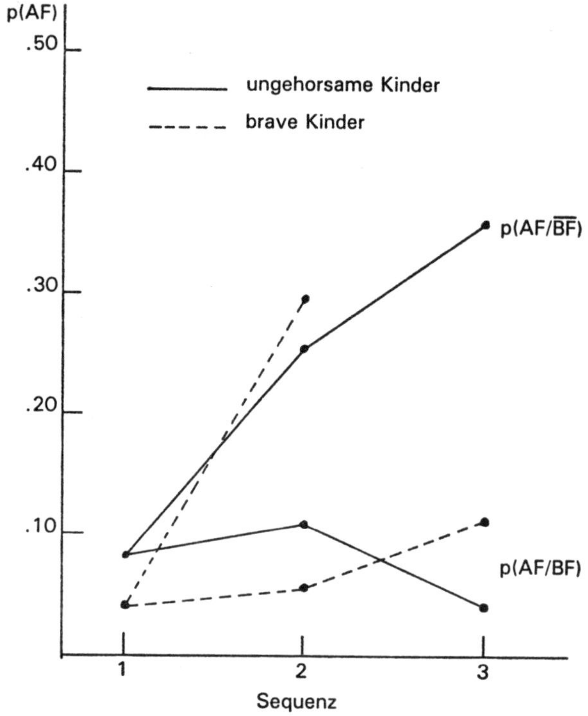

Abbildung 1: Relative Häufigkeit mütterlicher Aufforderungen, «spontan» und nach ein- und zweimaligem Befolgen (p [AF/BF]) und Nicht-Befolgen (p [AF/$\overline{BF}$]).

Tatsächlich steigt die Wahrscheinlichkeit, daß die Mutter mit einer erneuten Aufforderung reagiert, wenn das Kind nicht gefolgt hat, hoch signifikant von 6 % auf 26,2 % und nach zweimaligem Nicht-Befolgen sogar auf 31,2 % an (der zweite Anstieg ist nicht signifikant). Gehorcht das Kind, so bleibt hingegen die Auftrittswahrscheinlichkeit von Aufforderungen der Mutter relativ gleich: 6 %; 8,4 %; 5,7 %.

Das wiederholte Auffordern hat allerdings nur wenig Einfluß auf die Bereitschaft der Kinder, ihrer Mutter zu gehorchen: Die Wahrscheinlichkeit, die Aufforderung zu befolgen, sinkt bei der zweiten Aufforderung sogar etwas von 72 % auf 68 % (nicht signifikant); vgl. auch FOREHAND et al. (1976), LYTTON & ZWIRNER (1975).

Bei getrennter Betrachtungsweise der braven und der ungehorsamen Kinder zeigt sich zunächst, daß alle Mütter gleichermaßen mit erneuter

Aufforderung auf Nicht-Befolgen reagieren. Die geringfügigen Unterschiede zwischen den Gruppen sind nicht signifikant. Unterschiede zeigen sich allerdings in der Reaktion der Kinder: Die ungehorsamen Kinder sind bei wiederholter Aufforderung geringfügig bereitwilliger, der Aufforderung der Mutter nachzukommen (67 % gegenüber 64 %); der Unterschied ist nicht signifikant, Chi^2 (1) = 0,138.

Bei den braven Kindern ist es anders: Während beim ersten Mal die Wahrscheinlichkeit zu gehorchen gleich 87,8 % ist, sinkt sie nach der zweiten Aufforderung auf 75 %. Der Unterschied zwischen den Gruppen hinsichtlich des Verlaufs von der ersten zur zweiten Aufforderung ist sehr signifikant, Chi^2 (1) = 6,659. Mit anderen Worten: Wenn Kinder eine Aufforderung ihrer Mutter beim ersten Mal nicht befolgt haben, so ist bei ungehorsamen Kindern die Wahrscheinlichkeit, daß sie beim zweiten Mal gehorchen, geringfügig größer, bei ansonsten braven Kindern aber deutlich niedriger.

Ein zweiter Unterschied zeigt sich hinsichtlich der Anzahl von Aufforderungen: Jede zwölfte Reaktion der Mütter von ungehorsamen Kinder war eine Aufforderung, hingegen nur jede 25. Reaktion der Mütter braver Kinder. Der Unterschied ist hoch signifikant, Chi^2 (1) = 84,6. Die bedingte Wahrscheinlichkeit, eine Aufforderung nicht zu befolgen – unsere Operationalisierung für Ungehorsam – korreliert sehr signifikant mit der Häufigkeit der Aufforderungen mit .47.

Dies kann nicht damit erklärt werden, daß die Mütter ungehorsamer Kinder sich öfter veranlaßt sehen, eine Aufforderung zu wiederholen, da ihre Kinder beim ersten Mal nicht gehorchen. Selbst wenn man nur die jeweils erste Aufforderung einer möglicherweise längeren Folge von Aufforderungen berücksichtigt, beträgt die Korrelation .44 und der Unterschied zwischen den Gruppen bleibt hoch signifikant, $Chi^2 = 71,8$.

Es bleibt also festzustellen, daß das Wiederholen von Aufforderungen keinen nennenswerten Effekt hat, daß sogar häufiges Auffordern generell eine Variable ist, die mit geringer Bereitschaft zu gehorchen einhergeht.

3.3 Art der Aufforderungen

Ausgangspunkt der weiteren Analyse war die Annahme, daß im Einzelfall die Wahrscheinlichkeit, ob eine Aufforderung befolgt wird oder nicht, davon abhängt, wie die Aufforderung aussieht.

Zunächst einmal wurde die Hypothese überprüft, daß Aufforderungen zu Tätigkeiten, die dem Kind angenehm sind, eher befolgt werden als Aufforderungen zu Tätigkeiten, die das Kind nicht so gerne mag. Da die Kinder nicht mehr befragt werden konnten, wurden jeweils zwei neutrale Rater gebeten, die Aufforderungen der Mütter auf einer Sieben-Punkte-Skala danach zu beurteilen, ob das von den Müttern gewünschte

Verhalten von dem Kind wohl eher als positiv oder als negativ angesehen würde. Die Aufforderungsszenen der 34 Mütter waren in zufälliger Reihenfolge auf ein besonderes Video-Band überspielt worden. Die Rater sahen jede Szene dreimal, bevor sie ihre Beurteilung vornahmen. Die Übereinstimmung der Rater war zufriedenstellend; sie betrug im Mittel 88 %.

Nach Meinung der Rater forderten die Mütter ihre Kinder in 74,6 % der Fälle zu aversiven Tätigkeiten auf, in 25,4 % zu einer positiven Tätigkeit. Das gilt für Mütter braver Kinder in gleicher Weise wie für Mütter ungehorsamer Kinder. Die Wahrscheinlichkeit zu folgen war im ersten Fall mit 69,7 % zwar etwa 7 % niedriger als im zweiten Fall (76,6 %); der Unterschied verfehlte hingegen die Signifikanzgrenze. Das gilt sowohl für die Gruppe der braven als auch für die der ungehorsamen Kinder.

Ein ähnliches Ergebnis brachte die Aufteilung der Aufforderungen der Mütter nach einem anderen Rating. Die Rater hatten diesmal anzugeben, ob die Tätigkeit, zu der die Mutter aufforderte, für das momentane Handlungsziel (Hausaufgaben erledigen in der «Schularbeitensituation», spielen in der «Spielsituation») förderlich bzw. angemessen war oder eher hinderlich oder störend. 84,4 % der Aufforderungen wurden von den Ratern als eher förderlich oder zumindest angemessen beurteilt, nur 15,6 % als unangemessen oder hinderlich. Doch die Wahrscheinlichkeit, ob die Kinder diese Aufforderungen befolgten, war nicht unterschiedlich, $Chi^2 (1) = 0{,}23$, $p > .50$.

Nach diesen Ergebnissen ist – entgegen unserer Annahme – die Wahrscheinlichkeit zu gehorchen weitgehend unabhängig von der Art der geforderten Tätigkeit. Es ist natürlich denkbar, daß die Rater sich nicht genügend in die Rolle des Kindes versetzen konnten. Denkbar ist jedoch auch, daß Aufforderungen für sich genommen so aversiv sind, da sie das Kind unterbrechen und seinen Spielraum einengen, so daß die Tätigkeit, zu der aufgefordert wird, fast zur Nebensache wird. Dafür sprechen auch die Befunde von GREENSFELDER (1976) und von LYTTON und ZWIRNER (1975), nach denen Begründungen der Aufforderungen keinen Effekt hatten (vgl. auch GARDNER 1977). Die Reaktion auf Aufforderungen wäre demnach eher durch die Art der Interaktion bestimmt als durch die konkreten Inhalte der Aufforderungen.

Diese eingangs bereits diskutierte Hypothese wurde überprüft, indem Rater die Aufforderungen der Mütter nach ihrem Ton beurteilten: Formulieren die Mütter ihre Aufforderungen eher freundlich oder eher unfreundlich, eventuell mit einem Unterton, der bereits Strafen für ein Nicht-Befolgen androht?

Nach Meinung der Rater waren die Mütter eher etwas unfreundlich: 68 % der Aufforderungen wurden von ihnen als eher unfreundlich eingestuft. Das gilt in gleicher Weise für die Mütter gehorsamer wie ungehorsamer Kinder, Chi^2 (1) = 1,73, $p > .10$.

Werden im Durchschnitt etwa 72 %[2] der Aufforderungen befolgt, so sinkt deren Anteil auf 69 %, wenn die Mutter unfreundlich aufgefordert hat. Hingegen werden etwa 77 % der freundlich formulierten Aufforderungen befolgt. Dieser Unterschied ist signifikant. Das Ergebnis entspricht den Befunden von LYTTON und ZWIRNER (1975), nach denen Vorschläge der Eltern eher befolgt werden als Aufforderungen.

Teilt man die Stichprobe in brave und ungehorsame Kinder, so zeigt sich, daß die ungehorsamen Kinder durch den Ton der Aufforderung nicht beeinflußt werden. Die Wahrscheinlichkeit, die Aufforderung zu befolgen, bleibt nahezu gleich. Anders die braven Kinder: Wenn die Mutter ihre Aufforderung freundlich formuliert, gehorchen die braven Kinder fast immer. Nur in 3,8 % der Fälle folgen sie nicht. Fordert die Mutter hingegen unfreundlich auf, so steigt der Prozentsatz auf 17 %; der Unterschied ist hoch signifikant.

3.4 Situative Verhaltenskontrolle

Ob ein Kind eine Aufforderung befolgt oder nicht, hängt nach diesen Ergebnissen also kaum davon ab, *wozu* aufgefordert wird. Für vergleichsweise brave Kinder ist es jedoch wichtig, *wie* die Mutter ihren Anspruch vorträgt. Ist sie freundlich, so gehorcht das Kind, formuliert sie ihre Aufforderung hingegen unfreundlich, so sind die sonst braven Kinder bedeutend weniger bereit, der Aufforderung nachzukommen. Das Verhalten «Befolgen einer Aufforderung» steht demnach bei braven Kindern unter unmittelbarer Kontrolle durch das Mutterverhalten.

Das gilt offensichtlich nicht für die relativ ungehorsamen Kinder. Weder der Inhalt noch der Ton der Aufforderung haben einen wesentlichen Einfluß darauf, ob das Kind folgt oder nicht folgt. Das Verhalten dieser Kinder scheint relativ festgelegt zu sein und nicht durch das unmittelbar vorausgehende Verhalten der Mutter beeinflußt werden zu können.

Zur weiteren Überprüfung dieser Hypothese wurde ein Index für das Ausmaß der situativen Verhaltenskontrolle (SV) gebildet, und zwar die Differenz der bedingten Wahrscheinlichkeit für Nicht-Befolgen bei unfreundlichen Aufforderungen minus der bedingten Wahrscheinlichkeit

[2] Bei dieser Skalierung konnten aus technischen Gründen etwa 70 der 677 Aufforderungen nicht berücksichtigt werden.

für Nicht-Befolgen bei freundlichen Aufforderungen, geteilt durch die Wahrscheinlichkeit, irgendeine Aufforderung nicht zu befolgen.

$$SV = \frac{p\,(\overline{BF}/AF-) - p\,(\overline{BF}/AF+)}{p\,(\overline{BF}/AF)}$$

Dieser Wert beträgt bei den braven Kindern im Durchschnitt 1,28, bei ungehorsamen nur 0,24; der Unterschied ist hoch signifikant, t (28)[3] = 3,99.

Nach diesen Ergebnissen hat das unmittelbar vorausgehende Verhalten der Mutter bei ungehorsamen Kindern kaum einen Einfluß auf die kindliche Reaktion, wohl aber bei braven Kindern. Der Grund für diesen Unterschied kann kaum in der unmittelbaren Interaktion selbst liegen, sondern – von überdauernden Personmerkmalen abgesehen – eher in allgemeinen Merkmalen der Interaktion von Mutter und Kind.

Bereits festgestellt wurde, daß Mütter ungehorsamer Kinder weit häufiger zu irgendetwas auffordern. Überhaupt scheinen diese Mütter häufiger unmittelbar auf ihre Kinder einzugehen. Von den 32 Verhaltenskategorien des BEKI bezeichnen 16 eine unmittelbare Zuwendung zum Partner, also entweder ein Herantreten an den Partner mit einem Wunsch, einer Aufforderung, dem Angebot von Hilfe, oder aber Reaktionen auf das Verhalten des Partners wie Kritisieren, Bestätigen, Protestieren usw. Die anderen Kategorien – etwa Spielen, Arbeiten, Sichbeschäftigen – bezeichnen Verhaltensweisen, bei denen die unmittelbare Interaktion nicht im Vordergrund steht.

Es zeigt sich nun, daß Mütter ungehorsamer Kinder hoch signifikant häufiger unmittelbar auf ihr Kind eingehen als Mütter braver Kinder, Chi^2 (1) = 35,5 (vgl. Abbildung 2). 27,6 % aller codierten Verhaltensweisen dieser Mütter waren solche direkten Zuwendungen zum Kind, bei den Müttern braver Kinder waren es nur 22,8 %. Selbst wenn man die Kategorien weg läßt, die Aufforderungen beschreiben – für diese war bereits eine Häufung bei den Müttern ungehorsamer Kinder festgestellt worden –, so zeigt sich noch ein signifikanter Unterschied, Chi^2 (1) = 4,53.

Beispiele für diese 16 Interaktionscodes wurden Schülern im Grundschulalter im Paarvergleich vorgelegt mit der Frage, welches Verhalten der Schüler wohl lieber bei seiner Mutter sähe. Das Ergebnis des Paarvergleichs (vgl. Sixtl 1967) war eine eindimensionale Lösung, die sich eindeutig als Valenzskala interpretieren ließ. Nach dieser Valenzskala lassen sich die 16 Interaktionscodes unterteilen in solche, die von Kin-

---

[3] Die vier Kinder, die sämtliche Aufforderungen befolgten, blieben bei dieser Berechnung unberücksichtigt.

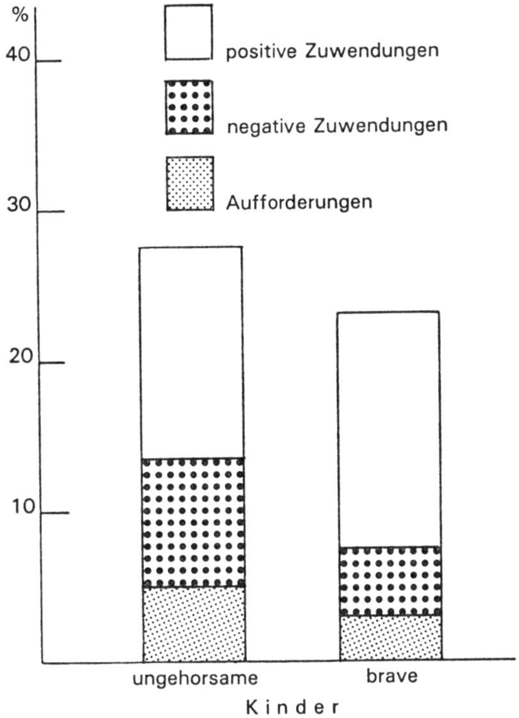

Abbildung 2: Relative Häufigkeit unmittelbarer Zuwendungen der Mütter («Interaktionscodes»).

dern eher als positiv und solche, die eher als negativ bewertet werden. Legt man nun diese Aufteilung unseren Daten zugrunde, so zeigt sich, daß die häufigeren Zuwendungen von Müttern ungehorsamer Kinder vor allem negativ bewertete Zuwendungen sind. Die sieben Kategorien, die von den Kindern positiv bewertet werden, zeigen Mütter braver und ungehorsamer Kinder gleich häufig, Chi^2 (1) = 1,75, $p > .10$. Bezüglich der negativen Zuwendungen zeigt sich hingegen ein hoch signifikanter Unterschied: Fast die Hälfte (49,4 %) aller Interaktionscodes der Mütter ungehorsamer Kinder sind negative Codes, hingegen nur ein Drittel (32,2 %) bei den Müttern braver Kinder, Chi^2 (1) = 84,7, $p < .001$. Ohne Berücksichtigung der Aufforderungscodes, die durchweg als negativ bewertet wurden, ist der Unterschied immer noch hoch signifikant: 30,5 % gegenüber 19,8 %.

Es ist demnach festzustellen, daß tatsächlich Unterschiede in der Interaktion bestehen: Die Mütter braver Kinder sind ihren Kindern gegenüber vergleichsweise zurückhaltend. Sie greifen nicht so häufig ein und lassen die Kinder mehr gewähren. Die Mütter ungehorsamer Kinder hingegen reagieren schneller auf das Verhalten ihrer Kinder, und zwar vor allem häufiger unfreundlich: Sie kritisieren häufiger, reagieren gereizter und fordern vor allem viel häufiger auf. LYTTON und ZWIRNER (1975) verweisen auf unveröffentlichte Ergebnisse, nach denen häufiges Strafen mit Ungehorsam korreliert, hingegen Spielen mit dem Kind, Belohnungen und Erklärungen mit Gehorsam.

Wenn ein negatives Klima besteht, so scheint das Verhalten der Kinder nur unter geringer unmittelbarer Kontrolle durch das mütterliche Verhalten zu stehen. Diese Hypothese wurde weiter überprüft, indem Korrelationen gerechnet wurden zwischen dem bereits erwähnten Index für situative Verhaltenskontrolle und den Variablen, die als Anzeichen eines negativen Klimas interpretiert wurden.

Die Häufigkeit der Aufforderungen korreliert sehr signifikant mit dem Index für situative Verhaltenskontrolle mit – .50, die Häufigkeit der negativ bewerteten Interaktionscodes hoch signifikant mit – .53 und ohne Berücksichtigung der Aufforderungscodes immer noch signifikant mit – .39.

Es wurde noch – in anderem Zusammenhang – ein weiterer Wert berechnet, der als «Furcht vor Strafe» bezeichnet wurde. Es handelt sich um die Summe der Produkte «Wahrscheinlichkeit des Eintretens eines negativ bewerteten Mutterverhaltens multipliziert mit der Valenz dieses nachfolgenden Mutterverhaltens». Die Valenzwerte wurden der bereits oben erwähnten Untersuchung an Schulkindern entnommen. Die Korrelation von Furcht vor Strafe mit dem Index für situative Verhaltenskontrolle ist – .41, $p < .05$.

Es zeigt sich also in der Tat, daß ein negatives Klima oder genauer: daß häufige Eingriffe der Mutter, häufige Kritik und gereiztes Reagieren einhergehen mit einem relativ starren, unflexiblen, durch die vorausgehende Mutterreaktion nur schwer beeinflußbaren Verhalten des Kindes. Dies scheint für beide Seiten plausibel. Für das Kind müssen kurzfristige Veränderungen im Ton der Mutter relativ unwichtig geworden sein und umgekehrt ist das gereizte Verhalten der Mutter verständlich: hat sie doch große Schwierigkeiten, das Verhalten ihres Kindes zu steuern. Sie fühlt sich vermutlich geradezu gezwungen, zu Mitteln wie Kritik und häufige Aufforderungen zu greifen, nur daß dies – wie anfangs gezeigt – nicht zum Erfolg führt.

Sofern die Reduzierung von Ungehorsam als ein Ziel therapeutischer oder pädagogischer Interventionsmaßnahmen aufgestellt wird, ist nach dieser Untersuchung – bei massivem Ungehorsam – nicht oder zumindest nicht nur an dem «Nicht-Befolgen» direkt anzusetzen, sondern eher bzw. auch an dem allgemein gespannten Interaktionsverhalten. In einigen Einzelfallstudien (BERNAL 1969; FOREHAND & KING 1974; HANF & KLING 1973; PATTERSON & REID 1973; WAHLER, WINKEL, PETERSON & MORRISON 1965) wird berichtet, daß zusätzlich zu operanten Behandlungsmaßnahmen die Mütter instruiert wurden, ihren *«verbal output»* zu reduzieren. Diese Maßnahme wurde in keiner der Arbeiten begründet, erscheint aber auf dem Hintergrund der vorliegenden Befunde als möglicherweise entscheidend für den Therapieerfolg.

Literatur

BERNAL, M. E. 1969. Behavioral feedback in the modification of brat behavior. Journal for Nervous and Mental Disorders *148,* 375–385.

BUCHER, B. 1973. Some variables affecting children's compliance with instructions. Journal of Experimental Child Psychology *15,* 10–21.

COHEN, J. 1968. Weighted kappa: Nominal scale agreement with provision for scaled disagreement or partial credit. Psychological Bulletin *70,* 213–220.

DEMBROSKI, T. M. & PENNEBAKER, J. W. 1977. Social class and threat effects on compliance and attitude in black children. Journal of Social Psychology *102,* 317–318.

DMITRUK, V. M. 1971. Incentive preference and resistance to temptation. Child Development *42,* 625–628.

FOREHAND, R. & KING, H. E. 1974. Pre-school children's noncompliance: effects on short-term behavior therapy. Journal of Community Psychology *2,* 42–44.

FOREHAND, R., ROBERTS, M. W., DOLEYS, D. M., HOBBS, S. H. & RESICK, P. A. 1976. An examination of disciplinary procedures with children. Journal of Experimental Child Psychology *21,* 109–120.

GARDNER, A. L. 1977. Effects of an explanation used in conjunction with time out on noncompliance and disruptive behaviors of childern. Dissertation Abstracts International *37,* 4231.

GEWIRTZ, J. L. 1969. Mechanisms of social learning: Some roles of stimulation and behavior in early human development. In: GOSLIN, D. A. (Ed.) Handbook of Socialization Theory and Research. Chicago: Rand McNally 57–212.

GREENSFELDER, L. B. 1976. The effect of providing reasons and behavioral alternatives on compliance behavior in four-year-old boys. Dissertation Abstracts International *37,* 1877–1878.

HANF, C. & KLING, J. 1973. Facilitating parent-child interaction: a two-stage training model. Unpublished Manuscript, University of Oregon, Medical School.

KANFER, F. H. 1966. Influence of age and incentive conditions on children's self-rewards. Psychological Reports *19,* 263–274.

KÜNZEL, R., SCHULTE, D. & NOBACH, W. 1978. DYAL: Ein Programm zur Analyse dyadischer Interaktionen. Bochum.

LURIA, A. R. 1961. The role of speech in the regulation of normal and abnormal behavior. New York: Liveright.

LYTTON, H. & ZWIRNER, W. 1975. Compliance and its controlling stimuli observed in a natural setting. Developmental Psychology *11,* 769–779.

PATTERSON, G. R. & REID, J. B. 1973. Intervention for families of aggressive boys: a replication study. Behaviour Research and Therapy *11,* 383–394.

REDD, W. H., AMEN, D. L., MEDDOCK, T. D. & WINSTON, A. S. 1974. Children's compliance as a function of type of instructions and payoff for noncompliance. Bulletin of the Psychonomic Society *4,* 597–599.

SCARBORO, M. E. 1975. An investigation of the effects of response-contingent ignoring and isolation on the compliance and oppositional behavior of children. Dissertation Abstracts International *35,* 4195.

SCHULTE, D. (in Vorb.). Beobachtungssystem für Eltern-Kind-Interaktion (BEKI).

Sixtl, F. 1967. Meßmethoden der Psychologie. Weinheim: Beltz.
Wahler, R. G., Winkel, G. H., Peterson, R. F. & Morrison, D. C. 1965. Mothers as behavior therapists for their own children. Behavior Research & Therapy *3*, 113–124.
Winston, A. S. & Redd, W. H. 1976. Instructional control as a function of adult presence and competing reinforcement contingencies. Child Development *47*, 264–268.

21. Helmut Kury

Erziehungsstil und Aggressionen bei straffälligen Jugendlichen

Zusammenfassung: Es wird auf die Bedeutung und Notwendigkeit vermehrter psychologischer Forschung im Bereich der Kriminologie hingewiesen. In der eigenen Untersuchung wurden 254 jugendliche inhaftierte Straftäter sowie eine nach Alter, Schulbildung und Schicht ausgewählte Vergleichsgruppe von 284 Schülern, Lehrlingen und Bundeswehrrekruten mit den «Marburger Skalen zur Erfassung des elterlichen Erziehungsstils» sowie dem «Fragebogen zur Erfassung von Aggressivitätsfaktoren» untersucht. Die für die Skalen gefundenen Konsistenzkoeffizienten entsprechen weitgehend bisher vorliegenden Ergebnissen. Mit Ausnahme der Dimension «Summe Aggressivität» unterscheiden sich Delinquente und Nichtdelinquente in allen Skalen signifikant voneinander, wobei die Straffälligen ihre Eltern sowohl als strenger als auch weniger unterstützend schildern. Ferner geben sie mehr «spontane Aggressivität» an, haben höhere Werte in «Erregbarkeit» und vor allem «Selbstaggression» und einen niedrigeren Wert in «reaktiver Aggression» sowie «Aggressionshemmung». Aus den Interkorrelationen geht hervor, daß bei den Straffälligen ein relativ enger Zusammenhang zwischen elterlicher Strenge und «Erregbarkeit» sowie «Selbstaggression» besteht. Bei den Nichtstraffälligen zeigten sich enge Beziehungen zwischen mütterlicher Strenge und den FAF-Skalen 1 bis 4, bei der väterlichen Strenge nur mit FAF-4.

1. Problemstellung

Die bisherige psychologische Forschung beschäftigte sich vor allem in den deutschsprachigen Ländern bis vor Jahren lediglich am Rande mit Fragen der Kriminalitätsentstehung, der Entwicklung und der Persönlichkeitsstruktur von Straftätern sowie deren Behandlung und (Wieder-) Eingliederung in die Gesellschaft. Kriminologische Fragestellungen wurden im Rahmen psychologischer Forschung relativ selten aufgegriffen. So stellt Kaiser zu Recht fest, daß «verglichen mit dem folgenreichen Einfluß soziologischer Konzepte auf die Kriminologie ... der psychologische Beitrag knapp und karg» anmutet (1976, S. 25). In den letzten Jahren hat sich die Situation insofern etwas geändert als sich Psychologen zunehmend der Erforschung kriminologischer Probleme annahmen, vor allem auch der Persönlichkeitsstruktur als Hintergrund für kriminelles Handeln (Lösel 1975; Dillig 1976; Willmow-Feldkamp 1976; Schwenkmezger 1977; Utz 1978; Egg 1979). Eine Ursache für dieses Forschungsinteresse der Psychologen in verschiedenen Bereichen der Kriminologie dürfte in der wachsenden Zahl krimineller Handlungen, vor allem Jugendlicher und Heranwachsender, zu finden sein. Die vielfach gemachte Feststellung, daß das Durchschnittsalter jugendlicher Rechtsbrecher abnehme, somit zunehmend mehr jüngere Jahrgänge, auch Kinder, an der Begehung strafbarer Handlungen beteiligt sind, führte dazu, daß an die beteiligten Wissenschaften, somit auch an die Psychologie, vermehrt die Forderung herangetragen wurde, effiziente Strategien zur Eindämmung der «Kriminalitätsflut» zu entwickeln (Kaiser 1977a; 1977b).

Die bisher vor allem in den Vereinigten Staaten durchgeführten Vergleichsuntersuchungen zur Persönlichkeitsstruktur vor allem jugendlicher, aber auch erwachsener Krimineller bzw. Nicht-Krimineller brachten zwar zahlreiche Einzelergebnisse, die jedoch meist unverbunden nebeneinander stehen, vielfach kaum miteinander vergleichbar bzw. widersprüchlich sind, somit kaum ein einheitliches, konsistentes Bild abgeben. Zusammenfassende Übersichten über den Stand der Persönlichkeitsforschung im Bereich der Kriminologie zeichneten denn auch meist ein düsteres Bild und wiesen auf die zahlreichen Mängel bisheriger Forschungsprojekte hin (Schuessler & Cressey 1950; Waldo & Dinitz 1967; Tennenbaum 1977). Es wird in diesem Zusammenhang zweifellos zu Recht immer wieder auf den Mangel einer einheitlichen Persönlichkeitstheorie als Grundlage empirischer Forschung hingewiesen, die jedoch auch im Bereich der allgemeinen Persönlichkeitspsychologie bisher fehlt und nicht als besonderer Nachteil kriminologischer Persönlichkeitsforschung angesehen werden kann. Die zwischen Delinquenten und Nicht-Delinquenten beschriebenen Unterschiede hinsichtlich ihrer Persönlichkeit beruhen vielfach auf recht globalen und wenig einheitlich definierten und operationalisierten Konzepten wie Psychopathie und Neurotizismus, was mit eine der Ursachen für die unterschiedlichen Forschungsergebnisse sein dürfte (Gibbens 1958; Peterson et al. 1959; 1961; Ball 1962; McCord & McCord 1964).

Viele, zum Teil auch groß angelegte Forschungsprojekte untersuchen den Sozialisationshintergrund vor allem jugendlicher Delinquenter, um so Hinweise auf die Entstehungsbedingungen sozialer Abweichung zu erhalten (Glueck & Glueck 1959; 1962; 1964; McCord et al. 1959; zusammenfassend Moser 1970; Kurzeja 1973; Villmow & Kaiser 1974; Dolde 1978). Im Rahmen dieser Untersuchungen stellte sich heraus, daß die Erziehungsbedingungen bei jugendlichen Delinquenten in der Regel wesentlich ungünstiger sind als bei Nichtauffälligen. So fand das Ehepaar GLUECK bei seinen umfangreichen Längsschnittstudien bei jugendlichen Delinquenten in den Vereinigten Staaten, daß diese von ihren Eltern häufiger vernachlässigt, vielfach auch überstreng – nicht selten körperlich – bestraft werden. Die emotionale Beziehung zwischen den Eltern und ihren Kindern ist in den Familien krimineller Jugendlicher wesentlich schlechter als in denjenigen der nicht auffälligen Vergleichsprobanden (GLUECK & GLUECK 1964; JENKINS 1957; MCCORD et al. 1959; ANDRY 1967; CORTES & GATTI 1972). In diesem Zusammenhang wurde vermehrt auf die große Bedeutung elterlichen Erziehungsverhaltens auf die Entstehung sozialer Abweichung bei den Kindern hingewiesen (MCCORD & MCCORD 1958; zusammenfassend RODMAN & GRAMS 1970). Es zeigte sich, daß die Eltern delinquenter Jugendlicher überdurchschnittlich (aggressiv-) streng in der Erziehung ihrer Kinder waren und vielfach auch eine ablehnende Haltung zeigten (NYE 1958; WINDER & RAU 1962; PETERSON & BECKER 1965; SHORT & STROTBECK 1965; SCHNEEWIND 1975). Vor allem trifft das offensichtlich auf das väterliche Erziehungsverhalten zu (BOTTENBERG et al. 1973; SEITZ 1975; LÖSEL 1978). So fanden auch STAPF et al. im Rahmen ihrer Untersuchungen mit den von ihnen entwickelten «Marburger-Skalen zur Erfassung des elterlichen Erziehungsstiles» bei jugendlichen Delinquenten höhere Werte in den Skalen väterliche als auch mütterliche Strenge als bei der Kontrollgruppe (1972, S. 130 f.). LÖSEL et al. konnten in einer Nachuntersuchung mit einer Kurzform der Skalen lediglich bei der väterlichen Strenge signifikant erhöhte Werte bei jugendlichen Delinquenten finden. In der Skala mütterliche Strenge zeigten die Straffälligen zwar ebenfalls einen höheren Wert als die Vergleichsgruppe, jedoch war der Unterschied statistisch nicht zu sichern (1976, S. 50). PÜTZ, der bei seiner Untersuchung an verschiedenen Delinquentengruppen sowie einer Vergleichsgruppe Nicht-Straffälliger ebenfalls die Marburger-Skalen anwandte, fand dagegen lediglich bei der Skala mütterliche Strenge einen statistisch gesicherten Unterschied zwischen Delinquenten und Nicht-Delinquenten, wobei erstere erwartungsgemäß einen höheren Wert hatten (1972, S. 84). Es zeigt sich bereits hier, daß selbst beim Einsatz ein und desselben Erhebungsinstrumentes die Ergebnisse offenbar nur eingeschränkt replizierbar sind.

Elterliche Strenge steht, wie zahlreiche Untersuchungen zeigen, nicht nur in Zusammenhang mit dem Legalverhalten der so erzogenen, sondern auch mit der Ausprägung deren Aggressivität, was nicht unabhängig voneinander zu sehen ist, da Delinquente in der Regel höhere Aggressivitätswerte haben als Nicht-Auffällige (GATLING 1950; CLARK 1952; HATHAWAY & MONACHESI 1953; 1963; LÖSEL & WÜSTENDORFER 1976). Das trifft offensichtlich nicht nur für die nach außen gerichtete, sondern ebenso für die Selbstaggression zu. So fanden HAMPEL und SELG bei einer Untersuchung, mit dem von ihnen entwickelten «Fragebogen zur Erfassung von Aggressivitätsfaktoren» an einer Stichprobe inhaftierter Straffälliger im Vergleich zur Kontrollgruppe in der Dimension Selbstaggression signifikant höhere Werte (1975, S. 14; LINDZEY & GOLDWYN 1954; SIMONS 1966). PÜTZ konnte in seiner Untersuchung mit demselben Inventar diese Ergebnisse bestätigen (1972, S. 104 f.). Verschiedentlich wird darauf hingewiesen, daß es sich bei dieser erhöhten Selbstaggression inhaftierter Rechtsbrecher um einen Hafteffekt handeln könne (Prisonisierungseffekt), der auch für die in Vollzugsanstalten nicht selten vorkommenden Selbstverstümmelungs- oder gar Selbstmordversuche mitverantwortlich sein dürfte. Zahlreiche Untersuchungen deuten somit darauf hin, daß elterliche Strenge, vor allem in einer aggressiven Ausprägung, als eine der Ursachen kindlicher Aggressivität und Delinquenz angesehen werden kann (BANDURA & WALTERS 1959; BOTTENBERG 1975; anders: KORNADT & WIRSING 1960).

Trotz dieser Forschungsergebnisse bleiben hinsichtlich des Zusammenhangs zwischen Erziehungsstil und Aggressivität bei Delinquenten zahlreiche Fragen offen, vor allem auch wegen der erwähnten, teilweise widersprüchlichen Resultate. Zu Recht wies SEITZ darauf hin, daß «obwohl auch in der kriminologischen Forschung immer wieder die Abhängigkeit empirischer Ergebnisse von der jeweils herangezogenen Stichprobe beobachtet wird (LÖSEL et al. 1974), (es hier immer noch an) vergleichbaren Theorien und Erhebungen und an sogenannten Kreuzvalidierungen» mangelt (1975, S. 130).

Die von uns durchgeführte Untersuchnug soll einen Beitrag zur Klärung der Frage leisten, welche Zusammenhänge zwischen Erziehungsstil und Aggressivität bei delinquenten und nicht-delinquenten Jugendlichen bestehen und inwieweit sich beide Gruppen hierin unterscheiden.

2. Hypothesen

Aufgrund bisheriger Forschungsergebnisse gingen wir von folgenden Hypothesen aus:

1. Delinquente Jugendliche schildern das Erziehungsverhalten ihrer Eltern als strenger als nicht-delinquente.
2. Hinsichtlich der Dimension elterlicher Unterstützung ergeben sich zwischen beiden Gruppen keine bedeutsamen Unterschiede.
3. Delinquente schildern mehr Aggressivität als Nicht-Delinquente.
4. Probanden, die den Erziehungsstil ihrer Eltern als streng empfinden, zeigen mehr Fremd- als auch Selbstaggressionen als solche, die den elterlichen Erziehungsstil als weniger streng schildern.

3. Erhebungsinstrumente

Als Erhebungsinstrumente für das elterliche Erziehungsverhalten wählten wir die «Marburger Skalen zur Erfassung des elterlichen Erziehungsstiles» aus (HERRMANN et al. 1971; STAPF et al. 1972).

Da die Skalen für jüngere Probanden entwickelt wurden, wählten wir eine «retrospektive Instruktion», das elterliche Erziehungsverhalten sollte so geschildert werden, wie es in der Kindheit erlebt wurde (STAPF et al. 1972, S. 130; LÖSEL et al. 1976, S. 48).

Die Aggressivität der Probanden erhoben wir mit dem «Fragebogen zur Erfassung von Aggressivitätsfaktoren – FAF», der von HAMPEL und SELG (1975) in Anlehnung an das «Freiburger Persönlichkeitsinventar – FPI» von FAHRENBERG et al. (1973) entwickelt wurde. Der Fragebogen, der auch durch mehrere Untersuchungen an jugendlichen und heranwachsenden Straftätern validiert wurde, enthält 77 Items, die jeweils mit «stimmt» bzw. «stimmt nicht» zu beantworten sind. Die Items sind zu folgenden faktorenanalytisch gewonnenen Skalen zusammengefaßt: FAF-1 = spontane Aggressivität (körperliche Aggressionen gegenüber anderen Menschen und gegen Tiere), FAF-2 = reaktive Aggressivität (Durchsetzungsstreben bei «konformistischer Grundhaltung»), FAF-3 = Erregbarkeit (erhöhte Affizierbarkeit, die zu vermehrten Wut- und Zornerlebnissen führt), FAF-4 = Selbstaggression (depressive Tendenzen, Unzufriedenheit und negative Einstellung zum Leben), FAF-5 = Aggressionshemmung (Gehemmtheit mit selbstquälerischen Tendenzen). Neben diesen Aggressionsskalen enthält der Fragebogen eine Offenheits-Skala, die als «Lügenskala» gedacht ist, jedoch, wie die Autoren selbst anführen, «von zweifelhaften Wert» ist. Bei der Auswertung des Fragebogens können die Skalen 1–3 zusätzlich zu einem Summenwert zusammengefaßt werden («Summe Aggressivität»), der «die nach außen gerichteten Aggressionsbereitschaften repräsentieren» soll (HAMPEL & SELG 1975, S. 12).

4. Stichproben

Im Rahmen einer groß angelegten Untersuchung zur Sozialisation, Persönlichkeitsstruktur und Kriminalität jugendlicher inhaftierter Rechtsbrecher wurden von uns in der Zugangsabteilung einer großen Jugendvollzugsanstalt 254 männliche Probanden, unter anderem auch mit den Marburger-Skalen und dem FAF getestet. Da sämtliche in den Strafvollzug eingelieferten jungen Rechtsbrecher des Bundeslandes diese Zugangsabteilung durchlaufen und die Ausfälle bei unseren Testuntersuchungen, die von erfahrenen Vollzugspsychologen durchgeführt wurden, sehr gering waren, kann diese Stichprobe – zumindest für Baden-Württemberg – als repräsentativ angesehen werden. Ergänzend hierzu wurden als Kontrollgruppe zunächst 649 Schüler, Lehrlinge und Bundeswehrrekruten mit denselben Testverfahren untersucht. Aus dieser Gruppe wurden in einem ersten Schritt alle diejenigen Probanden ausgeschieden, die bereits einmal strafbare Handlungen begangen haben, unabhängig davon, ob diese entdeckt oder nicht entdeckt wurden. Die nicht offiziell registrierten Straftaten wurden hierbei mit einem Dunkelfeldfragebogen erfaßt. Für die restlichen Probanden nahmen wir eine Parallelisierung mit der Delinquentenstichprobe hinsichtlich der Variablen Alter, Schulbildung und Schicht vor. Es bleiben schließlich 284 übrig, die in die folgenden Berechnungen als Vergleichsgruppe eingingen. Das Alter, sowohl der Delinquenten als auch der Vergleichsprobanden, erstreckte sich von 14–21 Jahre mit einem Mittelwert von 18,5 Jahren.

5. Ergebnisse

Zunächst überprüfen wir, inwieweit die Konsistenzen der von uns verwandten Fragebogenskalen bei den beiden unterschiedlichen Probandengruppen konstant bleiben. Psychologische Testergebnisse sind, wie häufig betont wurde, stark populationsabhängig (SEITZ 1975, S. 130). Vor allem Fragebogenergebnisse werden offensichtlich stark von der sozialen Schicht der Getesteten beeinflußt. Da es sich bei Straffälligen gerade in dieser Hinsicht um eine Extrempopulation handelt, ist eine solche Kontrolle auch hinsichtlich der Aussagekraft der gewonnenen

Tabelle 1: Konsistenzen (Cronbach Alpha) der Marburger Erziehungsstilskalen sowie der FAF-Skalen für Delinquenten (N = 254)- und Vergleichsgruppe (N = 284)

		Delinquente	Vergleichsgruppe
Marburger Skalen	VS	.95	.90
	MS	.94	.90
	MU	.95	.92
	VU	.95	.94
FAF	1	.72	.76
	2	.72	.68
	3	.78	.76
	4	.66	.66
	5	.65	.55
	Summe	.83	.81
	Offenheit	.51	.51

Ergebnisse wichtig (KURY & FENN 1977). Tabelle 1 gibt einen Überblick über die bei den Delinquenten als auch bei der Vergleichsgruppe gefundenen Konsistenzkoeffizienten (Cronbach-Alpha). Es zeigt sich, daß die Werte bei den Delinquenten insgesamt etwas höher sind, was auf die größere Homogenität dieser Gruppe zurückzuführen sein dürfte. Verglichen mit den von LÖSEL et al. ebenfalls bei Delinquenten gefundenen Werten für die Marburger Skalen, liegen unsere Koeffizienten ebenfalls etwas höher, was seinen Grund darin haben dürfte, daß diese Autoren lediglich eine Kurzform des Fragebogens verwandten (10 statt 15 Items pro Skala). Was die Skalen des FAF anbetrifft, fanden wir zwischen Delinquenten- und Vergleichsgruppe eine weitgehende Übereinstimmung. Die von uns gefundenen Werte bestätigen auch die von den Testautoren für die Normpopulation mitgeteilten Konsistenzen (HAMPEL & SELG 1975, S. 23).

Tabelle 2 gibt die bei einem Mittelwertsvergleich zwischen Delinquenten und Nicht-Delinquenten gefundenen Resultate für die einzelnen Skalen wieder. Es zeigt sich, daß mit Ausnahme des «Summenwertes Aggression» alle Skalen, zumindest auf dem 5 %-Signifikanzniveau, zwischen den beiden Gruppen trennen. Erwartungsgemäß (vgl. Hypothese 1) schildern delinquente Jugendliche das Erziehungsverhalten ihrer Eltern als wesentlich strenger als nicht-delinquente. Das gilt sowohl für die väterliche als auch für die mütterliche Strenge. Die von den Testautoren gefundenen Unterschiede hinsichtlich der größeren elterlichen Strenge bei Straffälligen im Vergleich zu Nicht-Straffälligen konnten von uns somit bestätigt werden (STAPF et al. 1972, S. 130). Die Testautoren erklären den Zusammenhang zwischen elterlicher Strenge und späterer

Tabelle 2: Unterschied zwischen Delinquenten (N = 254)- und Vergleichsgruppe (N = 284) hinsichtlich perzipiertem elterlichem Erziehungsstil und Agrressivitätsdimensionen

Skala		Delinquente M	Delinquente s	Vergleichsgruppe M	Vergleichsgruppe s	t	p
Marburger	VS	38,70	15,21	29,17	9,78	9,71	.001
Skalen	MS	33,21	13,47	25,87	9,54	8,31	.001
	MU	45,77	14,35	48,17	12,37	2,36	.019
	VU	40,44	15,32	43,96	13,42	3,12	.002
FAF	1	6,69	3,53	6,13	3,56	1,98	.048
	2	5,25	2,81	5,69	2,66	2,00	.046
	3	7,13	3,24	6,36	3,18	3,01	.003
	4	7,51	2,32	5,13	2,49	12,37	.001
	5	4,79	2,29	5,65	2,11	4,90	.001
	Summe	19,08	8,25	18,22	7,91	1,33	.183
	Offenheit	6,86	1,75	6,38	1,93	3,27	.001

Delinquenz der so Erzogenen in Anlehnung an die Untersuchungen von AZRIN und HOLZ (1966) als «Kontrasteffekt» derart, «daß unter bestimmten Bedingungen das Aussetzen der Strafreize zu einer Erhöhung der Reaktionsrate führt, die höher sein kann als vor der experimentellen Prozedur (post-punishment increase)» (STAPF et al. 1972, S. 128). Gerade der Übergang von der Primärgruppe (Elternhaus) in andere Bezugsgruppen (peer-groups) kann diesen Kontrast verstärkt zur Wirkung bringen. Was die Resultate von LÖSEL et al. (1976) sowie PÜTZ (1972) anbetrifft, ergibt sich hier nur eine teilweise Übereinstimmung, da diese jeweils nur in einer Strengeskala statistisch bedeutsame Unterschiede fanden. Zweifellos dürfte das auch mit der bei diesen Untersuchungen unterschiedlichen Stichprobenzusammensetzung zusammenhängen.

Hinsichtlich der Unterstützungs-Skalen fanden wir im Gegensatz zu den genannten Untersuchungen ebenfalls sehr bedeutsame Unterschiede zwischen Delinquenten und Nicht-Delinquenten, wobei sich erstere offensichtlich von ihren Eltern weniger unterstützt fühlen. Dieses Ergebnis bestätigt jedoch Hypothese 2 bei LÖSEL et al., da nämlich die Unterstützungswerte «entsprechend der Annahme der Gebotsorientierung (Verfügung über pro-soziale Verhaltensmuster) bei Delinquenten niedriger sein sollten als bei offiziell Unauffälligen» (1976, S. 47). Die Autoren selbst fanden bei der Delinquentengruppe lediglich tendenziell erniedrigte Unterstützungswerte, konnten jedoch ihre Hypothese nicht bestätigen. Die von uns gefundenen geringeren Unterstützungswerte bei den Straffälligen werden durch die Resultate von BOTTENBERG et al. (1973), die bei ihrer Untersuchung die hoch mit den Marburger Skalen korrelierenden Braunschweiger Skalen zur Erfassung des perzipierten elterlichen Erziehungsstiles verwandten, bestätigt. Auffallend ist die bereits bei LÖSEL et al. (1976, S. 50) gefundene größere Streubreite der Skalenwerte bei den jugendlichen Delinquenten. Das von diesen Autoren mitgeteilte Ergebnis, daß offensichtlich «Delinquente häufiger extremeres Erziehungsverhalten erfahren haben als Unauffällige», kann von uns somit bestätigt werden (1976, S. 50).

Hinsichtlich der Ergebnisse zum Aggressionsfragebogen FAF zeigt sich, daß die in Hypothese 3 postulierten Resultate weitgehend gefunden wurden. So ergeben sich bei den Delinquenten höhere Skalenwerte in FAF-1 (spontane Aggressivität), FAF-3 (Erregbarkeit) und FAF-4 (Selbstaggression). Diese Ergebnisse weisen darauf hin, daß Straffällige höhere Aggressionen gegenüber anderen Menschen, aber auch gegen sich selbst haben und eine geringere Affektsteuerung und Frustrationstoleranz besitzen als Nicht-Straffällige (HAMPEL & SELG 1975, S. 11). Was die reaktive Aggressivität anbetrifft, scheinen sie eher einen aggressiven Verhaltensstil abzulehnen, jedoch ist hier zu beachten, daß, wie auch bei der Skala FAF-1, die Unterschiede nur knapp das Signifikanzniveau erreichen. Die Stabilität dieser Ergebnisse muß sonst in weiteren Untersuchungen überprüft werden. Entsprechend den erhöhten Aggressionswerten besitzen die Delinquenten eine niedrigere Aggressionshemmung. Auffallend ist, daß der größte Unterschied zwischen den beiden Gruppen in der Skala Selbstaggression auftritt, was dafür spricht, daß Delinquente stärker unter depressiven Verstimmungen leiden und zu Ressentiments und Mißtrauen neigen. Die Skala ist jedoch auch ein Indikator für erhöhte Selbstmordtendenzen. Es ist den Testautoren zuzustimmen, wenn sie anführen, daß diese erhöhte Selbstaggression auch eine Wirkung der Inhaftierung sein kann (Hampel & Selg 1975, S. 14). Aufgrund der in der Regel immer noch ungünstigen Haftbedingungen in den Jugendvollzugsanstalten ist anzunehmen, daß bei den Insassen eine wachsende Unzufriedenheit um sich greift und sie mit zunehmender Haftdauer eher eine negative Einstellung zum Leben erhalten. Hierfür sprechen auch zahlreiche gefängnissoziologische Untersuchungen, die vor allem auch in den Vereinigten Staaten durchgeführt wurden (Clemmer 1958; Hoppensack 1969; Harbordt 1972). Selbstverständlich kann die Inhaftierung sich auch auf die übrigen Skalenwerte auswirken, so daß letztlich zu überprüfen wäre, inwieweit die von uns gefundenen Ergebnisse auch für nicht-inhaftierte Straftäter Gültigkeit haben. Im Gegensatz zu den Marburger Skalen, bei denen wir für die Delinquentengruppe eine wesentliche größere Streuung feststellten als bei der Vergleichsgruppe, trifft dies für die Skalen des AFS nicht zu.

Um die Zusammenhänge zwischen dem perzipierten elterlichen Erziehungsstil und der Aggressivität zu erfassen, berechneten wir getrennt für beide Gruppen die Interkorrelationen (vgl. Tabelle 3). Für die Straffälligengruppe zeigten sich signifikante positive Beziehungen zwischen beiden Strengeskalen sowie FAF-3 (Erregbarkeit), FAF-4 (Selbstaggression) und dem «Summenwert Aggression», für die mütterliche Strenge zusätzlich mit FAF-1 (spontane Aggression). Bei der Vergleichsgruppe besteht bei der väterlichen Strenge lediglich eine überzufällige Beziehung zu FAF-4 (Selbstaggression), bei mütterlicher Strenge jedoch mit Ausnahme von FAF-5 (Aggressionshemmung) zu allen Aggressionsskalen. Hypothese 4 kann somit weitgehend als bestätigt gelten. Somit schildern Probanden, die den Erziehungsstil ihrer Eltern – bei den Nicht-Delinquenten vorwiegend den der Mutter – als streng beschreiben, mehr Aggressionen als solche, die sich weniger streng erzogen fühlen. Es ist zu vermuten, daß durch den strengen Erziehungsstil der Eltern, der sich bei den Straffälligen vielfach durch eine aggressive Strenge charakterisieren lassen dürfte, die Entwicklung von Aggressionen bei den Kindern gefördert wird (Bandura & Walters 1959). Es ist jedoch auch davon auszugehen, daß ein Interaktionsverhältnis zwischen kindlicher Aggression und elterlichem Erziehungsstil derart besteht, daß das Kind infolge

Tabelle 3: Interkorrelationen zwischen den Marburger Erziehungsstilskalen und den Skalen des FAF. Unterhalb der Diagonale sind die Werte für die Delinquentenstichprobe (N = 254), oberhalb für die Vergleichsstichprobe (N = 284) angegeben

					FAF						
	VS	MS	MU	VU	1	2	3	4	5	Su.	Off.
VS	–	.63	.04	–.11	.11	.05	.09	.18	.06	.10	.21
MS	.48	–	.04	.05	.23	.21	.20	.25	.04	.25	.20
MU	–.07	–.30	–	.78	–.13	–.03	–.02	–.09	.18	–.07	.06
VU	–.32	–.02	.45	–	–.14	–.01	–.02	–.13	.16	–.07	–.05
FAF 1	.11	.16	.13	.04	–	.60	.54	.49	–.19	.87	.43
FAF 2	.06	.10	.13	.11	.65	–	.56	.39	–.07	.83	.31
FAF 3	.22	.18	.02	–.06	.63	.62	–	.43	–.04	.83	.39
FAF 4	.25	.25	–.04	–.05	.29	.14	.38	–	.12	.52	.43
FAF 5	.00	.07	.11	.31	–.13	–.15	–.16	.21	–	–.12	.00
Summe	.15	.17	.11	.03	.89	.85	.87	.32	–.16	–	.46
Offenheit	.20	.19	.08	.06	.39	.35	.49	.32	–.06	.47	–

Anmerkung: Bei der Stichprobengröße von N = 284 bzw. N = 254 ist der Korrelationskoeffizient signifikant
auf dem 5 % – Niveau bei r = .12
auf dem 1 % – Niveau bei r = .16
auf dem 1 ‰ – Niveau bei r = .20

seiner aggressiven Verhaltensweisen häufiger von den Eltern bestraft wird. Auch Sears et al. (1957) wiesen auf das Interaktionsverhältnis zwischen kindlicher Aggressivität und elterlichem Strafverhalten hin.

Auffallend ist, daß im Gegensatz zu den Delinquenten bei den Nicht-Delinquenten das väterliche Strafverhalten in weitaus geringerem Zusammenhang mit der kindlichen Aggressivität steht. Das mütterliche Verhalten scheint hier eine größere Bedeutung für die Entwicklung der Aggressivität der Kinder zu haben. Dies deutet sich bei den Delinquenten nur insofern an, als die mütterliche im Gegensatz zur väterlichen Strenge auch in Beziehung mit der spontanen Aggressivität (FAF-1) der Erzogenen zu sehen ist. Sowohl bei Vergleichs- als auch Delinquentengruppe zeigen sich die jeweils stärksten Beziehungen zwischen der elterlichen Strenge und der Dimension Selbstaggression (FAF-4). Offensichtlich führt ein strenger Erziehungsstil zu vermehrten kindlichen Selbstvorwürfen, depressiven Stimmungen, Mißtrauen und Ressentiments.

Was die elterliche Unterstützung betrifft, zeigen sich bei den Straffälligen zwar signifikante, aber absolut gesehen, relativ geringe Beziehungen zwischen mütterlicher Unterstützung sowie spontaner und reaktiver Aggressivität. Demgegenüber fällt jedoch der hohe positive Zusammenhang zwischen väterlicher Unterstützung sowie kindlicher Aggressionshemmung (FAF-5) auf, ein Ergebnis, das sich auch bei den Vergleichsprobanden finden läßt, wobei hier zusätzlich eine positive Beziehung zwischen mütterlicher Unterstützung und Aggressionshemmung besteht. Offensichtlich fördert eine unterstützende Haltung der Eltern ein Unterdrücken aggressiver Tendenzen bei den Kindern, wobei jedoch auch hier von einem Interdependenzverhältnis auszugehen ist. Bei den Nicht-Straffälligen zeigt sich zusätzlich eine negative Korrelation zwischen elterlicher Unterstützung und spontaner Aggressivität (FAF-1), die bei den Delinquenten nicht festzustellen ist. Je mehr sich hier die Jugendlichen unterstützt fühlen, um so weniger spontane Aggressivität scheinen sie zu äußern, was das vorher geschilderte Resultat unterstreicht.

Hinsichtlich der Interkorrelationen zwischen den Marburger Skalen bei den Delinquenten konnten wir das bereits von Stapf et al. (1972, S. 130) sowie Lösel et al. (1976, S. 54) gefundene Ergebnis, daß sowohl relativ hohe negative Beziehungen zwischen mütterlicher Strenge und Unterstützung, als auch zwischen väterlicher Strenge und Unterstützung bestehen, bestätigen. Die Skalen erweisen sich somit bei dieser Gruppe als voneinander abhängig, was von den Testautoren auf das Alter der Probanden zurückgeführt wird. Gegen diese Annahme spricht jedoch, daß sich dieser Zusammenhang bei uns wie auch bei Lösel et al. bei der Delinquentengruppe, nicht jedoch bei der gleichaltrigen Vergleichsgruppe nachweisen läßt. Offensichtlich handelt es sich hierbei um ein delinquenzspezifisches Phänomen, was darauf hindeutet, daß die Straffälligen unterstützendes und bestrafendes Erziehungsverhalten ihrer Eltern nicht unabhängig voneinander sehen. Strenge Eltern werden hier als wenig unterstützend und unterstützende als wenig streng geschildert. Bei den Nicht-Straffälligen variieren die beiden Erziehungsstildimensionen weitgehend unabhängig voneinander. Die zwischen den FAF-Dimensionen gefundenen Interkorrelationen entsprechen weitgehend den von den Testautoren berichteten Werten (Hampel & Selg 1975, S. 17). Zwischen Delinquenten und Nicht-Delinquenten zeigen sich hier kaum wesentliche Unterschiede.

Es konnten mit der vorliegenden Untersuchung bisherige Ergebnisse zu Erziehungsstil und Aggressivität bei delinquenten und nicht-delinquenten Jugendlichen zum Teil bestätigt werden, teilweise ergaben sich jedoch auch erhebliche Unterschiede, welche die Durchführung weiterer Studien zu diesem wichtigen Bereich nahelegen. Gerade bei Delinquenten steht die psychologische Persönlichkeitsforschung noch am Anfang und kann bisher kaum gesicherte Ergebnisse vorweisen. Das ist insofern sehr nachteilig, als in der Vollzugspraxis täglich wichtige Entscheidungen hinsichtlich der Behandlung der Inhaftierten gefällt werden müssen, ohne daß hierfür die nötigen Erkenntnisse vorliegen. Die Psychologie sollte es sich deshalb zur Aufgabe machen, vermehrt im kriminologischen Bereich zu forschen.

Literatur

Andry, G. R. 1967. Faulty paternal and maternal-child relationships, affection and delinquency. British Journal of Criminology and Delinquency *8,* 34–38.

Azrin, N. H. & Holz, W. C. 1966. Punishment. In: Honig, W. K. (Ed.) Operant behavior: Areas of research and application. New York: Appleton-Century-Crofts, S. 380–447.

Ball, J. C. 1962. Social deviancy and adolescent personality. Lexington: Univ. of Kentucky Press.

Bandura, A. & Walters, R. H. 1959. Adolescent aggression. New York: Ronald Press.

Bottenberg, E. H. 1975. Aggressivität und perzipierte elterliche Erziehungsstile. Schweizerische Zeitschrift für Psychologie und ihre Anwendungen *34,* 129–140.

Bottenberg, E. H., Gareis, B. & Rausche, A. 1973. Perzipierte elterliche Erziehungsstile bei männlichen Jugendlichen: Dimensionierung und Skalenkonstruktion. Psychologie und Praxis *17,* 105–125.

Clark, H. H. 1952. The relationship between MMPI scores and psychiatric classification of army general prisoners. Journal of Clinical Psychology *8,* 86–101.

Clemmer, D. 1958. The Prison Community. New York: Holt, Rinehart & Winston.

Cortes, J. B. & Gatti, F. M. 1972. Delinquency and crime. New York: Seminar Press.

Dillig, P. 1976. Selbstkonzept und Kriminalität. Diss. Phil., Erlangen.

Dolde, G. 1978. Sozialisation und kriminelle Karriere. Eine empirische Analyse der sozio-ökonomischen und familialen Sozialisationsbedingungen männlicher Strafgefangener im Vergleich zur «Normal»-Bevölkerung. München: Minerva Publikation.

Egg, R. 1979. Sozialtherapie und Strafvollzug. Diss. Phil., Nürnberg.

Fahrenberg, J., Selg, H. & Hampel, R. 1973. Freiburger Persönlichkeitsinventar. F-P-I. Göttingen: Hogrefe.

Gatling, F. P. 1950. Frustration reaction of delinquents using Rosenzweig's classification system. Journal of Abnormal and Social Psychology *45,* 749–782.

Gibbens, T. C. N. 1958. The Porteus Maze Test and delinquency. British Journal of Educational Psychology *28,* 209–218.

Glueck, S. & Glueck, E. T. 1962. Family environment and delinquency. London: Routledge & Kegan Paul.

Glueck, S. & Glueck, E. T. 1964. Unraveling juvenile delinquency. Cambridge/Mass.: Harvard University Press.

Glueck, S. & Glueck, E. T. 1959. Predicting delinquency and crime. Cambridge/Mass.: Harvard University Press.

Hampel, R. & Selg, H. 1975. FAF – Fragebogen zur Erfassung von Aggressivitätsfaktoren. Göttingen: Hogrefe.

Harbordt, S. 1972. Die Subkultur des Gefängnisses. Eine soziologische Studie zur Resozialisierung. Stuttgart: Enke.

Hathaway, S. R. & Monachesi, E. D. (Hg.) 1953. Analyzing and predicting juvenile delinquency with the MMPI. Minneapolis: University of Minnesota Press.

Hathaway, S. R. & Monachesi, E. D. 1963. Adolescent personality and behavior. Minneapolis: University of Minnesota Press.

Herrmann, Th., Stapf, A. & Krohne, H. W. 1971. Die Marburger Skalen zur Erfassung des elterlichen Erziehungsstils. Diagnostica *17,* 118–131.

Hoppensack, H.-Chr. 1969. Über die Strafanstalt und ihre Wirkung auf Einstellung und Verhalten von Gefangenen. Göttingen: Schwartz.

Jenkins, R. L. 1957. Motivation and frustration in delinquency. American Journal of Orthopsychiatry *27,* 528–540.

Kaiser, G. 1976. Kriminologie. Eine Einführung in die Grundlagen. Heidelberg: Müller.

Kaiser, G. 1977a. Gesellschaft, Jugend und Recht. Weinheim: Beltz.

Kaiser, G. 1977b. Jugendkriminalität. Weinheim: Beltz.

Kornadt, H. J. & Wirsing, M. 1960. Erziehungsmethoden und frühkindliches Verhalten. Psychologische Beiträge *5,* 383–392.

Kury, H. & Fenn, R. 1977. Praxisbegleitende Erfolgskontrolle sozialtherapeutischer Behandlung. Möglichkeiten und Wege empirischer Forschung. Monatsschrift für Kriminologie und Strafrechtsreform *60,* 227–242.

Kurzeja, D. 1973. Jugendkriminalität und Verwahrlosung. Gießen: Edition 2000.

Lindzey, G. & Goldwyn, R. 1954. Validity of the Rosenzweig-Picture-Frustration-Study. Journal of Personality *22,* 519–547.

Lösel, F. 1975. Handlungskontrolle und Jugenddelinquenz. Stuttgart: Enke.

Lösel, F. 1978. Konfigurationen elterlicher Erziehung und Dissozialität. In: Schneewind, K. & Lukesch, H. (Hg.) Familiäre Sozialisation. Stuttgart: Klett.

Lösel, F. Dillig, P., Wüstendörfer, W. & Linz, P. 1974. Über Zusammenhänge zwischen Merkmalen der sozialen Umwelt und der Kriminalitätsbelastung jugendlicher Straftäter. Monatsschrift für Kriminologie und Strafrechtsreform *57,* 198–213.

LÖSEL, F. TOMAN, W. & WÜSTENDÖRFER, W. 1976. Eine Untersuchung zum perzipierten elterlichen Erziehungsstil bei jugendlichen Delinquenten. Zeitschrift für experimentelle und angewandte Psychologie *23,* 45–61.

LÖSEL, F. & WÜSTENDÖRFER, W. 1976. Persönlichkeitskorrelate delinquenten Verhaltens oder offizieller Delinquenz? Zeitschrift für Sozialpsychologie *7,* 177–191.

MCCORD, J. & MCCORD, W. 1958. Effects of parental role model on criminality. Journal of Social Issues *14,* 66–78.

MCCORD, W. & MCCORD, J. 1964. The psychopath. Princeton: Van Nostrand.

MCCORD, W., MCCORD, J. & ZOLA, I. 1959. Origins of crime. New York: Columbia University Press.

MOSER, T. 1970. Jugendkriminalität und Gesellschaftsstruktur. Frankfurt: Suhrkamp.

NYE, F.J. 1958. Family relationship and delinquent behavior. New York: Wiley.

PETERSON, D. R. & BECKER, W. C. 1965. Family interaction and delinquency. In: QUAY, H. C. (Ed.) Juvenile Delinquency. Princeton: Van Nostrand. S. 63–99.

PETERSON, D. R., QUAY, H. C. & CAMERON, G. R. 1959. Personality and background factors in juvenile delinquency as inferred from questionnaire responses. Journal of Consulting Psychology *23,* 395–403

PETERSON, D. R., QUAY, H. C. & TIFFANY, T. L. 1961. Personality factors related to juvenile delinquency. Child Development *32,* 355–362.

RODMAN, H. & GRAMS, P. 1970. Family and delinquency. In: TEELE, J. E. (Ed.) Juvenile delinquency. Itasca: Peacock. S. 216–231.

SCHNEEWIND, K. A. 1975. Auswirkung von Erziehungsstilen. Überblick über den Stand der Forschung. In: LUKESCH, H. (Hg.) Auswirkungen elterlicher Erziehungsstile. Göttingen: Hogrefe. S. 14–27.

SCHUESSLER, K. F. & CRESSEY, D. R. 1950. Personality characteristics of criminals. American Journal of Sociology *55,* 476–484.

SCHWENKMEZGER, P. 1977. Risikoverhalten und Risikobereitschaft. Korrelationsstatistische und differentialdiagnostische Untersuchungen bei Strafgefangenen. Weinheim: Beltz.

SEARS, R. R., MACCOBY, E. E. & LEVIN, H. 1957. Patterns of child rearing. Evanston/Ill.: Row, Peterson.

SEITZ, W. 1975. Erziehungshintergrund jugendlicher Delinquenz. In: LUKESCH, H. (Hg.) Auswirkungen elterlicher Erziehungsstile. Göttingen: Hogrefe, S. 111–130.

SHORT, J. F. & STROTBECK, F. L. 1965. Group process and gang delinquency. Chicago: University of Chicago Press.

SIMONS, H. 1966. Ein Beitrag zur Überprüfung der Gültigkeit des Rosenzweig-Picture-Frustration Tests (Form für Kinder). Diss. Phil., Bonn.

STAPF, K. H., HERRMANN, TH., STAPF, A. & STÄCKER, K. H. 1972. Psychologie des elterlichen Erziehungsstils. Komponenten der Bekräftigung in der Erziehung. Bern: Huber.

TENNENBAUM, D. J. 1977. Personality and criminality. A summary and implications of the literature. Journal of Criminal Justice *5,* 225–235.

UTZ, H. 1978. Empirische Untersuchungen zum Belohnungsaufschub: Ein Beitrag zur Konstruktvalidierung. Diss. Phil., Tübingen.

VILLMOW, B. & KAISER, G. 1974. Empirisch gesicherte Erkenntnisse über Ursachen der Kriminalität. Eine problemorientierte Sekundäranalyse. In: Regierender Bürgermeister von Berlin (Hg.) Verhütung und Bekämpfung der Kriminalität. Berlin. Anhang 1–143.

VILLMOW-FELDKAMP, H. 1976. Delinquenz und Selbstdarstellung Jugendlicher. Eine Persönlichkeitsuntersuchung auf der Basis von Dunkelfeldergebnissen. Diss. Phil., Konstanz.
WALDO, G. P. & DINITZ, S. 1967. Personality attributes of the criminal: An analysis of research studies 1950–65. Journal of Research in Crime and Delinquency *4*, 185–201.
WINDER, C. L. & RAU, L. 1962. Parental attitudes associated with social deviance in preadolescent boys. Journal of Abnormal and Social Psychology *64*, 418–424.

22. Willi Seitz

Vergleich des Erziehungshintergrundes zwischen Delinquenten und Nichtdelinquenten Jugendlichen

Zusammenfassung: Bei der Entstehung jugendlicher Delinquenz müssen für einzelne Formen abweichenden delinguenten Verhaltens unterschiedliche Ablaufprozesse, welche mit jeweils anderen mittelbaren und unmittelbaren Familienvariablen in Verbindung stehen, angenommen werden. Eine (interpretative) Auswertung vorliegender Ergebnisse liefert hypothetische Ablaufprozesse, auf deren Hintergrund die Familiendaten von 104 delinquenten Jugendlichen mit denen von 83 nichtdelinquenten verglichen werden. Neben einer Vielzahl von Einzelergebnissen, die dabei gefunden wurden, wird versucht, wichtige Konfigurationen und das Zusammenwirken von Familienvariablen bei der Delinquenzgenese aufzuzeigen.

1. Problemstellung

Die Entstehung delinquenten (= straffälligen) Verhaltens wurde bisher von verschiedenen wissenschaftlichen Standpunkten aus betrachtet. Der Bogen theoretischer Perspektiven spannt sich von biologisch-medizinischen über verschiedene psychologische bis hin zu soziologischen, bis zu dem durch Begriffe wie «Etikettierung» und «Stigmatisierung» bekannt gewordenen Ansatz der sog. «neueren Kriminologie».

Unbenommen der Bedeutsamkeit der Etikettierungsprozesse und unbenommen auch des Aufforderungsgehalts aktueller Situationsbedingungen ist davon auszugehen, daß Straffälligkeit sich zu einem hohen Ausmaß als Folge einer in der frühen Sozialisation erworbenen devianten Persönlichkeitsstruktur einstellt. Daß hierfür wiederum die Erziehung in der Familie ein entscheidendes Verursachungsmoment ist, liegt auf der Hand. In den verschiedenen theoretischen Beiträgen zur Delinquenz-Entwicklung wird die Einwirkung elterlicher Erziehung wohl angesprochen, aber im allgemeinen wenig ausführlich und wenig präzise behandelt. Es kann insgesamt festgestellt werden, daß theoriegeleitete Untersuchungen zu der vorliegenden Fragestellung fehlen (Lösel & Linz 1975; Seitz 1975).

Als erste Ansätze theoriegeleiteter Untersuchungen zur erziehungsabhängigen Delinquenz-Genese sind im deutschen Sprachbereich die

Arbeiten von Stapf et al. (1972) und die von Lösel (Lösel 1975; 1978; Lösel et al. 1976) zu nennen. Jeweils wird elterliches Erziehungsverhalten durch die Marburger Erziehungsstil-Skalen erfaßt und die damit gewonnenen Ergebnisse werden durch das Konzept des Bekräftigungslernens vorhergesagt und erklärt. Sowohl bei Stapf et al. als auch bei Lösel wird eine Gruppe als delinquent auffällig gewordener Jugendlicher mit einer Gruppe bisher unauffällig gebliebener Jugendlicher nach den retrospektiv perzipierten Erziehungsstilen verglichen. Ein solcher Gruppenvergleich wird üblicherweise als (wenn auch nur begrenzter) Ersatz für eine eigentlich angezeigte Längsschnittuntersuchung durchgeführt, wie sie meist aufgrund forschungspraktischer Beschränkungen nicht möglich ist. Hier kommt nun bei einem solchen Gruppenvergleich die Unschärfe mit ins Spiel, daß die faktische Auffälligkeit der untersuchten Jugendlichen nicht nur die erziehungsabhängige Devianz widerspiegelt, sondern zusätzlich auch weitere außerfamiliäre Sozialisationseinwirkungen. Faktische Auffälligkeit ist also nur ein unvollkommener Repräsentant für das in Frage stehende Phänomen. Auch an die aus der Dunkelziffer resultierende Unschärfe bei der Gruppen-Bildung ist zu denken. In der vorliegenden Arbeit wird versucht, zunächst einen Überblick über die wichtigsten, speziell für die Entwicklung zu deviantem Verhalten verantwortlichen, durch familiäre Erziehung in Gang gebrachten Ablaufprozesse zu gewinnen. Diese Ablaufprozesse gehen über die im Marburger Zweikomponenten-Konzept beschriebenen hinaus. Die zu formulierenden Ablaufprozesse sollen für die erzieherische Sozialisation durch die Eltern bis zum Jugendalter gelten. Spätere Kriminalisierungseinflüsse, auch außerfamiliäre Etikettierungen bleiben hier außer Acht. Es lassen sich übersichtsartig etwa sechs Ablaufprozesse der Entwicklung zu erziehungsabhängiger Devianz unterscheiden, wie sie für Delinquenz bedeutsam ist (Seitz 1975; Seitz & Götz 1979). Es handelt sich dabei um eine Integration zahlreicher empirischer Einzelbefunde und (bzw. durch) eine Einordnung in theoretische Modelle zur Erklärung von Erziehungswirkungen. Die in die Übersicht eingehenden empirischen Untersuchungen sind jeweils eigenen methodischen Besonderheiten und Beschränkungen unterworfen und nicht unmittelbar miteinander vergleichbar (Seitz 1975; Springer 1973). Teilweise fließen in die Zusammenschau auch hypothetische Übertragungen von soziologischen, gesellschaftlich-makrokosmischen Aussagen auf mikrokosmische Prozesse der familieninternen Interkation zwischen Eltern und Kind ein.

In der folgenden Übersicht wird für jeden Ablaufprozeß die resultierende (abhängige) Devianzart bereits im Titel mit zur Sprache gebracht. Die relevanten (unabhängigen) Erziehungs- und Familienvariablen werden geordnet nach zwei Gruppen aufgeführt, nämlich 1. unmittelbare Erziehungsvariable, unmittelbar wirksame Eigenarten des elterlichen

Erziehungsverhaltens, z. B. aggressive Strenge; 2. mittelbare Eltern- und Familienvariable: entweder Bedingungen der Familienstruktur und Familienatmosphäre oder allgemeine, nicht auf die Erziehung beschränkte Persönlichkeitsmerkmale der Eltern.

(«Mittelbar» kann dabei einmal bedeuten: die genannte Variable ist Determinante für ein bestimmtes elterliches Erziehungsverhalten, sie wirkt nicht direkt auf das Kind, sondern nur unmittelbar über das elterliche Erziehungsverhalten. «Mittelbar» kann dabei aber auch bedeuten; die Variable hat ihre eigene Sozialisationswirkung auf das Kind. Sie wirkt aber neben der elterlichen Erziehung. Es handelt sich nicht unmittelbar um elterliche Erziehung).

Die Verschiedenheit der im folgenden dargestellten Prozesse zeigt sich einmal in phänomenalen Unterschieden der jeweils resultierenden besonderen Devianzart und zum anderen in Unterschieden der beteiligten erzieherischen Einflüsse und familiären Bedingungen. Jeweils bestimmte Strukturen familiärer Erziehung stehen mit bestimmten Strukturen devianter Persönlichkeit des Kindes in besonders enger Verbindung. (Zu einer ausführlicheren Darstellung der einzelnen Prozesse vgl. SEITZ & GÖTZ 1979, S. 11 ff.).

Ablaufprozesse der erziehungsabhängigen Delinquenz- bzw. Devianz-Genese

an unabhängigen Variablen werden jeweils aufgeführt:
1. = «unmittelbare» Erziehungs-Variable (Erziehungs-Stile)
2. = «mittelbare» Familien- und Eltern-Variable

1. Fehlende Befriedigung von Primärbedürfnissen reduziert das spontane Kontaktverhalten innerhalb der Familie, führt gleichzeitig zu Abhängigkeits-Motivation und Suggestibilität, insbesondere gegenüber außerfamiliären Bezugspersonen (Banden-Anschluß).
   (1) allgemein wenig kindzentrierte Erziehung, insbesondere emotionale Vernachlässigung des Kindes;
   (2) a) ungünstige wirtschaftliche, wohnliche, persönliche (soziale) Verhältnisse der Familie;
   b) ernste und pflichtbewußte Lebensauffassung der Eltern.
2. Restriktive familiäre Sozialisation fördert sog. «social disability», d. h. fehlende Verhaltensdifferenzierung, Befangenheit, Scheu, geringe Risikobereitschaft in neuen Situationen und in Gegenwart anderer, Unfähigkeit zu sozialer Empathie (Banden-Anschluß).
   (1) a) Strenge i. S. von Kontrolle, Ausmerzen des unerwünschten Verhaltens.
   b) Förderung von Zukunftspessimismus;
   (2) restriktive innerfamiliäre Kommunikationsstruktur (positionsorientiert).
3. «Anomische» (Begriff in Anlehnung an MERTON) Erziehung führt je nach spezifischen Bedingungen entweder zu «innovativer» (z. B. Mogeln, Bestechung, Diebstahl, Betrug) oder zu «retreativer» (Rückzug, Ausweichen von Forderungen, Alkoholismus) Devianz.
   (1) relatives Überwiegen der «Zielorientierung» in der elterlichen Erziehung, vergleichsweise geringe Betonung der «Mittelorientierung» der Eltern;

(2) a) «erfolgsorientierte» Elternhaltung;
b) Erfolgsdruck der gesellschaftlichen Bezugsgruppe.

4. Fehlende oder unzureichende «Moral»-Erziehung führt zu mangelnder autonomer Moral und damit zu Anfälligkeit für straffälliges Verhalten.
(1) a) Fehlen angemessener und konsequenter (positiver und negativer) Bekräftigung (fehlende «Erziehungsintensität» i. S. von STAPF et al.);
b) Fehlen an Vermittlung von Einsicht;
c) Fehlen von «indirekter» Kontrolle, d. h. Fehlen einer emotional-freundlichen Beziehung zwischen Eltern und Kind und/oder Fehlen von Attraktivität der Eltern;
(2) «persönliche Überforderung» der Eltern, z. B. durch Arbeit, Familiengröße, Unzufriedenheit mit der Eltern-Rolle.

5. Innerfamiliäre Verstärkung von Ichdruchsetzungs-Motivation und von aggressiven Verhaltensweisen.
(1) a) aggressive Ablehnung des Kindes durch die Eltern;
b) elterliche Inkonsistenz;
c) Überprotektion und Kontrolle durch die Mutter, bei gleichzeitiger Toleranz für Aggressionen gegen sie selbst;
d) strafendes Elternverhalten (besonders von seiten des Vaters);
e) geringe gegenseitige Meinungsübereinstimmung aber gegenseitiger negativer affektiver Bezug der Eltern;
(2) a) Anlässe für Ärger und Unzufriedenheit in der persönlichen Situation der Eltern (z. B. durch Ehepartner, Elternrolle, Wohnverhältnisse, Streit am Arbeitsplatz);
b) Ausmaß der Aggression in der innerfamiliären Umgebung.

6. Devianz zusammen mit «negativer Selbstidentität» als Folge elterlicher Prophezeihung und Bekräftigung eines negativen Selbstbildes des Kindes.
(1) a) Beurteilung des Kindes nach starren, dogmatischen Moral- und Zielvorstellungen; fehlende Rücksicht auf die individuelle Erlebnislage des Kindes;
b) elterliches Bedürfnis nach Macht und Dominanz über das Kind;
(2) a) allgemeine «autoritäre» Haltung der Eltern;
b) subjektiv-egozentrische Weltinterpretation (Dogmatismus);
c) Konkurrenzangst gegenüber dem heranwachsenden Kind;
d) Druck gesellschaftlicher Autoritäten (z. B. Schule, Nachbarn).

Über den Verbleib der Aussagen des Marburger Zweikomponenten-Modells der Bekräftigung deutet die vorstehende Übersicht an, daß die Aussagen dieses Modells mit denen des einen oder anderen der hier formulierten Ablaufprozesse übereinstimmen, zusätzlich durch die hier getroffenen Feststellungen aber auch differenziert und ergänzt werden (vgl. insbesondere die Punkte 2, 3 und 4 der vorangehenden Übersicht). Auch eine weitere Aufspaltung des Merkmals der elterlichen Strenge erscheint angezeigt. Daher werden in der folgenden Untersuchung zwei Aspekte von Strenge unterschieden, nämlich Strenge in Form aggressiver Äußerungen der Eltern und Strenge im Sinne einengender Kontrolle über das Kind, zwei Aspekte, die in der Marburger Strenge-Skala zusammengenommen sind.

Inhaltlich geht die vorliegende Untersuchung über das Zweikomponenten-Modell hinaus, indem sie das unmittelbar wirksame Erziehungsverhalten nach mehr als nur zwei Aspekten des Erziehungsstils beschreibt und gleichzeitig auch mittelbare Eltern- und Familienvariable mit einbezieht. Die Inhalte der einzelnen untersuchten Variablen ergeben sich aus der Tabelle 1. Jede Variable wurde analog für die Mutter und für den Vater abgefragt. Wenngleich die Auswahl der untersuchten Merkmale hypothesengeleitet geschah, ausgehend von den unterschiedenen Ablaufprozessen, besteht dabei keine ausschließliche Beziehung einzelner Variabler nur zu einem der bezeichneten Ablaufprozesse. Erst Kombinationen verschiedener Erziehungs- und Familienvariablen erlauben es, zwischen diesen verschiedenen Prozessen zu trennen. Daher wurde der Vergleich zwischen der Delinquenten-Gruppen und der Nicht-Delinquenten-Gruppe nicht allein nach Einzelmerkmalen vorgenommen. Auch ausgewählte zweidimensionale Erziehungsstil-Konfigurationen wurden untersucht.

Über die zweidimensionalen Vergleiche hinaus wurde noch für verschiedene Sätze der unabhängigen Erziehungs- und Familienvariablen die Diskriminanz-Funktion zur Trennung zwischen der D- und der ND-Gruppe berechnet. Auch die Zusammenhänge zwischen allen mittelbaren und unmittelbaren Familien- und Erziehungsvariablen wurden, getrennt nach der D- und der ND-Gruppe, korrelationsstatistisch und faktorenanalytisch ermittelt. Daraus ergaben sich Hinweise auf die tatsächlichen inhaltlichen Abgrenzungen und Verwandtschaften der untersuchten Variablen und weitere Anhaltspunkte für spezifische Hypothesen und Aufklärungen der gewonnenen Befunde (diese korrelationsstatistischen Ergebnisse werden hier jedoch nicht mitgeteilt; vgl. dazu Seitz & Götz 1979).

2. Beschreibung der Untersuchung

2.1 Methoden

Zur Erfassung der relevanten Merkmale (vgl. Tabelle 1) wurden Fragebögen zur retrospektiven Beurteilung durch die jugendlichen Versuchspersonen verwendet. Die Items zur Beurteilung der Erziehungsstile (Var. Nr. 22–27 bzw. 50–55) hatten folgende Herkunft: 10 Items aus der Marburger Unterstützungs-Skala und zwar solche, die sowohl in der Version für Väter als auch in der Version für Mütter enthalten sind, 5 Items aus der Marburger Strenge-Skala und zwar solche, die das aggressive (nicht das kontrollierende) Moment von Strenge erfassen, weitere 5 Items für aggressive Strenge, 10 für Kontrolle und 10 für Förderung von Zukunftspessimismus aus einer früheren Arbeit des Verfassers (Seitz et al. 1970); jeweils 10 neuformulierte und vorher itemanalysierte Items zur

Prüfung elterlicher Forderungen nach Leistung und nach Verhaltensdisziplin. Jede der sechs Erziehungsstil-Dimensionen umfaßte 10 Items, in analoger Abfassung zur Beurteilung von Vater und Mutter. Insgesamt wurden also 120 Items zum elterlichen Erziehungsstil vorgelegt. Die Trennschärfe-Indizes und die Zuverlässigkeits-Kennwerte auch der übrigen Skalen entsprachen denen der Marburger Unterstützungs-Skala. Die Trennschärfen lagen zwischen 0,35 und 0,72. Die Zuverlässigkeiten zwischen 0,67 und 0,89.

Die Skalen zur Erfassung der mittelbaren Familienvariablen resultieren alle aus neuformulierten und aufgrund itemanalytischer Ergebnisse selegierten Items. Die endgültig verwendete Itemzahl pro Skala schwankte zwischen 3 und 9, jeweils analog sowohl auf die Mutter als auch auf den Vater bezogen. Die teststatistischen Gütewerte dieser neu zusammengestellten Skalen lagen teils gering, teils etwas mehr unter dem Niveau der Erziehungsstil-Skalen. Die Trennschärfen schwankten zwischen 0,2 und 0,6; die Zuverlässigkeits-Kennwerte zwischen 0,45 und 0,79. Die höchsten Gütekennwerte erreichten sowohl in der Anwendung auf die Mutter als auch in der Anwendung auf den Vater die Skalen für «Druck durch finanzielle Schwierigkeiten», «Unzufriedenheit mit Wohnverhältnissen», «Streit mit Nachbarn» und die für beide Eltern gemeinsam geltende Skala «elterliche Sozialpotenz».

2.2 Versuchspersonen

Die Befragung wurde bei einer Gruppe delinquenter männlicher Jugendlicher (D-Gruppe) und einer vergleichbaren Gruppe nichtdelinquenter Jugendlicher (ND-Gruppe) durchgeführt. Der D-Gruppe gehörten insgesamt 104 Personen an: 49 Insassen von Jugendarrestanstalten, 27 Untersuchungshäftlinge und 28 Insassen einer Jugendstrafanstalt. Die ND-Gruppe umfaßte 83 Berufsschüler einer städtischen gewerblichen Berufsschule.

Bei den Pbn galt es, darauf zu achten, daß möglichst nur eine kurze Aufenthaltsdauer in Institutionen des Justizvollzugs vorlag, um den eventuellen Einfluß der Prisonisierung möglichst gering zu halten. Für die Jugendarrestanten darf diese Bedingung als weitgehend erfüllt angesehen werden. Bei den Untersuchungs- und Strafhäftlingen wurden aus der Gesamtheit der in den betreffenden Anstalten inhaftierten Jugendlichen nur diejenigen ausgewählt, die sich das erste Mal in einer Anstalt aufhielten und deren Inhaftierung noch nicht länger als vier Wochen dauerte.

Die ausgewählten Jugendlichen beider Gruppen sollten zusätzlich folgenden Kriterien genügen: Sie sollten möglichst keinen längeren Heimaufenthalt hinter sich haben, die längste Zeit ihrer Entwicklung und in den letzten fünf Jahren fast ausschließlich bei beiden leiblichen Eltern aufgewachsen sein, maximal 18 Jahre alt sein und freiwillig an der Untersuchung teilnehmen. Nach all diesen Kriterien verblieben von den ursprünglichen zur Verfügung stehenden Jugendlichen 104 in der D-Gruppe und 83 in der ND-Gruppe.

Nach der Skala der «sozialen Selbsteinstufung» nach Kleining und Moore (1968) rekrutierten sich beide Gruppen weitgehend aus der «oberen Unterschicht».

3. Ergebnisse

3.1 Vergleich der D- und der ND-Gruppe nach der mittleren Ausprägung der einzelnen Variablen

Eine Übersicht über die Ergebnisse gibt die folgende Tabelle 1.

Von den mittelbaren Familien-Variablen (Nr. 1–21 bzw. 28–49) trennen zwischen den beiden Gruppen am deutlichsten die Variablen Nr. 21 (= elterliche Sozialpotenz) und Nr. 17 (= Druck auf den Vater durch außerfamiliäre Leistungskonkurrenz). Es folgen «Streit mit Nachbarn» für den Vater, «Unzufriedenheit mit den Wohnverhältnissen» beim Vater und tendenziell bei der Mutter, «Kontrolle durch finanzielle Schwierigkeiten» für die Mutter und tendenziell für den Vater, «Unzufriedenheit mit dem Ehepartner» für den Vater und tendenziell für die Mutter. Das letztgenannte Ergebnis entspricht dem von Lösel (1975), der für Familien delinquenter Jugendlicher eine stärkere Disharmonie innerfamiliärer Beziehungen, insbesondere zwischen den Eltern, fand.

Sämtliche Ergebnisse für die mittelbaren Familien-Variablen gehen in Richtung der Erwartungen. Daß bei einzelnen Skalen die vermuteten Unterschiede nicht oder nicht deutlicher auftraten, kann mit der meßtechnischen Güte der neuformulierten Skalen zusammenhängen. Diejenigen Skalen, bei denen sich hier nicht einmal ein tendenzieller Unterschied zwischen den beiden Gruppen zeigte, sind mit zwei Ausnahmen die mit den niedrigsten Gütekennwerten.

Von den unmittelbaren Erziehungsstil-Variablen trennt zwischen beiden Gruppen am deutlichsten die Skala «Förderung von Zukunftspessimismus», sowohl durch den Vater als auch durch die Mutter. Jeweils sind die Werte bei der D-Gruppe höher. Unterschiede finden sich auch bei Aggressiver Strenge, allerdings für die der Mutter nur tendenziell. Dieses Ergebnis entspricht insoweit den eingangs zitierten Arbeiten von Stapf et al. und von Lösel. Jedoch ist daran zu erinnern, daß hier zwei Aspekte von Strenge unterschieden wurden. Die Übereinstimmung mit

Tabelle 1: Mittelwertsunterschiede (t-Tests) zwischen der D- und der ND-Gruppe für die einzelnen Skalen
≫ = unt. 1 % > = 1 % bis 5 % > = 5 % bis 10 %

Skaleninhalt	Var.-Nr. Va	Mu	Mittelwertsunterschiede Vater	Mutter
Kontrolle am Arbeitsplatz	1	28		D > ND
Kontrolle durch Ehepartner	2	29		
Kontrolle durch finanzielle Schwierigkeiten	3	30	D > ND	D > ND
Kontrolle durch Gesundheitsangst	4	31	D > ND	D > ND
Kontrolle durch Angst um wirtsch. Existenz	5	32	D > ND	D > ND
Kontrolle durch verunsicherte Umwelt	6	34		D > ND
Kontrolle durch schematisierte Lage (Normendruck durch eigene Erziehung)	7	35		D > ND
Summenskala Hintergrund-Kontrolle	8	36		D > ND
Unzufriedenheit mit Ehepartner	9	37	D > ND	D > ND
Unzufriedenheit mit außerfam. Rolle	10	38		
Unzufriedenheit mit Eltern-Rolle	11	39		D > ND
Unzufriedenheit mit Wohnverhältnissen	12	40	D > ND	D > ND
Streit mit Nachbarn	13	41	D > ND	
Streit am Arbeitsplatz	14	42		
Summenskala Hintergrund-Unzufriedenheit, Ärger, Aggressivität	15	43	D > ND	D > ND
Negative Zukunftsperspektive	16	44		
Druck durch außerfamiliere Leistungskontrolle	17	46	D ≫ ND	D > ND
Druck durch Bildungsbarrieren	18	47		
Summenskalen Hintergrund, Bildungsgrad	19	48	D > ND	
Normendruck der Umgebung	20	49		
Elterliche Sozial-Potenz	21		ND ≫ D	
Erziehungsstil, Kontrolle	22	50		D > ND
Erziehungsstil, Aggressive Strenge	23	51	D > ND	D > ND
Erziehungsstil, Förderung von Zukunftspess.	24	52	D > ND	D > ND
Erziehungsstil, Forderung nach Leistung	25	53		
Erziehungsstil, Forderung n. Verhaltensdisziplin	26	54		
Erziehungsstil, Unterstützung	27	55		D > ND

den beiden anderen Arbeiten erweist sich dann nur unter dem Aspekt der Aggressiven Strenge.

Bei «Kontrolle» zeigt sich kein signifikanter Unterschied, nur für die Mutter-Kontrolle eine Tendenz.

Elterliche Forderungen nach Leistung und nach Verhaltensdisziplin unterscheiden – jeweils als Einzeldimension genommen – nicht zwischen den beiden Gruppen, weder die Forderungen von seiten des Vaters noch die Forderungen von seiten der Mutter. Mangelnde meßtechnische Güte scheidet als Ursache für fehlende Diskriminanz dieser Skalen aus. Es ist eher daran zu denken, daß ja für diese Variablen alleine noch gar kein Unterschied zwischen den Gruppen erwartet wurde, sondern erst bei der Kombination von Forderung mit anderen Erziehungsstil-Variablen. Bei der zweidimensionalen Betrachtung (s. u.) weisen dann auch die Skalen für elterliche Forderungen einen Beitrag zur Unterscheidung der beiden Gruppen aus.

Unerwartet im Vergleich zu Ergebnissen früherer Untersuchungen ist die hier gefundene höhere Ausprägung von Mutter-Unterstützung bei der D-Gruppe. Weder bei STAPF et al. (1972) noch bei LÖSEL (1975, 1978; LÖSEL et al. 1976) fand sich ein entsprechendes Ergebnis. Eher hätte man nach STAPF et al. sogar höhere Unterstützung bei der ND-Gruppe erwartet oder nach LÖSEL eine besondere Häufigkeit mittlerer Unterstützungs-Scores bei der ND-Gruppe (von LÖSEL verstanden als Indiz für «intermittierende Bekräftigung»). Das von LÖSEL wiederholt berichtete Ergebnis einer U-förmigen Beziehung zwischen Delinquenz und Unterstützung konnte nach einer entsprechenden Auswertung hier nicht gefunden werden.

Ein besseres Verständnis des zunächst unerwarteten Befundes der höheren Mutter-Unterstützung bei der D-Gruppe ergibt sich bei der folgenden Betrachtung von zweidimensionalen Erziehungsstil-Konfigurationen (s. u.). Die dort berichteten Ergebnisse eröffnen auch eine weitere Erklärung für den von LÖSEL berichteten Befund (d. h.: höhere Häufigkeit mittlerer Unterstützungs-Scores bei der ND-Gruppe und demgegenüber höhere Häufigkeit entweder überdurchschnittlich hoher oder unterdurchschnittlich geringer Unterstützungs-Scores bei der D-Gruppe). Die zweidimensionale Betrachtung wird zeigen, daß in der D-Gruppe tatsächlich sowohl Konstellationen häufiger sind, bei denen hohe Mutter-Unterstützung beteiligt ist, als auch solche, bei denen geringe Mutter-Unterstützung beteiligt ist. Die höheren Werte für Mutter-Unterstützung finden sich dabei einmal als Bestandteil eines Syndroms der Verwöhnung und einmal als Kompensation der fehlenden erzieherischen Vorsorge von seiten des Vaters. Neben dieser Voraussicht auf die zweidimensionale Auswertung wäre auch noch zu bedenken, daß die von den D-Jugendlichen berichteten höheren Werte für Mutter-Unterstützung möglicherweise nur Ausdruck eines Wunschbildes sind. Die D-Jugendlichen würden dann die Beschreibung ihrer Mutter nach dem Merkmal der Unterstützung in Richtung eines Wunschbildes idealisieren bzw. stärker idealisieren als die ND-Gruppe und stärker als bei anderen Beschreibungsmerkmalen über die Mutter.

Es wurde bereits erwähnt, daß die Frage nach der Entsprechung der empirischen Ergebnisse mit den aufgestellten Hypothesen bei der Betrachtung der Einzelskalen noch zu früh gestellt ist, vielmehr erst bei der Betrachtung mehrdimensionaler Variablen-Konstellationen ratsam erscheint. Wollte man dennoch bereits hier danach fragen, so würden die Ergebnisse am ehesten mit den Aussagen zu den Ablaufprozessen 1, 2 und 5 in Übereinstimmung stehen.

3.2 Vergleich der beiden Gruppen nach der Häufigkeit zweidimensionaler Erziehungsstil-Konfigurationen

Zur rechnerischen Durchführung der zweidimensionalen Vergleiche wurde zunächst bei jeder der Erziehungsstil-Skalen getrennt nach Müttern und Vätern für jede Vp die Richtung (nicht der Betrag) der Abweichung des individuellen Scores vom Median aller Meßwerte der jeweiligen Skala bestimmt.

Zwischen je zwei der interessierenden Erziehungsstil-Variablen wurden die vier möglichen Kombinationen gebildet (+ +, + –, – +, – –) und ihre Häufigkeiten sowohl bei der D- als auch bei der ND-Gruppe ausgezählt. Die Unterschiede zwischen der D- und der ND-Gruppe in der Verteilung der Häufigkeiten auf die jeweiligen Kombinationen wurden mittels des Chi^2-Tests auf Signifikanz überprüft.

Es wurde nicht beliebig jede mögliche Kombination zweier Erziehungsstile überprüft, vielmehr geschah die Auswahl der zu überprüfenden Kombinationen nach hypothetischen Überlegungen. Die erste solcher Überlegungen führte zu der Erwartung, daß in der D-Gruppe die Kombinationen sog. «anomischer» Erziehung (vgl. dazu S. 355 Ablaufprozeß 3) häufiger sein müßten als in der ND-Gruppe. Zur Überprüfung dieser Frage dienten die Kombinationen von elterlichen Forderungen mit elterlicher Unterstützung. Es wurden also sowohl für den Vater als auch für die Mutter die beiden Skalen für Forderung jeweils mit Unterstützung kombiniert.

Die zweite hypothetische Überlegung richtete sich nach Ablaufprozeß 2 (vgl. S. 355) und den darin enthaltenen Annahmen im Sinne des Marburger Zweikomponenten-Konzepts. Es war bei Delinquenten mit hoher negativer Bekräftigung bei gleichzeitig geringer positiver Bekräftigung zu rechnen, mit Mustern der «Zurückweisung» i. S. von Stapf et al. (1972). Als Indiz für positive Bekräftigung galt Unterstützung. Als Indiz für negative Bekräftigung wurden die Skalen für Aggressive Strenge, für Kontrolle und für Förderung von Zukunftspessimismus angesehen und dann jeweils mit der Unterstützungs-Skala kombiniert.

Eine dritte Überlegung zur zweidimensionalen Auswertung wurde durch die hier nicht berichteten Interkorrelationen ausgelöst. Es kam die Hypothese auf, daß bei der D-Gruppe mit einer Kompensation fehlender väterlicher Vorsorge durch die Mutter zu rechnen sei oder neutraler gesagt: mit einem Gefälle zwischen Vater und Mutter hinsichtlich erzieherischer Vorsorge. Als Dimensionen erzieherischer Vorsorge sind nach den korrelationsstatistischen Ergebnissen Förderung von Zukunfts-

Tabelle 2: Überblick über die Ergebnisse zum Vergleich der D- und ND-Gruppe nach zweidimensionalen Erziehungsstil-Konfigurationen

	Bei *D-Gr.* häufiger als erwartet	Bei *ND-Gr.* häufiger als erwartet
Konsistenz (Inkons.) zwischen *Eltern* bei Dimens. erz. Vors.	– hohe Förd. v. Zukunftspess. d. d. Mutter bei geringer Förd. v. Zukunftspessim. d. d. Vater – hohe Unterstützung durch die Mutter bei geringer Unterstützung durch den Vater	– geringe Förderung von Zukunftspessimismus durch beide Elternteile
Ergebnisse für die *Mutter*	– geringe Forderung nach Leistung bei hoher Unterstützung (→ Unterforderung) – geringe Aggressive Strenge bei hoher Unterstützung (→ «Verwöhnung») – hohe Förderung von Zukunftspessimismus bei geringer Unterstützung – hohe Kontrolle bei geringer Unterstützung	– ger. Forderung n. Leistung bei geringer Unterstützung (geringe Erzieh.-Intensität) – geringe Aggressive Strenge bei geringer Unterstützung (geringe Erzieh.-Intensität) – geringe Förderung von Zukunftspessimismus bei geringer Unterstützung (geringe Erzieh.-Intensität)
Ergebnisse für den *Vater*	nicht-signifikante Ergebnistrends – hohe Forderung nach Leistung bei geringer Unterstützung (→ «anomische» Überforderung) – hohe Forderung nach Disziplin bei geringer Unterstützung (→ «anomische» Überforderung) – hohe Förderung von Zukunftspessimismus bei geringer Unterstützung	– geringe Förderung von Zukunftspessimismus bei geringer Unterstützung (geringe Erzieh.-Intensität)

pessimismus und Unterstützung zu sehen. Daher wurde für diese beiden Dimensionen die Häufigkeit der Übereinstimmung bzw. der Divergenz beider Elternteile zwischen den Gruppen verglichen.

Es wurden insgesamt 12 Kombinationen jeweils zweier Erziehungsstil-Dimensionen überprüft. Bei 6 davon fanden sich signifikante Ergebnisse zwischen den Gruppen, bei weiteren vieren leichte, nicht signifikante Ergebnistrends. Die Ergebnisse sind zunächst in eine Übersicht gebracht und dann im einzelnen besprochen (vgl. Tabelle 2).

Folgendes läßt sich zu den Ergebnissen feststellen.

1. Besonders deutlich zeigt sich für die D-Gruppe die Divergenz zwischen den Eltern hinsichtlich erzieherischer Vorsorge, sowohl bei der Dimension «Förderung von Zukunftspessimismus» als auch bei der Dimension «Unterstützung». Was die delinquenzverstärkende Wirkung dieser Inkonsistenz zwischen Mutter und Vater betrifft, so liegt sie wohl darin, daß bei den genannten Erziehungsbedingungen der Aufbau eines stabilen Weltbildes (Orientierung über die Zukunft, über die Um- und Mitwelt) und der Aufbau eigenständiger Verhaltenskontrolle (durch unterstützend-positive und konsistente Bekräftigung) nur schwerlich gelingen kann.

2. Das Erziehungsverhalten der Mutter trägt zur Trennung zwischen der D- und der ND-Gruppe stärker bei als das Erziehungsverhalten des Vaters. Während sich für die Mutter vier signifikante Ergebnisse finden, zeigen sich für den Vater nur drei nicht-signifikante Ergebnistrends. Dieser Befund stimmt mit anderen (Gewirtz 1954; Patterson 1964; Stevenson 1961) überein, wonach Kinder mehr Abhängigkeitsbitten gegenüber dem gegengeschlechtlichen Elternteil zeigen und dieser Elternteil ein bedeutsamerer Belohnungsagent ist.

3. Das Ergebnis der besonderen Häufigkeit von geringer Forderung nach Leistung bei hoher Unterstützung (durch die Mutter) war nach den Hypothesen für die D-Gruppe nicht ausdrücklich erwartet. Die Kombination «Forderung nach Leistung/Unterstützung» wurde aufgrund der Anomie-Hypothese überprüft und es war bei der D-Gruppe eigentlich mit besonderer Häufigkeit von «hoher Forderung bei geringer Unterstützung» gerechnet worden. Eine verständliche Erklärung ergibt sich für diesen zunächst nicht bedachten Befund allerdings dann, wenn man ihn analog sieht zum nächsten für die D-Mutter genannten (Punkt 4). Im Vorgriff auf dieses Ergebnis kann gesagt werden, daß dem zweidimensionalen Vergleich hier auch eine Entscheidungsfunktion zukam. Es konnte nämlich entschieden werden, daß für die Mütter der hier untersuchten D-Gruppe weniger ein Anomie-Muster, eher ein Verwöhnungs-Muster charakteristisch ist.

4. Das häufige Vorkommen von «geringe Aggressive Strenge/hohe Unterstützung» der Mutter (somit einem Muster von Verwöhnung oder

von «Zuwendung» i. S. von Stapf et al. 1972) läßt sich aus den Überlegungen zu Ablaufprozeß 4 begründen. Sowohl nach tiefenpsychologischen (es fehlt die Angst vor Liebesverlust) als auch nach lernpsychologischen Ergebnissen (Vorliegen eines allgemeinen, unspezifischen elterlichen Entgegenkommens) kommt es bei übermäßiger Verwöhnung durch die Mutter nicht zum Aufbau von Gefühlskontrolle. Die Kinder bleiben unfähig, Bedürfnisse aufzuschieben bzw. deren Realisierung unter Ausnutzung differentieller Erfahrungen strategisch zu planen. Häufig neigen sie dann auch zu aggressiven bzw. zu gewalttätigen (aggressiv erscheinenden) Verhaltensweisen. Es kann somit vermutet werden, daß ein geringes Ausmaß mütterlicher Forderung nach Leistung bei gleichzeitig hoher Unterstützung für die Kinder der D-Gruppe eine ähnliche Bedeutung erhält wie die mütterliche Milde, nämlich weniger im Sinne der (geringen) kognitiven Aufforderung, sondern eher im Sinne emotionaler Gratifikation.

5. Die für Mütter an dritter und vierter Stelle der obigen Übersicht aufgeführten Ergebnisse entsprechen den Hypothesen (vgl. S. 355) gemäß Ablaufprozeß 2 («social disability») und damit denen gemäß des Marburger Zweikomponenten-Konzepts. Es findet sich hohe negative Bekräftigung bei geringer positiver Bekräftigung in der D-Gruppe. Zu betonen ist dabei, daß die ursprünglich für beide Elternteile gleichermaßen gedachte Hypothese sich hier nur für Erziehungshaltung der Mutter bestätigt. Gründe hierfür können wiederum die höhere Bekräftigungsbedeutung der Mutter für die Jungen oder eine insgesamt geringere Beteiligung des Vaters am Geschäft der Erziehung sein.

6. Von den bei Vätern sich nur andeutenden Ergebnistrends liegen die beiden ersten im Sinne der Erwartungen nach der Anomie-Hypothese (Ablaufprozeß 3, S. 355), d. h. bei der D-Gruppe findet sich (tendenziell) häufiger «hohe Forderung/geringe Unterstützung». Als Grund dafür, daß die nach der Anomie-Hypothese erwarteten Ergebnisse sich nur andeutungsweise und nicht signifikant bestätigten, ist anzunehmen, daß die für das Zustandekommen von Anomie bedeutsamen Erlebnisinhalte durch die Skalen für erlebte elterliche Forderungen und erlebte elterliche Unterstützung nur unzureichend repräsentiert sind. Weitere Zwischenvariable, etwa darüber, inwieweit die Jugendlichen die von den Eltern gestellten Forderungen auch als verbindlich erleben oder solche zur Einschätzung der erlebten Angemessenheit elterlicher Unterstützung, müßten miteinbezogen werden.

7. Bemerkenswert und im vorhinein eigentlich nicht in Erwägung gezogen ist folgender durchgängige Befund: bei Eltern nicht-delinquenter Jugendlicher kommen häufiger Muster von geringer Erziehungsintensität vor. Eher wäre mit einer höheren Häufigkeit irgendwelcher «positiver» Erziehungsstil-Konstellationen gerechnet worden, etwa mit «hohe

Forderung/hohe Unterstützung». Nach den vorliegenden Ergebnissen kommt der Gedanke auf, daß die nichtdelinquenten Jugendlichen sich von den Delinquenten nicht dadurch unterscheiden, daß sie durch ihre Eltern besonders positiv geprägt werden, sondern nur dadurch, daß sie in geringerer Häufigkeit ungünstigen Erziehungsmustern der Eltern ausgesetzt sind. Überspitzt ließe sich dann sagen: daß die Jugendlichen der ND-Gruppe nicht delinquent wurden, liegt in wenigeren Fällen am besonderen Erziehungsgeschick ihrer Eltern, sondern häufiger daran, daß ihre Eltern insgesamt weniger intensiv erziehen und sich dadurch auch weniger auf negativ wirksame Weise erzieherisch engagieren als die Eltern der D-Gruppe. Eine solche Annahme darf allerdings noch nicht allzu ernst genommen werden und ist vorläufig auch durch die hier untersuchten Versuchspersonen und die eingesetzten Skalen relativiert.

3.3 Ergebnisse der Diskriminanzanalyse

Es wurden vier Diskriminanzanalysen mit jeweils verschiedenen Variablensätzen durchgeführt.

Analyse 1: Sämtliche Variablen (vgl. Tabelle 1) mit Ausnahme der Summenskalen (Nr. 8, 15, 19, 35, 43, 48) und der Skalen 28 und 42, insgesamt 43 Variable.

Analyse 2: 30 Variable, davon 12 Erziehungsstile, 18 «mittelbare» Familien-Variable.

Analyse 3: 20 Variable, jeweils 10 analog für Mütter und Väter (davon 6 Erziehungsstile, 4 «mittelbare» Familien-Variable), ohne Variable 21 = elterliche Sozialpotenz.

Analyse 4: 12 Variable des Erziehungsstils (6 für Mütter, 6 für Väter).

Auf die Mitteilung der einzelnen Ergebnisse muß hier verzichtet werden. Zwei Punkte seien hervorgehoben.

1. Die quadrierten kanonischen Korrelationen zeigen, daß die Unterschiede zwischen der D- und der ND-Gruppe etwa 7 % an der Varianz der Diskriminanzfunktion für die Erziehungsstile (Analyse 4) erklären. An der Varianz der Diskriminanzfunktionen der die mittelbaren Familien-Variablen (insbesondere Variable 21 = elterliche Sozialpotenz) einschließenden Variablen-Sätze wird durch die beiden Gruppen ein Anteil von 21–22 % erklärt. Andererseits lassen sich allein auf der Basis der entsprechend gewichteten zweimal sechs Erziehungsstile bereits 63 % aller Fälle in ihrer Zugehörigkeit zur D- oder ND-Gruppe richtig klassifizieren. Durch die Hinzunahme der Familien-Variablen läßt sich dieser Prozentsatz auf etwa 70 % steigern. Inhaltlich läßt sich die für den Satz aller Erziehungs- und Familien-Variablen ermittelte Diskriminanzfunktion gemäß den dominanten Variablen folgendermaßen charakterisieren: fehlende Sozialpotenz der Familie, «ungebundener», un-

zufriedener Vater mit wenig kontrollierender Erziehungsintensität (abgesehen von Forderung nach Leistung bei erlebter außerfamiliärer Leistungskonkurrenz), kontrollierende und kontrollierte Mutter.

2. Die Variablen-Sätze bei Analyse 3 und Analyse 4 wurden so zusammengestellt, daß jeweils analoge Variablen, einmal auf die Mutter, einmal auf den Vater bezogen, vertreten waren. Es zeigt sich dann, daß die standardisierten Diskriminanzfunktions-Koeffizienten der jeweils analogen Variablen sich teilweise doch deutlich unterscheiden, nicht nur im Betrag sondern auch im Vorzeichen. Daraus ergibt sich, daß die Inhalte des Erziehungsverhaltens und der Familienatmosphäre in ihrer delinquenzdiskriminierenden Wirkung auf die Jugendlichen nicht unabhängig gesehen werden dürfen von dem Geschlecht des Elternteils, von dem sie getragen sind. Insofern fordern diese Ergebnisse zu einer Reformulierung der ursprünglichen theoretischen Annahmen unter Berücksichtigung des elterlichen Geschlechts auf.

4. Zusammenfassung der Ergebnisse

1. Der inhaltlich deskriptive Aussagewert ergibt sich aus der folgenden zusammenfassenden Beschreibung der familiären Erziehungssituation in Familien der D-Gruppe, gemäß den Ergebnissen der vorliegenden Untersuchung (Tabelle 3).

Es zeigt sich, daß immerhin für fünf der sechs Ablaufprozesse Ergebnisse gefunden wurden, die den jeweiligen Annahmen entsprechen. (Die Zuordnung zwischen den einzelnen Ergebnis-Punkten und den Ablaufprozessen findet sich jeweils in Klammer.) Teilweise konnten die ursprünglich generell gefaßten Annahmen nicht bestätigt werden und müssen nach den vorliegenden Ergebnissen unter Berücksichtigung des Geschlechts der Eltern relativiert werden.

Auch einige in den ursprünglichen Hypothesen nicht berücksichtigte Ergebnisse traten auf und erfordern eine weitere theoretische und empirische Überprüfung.

2. Die Untersuchung ging von der begründeten Annahme aus, daß mehr als nur zwei unterscheidbare Erziehungsstil-Dimensionen für die Entwicklung von Delinquenz der Kinder bedeutsam sind, wobei für diese Dimensionen allerdings ein theoretischer Erklärungsrahmen für ihre Einwirkung auf die Devianz des Kindes vorliegen sollte. Die Ergebnisse bestätigen die Berechtigung dieser Annahme. Durch die weiteren Skalen (Förderung von Zukunftspessimismus, Forderung nach Leistung, Forderung nach Verhaltensdisziplin) fanden sich Ergebnisse, die allein durch die Dimensionen Strenge und Unterstützung nicht darstellbar gewesen wären.

Tabelle 3: Beschreibung der Erziehungssituation in Familien der D-Gruppe

- In Familien delinquenter Jugendlicher bietet sich dem Kind eher die Erfahrung, daß seine persönlichen Bedürfnisse nicht befriedigt werden können, sei es aufgrund der fehlenden wirtschaftlichen und gesellschaftlichen Voraussetzungen (fehlende «Sozialpotenz» der Eltern), sei es aufgrund einer (durch Unsicherheit, Konkurrenzdruck und Defiziterleben bedingten) elterlichen Haltung, das Kind möglichst früh auf den Ernst des Lebens hinzuweisen (Ablaufprozeß 1).
- In Familien delinquenter Jugendlicher wird bei den heranwachsenden Jungen eine skeptisch-mißtrauische Haltung gegenüber der Mitwelt und eine wenig erfolgsoptimistische Zukunftsperspektive verstärkt.

  Insbesondere durch die Mutter werden die Kinder zusätzlich stark kontrolliert, ihr Verhaltensspielraum wird eingeengt und die Bereitschaft, in neuen Situationen neues Verhalten auszuprobieren wird unterdrückt. Häufig ist gleichzeitig das Erziehungsverhalten im Sinne der Mutter-Unterstützung besonders gering ausgeprägt. D. h. die Mutter ist nicht in der Lage bzw. versäumt es, dem Kind Ratschläge und Anregungen zur Lösung seiner täglichen Schwierigkeiten und Aufgaben zu geben (Ablaufprozeß 2, allerdings nur für die Mutter bestätigt).
- Das Erziehungsverhalten des Vaters ist nur wenig kontrollierend. Am ehesten äußert der Vater Forderung nach Leistung.
- Im Familien delinquenter Jugendlicher findet sich häufig eine Divergenz zwischen beiden Elternteilen hinsichtlich elterlicher Vorsorge (Förderung von Zukunftspessimismus, Unterstützung). Bei geringer erzieherischer Vorsorge durch den Vater findet sich eine hohe erzieherische Vorsorge durch die Mutter.
- In Familien delinquenter Jugendlicher finden sich in deutlicherer Ausprägung emotionale Spannungen der Eltern, disharmonische Beziehungen zwischen den Ehepartnern, generell eher aggressiv gefärbte Reaktionen der Eltern untereinander und gegenüber den Kindern (Ablaufprozeß 5).
- Daneben bzw. auch innerhalb oder im Wechsel mit der aggressiven Tönung des Erziehungsverhaltens findet sich bei Müttern der D-Gruppe gehäuft eine «verwöhnende» Haltung gegenüber ihren Jungen, d. h. die Mütter sind überprotektiv-unterstützend, räumen dem Kind Schwierigkeiten aus dem Weg und sind auch bei unerwünschtem Verhalten des Kindes nachgiebig (Ablaufprozeß 4, allerdings nur für die Mutter bestätigt).
- Auch im Hinblick auf schulische Forderungen sind Mütter delinquenter Jugendlicher häufiger «verwöhnend», d. h. sie stellen geringere Forderungen, verfolgen diese weniger häufig und mit weniger Nachdruck, sind bereits bei kleinen Schwierigkeiten dem Jungen eher behilflich.
- Väter der D-Gruppe neigen häufiger zu hohen Forderungen bei geringer Unterstützung (Ablaufprozeß 3, allerdings nur für Väter und nur tendenziell angedeutet).

3. Auch die Aufspaltung der Marburger Strenge-Skala in die beiden Aspekte Kontrolle und aggressive Strenge hat sich bewährt. Trotz einer erkennbaren Korrelation zwischen beiden Aspekten (r = 0,55–0,60, je nach Gruppe und Elternteil) haben beide Erziehungsstil-Dimensionen für die Diskrimination zwischen Delinquenz und Nicht-Delinquenz der Jugendlichen eine unterschiedliche Bedeutung. Als Beispiel dafür können die Ergebnisse zu den Kombinationen der «Zurückweisung» dienen,

die sich (i. S. von Stapf et al. 1972) aus «hohe Strenge/geringe Unterstützung» ergeben. Aufgrund der hier vorgenommenen Unterscheidung zweier Dimensionen der Strenge gab es zwei solche Kombinationen der Zurückweisung. Die aus hoher Kontrolle und geringer Unterstützung gebildete Variante von Zurückweisung durch die Mutter kommt in der D-Gruppe signifikant häufiger vor als erwartet. Die aus hoher Aggressiver Strenge und geringer Unterstützung gebildete Variante dagegen nicht, sondern gerade das Gegenteil, nämlich eine Variante der «Zuwendung» (i. S. von Stapf et al. 1972), nämlich geringe Aggressive Strenge bei hoher Unterstützung.

4. Durch die zweidimensionalen Erziehungsstil-Kombinationen und durch die mehrdimensionale Diskriminanzanalyse konnten Unterschiede zwischen den Gruppen aufgedeckt werden, die bei einer Betrachtung nach isolierten Einzeldimensionen verborgen geblieben wären (z. B. die Ergebnisse für die Dimension «Unterstützung»).

Literatur

GEWIRTZ, J. L. 1954. Three determinants of attention-seeking in young children. Monogr. Soc. Res. Child Development *19,* Nr. 59.

KLEINING, G. & MOORE, H. 1968. Soziale Selbsteinstufung. Kölner Zeitschrift für Soziologie und Sozialpsychologie *20,* 502–552.

LÖSEL, F. 1975. Perzipiertes Elternverhalten und Delinquenz. In: TACK, W. H. (Hg.) Bericht über den 29. Kongreß der Deutschen Gesellschaft für Psychologie in Salzburg 1974. Göttingen: Hogrefe. S. 115–116.

LÖSEL, F. 1978. Konfigurationen elterlicher Erziehung und Dissozialität. In: SCHNEEWIND, K. & LUKESCH, H. (Hg.) Familiäre Sozialisation. Stuttgart: Klett-Cotta. S. 233–245.

LÖSEL, F. & LINZ, P. 1975. Familiale Sozialisation von Delinquenten. In: ABELE, A., MITZLAFF, S. & NOWACK, W. (Hg.) Abweichendes Verhalten. Stuttgart: Frommann-Holzboog. S. 181–203.

LÖSEL, F., TOMAN, W. & WÜSTENDÖRFER, W. 1976. Eine Untersuchung zum perzipierten Erziehungsstil bei jugendlichen Delinquenten. Zeitschrift für experimentelle und angewandte Psychologie *23,* S. 45–61.

SCHNEEWIND, K. & LUKESCH, H. (Hg.) 1978. Familiäre Sozialisation. Stuttgart: Klett-Cotta.

SEITZ, W. 1975. Erziehungshintergrund jugendlicher Delinquenz. In: LUKESCH, H. (Hg.) Auswirkungen von Erziehungsstilen. Göttingen: Hogrefe. S. 111–130.

SEITZ, W. & GÖTZ, W. 1979. Familiäre Erziehung und jugendliche Delinquenz. Stuttgart: Enke.

SEITZ, W., WEHNER, E. G. & HENKE, M. 1970. Ähnlichkeit des Erziehungsstils zwischen Müttern und Vätern 7- bis 8jähriger Jungen. Zeitschrift für Entwicklungspsychologie und Pädagogische Psychologie *2,* 165–180.

SPRINGER, W. 1973. Kriminalitätstheorien und ihr Realitätsgehalt. Stuttgart: Enke.

STAPF, K. H., HERRMANN, TH., STAPF, A. & STÄCKER, K. H. 1972. Psychologie des elterlichen Erziehungsstils. Stuttgart: Klett.

STEVENSON, H. H. 1961. Social reinforcement with children as a function of ca, sex of e, and sex of s. Journal of Abnormal and Social Psychology *63,* 147–154.

23. Irmgard Vogt

Der Einfluß der Eltern auf den Drogenkonsum ihrer Kinder

Zusammenfassung: Die These, daß das Ausmaß des Drogenkonsums von Jugendlichen unmittelbar beeinflußt wird von entsprechenden Verhaltensweisen ihrer Eltern und insbesondere vom Ausmaß des Medikamentenkonsums der Mütter, wurde anhand empirischer Daten, die in einem mündlichen Interview mit 485 Müttern und 485 ihrer Kinder erhoben worden sind, überprüft. Die Ergebnisse der quantitativen Datenanalyse zeigen, daß eine solche pauschale Annahme empirisch nicht belegt werden kann. Vielmehr ergibt sich, daß die Vorstellungen, die sich die Jugendlichen über den Drogenkonsum ihrer Eltern machen, in Wechselwirkung stehen zu ihren eigenen Konsumgewohnheiten. Im übrigen lassen sich für Jungen und Mädchen unterschiedliche Abhängigkeiten von elterlichen Modellen nachweisen. Jungen orientieren sich, was ihren Drogenkonsum angeht, in erster Linie an ihren Vorstellungen über den Drogenkonsum ihrer Väter. Mädchen scheinen dagegen von ihren Müttern eine Vielzahl von Vorstellungen über das «schwache Geschlecht» zu übernehmen, zu denen neben bestimmten Krankheitssymptomen, unter denen Mädchen und Frauen besonders häufig leiden, auch der Konsum von psychoaktiven Medikamenten gehört, wobei beide Verhaltensweisen als Teilaspekte von typisch weiblichem Rollenverhalten verstanden werden können.

1. Einleitung

Probleme, die im Zusammenhang mit dem Konsum von Drogen stehen, also mit dem Konsum von alkoholischen Getränken, Arzneimitteln und denjenigen Substanzen, deren Verwendung in Westdeutschland durch Gesetz verboten ist, wie z. B. derjenige von Haschisch, Heroin usw. (zur Definition des Drogenbegriffs vgl. WHO 1969; The Non-Medical Use of Drugs 1970; Vogt 1975), sind in den vergangenen 10 Jahren mehr und mehr ins Bewußtsein der Öffentlichkeit getreten. Je häufiger in den Medien darauf hingewiesen wurde, daß immer mehr Jugendliche von Drogen abhängig werden, um so offener wurde der Verdacht geäußert, daß das Ausmaß des Drogenkonsums der Jugendlichen unmittelbar beeinflußt wird von entsprechenden Verhaltensweisen ihrer Eltern. Es wurde behauptet, daß Jugendliche, deren Eltern häufig und auch viele verschiedene legale Drogen konsumieren, eher dazu neigen, mit einer Vielzahl von legalen und illegalen Drogen zu experimentieren, während diejenigen ihrer Altersgenossen, deren Eltern entweder wenige oder gar keine psychoaktiven Genuß- und Arzneimittel nehmen, ebenfalls eher wenige oder gar keine Drogen nehmen. Zugleich wurde unterstellt, daß der Drogenkonsum der Mütter in stärkerem Ausmaß entsprechende Konsumgewohnheiten ihrer Kinder modelliert als derjenige der Väter (Blum et al. 1974; Lewis 1971; Galli 1974).

Die bislang vorliegenden empirischen Daten scheinen diese Annahmen zu bestätigen. Allerdings wurden dabei stets die Angaben von entweder nach Zufall ausgewählten Jugendlichen oder von bereits Drogenabhängigen über ihren eigenen Drogenkonsum mit ihren Angaben über den Drogenkonsum ihrer Eltern in Zusammenhang gebracht. Anhand solcher von den Jugendlichen selbst produzierten Daten konnte Smart (1971) nachweisen, daß in der Tat Jugendliche, deren Mütter fast täglich Beruhigungsmittel einnehmen, am häufigsten mit einer Vielzahl von legalen und illegalen Drogen experimentieren, während Jugendliche, deren Mütter keine Beruhigungsmittel nehmen, vorzugsweise und bestenfalls gelegentlich legale Drogen konsumieren.

Fragt man auch die Mütter nach ihren Gewohnheiten, Drogen zu konsumieren, und vergleicht man diese Angaben mit den entsprechenden Angaben ihrer Kinder (Kandel 1973, 1974a, 1974b; O'Connor 1978), dann ergibt sich, daß zwischen den Angaben der Mütter und der Kinder über das Ausmaß des Medikamentenkonsums der Mütter deutliche Diskrepanzen bestehen, einmal, weil die Kinder den Medikamentenkonsum ihrer Mütter unterschätzen und zum andern, weil diejenigen von ihnen, die selbst mit Drogen experimentieren, dazu tendieren, ihre Mütter eher als Drogenkonsumentinnen wahrzunehmen.

Die bislang vorliegenden Untersuchungsbefunde über den unmittelbaren Einfluß des Drogenkonsums der Eltern und insbesondere desjenigen von psychoaktiven Medikamenten der Mütter auf das Ausmaß des Drogenkonsums ihrer Kinder sind vorerst durchaus widersprüchlich. Eine eindeutige und statistisch belegbare Beziehung ergibt sich regelmäßig nur dann, wenn man manifest Drogenabhängige oder zufällig ausgewählte Jugendliche danach befragt, welche Drogenkonsumgewohnheiten sie bei ihren Eltern vermuten. Fragt man auch die Eltern selbst nach dem Ausmaß ihres Drogenkonsums, dann ergeben sich stets Diskrepanzen zwischen den Aussagen der Eltern und ihrer Kinder und die Beziehungen zwischen diesen Angaben werden vieldeutig.

2. Untersuchungsbeschreibung

Im Rahmen einer pilot-study, die im wesentlichen darauf zentriert war, Daten zum Medikamentenkonsum von Jugendlichen und deren Müttern zu erheben, wurde versucht, die Hypothese über einen direkten Einfluß des Medikamentenkonsums der Mütter auf entsprechende Konsumgewohnheiten ihrer Kinder zu überprüfen. Insgesamt wurden mündliche Interviews von 485 Müttern und 485 ihrer Kinder, von denen 47 % weiblichen und 53 % männlichen Geschlechts sind, in der Datenanalyse ausgewertet. Im einzelnen wurde nach folgenden Themenbereichen gefragt: a) nach ihrem Gesundheits- bzw. ihrem Krankheitszustand; b) nach ihren Einnahmegewohnheiten in bezug auf Medikamente und speziell auf psychoaktive Medikamente wie Anregungs-, Beruhigungs-, Schlaf- und Schmerzmittel; c) nach der Beziehung der Kinder zu ihren Eltern; und d) nach dem Konsum von Genußmitteln.

Die mündliche Befragung der Mütter und Kinder in einem geschlossenen Interview wurde als Regionalstudie in Bayern in Zusammenarbeit mit der vom Freistaat Bayern durchgeführten Repräsentativ-Erhebung «Jugend fragt Jugend» 1976, vorgenommen. Das Interview mit den Jugendlichen ging dem Interview mit den Müttern zeitlich um rund drei Monate voraus. Die Stichprobe der Jugendlichen wurde als mehrstufige, geschichtete Zufallsstichprobe angelegt, wobei die Grundgesamtheit aus allen Personen der Geburtsjahrgänge 1951–1963 bestand, die mit erstem Wohnsitz in Bayern gemeldet waren. Die Grundgesamtheit der Stichprobe der Mütter bildeten alle diejenigen Jugendlichen, die zum Zeitpunkt der Befragung 14–19 Jahre alt waren. Die Stichprobenziehung erfolgte auch hier nach dem Modell einer mehrstufig geschichteten Zufallsstichprobe. Die Mütter ebenso wie ihre Kinder wurden sowohl nach ihrem eigenen Konsum von verschiedenen Medikamenten befragt wie auch nach dem des jeweils anderen.

3. Ergebnisse

In den Tabellen 1 und 2 sind die Ergebnisse der Häufigkeitsangaben der Mütter und der Kinder über ihren eigenen Medikamentenkonsum sowie über den des jeweils anderen zusammengestellt, einschließlich der Angaben der Kinder über den Medikamentenkonsum ihrer Väter.

Wie aus den Tabellen hervorgeht, haben sowohl die Mütter als auch ihre Kinder eine gewisse Tendenz, den Medikamentenkonsum des jeweils anderen zu unterschätzen. Wenn man die Daten der Kinder weiterhin nach dem Geschlecht aufschlüsselt, ergibt sich, daß 1. mehr Mädchen als Jungen sowohl nach ihren eigenen Angaben wie auch nach

Tabelle 1: Angaben der Mütter über ihren eigenen Medikamentenkonsum und denjenigen ihrer Kinder (%)

	Mütter					Kinder				
	regelmäßig	häufig	manchmal	selten	nie	regelmäßig	häufig	manchmal	selten	nie
Anregungsmittel	–	–	1	4	94	–	–	1	1	98
Beruhigungsmittel	2	2	10	18	68	–	–	2	4	94
Schlafmittel	1	2	3	9	85	–	–	1	2	97
Schmerzmittel	2	3	25	44	25	–	1	12	36	52

Tabelle 2: Angaben der Kinder über ihren eigenen Medikamentenkonsum und denjenigen ihrer Mütter und Väter (%)

	Mütter				Väter				Kinder		
	regelmäßig	gelegentlich	nie	weiß nicht	regelmäßig	gelegentlich	nie	weiß nicht	regelmäßig	gelegentlich	nie
Anregungsmittel	1	2	85	12	1	1	87	11	–	2	98
Beruhigungsmittel	3	19	67	11	2	5	83	10	–	8	92
Schlafmittel	2	17	70	11	2	7	82	9	–	4	96
Schmerzmittel	7	44	41	8	4	31	55	10	–	44	56

denjenigen ihrer Mütter Medikamente einnehmen; 2. Mädchen ihren eigenen Medikamentenkonsum fast durchweg höher einschätzen, als dies nach den Angaben der Mütter zu erwarten ist; und 3. daß Jungen ihren Medikamentenkonsum eher niedriger einschätzen, als dies nach den Angaben der Mütter zu erwarten ist.

Überprüft man weiterhin, ob die Unterschiede zwischen den Angaben der Mädchen und der Jungen über ihren Medikamentenkonsum durch spezifische Unterschiede in der Familienkonstellation oder durch grundsätzliche Unterschiede im Verhalten der Mütter mitbedingt sind, dann zeigt sich, daß sich Mittelwertsunterschiede in einer Reihe von relevanten Variablen nicht feststellen lassen: Mädchen und Jungen dieser Stichprobe kommen aus vergleichbaren Familien. Ebenso lassen sich nicht von vornherein Unterschiede im Verhalten der Mütter von Töchtern und von Söhnen feststellen, wie aus den Angaben der Mütter zu ihrem eigenen Medikamentenkonsum hervorgeht (für Einzelheiten vgl. VOGT 1978). Wenn im folgenden spezifische Unterschiede im Verhalten der Mädchen und der Jungen in Wechselwirkung mit ihren Müttern festgestellt werden können, dann sind diese *nicht* bedingt durch Unterschiede, die sich auf die Familienstruktur zurückführen lassen oder Stichprobenfehler darstellen.

Läßt man aus methodischen Gründen die Häufigkeitsangaben über den Konsum von psychoaktiven Medikamenten der Mütter, der Mädchen und der Jungen unberücksichtigt (PRAIS et al. 1955; PARRY et al. 1971, 1973; ROOM 1971; BRECHER et al. 1972; MANHEIMER et al. 1973; BALTER et al. 1974, 1975; PERNANEN 1974) und faßt man alle Angaben zu zwei Kategorien – nämlich: keine Mittel genommen versus ein und mehr Mittel genommen – zusammen, dann lassen sich eine Reihe von Vierfelderanalysen durchführen. In der folgenden Abbildung 1 ist schematisch aufgeführt, welche Daten der Mütter, der Mädchen und der Jungen zueinander in Beziehung gesetzt worden sind.

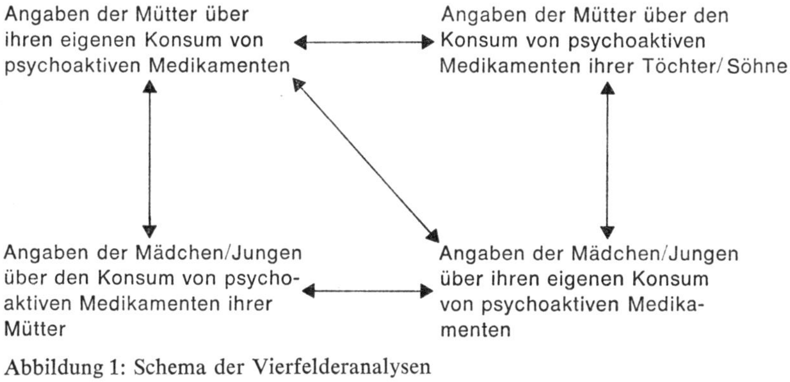

Abbildung 1: Schema der Vierfelderanalysen

Alles in allem genommen kann man die Ergebnisse dieser Vierfelderanalysen etwa folgendermaßen interpretieren:

a) Zwischen den Angaben der Mädchen zu ihrem eigenen Medikamentenkonsum und den entsprechenden Angaben der Mütter wie auch zwischen den Angaben der Mädchen und der Mütter zum Medikamentenkonsum der Mütter und ebenso zwischen den Angaben der Mütter und der Mädchen zum Medikamentenkonsum der Mädchen bestehen fast durchweg, wenn auch schwache, so doch statistisch signifikante Beziehungen (p maximal 0,05): Die Mädchen ebenso wie ihre Mütter haben gewisse Kenntnisse vom Ausmaß des Medikamentenkonsums des jeweils anderen. Diese Übereinstimmungen sollten jedoch nicht überschätzt werden, denn der Gamma-Koeffizient ist in allen Fällen nicht sonderlich hoch und die Vorhersagegenauigkeit übersteigt in keinem Fall rund 30 %.

b) Zwischen den Angaben der Jungen zu ihrem eigenen Medikamentenkonsum und den entsprechenden Angaben der Mütter wie auch zwischen den Angaben der Jungen und der Mütter zum Medikamentenkonsum der Mütter ebenso wie zwischen den Angaben der Mütter und der Jungen zum Medikamentenkonsum der Jungen bestehen fast durchweg *keine* statistisch signifikanten Beziehungen. Die Mütter wissen ebensowenig über den Medikamentenkonsum ihrer Söhne Bescheid wie letztere über denjenigen ihrer Mütter. Das Verhalten der Mütter in bezug auf Medikamentenkonsum hat nach dieser Analyse wohl kaum eine Modellfunktion für das Verhalten der Söhne: Jungen richten sich in ihren Gewohnheiten, Medikamente einzunehmen, nicht nach den Konsumgewohnheiten ihrer Mütter.

c) Mütter, Mädchen und Jungen widersprechen einander bei ihren Angaben über den Medikamentenkonsum des jeweils anderen in erheblichem Umfang, nämlich in rund 40 % aller Fälle. Diese Widersprüche sind das Resultat von Unterschätzungen und falschen Annahmen über den Medikamentenkonsum des jeweils anderen.

d) Betrachtet man die Vierfelder-Ergebnisse zu den Angaben der Mädchen und der Jungen über ihren eigenen Medikamentenkonsum und ihren Vorstellungen über den Medikamentenkonsum ihrer Eltern sowie zu den Angaben der Mütter über ihren eigenen Medikamentenkonsum und ihren Vorstellungen über denjenigen ihrer Töchter und Söhne, dann zeigt sich, daß sowohl die Mädchen als auch die Jungen sehr präzise Vorstellungen davon haben, welche Medikamente ihre Eltern einnehmen. Umgekehrt trifft dies auch auf die Mütter zu. Diese Vorstellungen über den Medikamentenkonsum des jeweils anderen stehen in einem hochsignifikanten Zusammenhang mit den Angaben über den jeweils eigenen Medikamentenkonsum ($p \leqq 0{,}005$, der Gamma-Koeffizient variiert zwischen .40 und .60). Obwohl die Mädchen ebenso wie die Jungen und auch ihre Mütter sich in erheblichem Umfang über das Ausmaß des Medikamentenkonsums des jeweils anderen täuschen, haben sie doch sehr genaue Vermutungen darüber, welche Medikamente der jeweils andere einnimmt. Diese Annahmen über den Medikamentenkonsum des jeweils anderen werden dann vielfach mit den eigenen Konsumgewohnheiten verknüpft, so daß im Endeffekt eine erstaunliche Übereinstimmung zwischen den eigenen Verhaltensweisen und den Vorstellungen über diejenigen des jeweils anderen festgestellt werden kann.

Geht man davon aus, daß die Angaben der Mädchen und der Jungen über ihren Konsum von psychoaktiven Medikamenten diejenigen Daten sind, die durch eine Reihe von Angaben zu verschiedenen anderen – unabhängigen – Variablen erklärt werden können, dann bietet sich die Regressionsanalyse als dasjenige deskriptive Verfahren an, das geeignet ist, den Zusammenhang zwischen der abhängigen Variable, Konsum von psychoaktiven Medikamenten (der Jungen und der Mädchen), und den unabhängigen Variablen aufzuklären. Zu diesem Zweck wurde eine Reihe von Variablen konstruiert. Die Angaben zu den verschiedenen Arzneimitteln sind zu einer einzigen metrisch abgestuften Variablen zusammengefaßt worden (vgl. Tabelle 3 und 4).

Die Ergebnisse der beiden Regressionsanalysen weisen neben einigen Gemeinsamkeiten zwischen den Jungen und den Mädchen auch auf erhebliche Unterschiede hin, die bestimmte unabhängige Variable im Hinblick auf ihren Erklärungswert im Kontext anderer unabhängiger Variabler gegenüber der abhängigen Variablen annehmen.

So fällt auf, daß bei den Jungen alle Variablen, die sich auf Ansichten der Jungen über ihre Väter beziehen, gegenüber entsprechenden Variablen, die sich auf Ansichten der Jungen über ihre Mütter beziehen, dominieren. Jungen scheinen sich, auch was ihren Konsum von psychoaktiven Medikamenten angeht, ganz generell an ihren Vorstellungen über ihre Väter zu orientieren. Da in dieser Studie keine Angaben von den Vätern der Jugendlichen erhoben worden sind, kann hier nicht nachgeprüft werden, inwieweit diese Vorstellungen der Jungen über ihre Beziehungen zu ihren Vätern und über den Medikamentenkonsum derselben mit entsprechenden Aussagen der Väter selbst übereinstimmen.

Eine Wechselwirkung zwischen den Angaben der Mütter über ihren Konsum von psychoaktiven Medikamenten (die Variable: Konsum von psychoaktiven Medikamenten, Mutter, Kennzeichnung M, ist in Tabelle 3 nicht enthalten, da sie zur Erklärung der gemeinsamen Varianz nichts beiträgt) und entsprechenden Konsumgewohnheiten der Jungen läßt sich nicht nachweisen. Vielmehr sind es ausschließlich die *Vorstellungen,* die sich die Jungen über den Medikamentenkonsum ihrer Mütter machen, die einen gewissen Erklärungswert im Hinblick auf den Konsum von psychoaktiven Medikamenten der Jungen haben.

Tabelle 3: Ergebnisse der schrittweisen Regressionsanalyse mit der AV: Konsum von psychoaktiven Medikamenten, Jungen (N = 178)

Kennzeichnung *	Variablenname	Multiple Korrelation	R^2
K	Zahl der Krankheiten	.33	.11
K	Konsum anderer Arzneimittel	.38	.15
M	Familieneinkommen	.42	.17
M	Schulbildung des Vaters	.44	.19
K	Konsum von psychoaktiven Medikamenten, Vater	.46	.21
K	Beziehung zum Vater	.48	.23
K	Konsum von Tabakwaren	.49	.24
K	Konsum von Kaffee/Tee	.49	.24
K	Negative Eigenschaften, Vater	.50	.25
K	Konsum von psychoaktiven Medikamenten, Mutter	.50	.26
K	Konsum anderer Arzneimittel, Mutter	.51	.26
K	Konsum anderer Arzneimittel, Vater	.52	.27

Tabelle 4: Ergebnisse der schrittweisen Regressionsanalyse mit der AV: Konsum von psychoaktiven Medikamenten, Mädchen (N = 170)

Kennzeichnung *	Variablenname	Multiple Korrelation	R^2
K	Zahl der Krankheiten	.38	.15
K	Konsum von psychoaktiven Medikamenten, Vater	.49	.24
K	Konsum anderer Arzneimittel	.53	.28
K	Taschengeld	.56	.31
M	Konsum von psychoaktiven Medikamenten, Mutter	.58	.33
K	Konsum von psychoaktiven Medikamenten, Mutter	.58	.34
K	Konsum anderer Arzneimittel, Vater	.58	.35
M	Konsum anderer Arzneimittel, Mutter	.59	.35
M	Familieneinkommen	.60	.36
K	Beziehung zum Vater	.60	.36
K	Negative Eigenschaften, Mutter	.60	.36
K	Negative Eigenschaften, Vater	.61	.37

* Variable, die nach den Angaben der Kinder gebildet wurden, sind in dieser Spalte mit einem K gekennzeichnet, und diejenigen, die nach Angaben der Mütter gebildet wurden, mit einem M.

Etwas komplizierter liegen die Verhältnisse bei den Mädchen. Zunächst ist festzuhalten, daß diejenigen Variablen, die in der Regressionsanalyse berücksichtigt worden sind, in einem höheren Ausmaß geeignet sind, zur Erklärung der gemeinsamen Varianz beizutragen, als dies für die Jungen zutrifft. Immerhin werden bei Berücksichtigung von 12 unabhängigen Variablen rund 40 % der gemeinsamen Varianz der abhängigen und der unabhängigen Variablen erklärt. Dazu tragen eine Reihe von Variablen bei, die sich auf die Vorstellungen der Mädchen über den Medikamentenkonsum ihrer Eltern beziehen und auf zwei Variable, die aufgrund der Angaben der Mütter über ihren eigenen Medikamentenkonsum gebildet wurden (vgl. die Variablen mit der Kennzeichnung M: Konsum von psychoaktiven Medikamenten, Mutter; und: Konsum anderer Arzneimittel, Mutter). Wie die Vierfelderanalysen gezeigt haben, bestehen zwischen den Angaben der Mädchen und ihrer Mütter zum Medikamentenkonsum durchweg statistisch signifikante Beziehungen, deren Gewicht allerdings erst in der Regressionsanalyse deutlich zum Ausdruck kommt. Pauschal kann man annehmen, daß die Mädchen in ihre Vorstellungen über den Medikamentenkonsum ihrer Eltern und insbesondere ihrer Mütter durchaus auch konkrete Erfahrungen miteinbeziehen bzw. daß sie über den tatsächlichen Medikamentenkonsum ihrer Mütter besser Bescheid wissen als Jungen.

4. Interpretation

Wie die Datenanalyse über den Medikamentenkonsum von Jugendlichen und ihren Müttern gezeigt hat, kann eine pauschale Annahme über einen direkten und unmittelbaren Einfluß des mütterlichen Medikamentenkonsums auf denjenigen ihrer Kinder nicht aufrechterhalten werden. Die bislang vorliegenden Befunde, die diese These zu stützen scheinen, beruhen wohl eher auf methodischen Unzulänglichkeiten der Datenerhebung und auf voreiligen Interpretationen der Ergebnisse. Vielmehr muß davon ausgegangen werden, daß Kinder erheblich komplexere Bezugssysteme bilden, in deren Rahmen bestimmte Parallelen zwischen ihrem eigenen Verhalten hinsichtlich des Drogenkonsums und demjenigen ihrer Eltern ihren Stellenwert erhalten.

Für alkoholische Getränke haben Jahoda und Cramond (1972) in einer ersten experimentellen Studie gezeigt, daß Kinder im Alter von 6–10 Jahren komplexe Konzepte über spezifische Charakteristika und Wirkungen von Alkohol ebenso wie über die normativen Wertungen von Trinksitten entwickeln. Bereits im Alter von 6 Jahren können Kinder Verhaltensweisen, die die Folge von Trunkenheit sind, richtig identifizieren. In diesem Zusammenhang berichten viele Kinder über direkte Erfahrungen mit Betrunkenen, wobei diese zumeist in der Familie gesammelt werden, und zwar im allgemeinen dann, wenn der Vater betrunken ist. Im Alter von 8 Jahren bilden Kinder operationale Schemata im Sinne von Piaget (1973) darüber, welche Getränke zur Klasse der Alkoholika gehören und welche nicht, allerdings ohne über den verbalen Klassenbegriff «alkoholische Getränke» oder «Alkoholika» zu verfügen. Mädchen ebenso wie Jungen haben ein stärkeres negatives Vorurteil gegenüber Frauen, die trinken, als gegenüber Männern. Es ist keine Frage, daß in dieser Studie der Vater bzw. männliche Modelle bei der Bildung komplexer Konzepte im Umgang mit alkoholischen Getränken von erheblicher Bedeutung sind: «In the present study it has also emerged that the perceived behaviour of significant adults appears to be a key variable. Nonetheless the issue is probably more complicated than mere ‚imitation of parents'...» (JAHODA & CRAMOND 1972, S. 36).

Theorien über Imitationslernen, wie sie z. B. von BANDURA (1969) für aggressives Verhalten von Kindern formuliert worden sind, reichen nicht aus, um die Konzeptbildung über Trinkverhalten und Trinksitten, die in erster Linie an männlichen Vorbildern festgemacht werden, bei Kindern im Alter von 6–10 Jahren zu erklären. Allerdings soll hier auch darauf hingewiesen werden, daß BANDURA keineswegs immer den unmittelbaren Einfluß eines Modells auf das Verhalten des Beobachters im Auge hat (1971, 1974, 1977). Vielmehr schreibt er: «By observing a model of the desired behavior, an individual forms an idea of how response components must be combined and sequenced to produce the new behavior. In other words, people guide their actions by prior notions rather than by relying on outcomes to tell them what they must do» (1977, S. 35). Solche Vorstellungen folgen nach BANDURA bestimmten generativen Regeln, die für Kinder, Jugendliche und Erwachsene durchaus unterschiedlich sein können; leider werden die Prozesse, die den generativen Regeln in verschiedenen Lebensaltern zugrunde liegen, im einzelnen nicht beschrieben.

Über die generativen Regeln, die den Trinksitten zugrunde liegen und die das aktuelle Trinkverhalten von Kindern, Jugendlichen und Erwachsenen steuern, ist im Rahmen der Alkoholforschung erhebliches Material zusammengetragen worden (PITMAN & SNYDER 1962; MACANDREWS & EDGERTON 1969; STACEY & DAVIES 1970; DAVIES & STACEY 1972).

Nun lassen sich jedoch die Befunde der Alkoholforschung nicht ohne weiteres auf andere Formen des Drogenkonsums übertragen, denn die Motive, die zum Konsum von alkoholischen Getränken oder von psychoaktiven Medikamenten Anlaß geben, unterscheiden sich durchaus voneinander.

Alkoholische Getränke sind Drogen, die gewöhnlich in Gesellschaft anderer und bevorzugt von Männern nach der Berufsarbeit am Feierabend oder an den Wochenenden konsumiert werden. Man trinkt Alkoholisches, um sich zu entspannen und um mit den anderen leichter ins Gespräch zu kommen. Jeder Erwachsene (18 Jahre und älter) kann gewöhnlich die ihm genehme Menge alkoholischer Getränke einkaufen, er unterliegt dabei zumindest in Westdeutschland keinerlei Kontrolle.

Kontrollfunktionen beim Konsum von Alkoholischem in Gesellschaft anderer werden von den Mittrinkenden ausgeübt. Es hängt somit in entscheidender Weise von denjenigen ab, mit denen man zusammen trinkt, welches Ausmaß des Konsums noch toleriert wird und welcher als übermäßig abgelehnt wird.

Psychopharmaka sowie alle psychoaktiven Medikamente sind dagegen Mittel, die jeder einzelne für sich selbst nimmt, um mit seinen je individuellen Lebensumständen zurechtzukommen. Über die Einnahme dieser Mittel reden die Konsumenten gewöhnlich nicht, weil dies bedeuten würde, daß man zugleich auch bestimmte persönliche Probleme zur Diskussion stellen würde, über die zu reden für den Betroffenen mit erheblichen Schwierigkeiten verbunden ist. Zudem signalisiert die Einnahme dieser Mittel Schwäche (z. B. «Willensschwäche», MANHEIMER et al. 1973; BALTER et al. 1974), die einzugestehen niemandem gelegen ist. Psychoaktive Medikamente werden den Konsumenten in der überwiegenden Mehrzahl der Fälle vom Arzt verschrieben, der auch gewisse Kontrollfunktionen im Hinblick auf die Häufigkeit und die Dauer der Einnahme übernimmt. Komplexe Konzepte über den Anwendungsbereich von psychoaktiven Medikamenten und Arzneimitteln überhaupt entwickeln sich, so kann man vermuten, in einem anderen Spannungsbereich als diejenigen über Alkoholkonsum.

Aus den hier vorgelegten Daten geht hervor, daß Mädchen im Alter von 14–19 Jahren eher dazu neigen, psychoaktive Medikamente und Arzneimittel überhaupt zu konsumieren als gleichaltrige Jungen. Sie passen sich mit diesen Konsumgewohnheiten stärker an ihre Mütter an, die nach Meinung ihrer Kinder erheblich mehr Medikamente nehmen als ihre Väter (die ihrerseits wiederum erheblich mehr alkoholische Getränke konsumieren als die Mütter). Darüber hinaus klagen Mädchen über eine Reihe von Krankheiten gehäuft, die für das sogenannte Frauensyndrom (PROSS 1975) typisch sind, wie Wetterfühligkeit, Kopf- und Rückenschmerzen und Angstgefühle. Man möchte annehmen, daß Mädchen von ihren Müttern eine Vielzahl von Vorstellungen über das sogenannte «schwache Geschlecht» übernehmen, zu denen neben bestimmten Krankheitssymptomen, die mit dem Frauensyndrom umschrieben werden können, auch der Konsum von psychoaktiven Medikamenten gehört. Im Kontext dieser Vorstellungen und komplexen Konzepte erhält der Konsum von psychoaktiven Medikamenten dann auch seinen spezifischen Stellenwert, indem er einmal als ein Eingeständnis dieser Schwäche figuriert und zum anderen die Anpassung an die passive Rolle, die im westlichen Kulturkreis den Frauen sowohl zugeschrieben als auch vorgeschrieben wird, erheblich erleichtert.

So gesehen, kommt mütterlichem Verhalten durchaus Modellfunktion zu, und zwar in der Weise, daß sie als positives Vorbild für ihre Töchter dienen und als negatives für ihre Söhne. Allerdings kann aus dieser Modellfunktion nicht abgeleitet werden, daß das aktuelle Verhalten der Mütter im Hinblick auf ihren Medikamentenkonsum in einem unmittelbaren Zusammenhang mit dem Drogenkonsum ihrer Kinder steht. Hier gilt ebenso wie beim Erlernen der Trinksitten, daß die Einflußnahme komplex vermittelt ist und daß sie nur im Kontext von weitergefaßten Konzepten erklärt werden kann, etwa dem von Rollenvorstellungen über typisch weibliches und typisch männliches Verhalten.

Literatur

BALTER, M. B. 1974. Coping with illness: Choices, alternatives and consequences. In: HELMS, R. B. (Hg.) Drug development and marketing. A conference sponsored by the American Enterprise Institute Center for Health Research, New York, S. 27–45.

BALTER, M. B., BAUER, M. L. 1975. Patterns of prescribing and use of hypnotic drugs in the United States. In: CLIFT, A. D. (Hg.) Sleep disturbance and hypnotic drug dependence. Amsterdam: Excerpta Medica, S. 216–292.

BANDURA, A. 1969. Principles of behavior modification. New York: Holt, Rinehart and Winston.

BANDURA, A. (Hg.) 1971. Psychological modeling. Conflicting theories. Chicago: Aldine.

BANDURA, A. 1974. Behavior theory and the models of man. American Psychologist *29,* 859–869.

BANDURA, A. 1977. Social learning theory. Englewood Cliffs: Prentice-Hall.

BLUM, R. H., BOVET, D., MOORE, J. and Associates (Hg.) 1974. Controlling drugs. San Francisco: Jossey Bass.

BRECHER, E. M. and the Editors of Consumer Reports 1972. Licit and illicit drugs. Boston: Little, Brown.

DAVIES, J., STACEY, B. 1972. Teenagers and alcohol. A development study in Glasgow. Vol. 2. London: HMSO.

GALLI, N. 1974. How parents influence their children's drug attitudes and practices. Journal of Drug Education *14,* 37–41.

JAHODA, G., CRAMOND, J. 1972. Children and alcohol. A developmental study in Glasgow. Vol. 1. London: HMSO.

KANDEL, D. 1973. Adolescent marihuana use: Role of parents and peers. Science *181,* 1067–1070.

KANDEL, D. 1974a. Interpersonal influences on adolescent illegal drug use. In: JOSEPHSON, E., CARROLL, E. E. (Hg.) Drug use. Epidemiological and sociological approaches. Washington D. C.: Hemisphere, S. 207–240.

KANDEL, D. 1974b. Inter- and intragenerational influences on adolescent marihuana use. Journal of Social Issues *30,* 107–135.

LEWIS, D. C. 1971. The impact of the adult drug use model on youth. Journal of Drug Issues *1,* 339–341.

MAC ANDREWS, C., EDGERTON, R. B. 1969. Drunken comportment: A social explanation. Chicago: Aldine.

MANHEIMER, D. I., DAVIDSON, S. T., BALTER, M. B., MELLINGER, G. D., CISIN, I. H., PARRY, H. J. 1973. Popular attitudes and beliefs about tranquilizers. American Journal of Psychiatry *130,* 1246–1253.

O'Connor, J. 1978. The young drinkers. Kent: Pitman.
Parry, H. J., Balter, M. B, Cisin, I. H. 1971. Primary levels of underreporting psychotropic drug use. Public Opinion *34*, 581–592.
Parry, H. J., Mellinger, G. D., Cisin, I. H., Manheimer, D. I. 1973. National patterns of psychotherapeutic drug use. Archives of General Psychiatry *28*, 769–783.
Pernanen, K. 1974. Validity of survey data on alcohol use. In: Gibbins, R. H. et al. (Hg.) Research advances in alcohol and drug problems, Vol. 1, New York: Wiley, S. 355–374.
Piaget, J. 1973. Einführung in die genetische Erkenntnistheorie. Frankfurt: Suhrkamp.
Pittman, D. J., Snyder, C. R. (Hg.) 1962. Society, culture, and drinking patterns. New York: Wiley.
Prais, S. J., Houthakker, H. S. 1955. The analysis of family budgets. Cambridge: Cambridge University Press.
Pross, H. 1975. Die Wirklichkeit der Hausfrau. Reinbek: Rowohlt.
Room, R. G. W. 1971. Survey vs. scales data for the U. S. Drinking and drug practices surveyor *3*, 15–16.
Smart, R.G. 1971. Illicit drug use in Canada: A review of current epidemiology with clues for prevention. International Journal of the Addictions *6*, 383–405.
Stacey, B., Davies, J. 1970. Drinking behaviour in childhood and adolescence: An evaluative review. British Journal of Addiction *65*, 203–212.
The Non-Medical Use of Drugs. 1971. Interim report of the Canadian Government Commission of Inquiry. Harmondsworth: Penguin.
Vogt, I. 1975. Drogenpolitik. Frankfurt: Campus.
Vogt, I. 1978. Drogenkonsum als Erziehungsproblem. Manuskript (unveröffentlicht).
World Health Organization. 1969. Technical Report Series No. 407.

VII. Intervention in der Familie

Rational begründete Interventionsprogramme zur Realisierung definierter Ziele setzen Bedingungs- und Änderungswissen voraus. Der Bedingungsanalyse sind mehrere Kapitel dieses Bandes gewidmet. Dieser letzte Teil bezieht sich auf Probleme der Veränderung im Rahmen der familiären Interaktion. Wie kann elterliches Erziehungsverhalten zur Erreichung besserer erzieherischer Kompetenz verändert werden? Von welchen Faktoren ist die Veränderung bzw. Veränderungsresistenz abhängig? Steht das veränderte Erziehungsverhalten in der erwarteten Beziehung zum angestrebten Kindverhalten?

In der Arbeit von CAESAR wird die neuere Entwicklung der präventiven Elterntrainings beschrieben. Ihre Bedeutung für die Optimierung von Entwicklungsprozessen wird dargelegt. Die Verfasserin fordert die vermehrte Berücksichtigung kognitiv-motivationaler Aspekte bei der Konzeption von Interventionsprogrammen. LÜTHI diskutiert verschiedene Legitimationsargumente für präventive Maßnahmen im Bereich des elterlichen Erziehungsverhaltens. Das «Berner Präventive Elterntraining» wird anschließend in seinen Zielsetzungen beschrieben und die ersten Ergebnisse der begleitenden Evaluation mitgeteilt. Die präventive Hilfestellung hat nach dem vorgestellten Konzept nicht episodischen sondern begleitenden Charakter. Sie richtet sich an Eltern von Kleinkindern und begleitet sie über einen längeren Zeitraum. Das von INNERHOFER vorgestellte «Münchner Trainingsprogramm» soll den Eltern Fertigkeiten zur Bewältigung von Erziehungsschwierigkeiten vermitteln. Das zentrale Element des Programms besteht in der Interaktionsbeobachtung, die die diagnostische Basis für die Planung und Durchführung der Intervention darstellt. MINSEL und BIEHL haben die Effekte eines Elterntrainings nach dem Konzept von GORDON untersucht. Als abhängige Variable wurde in einem Kontrollgruppen-Plan das reale Gesprächsverhalten erfaßt. Über die Prüfung der Trainingseffekte hinaus wird untersucht, mit welchen Elternverhaltensweisen die vom Kind perzipierte Erziehungseinstellung zusammenhängt und ob das von der Theorie als günstig postulierte Elternverhalten von den Kindern auch in diesem Sinne erlebt werde. BÜCHEL und PERREZ stellen ein Erziehungsberatungskonzept vor, das konsequent die Veränderung des Kindverhaltens über die Veränderung des Erziehungsverhaltens der Eltern und Lehrer anstrebt. Es wird die Institutionalisierung des Beratungskonzeptes beschrieben und erste Ergebnisse über seine Effizienz werden diskutiert.

24. Sylvia-Gioia Caesar

Überlegungen zu lerntheoretisch orientierten Elterntrainingsprogrammen mit dem Ziel der Prävention von Verhaltensstörungen und der Optimierung der Entwicklungsmöglichkeiten bei Kindern

Zusammenfassung: Die Familie wird als «pädagogische Einheit» thematisiert. Danach bedeutet die Verbesserung der Entwicklungsbedingungen des Kindes die Veränderung dieser Einheit. Die neueren, präventiven Interventionskonzepte sollten über die S-R-Ebene hinaus auch kognitiv-motivationale Aspekte des Lernens einbeziehen; es werden nach Rotter die Faktoren «Erwartung», «Bekräftigungswert» und «psychologische Situation» erörtert. Die Ziele von lerntheoretisch orientierten Elterntrainings werden diskutiert.

1. Der Einfluß der Familie auf die Entwicklung des Kindes

Die Familie steht immer im Mittelpunkt pädagogischer Interessen. Bereits seit den fünfziger Jahren wird in der Klinischen Psychologie von der «therapeutischen Einheit» der Familie gesprochen (vgl. Richter 1970). Man hat den entscheidenden Einfluß der Familiendynamik und der Struktur der häuslichen Umwelt auf Genese und Aufrechterhaltung psychischer Störungen einzelner Familienmitglieder erkannt. Entsprechend der «therapeutischen Einheit» ist aber die Familie auch als «pädagogische Einheit» zu sehen. Überprüfungen möglicher Effekte der Projekte kompensatorischer Erziehung in den USA zeigten zum Beispiel, daß eine langfristige Förderung kognitiver und sozialer Entwicklungsprozesse beim Kind nur *über das Elternhaus* möglich ist (Bronfenbrenner 1974). Mc V. Hunt, einer der hauptsächlichen Koordinatoren neuerer Projektansätze im Bereich der Vorschulerziehung in den USA, kritisiert ebenso die Förderprogramme, die eine Modifizierung der häuslichen Lernumwelt aussparen. Seiner Meinung nach können einseitig institutionell durchgeführte Förderungen der Kinder aus unterprivilegierten Schichten eine geistige und soziale Retardierung zwar verzögern, nicht aber verhindern (Mc V. Hunt 1975). Nur eine Förderung unter Einbezug des Elternhauses kann mit einer gewissen Sicherheit garantieren, daß der Einfluß der durch spezifische Programme gesetzten Anregungsbedingungen zur Stärkung der Lernprozesse des Kindes nicht mit Ende der Programme verlöscht. Keine kurzfristige Stimulierung hilft dem Kind, sondern nur eine Modifizierung seines Alltags, d. h. eine Veränderung der materiellen und sozialen Bedingungen der häuslichen Umwelt.

Erziehungsprobleme und damit zusammenhängende Verhaltensstörungen innerhalb der «pädagogischen Einheit» Familie finden sich aber nicht nur bei einer bestimmten Zielgruppe, etwa der der benachteiligten Familien. CONGER (1977) weist auf einige deutliche Veränderungen innerhalb der Statistik der Verwahrlosung unter Jugendlichen in den USA hin, die sich auf westdeutsche Verhältnisse übertragen lassen. Die Statistik des Alkohol- und Drogenmißbrauchs, des Herumstreunens, der kriminellen Delikte usw. steigt nicht nur allgemein, sie bezieht auch immer stärker Gruppen ein, die bisher kaum durch delinquentes Verhalten auffielen: Kinder im Vorpubertätsalter, Mädchen und junge Frauen und vor allem Jugendliche aus sog. «stabilen Familienverhältnissen». Versteht man die Aufgabe der Erziehung nicht nur als Optimierung der Befähigung des Heranwachsenden zur intellektuellen Bewältigung der Umwelt (z. B. durch die Ermöglichung einer angemessenen schulischen Bildung und beruflichen Ausbildung), sondern auch als Stärkung seiner emotionalen Reife und sozialen Beziehungsfähigkeit, so spricht die Zunahme jugendlicher Delinquenz bei wirtschaftlicher Stabilität westlicher Gesellschaften für ein Versagen im Bereich der Erziehung, das nicht nur auf soziale Benachteiligung zurückzuführen ist. CONGER sieht das Problem zunehmender jugendlicher Delinquenz als Ausdruck der (schichtunabhängigen) Unfähigkeit vieler Eltern, die Erziehung ihrer Kinder heutzutage adäquat zu bewältigen. Fast alle delinquenten Jugendlichen haben ein gemeinsames Merkmal: ihre soziale Beziehungsfähigkeit ist gestört.

Die allgemeine Erziehungsproblematik ist nicht ohne den Hintergrund unserer heute sich rasch wandelnden Zeit zu sehen. Fließende Normen und Werte, Konfrontation mit neuen Lebens- und Erziehungsstilen, lassen Eltern immer weniger auf alt bewährte Erziehungsmuster zurückgreifen oder führen zu Konflikten zwischen Eltern und Kindern. (Zum Thema Konflikte um Erziehungsziele und Erziehungsmethoden durch kurzfristig bedingten Wandel, «Migration», in den USA vgl. STROM (1978) und BOECKEN (1978) über Schwierigkeiten im Erziehungsbereich bei Gastarbeiterfamilien in Deutschland.) Die sich daraus ergebende Verunsicherung führt meist zu Rigidität im Verhalten, es kommt zu ängstlicher Permissivität oder zu zwanghafter Gewalt als Erziehungsmittel. Eine Erziehung jedoch, die Konflikte nicht lösen bzw. tolerieren kann, ermöglicht dem Heranwachsenden nicht, die später von ihm geforderten sozialen Kompetenzen zur selbständigen und partnerschaftlichen Auseinandersetzung mit der Umwelt zu erwerben.

2. Konzeption und Durchführung von Elterntrainings aus der Perspektive der sozialen Lerntheorie und der Sozialökologie

Die allgemeine Wende in der Lernpsychologie vom Reiz/Reaktionsmodell des orthodoxen Behaviorismus zur sozialen Lerntheorie (auch «kognitiver Behaviorismus» genannt), deren ausgesprochener Untersuchungsgegenstand der Einfluß der subjekt-internen Verarbeitung externer verhaltensauslösender Bedingungen und externer handlungskontingenter Ereignisse auf das individuelle Handeln ist, muß auch in die Konzeption von lernpsychologisch orientierten Elterntrainings zur Modifikation von Erziehungsprozessen einfließen. Ausgang der sozialen Lerntheorie ist die Zielorientiertheit und die damit verbundene *individuelle Steuerung* menschlichen Handelns. Steuerungsmechanismen sind kognitiv-motivationale Prozesse, wie Wahrnehmungen, Interpretationen, Bedeutungszuschreibungen, die den individuellen Bedürfnissen und Erfahrungen unterliegen und die über die Bildung von Handlungsstrategien den spezifischen Verhaltensablauf bestimmen (vgl. MILLER, GALANTER & PRIBRAM 1973). Diese Steuerungsmechanismen müssen zur Erklärung menschlichen Verhaltens analysiert bzw. bei der Modifizierung bestimmten Verhaltens berücksichtigt werden. Der Ansatz der internen Steuerung des Verhaltens der sozialen Lerntheorie hat so entscheidend die Konzepte der Selbstkontrolle – selbstbestimmte Handlungsprogrammierung und Umweltoptimierung – im Bereich der Verhaltenstherapie geprägt (vgl. KANFER & GOLDSTEIN 1974; MAHONEY & THORENSEN 1974; BANDURA 1977).

Im ursprünglichen Konzept von ROTTER, das hier stellvertretend für die Konzepte der sozialen Lerntheorie stehen soll, sind drei mentalistische (kognitiv-motivationale) Begriffe zur Erklärung des Verhaltens zentral, nämlich die Erwartung, der Bekräftigungswert und die psychologische Situation:

Das Potential, daß eine Verhaltensweise x in der Situation 1 in bezug auf eine Bekräftigung a erhält, ist eine Funktion der Erwartung, ob die Bekräftigung a als Folge des Verhalten x in der Situation 1 auftritt und dem Wert der Bekräftigung a in der Situation 1 (ROTTER 1972, S. 14). D. h. entscheidend für das Handeln einer Person (für ein Kind ebenso wie für einen Erwachsenen) sind nicht die objektiv registrierbaren Merkmale einer Situation, sondern die aufgrund vorgängiger Lernerfahrungen und individueller Bedürfnisse subjektiv bedeutsam gewordenen Situationsgegebenheiten. Ebenso läßt sich im Sinne ROTTERS funktionaler Analyse der Einfluß von Bekräftigungen nur nach dem Ausmaß ihrer für die Person subjektiven Bedeutsamkeit bestimmen, und auch die Erwartung beinhaltet nichts objektiv Feststellbares, sondern betrifft die für die Person subjektive Erwartungswahrscheinlichkeit darüber, ob ein bestimmtes Verhalten von ihr zum Ziele führt oder nicht.

Die subjektive Erwartungswahrscheinlichkeit über die eigene Handlungseffektivität ist zentral für das Handeln überhaupt. Sie läßt sich weiter differenzieren in spezifische Erwartungen, die sich auf Erfahrungen in gleichen oder ähnlichen Situationen gründen und generalisierte Erwartungen, die von bisherigen Erfahrungen abstrahieren. Eine der wichtigsten generalisierten Erwartungen, die jedes zielorientierte Handeln beeinflußt, ist nach dem Konzept Rotters das Gefühl der *Selbstverantwortlichkeit* («locus of control»),d. h. die von der Person erlebte Fähigkeit der Kontrolle der Effekte eigenen Handelns, denn neben Zielsetzung und Handlungskompetenzen (kognitive und soziale Fertigkeiten) ist das Bewußtsein und die Erfahrung der eigenen Verantwortung eine wichtige Bedingung zur adäquat handelnden Auseinandersetzung mit der Umwelt.

Im Gegensatz zum handlungsaktivierenden Gefühl der Selbstverantwortlichkeit steht das Gefühl der Fremdkontrolliertheit, das zielorientiertes Handeln hemmt oder beeinträchtigt, da kein Zusammenhang zwischen eigenem Tun und dem Erreichen eines gewünschten Handlungseffektes gesehen wird. Im Extremfall kann das z. B. zur Hemmung jeder Eigeninitiative, zu völlig passivem Verhalten führen (vgl. Ätiologiemodell der Depression von SELIGMAN 1975). Das generelle Gefühl externer Kontrolliertheit ist oft keine Frage fehlender Kompetenzen, sondern eine Frage fehlgeleiteter Bewertungen der eigenen Person und der Situation, die zu einem Versagen in zu bewältigenden Situationen führten. Dieses Problem wurde lange Zeit im Bereich der traditionellen Verhaltenstherapie übersehen, bis man merkte, daß das alleinige «Antrainieren» von Fertigkeiten ohne Berücksichtigung dahinter stehender Wertungen und Motivationen nicht immer zur Problembewältigung führt (MAHONEY 1974; CAESAR 1978).

Der Zusammenhang zwischen Verhaltensstörungen und fehllaufenden kausalen Zuschreibungsprozessen bei gleichzeitig vorhandenen Handlungskompetenzen ist bereits bei Kindern (insbesondere im Bereich der Lern- und Leistungsstörungen) festzustellen (vgl. TRUDEWIND 1975; DWECK & REPPUCCI 1973; STEPHENS & DELYS 1973; MISCHEL, ZEISS & ZEISS 1974). In diesem Zusammenhang wurde auch der Einfluß der häuslichen Umwelt und des Erziehungsstils (z. B. Schaffung von Anregungsbedingungen, Gewährung eines Handlungsspielraums, positives Familienklima) auf die Entwicklung einer internalen bzw. externalen Kontrollüberzeugung beim Kind überprüft und nachgewiesen (WICHERN 1976; TRUDEWIND & HUSAREK 1977; LEFCOURT 1976). So hat man festgestellt, daß das Verhalten der Eltern gegenüber dem Kind z. B. beim Lösen eines Problems entscheidend dazu beiträgt, inwieweit das Kind ein Selbstvertrauen in sein eigenes Handeln entwickelt. Es macht einen Unterschied, ob Mutter und/oder Vater ungeduldig eingreifen, das Problem für das Kind lösen, oder ob sie nur Hilfestellung geben und so dem Kind das eigentliche Erfolgserlebnis überlassen bzw. ermöglichen. Der Erziehungsstil, z. B. das Gewährenlassen von entwicklungsangemessener eigener Verantwortung bestimmt die Art der Beziehungen der Familienmitglieder untereinander, das «psychosoziale Klima» in der Familie (Moos 1974; Moos 1978). Das Familienklima wiederum ist ein Thema der Sozialökologie, ein Schwerpunkt in der Sozialisationsforschung zur Erfassung des Einflusses der sozialen und räumlich-sächlichen Nahumwelt auf die kognitive, emotionale und soziale Entwicklung des Kindes (vgl. WALTER 1975).

Der Frage der Erziehung zur Selbstverantwortlichkeit sollte ein entscheidender Anteil in einem präventiven Elterntrainingsprogramm eingeräumt werden. Unsicherheit und Fehlverhalten der Eltern in angemessenem Gewähren von Selbständigkeit, wie die daraus resultierende spätere Unfähigkeit der Jugendlichen im Umgang mit den Möglichkeiten ihrer zunehmenden Freiheit im Handeln führen sehr häufig zu schweren Verhaltens- und Beziehungsstörungen auf Seiten der Eltern wie der Kinder (CONGER 1977; ROBIN et al. 1977).

3. Ziele lerntheoretisch orientierter Elterntrainingsprogramme

Die Erziehung eines Kindes bedeutet elterliche Einflußnahme auf drei Bedingungen seiner Handlungsbereitschaft und somit auf Erwerb und Einsatz sozialer und kognitiver Kompetenzen:

1. auf die direkten Verhaltenskonsequenzen kindlichen Handelns durch Setzen von positiven und negativen Verstärkern,
2. auf die Umwelt- und Situationsgegebenheiten, die als verhaltensauslösende Bedingungen kindlichen Handelns betrachtet werden können,
3. auf die subjekt-interne Verarbeitung der Umwelt durch das Kind und die damit zusammenhängende Steuerung seines Handelns.

ad 1: Der modifizierte Umgang mit *Verhaltenskontingenzen* ist Mittelpunkt jedes verhaltenstherapeutisch orientierten Elterntrainings. Eltern erziehen hauptsächlich mit Einsatz von Konsequenzen. Aufgabe eines Elterntrainings ist es also, Eltern Kenntnisse und Fähigkeiten zum situationsangemessenen Einsatz verhaltensmodifizierender Techniken zu vermitteln. Eine Voraussetzung dazu ist die Schulung in der funktionalen Verhaltensanalyse. Die bisher im deutschsprachigen Raum vorliegenden Programme (z. B. Elterntraining von MÜLLER 1975; PERREZ, MINSEL & WIMMER 1974; INNERHOFER 1977) haben auf diesem Gebiet bereits eine fundierte Grundlage geschaffen.

ad 2: Die Frage bezüglich übergreifender verhaltensauslösender Bedingungen der materiellen und sozialen Umwelt zur Förderung entwicklungsangemessener Handlungen und Kompetenzen beim Kind läßt sich dagegen nur eingeschränkt mit Hilfe der Prinzipien der Verhaltenstherapie beantworten. Ziel eines Elterntrainings muß es sein, die Eltern über Ergebnisse der Entwicklungs- und Sozialisationsforschung, insbesondere der Sozialökologie soweit zu informieren, daß sie entwicklungsfördernde Anregungsbedingungen für das Kind im Rahmen ihrer Möglichkeiten setzen lernen. D. h. Eltern sollen nicht nur lernen, wie man entwicklungsangemessenes Verhalten beim Kind verstärkt, sondern auch wie man es durch ein bestimmtes Arrangement der materiellen und sozialen Umwelt provozieren kann (z. B. Information über den Einfluß der Wahl des Spielzeuges, der Schaffung sozialer Kontakte, gemeinsamer Aktivitäten usw. auf das Verhalten des Kindes); es geht also um die Erkennung von Faktoren der sozialen und räumlich-sächlichen Nahumwelt des Kindes, die seine Sozialisation mitbestimmen. Ein Aspekt, unter dem Umwelten im Zusammenhang mit sozialisationstheoretischen Fragestellungen bereits untersucht wurden, ist ihr Anregungsgehalt, d. h. die Frage, inwieweit sich die Umwelt auf die Entwicklung des Kindes, z. B. auf seine Leistungsbereitschaft, anregend auswirkt (vgl. TRUDEWIND 1975; TRUDEWIND, GEPPERT, JENNESSEN & SALK 1976). Eine Fülle von Informationen dieser Art findet sich auch in den bereits erwähnten neueren Programmen zur Förderung kognitiver und sozialer Kompetenzen beim Kind durch die Eltern (vgl. Zusammenfassung bisheriger Programme bei BRONFENBRENNER 1974; MC V. HUNT 1975).

ad 3: Die Eltern sollten durch das Training letztendlich sensibilisiert und geschult werden, die Techniken zum Arrangement der Umweltbedingungen und der kindlichen Handlungskontrolle unter der übergreifenden Zielsetzung einer – längerfristig gesehen – vom Kind *selbstregulierten Verhaltenssteuerung* zu verwirklichen. Das Kind muß im Verlauf seines Sozialisationsprozesses lernen, Bedingungen und Konsequenzen seines Verhaltens zu durchschauen und soweit als möglich selbsttätig zu beeinflussen.

Ein Elterntraining sollte also auch subjekt-interne Prozesse, wie Zuschreibungen, Erwartungen usw. als Erziehungsthemen ansprechen. Insbesondere das Konzept der Selbstverantwortlichkeit beinhaltet die Auseinandersetzung mit einer grundsätzlichen Erziehungsproblematik. Auch im Sinne des Präventionsgedankens scheint es ratsam, Erziehung zur Selbstverantwortlichkeit frühzeitig hervorzuheben, d. h. in den Mittelpunkt einer Fortbildung für junge Eltern zu stellen: denn Untersuchungen zeigen, daß Personen (Erwachsene und Kinder), die selbstverantwortlich handeln, anhand einer Reihe von Kriterien psychisch «gesünder» sind als Personen, denen die Fähigkeit zur Eigensteuerung fehlt:

Sie sind weniger anfällig gegenüber sozialen Beeinflussungsversuchen, weisen ein positiveres Selbstbild auf, sind optimistischer im Hinblick auf die Lösung neuer Problemsituationen, sie sind leistungsmotivierter, sozial engagierter, resistenter gegenüber Verhaltensstörungen und organischen Erkrankungen, kognitiv aktiver und affektiv vitaler (vgl. Zusammenfassung der neuesten Untersuchungsergebnisse bei PHARES 1976; LEFCOURT 1976).

Ein Elterntraining, das Erziehung zur Selbstverantwortlichkeit beim Kind als eines der Erziehungsziele sieht, muß in seiner Konzeption von zwei Möglichkeiten ausgehen, nämlich daß Eltern dieses Ziel bereits als wichtig erkannt haben, ihnen jedoch die Kompetenzen zur Erreichung dieses Erziehungszieles fehlen und daß Eltern dieses Ziel weder reflektiert, noch im einzelnen in ihrem Verhalten konkretisiert haben. Jede der Möglichkeiten verlangt ein besonderes Trainingskonzept.

Man sollte vor Beginn eines Trainings die Erziehungseinstellungen und -ziele der Elterngruppe kennen und für das jeweilige Vorgehen berücksichtigen, um nicht aneinander vorbeizureden.

Aus der Sicht der sozialen Lerntheorie sollte ein lerntheoretisch orientiertes Elterntraining neben der Vermittlung eines wirkungsvollen Kontingenzmanagements zum Aufbau und zur Stärkung sozialer und kognitiver Fertigkeiten, auch der Vermittlung erzieherischer Kompetenzen bei Eltern zur adäquaten Entwicklung der Prozesse der Selbstregulierung des Kindes dienen. Die Kenntnisse der Prinzipien des operanten Konditionierens optimieren allein nicht den Erziehungsprozeß, sie können für falsche oder zu kurzfristige Zielsetzungen eingesetzt werden: nicht etwa das kurzfristige Belohnen spezifischer Fertigkeiten (z. B. richtiges Lösen einer Rechenaufgabe), sondern die entwicklungsangemessene Verstärkung selbständigen Tuns (z. B. selbständige Auseinandersetzung mit einem Rechenproblem unabhängig von der Richtigkeit des Endergebnisses) helfen dem Kind, längerfristig auch ohne Einflußnahme von Sozialisationsagenten selbstverantwortlich zu handeln und sich weiterzuentwickeln.

Abschließend ist festzustellen, daß ein lerntheoretisch orientiertes Trainingsprogramm den Eltern das Wissen um ihren Einfluß auf die Entwicklung des Kindes insgesamt nicht nur theoretisch, sondern auch anschaulich und im Sinne konkreter Handlungsanweisungen vermitteln sollte. D. h. in der Konzeption des Programms muß die Umsetzbarkeit der Erkenntnisse im häuslichen Bereich eingebaut und evtl. nachprüfbar sein.

Literatur

Bandura, A. 1977. Self-efficacy: toward a unifying theory of behavioral change. Psychological Review *84,* S. 191–215.

Boecken, G. 1978. Rollenkonflikte ausländischer Arbeiterkinder zwischen Familie und Schule. Neue Praxis *3,* S. 260–269.

Bronfenbrenner, U. 1974. Wie wirksam ist kompensatorische Erziehung? Stuttgart: Klett.

Caesar, S.-G. 1978. Trainingsprogramm «soziale Rehabilitation». Mitteilungen der DGVT *3,* S. 392–414.

Conger, J. J. 1977. Adolescence and youth: Psychological development in a changing world. New York: Harper & Row.

Conger, J. J. 1977. Parent-child relationships and adolescent socialization. Manuskript. Internationales Forschungsseminar für Entwicklungspsychologie in Trier.

Dweck, C. S. & Repucci, N. D. 1973. Learned helplessness and reinforcement responsibility in children. Journal of Personality and Social Psychology *25,* S. 109–116.

Innerhofer, P. 1977. Das Münchner Trainingsmodell. Berlin: Springer.

Kanfer, F. H. & Goldstein, A. P. 1974. Helping people change. London: Pergamon Press.

Lefcourt, H. M. 1976. Locus of control. Current trends in theory and research. New York: Wiley.

Mahoney, M. J. 1974. Cognition and behavior modification. Cambridge/Mass.: Ballinger.

Mahoney, M. J. & Thorensen, C. E. 1974. Self-control: power to the person. Monterey: Brooks/Cole.

Mc V. Hunt, J. 1975. Reflections on a decade of early education. Journal of Abnormal Child Psychology *3,* S. 275–330.

Miller, G. A., Galanter, E. & Pribram, K. H. 1973. Strategien des Handelns. Stuttgart: Klett.

Mischel, W., Zeiss, R. & Zeiss, A. 1974. Internal – external control and persistence: Validation and implications of the Stanford preschool internal external scale. Journal of Personality and Social Psychology *29,* S. 265–278.

Moos, R. H. 1974. Family Environment Scale (FES). Preliminary manual. Palo Alto: Social Ecology Laboratory.

Moos, R. H. 1978. Evaluating family and work settings. In: Ahmed, P. & Coelho, G. (Eds.) New directions in health. New York: Plenum.

Müller, G. F. 1975. Die Konzeption des Präventiven Elterntrainings. 1. Teil: Das Verhaltenstraining. Unveröffentl. Manuskript. München.

Perrez, M., Minsel, B. & Wimmer, H. 1974. Elternverhaltenstraining. Salzburg: Otto Müller.

Phares, E. J. 1976. Locus of control in personality. Morristown: General Learning Press.

Richter, H.-E. 1970. Patient Familie. Reinbek: Rowohlt.

Robin, A. L., Kent, R., O'Leary, K. D., Foster, Sh. & Prinz, R. 1977. An approach to teaching parents and adolescents problem-solving communication skills: a preliminary report. Behavior Therapy 8, S. 639–643.

Rotter, J. B. 1972. An introduction to social learning theory. In: Rotter, J. B., Chance, J. E. & Phares, E. J. (Eds.) Applications of a social learning theory of personality. New York: Holt, Rinehart & Winston.

Seligman, M. E. P. 1975. Helplessness. San Francisco: Freeman.

Stephens, M. W. & Delys, P. 1973. External control expectancies among disadvantaged children at preschool age. Child Development *44,* S. 670–674.

Strom, R. 1978. Growing together: Parent and child development. Monterey: Brooks/Cole.

Trudewind, C. 1975. Häusliche Umwelt und Motiventwicklung. Göttingen: Hogrefe.

Trudewind, C. Geppert, U., Jenessen, H. & Salk, J. 1976. Zusammenhang zwischen ökologischen Bedingungen der häuslichen Umwelt und Leistungsmotivationskennwerten bei Schulanfängern. Arbeitsbericht 3. Bochum.

Trudewind, C. & Husarek, B. 1977. Mutter-Kind-Interaktion bei der Hausaufgabenanfertigung und die Leistungsmotiventwicklung im Grundschulalter. Unveröffentl. Manuskript. Bochum.

Walter, H. (Hg.) 1975. Sozialisationsforschung. Bd. III. Sozialökologie – neue Wege in der Sozialisationsforschung. Stuttgart: Frommann-Holzboog.

Wichern, F. B. 1976. Behavioral correlates of children's locus of control orientation as observed in mother-child interactions on a dependence-producing task. Doctoral dissertation. Emory Univ.

25. Roland Lüthi und Jean-Claude Vuille

Präventives Elterntraining

Zusammenfassung: Unter dem Begriff «Präventives Elterntraining» verstehen wir Interventionen, welche eine Integration von primärer und sekundärer Prävention im Bereiche der psychischen Gesundheit des Kindes versuchen. Wir diskutieren Argumente, welche präventive Maßnahmen rechtfertigen. Als Folge formulieren wir Anforderungen, die an präventive Elterntrainings zu stellen sind und unter dem «Modell der Begleitung» zusammengefaßt werden können. Abschließend stellen wir erste Ergebnisse des Projektes, welches die theoretischen Überlegungen praktisch zu realisieren versucht, vor.

1. Einleitung

Die zur Verbesserung der allgemeinen Lebensbedingungen der Familien notwendigen sozial-politischen Aspekte verstehen wir ebenso als Teil der prophylaktischen Familienhilfe (Kessler & Albee 1975) wie gezielte Interventionen präventiver Intention im mikro- und makro-sozialen Bereich der Familienstrukturen. Ich beschränke mich auf die Diskussion von Möglichkeiten zur direkten Einflußnahme auf die Interaktionsmuster der Familien.

1.1 Die Berechtigung und Notwendigkeit von präventiven Maßnahmen

Frühkindliche Entwicklung: Entwicklungspsychologische und therapietheoretische Ansätze sind sich darin einig, daß in der frühen Kindheit entscheidende Bausteine für das spätere Leben gelegt werden (Fend 1971; Rutter 1972; White et al. 1976). Wir verstehen die Entwicklung des Kindes als Lernprozeß, der darauf beruht, daß der Mensch als soziales Wesen auf die Interaktion angewiesen ist. Zur adäquaten Bewältigung verschiedenster sozialer Anforderungen benötigt er ein breites Verhaltensrepertoire und entsprechende Steuerungsmechanismen. Wird der Lernprozeß gestört, besteht die Gefahr, daß die sozialen Fertigkeiten (Caesar 1974) ungenügend ausgebildet werden.

Die präventive Arbeit hat einzusetzen, bevor sich Störungen definitiv etabliert haben und der Aufwand zur Modifizierung inadäquater Interaktionsmuster zwischen dem Kind und seinen Bezugspersonen gering ist. Wenn wir davon ausgehen, daß sich Erfahrungen in der frühen Kindheit als positive oder negative Effekte auf das spätere Leben auswirken, so haben präventive Bemühungen anzustreben, die frühen positiven Erfahrungen zu maximieren bzw. die negativen zu vermindern oder zu eliminieren.

Psychische Gesundheit: Im Gesundheitsbericht der BRD (1971) wird festgestellt, daß das einzelne Individuum durch die heutigen, mehrdimensionalen gesellschaftlichen Strukturen häufig überfordert werde. Eine der Folgen bestehe in einer Zunahme psychischer (und psychosomatischer) Störungen. Über die Verbreitung von Fehlverhalten bei Kindern geben mehrere Studien Auskunft (Abbildung 1).

Abbildung 1: Häufigkeit von psychischen Störungen bei Kindern.

Autor (Land)	Untersuchte Kinder Anzahl	Alter	% psychisch gestört Total	Ernsthaft
LURIE (USA)	800	3–18	65 [1]	4
BJOERNSSON (Island)	1100	5–15	38 [1]	19
SUNDELIN & VUILLE (Schweden)	7341	4	25 [2]	5 [1]
THALMANN (BRD)	150	7–10	49,3 [1]	20
JONSSON & KÄLVESTEN (S) ...	222	7–15	55 [1]	25
SHEPARD, OPPENHEIM & MITCHELL (GB)	3100	5–15	33 [1]	19

[1] Aufgrund psychiatrisch-psychologischer Beurteilung.
[2] Nach Angaben der Eltern .

Die zitierten Untersuchungen sind wegen methodischer Unterschiede nur bedingt vergleichbar. Es bleibt trotzdem bemerkenswert, daß der Prozentsatz an verhaltensauffälligen Kindern recht hoch ist (25–65 %). Der nächste Punkt beschreibt dasselbe Phänomen aus einer anderen Sicht.

Beratungsbedürfnis: BLASER und SCHLAGINHAUFEN (1978) beftragten 400 Mütter von 4jährigen Kindern über das Auftreten von Verhaltensstörungen. Die Ergebnisse zeigen, daß 26,3 % der befragten Mütter wegen Verhaltensstörungen ihrer Kinder Rat gesucht hatten: 20 % beim Kinderarzt; 2,5 % beim Allgemeinpraktiker; 1,2 % bei der Säuglingsfürsorgeschwester und 1/2 % beim Psychologen/Erziehungsberater. Zum Zeitpunkt der Befragung bestand bei 39,6 % der Mütter ein latentes oder manifestes Beratungsbedürfnis. Ein objektives Bedürfnis nach Beratung bestand nach dem gewählten Kriterium von mehr als 5 Symptomen bei 29 % der Eltern. Die mangelnde Übereinstimmung zwischen objektivem und subjektivem Beratungsbedürfnis ist auffallend: 97 von 161 Müttern, deren Kind weniger als 5 Symptome aufweist, möchten sich beraten lassen; fast die Hälfte der Eltern deren Kind mehr als 5 Symptome und/oder mindestens 1 qualitativ bedenkliches Symptom aufweist, lehnt Beratung ab. Die von den Eltern erlebte Beratung wurde in der überwiegenden Mehrzahl als Kombination von körperlicher Untersuchung, Beschwichtigung und Verabreichung von Medikamenten beschrieben, wogegen erzieherische Ratschläge eher selten erteilt wurden.

Aufgrund dieser Studie kommen wir zu folgenden Schlußfolgerungen:

a) Bei Eltern von Vorschulkindern scheint ein Bedürfnis nach Beratung und ein hohes Problembewußtsein zu bestehen.

b) Adäquate Maßnahmen im Sinne von «Erziehungsberatung» stehen in der Mehrzahl der Fälle nicht zur Verfügung.

c) Mangels anderer Möglichkeiten wird vor allem von medizinischer Seite Hilfe erwartet.

d) Der traditionelle Ansatz von prophylaktischer Familienhilfe, der ganz auf die Initiative der Eltern abstellt, stellt zumindest für die sekundäre Prävention kein geeignetes Modell dar (Vuille 1977).

Erzieherverhalten: Bisherige Erfahrungen in Richtung Elterntraining zeigten, daß es möglich ist, Eltern als Therapeuten ihrer verhaltensgestörten Kinder zu trainieren (Patterson 1971; Innerhofer 1977). Müller (1978) berichtet über erfolgreiche Interventionen mit Hilfe des Präventiven Elterntrainings.

Was heute weitgehend noch fehlt, sind effektive «Marketing»-Methoden, die eine hohe Beteiligung garantieren, sowie kontrollierte Studien zur umfassenden Evaluation von präventiven Elterntrainings. Insbesondere haben wir kaum Kenntnisse darüber, in welchem Ausmaß dauerhafte Wirkungen erzielt werden können (O'Dell 1974). Gerade in diesem Zusammenhang drängt sich nun – obwohl die Notwendigkeit von präventiven Maßnahmen kaum von jemandem direkt bestritten wird – eine Auseinandersetzung mit kritischen Stimmen zur Berechtigung von Interventionsprogrammen bei «Normalpopulationen» auf:

Längsschnittuntersuchungen: Im allgemeinen wird ein Zusammenhang zwischen dem Grad der psychischen Gesundheit im Kindes- und Erwachsenenalter angenommen. Da nur wenig Langzeitstudien vorliegen, herrscht über die Bedeutung von Verhaltensstörungen bei Kindern im Hinblick auf das spätere Leben ein Mangel an Wissen. Robins (1966) schließt aus einer Untersuchung von 500 Patienten, welche während 30 Jahren begleitet wurden, daß zwischen psychischen Problemen im Kindes- und Erwachsenenalter ein gewisser Zusammenhang bestehe. Es trifft aber nur für wenige Kinder zu, daß sich ihr Fehlverhalten in das Erwachsenenalter fortsetzt. Die meisten verhaltensgestörten Kinder werden angepaßte Erwachsene und die meisten psychisch gestörten Erwachsenen waren als Kinder unauffällig. Nach RUTTER (1972) haben eine Reihe von Fehlverhalten im Kindesalter keinen Zusammenhang mit der späteren Entwicklung. KLACKENBERG (1971) bestätigt, daß Daumenlutschen, Nägelbeißen, Eßstörungen u. a. bei Kindern zwar recht häufig auftreten, für die Entwicklung von psychischen Störungen aber nicht von Bedeutung seien. Anderen Untersuchungen (SPITZ 1946) ist dagegen zu entnehmen, daß Entwicklungsstörungen in der frühen Kindheit zu langanhaltenden psychischen Beeinträchtigungen führen können. Der scheinbare Widerspruch löst sich in Abbildung 2 auf: Unten sei die Population mit hohen psychiatrischen Risiken, oben die psychisch Kranken:

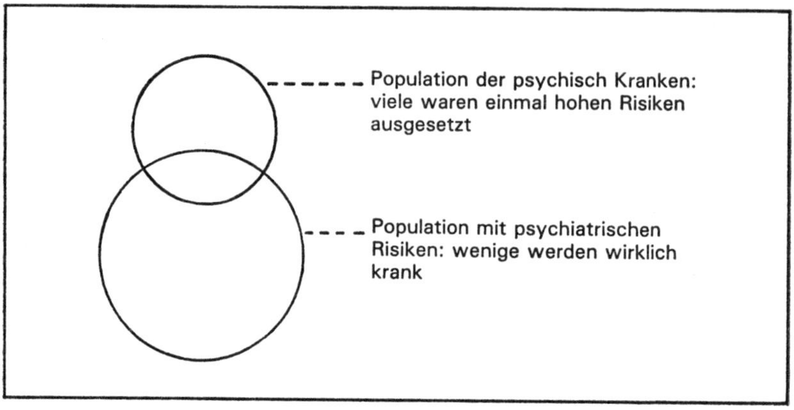

Abbildung 2: Der scheinbare Widerspruch von retrospektiven und prospektiven Studien.

Die unsicheren Prognosen aufgrund der Risikofaktoren kommen daher, daß relativ wenig Individuen der Risikopopulation krank werden; umgekehrt gehören viele Kranke auch zur Risikopopulation. Dieser Sachverhalt ist auf die ungleiche Größe der Populationen und die Art, wie sie sich überschneiden, zurückzuführen. Die Frage, ob eine Prophylaxe psychischer Störungen überhaupt möglich ist, kann aufgrund der beschriebenen Sachlage durch beobachtende Studien allein nicht beantwortet werden. Nur experimentelle Arbeiten, die speziell zur Prüfung der Hypothese, daß eine positive Beeinflussung erreicht werden kann, ausgelegt werden, können in diesem Bereich grundsätzlich neue Erkenntnisse bringen.

Ethische Bedenken: Gegen präventive Elterntrainings (PE) wurden bisher folgende Kritiken geäußert:

a) Durch PE sei eine Verletzung der Intimsphäre der Eltern oder sogar eine Entmündigung durch den Staat, der letztlich die Erziehungsarbeit übernehme, zu befürchten.

Gerade weil im Bereich der Familienhilfe solche Gefahren bestehen, sind entsprechende, kontrollierte Forschungsarbeiten gerechtfertigt: Die bestehenden offenen Fragen im Hinblick auf negative Effekte werden wahrgenommen und bis auf die Ebene politischer Konsequenzen diskutiert.

b) Die Erziehungsfähigkeit und was damit zusammenhänge sei weitgehend angeboren oder aber früh im Leben erworben. Eine Beeinflussung durch Lernprozesse sei nur durch besondere motivationale Anstrengungen möglich: Dies sei aber nur in einer Krisensituation bei starkem Symptomdruck der Fall. Eine Krisensituation ist ein günstiger Ausgangspunkt zu einer Veränderung. In der heutigen Zeit befinden sich viele Eltern in einer krisenähnlichen Situation, denn die Verunsicherung, gerade in Fragen der Erziehung ist groß (BLASER & SCHLAGINHAUFEN 1978). Daß zudem die Bereitschaft zur Kooperation von soziopsychologischen Faktoren abhängt und gezielt beeinflußt werden kann, zeigen WARNKE und INNERHOFER (1978).

c) Die Eltern würden die durch PE erworbenen Kenntnisse zur gezielten Manipulation der Kinder zur besseren Realisierung der eigenen Bedürfnisse einsetzen.

Dagegen ist einzuwenden, daß in unserem Präventiven Elterntraining eine Auseinandersetzung mit pädagogischen Grundsatzfragen zum zentralen Anliegen gemacht wird. Um mögliche negative Effekte wahrnehmen zu können, haben wir das Präventive Elterntraining in das «Modell der Begleitung» (vgl. 1.2) eingebettet (vgl. dazu PERREZ 1976, S. 9 f.).

d) Es besteht eine Kontroverse darüber, welcher Berufszweig – der medizinische oder pädagogisch/psychologische – die letzte Verantwortung für präventives Wirken bei Klein- und Vorschulkindern habe. Unser Standpunkt wird in 1.2 aufgezeigt.

Die kritischen Argumente sind ernst zu nehmen. Sie sollen dazu führen, daß der präventiv Tätige verantwortungsbewußt kontrollierte Interventionen durchführt (LÜTHI 1978).

Erfassung: Effiziente Prävention bedingt eine Umkehr des bisherigen, an marktwirtschaftlichen Prinzipien orientierten Vorgehens: Die primäre Initiative liegt bei denen, die Prophylaxe betreiben wollen. Aber: Wer gibt dem präventiv Tätigen das Recht, Menschen zu einem bestimmten Verhalten zu nötigen, die ihn nicht darum gebeten haben?

In der modernen Gesellschaft ist jedes Individuum täglich bestimmten Nötigungen durch Erziehung, Werbung, Massenmedien usw. ausgesetzt. Häufig bestehen auch Konflikte zwischen den unmittelbaren Interessen der Erwachsenen und den Bedürfnissen der Kinder, welche gezwungenermaßen den Kürzeren ziehen. VUILLE (1978) sieht in der Parteinahme für den Schwächeren, das Kind, die Berechtigung zur präventiven Intervention. Gleichzeitig weist er darauf hin, daß vor diesem

Hintergrund Prävention sehr behutsam betrieben werden muß: Erfahrungen, Werte, Einstellungen und Sorgen der Zielpopulation müssen als Realität akzeptiert und für jegliche Intervention als Ausgangspunkt genommen werden.

1.2 Anforderungen an ein Präventives Elterntraining

Ausgehend von Überlegungen, wer in einem präventiven Interventionsprogramm wen, wann und wie anzusprechen hat, entwarfen wir als Rahmen des «Berner Präventiven Elterntrainings» das «Modell der Begleitung»:

Wer: Um der Gefahr der Verwirrung und Energieverschleuderung vorzubeugen, drängt sich für die gezielte Arbeit ein koordiniertes interdisziplinäres Vorgehen durch ein Team, bestehend aus Psychologen, Pädagogen, Sozialarbeitern, Medizinalpersonal und Elternvertretern, auf. Ein Mitglied trägt die primäre Verantwortung für den persönlichen Kontakt zu Eltern mit Vorschulkindern. Diese Kontaktperson wird je nach Zielperson verschieden ausfallen: Beim Säugling eher medizinisch orientiert, werden mit zunehmendem Alter des Kindes pädagogisch/psychologische Experten in den Vordergrund treten. Die Kontaktperson zu den Eltern nennen wir «den prophylaktischen Familienhelfer». Er hat primär die Aufgabe, ein Vetrauensverhältnis zu den von ihm «begleiteten» Familien zu schaffen. Was verstehen wir unter dem Begriff der «Begleitung?» Abbildung 3 beschreibt einige Faktoren:

Abbildung 3: Faktoren, welche die Haltung des «Prophylaktischen Familienhelfers» beeinflussen sollten.

Eltern: Sollen ihr Leben so gestalten können, wie sie möchten, ohne aber andere zu gefährden.

Kind: Hat Anspruch auf Lebensbedingungen (inklusive Erziehung), die es ihm erlauben, seine Persönlichkeit zu entfalten.

Prophylaktische Familienhelfer: Information über bestehende Phänomene/Verhaltensweisen/Zusammenhänge/Hilfen und über Konsequenzen für die betreffenden Individuen.

Eltern: Sollen abwägen und selber entscheiden können, wie sie sich verhalten wollen. Ihr Entscheid ist zu akzeptieren unter der Voraussetzung, daß die Information richtig verstanden wurde.

Kind: Kann nicht selber entscheiden; ist weitgehend von den Entscheiden der Eltern abhängig. Recht der Eltern auf freie Entscheidung und Anspruch des Kindes auf optimale Lebensbedingungen stehen häufig im Widerspruch zueinander.

Prophylaktische Familienhelfer: Hilfen geben, damit das Gewählte realisiert werden kann. Hilfen können verweigert werden, wenn das Gewählte den legitimen Ansprüchen des Kindes zuwiderläuft.

Stellungsnahme bei Konflikten zwischen Wahl der Eltern und Ansprüchen des Kindes:

a) Eltern wollen Technik zur Durchsetzung repressiver Erziehungsziele erlernen: Klare Stellungnahme und Verweigerung der Hilfe.
b) Eltern lehnen Hilfe ab, die im Interesse des Kindes nötig wäre: nicht mit Repression oder Abwendung, sondern mit Geduld und Engagement reagieren.
c) Eltern treffen Entscheide sozialer Art, deren Auswirkungen auf das Kind nicht mit Sicherheit vorausgesagt werden können (Wohnform, Familienstruktur, Erwerbstätigkeit der Mutter usw.): Entscheid akzeptieren.

Die «Begleitung» ist – getragen von einem partnerschaftlichen Verständis des andern – informell, kontinuierlich und ausdauernd. Die Begleitperson ist nicht primär Fachinstanz, sondern ein Partner, der für die Belange des andern echtes zwischenmenschliches Engagement aufbringt.

Wen: Die Abgrenzung von Risikopulationen im Bereiche der psychischen Entwicklung ist heute noch schwierig, d. h. Zielpopulation für präventive Interventionen sind alle Familien (Lurie 1970). Zur Auflösung des reziproken Verhältnisses zwischen manifester Lernbereitschaft und »objektivem» Bedarf sehen wir folgende Möglichkeiten:

a) Sektorisierung: Der prophylaktische Familienhelfer übernimmt die Verantwortung für sämtliche Familien in einem bestimmten geographischen Bezirk. Er erkundigt sich in bestimmten zeitlichen Abständen nach dem allgemeinen Wohlbefinden der Familien und ob adäquate Hilfen in Anspruch genommen wurden. Die Begleitung darf nicht den Charakter einer Inspektion erhalten, sondern muß ein kontinuierliches, von echtem Interesse getragenes Gespräch sein.

b) Eigeninitiative: Wir gehen davon aus, daß die bisher Uninteressierten ihre wirklichen Bedürfnisse auszusprechen wagen. Es sollte gewährleistet sein, daß sie mit ihren Bedürfnissen ernst genommen werden, auch wenn sie nicht den Vorstellungen der Experten entsprechen. Für viele Individuen stellt eine Gruppenaktivität und/oder die individuelle Beratung durch Experten heute noch eine Überforderung dar.

Zur Schaffung einer Grundlage zu einem tragfähigen Vertrauensverhältnis brauchen wir ein neues Verständnis von Partnerschaft zwischen Experten, Laien und Eltern. Der Aufbau einer partnerschaftlichen Beziehung müßte denn auch das erste Ziel präventiver Arbeit sein, d. h. Prävention müßte sich zu Beginn darauf beschränken, den Eltern zu einer unvoreingenommenen Erkenntnis ihrer eigenen Werte und ihres aktuellen Verhaltens, der dadurch zu erwartenden Konsequenzen und möglichen Alternativen verhelfen. Eine vor diesem Hintergrund entstandene eigene Initiative der Eltern wäre von Elternbetreuungs- und -bildungsorganen sorgfältig zu pflegen, was an die Flexibilität der entsprechenden Institutionen hohe Ansprüche stellt. Gerade dort, wo der berechtigte Wunsch nach Eigenständigkeit mit dem vermuteten Bedürfnis nach Kontakt und Hilfe kollidiert, würden die schwierigsten Entscheidungen liegen. Hier können nur Geduld und Toleranz den Weg aus dem Dilemma weisen. Wo es möglich wäre, sollte auch eine Aktivierung der Nachbarschaftshilfe versucht werden. Auf diese Weise könnte den Familien in ihren Quartieren und den Dörfern ein Teil der Verantwortung zurückgegeben werden, die ihnen in den vergangenen Jahrzehnten von medizinischen, pädagogischen und anderen Experten mehr und mehr abgenommen wurde.

Wann: Für wirkungsvolle, präventive Arbeit muß ein longitudinales, kohärentes Programm entwickelt werden, das bereits während der Volksschulzeit beginnt und das Individuum bis zur Elternschaft hindurchbegleitet. Im Gegensatz zu heute sollte die Hauptaufgabe der Schule darin bestehen, die Bereitschaft des Individuums zum Lernen zu erhalten und das Vertrauen des einzelnen in die Fähigkeit zur konstruktiven Lösung von Kommunikations- und Beziehungsproblemen zu fördern (vgl. SOMMER 1977). Während der Schwangerschaft kann bei Ehepartnern im allgemeinen eine hohe Bereitschaft für die Auseinandersetzung mit Fragen der Pflege und Erziehung des Kindes beobachtet werden. Eine psychologisch/medizinisch/pädagogische Vorbereitung auf Geburt und Elternschaft würde auf fruchtbaren Boden fallen. Im Anschluß daran wären alle Maßnahmen zu fördern, die einen frühen und intimen Körperkontakt zwischen Mutter/Vater und Kind erleichtern und fördern. Im Verlaufe der Entwicklung sollten die Eltern dazu angeregt werden (durch den prophylaktischen Familienhelfer), die bestehenden Bildungs- und Beratungsmöglichkeiten als etwas Wertfreies, völlig Adäquates in Anspruch zu nehmen. Wie die Erfahrung gezeigt hat, ist die Lernmotivation in diesen und den folgenden Jahren noch hoch.

Zusammenfassend: Es bestehen heute genügend institutionelle Anknüpfungspunkte für eine kontinuierliche «Begleitung» zwischen Eltern und präventiv Tätigen. Es tut not, bisherige Inhalte, welche den Eltern und den Kindern vermittelt wurden, zu überdenken und zu ergänzen. Notwendig ist eine Erweiterung der bisherigen Lernziele der Schule im emotionalen und aktionalen Bereich, der Psychohygiene und allgemeinen Gesundheitserziehung.

Wie: Zur Beantwortung dieser Frage möchte ich das «Berner Präventive Elterntraining», ein Forschungsprojekt, in welchem die diskutierten Gedanken realisiert werden sollen, vorstellen.

2. Das Berner Präventive Elterntraining

Das Forschungsprojekt* stellt den Versuch dar, ein klar definiertes Präventivprogramm für die psychische Gesundheit in einen bestehenden Säuglingsfürsorge- und Mütterberatungsdienst einzubauen. Ausgehend von einer Analyse der relevanten Literatur (Kessler & Albee 1975; Ernst & Sommer 1977; O'Dell 1974 u. a.) setzt sich die Intervention aus primärer und sekundärer Prävention zusammen.

Die Effektivität wird durch einen Vergleich der Ergebnisse in der Experimental- und in zwei Kontrollgruppen evaluiert.

Zweck: Das von uns entworfene Präventive Elterntraining wird in einem kontrollierten Experiment gemäß der folgenden Leitfragen auf seine Wirksamkeit untersucht:

Kognitiv:

a) Verfügen die Eltern über Wissen und Begriffe zur Interaktion Eltern-Kind?
b) Verfügen die Eltern über die Fähigkeit, Anzeichen einer gestörten Entwicklung frühzeitig zu erkennen und von entwicklungsbedingten Krisen zu unterscheiden?

Aktional:

c) Wenden die Eltern die im Training gelernten Prinzipien (Verhaltens- und lerntheoretische Zusammenhänge) im erzieherischen Alltag an?
d) Verfügen die Eltern über kommunikative Kompetenz?
e) Wird die soziale Reife des Kindes beeinflußt?
f) Wird die Auftretenshäufigkeit von Fehlverhaltensweisen (gemessen am subjektiven Erleben der Eltern als Kriterium) beeinflußt?
g) Wird bei einer gestörten Entwicklung und Fehlverhalten des Kindes die fachgemäße Einzelberatung beansprucht?

Emotional:

h) Wie groß ist die Bereitschaft zur Inanspruchnahme von Elternbildung und fachgemäßer Beratung?
i) Wird die Erziehungseinstellung/-haltung der Eltern in Richtung Förderung der Selbstsicherheit und Selbständigkeit des Kindes beeinflußt?
k) Wird das subjektive Gefühl erzieherischer Kompetenz erhöht?

Sozial:

l) Wie groß ist die Breitenwirkung?

Persönlichkeit:

m) Welchen Einfluß haben Persönlichkeitsvariablen auf die erwähnten Fragestellungen?

---

* «Präventives Elterntraining im Rahmen der SFS». Schweiz. Nationalfonds zur Förderung der wissenschaftlichen Forschung Projekt-Nr. 3.823-0.76.

Organisation: Das Projekt ist ein gemeinsames Unternehmen von 2 Universitätsinstituten, der Arbeitsgemeinschaft für Elternbildung und 14 Mütterberatungsstellen im Kanton Bern (Schweiz).

Stichprobe / experimenteller Desing (Abbildung 4): Es bestehen 3 Gruppen mit einem Stichprobenumfang von 150–300 Familien. Die Kriterien für die Auswahl der Familien sind: Wohnen im Bezirk, Geburt des 1. Kindes zwischen 1. 11. 1975–30. 4. 1976 sowie mind. 2 Kontakte zur Mütterberatung während des ersten Lebensjahres des Kindes.

Datum
Experimentelle Gruppe (A)
Kontakt-Kontroll-gruppe (B)
Kontroll-gruppe (C)
Pilot-phase ab April 1976
1 Erheben der Basisdaten durch die Säuglingsfürsorgeschwester (SFS) anhand ihrer Kartei. Durchführbar ohne Befragung der Probanden.
2. Information über das Projekt und Befragen über die Teilnahmebereitschaft durch die SFS.
3. Betreuung der Probanden durch die SFS.
4. Vorbereitungen zur Durchführung der Haupstudie.
Die Punkte 2–4 gelten hier nicht.
Nach der Pilotphase stehen uns zur Verfügung:
Kenntnisse über die Basisdaten und die Teilnahmebereitschaft
Ein strukturiertes, erprobtes Trainigsprogramm
Ausgebildete Laien als Mediatoren
Instrumente zur Evaluation
Haupt-studie-ab April 1977
Formelle Einladung
Formelle Einladung
Teilnahme zugesagt:
Durchführung der Vorevaluation an repräsentativer Stichprobe.
-Basistraining (Grundkurs) in Gruppen (max. 12 Teilnehmer), 6 Lektionen à 2 Stunden.
Kein Interesse:
Interview über Gründe der Absage
Zusage:
-Vorevaluation an repräsent. Stichprobe Betreuung durch die SFS. Durchführen von trad. Elternkursen
Neg.:
Vorevaluation und Erfragen der pot. Teilnahmebereitschaft an repräs. Stichprobe.
Keine Probleme
Probleme: Einzelberatung
Einladung zum Themenkurs
Themenkurs: Während 4 Abenden werden von den Eltern vorgeschlagene erzieherische Themen aufgearbeitet.
neg.
Kein Problem
Probleme: Einzelberatung
Ab Herbst 1979
Schlussevaluation bei allen Probanden, die aufgrund des Wohnortes noch erreichbar sind.
Ab Früh-ling 1980
Auswertung und Interpretation der Ergebnisse.

Abbildung 4: Der experimentelle Design des «Berner Präventiven Elterntrainings».

Vorgehen (Abbildung 4): Als die Kinder 9–12 Monate alt waren, wurden bei den 3 Gruppen die soziodemographischen Basisdaten registriert. Dieselben Familien werden in die Schlußevaluation miteinbezogen, wenn das Kind 4jährig ist. In der Zwischenzeit werden in der Kontrollgruppe (C) keine Interventionen vorgenommen. In der Kontakt-Kontrollgruppe (B) haben die «Prophylaktischen Familienhelfer» den Auftrag, etwa gleichviel Zeit in die Begleitung der Eltern zu investieren, wie dies in der Experimentalgruppe (A) geschieht.

2.1 *Das Programm der Experimentalgruppe (A)*

Präventives Elterntraining: Als das Kind 18 Monate alt war, wurden die Eltern zur Teilnahme am strukturierten Basistraining eingeladen. Durchgeführt wurde das Training von geschulten Laien unter Supervision. Es umfaßt 6 Lektionen von mind. 2 Stunden Dauer. Inhaltlich und formal ist es lerntheoretisch orientiert. Jede Lektion besteht aus einem vollständigen «Paket» mit genau festgelegten Lehrzielen, einem Manual, allen notwendigen Materialien (Arbeitsblätter, Videofilme und -geräte, praktischen Übungen von adäquaten Erziehungsverhalten mit Videofeedback und strukturierten Hausaufgaben (eine ausführliche Beschreibung findet sich bei LÜTHI 1979). Die zentralen Inhalte bestehen in:

Pädagogisches Grundsatzgespräch: Ausgehend vom erzieherischen Alltag der Trainingsteilnehmer werden Erzieherverhalten und Erziehungshaltungen reflektiert. Es wird erarbeitet, daß sich der Erziehende mindestens orientieren sollte:

- *An den Bedürfnissen des Kindes:* Das Kind hat einen Anspruch darauf, daß seine Entwicklungsmöglichkeiten erkannt und optimal entfaltet werden. Es ist als eigenständiges Wesen zu akzeptieren und ernst zu nehmen. Dies schließt jedoch nicht aus, das gewisse Verhaltensweisen des Kindes vom Erzieher nicht gebilligt werden. Das Kind darf und soll dem Alter und dem Entwicklungsabschnitt entsprechend angemessene Ansprüche, Bedürfnisse, Rechte und Pflichten haben.
- *Am Erziehungsziel* (SCHMID 1971).
- *An den Bedürfnissen der Eltern,* d. h. auch der Erzieher hat einen Anspruch auf individuelle Entfaltung seiner eigenen Möglichkeiten. Davon ausgehend wird er unter angemessener Berücksichtigung der kindlichen Eigenständigkeit dem Kinde gegenüber echte Bedürfnisse und Werte «verteidigen».
- *An den Bedürfnissen, Normen und Meinungen der Gesellschaft.*

Schlußfolgerung: Die Eltern schaffen eine entwicklungs-, neugierde- und fantasiefördernde physische Umwelt. Sie erleben sich als «Ermöglicher» authentischer, kindlicher Erlebnisse jeder Art, d. h. sie unterstützen angemessene Aktivitäten des Kindes. Bezogen auf erzieherische Maßnahmen sind die Eltern zu sich selber kritisch. Sie überprüfen fortlaufend bestehende Normen und Regeln und passen sich dem kindlichen Sosein und der erzieherischen Situation an. Zur Auskundschaftung seiner Umwelt erhält das Kind genügend Freiheit und die Eltern geben ihm durch ihre soziale Haltung die Möglichkeit zur Identifikation mit dem Vorbild.

Imitationslernen/Lernen durch Nachahmung: Der zweite Schwerpunkt im Training besteht in der Aufarbeitung der zentralen Inhalte und Prinzipien des Imitationslernens (Zumkley-Muenkel 1976) und dessen Integration in den Erziehungsprozeß.

Interaktionsprozesse: Ein dritter Kernpunkt liegt in der Gewährung von Einsichten in die alltäglichen erzieherischen Interaktions- und Kommunikationsprozesse, in der Stabilisierung von adäquatem Erziehungsverhalten sowie im Lehren einer Begriffssprache, die es den Eltern ermöglicht, den erzieherischen Alltag wahrzunehmen und zu beschreiben. Die Sensibilisierung auf bestehende Fehler und die Modifizierung von Fehlverhalten sind Teil der sekundären Prävention, d. h. das bewußte Erreichen von Verhaltensveränderungen wird aus den Gruppenaktivitäten ausgeklammert und parallel in der verhaltensmodifikatorisch orientierten Einzelberatung durch das psychologisch/pädagogisch-medizinisch formierte Team durchgeführt.

Ein Jahr später fand *der Themenkurs* statt: Wiederum war das Unterrichtsmaterial bereitgestellt. Der Schwerpunkt lag auf dem Bearbeiten von erzieherischen Themen, welche von den Eltern gewünscht wurden, sowie dem Erlernen von Begriffen aus Kommunikations- und Problemlösungsstrategien.

Individuelle Beratung: In der Regel übernahm die Säuglingsfürsorgeschwester der regional zuständigen Mütterberatungsstelle die Rolle des «Prophylaktischen Familienhelfers». Sie meldete dem Beratungsteam Eltern an, welche über erzieherische Schwierigkeiten berichteten und/oder Beratung wünschten. Der Psychologe oder Arzt des Teams nahm mit den betreffenden Eltern Kontakt auf und führte die Beratung nach verhaltensmodifikatorischem Muster durch. Soweit wie möglich wurde dabei auf die im Training vermittelten Einsichten und Kenntnisse abgestellt. Den individuellen Umständen konnte nun größere Beachtung geschenkt werden. Waren die Eltern einverstanden, wurde ein Querbezug zur Gruppenaktivität hergestellt. Eltern und/oder Kinder, die Hilfen benötigten, welche die Kompetenz des Beratungsteams überstiegen, wurden an entsprechende Fachinstanzen überwiesen.

2.2 Evaluation

Zur Überprüfung der Leitfragen sind folgende Evaluationsinstrumente vorgesehen: Die Fragebögen Wissen 1 und 2, der Problemfragebogen, die Videobeobachtung, die Vineland Social Maturity Scale, die Protokolle der Einzelberatung, der Hamburger Bilder Test (HABIT), die Self-Rating-Scale nach Judson (Burden 1978), der Fragebogen «Basisdaten», das «informelle Interview» und der Sixteen Personality Factor Questionnaire. (Eine ausführliche Beschreibung aller Evaluationsinstrumente findet sich bei Lüthi 1979). Die Batterie der Evaluationsinstrumente umfaßt neben publizierten Tests vor allem Verfahren, die wir selber entwickelten. Abbildung 5 beschreibt den Einsatz der Evaluationsinstrumente.

Abbildung 5: Überblick über den Einsatz der Evaluationsinstrumente.

Evaluationsinstrument	Gruppe A vor dem Training	Gruppe A nach dem Training	Gruppe A Schluß-evaluat.	Gruppe B Anfangs-evaluat.	Gruppe B Schluß-evaluat.	Gruppe C Anfangs-evaluat.	Gruppe C Schluß-evaluat.
Wissen 1 ……..	×	×					
			×		×		×
Wissen 2 ……..	×	×					
Vineland ……..	×		×	×	×	×	×
HABIT ………	×	×	×		×		×
Videointeraktionsaufnahme …….	× (n = 50)		× (n = 50)		× (n = 50)		× (n = 50)
Problemfragebogen	×	×	×	×	×	×	×
Einstellung gegenüber Beratungsstellen ..			×		×	×	×
Persönlichkeit (16 Pf) ……….			×		×		×
Judson-Scale ….			×		×		×
Meinung über Trainingsprogramm		×					
Stichprobe für Vor-Evaluation ..	50 % der Teilnehmer			100 %		50 %	

Vor Beginn der Intervention wurde zum Teil eine Vorevaluation durchgeführt. Aufgrund der gemachten Erfahrungen (Übersättigung der Probanden mit Fragebögen) wird die Schlußevaluation als Interview gestaltet.

2.3 *Resultate*

Teilnahme: Von den nach den beschriebenen Kriterien eingeladenen 306 Familien der Experimentalgruppe erklärten sich 61 % unmittelbar zur Teilnahme bereit, 17 % lehnten ab und 22 % konnten sich noch nicht entscheiden. Die Rate der abschlägigen Antworten variierte zwischen den Bezirken von 3–40 %. Wir interpretieren diese Schwankung als Gütemerkmal der Beziehung zwischen Eltern und Mütterberatung. Im Vergleich zu anderen Arbeiten ist die Beteiligung sehr hoch. Nach Durchführung des Basistrainings berechneten wir eine Teilnahme von 50 %, d. h. die optimistischen Erwartungen wurden nicht erfüllt. Aus diesem Grunde wurde mit den Nichtteilnehmern ein Interview über die

Gründe durchgeführt. Über die Resultate dieses Interviews werden wir an anderer Stelle berichten.

Trainingsdurchführung: Die Meinung der Eltern zu den Trainings wurde mit Hilfe eines strukturierten Fragebogens und eines Gesprächs evaluiert: Praktisch alle Teilnehmer fühlten sich in ihrer Gruppe wohl. Die Trainingsinhalte wurden unter den Ehepartern diskutiert. $^2/_3$ der Teilnehmer wünschten, daß sich die Gruppe nach Abschluß der Trainings weiterhin treffen sollte. Dies wurde denn auch realisiert. Die Teilnahme beider Ehepartner wurde als günstige Voraussetzung beschrieben, ebenso der Zeitpunkt der Durchführung des Trainings (Alter des Kindes: $1^1/_2$ Jahre).

Lerneffekte: Die unmittelbaren kognitiven Effekte wurden an einer repräsentativen Stichprobe von 42 Teilnehmern studiert. Der Fragebogen Wissen 1 (WI 1) beinhaltet 6 Fragen. Die Beantwortung geschieht mittels Kurzaufsätzen. Die Beurteilungskriterien sind lerntheoretisch abgesichert. Die Bewertung der Antworten basiert auf Punktwerten (0, 1, 2), welche durch 2 Rater abgegeben werden.

Die Frage 1 befaßt sich mit pädagogischen Grundsätzen, die Fragen 2–6 mit dem Verhaltensbegriff und lerntheoretischen Zusammenhängen von Interaktionssequenzen.

Betrachten wir die Ergebnisse. Durch Berechnung der «vorher» und «nachher» – Mittelwerte der Probandenantworten ($n = 42$) der 6 Fragen konnten wir feststellen, ob durch das Training signifikante Veränderungen auf der Wissensebene erzielt wurden.

Frage	«vorher» Mittelwert	«nachher» Mittelwert	Differenz	z-Wert
1	.1566	.3000	.1444	1.39
2	.2000	.9111	.7111	6.06
3	1.0444	1.7556	.7111	5.05
4	.3333	1.6333	1.3000	10.09
5	.1778	.7667	.5889	5.36
6	.2222	1.3778	1.1556	7.42

Bei einem Irrtumsrisiko von $p = .01$ sind die z-Werte mit dem 99 %-Quantil der Standard-Normalverteilung (2.326) zu vergleichen, d. h. mit Ausnahme von Frage 1 weisen alle z-Werte auf eine signifikante Veränderung hin. Das Basistraining erwirkte:

a) Das Wissen über Begriffe der Interaktion zwischen Eltern und Kind wurde vermehrt.

b) Das Repertoire der Zuwendungsformen wurde um den Bereich der Aktivitätenverstärker erweitert.

c) 50 % der Probanden erzielten bei Frage 3, welche die lerntheoretische Begriffssprache und deren Zusammenhänge prüft, einen max. Lernfortschritt von 2 Punkten.

d) Die Auseinandersetzung mit dem Problemkreis der Strafe ergab eine Ausweitung zu Alternativen wie Ignorieren und Time-out.

Zusammenfassend: Die Effizienz des Basistrainings äußert sich auf kognitiver Ebene darin, daß die «nachher»-Antworten eine klare, eindeutige Begriffssprache aufweisen. Die Eltern drücken sich prägnanter über konkrete Erziehungsfragen und -schwierigkeiten aus. Wir schließen daraus, daß die präventive Zielsetzung des Trainings auf kognitiver Ebene als erreicht betrachtet werden kann.

Der Fragebogen Wissen 2 (WI 2) beinhaltet 10 Fragen. Strukturell und formal entspricht er im Aufbau dem WI 1. Die Fragen sind als konkrete erzieherische Situationen formuliert. Die Eltern haben in Kurzaufsätzen zu beschreiben, wie sie reagieren würden. Die Bewertung basiert auf 0–4 Punkten. Die Fragestellungen decken 4 mögliche erzieherische Alltagssituationen zwischen Mutter/Vater und Kind ab.

Betrachten wir zuerst die Gesamtergebnisse:

Frage	«vorher» Mittelwert	«nachher» Mittelwert	Differenz	z-Wert
1	1.8571	2.2857	.4286	2.751
2	1.8214	2.5000	.6786	5.283
3	2.5357	2.5000	–.0357	.224
4	.5476	1.5476	1.0000	4.423
5	.7143	2.0238	1.3095	5.590
6	.6905	1.7024	1.0119	5.178
7	2.2024	2.7738	.5714	3.394
8	1.3810	1.4405	.0595	.328
9	1.6667	1.7738	.1071	.638
10	1.2381	1.6429	.4048	1.572

Die z-Werte sind bei einem Irrtumsrisiko von $p = .01$ wiederum mit dem 99 %-Quantil der Standard-Normalverteilung (2.326) zu vergleichen, d. h. die z-Werte der Fragen 1, 2, 4, 5, 6 und 7 weisen auf signifikante Veränderung hin: In Teilbereichen des erzieherischen Denkens hat das Basistraining bei den Teilnehmern eine kognitive Umstrukturierung erwirkt.

Schlüsseln wir die Lerneffekte auf: Die Fragen 1–3 beschreiben Situationen, in denen das Kind mitten aus dem Alltag heraus die Initiative zu einer Aktivität, welche sozial erwünscht ist oder der Bezugsperson die Arbeit erleichtert, ergreift. Welchen Effekt hat das Training in diesem Problemfeld erwirkt? Aufgrund der Ergebnisse des Signifikanztests diskutieren wir die Fragen 1 und 2 gemeinsam ($n = 42$):

Keine positive Reaktion auf das erwünschte Verhalten geben vorher 9,5 % und nachher 2,4 % der Probanden. Eine diffuse lobende Bemerkung wollen vorher 13,1 % und nachher 10,7 % machen. 61,9 % der Probanden würden vor dem Training nach Abschluß der Aktivität des Kindes mit positiver Zuwendung reagieren. Dasselbe schlagen nach dem Training noch 33,3 % vor; wogegen 50 % bereits während dem sozial erwünschten Verhalten des Kindes positiv verstärken würden (vorher: 14,3 %). 1,2 % bzw. 3,6 % der Probanden würden versuchen, die Tätigkeit des Kindes zu einem Lernprozeß zu erweitern.

Bei der Betrachtung der 3 Fragen fallen uns die relativ hohen vorher-Werte auf. Wir interpretieren dies als Bestätigung der Hypothese, daß Eltern von Kleinkindern ihr Kind bei sozial erwünschten sogenannten «selbstverständlichem» Verhalten noch häufig positiv verstärken, d. h. das lerntheoretisch begründbare, adäquate Verhalten der Mutter, auf angepaßtes Verhalten des Kindes positiv verstärkend zu reagieren, wird dem kleinen Kind gegenüber ausgeführt. Das Präventive Elterntraining hat in diesem Feld – Erkennen von Initiativen des Kindes und adäquates Reagieren – somit primär aufklärenden und Einsicht vermittelnden und weniger modifizierenden Charakter. Inwieweit unsere Überlegungen richtig sind, können wir an der nächsten Fragengruppe überprüfen.

Die Fragen 4–6 beinhalten unterschiedliche Aktivitäten von Mutter und Kind, wobei sich das Kind sozial erwünscht (z. B. spielen) verhält und die Mutter (welche z. B. telefoniert) nicht stört. Fassen wir die Mittelwerte der 3 Fragentabellen zusammen (n = 42) und betrachten daraus ein Beispiel:

Vorher

	Punkte-Wert	0	1	2	3	4	Total «vorher»
	0	11	3.33	4.33	8.67	0.67	28
Nachher	1	0.67	0	0.33	4.33	0	5.33
	2	1	0.33	2.00	3.00	0.33	6.66
	3	0	0	0.67	0.33	0.33	1.33
	4	0	0	0.33	0.33	0	0.66
	Total «nachher»	12.67	3.66	7.66	16.66	1.33	41.98

1,33 Probanden geben vor dem Training eine 3-Punkte-Antwort nach dem Training sind es deren 16,66. Kurz: 66,7 % der Probanden sind vor dem Training der Ansicht, das Verhalten des Kindes sei selbstverständlich und brauche nicht positiv verstärkt zu werden. Nach dem Training: Wenn wir die Werte aller Beurteilungskategorien, die positive Verstärkung nach Abschluß oder während des erwünschten Verhaltens des

Kindes addieren, stellen wir fest, daß 61,1 % der Probanden positiv verstärkend auf dasselbe Verhalten des Kindes reagieren würden, d. h. das Präventive Elterntraining hat den Eltern Einsicht in die Zusammenhänge zwischen Verhalten und seinen Konsequenzen gegeben. Die vorher aufgestellte Hypothese kann in diesem erzieherischen Feld nicht aufrechterhalten bleiben.

Die Frage 7 beschreibt eine Situation, die von den Eltern Ignorieren und/oder Time-out als Reaktion fordert. Vorher reagieren 52,4 % der Eltern adäquat. Das Training bewirkt eine Verschiebung bis zu 88,1 %. Die Frage hat einen typischen Inhalt: Ein quengelndes Kind bittet vor dem Essen um eine Süßigkeit. Die hohen Werte wurden wahrscheinlich durch 2 implizierte Werte mitbestimmt: Es ist in der Bevölkerung weit verbreitet, daß vor dem Essen keine Süßigkeiten eingenommen werden. Zudem steht die Mutter während der Zeit der Essenzubereitung häufig unter Zeitdruck, so daß sich Ignorieren oder Time-out geradezu aufdrängen.

Die 3 letzten Fragen diskutieren ebenfalls einen Problembereich, der durch einen Konflikt zwischen Bezugsperson und Kind determiniert ist. Durch das Verhalten des Kindes ist eine Person oder Sache gefährdet.

Die Fragen weisen keine signifikante Veränderung des Mittelwertes auf. Wir ziehen daraus folgende Schlußfolgerungen: Das Basistraining erhöht die Konfliktlösungskompetenz der Eltern nicht. Dies gilt zumindest für Konflikte, die nicht nach einem eindeutigen Muster zu lösen sind. Ein wesentlicher Anteil der Lösung besteht in der Konsequenz, mit welcher die Mutter ihre Lösung anstrebt. Die inhaltliche Analyse der Antworten zeigt vorher und nachher eine Dominanz des Verhaltens des verständnisvollen Zuwendens, Erklärens und mit dem Kinde Diskutierens durch kindzentrierte, aber wenig originelle, kindsgemäße Lösungsvorschläge. Die gelernten, verhaltenstheoretischen Zusammenhänge können beim Lösen von Konflikten offenbar nicht herangezogen werden.

3. Schlußbemerkungen

Die Durchführung von Interventionen ist nicht eigentlich Aufgabe der Wissenschaft. Im Bereiche der prophylaktischen Familienhilfe bestehen aber noch viele offene Fragen über Effizienz, Nebenwirkungen, Kosten – Nutzen Relation usw., so daß eine wissenschaftlich-kritische Begleitung derartiger Projekte die Regel sein sollte. Beim Versuch, die Forderungen der «reinen» Wissenschaft nach minutiöser Kontrolle aller Variablen zu erfüllen, stößt man auf Schwierigkeiten: Die Teilnahmebereitschaft kann beispielsweise durch eine umfassende Evaluation beeinträchtigt und in der Folge die Vergleichbarkeit der Experimental- und Kontrollgruppen in Frage gestellt werden. Ein Projekt, das auf Breitenwirkung im Feld abzielt, kann nicht unter laborähnlichen Bedingungen durchgeführt werden. Bei der Planung stellt sich die Aufgabe, ein höchstmögliches Maß an Realitätsnähe mit größtmöglicher Wissenschaftlichkeit zu verbinden. Da der Erfahrungsschatz auf diesem Gebiet noch gering ist, sind Improvisationen nicht zu vermeiden und damit läuft ein derartiges Projekt Gefahr, zwischen den Stühlen des praktisch Realisierbaren und den Bänken der Wissenschaftlichkeit hindurchzufallen. Dies ist wohl der Hauptgrund, weshalb kontrollierte Studien im Problemfeld der prophylaktischen Familienhilfe eine Rarität darstellen: Ohne Mut zum Risiko ist wenig zu erreichen, und gleichzeitig erfordert ein solches Unternehmen größte Flexibilität aller Beteiligten; von den «Feldarbeiten» bis zu den Auguren der Wissenschaft.

Literatur

BLASER, F. & SCHLAGINHAUFEN, M. 1978. Psychische Störungen bei 4- bis 5jährigen Kindern in der Stadt Bern. Bern: Dissertation.

BURDEN, R. L. 1978. An approach to the evaluation of early intervention projects, with mothers of severly handicapped children: The attitude dimension. Child care health and development *4,* 171–181.

CAESAR, S. G. 1974. Training sozialer Fertigkeiten. Vortrag GVT-DBS-Kongreß. München: Unveröff. Manuskript.

ERNST, H. & SOMMER, G. (Hg.) 1977. Gemeindepsychologie. Fortschritte der Psychologie 11. München: Urban & Schwarzenberg.

FEND, H. 1971. Sozialisierung und Erziehung. Weinheim: Beltz.

Gesundheitsbericht der Bundesregierung (BRD). Bonn, Bad-Godesberg, 1971, Ziff. 343.

INNERHOFER, P. 1977. Das Münchner Trainingsmodell. Berlin: Springer.

KESSLER, M. & ALBEE, G. W. 1975. Primary prevention. Annual review of psychology *26,* S. 557–591.

KLACKENBERG, G. 1971. Prospective longitudinal study of children. Acta Pädiatrica Scandinavica. Supplement 224.

LÜTHI, R. 1978. Elterntrainingsprogramm. Pro Juventute 1, 2, 3, S. 25–26.

LÜTHI, R. 1979. Das Berner Präventive Elterntraining. Theoretischer Rahmen, Trainingsmanual und Evaluationsinstrumente. Bern: Unveröff. Dissertation.

LURIE, O. R. 1970. The emotional health of children in the family setting. Community Mental Health Journal *6,* 229–235.

MÜLLER, G. F. 1978. Erfahrungen mit dem präventiven Elterntraining. In: SCHNEEWIND, K. A. & LUKESCH, H. (Hg.) Familiäre Sozialisation: Probleme, Ergebnisse, Perspektiven. Stuttgart: Klett.

O'DELL, S. 1974. Training parents in behavior modification. A review. Psychol. Bull. *81,* 418–433.

PATTERSON, G. R. 1971. Behavioral procedures in the classroom and in the home. In: BERGIN, A. & GARFIELD, E. (Ed.) Handbook of psychotherapy and behavior change. New York: Wiley, S. 751–777.

PERREZ, M. 1976. Implementierung neuen Erziehungsverhaltens. Berichte zur Erziehungswissenschaft Nr. 1, Fribourg.
ROBINS, L. N. 1966. Deviant children grown up. Baltimore: Williams and Wilkins.
RUTTER, M. L. 1972. Relationship between child and adult psychiatric disorders. Acta Psychiatrica Scandinavica *48,* 3–21.
SCHMID, J. R. 1971. Antiautoritäre, autoritäre oder autoritative Erziehung? Bern: Haupt.
SOMMER, G. 1977. Kompetenzerwerb in der Schule als primäre Prävention. In: SOMMER, G. & ERNST, H. (Hrsg.) Gemeindepsychologie. Fortschritte der klinischen Psychologie 11. München: Urban & Schwarzenberg, S. 70–89.
SPITZ, R. A. 1946. Analytic depression. Psychoanal. Study Child *2,* S. 313–342.
VUILLE, J.-C. 1978. Prophylaktische Familienhilfe. Bern: Unveröff. Manuskript.
VUILLE, J.-C. 1977. Prävention von Verhaltensstörungen im Kleinkindesalter im Rahmen der öffentlichen Gesundheitspflege. Z. Soz. und Präv. Med. *22,* 11.
WARNKE, A. & INNNERHOFER, P. 1978. Ein standardisiertes Elterntraining zur Therapie des Kindes und zur Erforschung von Erziehungsvorgängen. In: SCHNEEWIND, K. A. & LUKESCH, H. (Hg.) Familiäre Sozialisation, Stuttgart: Klett, S. 294–312.
WHITE, B. L., KABAN, B., SHAPIRO, B. & ATTANUCCI, J. 1976. Competence and experience. Manuskript.
ZUMKLEY-MUENKEL, C. 1976. Imitationslernen. Düsseldorf: Schwann.

26. Paul Innerhofer und Andreas Warnke

Elterntraining nach dem Münchner Trainingsmodell Ein Erfahrungsbericht

Zusammenfassung: Das Münchner Trainingsmodell, dessen Ziel die Vermittlung erzieherischer Fertigkeiten zur Bewältigung von Erziehungsschwierigkeiten ist, wird in seinen Elementen beschrieben. Die einzelnen Phasen der Vorbereitung, der Durchführung und Nachbereitung des Trainings werden erörtert und Erfahrungen diskutiert. Ebenso werden Ergebnisse der Interaktionsbeobachtung auf der Basis von Frequenz- und Sequenzanalysen mitgeteilt und abschließend einige Anregungen zum Training formuliert.

Einleitung

Seit der Entwicklung des Münchner Trainingsmodells im Jahre 1973 (Innerhofer 1977) sind nun einige Jahre vergangen, und es erscheint sinnvoll, in einem kurzen Überblick über die inzwischen vorliegenden Erfahrungen zu berichten. Die damit verbundene Form der Behandlung des erziehungsschwierigen Kindes über eine Veränderung seines Milieus und das Verhalten seiner Bezugspersonen gibt dem Therapeuten eine Reihe von Aufgaben auf, zu deren Bewältigung die Methodik des Trainings seine wichtigste Hilfe ist. Er muß das Kind und seine Familie, das Milieu und seine außerfamiliären Bezugspersonen kennenlernen. Das Training hat also zunächst die Aufgabe, Bedingungen herzustellen, unter denen das *Kennenlernen* realisiert werden kann.

Die zweite Aufgabe betrifft das *Verstehen.* Der Therapeut muß bestehende Abhängigkeiten erkennen, er muß Chancen, günstigere Abhängigkeiten aufzubauen, identifizieren können, er muß die momentane Dynamik und die Richtung ihrer Entwicklung erfassen und beschreiben, um helfend eingreifen zu können. Eine Trainingsmethode muß also auf einem gesicherten Fundus an Gesetzmäßigkeiten basieren.

Eine weitere Aufgabe betrifft die *Zusammenarbeit.* Im Verlauf der Therapie müssen Kind, Eltern, außerfamiliäre Bezugspersonen und Therapeut zusammenarbeiten, miteinander müssen sie die Situation, die zum Problem geführt hat, verändern und sich neue Möglichkeiten schaffen. Das Training gibt dafür den Rahmen ab.

Und schließlich gibt es noch Aufgaben, die die *Stabilisierung* und *Ge-*

neralisierung des einmal Erreichten garantieren. Auch dafür muß er auf die Trainingsmethodik zurückgreifen können.

Das MTM ist eine Methode, womit Eltern und Erzieher erzieherische Fertigkeiten und Erfahrungen gewinnen können, die für die Bewältigung von Erziehungsschwierigkeiten hilfreich sind. Es gründet auf systematischer Verhaltensbeobachtung, einer funktionellen Interpretation von Interaktionen und Ereignissen und es nutzt Prinzipien des Lernens, der Motivation und der Verhaltenstherapie. INNERHOFER (1977) hat das Modell veröffentlicht, so daß hier eine knappe Darstellung zugunsten eines Erfahrungsberichtes ausreicht.

Das Modell gibt Richtlinien für drei Aufgabenbereiche der Verhaltensmodifikation: für die *Vorbereitungsphase* (kennenlernen und motivieren), die *Trainingsphase* (verstehen und ändern) und die Phase der *Nachbetreuung* (stabilisieren und generalisieren).

Schließlich diente das MTM stets auch als Mittel der *Erziehungsstilforschung* auf dem Wege der Interaktionsbeobachtung und ihrer Analyse.

Damit haben wir auch die Bereiche skizziert, mit denen sich unsere Gruppe in den zurückliegenden Jahren auseinandergesetzt hat.

1. Die Vorbereitung des Trainings

Die Trainingsvorbereitung beinhaltet drei Aufgaben: das Kennenlernen der Familie (Kontaktaufnahme und Informationserhebung), die Zusammenarbeit mit der Familie (Motivierung) und die Analyse des Datenmaterials (Therapieentscheidung).

1.1 Informationserhebung: Therapeut und Familie lernen sich kennen

Information über das erzieherische Problem und seine Abhängigkeit von aktuellen Umweltereignissen und Lerngeschichte wird im MTM auf *mehrfache* Weise gewonnen. Dies ist wichtig, da die verschiedenen Informationsmethoden durchaus nicht einheitliche Daten liefern.

Die Verhaltensbeobachtung mittels Videoaufzeichnungen von Eltern-Kind-Interaktionen in definierter Situation ist die grundlegende Informationsquelle (Hausaufgabe, INNERHOFER et al. 1978; INNERHOFER und WARNKE 1978; Spielsituation, TAMMERLE 1977). Die Filmaufzeichnungen bilden das Material für die Interaktionsanalyse. Abstrakte Begriffe wie «bestrafende Mutter» oder «bockiges Kind» lassen sich mit objektiv beobachtbaren, konkreten, im Bild beliebig oft wiederholbaren Handlungen, Worten oder mimischen Reaktionen erfassen und definieren, individuell für jedes Erzieher-Kind-Paar. Den Eltern nichtbewußte Verhaltensweisen und Handlungen und Gefühle, die sie verschweigen wollen, können in der Beobachtung sichtbar werden.

Die Verhaltensbeobachtung haben wir sowohl im Labor (WARNKE 1977; TAMERLE 1977) als auch im häuslichen Milieu durchgeführt (SAAL 1974; PETERANDER, 1978). In drei Arbeiten fanden Beobachtungen auch in der Schulklasse statt (INNERHOFER et al. 1976; PETERANDER 1978; SEUS-SEBERICH 1978).

Das Interview ist wesentliche Ergänzung der Verhaltensbeobachtung (INNERHOFER 1977). Die Befragung der Eltern gibt uns Auskunft über beobachtbare Ereignisse, die aber nicht in die systematische Beobachtung einbezogen werden konnten (Ereignisse auf dem Spielplatz, Streitigkeiten beim Frühstück), sie liefert uns Daten zu nichtbeobachtbaren Vorkommnissen aus der Lerngeschichte, Erwartungen und Befürchtungen der Eltern und einmaligen Ereignissen (Schulwechsel, Trennung des Eltern).

Die beobachteten Interaktionen lassen sich nur schwerlich ohne Kenntnis der Erwartungen und Befürchtungen, die der Erzieher mit dem Kindproblem verbindet, verstehen. Das Interview ist notwendige Ergänzung der Verhaltensbeobachtung.

Erhebliche Unterschiede zwischen dem im Interview beklagten und dem beobachteten Problemverhalten stellten wir in Fallstudien fest (INNERHOFER et al. 1978). In keinem der acht Fälle bestand vollständige Übereinstimmung zwischen den Interviewaussagen der Mütter über das kritische Verhalten des Kindes in der Hausaufgabensituation und den Angaben der Beobachter! Die Abweichungen ließen sich folgendermaßen kennzeichnen:

- von der Mutter beklagte Verhaltensweisen des Kindes wurden von uns nicht beobachtet und waren sicherlich doch zutreffend (Wutausbrüche, Vergessen von Heften),
- von uns beobachtete Ereignisse sind von der Mutter nicht erwähnt worden (Ablenkungsmanöver, nicht Eingehen auf Aufforderungen der Mutter),
- diskrepant war die Einschätzung von Häufigkeiten (Dauer der Hausaufgabe, Arbeitstempo, Häufigkeit von Fehlverhalten des Kindes),
- Informationsverzerrungen lagen vor, indem ein wichtiges Detail weggelassen oder hinzugefügt wurde (das Kind wird als unkonzentriert geschildert, unerwähnt blieb, daß am Arbeitstisch gleichzeitig das Geschwister spielte und Arbeitsmaterial entwendete), und schließlich wurden
- unterschiedliche Wertungen getroffen (Aussagen über Konzentration, Schriftbild, Ordnung, Leistungsstand).

In keinem Fall kamen wir bei Interview und Beobachtung zu gleichen Informationen über das Problemverhalten. In drei Fällen wäre ohne das Beobachtungsprotokoll ein anderer Interventionsplan erstellt worden!

Die Fremdanamnese ergänzte in mehreren Untersuchungen das Interview. Gerade bei Schwierigkeiten im Zusammenhang mit kindlichem Leistungsverhalten sind Befragungen des Lehrers (INNERHOFER, FRIEDRICH und WARNKE 1976; PETERANDER 1978), der Kindergärtnerin oder des Erziehers unerläßlich.

Hausbesuche gehen unseren heutigen Untersuchungen grundsätzlich voraus. Erzieherische Lösungen lassen sich bei Kenntnis der Lage des Hauses, der Zimmerverteilung und der Wohnungseinrichtung wesentlich leichter finden. Hinzu kommt, daß die Informationserhebung nicht nur der Materialsammlung, sondern auch dem Kennenlernen dienen soll, was für die Arbeit in sozioökonomisch schwachen Familien entscheidend ist.

Fragebogen werden eingesetzt zur Erfassung sozioökonomischer Variablen und um die Einstellung der Eltern gegenüber dem Kind und der Therapie abzuschätzen (INNERHOFER und WARNKE 1978; INNERHOFER 1977).

Die vielfältige und aufwendige Informationserhebung ist nur im Team zu lösen, sie kann aber durchaus von zwei Therapeuten bewältigt werden und ist nach Erfahrungen in der ambulanten Erziehungshilfe gut praktikabel (so werden etwa in der Entwicklungsneurologischen Ambulanz der Universitäts-Kinderklinik München die Arbeiten von einem Psychologen und einem Sozialpädagogen, der u. a. Hausbesuche übernimmt, erledigt.)

1.2 Zusammenarbeit: die Motivierung der Eltern für eine Zusammenarbeit

Kontaktaufnahme, Interview, Tests, Aufsuchen der therapeutischen Einrichtung, Hausbesuch, Beobachtungssitzungen und das Gespräch über Trainingsziele sind eine erhebliche psychische und zeitliche Belastung für die Eltern, noch bevor es zu einer therapeutischen Hilfeleistung kommt! Eltern und Kinder müssen in der Vorbereitung «alles geben, ohne etwas zu ernten». Für die Kooperativität der Eltern liegt hier die kritische Phase (für die Kooperativität seitens des Trainers liegt sie in der Nachbetreuung!). Tatsächlich hat sich die Gewinnung der Eltern für eine anhaltende und effektive Zusammenarbeit als ein Hauptproblem der therapeutischen Elternarbeit in der Kindtherapie erwiesen, so daß wir – durch erste Mißerfolge mißmutig geworden (SCHULZE et al. 1974) – dem Problem der Kooperativität eine eingehende empirische Untersuchung und Analyse gewidmet haben (INNERHOFER und WARNKE 1978). Die Ergebnisse haben sich inzwischen in unserer Praxis des Elterntrainings mit sicher mehr als 300 Eltern, dabei zu erheblichem Teil mit Eltern der unteren sozialen Schicht, eindrücklich bestätigt.

Geringe Schulbildung, fehlende Berufsausbildung und Berufstätigkeit ohne Entscheidungsbefugnis seitens der Eltern, ganztägige Berufstätigkeit beider Eltern aus ökonomischem Zwang heraus, schlechte, beengte Wohnverhältnisse, mehr als fünf Kinder, mittlere Stellung des Kindes in der Geschwisterreihe und schlechte witrschaftliche Lage sind massive Risikofaktoren elterlicher Kooperation in erzieherisch-therapeutischen Belangen des verhaltensgestörten oder behinderten Kindes.

Die berichteten Ausfallquoten zwischen 30 und über 90 Prozent im Bereich der Elternarbeit können nicht unbedacht bleiben, zumal gerade jene Eltern ausfallen, die für sich selbst und deren gefährdete Kinder therapeutische Hilfe am notwendigsten bräuchten. Dem Kooperationsproblem wird – so scheint es uns – zu wenig Aufmerkamkeit gewidmet. Dies mag u. a. daran liegen, daß es wenig Spaß macht, sich ausgerechnet einer Analyse seiner therapeutischen Mißerfolge zu unterziehen, wo doch die therapeutischen Erfolgserlebnisse ohnehin hart genug erarbeitet werden müssen. Indessen hat sich diese Analyse für unsere Therapiearbeit und für die Konzeption des MTM als sehr lohnend erwiesen. Bei unseren experimentell ausgerichteten Studien, die für die Eltern eine Mehrbelastung darstellen gegenüber einem gewöhnlichem Training, haben wir bei Eltern der Mittelschicht so gut wie keine Ausfälle, in Familien der untersten sozioökonomischen Schicht betrug die Mitarbeit über 70 % der Eltern (Innerhofer und Tammerle 1976; Peterander 1978). Diese Daten ließen sich noch verbessern, wenn es gelänge, entsprechenden Schulen ein pädagogisch-therapeutisches Team anzugliedern, wie es Gottwald et al. (1976) nach ihren Erfahrungen in der Arbeit mit sonderschulgefährdeten Kindern diskutiert haben und wie es sich in der Studie von Peterander (1978) bewährt hat (Vgl. dazu auch: Speck et al. 1978).

Besonders förderlich für die Mitarbeit der Eltern haben sich folgende Merkmale unserer Elternarbeit im Rahmen des MTM erwiesen:

- Sorgfältige Vorbereitung und Verhaltensanalyse, so daß Fehlentscheidungen gering gehalten und die Interventionen individuell auf die Bedürfnisse der Familie zugeschnitten werden können.
- Vermeidung jeglichen Vorwurfes gegenüber den Eltern, jeder Wertung und Parteinahme in familiären Konflikten vor dem Training. Überhaupt ist die therapeutische Grundeinstellung wesentlich, daß Elternarbeit ihre Begründung nicht darin hat, daß Eltern «schuld» sind oder erzieherisch «minder bemittelt» wären, sondern gerade darauf fußt, daß Eltern erzieherisch fähig sind; gegenüber dem eigenen Kind sind sie einflußreich, motiviert, jederzeit verfügbar und verantwortlich und jeweils darin dem Berufstherapeuten überlegen.
- Hilfreich ist das didaktische Konzept des Trainings: in sich stellt es eine Lernreihe dar, Verzicht auf theoretische Vorträge, stattdessen Ler-

nen durch Selbsterfahrung im Handlungsspiel, Videofeedback und Ableitung der bewertenden Analyse aus genauer Verhaltensbeobachtung und Beschreibung. Kontrollierter Wechsel der Medien (Spiel, Video, Beschreibung, Analyse, Teilnahme am Spiel-Zuschauer usw.).

– Strafen werden, soweit nur möglich, vermieden und Belohnung und Unterstützung gegeben.

– Die Kürze der Intervention, die viel Zeit und organisatorische Probleme einspart (Nehmen wir an, daß eine Mutter 1 Stunde Fahrzeit vom Trainingsort entfernt wohnt, so investiert sie für die 16 Stunden des Elterntrainings 4 Stunden Fahrzeit an zwei Tagen, und sie muß zweimal für einen Babysitter sorgen. Erfolgte die Erziehungsberatung der gleichen Mutter in 16 Einzelstunden, so müßte sie 32 Fahrtstunden aufwenden und sechszehnmal einen Babysitter beschaffen!)

– Durchführung des Trainings in einer Eltern*gruppe*. Eltern erfahren, daß sie mit ihren Schwierigkeiten nicht alleine stehen und daß sie anderen erzieherisch helfen können, Schwierigkeiten gelöst haben, die andere verzweifeln ließen. Sie erkennen im Vergleich, daß sie Fähigkeiten haben und ihr Problem nicht diskriminierend außergewöhnlich ist.

Die motivationalen Aspekte der Elternarbeit haben wir wiederholt hervorgehoben (Innerhofer 1977; Innerhofer und Warnke 1978).

1.3 Analyse des Datenmaterials: die Therapieentscheidung

Die Crux der therapeutischen Verhaltensänderung liegt ja darin, genau jenes festumschriebene Interaktionsmerkmal des Problems, das durch die funktionelle Analyse aufgedeckt wird, herauszufinden. Die Technik der Interaktionsanalyse kennzeichnen wir in Abschnitt 5, An dieser Stelle seien nur einige Hinweise gegeben, die die Trainingsvorbereitung betreffen.

Als Beispiel nehmen wir an, daß eine schlechte Schulnote ein Problemverhalten provoziert hat (Fälschung einer Unterschrift), womit eine unangenehme Konsequenz vermieden werden konnte (Strafe durch die Eltern, wenn sie die Note erfahren). Das Problem wird in dreierlei Hinsicht analysiert: a) welche belohnenden und bestrafenden Konsequenzen involviert sind, b) welche positiven und negativen situativen Bedingungen das Problem aufrechterhalten oder vermindern und c) welchen zweckmäßigen oder unzweckmäßigen Regeln, Erwartungen oder Zielen das kritische Verhalten unterworfen ist. Die Analyse dient dazu, ein sehr beschränktes, präzises Trainingsziel zu formulieren, das in einem Zwei-Tage-Training mit Sicherheit bewältigt werden kann.

Die Analyse mündet in Absprache mit dem teilnehmenden Elternteil in der Therapieentscheidung, etwa in der Form des folgenden Beispiels:

«Intervention
Lernziele für die Mutter im Training waren
1. die Reduzierung von Strafe und
2. Senkung der Belohnung von Fehlverhalten.
Die erzieherischen Ziele für das Kind hießen
1. Abbau von Aggressivität und
2. selbständiges und konfliktfreies Erledigen der Hausaufgaben im Rechnen.
In zwei exemplarischen Rollenspielen
1. Streit zwischen den Geschwistern (Konfliktlösung durch Regel) und
2. Hausaufgaben im Rechnen (Ignorieren der Fehlleistung, Anerkennung des richtigen Schrittes) wurden die den Lernzielen entsprechenden Verhaltensregeln erarbeitet und eingeübt» (Warnke 1977).

Die Verhaltensanalyse und Intervention ist durchaus nicht auf elterliche Erziehungsfehler und Negativbeispiele erpicht. Da das Training auf Bestärkung der Eltern in ihren erzieherischen Fertigkeiten, die für eine Problemlösung brauchbar sind, zielt (und nicht auf eine Infragestellung und völlige Umkrempelung der Persönlichkeit und familiären Verhältnisse!), hat sich die Analyse der erzieherischen Fähigkeiten als nicht weniger nützlich erwiesen.

Einer hilflosen Mutter etwa muß im Training nicht primär klar gemacht werden, wie hilflos sie ist; vielmehr muß sie begreifen, an sich selbst erfahren und auf dem Videoschirm mit eigenen Augen beobachten können, daß sie durchaus Mittel hat, dem Kind zweckmäßig zu helfen.

Die Darstellung und Analyse bereits bewältigter, ehemals bedrängender Erziehungsprobleme erwiesen sich in der Elterngruppe als nicht weniger lehrreich als die Lösungsarbeit eines noch unbewältigten Problems.

2. Das Training

2.1 Erster Trainingsabschnitt

Das Training besteht aus wenigstens vier Halbtagen, von jeweils drei bis vier Stunden Dauer. Während des ersten Tages lernen die Eltern zu sehen, wie das Kind mit seiner Umwelt interagiert. Ängste der Eltern werden zunächst aufgefangen, Raum und Einrichtung erläutert und eine kurze Einführung in das Programm gegeben. Die Problemereignisse werden im Rollenspiel dargestellt, mit Video aufgezeichnet und unmittelbar danach genauestens beschrieben. Beobachtung und Handlung, möglichst wenig Diskussion prägen den ersten Halbtag. Die Rollenspiele dauern etwa 1–4 Minuten. Die Problembeschreibungen werden auf Karten übertragen, auf die im dritten bzw. vierten Trainingsabschnitt die Analysen und Lösungen nachgetragen werden können.

Beschreiben und beobachten lernen ist das Ziel des ersten Abschnitts. Diese sehr mühselige, für die betroffenen Eltern aber durchaus spannende Arbeit, die sich ergibt, weil nur beschrieben werden darf, was tatsächlich an Sprache und Geräusch gehört und an Motorik, Blickkontakt und Mimik sowie Situationsmerkmalen gesehen wird in strenger zeitlicher Abfolge der Ereignisse, ist grundlegend für den Erfolg des Trainings. Im Training selbst bewahrt dies Trainer und Eltern gegenseitig davor, sich mit Vorurteilen aufzuhalten und zu verletzen. Probleme, die z. T. jahrelang in einer bestimmten Weise interpretiert wurden, von schwersten Vorurteilen belastet, erschienen den betroffenen Eltern oft in völlig neuem Licht. Eine Einstellungsänderung wird vollzogen, die Eltern für eine Verhaltensänderung bereit macht, ohne daß seitens des Trainers ein Vorwurf oder eine Belehrung erforderlich wäre! Stabilisierung und Generalisierung sind letztlich nur zu erwarten, wenn die Eltern gelernt haben, vorurteilsfrei und in solch systematischer Weise selbständig zu beobachten, daß sie aus ihrer Beobachtung zweckmäßige erzieherische Schlüsse zu ziehen vermögen. Diesen Zielen dient die strenge Beobachtungsschulung zu Beginn des Trainings, die aber auch im weiteren Trainingsverlauf immer wieder geübt wird.

2.2 Zweiter Trainingsabschnitt

Die Eltern lernen zu sehen, wie das Verhalten des Kindes vom erzieherischen Umgang mit ihm, von Belohnung und Strafe abhängt. Im Belohnungs- und Bestrafungs-Spiel geben Eltern einen kurzen Bericht in freier Rede. Teils werden sie während des Vortrags vom Trainer bestraft, teils belohnt, so daß sie in Selbsterfahrung die Wirkung von Lob und Strafe erleben. In einem zweiten Spiel lernen sie wiederum in Selbsterfahrung Techniken und Wirkung zweckmäßiger und unzweckmäßiger Hilfe. Die Spiele werden wiederum auf Video aufgezeichnet und genauestens ausgewertet.

Diese Phase des Trainings gehört oft zu den dramatischsten. Eltern erleben, welche Wirkung von alltäglichen Verhaltensweisen ausgeht, die auch den gewohnten Umgang zwischen Eltern und Kind kennzeichnen. Leicht kommen Schuldgefühle auf, in dieser Situation sind die Eltern manipuliert worden und sie haben eine tiefgreifende Selbsterfahrung durchlebt, beides macht sie labil und leicht verletzbar.

Wir haben Grund zu der Befürchtung, daß die verhaltensändernde Wirkung der experimentellen Spiele überschätzt wird und, da sie leicht emotionale Effekte hervorbringen, zur Effekthascherei unsicherer Trainer mißbraucht werden könnten. Dem Trainingsziel schadet ein wirkungsloses Bestrafungsspiel weniger als ein Spiel mit dramatischem Ende, wo der Bestrafte für die weitere Mitarbeit nicht aufgefangen werden kann und die Auswertung nicht den Regeln entsprechend erfolgt.

2.3 Dritter und vierter Trainingsabschnitt

Nachdem die Eltern gelernt haben zu sehen, daß kindliches Verhalten im Kontext seiner Umwelt erworben ist, wie es abhängig ist von Belohnung, Bestrafung und zweckmäßiger Hilfe, werden sie nun geschult, Konsequenzen, Hilfen und situative Bedingungen problemgerecht zu handhaben. Sie lernen verschiedene Erziehungstechniken anzuwenden am Beispiel ihres individuellen Problems. Systematischer Gebrauch von Belohnung und Strafe sowie zweckmäßiger Hilfe wird geübt. Gegebenenfalls wird erarbeitet, wie Probleme durch schlichte räumliche und zeitliche Veränderungen entschärft werden können. Die meist im Rollenspiel erprobten Lösungen werden auf die Problemkarte in Form von Verhaltensregeln übertragen. Schließlich wird geübt, das im Training Erarbeitete in die Familie einzuführen und dem betroffenen Kind plausibel zu machen.

Für die Lösungsfindung hat sich folgender Grundsatz bewährt. Der Trainer achtet darauf, daß bei der Lösungsarbeit, die oft mit hilflosen und fehlerhaften Versuchen im Rollenspiel beginnt, das Augenmerk auf jenen Verhaltensereignissen liegt, die zur Lösung hin ein Schritt vorwärts sind. Nicht selten gewinnen wir den Eindruck, daß Erzieher gut geschult sind in der Beobachtung und vorlauten Feststellung dessen, was «falsch» und erzieherisch unzweckmäßig sei, hinsichtlich der Lösung aber ratlos sind. Auf Erkennen der Lösungsmöglichkeiten aber kommt es an! Die beiden letzten Trainingsabschnitte sollen nicht nur eine fertige Lösung des Problems bringen. Wichtiger ist vielmehr noch das Erlernen von Lösungsarbeit: das Beobachten solcher Interaktionsvorgänge, die erzieherisch hilfreich sind; das Beschreiben in solcher Weise, daß erzieherische Funktionen sichtbar werden; Erkennen von Kontingenzen. In den ersten Studien mußten wir feststellen, daß Mütter sehr wohl verstanden hatten, was Belohnung und Bestrafung ist, sie belohnten mehr und bestraften seltener. Aber sie beachteten nicht ausreichend die zeitlichen Zusammenhänge, sie belohnten z. T. die unerwünschten Kindreaktionen nicht viel seltener oder gar häufiger und kontingenter als die zu erlernenden (INNERHOFER et al. 1978; WARNKE und INNERHOFER 1978; TAMMERLE 1977).

3. Die Nachbereitung des Trainings

Ohne sorgfältige Nachbetreuung wären die Trainingserfolge nicht selten schnell verloren. INNERHOFER (1977) diskutierte Möglichkeiten und Probleme des Transfer in das natürliche Milieu.

In den meisten Studien erfolgt unmittelbar nach dem Training nochmals eine Phase der systematischen Beobachtung, die keine direkte Intervention erlaubt, aber doch den Kontakt zu den Familien sichert.

Elternabende oder Elterntage im Institut oder aber in den Familien und auch in der Wohnung des beteiligten Lehrers haben sich bewährt. Dabei war auch jener Elternteil einbezogen, der das Training primär nicht mitgemacht hat. Es hat sich als außerordentlich fruchtbar erwiesen, die einzelnen Trainingsabschnitte in vier Elternabenden (je ca. 3 Stunden) mit beiden Elternteilen zu wiederholen. Dabei waren die Ehepartner, die das Training bereits erlebt hatten, eine außerordentliche Stütze und sie konnten manche Trainerfunktion übernehmen. Allerdings erfordert solche Nacharbeit in einer Gruppe mit acht, nicht immer konfliktfreien Ehepaaren besondere Trainingserfahrung.

In der Studie von PETERANDER (1978) erfolgte die Nachbetreuung in den ersten sechs Monaten nach dem Training einmal wöchentlich in den elterlichen Wohnungen. Dabei waren alle Eltern, die Lehrer und Trainer anwesend.

Die Nacharbeit sollte sich möglichst wenig mit bloßen Nachbesprechungen begnügen. Die grundlegenden Elemente des Trainings lassen sich weiterhin nutzen: Rollenspiel, Beschreibung, Analyse und im Rollenspiel erprobte Lösung.

Wichtig ist auch, daß den Eltern nach dem Training das Einzelgespräch mit dem Trainer ermöglicht wird. Einzelheiten können nochmals festgestellt, Mißerfolge und Mißverständnisse korrigiert werden. Manchmal werden hier Familienprobleme eröffnet, die vor dem Training noch nicht geäußert werden konnten.

In unseren Studien währte die Nacharbeit in der Regel über 1 bis $1^1/_2$ Jahre.

Diese sehr knappe Beschreibung wird dem schwierigen Programm nicht gerecht, weshalb einzelne schwerwiegende Züge des MTM unterstrichen werden sollten. Die Diagnose muß sehr spezifisch sein. Verhaltensbeobachtung und Interview helfen die auslösenden Bedingungen des Problems minutiös herauszuarbeiten. Dies dient zwei Zielen. Je genauer die Ursache bekannt ist, a) desto sicherer wird der Trainingserfolg sein und b) desto einfacher das Programm. Das war für unsere Untersuchungen von besonderer Bedeutung, weil sie zum erheblichen Teil mit Eltern unterer sozioökonomischer Stellung mit geringem Bildungsniveau durchgeführt wurden.

Manche werden fragen: wie ist es möglich, den Erziehungsstil einfacher Leute in zwei Tagen zu ändern und signifikante Verhaltensänderungen beim Kind zu erwarten? Dies kann nur geschehen, wenn das Programm einfach ist. Einfach kann es nur sein, wenn die Vorbereitung präzis ist. Und tatsächlich beschränkt sich das MTM nicht – wie leider doch wohl gelegentlich mißverstanden! – auf zwei Tage Zusammenarbeit des Trainers mit den Eltern, die dann nach zwei Tagen, von allen Erziehungsproblemen geheilt, nach Hause entlassen werden. Das wäre bestenfalls noch eine erzieherische Fortbildung, aber keine Intervention, die gezielt Verhaltensänderung bewirkt. Richtig ist, daß die eigentliche, verhaltensändernde Intervention, das Training selbst, in wenigstens zwei Tagen von einem Trainer und einem Kotrainer durchgeführt werden kann. Äußerst intensives Kompakttraining ist aber nur möglich, weil es auf einer systematischen, ausführlichen, die Trainingsziele und Inhalte weitgehend definierenden Vorbereitung beruht und solide Nacharbeit beansprucht (siehe PETERANDER 1978). Auch sollte man nicht versuchen, den gesamten Lebensstil der Familie umzukrempeln. Nur ein oder zwei Probleme sollten angegangen werden.

4. Einige Ergebnisse der Interaktionsbeobachtung zum MTM

Von Beginn an sind Studien im Zusammenhang mit dem MTM von dem Versuch geprägt, das Elterntraining mit der Erforschung von Interaktionen zwischen Eltern und Kind zu verknüpfen (WARNKE und INNERHOFER 1978). Die Arbeiten bezogen sich auf Kinder mit Erziehungsproblemen im Schulalter, wobei die Interaktion der Eltern mit dem Kind in der Hausaufgabensituation wiederholt als Verhaltensstichprobe für die Interaktionsanalyse herangezogen wurde. Die meisten Studien wurden in Zusammenarbeit mit Schulen getätigt, wobei die Lehrer in das Training einbezogen wurden, auch dann, wenn es nicht primär um schulische Probleme ging. SEUS-SEBERICH (1978) und PETERANDER (1978) haben auch systematisch Daten im Schulunterricht erhoben. Interventionen im Schulbereich wurden wiederholt in Verbindung mit dem MTM vorgenommen (GOTTWALD et al. 1976; INNERHOFER et al. 1976).

Die sozioökonomische Herkunft der Eltern in den Studien war jeweils unterschiedlich. In den Arbeiten von INNERHOFER et al. (1978), SEUS-SEBERICH (1978) und WARNKE und INNERHOFER (1978) überwogen Eltern der Mittelschicht, während INNERHOFER und TAMMERLE (1976) und PETERANDER (1978) mit Unterschichtsfamilien arbeiteten, deren Kinder aufgrund ihres Bildungsdefizits und Verhaltensstörungen bei normaler Intelligenz sonderschulgefährdet waren. WARNKE und INNERHOFER (1978) sowie SEUS-SEBERICH (1978) trainierten Mütter geistig behinderter Kinder, Innerhofer et al. (1978) Mütter normal intelligenter Kinder, die aus Erziehungsberatungsstellen zugewiesen wurden.

In diesem Rahmen können nur wenige Ergebnisse gestreift werden. Wir möchten diesbezüglich auf die genannten Veröffentlichungen der Arbeitsgruppe verweisen.

Bei Hausaufgabenproblemen ergab sich übereinstimmend, daß in der Regel nicht die Arbeitsrate problematisch ist, sondern die Unselbständigkeit der Kinder und – insbesondere in den Gruppen der emotional gestörten Kinder – die emotionale Beziehung zwischen Mutter und Kind. Insgesamt schienen Hausaufgaben dann zum Konflikt zu führen, wenn die Aufgaben nicht dem Interesse des Kindes entsprachen oder für das Kind zu schwierig und die Eltern darin überfordert waren, dem Kind erzieherisch über die motivationalen oder schwierigkeitsbedingten Hürden hinwegzuhelfen (Innerhofer et al. 1978). Unselbständigkeit und Unausgeglichenheit der Kinder schienen nicht unerheblich durch allzuviele unzweckmäßige Erziehungsmaßnahmen der Mütter «gemacht». Das Hausaufgabenproblem erwies sich insofern nicht nur als isoliertes Kind-Schulproblem, sondern als Interaktionsproblem zwischen Mutter und Kind. Dies wurde besonders in der Gruppe der geistig behinderten Kinder deutlich: 46 % der Zeit intervenierten die Mütter in einer Weise, die das Kind an selbständiger Arbeit eher hinderte, nur in 4 % der Zeit erschienen die Erziehungsmaßnahmen für das Kind hilfreich. Generell lagen die Erziehungsdefizite weniger in den Konsequenzen als in den Fertigkeiten der Hilfe, der präventiven und unterstützenden Erziehung.

In Unterschichtsfamilien und in Familien normalintelligenter verhaltensgestörter Kinder ist Strafe ein häufiges Erziehungsmittel. Da das Kategoriensystem stets weiterentwickelt wurde, sind die Zahlenwerte der verschiedenen Untersuchungen nicht direkt vergleichbar. Dennoch dürfte die beobachtete Tendenz gültig sein, daß in Unterschichtsfamilien und Familien, in denen die Kinder bei normaler Intelligenz Verhaltensstörungen entwickelt haben, die Eltern eher mehr bestrafen als belohnen (Innerhofer et al. 1978; Tammerle 1977; Peterander 1978), während Mütter geistig behinderter Kinder mehr belohnend als strafend mit dem behinderten Kind umzugehen scheinen (Warnke und Innerhofer 1978).

Die Effektivität des MTM wurde wiederholt getestet. Bemerkenswert ist, daß es den Eltern relativ leicht fällt, von einem bestrafenden Erziehungsstil abzulassen und belohnender mit dem Kind in der kritischen Situation umzugehen. Diese wohlwollende Zuwendung zum Problemkind nach dem Training ist eine Beobachtung aller Untersuchungen zum MTM. Demgegenüber fällt es den Müttern aller Stichproben offensichtlich schwer, Lob und Tadel kontingent einzusetzen. Die Tendenz ist und bleibt auch relativ oft nach dem Training hoch, dem Fehlverhalten des

Kindes belohnende Aufmerksamkeit zu schenken und andererseits das Kind in Augenblicken zu strafen, in denen es gerade angemessenes Verhalten zeigt. Auch fällt es ihnen schwerer, ihr sachliches Verhalten, die oft kleinen, alltäglich eingespielten «Handgriffe» – jedenfalls kurzfristig – zu ändern (TAMMERLE 1977; INNERHOFER et al. 1978; WARNKE und INNERHOFER 1978).

Mit dem MTM wird Verhalten gezielt verändert. Dies belegt vor allem die Studie von PETERANDER (1978). Auch die Ergebnisse in Abbildung 1 aus der Untersuchung von WARNKE (1977) sprechen dafür. Die größten Verhaltensänderungen konnten wir in den Kategorien messen, in denen das kritische Verhalten der Mütter vor dem Training lag und dessen Veränderung definiertes Trainingsziel war.

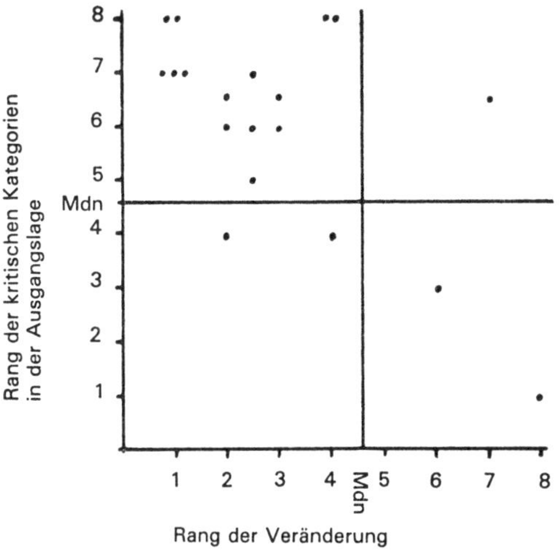

Legende: Ordinate: Je größer die Rangziffer, umso höher das Verhaltensdefizit vor dem Training
Abszisse: Je niedriger die Rangziffer, umso stärker die Veränderung in Richtung des Trainingszieles nach dem Training

Abbildung 1: Zusammenhang zwischen dem Rang (Größe) der kritischen Verhaltensraten in der Ausgangslage und dem Rang (Grad) ihrer Veränderung in Richtung Trainingsziel nach dem Training.

Trainingseffekte treten teilweise offenbar verzögert ein. Interessant ist das Ergebnis in der Untersuchung von TAMMERLE (1977), in der die systematische Beobachtung 6–8 Monate nach dem Training eine deutlichere Verhaltensänderung in Richtung der Trainingsziele bei Mutter und Kind anzeigte als die Kontrolle direkt im Anschluß an das Training. Dies spricht dafür, daß die Eltern Prinzipien gelernt haben, deren Umsetzung in die alltägliche Praxis der Zeit und Übung bedürfen, so daß sich manches Erlernte erst verzögert durchsetzt.

Disziplinschwierigkeiten unterschiedlicher Art, Hausaufgabenprobleme, aggressive oder emotional passive Reaktionen der Kinder, Geschwisterauseinandersetzungen, Schlafstörungen, Eßprobleme, erzieherische Schwierigkeiten, in Krankengymnastik und Logopädie behinderte Kinder, Lügenverhalten u. a. wurden mit dem MTM erfolgreich behandelt. In den Untersuchungen von WARNKE (1977), TAMMERLE (1977) und PETERANDER (1978) konnte ein schulisches Abgleiten bei allen Kindern vermieden werden. SEUS-SEBERICH (1978) trainierte Eltern und Lehrer in einer Montessori Schule für mehrfach behinderte Kinder. Die Eltern erlernten einfache heilpädagogische Techniken.

Das Training hat seine Grenzen. Wir haben den Eindruck, daß bei mindestens zwei Drittel der Familien Veränderungen im Sinne des Trainingszieles sich vollziehen. Doch Erfolge zu messen, hat bislang in der Psychologie immer etwas Willkürliches und je differenzierter wir Einblick in die komplexen Interaktionsvorgänge einer Familie gewinnen, desto schwieriger wird es, von «vollem Erfolg» zu sprechen, zumal Normdaten meist noch fehlen. Wie wohl bei allen vergleichbaren Methoden der Verhaltensänderung des Kindes über eine Änderung des Elternverhaltens wird man auch beim MTM mit Erfolgserwartungen umso bescheidener sein müssen, je mehr die Verhaltensstörung des Kindes nicht in einer problematischen Interaktion Kind-Eltern gründet, sondern Ausdruck etwa schwerster ökonomischer Zwänge ist, zerrütteter Ehe und psychischer Erkrankung der Bezugsperson. Indessen haben unsere Untersuchungen in den schwierigsten sozioökonomischen Familienverhältnissen mit dem MTM uns auch hier Mut gemacht (TAMMERLE 1977; PETERANDER 1978).

5. Die Interaktionsanalyse

Eine Behandlungsmethode bedarf der wissenschaftlichen Fundierung und Kontrolle. In dieser Hinsicht kommt unseren Anstrengungen um eine Methode der Interaktionsanalyse, die der Diagnostik und Therapiekontrolle gleichermaßen dienen kann, besondere Bedeutung zu. In der Untersuchung von PETERANDER (1978) wurde erstmals jene Form der Interaktionsanalyse verwirklicht, wie sie INNERHOFER (1979) beschrieben hat. Das Vorgehen soll hier am Beispiel dieser Arbeiten knapp gekennzeichnet werden.

5.1 Das Kategoriensystem

Die Verhaltensereignisse zwischen Mutter und Kind in der Beobachtungssituation werden nach den Kategorien der Tabelle 1 gemessen.

Einerseits ist das Verhalten einer Person gegenüber einer anderen Person bekräftigend (angenehm), neutral oder bestrafend (unangenehm) (motivationaler oder emotionaler Aspekt). Andererseits gilt der inhaltliche oder sachliche Aspekt von Verhalten, wie etwa das Ergreifen einer Initiative, die Opposition oder aber das Befolgen einer Anregung. Natürlich gibt es andere Möglichkeiten der Kategorisierung, wir selbst haben mehrere erprobt und wenn sinnvoll, weiter differenziert. Hier jedoch möchten wir eine einfache Darstellung geben. Die einzelnen Kategorien werden durch Zuordnungsregeln und spezielle Zusatzregeln definiert, um eine Beurteilerobjektivität zu gewährleisten, die in den Untersuchungen bei über achtzig Prozent lag.

Tabelle 1: Das Kategoriensystem zur Interaktionsanalyse

Die Kategorien der sachlich-intentionalen Steuerung	
(S) Steuerung	umfaßt die Eigen- und Fremdinitiative sowie den Alternativvorschlag
(B) Blockade	umfaßt das Abblocken einer Eigen- oder Fremdinitiative sowie das Abblocken einer Blockade
(E) Eingehen-Nachgeben	umfaßt das Befolgen einer Initiative oder eines Alternativvorschlags sowie das Aufgeben einer Initiative, die abgeblockt wurde
(X) Unentscheidbar	umfaßt Segmente, die wegen Vieldeutigkeit oder Unvollständigkeit nicht eingeordnet werden können.
Die Kategorien der emotionalen Steuerung	
(T) angenehm, freundlich	umfaßt für den Empfänger angenehme, belohnende Ereignisse
(N) neutral	Verhaltensereignisse, die weder angenehm noch unangenehm wirken
(U) unangenehm, verletzend	umfaßt unangenehm, bestrafend wirkende Verhaltensereignisse

5.2 Der Interaktionsstrom

Die Segmentierung des Verhaltensstromes (die Interaktion, die ja kontinuierlich abläuft, muß zu Zwecken der Kategorisierung in funktionelle Segmente geteilt werden) und die darauf aufbauenden Interaktionsanalyse wird in Abbildung 2 beschrieben.

Abbildung 2 verdeutlicht, daß ein Verhaltensereignis (R) eine emotionale (K) und eine sachlich-intentionale Steuerung (P) beinhaltet und

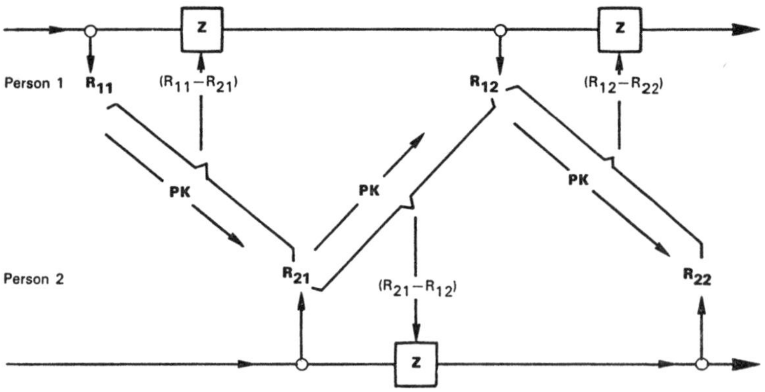

Z = Zielvorstellungen: Erwartungen und Befürchtungen
P = sachlich-intentionale Steuerung
K = emotionale Steuerung
R = Verhaltensereignis

Abbildung 2: Dialogisches Handlungsschema zur formalen Darstellung des Interaktionsstromes.

von der eigenen Zielvorstellung (Z) mitbestimmt ist. Beim Partner, der wiederum eigene Erwartungen und Befürchtungen in sich trägt (Z), wird das Verhalten der Person 1 wiederum in einer Weise reflektiert, daß sich für Person 1 eine emotionale (K) und eine sachlich Antwort (P) ergibt. Die Interaktionspartner stehen somit in einem ständigen Reaktions- und Aktionsfluß, der sie emotional betrifft und ihr Verhalten in bestimmte Richtungen zu lenken vermag, also sachlich steuert.

Das Modell beinhaltet das S–R Schema, mit dem vorwiegend Effekte von Belohnung und Bestrafung erfaßt werden. Zudem enthält es den Begriff einer «finalen Ursächlichkeit», der besagt, daß der Handelnde nach bestimmten Erwartungen, Befürchtungen und Zielen sein Verhalten konzipiert und verwirklicht (siehe Näheres dazu bei INNERHOFER 1978; INNERHOFER 1979).

5.3 Analyse der Häufigkeitsverteilung von Reaktionsklassen

Nun sollen die Kategorien für die Analyse einer Mutter-Kind-Interaktion auf ein Beispiel angewendet werden. Die Tabellen 2a und 2b beschreiben die prozentualen Häufigkeiten der interaktionalen Kategorien vor (v. I.) und nach (n. I.) dem Training der Mutter durch das MTM.

Wir sehen deutliche Veränderungen im emotionalen Bereich, die bei Mutter und Kind z. T. parallel laufen. Das angenehme (belohnende) Verhalten (A) stieg bei der Mutter von 11 % auf 15 %, während es beim Kind konstant bei 7 % blieb. Gleichzeitig nahm das unangenehme (bestrafende) Verhalten (U) bei der Mutter von 27 % auf 6 % ab, beim

Tabelle 2a: Durchschnittliches Auftreten der einzelnen Reaktionsklassen vor und nach der Therapie bei der Mutter in Prozentwerten.

		Mutter A	N	U	Σ
S	v. I.	3	36	21	60
	n. I.	4	40	3	47
B	v. I.	–	8	1	9
	n. I.	–	18	1	19
E	v. I.	8	18	5	31
	n. I.	11	20	2	33
Σ	v. I.	11	62	27	100 %
	n. I.	15	78	6	99 %

Tabbelle 2b: Durchschnittliches Auftreten der einzelnen Reaktionsklassen vor und nach der Therapie beim Kind in Prozentwerten.

		Kind A	N	U	Σ
S	v. I.	5	29	2	36
	n. I.	2	43	5	50
B	v. I.	0	26	8	34
	n. I.	0	16	1	17
E	v. I.	2	21	7	30
	n. I.	5	26	2	33
Σ	v. I.	7	76	17	100 %
	n. I.	7	85	8	100 %

Kind von 17 % auf 8 %. Insgesamt ist die Mutter-Kind-Interaktion sachlicher geworden (Zunahme der N-Klasse) und weniger bestrafend (Abnahme der U-Klasse).

Hinsichtlich der sachlichen Steuerung ist bei der Mutter auffällig, daß sie eine bestrafende Steuerung weitgehend aufgegeben hat (SU sinkt von 21 % auf 3 %). Hingegen ist ein Anstieg von (BN) zu verzeichnen, d. h. sie versuchte, die Ablenkungen des Kindes, die zunahmen (Verschiebung beim Kind von B und S!), möglichst emotionsfrei abzublocken. Die Verschiebung von SA nach SU auf seiten des Kindes zeigt, daß das Kind unter der belohnenderen und sachlicheren Führung der Mutter zunächst begonnen hat, den früheren Stil der Mutter zu imitieren.

Die Randhäufigkeiten beschreiben den Zustand einer Beziehung und eignen sich zur Bestimmung der Trainingsziele und der trainingsbedingten Veränderungen. Die sog. sequentielle Analyse, die nachfolgend skizziert wird, gibt uns Aufschluß über die Dynamik der Interaktion und sagt uns, wie die Randhäufigkeiten zustande gekommen sind.

5.4 Die sequentielle Analyse

Die zeitlich kontingente Folge von Verhaltensereignissen zwischen Partnern kennzeichnet eine Interaktion (vgl. Abbildung 2). Zeitlich kontingente Ereignisse ergeben ein Interaktionsmuster, das eine bestimmte Auftretenswahrscheinlichkeit zwischen den Partnern hat. Uns interessiert nun nicht allein, wie häufig ein Kind auf eine Initiative der Mutter mit Blockierung reagiert. In diesem Abschnitt beschäftigt uns vielmehr die Frage, mit welcher Wahrscheinlichkeit das Kind auf eine Initiative der Mutter, wenn immer sie auftritt, mit Blockierung reagiert. Welche Wahrscheinlichkeit besteht etwa, daß das Interaktionsmuster, z. B. SA (angenehme Initiative der Mutter), von einem Muster des Kindes EA (angenehmes Eingehen) beantwortet wird? Die Wahrscheinlichkeit der Musterpaare ist unabhängig von ihrer absoluten Häufigkeit innerhalb der Interaktion und wird als sog. «Übergangswahrscheinlichkeit» berechnet. Ein Muster hoher Übergangswahrscheinlichkeit kann also durchaus sehr selten vorkommen und für den Interaktionsablauf unbedeutend sein. Da

Tabelle 3a: Logarithmus zur Basis 4 der l. r. der Reaktionen Mutter-Kind und relativer Anteil der Zellen in den einzelnen Zeilen[1] (vor der Intervention)

Mutter		Kind SA	SN	SU	BN	BU	EA	EN	EU
SA	l. r.		–0.16		0.23		1.39	–0.13	
	%		19		39		17	19	
SN	l. r.	–0.90	–0.50	–0.98	0.25	0.01	–0.18	0.16	–0.06
	%	1	12	1	40	9	2	29	6
SU	l. r.		–1.26	0.33	0.24	0.60		–0.04	0.31
	%		4	3	39	20		22	11
BN	l. r.		0.13	0.58	–0.90	–0.96		0.57	–1.30
	%		29	5	8	2		51	1
EA	l. r.	1.69	0.41		–1.90		1.28		
	%	39	43		2		14		
EN	l. r.	0.53	0.90						–0.51
	%	8	85						3
EU	l. r.		0.9		–1.57			–0.63	1.02
	%		48		3			10	29

[1] Wenn die absolute Häufigkeit einer Zahl nicht größer 1 ist, wird sie nicht aufgeführt.

das psychologische Gewicht der Übergangswahrscheinlichkeit eines Musters davon abhängt, wie häufig es innerhalb einer Interaktion auftritt, sind in den Tabellen 3a und 3b Übergangswahrscheinlichkeiten (l. r.) und die prozentualen Anteile der Antwortkategorien auf eine bestimmte Reizkategorie ausgeschrieben.

Tabelle 3b: Logarithmus zur Basis 4 der l. r. der Reaktionen Mutter-Kind und relativer Anteil der Zellen in den einzelnen Zeilen[1] (nach der Intervention)

Mutter		Kind SN	SU	BN	EA	EN	EU
SA	l. r.	-0.83				0.43	
	%	12				53	
SN	l. r.	-0.89	-0.82	0.53	-0.67	0.26	0.32
	%	11	2	37	2	42	4
SU	l. r.	-0.51				0.16	
	%	18				36	
BN	l. r.	0.19	0.56	-1.86			0.11
	%	48	12	1			34
ZA	l. r.	0.50					1.01
	%	74					18
EN	l. r.	0.63	0.17		-1.67		
	%	89	7		2		

[1] Wenn die absolute Häufigkeit einer Zahl nicht größer 1 ist, wird sie nicht aufgeführt.

Zunächst sollen hier beispielhaft einige der möglichen Paarungen der Tabellen 3a und 3b zum Verständnis beschrieben werden (hier sind nur die Sequenzen Mutter → Kind = Mutter wird aktivierend, das Kind reagierend betrachtet; vollständige Darstellung bei INNERHOFER 1979).

SA–SA = eine belohnende Handlung der Mutter wird durch eine emotional angehneme Initiative des Kindes beantwortet

EA–SA = ein belohnendes Eingehen der Mutter wird von einer emotional angenehme Initiative des Kindes beantwortet

SU–BU = eine bestrafend vorgebrachte Initiative der Mutter wird vom Kind in emotional unangenehmer Weise abgeblockt

Die Erklärungen der weiteren Paarungen lassen sich unter Hinzunahme der Tabelle 1 leicht vollständig ableiten.

Die Ziffern der Tabellen 3a und 3b sind in folgender Weise zu lesen. In den Zeilen «l. r.» finden sich die Logarithmen zur Basis 4 der Übergangswahrscheinlichkeiten (= «likelihood ratio») der Muster.

Die Übergangswahrscheinlichkeiten entsprechen dem Verhältnis zwischen empirisch beobachtetem Wert und dem erwarteten Wert aufgrund der Randsummenverteilung.

Die Werte schwanken zwischen «nie registriert» (ein negativer Extremwert) und + 2. Der Wert + 2 bzw. –2 bedeutet, daß das betreffende Muster achtmal bzw. $^1/_8$mal so häufig registriert wurde als per Zufall zu erwarten war.

Nun zur Interpretation einzelner Ergebnisse. Betrachten wir das sogenannte Droh-Vermeidungsmuster. Einer bestrafenden Initiative der Mutter (SU) folgt beim Kind mit relativ hoher Übergangswahrscheinlichkeit bestrafendes Eingehen (EU) vor dem Training (Tabelle 3a). Vor dem Training erreichte die Mutter, daß das Kind einlenkte und die Hausaufgaben erledigte, erkaufte sich dies aber mit einem schlechten Klima, einer strafenden Reaktion des Kindes. Dieses Muster trat nach dem Training nicht mehr auf (Tabelle 3b). Nun stellt sich die Frage, wie die Mutter nach dem Training auf andere Weise ihr Ziel erreichte, was sie tat, da das Eingehen des Kindes nach der Intervention um 10 % angestiegen war (Tabelle 2b). Tatsächlich hat sich die Übergangswahrscheinlichkeit des Musters SA_{Mu}–EN_{Ki} vom negativen zum hohen positiven Wert gewandelt. Es läßt sich sagen: nach dem Training versucht die Mutter, das Kind stärker durch freundliche Initiativen zu lenken. worauf das Kind in erhöhter Wahrscheinlichkeit mit nichtstrafendem, neutralem Eingehen antwortet.

Ein Fehler der Intervention wird durch folgendes Muster aufgedeckt. Aus dem Vergleich der Tabellen 3a und 3b ist zu ersehen, daß das Kind nach der Intervention auf das Abblocken der Mutter häufiger mit neutraler Initiative reagiert hat (Muster BN_{Mu}–SN_{Ki}, leicht steigende Übergangswahrscheinlichkeit), das vor dem Training so häufige und erwünschte Muster BN_{Mu}–EN_{Ki} wurde nicht mehr beobachtet. Stattdessen haben Übergangswahrscheinlichkeit und Häufigkeit des negativen Musters BN_{Mu}–EU_{Ki} und die Häufigkeit des unerwünschten Musters BN_{Mu}–EU_{Ki} zugenommen. Das Kind ging also eher verärgert auf das neue ignorierende Verhalten der Mutter ein oder aber es reagierte mit strafender Eigeninitiative und trotziger Ablenkung.

Die Beispiele mögen andeuten, wie differenziert die Analyse für das individuelle Interaktionspaar gelingt.

Aber auch aus dem Stichprobenergebnis lassen sich Schlüsse ziehen. Eine Eigenschaft der Mutter-Kind-Interaktion war es, daß auf eine Belohnung eines Partners der andere Partner überzufällig ebenfalls mit belohnendem Verhalten antwortet. Auf eine unfreundliche, bestrafende Reaktion erfolgt ebenso häufig eine unfreundliche, bestrafende Antwort des anderen (Freundlichkeits- und Unfreundlichkeits-Gesetz).

Auch ergab sich, daß bei belohnenden Initiativen (SA) eine überzufällig erhöhte Rate des Eingehens (E) erwartet werden kann. Bei neutraler Initiative ist die Gefahr des Abblockens erhöht. Die bestrafende Initiative (SU) schließlich erzwingt wiederum ein erhöhtes Eingehen (E) des Partners, aber ein unfreundliches, emotional bestrafend wirkendes Eingehen (EU).

6. Zusammenfassung und Ausblick

Das Training nach dem MTM vermag über eine Verhaltensänderung der Eltern gezielte Verhaltensänderungen bei verhaltensgestörten Kindern zu erreichen. Das Training setzt eine sorgfältige Informationserhebung und Verhaltensanalyse voraus und erfordert eine solide Nacharbeit, nur dann ist das Kompakttraining von nur zwei Tagen gerechtfertigt.

Das Training macht den Eltern Spaß und motiviert sie, so daß auch in der Nachbetreuung die Ausfallquote unerheblich ist. Auch in der Arbeit mit Familien unterster sozioökonomischer Stufe war die Ausfallquote geringer als 30 Prozent.

Hinsichtlich der Effektivität ergibt sich folgender allgemeine Eindruck. Das schlechte emotionale Klima in der Familie, besonders zwischen Mutter und Kind – die vornehmlich untersucht wurden – ist eine Hauptklage in Problemfamilien. Dieses Klima kann durch das kurze Training dramatisch verbessert werden. Schwieriger ist es, Verhaltensweisen aufzubauen, die im Interaktionsrepertoire eines Partners noch überhaupt nicht vorkommen, die also völlig neu erworben und nicht nur – weil bereits vorhanden – in anderer Weise eingesetzt oder unterlassen werden müssen.

Im Rahmen des MTM kommt dem System der Interaktionsanalyse besondere Bedeutung zu. Sie dient der Informationserhebung und Diagnostik vor der Intervention, der Definition der zu verändernden Interaktionsmuster und es dient der Kontrolle des Trainingserfolges. Neben dieser testenden Funktion erlaubt die sequentielle Interaktionsanalyse einen Einblick in die Dynamik eines Problems, wobei sich nicht nur Art und Häufigkeit bestimmter Interaktionsmuster messen lassen, sondern auch die Wahrscheinlichkeit, mit der etwa ein Kind auf ein definiertes funktionelles Verhalten der Mutter (z. B. bestrafende Initiative) wiederum mit einem definierten Muster antwortet (z. B. mit ärgerlichem Nachgeben). Diese sog. Übergangswahrscheinlichkeit kann unabhängig von absoluter Häufigkeit seines Auftretens bestimmt werden. Damit erscheinen neue Einsichten in die Dynamik und Struktur von Erziehungsvorgänge möglich.

Die weitere Forschungsarbeit wird sich um den Leitgedanken ranken, die Erforschung von Erziehungsvorgängen und ihrer Veränderung zum Zweck der Erziehungshilfe miteinander zu verknüpfen. Vielleicht sollte man im Bereich der Kind-«Therapie» seltener von «Therapie» und «Therapieforschung» sprechen, da sie das verhaltensauffällige Kind immer zugleich zu einem «kranken» Kind machen. Was haben Geschwisterstreit, Lügenverhalten oder Hausaufgabenprobleme primär mit Krankheit des Kindes zu tun, wo sie Ausdruck von Umwelt, Erfahrung, familiärer und außerfamiliärer Interaktionen sind und Psychologe und Pädagoge auch nur dort helfend eingreifen können? Dementsprechend richten sich unsere weiteren Studien auf Verhaltensbedingungen des Kindes, die situativ sind und die in der familiären und außerfamiliären sozialen Interaktion begründet liegen. Ein Vergleich von Kind-Kind-Interaktionen zu Kind-Eltern-Interaktionen und ein Vergleich des Kindverhaltens bei Vater und bei Mutter sind bereits begonnene oder vor uns liegende Aufgaben.

Hinsichtlich des Trainings wird die Wirksamkeit der einzelnen Trainingsabschnitte fortgesetzt untersucht werden. An einer Erweiterung des Modells für den Schulbereich wird gearbeitet. Nach technischen Verbesserungen wird geforscht, so etwa über die Überlegenheit bzw. Schwäche eines Interviews mit Hilfe von Videobeobachtung gegenüber dem herkömmlichen Interview.

Schließlich ist die Methode der Interaktionsanalyse fortzuentwickeln (vgl. INNERHOFER 1980). Ein Ziel bleibt es, Normdaten zu gewinnen, die ein Maß für Diagnose und Therapiekontrolle werden könnten und gültige Vergleichsstudien ermöglichen.

Während wir Verhalten als ein Ereignis in einem Interaktionsstrom begreifen, so sind wir andererseits bestrebt, den Begriff der Steuerung durch den Begriff der «Organisation» einer Person zu ergänzen, so daß sich etwa die Organisation des Verhaltens einer Person in verschiedenen Situationen oder zu verschiedenen Zeitpunkten vergleichen ließe, oder die eines verhaltensgestörten Kindes mit der Organisiertheit eines unauffälligen oder anders auffälligen Kindes. Neben der Vorstellung, daß ein Verhalten unmittelbar eine Reaktion beim Partner hervorruft, tritt die Idee einer intrapsychischen Wahrnehmungs- und Handlungslogik, mit deren Hilfe Informationen selegiert, geordnet, interpretiert und Entscheidungen vorbereitet werden, als eine persönlichkeitsspezifische Größe hinzu.

Literatur

GOTTWALD, P., HAVERS, N. INNERHOFER, P. & SPECK, O. 1976. Verhaltenstherapeutische Projekte an einer Münchner Grundschule in einem sozio-ökonomisch schwachen Stadtteil. In: CRAMER, M., GOTTWALD, P. & KEUPP, H. (Hg.) Verhaltensmodifikation in der Schule. Sonderheft III/1976 der «Mitteilungen der DGVT».

INNERHOFER, P. 1974. Ein Regelmodell zur Analyse und Intervention in Familie und Schule. Z. Klin. Psychol. *3,* 1–19.

INNERHOFER, P. 1977. Das Münchner Trainingsmodell. Berlin, Heidelberg, New York: Springer.

INNERHOFER, P. 1978. Verfahren zur Beobachtung und Analyse von Mutter-Kind-Interaktionen. In: SBANDI, P. & VOGEL, A. (Hg.) Lebenselement Gruppe. München: Pfeiffer.

INNERHOFER, P. 1979. Interaktionsanalyse. Unveröffentlichtes Manuskript.

INNERHOFER, P., FRIEDRICH, M. & WARNKE, A. 1976. Veränderung des Schülerverhaltens durch räumlich-zeitliche Veränderungen im Klassenzimmer. In: CRAMER et al. (Hg.) Verhaltensmodifikation in der Schule. Sonderheft III/1976 der «Mitteilungen der DGVT».

INNERHOFER, P. 1980. Strukturen im Ereignisstrom. Unveröffentlichtes Manuskript.

INNERHOFER, P. & TAMMERLE, M. 1976. Lehrer-Eltern-Training als Hilfe bei der Integration emotional gestörter Kinder. In: CRAMER, M. et al. (Hg.) Verhaltensmodifikation in der Schule. Sonderheft III/1976 der «Mitteilungen der DGVT».

INNERHOFER, P., HAISCH, W., SAAL, E., SEUS-SEBERICH, E. & WARNKE, A. 1978. Hausaufgabenprobleme. Z. Klin. Psychol. *7,* 256–294.

INNERHOFER, P. & WARNKE, A. 1978. Eltern als Co-Therapeuten. Heidelberg: Springer.

PETERANDER, F. 1978. Therapeutische Intervention in der Familie und Analyse von Mutter-Kind-Beziehungen. Dissertation, Universität München.

SAAL, E. 1974. Eine experimentelle Untersuchung zur Ökonomisierung und Effektivierung von Meßverfahren bei der Durchführung von Elterntrainings im Rahmen eines Elternlabors. Diplomarbeit, Universität Berlin.

SEUS-SEBERICH, E. 1978. Elterntraining bei geistig behinderten Kindern. Dissertation, Universität Innsbruck.

SPECK, O., GOTTWALD, P., HAVERS, N., INNERHOFER, P. 1978. Schulische Integration lern- und verhaltensgestörter Kinder. München: Reinhardt.

TAMMERLE, M. 1977. Lehrer-Elterntraining im Rahmen eines Projektes zur Integration verhaltens- und leistungsgestörter Kinder in die Normalschule. Dissertation, Universität Salzburg.

WARNKE, A. 1977. Ergebnisse eines standardisierten Verhaltenstrainings mit Müttern zur Verhaltenstherapie oligophrener Kinder. Dissertation, Universität München.

WARNKE, A. & INNERHOFER, P. 1978. Ein standardisiertes Elterntraining zur Therapie des Kindes und zur Erforschung von Erziehungsvorgängen. In: SCHNEEWIND, K. A. & LUKESCH, H. (Hg.) Familiäre Sozialisation. Stuttgart: Klett-Cotta.

27. Beate Minsel und Eberhard Biehl

Überprüfung der Effekte eines Elterntrainings am realen Gesprächsverhalten

Zusammenfassung: In der vorliegenden Untersuchung wurde der Erfolg eines Elterntrainings nach dem Konzept von Gordon anhand des realen Gesprächsverhaltens überprüft. Am Versuch nahmen 10 Elternpaare mit ihrem Problemkind teil. 5 Elternpaare bildeten die Experimentalgruppe (Test-Training-Test), 5 Elternpaare die Wartegruppe (Test-Wartezeit-Test-Training-Test). Es wurde ein Beurteilungssystem entwickelt, mit dem im Sprachverhalten lernzielrelevantes Verhalten erfaßbar ist. Das Sprachverhalten erwies sich als stabil während der Wartezeit, nach dem Training traten bedeutsame Veränderungen in Richtung auf die Trainingsziele auf. Außerdem ließ sich zeigen, daß das Konzept partnerzentriert vs. belehrend/ermahnend auch bei den Kindern vorhanden ist und mit dem Verhalten der Eltern korreliert. Ichbezogene Äußerungen werden dagegen nicht nach günstigen und ungünstigen differenziert, sondern insgesamt als günstig wahrgenommen.

1. Zielsetzung

In der vorliegenden Arbeit geht es darum, Effekte eines Elterntrainings auf valide Art zu erfassen.

Unter dem Aspekt der Validität wird hier einerseits gepüft, inwieweit mit psychologischen Meßverfahren Trainingsziel-relevantes Verhalten erfaßt wird und zum anderen, inwieweit das so erfaßte Verhalten mit der Verhaltenseinschätzung durch die Kinder übereinstimmt. In diesen Zielsetzungen ist gleichzeitig ein Forschungsbeitrag zu zwei weiteren Fragen geleistet, nämlich:

- mit welchen Elternverhaltensweisen hängt die vom Kind perzipierte Erziehungseinstellung zusammen und
- wird das Elternverhalten, welches von der Theorie her als günstig angesehen wird, auch von den Kindern entsprechend erlebt?

2. Problem der Erfolgsschätzung

Der Erfolg eines Elterntrainings läßt sich auf verschiedene Arten abtesten.

a) Problemverminderung

Hier wäre ganz global zu fragen, ob die Probleme, die das Kind hatte, bzw. die die Eltern mit dem Kind hatten, gebessert oder verschwunden sind. Allerdings gestattet eine Kenntnis der Probleme vor und nach dem Training zwar eine globale Erfolgsschätzung, aber keine Rückschlüsse auf das Training selbst, d. h. eventuelle Modifikationen können nicht abgeleitet werden. Problematisch ist außerdem, wie die Veränderung der Probleme erfaßt werden soll. Ökonomische Verfahren, wie Befragung der Eltern oder anderer Personen, die das Kind kennen, sind schwer von Beurteilereffekten (z. B. Erwartungshaltung, Halo-Effekt) freizuhalten, validere Verfahren, wie z. B. direkte Beobachtung sind relativ unökonomisch.

b) Einstellungsüberprüfung mit Fragebögen

Einstellungsmessung bezüglich des Erziehungsstils geschieht üblicherweise mit entsprechenden Fragebögen. Daß diese sich zur Evaluation von Elterntrainings oft als unbrauchbar erwiesen haben, liegt vor allem am Konstruktionsprinzip, welches, dem Modell der klassischen Testtheorie folgend, vor allem auf hohe Reliabilität abzielt und infolgedessen Empfindlichkeit für Veränderungsprozesse möglichst auszuschalten sucht. Außerdem muß die Validität in bezug auf das tatsächliche Verhalten bezweifelt werden: soziale Intelligenz (das Wissen um das, worum es geht) dürfte u. U. die Antworten mehr beeinflussen als das tatsächliche Verhalten. Reaktanzeffekte bzw. größere Offenheit gegenüber eigenen Fehlern bei trainierten gegenüber untrainierten Personen sind ebenfalls zu vermuten. Mit solchen oder ähnlichen Erklärungsprinzipien wäre etwa der Befund zu deuten, daß trainierte Personen im «Fragebogen zur direktiven Einstellung» (BASTINE 1971) höhere Direktivitätswerte erreichen als untrainierte (NICKEL 1974; MINSEL 1976). Der vom Kind perzipierte Erziehungsstil bildet möglicherweise ein gültigeres Maß als der selbsteingeschätzte. Eine weitere Validitätseinschränkung ist darin zu sehen, daß die Fragebögen nicht direkt auf die Trainingsziele bezogen sind.

c) Verhaltensüberprüfung mit projektiven Erziehungssituationen

Weiterhin können auch projektive Erziehungssituationen in schriftlicher Form (s. z.B. HOFF et al. 1973) oder in Bildform (BAUMGÄRTEL 1975) zur Evaluation eingesetzt werden. Diese haben gegenüber Fragebögen den Vorteil der größeren Ähnlichkeit zur tatsächlichen Erziehungssituation, da freie Antworten in wörtlicher Rede gefordert werden. Zur Auswertung können Kategoriensysteme oder Skalen konstruiert werden, die die jeweiligen Trainingsziele abbilden. Ein Nachteil ist darin zu sehen, daß die Situationen nicht für alle Eltern den gleichen Aufforderungscharakter haben. Ein Beispiel ist Item 6 im Hamburger Bildertest (HABIT): das Kind steht mit einer großen Trommel da und sagt: «Ich will jetzt trommeln.» Die Antworten von Eigenheimbesitzern dürften hier erheblich anders ausfallen als die von Eltern, die in einem Hochhaus wohnen. Ferner ist es möglich, daß das spezielle Problem, das in einer Familie besteht, in den Items überhaupt nicht enthalten ist, so daß man die eigentlich relevante Information – nämlich das Erziehungsverhalten in typischen Erziehungssituationen – gar nicht erfaßt. Die Übereinstimmungsvalidität mit dem tatsächlichen Verhalten dürfte noch nicht befriedigend geklärt sein. Möglicherweise werden hier häufiger «Bestantworten» produziert als in Realsituationen, da kein Handlungsdruck gegenüber dem Kind und kein Zeitdruck besteht. Außerdem wird immer nur die erste Antwort gegenüber dem Kind und keine Interaktionssequenz erfaßt. Immerhin läßt sich mit dieser Methode feststellen, bis zu welchem Grade erwünschtes Verhalten im Sinne der Trainingsziele überhaupt bekannt ist.

d) Verhaltensüberprüfung in live-Situationen

Schließlich bietet sich zur Evaluation die Beobachtung des Verhaltens in mehr oder weniger standardisierten Situationen an. Der Vorteil dieser Methode besteht darin, daß das Realverhalten direkt erfaßt wird. Der Unterschied zur Situation «zu Hause» besteht vor allem darin, daß die Probanden wissen, daß sie beobachtet werden. Die Nachteile liegen in der geringen Ökonomie der Erhebung und Auswertung. Die Auswertung kann sich je nach Trainingsziel auf das Verbalverhalten, das paraverbale oder das nonverbale Verhalten beziehen. Die zu erfassenden Merkmale können qualitativ (wie z. B. bei FLANDERS oder BALES, vgl. SCHNEIDER 1978) oder quantitativ erhoben werden (etwa Ratings über Wertschätzung oder Lenkung in den Sprachäußerungen, vgl. TAUSCH & TAUSCH 1975). Als Erfassungseinheiten kommen in Frage: Zeiteinheiten (FLANDERS), Gesprächseinheiten (jede zusammenhängende Äußerung eines Sprechers, wie etwa bei den Skalen «Verbalisierung emotionaler Erlebnisinhalte» und «Selbstexploration» in den Arbeiten zur Gesprächspsychotherapie) oder Verhaltensakte (BALES).

e) Schlußfolgerungen für den Einsatz von Meßinstrumenten

Nach den bisherigen Überlegungen kann keiner Evaluationsmethode der eindeutige Vorzug gegeben werden. Demzufolge bietet sich eine Kombination der Methoden an. Die Erfassung der Probleme sollte sicher nicht außer acht gelassen werden, weil auf die Verminderung der Erziehungsprobleme schließlich alle Trainingsbemühungen abzielen. Die Überprüfung der Erziehungseinstellung durch Fremd- oder Selbsteinschätzung bildet ebenfalls einen wichtigen Evaluationsaspekt, da im Training nicht nur eine Verhaltens-, sondern auch eine Einstellungsänderung angestrebt wird. Die Antworten auf projektive Erziehungssituationen lassen Rückschlüsse auf das Verhaltensrepertoire in – vom Untersucher vermuteten – schwierigen Erziehungssituationen zu. Die Beobachtung des Verhaltens der Eltern gegenüber ihrem «Problemkind» zeigt, ob und wie das trainierte Verhalten dem Kind gegenüber angewendet wird. Neben der Überprüfung der Zielerreichung bei den Eltern lassen sich auch die Reaktionen des Kindes beobachten; im günstigsten Falle lassen sich Eltern- und Kindverhaltensweisen zueinander in Beziehung setzen, so daß gleichzeitig eine Überprüfung des theoretischen Konzepts eines Trainings möglich wird, d. h. ob ein verändertes Elternverhalten auch zu einem in wünschenswerter Richtung veränderten Kindverhalten führt.

Die Kombination mehrerer Evaluationsmethoden läßt noch weitere Schlüsse zu. So könnte z. B. ein Vergleich der Antworten auf projektive Situationen mit dem realen Sprachverhalten zeigen, wie groß die Diskrepanz zwischen Wissen um günstiges Verhalten und tatsächlich realisiertem Verhalten ist, ein Vergleich zwischen erlebter Problemverminderung einerseits und den Veränderungen im Einstellungsbereich und im Sprachverhalten andererseits, ob Symptomveränderungen mit verändertem Verhalten einhergehen und ein Vergleich der Elterneinschätzung durch die Kinder mit dem Verhalten der Eltern die Frage klären, ob theoretisch als günstig bzw. ungünstig angesehenes Elternverhalten von den Kindern überhaupt als unterschiedlich erlebt wird und wenn ja, ob in der theoretisch erwarteten Weise. Die Beantwortung solcher Fragen könnte dann zu einer begründeten Veränderung der Schwerpunktsetzung im Training selbst führen.

In der vorliegenden Untersuchung wurden alle oben diskutierten Evaluationsmethoden verwendet. Zur Erhebung der Probleme wurde im Vortest ein Problemkatalog vorgegeben, nach dem Training sowie in einem follow up hatten die Eltern die Probleme frei zu formulieren. Die Erziehungseinstellung wurde mit dem «Fragebogen zum Elternverhalten

– Elternform» (HOFF et al. 1973) erfaßt, das vom Kind perzipierte Elternverhalten mit dem «Fragebogen zum Elternverhalten – Kinderform» (MINSEL & FITTKAU 1971) sowie mit einer Kurzform des Fragebogens «Perzipierte Erziehungseinstellungen» (PEE, ENGFER & SCHNEEWIND 1978). Ferner wurden 12 projektive Situationen aus dem Hamburger Bildertest (HABIT, BAUMGÄRTEL 1975) sowohl von den Eltern als auch von den Kindern (vermutete Antwort der Mutter bzw. des Vaters) bearbeitet. Alle diese Verfahren sind an anderer Stelle beschrieben, deshalb wird hier nicht näher darauf eingegangen. Neu war die Einführung eines Gesprächs über einen Familienkonflikt zwischen Vater, Mutter und Kind, in der das reale Sprachverhalten vor und nach dem Training beobachtet werden sollte. Sowohl die Situation selbst als auch das Auswertungssystem sollte direkt auf die Trainingsziele bezogen sein. Die Ableitung wird im folgenden kurz dargestellt.

3. Ableitung eines Beobachtungssystems aus einem spezifischen Trainingsprogramm

a) Kurze Beschreibung des Trainings

Das von JUNK (1979) vorgelegte Training lehnte sich an das Konzept von GORDON (1972), wie es in dem Buch «Familienkonferenz» dargestellt ist, an. Es enthielt jedoch zusätzlich Elemente zur Verhaltensmodifikation sowie einige gruppendynamische Übungselemente (Tierstimmenspiel zum gegenseitigen Kennenlernen, Gesprächsregeln, Blitzlicht), die teilweise der Literatur entnommen, teilweise neu konstruiert waren (JUNK 1979). Die einzelnen Arbeitseinheiten waren:

- Erziehungszieldiskussion (vgl. PERREZ et al. 1974) – ca. 90 Minuten;
- Verhaltenstheorie (verbale Vermittlung von lerntheoretischen Prinzipien, «Belohnungs- und Bestrafungsspiel» nach INNERHOFER 1977, Rollenspiel) – ca. 180 Minuten;
- Typische Elternverhaltensweisen und deren Auswirkungen auf das Kind (Erarbeitung der «typischen Zwölf» nach GORDON) – ca. 45 Minuten;
- Aktives Zuhören (schriftlich und Rollenspiel) – ca. 120 Minuten;
- Ich-Botschaften (schriftlich und Rollenspiel) – ca. 120 Minuten;
- Konfliktgespräch, Familienkonferenz – ca. 240 Minuten.

Die Hauptziele waren: Reflexion und Bewertung der eigenen Erziehungsziele und Erziehungseinstellungen, Erkenntnis der wechselseitigen Abhängigkeit von Eltern- und Kindverhalten, gefühlsmäßige Empfindungen/Interessen/Wünsche des Sozialpartners wahrnehmen und im Sinne von Aktivem Zuhören ansprechen können, eigene Empfindungen im Sinne von Ich-Botschaften ausdrücken, zwischen eigenen Problemen und Problemen des Kindes diskriminieren und je nach Problemlage in einem Gespräch über ein Konfliktthema mit Aktivem Zuhören oder Ich-Botschaften antworten.

b) Ableitung des Beurteilungssystems

In dem Familiengespräch sollten folgende Trainingsziele abprüfbar sein:
- Im Gespräch wird Aktives Zuhören verwirklicht.
- Im Gespräch werden Ich-Botschaften verwirklicht.

Auf das Abprüfen weiterreichender Ziele, wie z. B., ob in der jeweiligen Situation innerhalb des Gesprächs gemäß der Problemlage (Problem liegt bei sich selbst/beim Sozialpartner) adäquat mit Ich-Botschaft vs. Aktivem Zuhören reagiert wird, wird zunächst noch verzichtet. Dieses Ziel wird bei den Antworten auf die HABIT-Situationen abgeprüft. Die HABIT-Situationen waren zuvor von Experten als typische Situationen für die Anwendung von Aktivem Zuhören bzw. Ich-Botschaft eingeschätzt worden. (Die Ergebnisse dazu sind bei BIEHL [1979] beschrieben.) Für die einzelnen Situationen innerhalb des Gesprächs dürfte die Zuordnung vermutlich schwieriger sein. Der Schwerpunkt bei dem Familiengespräch sollte darin liegen, daß beim Besprechen eines Problems, das tatsächlich in der Familie besteht, dem Kind und dem Ehepartner gegenüber zieladäquates Verhalten verwirklicht wird.

Zu dem Zweck war es notwendig, Vater, Mutter und Kind dazu zu bringen, gemeinsam über ein Familienproblem zu sprechen. Außerdem mußte ein Beurteilungssystem entwickelt werden, das es gestattet, lernzieladäquates Sprachverhalten, den Lernzielen entgegengesetztes und neutrales Sprachverhalten voneinander zu trennen. Der Ausgangspunkt des Gesprächs sollte möglichst standardisiert sein, damit verschiedene Familien miteinander verglichen werden können, andererseits sollte die Standardisierung nicht soweit gehen, daß keine echten Probleme besprochen werden, sonst wäre der Ernstcharakter der Situation wieder infrage gestellt. Als Ausweg aus diesem Dilemma wurde so vorgegangen, daß die Familien gebeten wurden, ein Problem zu nennen, das in der Familie besteht und sich voraussichtlich in der nächsten Zeit nicht ändert. Die Familie einigte sich auf ein Problem und wurde anschließend aufgefordert, dieses Problem zu besprechen. Bei den Folgetestungen wurde die Familie vom Versuchsleiter aufgefordert, wieder über dasselbe Problem zu sprechen. Als Beurteilungssystem wurde wegen der Kürze der erhobenen Gesprächsstichproben und wegen der geringen Versuchspersonenzahl ein relativ grobes Raster gewählt, um zu kleine Zellenhäufigkeiten zu vermeiden. Trotzdem sollten alle Äußerungen kategorisierbar und die lernzielrelevanten Äußerungen identifizierbar sein. Die vollständige Kategorisierbarkeit ließ sich erreichen durch Zugrundelegen der Sprachfunktion nach BÜHLER (1934) als Beurteilungskategorien, nämlich Kundgabe (der Sprecher teilt etwas mit über sich), Appell (der Sprecher wendet sich direkt an den anderen) und Darstellung (der Schwerpunkt liegt auf einem Thema). In einem weiteren Schritt mußte die Unterscheidung des lernzieladäquaten Verhaltens von nicht lernzieladäquatem Verhalten in das Beurteilungssystem eingebaut werden. Lernzielrelevant sind in diesem Falle die Sprachfunktionen Kundgabe und Appell. Diese wurden in jeweils zwei Unterkategorien aufgespalten, und zwar «Kundgabe» in Ich-Botschaften (lernzieladäquat) und Nicht-Ich-Botschaften (lernzielinadäquat) und «Appell» in Aktives Zuhören (lernzieladäquat) und Nicht-Aktives Zuhören (lernzielinadäquat). Die Funktion «Darstellung» wurde aufgeteilt in themenbezogene Aussagen (es wird das Thema angesprochen, welches gerade ansteht) und nicht-themenbezogene Aussagen (Themenwechsel), um später die Frage klären zu können, ob die Familien tatsächlich beim vorgegebenen Thema geblieben waren. Diese sechs Kategorien wurden operationalisiert und mit Beispielen versehen (vgl. BIEHL 1979), dabei lehnten wir uns bei der Operationalisierung der Ich-Botschaften und des Aktiven Zuhörens eng an das Konzept von GORDON an. Als Beurteilungseinheit wurden ganze Sätze gewählt, falls der Sprecher vorher unterbrochen worden war, die bis dahin geäußerten Teilsätze.

4. Hypothesen

1. In den Familiengesprächen bleiben bei den einzelnen Personen die relativen Häufigkeiten der einzelnen Beurteilungskategorien weitgehend konstant, wenn keine experimentelle Beeinflussung stattgefunden hat.

2. Eltern, die an einem Training teilgenommen haben, verwirklichen im Familiengespräch mehr Aktives Zuhören und Ich-Botschaften und weniger Nicht-Aktives Zuhören und Nicht-Ich-Botschaften als Eltern, die einen gleichen Zeitraum auf ein Training gewartet haben.

3. Kinder nehmen die Eltern, die ich-bezogene Aussagen häufiger in Form von Ich-Botschaften machen, als verständnisvoller und weniger lenkend wahr. Außerdem werden die Eltern, die in partnerbezogenen Äußerungen häufiger die inneren Vorgänge des Partners ansprechen (Aktives Zuhören), als verständnisvoller und weniger lenkend eingeschätzt. Eltern, deren partnerbezogene Äußerungen eher in Belehrung/Ermahnungen (Nicht-Aktives Zuhören) bestehen, werden als verständnislos und lenkend beurteilt (Verständnis und Lenkung gemäß Fragebogen zum Elternverhalten, MINSEL & FITTKAU 1971).

Folgende Zusammenhänge werden dabei zwischen perzipierter Erziehungseinstellung gemäß PEE (ENGFER & SCHNEEWIND 1978) und dem Gesprächsverhalten der Eltern erwartet:

a) PEE I (Großzügigkeit, Beispiel-Item: «Wenn ich etwas nicht sofort richtig mache, wird meine Mutter gleich ganz ärgerlich.»): positive Korrelation mit Ich-Botschaften;

b) PEE II (Permissivität, Beispiel-Item: «Meine Mutter ist nicht gleich beleidigt, wenn ich ihr mal widerspreche.»): positive Korrelation mit Ich-Botschaften;

c) PEE III (Konsequenz, Beispiel-Item: «Wenn meine Mutter mir einmal etwas verbietet, bleibt sie dabei und erlaubt es mir auch später nicht.»): positive Korrelation mit Ich-Botschaften;

d) PEE IV (Manipulation, Beispiel-Item: «Manchmal beklagt sich meine Mutter, daß ich es ihr so schwer mache.»): positive Korrelation mit Nicht-Ich-Botschaften;

e) PEE V (Einfühlungsvermögen, Beispiel-Item: «Meine Mutter merkt es mir gleich an, wenn ich traurig bin.»): positive Korrelation mit Aktivem Zuhören;

f) PEE VI (Unterstützung, Beispiel-Item: «Meine Mutter merkt häufig gar nicht, wenn ich mich auf etwas sehr freue.»): negative Korrelation mit Nicht-Aktivem Zuhören;

g) PEE VII (Kontakt, Beispiel-Item: «Meine Mutter möchte, daß ich möglichst viel bei ihr zu Hause bin.»): keine Korrelation mit lernzielrelevanten Gesprächskategorien.

4. Eltern, die sich selbst im Erziehungseinstellungsfragebogen als verständnisvoll und wenig lenkend einschätzen, verwirklichen im Familiengespräch mehr Aktives Zuhören und Ich-Botschaften als Eltern, die sich als weniger verständnisvoll und mehr lenkend einschätzen (Verständnis und Lenkung gemäß Fragebogen zum Elternverhalten, HOFF et al. 1973).

5. Durchführung

Bei der Untersuchung wurde ein Kontrollgruppendesign mit nachtrainierter Wartegruppe verwendet. In der Experimental- und Kontrollgruppe befanden sich je 5 Elternpaare mit ihrem als problematisch erlebten Kind. In die Untersuchung wurden die Familien einbezogen, die sich während eines Zeitraums von einem halben Jahr in einer kirchlichen Erziehungsberatungsstelle in Trier wegen Erziehungsschwierigkeiten angemeldet hatten und die zu einem ein Wochenende dauernden Elterntraining bereit waren. Eine weitere Bedingung war, daß das Kind zwischen 9 und 13 Jahre alt war. Das Training selbst fand an einem Wochenende (Freitagabend bis Sonntagnachmittag) sowie an zwei Folgetreffen von je 2 Stunden Dauer in den beiden darauffolgenden Wochen in den Räumen der Erziehungsberatungsstelle statt. Trainiert wurden nur die Eltern; für Kinder, die von den Eltern nicht anderweitig untergebracht werden konnten, war ein Betreuungsdienst organisiert worden. Trainer waren im Elterntraining und in der Gesprächspsychotherapie erfahrene Diplom-Psychologen sowie kurz vor der Diplomprüfung stehende Studenten mit Trainings- und Gesprächspsychotherapieerfahrung.

Von Trainern mit diesen Qualifikationen können günstige Trainingseffekte erwartet werden (MINSEL 1975)[1].

Die Datenerhebung fand in der Woche vor dem Trainingswochenende und in der Woche nach dem zweiten Trainingsfolgetreffen statt. Das anschließende Wochenende galt dem Training der Eltern, die zuvor gewartet hatten, diese trafen sich wie die Experimentalgruppe zu zwei Folgetreffen und wurden in der anschließenden Woche nochmals getestet.

Für das Familiengespräch wurde jede Familie in einen Raum geführt, in dem eine Videokamera installiert war. Nach der Instruktion, sich 10 Minuten lang über ein Familienproblem zu unterhalten, verließ der Versuchsleiter den Raum. Die Gespräche wurden auf Videoband aufgezeichnet.

Ursprünglich war daran gedacht worden, das Sprachverhalten direkt nach den Videobändern einzuschätzen. Da die Beurteiler aber den teilweise sehr starken Trierer Dialekt nicht verstehen konnten, wurden Transkripte der Gespräche angefertigt (2.–6. Gesprächsminute), anhand derer dann die Beurteilungen vorgenommen wurden. Beurteiler waren zwei Psychologiestudenten kurz vor der Diplomprüfung, die hinsichtlich der Fragestellung nicht informiert waren und die ansonsten an der Untersuchung nicht teilgenommen hatten. Diese waren zuvor im Gebrauch des Kategoriensystems trainiert worden. Ihre Urteile stimmten in 88 % der Fälle überein. Das Beurteilungssytem kann damit als hinreichend reliabel angesehen werden.

6. Ergebnisse

Die Daten aus den Familiengesprächen wurden folgendermaßen weiterverarbeitet: Pro Person und Meßzeitpunkt wurde die Anzahl der Sätze pro Beurteilungskategorie ausgezählt. Bei voneinander abweichenden Beurteilungen der beiden Rater wurde der Mittelwert gebildet. Da in den einzelnen Gesprächen und von den einzelnen Personen teilweise sehr unterschiedliche Anzahlen von einzuschätzenden Sätzen vorliegen[2], ist ein direkter Vergleich der Häufigkeiten nicht möglich. Deshalb wurde pro Person und Gesprächsausschnitt die prozentuale Häufigkeit pro Beurteilungskategorie berechnet. Außerdem wurde für den Gruppenver-

[1] Das Projekt wurde von der Erziehungsberatungsstelle Trier finanziell und ideell unterstützt. Als Trainer wirkten mit Dipl.-Psych. H. Müller sowie die cand. psych. E. Biehl, B. Bückle, J. Junk.

[2] Die Anzahl der eingeschätzten Sätze pro Gespräch schwankt zwischen 38 und 85, die Anzahl der Sätze pro Sprecher pro Gespräch variiert von 7 bis 37.

gleich für jede Beurteilungskategorie die prozentuale Häufigkeit der Äußerungen über die Gruppe hinweg bestimmt. Chi^2- bzw. $2\hat{I}$-Berechnungen zur Überprüfung der Stabilität bzw. der Veränderungen wurden mit den Originalhäufigkeiten berechnet. Zur Frage der Übereinstimmung zwischen selbst bzw. vom Kind wahrgenommener Erziehungseinstellung und realisiertem Gesprächsverhalten wurden Rangkorrelationen berechnet. Dabei wurden beim Gesprächsverhalten die individuellen Prozentwerte pro Kategorie zugrundegelegt und innerhalb jeder Kategorie über die Personen hinweg rangiert.

a) Stabilität und Veränderung des Gesprächsverhaltens

In Hypothese 1 war formuliert worden, daß sich die Häufigkeitsverteilung in den Beurteilungskategorien nicht ändert, wenn keine experimentelle Beeinflussung erfolgt. Zur Prüfung eignen sich die Eltern der Wartegruppe während der Wartezeit sowie alle Kinder, die ja ebenfalls nicht trainiert wurden. Dagegen sollten gemäß Hypothese 2 bei trainierten Eltern Veränderungen im Sinne der Trainingsziele auftreten.

Tabelle 1 gibt die prozentualen Häufigkeiten für die Wartegruppe wieder, Tabelle 2 zeigt die Ergebnisse für die Experimentalgruppe.

Die Inspektion der Tabellen zeigt zunächst, welche Sprachkategorien von den Familien häufig bzw. selten verwendet werden. Untrainierte Eltern sprechen überwiegend in Kategorie 4, d. h. der Ehepartner bzw. das Kind wird direkt angesprochen, aber nicht im Sinne von Aktivem Zuhören, sondern im Sinne von Belehrungen/Ermahnungen/Vorwürfen u. ä.[3]. Dieses Sprachverhalten ist für Erziehungspersonen typisch (vgl. die Untersuchungen an Kindergärtnerinnen und Lehrern von Tausch & Tausch 1975). Am zweithäufigsten sind Aussagen zum Thema, gefolgt von ich-bezogenen Äußerungen, in denen die Eltern jedoch nicht ihre inneren Prozesse direkt ausdrücken (Nicht-Ich-Botschaft). Sprechakte im Sinne der Trainingsziele treten nur in einem sehr begrenzten Ausmaß auf (Kategorien 1 und 3). Ein sehr starker Trainingseffekt, noch dazu in so kurzer Zeit, ist nicht zu erwarten, wenn man bedenkt, daß eine Einstellungsveränderung um so eher gelingt, je ähnlicher die Ausgangseinstellung der angestrebten Einstellung bereits ist (Minsel & Minsel 1973). Äußerungen zu Kategorie 6 (nicht themenbezogen) sind sehr selten. D. h. die Versuchspersonen haben sich fast ausschließlich an das Thema gehalten. Kategorien 5 und 6 werden deshalb für die weitere statistische Berechnung zusammengefaßt.

[3] Die Unterscheidung nach der angesprochenen Person (ob etwa die Mutter das Kind oder den Vater anspricht) wird hier wegen der kleinen Datenmenge nicht getroffen.

Tabelle 1: Prozentuale Häufigkeit der Sätze pro Beurteilungskategorie bei der Wartegruppe (5 Familien) in 5-Minuten-Ausschnitten eines Familiengesprächs (Vater/Mutter/Kind) über ein Familienproblem

Kategorie	V	M	K	V	M	K	V	M	K
	Pre-Test			Post$_1$-Test			Post$_2$-Test		
1 = Ich-Botschaften	1.5	1.2	8.7	2.2	0.0	2.7	8.6	8.9	7.7
2 = Nicht-Ich-Botschaften ..	14.1	13.2	40.0	17.4	20.5	44.1	17.2	17.9	49.1
3 = Aktives Zuhören	6.1	9.5	0.7	9.8	6.3	0.0	16.2	12.9	2.3
4 = Nicht-Aktives Zuhören .	50.0	43.8	14.7	45.3	46.0	9.6	33.8	33.5	13.2
5 = themenbezogen	29.3	32.2	36.0	25.4	26.7	40.4	24.2	26.8	27.7
6 = nicht themenbezogen ...	0.0	0.0	0.0	0.0	0.6	3.2	0.0	0.0	0.0
Anzahl der Äußerungen	99	121	75	138	88	94	99	112	110

V = Vater, M = Mutter, K = Kind

Tabelle 2: Prozentuale Häufigkeit der Sätze pro Beurteilungskategorie bei der Experimentalgruppe (5 Familien) in 5-Minuten-Ausschnitten eines Familiengesprächs (Vater/Mutter/Kind) über ein Familienproblem

Kategorie	V	M	K	V	M	K
	Pre-Test			Post-Test		
1	2.5	13.2	19.9	10.7	13.2	15.3
2	14.0	18.4	33.1	17.4	20.1	48.0
3	2.1	8.1	0.0	25.8	26.4	1.5
4	57.2	42.3	18.4	27.0	24.7	10.0
5	24.2	18.0	28.0	19.1	15.5	25.2
6	0.0	0.0	0.7	0.0	0.0	0.0
Anzahl der Äußerungen	118	116	68	89	87	101

In den Pre-Test-Häufigkeiten entsprechen sich die Väter der Experimentalgruppe und der Wartegruppe recht gut ($2\hat{I} = 3.66$, $df = 4$, n. s.). Die Mütter unterscheiden sich bedeutsam ($2\hat{I} = 10.58$, $df = 4$, $p < .05$), diese Signifikanz ist jedoch darauf zurückzuführen, daß die Mütter der Wartegruppe erheblich mehr themenbezogene Äußerungen machen als die Mütter der Experimentalgruppe, in den anderen Kategorien unterscheiden sich die Mütter nicht wesentlich voneinander. Im Nachtest unterscheiden sich trainierte und untrainierte Eltern erheblich (Post-Test Experimental- vs. Kontrollgruppe: Väter $2\hat{I} = 21.30$, $df = 4, p < .01$; Mütter: $2\hat{I} = 23.67$, $df = 4$, $p < .01$). Die Unterschiede sind besonders deutlich in den Kategorien 1 und 3 (höher bei trainierten Eltern) und Kategorie 4 (höher bei nicht-trainierten Eltern). Inhaltlich bedeutet dies, daß bei den Eltern ein Lerngewinn in bezug auf Ich-Botschaften und Aktives Zuhören zu verzeichnen ist sowie eine Verhaltenseinschränkung in bezug auf Belehrungen/Ermahnungen/Vorwürfe. Diese Ergebnisse liegen im Sinne der Trainingsziele. Ich-bezogene Äußerungen, die als Nicht-Ich-Botschaften bezeichnet wurden, werden nicht seltener. Möglicherweise ist das Konzept Ich-Botschaften weniger gut lehr- oder lernbar als das Konzept Aktives Zuhören. Hypothese 2 kann also in bezug auf Aktives Zuhören als voll bestätigt und in bezug auf Ich-Botschaften als teilweise bestätigt gelten.

Während der Wartezeit bleibt die Häufigkeitsverteilung über die Kategorien weitgehend konstant (Väter: $2\hat{I} = 2.02$, $df = 4$, n. s.; Mütter: $2\hat{I} = 3.41$, $df = 4$, n. s.). Mit dem Beurteilungssystem werden also bei den Eltern – jedenfalls im Gruppenvergleich – relativ konstante Verhaltenskategorien erfaßt. Damit kann Hypothese 1 als bestätigt angesehen werden. Dagegen zeigen sich in der Experimentalgruppe und der nachtrainierten Wartegruppe erhebliche Veränderungen (Väter Ex-Gruppe: $2\hat{I} = 42.98$, $df = 4$, $p < .01$; Mütter Ex-Gruppe: $2\hat{I} = 15.37$, $df = 4$, $p < .01$; Väter W-Gruppe: $2\hat{I} = 8.67$, $df = 4$, $p < .10$; Mütter W-Gruppe: $2\hat{I} = 15.06$, $df = 4$, $p < .01$). Die Veränderungen bestehen, wie oben schon beschrieben, vor allem in einer Zunahme von Kategorie 1 und 3 und einer Abnahme in Kategorie 4. Bei den Kindern liegt zu allen Meßzeitpunkten der Schwerpunkt auf ich-bezogenen Aussagen (Kategorie 2) und auf themenbezogenen Aussagen. D. h. die Kinder verteidigen sich vorwiegend bzw. leisten thematische Beiträge. Kategorie 4 ist ebenfalls besetzt, jedoch längst nicht so stark wie bei den Eltern. Vorwürfe und Ermahnungen des Kindes gegenüber den Eltern werden von diesen vermutlich nicht geduldet.

Die Häufigkeitsverteilungen bei den Kindern der Experimental- und Kontrollgruppe entsprechen sich ($2\hat{I} = 4.32$, $df = 4$, n. s.). Während der Wartezeit verändern sich die Kinder nicht bedeutsam ($2\hat{I} = 4.77$, $df = 3$, n. s.), der gleiche Befund zeigt sich bei den Kindern, deren Eltern in der Experimentalgruppe trainiert wurden ($2\hat{I} = 6.56$, $df = 4$, n. s.). Die Kinder der Wartegruppe nach der Trainingszeit ihrer Eltern zeigen eine Tendenz zu weniger themenbezogenen und mehr ich-bezogenen Aussagen (Signifikanz der Tabelle: $2\hat{I} = 9.16$, $df = 4$, $p < .10$). Ein inhaltlich in die gleiche Richtung weisender Befund zeigt sich, wenn man die Kinder der Experimental- und Wartegruppe im ersten Nachtest vergleicht ($2\hat{I} = 31.86$, $df = 4$, $p < .01$): die Unterschiede liegen vor allem in den Kategorien Ich-Botschaften (größere Häufigkeit bei den Experimentalgruppen-Kindern) und themenbezogene Aussagen (größere Häufigkeit bei den Wartegruppen-Kindern). Hier könnte – mit aller Vorsicht – von einem quasi-therapeutischen Effekt gesprochen werden, d. h. möglicherweise bringen die Eltern durch ihr vermehrtes Aktives Zuhören sowie durch ihr Modellverhalten in bezug auf Ich-Botschaften und durch weniger Kritik am Kind (Abnahme Kategorie 4) das Kind dazu, mehr von sich und seinen Einstellungen, Gefühlen und Wünschen preiszugeben. Diese Vermutung ließe sich noch stützen, wenn man die Lerneffekte bei den einzelnen Eltern zu den Veränderungen bei den betreffenden Kindern in Beziehung setzen würde. Das soll in Anbetracht der geringen Stichprobe hier unterbleiben. Interessante Ergebnisse wären auch anhand einer Interaktionsprozeßanalyse zu erwarten, wenn man etwa feststellen würde, was für eine Elternäußerung einer Kindäußerung der Kategorie 1 jeweils vorangeht oder was für eine Kindäußerung auf eine Elternäußerung der Kategorie 3 folgt. Diese Analyse kann an den vorliegenden Daten wegen der Kürze der Gesprächsausschnitte nicht vorgenommen werden.

b) Korrelative Zusammenhänge zwischen Gesprächsverhalten und Erziehungseinstellung

1. Fragebogen zum Elternverhalten. Die folgenden Ausführungen beziehen sich auf die Hypothesen 3 und 4, in denen Zusammenhänge zwischen vom Kind und den Eltern selbst erlebten Erziehungseinstellungen und dem Gesprächsverhalten erwartet wurden. Falls solche Zusammenhänge gefunden werden, können Aussagen darüber gemacht werden, ob Kinder und Eltern in gleicher Weise zwischen günstigem und ungünstigem Sprachverhalten unterscheiden, wie es im Training vorgegeben wird. Als Einschränkung muß hier allerdings angemerkt werden, daß die Erziehungseinstellungen trait-orientiert erhoben wurden, wogegen die Variablen Gesprächskategorien nur in 5-Minuten-Ausschnitten vorliegen (der Meßzeitpunkt liegt jedoch jeweils am selben Tag). Höhere Korrelationen wären zu erwarten, wenn Eltern und Kinder jeweils nach dem Gespräch ihr Verhalten einschätzen würden. Dazu liegen jedoch im Moment keine überprüften Instrumente vor. Außerdem hat sich gezeigt, daß das Gesprächsverhalten der Eltern, wenn kein Training stattgefunden hat, relativ stabil bleibt, so daß die Annahme begründet erscheint, daß es auch in anderen Situationen ähnlich ist.

Tabellen 3 und 4 geben die Korrelationen zwischen den Einstellungsdimensionen «Verständnis» und «Lenkung» im Fragebogen zum Elternverhalten und den Häufigkeiten in den Gesprächskategorien wieder.

Fremdeinschätzung: Mütter und Väter, die im Vortest relativ häufig ich-bezogene Äußerungen in Kategorie 2 machen (Nicht-Ich-Botschaft) werden von ihren Kindern als eher verständnisvoll und eher nicht lenkend erlebt. In bezug auf Verständnis ist das Ergebnis auch bei den Vätern der nachtrainierten Wartegruppe nachweisbar. Signifikante Korrelationen mit Ich-Botschaften treten seltener auf, wenn ja, dann sind sie gleichsinnig mit denen bezüglich der Nicht-Ich-Botschaften. D. h. Eltern, die häufig über sich sprechen, werden von den Kindern als gün-

Tabelle 3: Rangkorrelation der Gesprächskategorien mit «Verständnis» im Fragebogen zum Elternverhalten

Gesprächs-kategorie	Fremdeinschätzung (Kind) Mütter				Väter				Selbsteinschätzung Mütter				Väter			
	pre	W $post_1$	Ex post	W $post_2$	pre	W $post_1$	Ex post	W $post_2$	pre	W $post_1$	Ex post	W $post_2$	pre	W $post_1$	Ex post	W $post_2$
1	.35	–[1]	.50	.70	.14	.32	–.10	.90 +	–.18	–[1]	.87	.00	–.10	.50	–.28	.47
2	.84 **	.12	.60	.30	.78 *	–.43	–.60	1.00 *	.08	–.20	–.03	.50	.20	.95 +	–.63	.07
3	–.45	.17	–.70	.30	.39	.07	.05	.50	–.43	–.60	.37	–.90 +	.24	.40	.12	–.78
4	–.72 *	–.18	.00	–.80	–.39	.22	–.70	–.80	.32	–.20	–.58	.00	.13	–.65	–.03	–.37
5/6	–.08	.20	–.40	.70	.07	–.48	1.00 *	–1.00 *	.01	.60	–.78	–.90 +	.04	.70	.37	–.03

[1] Keine Varianz in Kategorie 1

Tabelle 4: Rangkorrelation der Gesprächskategorien mit «Lenkung» im Fragebogen zum Elternverhalten

Gesprächs-kategorie	Fremdeinschätzung (Kind) Mütter				Väter				Selbsteinschätzung Mütter				Väter			
	pre	W $post_1$	Ex post	W $post_2$	pre	W $post_1$	Ex post	W $post_2$	pre	W $post_1$	Ex post	W $post_2$	pre	W $post_1$	Ex post	W $post_2$
1	–.72 *	–[1]	.80	.67	.37	–.53	–.10	.60	–.15	–[1]	.50	.30	.19	.05	.50	–.03
2	–.75 *	–.63	–.65	–.38	–.63 +	–.90 +	.10	.30	–.08	–.03	–.40	.20	–.36	–.33	–.20	.02
3	–.05	–.58	.70	–.33	–.08	–.70	.50	–.30	–.62 +	–.63	–.30	–1.00 *	–.14	–.38	.20	–.33
4	.71 *	.12	–.70	–.58	.22	.80	–.30	–.30	.58 +	–.33	.30	.30	.27	.37	–.90 +	–.13
5/6	.41	.77	–.50	.22	.37	–.33	–.30	–.30	–.20	.67	.10	–.80	–.15	–.08	.60	.17

[1] Keine Varianz in Kategorie 1 +: $p < .10$; *: $p < .05$; **: $p < .01$

stig im Sinne des sozialintegrativen Konzepts erlebt (vgl. TAUSCH & TAUSCH 1975), dabei nehmen die Kinder offenbar Ich-Botschaften und Nicht-Ich-Botschaften nicht differentiell wahr.

Bei den partnerbezogenen Äußerungen treten signifikante Korrelationen nur bei den Müttern im Vortest auf. Erwartungsgemäß korreliert die Häufigkeit in Kategorie 4 negativ mit Verständnis und positiv mit Lenkung. D. h. häufige Belehrungen/Ermahnungen/Vorwürfe werden von den Kindern tatsächlich als verständnislos und lenkend erlebt. Signifikante Korrelationen mit Aktivem Zuhören ergaben sich nicht, möglicherweise wegen der geringen Varianz in Kategorie 3.

Die Häufigkeit der themenbezogenen Aussagen korreliert nur bei trainierten Vätern mit Verständnis. Die Ergebnisse sind gegenläufig und deshalb schwer zu interpretieren. Bei den Vätern der Wartegruppe könnte es sich um ein Artefakt handeln: da sich die relativen Häufigkeiten über alle Kategorien pro Person jeweils zu 100 % addieren, müssen die Väter, die viele ich-bezogene Äußerungen gemacht haben, notwendigerweise niedrigere Häufigkeiten in den anderen Kategorien haben. Von daher wird die negative Korrelation zwischen Verständnis und themenbezogenen Aussagen erklärlich.

Selbsteinschätzung: Bei den ich-bezogenen Aussagen tritt nur eine signifikante Korrelation auf: die Väter der Wartegruppe (nach der Wartezeit) stufen sich selbst verständnisvoller ein, wenn sie mehr Nicht-Ich-Botschaften verwenden. Dieses Ergebnis steht in Übereinstimmung mit der Einschätzung der Kinder.

In bezug auf partnerbezogene Äußerungen diskriminieren die Mütter im Vortest zwischen Aktivem Zuhören und Nicht-Aktivem Zuhören, und zwar in erwarteter Richtung, jedoch nur in bezug auf Lenkung. Nach dem Training erleben sich die Mütter (nur Wartegruppe), die relativ viele einfühlende Äußerungen machen, als wenig lenkend (erwartungsgemäß), aber auch als wenig verständnisvoll. Wenn man berücksichtigt, daß nach dem Training die Tendenz besteht, daß selbsteingeschätzte Lenkung und Verständnis höher miteinander korrelieren, was man als ein allgemeines «Kümmern um das Kind» (vgl. MINSEL 1976) interpretieren kann, so kann man vermuten, daß die Mütter, die zielrelevantes Verhalten im Nachtest zeigen, einstellungsmäßig verunsichert sind. Eine Nachuntersuchung könnte klären, ob dies als ein Übergangsphänomen oder aber als unerwünschter Trainingseffekt anzusehen ist. Die Väter der Experimentalgruppe zeigen im Nachtest eine signifikant negative Korrelation zwischen Kategorie 4 und Lenkung. Es ist nicht zu entscheiden, ob dieses erwartungswidrige Ergebnis durch Zufall oder ebenfalls durch einstellungsmäßige Verunsicherung zustandegekommen ist.

2. Perzipierte Erziehungseinstellung nach ENGFER und SCHNEEWIND (1978). Die Tabellen 5 und 6 geben die Ergebnisse wieder.

Die Ergebnisse sind wenig einheitlich, es werden nur diejenigen aufgegriffen, die sich übereinstimmend in mehreren Stichproben gezeigt

Tabelle 5: Rangkorrelationen der Gesprächskategorien mit der perzipierten Erziehungseinstellung durch das Kind (PEE) bei den Müttern

PEE-Faktor [1]		Gesprächskategorie 1 Ich-Botschaft	2 Nicht Ich-Botschaft	3 Aktives Zuhören	4 Nicht Aktives Zuhören	5/6 Themenbezogen
Alle Mütter pre	I	.40	.77 *	.00	–.59 +	–.42
N = 10	II	.11	.45	.18	–.56 +	.16
	III	–.06	–.08	–.13	.00	.47
	IV	–.21	–.59 +	.03	.75 *	.11
	V	–.35	–.65 *	.17	.28	.77 *
	VI	–.11	.05	–.24	.10	.11
	VII	–.21	.00	–.52	.42	–.03
Mütter W-Gruppe	I		.07	.82	.37	.63
post 1	II		.00	.30	.30	–.10
N = 5	III	keine	–.03	–.13	–.33	.67
	IV	Varianz	–.63	–.03	.87	–.13
	V	in Kate-	–.63	–.03	.87	–.13
	VI	gorie 1	–.15	–.10	–.15	.65
	VII		–.18	–.38	.12	.12
Mütter Ex-Gruppe	I	.07	.87	–.78	.42	–.43
post	II	.30	–.20	–.45	.60	.30
N = 5	III	–.48	.37	.37	.12	.12
	IV	–.20	–.20	.50	.30	.30
	V	.20	–.10	.90 +	–.50	–.10
	VI	.30	.65	–.70	.20	–.10
	VII	.07	.17	.67	–.73	–.33
Mütter W-Gruppe	I	.07	–.03	.87	–.18	.97 +
post 2	II	–.93 +	–.03	.42	.57	–.13
N = 5	III	.37	.67	–.38	.37	–.43
	IV	.07	–.53	–.57	.57	–.63
	V	–.43	–.63	.72	–.33	.67
	VI	.42	.37	.17	.17	.07
	VII	.30	–.70	–.30	.30	–.20

[1] I: Großzügigkeit; II: Permissivität; III: Konsequenz; IV: Manipulation; V: Einfühlungsvermögen; VI: Unterstützung; VII: Kontakt.
+: $p < .10$; *: $p < .05$

Tabelle 6: Rangkorrelationen der Gesprächskategorien mit der perzipierten Erziehungseinstellung durch das Kind (PEE) bei den Vätern

PEE-Faktor [1]		Gesprächskategorie 1 Ich-Botschaft	2 Nicht Ich-Botschaft	3 Aktives Zuhören	4 Nicht Aktives Zuhören	5/6 Themen-bezogen
Alle Väter pre N = 10	I	.20	.71 *	.10	–.41	.17
	II	.22	.27	–.06	–.50	.44
	III	.72 *	.59 *	.57 *	–.25	–.07
	IV	.39	–.24	–.30	.60 +	–.64 +
	V	.19	.02	.24	–.24	–.03
	VI	.38	.51	–.09	–.35	.24
	VII	.40	.06	.12	.34	–.14
Väter W-Gruppe post 1 N = 5	I	.80	.82	.87	–.93 +	.22
	II	.57	.82	.72	–.93 +	.55
	III	.95 +	.57	.97 +	–.68	–.20
	IV	–.20	–.28	–.53	–.67	–.18
	V	.97 +	.65	.95 +	–.70	–.05
	VI	.97 +	.60	.80	–.70	–.08
	VII	.22	–.05	–.21	.20	.17
Väter Ex-Gruppe post N = 5	I	–.18	–.13	.07	–.03	.67
	II	–.10	–.30	.30	–.20	.90 +
	III	.50	.80	–.85	.80	–.40
	IV	.25	.75	–.70	.95 +	–.55
	V	.10	.30	–.55	.80	–.65
	VI	.12	–.43	.22	–.63	.97 +
	VII	.17	.22	–.63	.67	–.38
Väter W-Gruppe post 2 N = 5	I	.50	.80	.90 +	–.70	–.60
	II		keine Varianz in Skala II			
	III	–.17	.42	.37	–.33	–.38
	IV	–.30	–.50	–.50	.10	.50
	V	.37	.42	.37	–.78	–.38
	VI	.07	.22	.07	–.08	–.18
	VII	.00	–.30	–.50	.30	.50

+: $p < .10$; *: $p < .05$

haben: Ich-Botschaften korrelieren bei untrainierten Vätern mit Skala III-Konsequenz, dieses Ergebnis war erwartet worden. Nicht-Ich-Botschaften korrelieren im Vortest mit Skala I-Großzügigkeit, hier war eine Korrelation mit Ich-Botschaften erwartet worden. Oben wurde bereits vermutet, daß Kinder ich-bezogene Aussagen nicht differenziert wahrnehmen. Diese Vermutung bestätigt sich hier. Aktives Zuhören korreliert mit Faktor III-Konsequenz (untrainierte Väter) und Fakor V-Einfühlungsvermögen (Väter nach der Wartezeit, Mütter der Experimentalgruppe nach dem Training). Letzteres Ergebnis ist erwartungsgemäß. Nicht-Aktives Zuhören korreliert negativ mit Großzügigkeit und Permissivität (Mütter pre-Test, Väter nach der Wartezeit) und positiv mit Skala IV-Manipulation (Mütter und Väter im Pre-Test, Väter der Experimentalgruppe nach dem Training). Diese Ergebnisse waren aufgrund der Item-Formulierungen nicht erwartet worden, sie sind aber vom Erleben der Kider her gut nachvollziehbar: Eltern, die häufig ermahnen, belehren oder Vorwürfe machen, werden von den Kindern eher als kleinlich, wenig gewährend und lenkend erlebt. Dieses Ergebnis steht in Übereinstimmung zu den Korrelationen der Kategorie 4 mit den Skalen im Fragebogen zum Elternverhalten.

7. Diskussion und Schlußfolgerungen für Evaluation und Training

Mit dem vorgelegten Beurteilungssystem, das eine relativ grobe Kategorisierung des Sprachverhaltens gestattet, lassen sich für den Gruppenvergleich Trainingseffekte nachweisen. Äußerungen, die als Ich-Botschaften und Aktives Zuhören bezeichnet werden können, werden in einem Familiengespräch über ein Konfliktthema angewendet. Besonders deutlich ist der Effekt in bezug auf die partnerbezogenen Äußerungen: die zuvor häufigste Verhaltensweise (Kategorie 4) vermindert sich deutlich zugunsten einer Zunahme in Aktivem Zuhören. Man kann sagen, daß es hier durch das Training gelungen ist, den Eltern wünschenswerte Verhaltensalternativen nahezubringen. Daß dieses Angebot angenommen wird, hängt sicher auch damit zusammen, daß die Unterscheidung partnerbezogener Äußerungen in günstige (Aktives Zuhören) und ungünstige (Nicht-Aktives Zuhören) bereits im Vorverständnis von Eltern und besonders von Kindern im Sinne des sozialintegrativen Konzepts, wie es im Kurs vertreten wird, vorhanden ist. Das zeigt sich ganz deutlich in den Korrelationstabellen der Gesprächskategorien mit den Erziehungseinstellungen: in keinem Falle werden Eltern, die häufiger Kategorie 4 verwenden, ähnlich eingeschätzt wie solche, die häufiger Kategorie 3 verwenden.

Dagegen scheint das Konzept Ich-Botschaften vs. Nicht-Ich-Botschaften bei Eltern und Kindern nicht präsent zu sein. Es ist vielmehr zu vermuten, daß ich-bezogene Aussagen eher einheitlich gesehen werden. Eltern, die ich-bezogene Äußerungen machen, werden als verständnisvoll, wenig lenkend, großzügig, permissiv und konsequent erlebt. Eine Einschätzungsskala, die das Konzept «Echtheit» im Sinne der Gesprächspsychotherapie abbildet, ist hier nicht verwendet worden. Aufschlüsse über Zusammenhänge mit dieser Variablen wären wertvoll. Die Frage ist, ob eine bestimmte Art von ich-bezogenen Äußerungen überhaupt in ein Training aufgenommen werden sollte. Möglicherweise liegt der Wert der Übungen, in denen die eigenen Empfindungen ausgedrückt werden, mehr darin, daß die Eltern lernen, überhaupt auf Gefühle zu achten (dies wäre dann eine Vorübung für partnerzentrierte Äußerungen) sowie darin, daß die Kinder ein Modell erhalten, wie sie selber ihre Empfindungen ansprechen können.

Schließlich muß noch als bemerkenswert festgehalten werden, daß überhaupt signifikante und interpretierbare Korrelationen zwischen perzipierter Erziehungseinstellung und realem Verhalten aufgetreten sind. Damit hat sich gezeigt, daß solches Elternverhalten, wie es in einer Beobachtungsstichprobe von nur 5 Minuten Dauer gezeigt wird, der Einschätzung durch die Kinder in bezug auf «typisches» Verhalten entspricht. Das spricht sowohl für die Generalisierbarkeit der Verhaltensstichprobe auf andere Erziehungssituationen wie auch für die Validität der perzipierten Erziehungseinstellung. Dagegen sind die Eltern selbst zur Einschätzung ihres Verhaltens viel weniger in der Lage.

Literatur

Bastine, R. 1971. FDE – Fragebogen zur direktiven Einstellung. Göttingen: Hogrefe.

Baumgärtel, F. 1975. Das Erziehungsverhalten von Müttern im Spiegel eines projektiven Verfahrens. Eine Untersuchung zur Dimensionalität des Verhaltens in Abhängigkeit von der sozialen Schicht und dem Geschlecht des Kindes. Hamburg (Dissertation, Fotodruck).

Biehl, E. 1979. Überprüfung der Effektivität eines Elternverhaltenstrainings anhand eines Beobachtungssystems und verschiedener Verfahren zur Einstellungsänderung. Trier: Fachbereich I der Universität Trier (Diplomarbeit, Fotodruck).

Bühler, K. 1934. Sprachtheorie. Die Darstellungsfunktion der Sprache.

Engfer, A. & Schneewind, K. A. 1978. Der PEE. Ein Fragebogen zur Erhebung elterlicher Erziehungseinstellungen aus der Sicht von Kindern. München: Universität München: Arbeitsbericht 18 aus dem Projekt «Eltern-Kind-Beziehungen».

Gordon, T. 1972. Familienkonferenz. Hamburg: Hoffmann & Campe.

Hoff, E.-H., Minsel, W.-R., Minsel, B. & Grüneisen, V. 1973. Beziehungen zwischen Erzieherverhalten und Persönlichkeitsmerkmalen von Eltern und ihren Kindern. Psychologie in Erziehung und Unterricht *20,* 163–175.

Innerhofer, P. 1977. Das Münchner Trainingsmodell. Heidelberg: Springer.

Junk, J. 1979. Theoretische Begründung und Entwicklung eines Trainingskurses an einer Erziehungsberatungsstelle zur Optimierung und Korrektur von elterlichem Erziehungsverhalten. Trier: Fachbereich I der Universität Trier (Diplomarbeit, Fotodruck).

MINSEL, B. 1975. Elterntraining. Empirische Sicherung der Veränderung von Erziehungseinstellungen und Erziehungsverhaltensweisen durch ein Trainingsprogramm. In: LUKESCH, H. (Ed.) Auswirkungen elterlicher Erziehungsstile. Göttingen: Hogrefe. S. 158–180.

MINSEL, B. 1976. Veränderung der Erziehungseinstellungen von Eltern durch Trainingskurse. Hamburg: Universität Hamburg (Dissertation, Fotodruck).

MINSEL, B. & FITTKAU, B. 1971. Konstruktion eines Fragebogens zum Elternverhalten und Versuch einer Validierung. Zeitschrift für Entwicklungspsychologie und Pädagogische Psychologie *3*, 73–88.

MINSEL, W.-R. & MINSEL, B. 1973. Lehrertraining – Möglichkeiten und Probleme. In: NICKEL, H. & LANGHORST, E. (Ed.) Brennpunkte der pädagogischen Psychologie. Bern: Huber. S. 149–159.

NICKEL, H. 1974. Beiträge zur Psychologie des Lehrerverhaltens. Beihefte der Zeitschrift Psychologie in Erziehung und Unterricht, Heft 67.

PERREZ, M., MINSEL, B. & WIMMER, H. 1974². Elternverhaltenstraining – Theoretische Einführung und praktische Übungen. Salzburg: Müller.

SCHNEIDER, J. 1978. Methoden der Interaktionserfassung. In: MINSEL, B. & ROTH, W. K. (Ed.) Soziale Interaktion in der Schule. München: Urban & Schwarzenberg. S. 31–56.

TAUSCH, R. & TAUSCH, A. 1975⁶. Erziehungspsychologie. Göttingen: Hogrefe.

28. FREDI BÜCHEL und MEINRAD PERREZ

Implementierung eines verhaltenstheoretisch orientierten Mediatorensystems auf der Primarschulstufe unter Einbezug der Eltern

Zusammenfassung: Als Ergänzung der traditionellen Schulpsychologie wird ein Beratungssystem vorgeschlagen, welches auf die direkte Umwelt des Kindes konzentriert ist. Lehrer und Eltern sind darin als aktiv Handelnde einbezogen. Es wird über Implementierung und Erfolgskontrolle dieses Mediatorenkonzepts berichtet. 37 Lehrer wurden als verhaltenstherapeutische Mediatoren ausgebildet und behandelten exemplarisch ein Kind ihrer Schulklasse, welches Verhaltensschwierigkeiten gezeigt hatte. Nach fünfwöchiger Intervention zeigte sich überzufällig häufig ein signifikanter Trend in die erwünschte Richtung. Eine Gruppe von Kindern, deren Eltern zusätzlich ein Verhaltenstraining erhielten, unterschied sich nicht von den übrigen.

1. Schulpsychologische Beratung als Veränderung der erzieherischen Umwelt

1.1 Das Mediatorenkonzept als Alternative zum «Expertenkonzept»

In den letzten Jahren wurde auf der Basis der Verhaltenstheorien ein neues Beratungskonzept entwickelt, das die Modifikation gestörten Kindverhaltens in der natürlichen Umgebung anzielt. Dieses Konzept – das sogenannte Mediatorenkonzept (THARP & WETZEL 1969) – unterscheidet sich von traditionellen Konzepten besonders in drei Kriterien: 1. im zugrundeliegenden Erklärungsmodell abweichenden Verhaltens, 2. in der diagnostischen Analyse des Problemverhaltens und 3. in der Intervention. Zu 1. Sehen die psychodynamischen Ansätze die aktuellen Determinanten gestörten Verhaltens eher in intradynamischen Konflikten bzw. in generellen Verhaltensdispositionen, so betont das verhaltenstheoretische Erklärungsmodell primär soziale, subjektexterne Determinanten. Das abweichende Verhalten wird als Funktion von sozialen Reizen interpretiert. Die verhaltenskontrollierende Funktion haben diese Reize durch Lernprozesse erhalten. Dies hat 2. für die Diagnostik die Konsequenz, daß in der Beratung zunächst nicht so sehr nach intrapsychischen Determinanten gesucht wird, sondern nach möglichen konditionierten bzw. diskriminativen Reizen und verstärkenden Konsequenzen, die das Verhalten vielleicht kontrollieren. Das Variablen-Schema von KANFER und SASLOW (1969), wonach das Problemverhalten eine mögliche Funktion von CS, oder S^D und C_+ bzw. S^Δ und C_- unter Berücksichtigung allfälliger Organismusvariablen ist, dient dabei als *Heuristik,* die am Einzelfall diagnostische Hypothesen glaubhaft machen soll. So gewonnene diagnostische Informationen sind 3. *interventionsrelevant.* Interventionsplanung und -durchführung orientiert sich an den Verhaltenszielen, den diagnostischen Hypothesen und am Änderungswissen (vgl. KAMINSKI 1970). Für die Beratung ergibt sich als bedeutende Konsequenz, daß sich das Ziel der Intervention auf die für die Kontrolle des Problemverhaltens als relevant befundenen Reizkonstanten der sozialen Umwelt bezieht. Diese sind das primäre Objekt der Intervention, nicht das Zielkind. Das «Expertenkonzept» dagegen konzentriert die Hilfestellung auf das Zielkind; die Umwelt delegiert die Problemlösung an den Experten, ohne daß sie selbst nennenswert verändert würde.

THARP und WETZEL (1969) haben in ihrem Mediatorenkonzept Beratungsstrukturen konzipiert, die den verhaltenstheoretischen Postulaten entsprechen. Die Experten betrachten die wichtigsten *Interaktionspartner des Zielkindes* als primäre Objekte der Intervention. Sie erhalten die Funktion von Kotherapeuten oder Mediatoren, wie sie es nennen.

	Expertenkonzept	Mediatorenkonzept
1. *Erklärungsmodell:*	Intrasubjektive Determinanten werden primär als relevant vermutet für die Kontrolle des Problemverhaltens.	Soziale Determinanten werden primär als relevant vermutet für die Kontrolle des Problemverhaltens.
2. *Diagnostik:*	Suche nach intrasubjektiven Determinanten, nach generellen Dispositionen.	Funktionale Analyse der sozialen Umwelt. Suche nach potentiellen sozialen Reizen, die das Problemverhalten kontrollieren.
3. *Intervention:*	Problemkind-bezogen.	Bezogen auf soziale Umwelt.

Abbildung 1: Schematische Gegenüberstellung von Experten- und Mediatorenkonzept

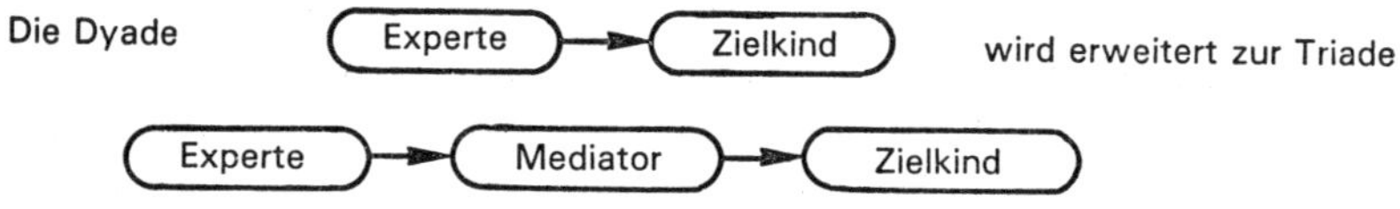

Abbildung 2: Das Mediatorenkonzept

Veränderung des Problemverhaltens des Zielkindes bedeutet demnach Veränderung der *sozialen Kontingenzen,* die das Problemverhalten postulierterweise kontrollieren.

1.2 Das Mediatorenkonzept als schulpsychologisches Beratungskonzept

Als Alternative zum traditionellen *schulpsychologischen Beratungskonzept,* das in einen «Beratungsnotstand an den Schulen» (LIEDE 1974) gemündet ist, da die im Expertenkonzept erforderliche Zahl an Schulpsychologen nicht annähernd bereitgestellt werden kann, soll das Mediatorenkonzept in zwei größeren Regionen eines Schweizer Kantons erprobt werden. Dem Schulpsychologen ist in diesem Konzept die Beratung von Lehrern und Eltern der Zielkinder zugedacht. Den verhaltenstheoretischen Postulaten gemäß, steht deren *Erziehungsstil* im Zentrum der Aufmerksamkeit. Eltern und Lehrer haben verhaltenstheoretische Qualifikationen und erzieherische Fertigkeiten zu erwerben, die nach den verhaltenstheoretischen Postulaten erwünschtes Kindverhalten wahrscheinlicher und unerwünschtes unwahrscheinlicher machen. Die Glaubwürdigkeit der Kontingenzmanagement-Hypothesen wird in begleitenden Untersuchungen überprüft (vgl. PERREZ et al. und PREISIG et al. in diesem Band).

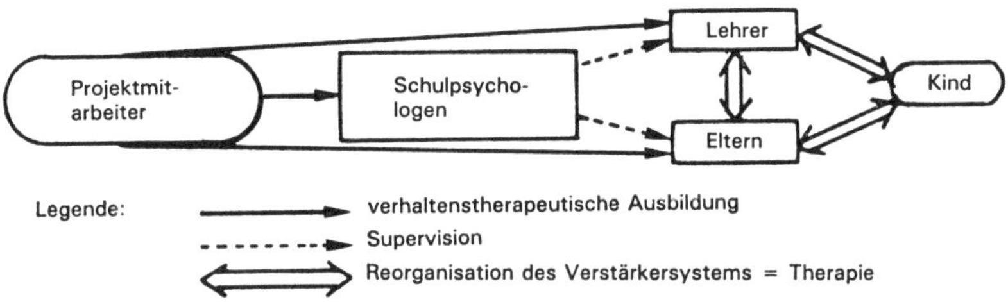

Abbildung 3: Kompetenzvermittlung im Mediatorensystem
(nach BUECHEL 1978, 10)

2. Die Etablierung des Mediatorensystems – Vermittlung der verhaltenstheoretischen Kompetenzen an die verschiedenen systemrelevanten Zielgruppen

Das skizzierte schulpsychologische Beratungssystem über Mediatoren erfordert die Qualifizierung dreier Zielgruppen:

2.1 Die Weiterbildung der Psychologen

Schulpsychologen eines Schweizer Kantons sollten verhaltenstherapeutisch qualifiziert werden, damit sie institutionell die Funktion der psychologischen Experten ausüben können, die die Lehrer und Eltern zu beraten haben.

2.2 Die Weiterbildung der Lehrer

Die in das Projekt auf freiwilliger Basis einbezogenen Lehrer sollten jenes lernpsychologische Wissen und jene Fähigkeiten der Schüler- und Selbstbeobachtung erwerben, die sie zur Mediatorenfunktion befähigen.

Da der Lehrer-Kurs selber einer wissenschaftlichen Analyse unterzogen wurde, mußten das Kursprogramm und die Kursdurchführung standardisiert werden. Der in zwei Teile gegliederte Lehrerkurs enthält sechs Lektionen, in denen das theoretische Wissen vermittelt wird; ab der siebenten Lektion wurde eine konkrete Intervention durchgeführt. Für die ersten sechs Lektionen wurden Vor- und Nachtests konstruiert. Diese wurden an Studenten aufgabenanalysiert. Die hypothesenrelevanten Variablen wurden vor und teilweise ebenso nach dem Kurs gemessen. Die Daten werden zur Zeit hypothesenbezogen analysiert. Es wird untersucht, welche Variablen bei der Ausbildung von Primarschullehrern zu verhaltenstherapeutischen Mediatoren den Kurserfolg beeinflussen.

2.3 Training der Eltern

Die dritte Gruppe des Mediatorensystems, die am Interaktionssystem des Zielkindes wesentlich beteiligt ist, stellen die Eltern dar. Zur Neustrukturierung des Verstärkungssystems des Schülers gehört neben dem schulischen Verhaltensrahmen jener der Familie. Die Eltern sollten deshalb die Voraussetzungen erwerben, die sie zur Mediatorenfunktion befähigen. U. a. sollte geprüft werden, ob die Intervention im schulischen Rahmen erleichtert würde, wenn der familiäre Verhaltensrahmen einbezogen wird (vgl. Abschnitt 3.3).

Der Kurs bestand aus 8 × 2 Std. Er wurde von einem Psychologen mit verhaltenstherapeutischer Zusatzausbildung geleitet. Etwa pro 5 Eltern stand dem Kursleiter ein Gruppenleiter (Psychologen, speziell vorgebildete Lehrer oder Studenten) zur Verfügung. Die Kursgestaltung hielt sich eng an das Trainingsprogramm von PERREZ et al. (1974).

3. Empirische Analyse der Interventionsverläufe

Das Mediatorenmodell erhebt den Anspruch, kindliches Verhalten in gewünschter Richtung zu verändern. Problemverhalten kann in seinem Auftreten durch zwei Wahrscheinlichkeitsverteilungen charakterisiert sein:

a) Verhaltensdefizit: (erwünschtes) Verhalten wird nicht oder zu wenig häufig geäußert.
b) Verhaltensüberschuß: (unerwünschtes) Verhalten wird zu häufig geäußert.

Erwünscht ist ein Verhalten dann, wenn es
- in einer erwünschten Situation
- zu einem erwünschten Zeitpunkt
- mit einer erwünschten Intensität

geäußert wird.

Das Mediatorenmodell entspricht auf der praktischen Handlungsebene dann unseren Erwartungen, wenn es möglich ist nachzuweisen, daß damit innerhalb nützlicher Frist
- erwünschtes Verhalten aufgebaut und
- unerwünschtes Verhalten abgebaut

werden kann. Damit ist nur die Effizienz des Beratungssystems betroffen, keineswegs schließt dies die wissenschaftlichen Grundlagen mit ein, die dem Mediatorensystem zugrundegelegt werden. Die Frage, ob die Effekte durch die theoriespezifischen Bedingungen des Treatments interpretierbar oder gegebenenfalls unspezifischen Bedingungen (Neuigkeitseffekt usw.) zuzuschreiben seien, wird zusätzlich in anderen Arbeiten geprüft (vgl. PERREZ et al. und PREISIG et al. in diesem Band). Da der Versuch in der Schule durchgeführt wurde, geht in die Prüfung nur schulrelevantes Verhalten ein. Das Modell soll dann als praktisch ineffizient zurückgewiesen werden, wenn es uns nicht gelingt, Verhaltensänderungen beim Zielkind in erwünschter Richtung innerhalb nützlicher Frist nachzuweisen. Dazu sind vorgängig folgende Begriffe zu klären:

a) Das Zielkind: Nach welchen Kriterien wird es ausgewählt, und wie ist sein Verhältnis zu den übrigen Kindern?
b) Das Zielverhalten: Welches Verhalten wird von wem und nach wel-

chen Kriterien als modifikationsbedürftig bezeichnet?
c) Wann gilt ein Zielverhalten als geändert?

3.1 Die Zielkinder

Die Auswahl des Zielkindes ist abhängig von der Stichprobe der Lehrer, die bereit waren, in unserem Projekt mitzuarbeiten. Die Organisation der Lehrerstichprobe lief folgendermaßen ab:

– Die Schulpsychologischen Dienste des Projektkantons forderten alle Lehrer der 1.–3. Primarklassen sowie der Einführungsklassen brieflich zu einer Informationssitzung auf, an welcher Projektmitarbeiter und Schulpsychologen gemeinsam in Kleingruppengesprächen Ziele und Methoden des Projektes bekanntgaben.

– Die interessierten Lehrer wurden zu einer zweiten Sitzung eingeladen, an welche sie von zwei Kindern, welche ihnen besondere Schwierigkeiten bereiteten, je eine 1-seitige Beschreibung mitbrachten. Dabei sollten Kinder, welche mit großer Wahrscheinlichkeit wegen Intelligenzdefekten oder Entwicklungsrückständen in eine Sonderschule für intelligenzschwache Kinder zu überführen wären, nicht berücksichtigt werden.

– In einem klinischen Interview zu ca. 45 Minuten wurde jeder Lehrer persönlich über die beiden Kinder befragt. Danach wurde mit den Lehrern zusammen entschieden, welches der beiden innerhalb des Projektes behandelt werden soll, und zwar nach folgenden Entscheidungskriterien:
- Dringlichkeit einer Intervention.
- Voraussichtliche Bereitschaft der Eltern, an der Intervention mitzuarbeiten durch Teilnahme an einem Elternkurs.

Zusätzlich wurden jene Verhaltensschwierigkeiten ausgeschlossen, welche erfahrungsgemäß nur in einem langfristigen Interventionsplan angegangen werden können, z. B. schweres Stottern. Nicht ausgeschlossen wurden Kinder, bei denen zusätzlich ein Verdacht auf frühkindliche Hirnschädigung bestand.

– Aufgrund von schriftlichem Bericht und Interview waren für jedes Kind 10–15 Kategorien des Problemverhaltens entwickelt worden. Mit Hilfe dieses provisorischen Beobachtungssystems wurde jedes Kind in 2–3 Beobachtungsphasen in der Klasse beobachtet. Gleichzeitig wurde ein unauffälliges «Durchschnittskind» mit denselben Kategorien durch trainierte Beobachter beobachtet, um sicherzustellen, daß der als von schulischen Normen abweichend beschriebene Schüler sich tatsächlich im beschriebenen Sinne verhält und die Abweichung nicht auf eine selektive, verzerrte Wahrnehmung des Lehrers zurückzuführen ist.

– Alle bis hierher angewendeten Auswahlverfahren beruhen auf individuellen Abweichungsdefinitionen, welche nur für den jeweiligen Lehrer und die Projektmitarbeiter Gültigkeit beanspruchen können. Um zu einer breiteren Abstützung der Abweichungskriterien zu gelangen, wurden die individuellen Beobachtungsprotokolle allen Lehrern der jeweiligen Region (20–25) anonym mit der Bitte vorgelegt, die Notwendigkeit einer Intervention nach einer 4-er-Skala zu beurteilen. Zuletzt wurden noch sämtliche bisherigen Beobachtungen einem Expertenrating unterzogen.

Damit ergab sich folgende Stichprobe der Zielkinder:

Tabelle 1: Stichprobe Zielkinder

	N	Elternmitarbeit
Einführungsklasse	1	
1./2. Klasse	23	7
3./4. Klasse	13	2
	37	9

3.2 Die Zielverhalten

Tabelle 2 gibt eine Übersicht über die Zielverhalten, welche in unsere Untersuchung eingingen. Die endgültigen Verhaltensbeschreibungen wurden folgendermaßen erarbeitet:

– Mit Hilfe der Information, wie sie aus der Phase der Stichprobenorganisation zur Verfügung standen, wurden durch die Lehrkräfte an mehreren Tagen unsystematische Beobachtungen durchgeführt, wobei die Hauptaufgabe in der Entdeckung möglicher Kontingenzen und auslösender Stimuli bestand.

– Die Protokolle aus der unsystematischen Beobachtung wurden einer Verhaltensanalyse (SCHULTE 1976) unterzogen. Dabei wurde der Abstraktionsprozeß soweit vorangetrieben, daß am Schluß noch 3–7 Verhaltenskategorien übrigblieben, die das von den Lehrern ursprünglich beschriebene Problemverhalten repräsentativ beschreiben sollen.

3.3 Die Messung des Therapieerfolges

Es ist allgemein üblich, die Kontrolle des Therapieerfolges als ein Wesensmerkmal der Verhaltenstherapie zu verstehen (z. B. ADAMEIT et al. 1978, 25; COHEN 1972, 88; HALDER 1975, 9). Trotzdem hat sich bisher kein Verfahren durchgesetzt, welches als Anleitung zur Frage: «Was ist Therapieerfolg?» dienen könnte. Welches Kriterium muß erfüllt sein, damit wir von einer erfolgreichen Therapie sprechen können? Ein ABAB-Design wie auch ein Multiple-Baseline-Plan erlauben uns,

Tabelle 2: Zielverhalten

Verhaltensüberschuß	*f*	*Verhaltensdefizit*	*f*
Spielen mit Gegenständen	15	Aufstrecken	7
Schwatzen, lachen, singen	13	Hilfsbereit gegen Lehrer oder Mitschüler	4
Dreinschwatzen	11	Blickkontakt zu Lehrer	3
Schaukeln mit Stuhl	9	Aktiv Kontakt suchen	2
Platz verlassen	7	Lächeln	2
Herumschauen	6	Pos. Gefühle/Erlebnisse äußern	1
Unerwartete Stellung auf Stuhl	5	Spontane Beiträge	1
Streit anfangen	4	Selbständig arbeiten	1
Kinder stören	4		
Lutschen, Gegenstände kauen	4		
Lutschen, Finger kauen	4		
Spielen mit Körper	3		
Grimassen	3		
Abschauen	2		
Stupfen	2		
Selbstgespräche	1		
Schmieren	1		
Reklamieren unbegründet	1		
Lesen unterrichtsfremd	1		
Rückfrage trotz Erklärung	1		
Gähnen	1		
Auf dem Boden sitzen, liegen	1		
Angeben	1		
Material wegnehmen	2		
Total Verhaltensüberschuß	102	Total Verhaltensdefizit	21

mit einiger Sicherheit veränderte Verhaltensfrequenzen auf unsere Intervention zurückzuführen, anstatt sie dem Zufall oder anderen als den von uns geplanten Einflüssen zuschreiben zu müssen. Sie sagen jedoch nichts darüber aus, wann wir eine veränderte Verhaltensfrequenz als überzufällig betrachten dürfen. Noch viel weniger wissen wir damit, wie viele solcher überzufälliger Übergänge nötig sind, bis wir von einem erfolgreichen Therapieverlauf sprechen können.

Bei der Lösung dieses Problems sind wir von folgenden Überlegungen ausgegangen:

a) Eine einmalige Veränderung einer Verhaltensfrequenz kann nicht als Therapieerfolg bezeichnet werden.
b) Ein Kriterium für Therapieerfolg ist abhängig von der Länge der Interventionsphase.
c) Verhaltenstherapie lebt nicht von Überraschungen. Sie ist vielmehr ein kontrollierter, kontinuierlicher Prozeß in Richtung auf ein Ziel.

d) Die Fremdkontrolle durch den Therapeuten kann nur als vorübergehende Hilfestellung verstanden werden. Hat der Klient gelernt, mit dem Zielverhalten im therapeutischen Sinn umzugehen, dann führt er selber die Therapie zum Ziel (REINECKER 1978).

Wir sprechen von einem *erfolgreichen Therapieverlauf, wenn die Auftretensfrequenzen des Zielverhaltens sich kontinuierlich signifikant in die erwünschte Richtung verändern.* Wir können auch formulieren: Das Zielverhalten soll einen signifikanten Trend aufweisen. Da dieser Trend sich nicht auf einige wenige, sondern auf möglichst viele Übergänge stützen soll, gehen wir nicht von einem varianzanalytischen, sondern von einem Regressionsmodell aus.

Die x-Achse dient in diesem Modell als Zeitachse, die Regressionsgerade entspricht der Therapiekurve, wie sie durch therapiebegleitende Beobachtung gewonnen wird, und auf der y-Achse bilden sich deren jeweilige Frequenzen ab.

Über die Steigung der Regressionsgeraden werden keine Aussagen gemacht. Sie ist davon abhängig, wie gut ein Verhalten gelernt war und wieviel an therapeutischem Aufwand investiert werden kann.

Ebenfalls werden keine Aussagen gemacht über den Schnittpunkt der Regressionslinie mit der y-Achse. Dieser Schnittpunkt kann als mittlere Frequenz der Baseline verstanden werden.

Da unsere Beobachtungsdaten die Bedingungen für eine Regressionsanalyse nicht erfüllen, kann das Regressionsmodell nur als Denkmodell dienen. Für die rechnerische Bewältigung des Problems greifen wir auf den MANN-KENDALL-tau-Test zur Prüfung eines monoton steigenden oder/und fallenden Trends eines zeitabhängigen Merkmals (LIENERT 1973, 633) zurück.

Es handelt sich dabei um einen originalen tau-Koeffizienten für diejenigen Fälle, wo die eine der beiden Variablen als unabhängiges und geordnetes Merkmal betrachtet wird. Da jede Therapie auf einer Zeitdimension angesiedelt ist, kann der Therapieverlauf durch eine natürliche Zahlenreihe abgebildet und damit sozusagen als unabhängige Variable behandelt werden. Dies ist auch dort möglich, wo keine regelmäßigen Messungen des kritischen Verhaltens vorliegen, weil der tau-Koeffizient von Rangreihen ausgeht und damit keine Äquidistanz verlangt. Selbstverständlich sind damit auch weder Normalverteilung noch Varianzhomogenität nötig. Als weiterer Vorteil sei vermerkt, daß Tagesschwankungen oder extreme Ausschläge im kritischen Verhalten, wie sie durch therapiefremde Einflüsse oder Beobachter-Ungenauigkeiten häufig vorkommen, dank des Rückgriffes auf Ranginformation, sich nicht so stark auswirken wie bei Differenzmaßen.

Ein weiterer Vorteil ist darin zu sehen, daß bei $N > 10$ sich tau-Koeffizienten annähernd normal verteilen (KENDALL 1948, 39) mit einem M von 0 und Var (tau) = 2 (2 N + 5)/9 N (N – 1) (LIENERT 1973, 613). Dies erleichtert eine rechnerische Weiterverarbeitung individueller tau-Koeffizienten und erlaubt eine einfache Signifikanzprüfung auch dort, wo wegen gleicher Werte in der abhängigen Variable Rangaufteilungen vorgenommen werden müssen. Die «abhängige» Variable erhalten wir durch einfache Auszählung des Auftretens des Zielverhaltens. In unserem Versuch waren die Lehrer angewiesen, während der Baseline-Phase (1. Woche) täglich 3 x 20 Min. zu beobachten, während der Therapiephase (2.–5. Woche) täglich 3 x 15 Min., resp. 3 x 10 Min. je nach Verhalten. Dabei traten verschiedene Probleme auf, wie sie in der Literatur bereits häufig diskutiert sind (z. B. MEES & SELG 1977).

a) Gelegentlich konnte der Stichprobenplan nicht eingehalten werden. Anstatt z. B. 3 x 10 Min. wurde an bestimmten Tagen nur 1 x 10Min. oder 1 x 10 Min. + 2 x 5 Min. beobachtet. Wir haben das Problem gelöst, indem wir sämtliche Protokolle auf diejenige Beobachtungszeit umrechneten, welche während des gesamten Versuches am häufigsten verwendet wurde. Damit handelten wir uns allerdings massive Nachteile ein: Wegen der offensichtlichen Abhängigkeit der Beobachtungsgenauigkeit von der Länge der Beobachtungsphase muß immer dort mit zu kleinen Tagesfrequenzen gerechnet werden, wo eine größere Beobachtungsstichprobe auf eine kleinere bezogen wird und umgekehrt. Dieser Effekt hat sich in unseren Protokollen in zweifacher Hinsicht ausgewirkt:

1. Da die Beobachtungsstichproben in der Baseline-Phase in der Regel doppelt so lang waren, mußten sie durch 2 dividiert werden, was dazu führte, daß die mittleren Baseline-Frequenzen häufig tiefer ausfielen als die mittleren Frequenzen der folgenden Wochen.

2. Da gegen Schluß des Versuches (4. und 5. Woche) bei verschiedenen Lehrern eine gewisse Beobachtungsmüdigkeit auftrat, wurden in dieser Phase die Stichproben nicht selten auf bis zu 5 Min. reduziert, was eine nachträgliche Multiplikation mit 2 oder 3 nach sich zog.

Da es sich in den meisten Fällen um Verhaltensüberschüsse handelt, wirkte sich diese künstliche Verflachung der Beobachtungskurven zu unseren Ungunsten aus.

b) Da sich der Versuch über 5 Schulwochen verteilte, ergaben sich für die Auswertung 30 Tagesprotokolle. Da bei allen Lehrern Ereignisse wie Schulreise, Inspektorenbesuch, Lehrerkonferenz in die Versuchsperiode fielen, gingen wir von einem max. N von 27 aus.

Von verschiedenen Lehrern erhielten wir jedoch unvollständige Protokolle, sei es, weil das Zielkind oder der Lehrer krank wurden, sei es, weil wir selber gewisse Tagesprotokolle ausscheiden mußten, welche minimale formale Anforderungen nicht erfüllten. Da wir somit nicht von einem gleich großen N für alle Lehrer ausgehen konnten, mußte auf einen direkten Vergleich der tau-Koeffizienten verzichtet werden. Als Grundlage unserer Hypothesenprüfung kann somit nur noch das Signifikanz-Kriterium herangezogen werden, was einen massiven Informationsverlust überall dort bedeutet, wo Vergleiche innerhalb der Lehrerstichprobe gewünscht werden.

c) Ein drittes Problem sei hier nur angeschnitten, ohne daß eine eigene Lösung vorgeschlagen werden könnte. Das Korrelationsmodell geht von Beobachtungsdaten aus, welche voneinander unabhängig sind. Diese Unabhängigkeit kann für unsere Meßpunkte in Frage gestellt werden. Dem ist folgende Überlegung entgegenzuhalten:

– Zwar wird jeden Tag das gleiche Verhalten des gleichen Kindes beobachtet. Auch steht dieses Verhalten systematisch unter einem Veränderungsdruck in eine erwünschte Richtung. Unter der Hypothese der 0-Korrelation kann jedoch jeder Tageswert unabhängig von vorhergehenden oder nachfolgenden Tageswerten streuen.

Damit sind die Voraussetzungen zu einer exakteren Formulierung der Fragestellungen gegeben. Zwei Fragen (welche sich auf zwei verschiedene Stichproben beziehen) interessieren uns in dieser Arbeit:

1. Erlaubt das Mediatorenmodell einen kontinuierlichen Therapieverlauf in erwünschter Richtung? Da Kontinuität nur voraussetzt, daß die Beobachtung (n + 1) größer resp. kleiner ist als die Beobachtung (n), kann die Therapiekurve entweder eine zu x nicht parallele Gerade sein oder eine beliebige Konvexe oder Konkave.

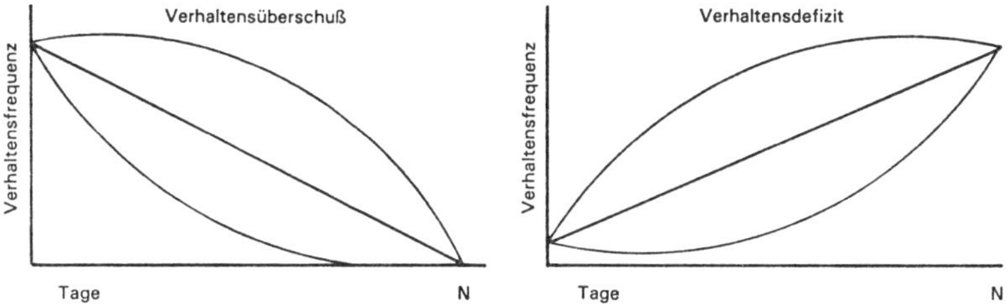

Abbildung 4: Modell eines kontinuierlichen Therapieverlaufes

Bei maximal kontinuierlichem Therapieverlauf würden wir in allen in Abbildung 4 dargestellten Fällen ein tau von $\pm$ 1 erhalten. Ein tau $<$ 1 erhalten wir wegen der Schwankungen, welche auf therapiefremde Einflüsse zurückzuführen sind oder wenn sich der Trend eine zeitlang in unerwünschter Richtung entwickelt (weshalb wir auch eine 2seitige Signifikanzprüfung vornahmen).

H_1: $0 > \text{tau} \geqq -1$ bei Verhaltensüberschuß

$0 < \text{tau} \leqq +1$ bei Verhaltensdefizit

H_1 gilt als akzeptiert bei einem $p \leqq .05$ bei zweiseitiger Prüfung.

2. Wie aus Tabelle 1 hervorgeht, gelang es uns bei 9 Zielkindern, deren Eltern in einem gezielten Erziehungstraining zu erfassen. Damit läßt sich auch die zweite Frage prüfen, ob im Mediatorenmodell der Erfolg von der Mitarbeit der Eltern abhängig sei. Wir definieren:

- Eltern, welche am Training mitmachen, zeigen einen hohen Grad an Kooperation. Wir sprechen von kooperativen Eltern.
- Eltern, welche nicht am Training mitmachen, zeigen einen tiefen Grad an Kooperation. Wir sprechen von nicht-kooperativen Eltern.

Wir erwarten, daß Kinder von kooperativen Eltern mit dem Mediatorenmodell erfolgreicher behandelt werden. Erfolgreich behandelt sind jene Kinder, welche einen sign. kontinuierlichen Therapieverlauf aufweisen.

H_2: $\Sigma\ tau_{sign.}$ (koop. Eltern) $> \Sigma\ tau_{sign.}$ (nicht koop. Eltern)
Die Hypothese gilt als akzeptiert bei einem $p \leqq .05$ bei zweiseitiger Prüfung.

3.4 Die Intervention am Zielkind

Die Intervention gestaltete sich folgendermaßen:

a) Während der ersten Woche des praktischen Teils des Kurses wurden von 3–5 Verhaltensweisen Baselines erstellt.

b) Während der zweiten Woche wurde mit dem Kind ein Ehrlichkeitstraining für 1–2 Verhalten (in Tabelle 1, Anhang; mit Stern) durchgeführt. Das Kind beobachtete sich selber 2 × 30 Min. pro Tag. Beobachterübereinstimmung mit dem Lehrer wurde durch ein Tokensystem belohnt. Der Vergleich wurde großzügig gehandhabt, damit das Kind am Belohnungssystem Freude finden konnte. Gleichzeitig belohnte der Lehrer das Zielverhalten sozial (z. B. Lächeln, Blickkontakt, verbales Lob) während des ganzen Tages.

c) In der 3.–5. Woche beobachtete das Zielkind die beiden Verhaltensweisen aus Phase b. Belohnt wurde aber nicht mehr Beobachterübereinstimmung, sondern das Erreichen eines vorher festgelegten Zielwertes. Gleichzeitig wurde die soziale Belohnung aller Zielkategorien weitergeführt.

3.5 Ergebnisse

Beide Hypothesen haben wir getrennt für alle Verhaltenskategorien und für diejenigen Verhaltenskategorien, welche zusätzlicher Selbstbeobachtung unterworfen waren, geprüft.

Die Daten aller Zielkinder sind im Anhang Tabelle 1a und 1b dargestellt.

Tabelle 3: Signifikanz der tau-Koeffizienten

		$p \leqq .05$	$p > .05$	z	p
Alle Verhaltensweisen	116	70	46	2.23	.02
Zusätzliche Selbstbeobachtung	46	34	12	3.53	.007

Tabelle 3 bezieht sich auf die Koeffizienten aus Tabelle 1a und 1b, Anhang. Bei beiden Behandlungen konnte die Hypothese eines überzufälligen tau-Koeffizienten häufiger angenommen werden, als daß sie verworfen werden mußte. Bei dem zusätzlich behandelten Verhalten ist das Verhältnis günstiger, jedoch in beiden Fällen signifikant zugunsten der Hypothese.

Die zweite Hypothese sagt voraus, daß für Kinder von kooperativen Eltern die Hypothese eines überzufällig hohen tau-Koeffizienten (H_1) häufiger angenommen werden kann als für die Kinder von nicht-kooperativen Eltern. Zur Prüfung dieser Voraussage gingen wir von der Stichprobe der 9 Zielkinder aus, deren Eltern am Training teilgenommen hatten. Kinder von Eltern, die mehr als 3 Abende dem Training ferngeblieben waren, sind darin nicht berücksichtigt. Um zu einer vergleichbaren Kontrollgruppe zu gelangen, wählten wir zu jedem Kind aus der Stichprobe einen Paarling von den Kindern nicht-kooperativer Eltern aus. Da wir den Einfluß elterlicher Kooperation prüfen wollten, berücksichtigten wir zur Paarlingsbildung nur den möglichen Lehrereinfluß. Wir ordneten jedem «kooperativen» Kind ein «nicht-kooperatives» Kind von demjenigen Lehrer zu, der a) dasselbe Geschlecht wie der Lehrer des «kooperativen» Kindes hatte und b) gleich große Lehrerfahrung aufwies. Auch Hypothese 2 wurde einmal für alle Zielverhalten geprüft und einmal nur für diejenigen mit zusätzlicher Selbstbeobachtung.

Wie Tabelle 4 zeigt, verteilen sich die erfolgreichen Behandlungen gleichmäßig auf die beiden Gruppen. Bei Einbezug aller Zielverhalten ist das Verhältnis gar 18 : 20 zugunsten der Kinder von nicht-kooperativen Eltern; die Differenz ist jedoch nicht signifikant (Vierfelder χ^2 nach MITTENECKER 1970, 88).

Tabelle 4: Therapieerfolg bei zusätzlicher elterlicher Kooperation

	Alle Verhalten						Zusätzliche Selbstbeobachtung					
	koop.			n. koop.			koop.			n. koop.		
		z	p		z	p		z	p		z	p
$tau_{s.}$; $\alpha = 5\,\%$ ...	18			20			13			13		
$Diff_{tau_s, tau_{ns}}$ ...		0.17	.43		0.84	.20		1.89	.03		1.89	.03
tau_{ns}; $\alpha = 5\,\%$ ..	17			15			5			5		
N	35			35			18			18		
χ^2(koop, n.koop) ..				0.057 n. s.								

4. Diskussion

Zwei Hypothesen sollten mit dieser Untersuchung geprüft werden:

A. Das Hauptanliegen war zu untersuchen, ob mit Hilfe des Mediatorenkonzepts erfolgreiche Therapieverläufe innerhalb einer schulischen Umwelt erreicht werden können.

Die Effizienz des Mediatorenmodells wurde an einer Stichprobe von behandelten Verhaltensweisen nachgewiesen. In die Analyse gehen dabei folgende Faktoren ein:

a) Ein einzelnes *Verhalten* eines bestimmten Kindes bei einem bestimmten Lehrer während einer bestimmten Zeitperiode. Dieses Verhalten während dieser Periode ist die Grundeinheit unserer Prüfung.

b) Ein einzelnes *Kind* bei einem bestimmten Lehrer. Das Kind geht nur als indirekter Parameter in die Berechnung ein.

c) Ein einzelner *Lehrer,* welcher nach dem instrumentellen Paradigma die Zielverhaltensweisen des Zielkindes kontingent beantwortet oder ein Zielverhalten durch einen Hinweisreiz auslöst. Andererseits ist der Lehrer auch diejenige Instanz, welche das Zielverhalten registriert und damit mit dem Faktor Meßgenauigkeit die Schlußaussage beeinflußt.

d) Ein bestimmtes *Beratungsmodell,* nämlich das Mediatorensystem, welches die bisherigen Parameter zueinander in Beziehung setzt.

Zuerst zum *Verhalten:* Wie aus Tabelle 3 hervorgeht, konnte klar gezeigt werden, daß aus der Untersuchung signifikant mehr erfolgreiche Therapieverläufe hervorgingen als erfolglose, dies sowohl für Verhalten, welche zusätzlich mit Selbstbeobachtung behandelt wurden als auch für solche, welche nur durch vermehrte soziale Verstärkung beeinflußt waren. Ein kritischer Punkt, auf welchen in der vergleichenden Therapieforschung (z. B. FUERSTENAU 1972) wie auch in der allgemeinen Diskussion um die Verhaltenstherapie häufig hingewiesen wird, ist die Objektivierung des vom Klienten geschilderten Problems. In verhaltenstheoretischer Terminologie sprechen wir von der Definition der Verhaltenskategorien. Dabei stellen sich mindestens zwei konkrete Fragen:

1. Ist mit der vom Versuchsleiter geforderten Abstraktion des vom Lehrer geschilderten Problems auf max. 5 Verhaltenskategorien dieses Problem tatsächlich einigermaßen unverzerrt umschrieben?

2. Welche Konsequenzen für die Beurteilung des Mediatorenkonzeptes hat das Verhältnis 102 : 21 zwischen Verhaltensüberschuß und Verhaltensdefizit (Tabelle 2) beim Gesamtpool des untersuchten Verhaltens?

Die erste Frage betrifft das Problem, alltagssprachliche Ausdrücke in eine Wissenschaftssprache zu übersetzen, die erst die theoriebezogene Analyse und Intervention des Problems, das aus der Alltagserfahrung stammt, ermöglicht. Der Lösungsversuch bestand darin, daß der jeweilige Lehrer selber zu beurteilen hatte, ob die gewählten Kategorien für das Problemverhalten repräsentativ seien. Zusätzlich wurde am Schluß des Versuchs den beteiligten Lehrern die Frage gestellt: «Haben Sie den Eindruck, daß die Intervention bei Ihrem Kind erfolgreich war?» In den 25 bisher zurückerhaltenen Fragebogen verteilen sich die Antworten auf einer 4stufigen Skala wie folgt:

Tabelle 5: Lehrereindruck über Interventionserfolg

Sehr erfolgreich	Ziemlich erfolgreich	Nicht besonders erfolgreich	Gar nicht erfolgreich
9	14	1	1

Die zweite Frage nach dem Verhältnis von Verhaltensüberschuß und Verhaltensdefizit gibt zu verschiedenen Interpretationen Anlaß. Wie kam es zu diesem Verhältnis? Der Vorwurf, Verhaltenstherapeuten hätten es nur auf die Ausmerzung unerwünschten Verhaltens abgesehen, wäre naheliegend. Dem ist entgegenzuhalten, daß die Lehrer angewiesen wurden, das Verhältnis zwischen aufzubauendem und abzubauendem Verhalten – wenn immer möglich – ausgeglichen zu gestalten. Eine zu massive Beeinflussung der Lehrer glaubten wir aufgrund des Mediatorenmodells uns nicht gestatten zu dürfen. Wenn die in den Versuch eingegangenen Verhaltensweisen trotzdem vorwiegend aus Verhaltensüberschüssen bestehen, so widerspiegelt das die Situation, wie sie bei Durchsicht der klinisch-psychologischen und heilpädagogischen Literatur augenfällig wird: daß nämlich nicht nur von Lehrern, sondern ebenso von Psychologen und Heilpädagogen verschiedenster Richtungen unerwünschtes Verhalten eher wahrgenommen wird als erwünschtes (WICKMANN 1928, zit. nach SHEPHERD et al. 1973 und SHEPHERD et al. 1973, S. 11–21).

Der Faktor *«Lehrer»* ist in dieser Arbeit nicht ausreichend geklärt. Im besonderen kann eingewandt werden, daß nicht dieselbe Person, welche das Treatment durchführt, die Kindreaktionen registrieren sollte, da damit der Faktor «Beobachter-Erwartung» unkontrolliert bleibt. Sofern wir uns auf die von der vorliegenden Untersuchung gelieferten Daten stützen, können wir dem Vorwurf nichts entgegenhalten. Hingegen ist unsere Untersuchung nur ein Teil des Gesamtprojektes «Soziale Reintegration in der Schulklasse», in dessen Rahmen ein Teil der in unsere Stichprobe eingegangenen Kinder mit automatischer Videoregistrierung beobachtet wurde (vgl. dazu die Beiträge PERREZ et al. sowie PREISIG et al. in diesem Band). Ferner ist zu bedenken, daß als Erfolgskriterium nicht nur die tatsächliche Veränderung des Schülerverhaltens, sondern auch die Veränderung der Lehrer-Einstellungen in Betracht gezogen werden kann. Bei der *statistischen Behandlung* wäre in erster Linie die Operationalisierung von Therapieerfolg zu hinterfragen. Die technischen Aspekte dieses Problems wurden bereits in Absatz 3.3 besprochen. Es stellt sich die Frage, ob eine solche Operationalisierung als psychologisch relevant bezeichnet werden kann.

– Ist es sinnvoll, einen Therapieverlauf dann als erfolgreich zu bezeichnen, wenn er einen sign. Trend in erwünschter Richtung aufweist? Es ist zu berücksichtigen, daß jede Vorhersage zukünftiger Ereignisse sich auf den Trend bisheriger Manifestationen stützen muß, sofern die Wirksamkeit derjenigen Faktoren, welche die Auslösung der Ereignisse steuern, nicht genügend bekannt ist. In unserem Fall gehen wir von der Voraussetzung aus, daß das Kindverhalten auch in Zukunft primär durch das Lehrerverhalten gesteuert sein wird. Letzteres können wir nicht voraussagen, doch scheint es vernünftig anzunehmen, daß es sich nicht sprunghaft ändern wird.

– Ist es sinnvoll, die Beurteilung eines Therapieerfolges davon abhängig zu machen, wie kontinuierlich dieser Verlauf ist? Es gibt eine Reihe – vorwiegend dynamisch orientierter – Therapiemethoden, welche von der Annahme plötzlicher Veränderungen ausgehen. Unsere Operationalisierung hängt hier mit dem verhaltenstheoretischen Paradigma zusammen, welches bei verändertem Lehrerverhalten nur eine erhöhte Wahrscheinlichkeit für verändertes Kindverhalten voraussagt. Da aber Lehrerverhalten und Kindverhalten sich wechselseitig bedingen, indem nämlich nicht nur der Lehrer das Kind, sondern ebenso das Kind den Lehrer beeinflußt, wird der Therapieverlauf wohl folgendermaßen vor sich gehen: Durch vermehrte soziale Verstärkung durch den Lehrer erhöht sich die Wahrscheinlichkeit von erwünschtem Verhalten des Kindes, wodurch der Lehrer in seinem verstärkenden Verhalten durch den Schüler verstärkt wird. Dadurch steigt die Wahrscheinlichkeit verstärkenden Lehrerverhaltens und der Verstärkungskreislauf geht weiter. Somit wird beim verhaltenstheoretischen Paradigma ein kontinuierlicher Therapieverlauf erwartet.

B. Die zweite Hypothese sagt einen höheren Erfolg bei denjenigen Kindern voraus, deren Eltern zusätzlich an einem Verhaltenstraining teilnahmen. Diese Hypothese wird durch unsere Ergebnisse *nicht* gestützt. Mindestens zwei Interpretationen sollten dabei geprüft werden:

a) Die experimentelle Anlage war zur Entscheidung dieser Frage zu schwach.

b) Das Mediatorenmodell wird nicht beeinflußt durch elterliche Kooperation.

Die Kritik der experimentellen Anlage muß wohl bei den eher bescheidenen Stichproben ansetzen. Von nur je 9 Eltern gingen je 35 resp.

18 Kindverhalten in die Prüfung ein. Bei der Prüfung aller Verhaltensweisen fällt auf, daß bereits das Verhältnis zwischen signifikanten und nichtsignifikanten tau-Koeffizienten fast ausgeglichen ist (Tabelle 4), obwohl in der Gesamtpopulation noch sign. mehr überzufällig hohe tau-Koeffizienten auftraten (Tabelle 3). Dies läßt den Verdacht zu, daß es sich bei den 2×9 Kindern um eine spezielle Unterstichprobe handelt. Die naheliegende Vermutung besonders schwieriger Probleme bei den Kindern kooperativer Eltern kann aber nicht aufrechterhalten werden, weil dasselbe Zahlenverhältnis auch bei den Paarlingen auftrat und das Verhältnis sich sign. zugunsten der überzufälligen tau-Koeffizienten ändert, wenn wir nur diejenigen Fälle betrachten, welche zusätzlicher Selbstkontrolle unterworfen waren. Da sich jedoch dieses Verhältnis auch bei den Paarlingen ändert, ist nicht einmal die Vermutung berechtigt, die Kinder der kooperativen Eltern würden eben erst bei zusätzlicher Selbstbeobachtung ansprechen.

Die Frage, ob das Mediatorenmodell in der schulischen Situation effizienter sei in der erweiterten Form der zusätzlichen elterlichen Kooperation, konnte in unserem Versuch nicht geklärt werden; denn trotz der negativen Ergebnisse wagen wir nicht zu schließen, elterliche Kooperation sei irrelevant. Wie aus Kapitel 2 hervorgeht, waren zwar sowohl Lehrerkurs wie Elterntraining verhaltenstheoretisch ausgerichtet, im übrigen aber nicht speziell aufeinander abgestimmt. Nachdem die Alltagstheorien in bezug auf Hypothese 2 doch recht beharrlich sind, könnte es sich lohnen, die Frage mit einer größeren Stichprobe und stärker aufeinander abgestimmten Treatments nochmals aufzugreifen.

Abschließend kann festgestellt werden, daß die empirische Kontrolle der Interventionsverläufe die praktische Nützlichkeit des Beratungssystems nahelegt. Über die Gültigkeit der verhaltenstheoretischen Postulate, die diesem Konzept zugrundegelegt werden, sagt diese Untersuchung nichts aus. Die Rolle der Eltern bleibt auf der Basis der bisherigen Analysen unklar. Als alternatives Beratungssystem, das die Funktionen des traditionellen Expertenkonzeptes vollständig zu integrieren vermöchte, kann das Mediatorenkonzept aufgrund der hier vorliegenden Erfahrungen sicher nicht interpretiert werden; aber es verspricht, einen gewichtigen Teil der Probleme zielführender lösen zu können, deren «Lösung» bei der traditionellen schulpsychologischen Beratung allzu häufig in entsprechenden Wartezeiten mit der Hoffnung auf Spontanremission besteht oder deren Bearbeitung bei der Diagnostik beginnt und gleich darauf im psychologischen Aktenfriedhof ihr Ende findet. Über das spezielle Indikationsproblem werden weitere Analysen folgen.

Anhang 1a: Therapiekontrolle in den Lehrergruppen Olten I und II

Lehrer Verhalten	Erwünschtheit	Kendall-Koeffizient	N	P	Lehrer Verhalten	Erwünschtheit	Kendall-Koeffizient	N	P
11.1	u	–.3273	9	.130	1.1	u	–.1257	27	.188
11.2	u	–.5963	9	.022	1.2	u	–.8563	6	.012
11.3 *	u	–.4326	23	.003	1.3	u	–.0954	26	.253
11.4 *	u	–.2581	23	.048	1.4 *	u	.1253	27	.188
12.1	e	.6144	27	.001	2.1 *	u	–.4418	24	.002
12.2 *	u	–.2509	27	.041	2.2	u	.0000	9	.500
12.3 *	u	–.6036	27	.001	2.3	u	–.3917	23	.008
12.4	u	–.3958	27	.003	2.4 *	u	–.4071	24	.005
13.1 *	u	–.5402	24	.001	3.2	u	–.0042	23	.489
14.1 *	u	–.3124	26	.019	3.4 *	u	.1997	23	.103
14.2	u	–.4954	26	.001	3.5 *	e	.4789	23	.001
14.3	u	–.5800	26	.001	3.6	u	–.1062	23	.255
14.4	u	–.1893	26	.100	4.1 *	u	–.0159	24	.459
14.5 *	u	–.3660	26	.007	4.2	u	–.3119	24	.026
15.1	u	–.7377	9	.005	4.5 *	e	.4769	24	.001
15.2 *	u	–.3043	9	.139	5.1	u	–.8044	10	.001
15.3 *	u	–.3293	9	.118	5.2 *	u	–.3233	15	.060
16.1 *	e	.3947	21	.008	5.4	u	–.3892	15	.031
16.2	e	–.1409	21	.195	5.5 *	e	.6789	15	.001
16.3	e	.2718	21	.051	6.1 *	u	–.3974	27	.004
16.4	e	–.2645	21	.056	6.2	u	–.2439	27	.056
17.1 *	u	–.2164	23	.079	6.3	u	.2136	27	.069
17.2	u	–.1567	23	.168	6.5	u	.0494	20	.384
17.3 *	u	.1489	20	.187	7.1	u	.0038	26	.490
17.4	u	–.1126	20	.247	7.2 *	u	–.0630	26	.329
18.1 *	u	–.7524	16	.001	8.1 *	u	–.6656	26	.001
18.2 *	u	–.7065	16	.001	8.2	u	–.5748	26	.001
18.3	u	–.7554	16	.001	8.3 *	e	.2519	26	.044
					8.4	u	–.1705	26	.130
					9.1 *	u	–.2595	23	.047
					9.2	u	–.5079	23	.001
					9.3	u	–.2422	23	.062
					9.4	u	–.1471	23	.182
					9.5	u	.0048	23	.488

Anhang 1b: Therapiekontrolle in der Lehrergruppe Solothurn I

Lehrer Verhalten	Erwünschtheit	Kendall-Koeffizient	N	P	Lehrer Verhalten	Erwünschtheit	Kendall-Koeffizient	N	P
21.1	u	–.5380	27	.001	26.1 *	u	–.6398	25	.001
21.2	u	–.4669	27	.001	26.2	u	–.3833	25	.007
21.3	u	–.2261	27	.055	26.3	u	–.2695	25	.045
21.4 *	u	–.4346	22	.004	26.4	u	–.2502	25	.054
21.5 *	u	–.5762	27	.001	26.5 *	e	–.2425	25	.061
21.6	u	–.1627	27	.127	27.1 *	u	–.3362	20	.027
21.7	e	.0161	27	.457	27.2	u	–.4563	20	.005
22.1 *	u	.1101	18	.269	27.3	u	–.2730	20	.060
22.2	u	–.5546	18	.001	27.4 *	u	–.6867	20	.001
22.3 *	u	–.3613	18	.020	27.5	u	–.4375	20	.005
22.4	u	–.5489	18	.001	28.1	u	–.1707	26	.128
22.5	u	–.5636	18	.001	28.2	u	–.3697	25	.006
23.1	u	–.3644	25	.006	28.3 *	u	–.4481	24	.002
23.2 *	u	–.4099	25	.003	28.4	u	–.3127	25	.033
22.3 *	e	.5509	24	.001	28.5	u	–.6406	15	.002
23.5	u	–.5053	25	.001	29.1 *	u	–.4726	25	.001
24.1 *	u	–.4206	26	.002	29.2	u	–.2691	25	.033
24.2	u	–.3347	25	.018	29.3 *	u	–.4091	25	.003
24.3	u	–.5485	25	.001	29.4	u	–.6371	25	.001
24.4	e	.0116	26	.471	29.5	e	–.2528	23	.059
24.5	e	–.0447	26	.378	30.1 *	u	–.1868	27	.095
25.1	e	.3464	27	.007	30.2	u	–.2103	27	.074
25.2	e	.4231	27	.001	30.3	u	.1552	27	.137
25.3	u	–.1833	27	.110	30.4	u	–.2574	27	.045
25.4 *	u	–.3564	27	.007	30.5	e	–.1379	27	.192
25.5	u	–.3918	27	.003	31.1	e	–.0456	26	.377
					31.3 *	e	.2417	27	.045
					31.5 *	u	–.3634	26	.006

Literatur

ADAMEIT, H., HEIDRICH, W., MOELLER, CHRISTINE & SOMMER, H. 1978. Grundkurs Verhaltensmodifikation. Weinheim/Basel: Beltz.

BUECHEL, F. 1978. Erziehungstraining für Eltern. Bulletin des Schweiz. Berufsverbandes der Heilpädagogen (SBH) *1,* 7–14.

COHEN, R. 1972. Grundlagen der Verhaltenstherapie. In: BACHMANN, C. H. (Hg.): Psychoanalyse und Verhaltenstherapie. Frankfurt: Fischer.

FUERSTENAU, P. 1972. Probleme der vergleichenden Psychotherapieforschung: In: BACHMANN, C. H. (Hg.) Psychoanalyse und Verhaltenstherapie. Frankfurt: Fischer.

HALDER, P. 1975². Verhaltenstherapie. Stuttgart: Kohlhammer.

KAMINSKI, G. 1970. Verhaltenstheorie und Verhaltensmodifikation. Stuttgart: Klett.

KANFER, F. H. & SASLOW, G. 1969. Behavioral diagnosis. In: FRANKS, C. M. (Ed.) Behavior therapy: Appraisal and status. New York: Mc Graw Hill. Dt. in: SCHULTE, D. (Hg.) 1976². Diagnostik der Verhaltenstherapie. München: Urban & Schwarzenberg.

KENDALL, M. G. 1948. Rank Correlation Methods. London: Griffin.

LIEDE, M. 1974. Beratungsnotstand in den Schulen. In: Analysen II.

LIENERT, G. A. 1973³. Verteilungsfreie Methoden der Biostatistik. Meisenheim a. Glan: Hain.

MEES, U. & SELG, H. (Hg.) 1977. Verhaltensbeobachtung und Verhaltensmodifikation. Stuttgart: Klett.

MITTENECKER, E. 1970⁸. Planung und statistische Auswertung von Experimenten. Wien: Deuticke.

PERREZ, M., MINSEL, B., WIMMER, H. 1974. Elternverhaltenstraining. Salzburg: O. Müller.

REINECKER, H. 1978. Selbstkontrolle. Salzburg: O. Müller.

SHEPHERD, M., OPPENHEIM, B. & MITCHELL, S. 1973. Auffälliges Verhalten bei Kindern. Göttingen: Vandenhoeck & Ruprecht.

SCHULTE, D. (Hg.) 1976². Diagnostik der Verhaltenstherapie. München: Urban & Schwarzenberg).

THARP, R. G. & WETZEL, R. J. 1969. Behavior modification in the natural environment. New York: Academic Press.

THOMMEN, B. Alltagstheorien von Lehrern über Problemschüler. In Vorbereitung.

Autorenregister

Abele, A. *370*
Abelson, R.P. 126, 127, *131*
Abrahamson, D. 162, *169*
Adameit, H. 467, *480*
Adams, E.B. 201, *216*
Ahrens, H.-J. *131*
Ainsworth, M.D.S. 239, 243, 248, 249, 250, *253*
Ajzen, J. 22, *28*
Albee, G.W. 397, 405, *414*
Allemann, M. 33, 121
Als, H. 242, 246, *253*
Amen, D.L. 327, *335*
Ames, R. 164, *169*
Andry, G.R. *348*
Anton, W.D. *218*
Arbeitsgruppe Vorschulerziehung 257, *269*
Arend, R.A. 252, *255*
Arnold, W. *120, 217*
Aronfreed, J. 259, *269*
Atkinson, J.W. *197, 280*
Attanucci, J. *415*
Ausubel, D.P. 96, *102,* 310, *317*
Azrin, N.H. 344, *348*

Bachmann, C.H. *480*
Baer, D.M. 71, *77*
Bäuerle, S. 238, *307*
Bailey, J.P. jr. *120*
Bales, R.F. 443
Ball, J.C. 338, *348*
Balter, M.B. 375, 381, *382, 383*
Baltes, P.B. 20, 25, *27, 280*
Bandura, A. 259, *269,* 308, *317,* 340, 345, *348,* 380, *382,* 389, *394*
Bargel, T. 222, 225, *236*
Barker, R.G. 69, *77*
Barlow, D.H. 71, *78*
Barnard, J.W. 308, *317*
Bartram, M. *63, 120, 143*
Bastine, I. 26, *27*
Bastine, R. 442, *459*
Bauer, A. 58, *62,* 178, *183*
Bauer, M.L. *382*
Baumgärtel, F. 18, 22, *27,* 33, 39, *62,* 87, *102,* 107, 109, 111, 113, 119, *120,* 133, 135, 141, *142, 143,* 443, 445, *459*
Baur, R. 228, *235*
Bayley, N. 252
Beattie, M. *169*
Becker, W.C. 339, *350*
Beckman, L. 164, *169*
Beckmann, M. 24, 238, *283*
Bedell, J. *218*
Beintema, D. 242, *255*
Bell, S.M. *253*
Bell, R.Q. 90, *105,* 246, *253, 255*
Belschner, W. 17, *27*
Berger, H.J.C. 297, 298, 299, 300, 301, 303, *306*
Bergin, A. *414*
Berkowitz, L. *170*
Bernal, M.E. 324, 334, *335*
Bertram, B. 24, *27*
Bertram, H. 23, 24, *27*
Bezembinder, T. 276, *280*
Bhanthumnavin, D.L. *169*
Biehl, E. 385, *441,* 446, 447, 449, *459*
Bierbrauer, G. *170*
Biermann, G. *255*
Biller, H.B. 147, *159,* 201, *216,* 308, *317*
Birch, H.G. *256*
Bjoersson 398
Blalock, H.M. 24, *27*
Blaser, F. 398, 401, *414*
Block, J.H. *253*
Bloeschl, L. 67, *78*
Bloom, B.S. 173, 174, *183*
Blum, R.H. 372, *382*
Blumer, H. 127, *131*
Bobrow, D.G. *131*
Boecken, G. 388, *394*
Bolle, H. *306*
Bollinger, G. 200, *216,* 309, 312, *317*

Bongers 200
Borchert, J. 40, *62,* 200, *216*
Bottenberg, E.H. 309, *317,* 339, 340, 344, *348*
Bovet, D. *382*
Bower, G.H. 279, *280*
Bower, T.G.R. 242, *253, 254*
Bowerman, C.E. 61, *62*
Bowers, K.S. 260, *269*
Bowlby, J. 242, 243, *254*
Boyes, Braem, P. 280
Bradley, R.H. 23, 25, *27*
Brandstädter, J. 24, *27*
Brandt, W. 176, *183*
Brandt, L.J. 164, *169*
Brassard, J. 26, *27*
Brazelton, T.B. 239, 242, 246, *254*
Brecher, E.M. 375, *382*
Breger, L. 66, *78*
Brehm, J.W. 161, *170*
Brinkmann, R. 200, *216*
Brösskmap, C. 18, 133, 145
Bronfenbrenner, U. 23, 24, 26, *27, 28, 62,* 283, 284, 285, *295,* 387, 392, *394*
Brophy, I.E. *169*
Bruner, J. 242, *254*
Bucher, B. 324, *335*
Buechel, F. 72, *78, 461,* 463, *480*
Bückle, B. 449
Bühler, Ch. 241, 242, *254*
Bühler, K. 447, *459*
Bundesministerium für Bildung und Wissenschaft *235*
Burden, R.L. 408, *414*

Caesar, B. 312, *317*
Caesar, S.-G. *387,* 390, *394,* 397, *414*
Caldwell, B.M. 23, 25, *27,* 244, *253, 254*
Cameron, G.R. *350*
Campbell, D.T. 26, *27,* 71, *78*
Carew, J.V. 242, 252, *254*
Carlsson, S.G. 242, *254*
Carroll, E.E. *382*
Cattell, R.B. 88, *103,* 286, *295*
Chance, J.E. *394*
Chess, S. 242, *256*
Chomsky, N. 66, *78*
Christmann, H. 200, 212, *216,* 308, *317*
Cicourel, A.V. 262, *269*
Cisin, I.H. *382, 383*
Clark, H.H. 339, *348*
Clark, R.A. *197*
Clarke-Stewart, K.A. 25, *27*
Clemmer, D. 345, *348*
Clift, A.D. 382
Cobb, J.A. *64*
Cochran, M. 26, *27*
Cohen, A.K. *131*
Cohen, J. 326, *335*
Cohen, R. 83, *103,* 467, *480*
Collins, A. *131*
Conger, J.J. *197,* 388, 391, *394*
Cooper, E.S. 75, *78, 269*
Cooper, J.B. 83, *103,* 310, *317*
Cooper, J.E. *269*
Coopersmith, S. 202, *216*
Cortes, J.B. 339, *348*
Cox, S.H. 90, 93, *103,* 147, *159,* 310, *317*
Craik, K.H. 283, *295*
Cramer, M. *439*
Cramond, J. 379, 380, *382*
Crandall, V.C. 162, *169,* 186, 189, *197*
Crandall, V.J. 162, *169,* 186, 189, *197*
Cressey, D.R. 338, *350*
Cronbach, L.J. 53, *62,* 155
Czerwenka, K. 308, *317*

Danziger, K. *28,* 61, *62*
D'Andrade, R.G. 82, *103, 105,* 147, *160*
Darpe, F. 82, 83, *103,* 260, *269,* 307, 309, *317*
Davé, R.H. 174, *183*
Davids, A. 89, 93, *103,* 310, *317*
Davidson, K.S. 201, *216, 218,* 308, *317, 319*
Davidson, S.T. *382*
Davies, J. 380, *382, 383*
Davies, L. *254*
Davis, W. 87, 83, 99, *103,* 310, *318*
Deaux, K. 186, *197*
Delys, P. 390, *395*
Dembrowski, T.M. 324, *335*
Deutsch, F. 258, *269*
Deutsch, W. *28, 318*
Dietrich, G. 16, *28*
Dillig, P. 338, *348, 349*
Dinitz, S. 338, *351*
Dippelhofer-Stiem, B. 222
Dixon, D.N. 162, 167, *169*
Dixon, W.D. *62*
Dixon, W.J. *197*
Dmitruk, V.M. 324, *335*
Dobrick, M. 165, *169*
Dolde, G. 338, *349*

Doleys, D.M. *335*
Douglas, J.W. 261, *269*
Drehr, E. *104, 217*
Dührssen, A. 241, *254*
Duke, M.P. 162, 165, *169, 170*
Duncan, O.D. 24, *28*
Durkheim, E. 125
Dweck, C.S. 390, *394*

Eber, H.W. *295*
Eckensberger, L.H. *31, 64, 103, 217, 218, 306*
Eckensberger, U.S. *31, 64, 306*
Edgerton, R.B. 380, *382*
Egg, R. 338, *349*
Elder, G.H. 61, *62*
Eller, F. 18, 22, 23, *28, 31,* 40, 54, *63,* 67, 69, 76, *78*
Emde, R.N. 251, *254*
Emery, J.R. 308, *318*
Empfehlungen der Bildungskommission 257, *269*
Emswiller, T. 186, *197*
Endler, N.S. 20, 22, *28*
Engfer, A. 24, *28, 31,* 146, *159,* 307, *318,* 445, 448, 456, *459*
Epstein, R. *103,* 310, *318*
Epstein, S. 102, *103*
Ermshaus, J. 245
Ernst, H. 405, *414, 415*
Eye, A. v. 24, *28,* 113, *120*
Eysenck, H.J. *120*

Fageberg, H. *254*
Fahrenberg, J. 341, *349*
Falender, C.A. 26, *28*
Fantz, R.L. 242
Feather, N.T. 186, *197*
Fend, H. 40, *63,* 83, 84, 86, 92, 94, *103,* 200, 201, 204, 208, 215, *217,* 397, *414*
Fenn, R. 343, *349*
Filipp, U.D. 91, 94, *103,* 148, *159,* 167, *169*
Filipp, S.-H. 201, *217*
Fischer, G.H. 88, *103,* 111, *120*
Fishbein, M. 22, *28,* 62, *63*
Fittkau, B. 91, *105,* 201, *218, 219,* 309, *318, 319,* 445, 447, *460*
Flammer, A. 127, *132*
Flanders, N.A. 443
Flemming, B. 200, *217*
Forehand, R. 324, 329, 334, *335*
Foss, B.M. *253*
Foster, S.H. *394*
Framheim, G. 222
Frangia, G.W. 25
Franks, C.M. *480*
French, J.R.P. 214, *217*
Freud, S. 241
Frey, D. *169, 170*
Frey, S. 70, *78*
Friedrich, M. 420, *439*
Friedrichs, J. 147, *159*
Frieze, I. *197*
Fuerntratt, E. 122, *131*
Fuerstenau, P. 474, *480*

Gaensbauer, T.J. *254*
Gaertner-Harnach, V. 125, *131,* 201, *217,* 308, *318*
Galanter, E. 389, *394*
Galli, N. 372, *382*
Garbarino, J. 26, *28*
Garbe, U. 83, 84, 85, 86, 92, 93, 94, 95, 96, 97, *103*
Gareis, B. *317*
Gardner, A.L. 330, *335*
Garfield, E. *414*
Gatling, F.P. 339, *349*
Gatti, F.M. 339, *348*
Gattringer, H. 171, 185
Gebert, A. 89, *103*
Gecas, V. 146, *159*
Genser, B. 18, 133, 145, 146, *159,* 265, *269*
Geppert, U. 392, *395*
Gerner, B. *64*
Gerwirtz, J.L. 324, *335,* 364, *370*
Gibbens, T.C.N. 338, *349*
Gibbins, R.H. *383*
Glueck, E.T. 338, 339, *349*
Glueck, S. 338, 339, *349*
Görlitz, D. *169*
Götte, R. 175, 176, 177, *183*
Götz, W. 354, 355, 357, *370*
Goldin, P. 83, *103,* 108, 201, *217,* 310, *318*
Goldstein, A.P. 389, *394*
Goldwyn, R. 340, *349*
Goodenough, F.L. 82, *103*
Gordon, T. 268, *269,* 385, 441, 445, 447, *459*
Goslin, D.A. *160, 270, 280, 335*
Gottwald, P. 421, 427, *439*
Grams, P. 339, *350*
Graumann, C.-F. 23, *28, 63, 131, 160, 197,* 283, *295*

Gray, W. *280*
Greensfelder, L.B. 330, *335*
Groeben, N. 16, *28,* 200, 212, *217*
Grossmann, K. 237, *239,* 247, *254*
Grossmann, K.E. 237, *239,* 247, 248, 251, *253, 254*
Groth, H.P. 18, 133, 145
Grüneisen, V. 59, *63, 104,* 147, 148, *159,* 260, 267, *269, 459*
Guertin, W.H. 111, *120*
Guilford, J.P. 155, *159*
Gurin, G. *169*
Gurin, P. *169*
Guttmann, L. 207

Haase, H. 146, *159*
Haeberle, W. 75, *78*
Hainsworth, P. 89, 93, *103,* 310, *317*
Haisch, W. *439*
Halder, P. 467, *480*
Haller, A.O. 312, *319*
Hammersla, J. 167, *169*
Hampel, R. 340, 341, 343, 344, 345, 348, *349*
Hanf, C. 334, *335*
Harbordt, S. 345, *349*
Harlow, H.F. 241, *254, 255*
Harlow, M.K. 241, *254*
Harmon, R.J. *254*
Harris, R.J. 89, *103*
Hartley, E.L. *62*
Hassenstein, B. 241, *254*
Hathaway, S.R. 339, *349*
Hauf, R. 39, *63*
Havers, N. *439*
Hayden, M.E. *169*
Haynes, S.N. 23, *28*
Heckhausen, H. 39, *63,* 146, *159, 160,* 187, 188, *197, 295*
Heider, J. 23, *27, 254*
Heidrich, W. *480*
Heilbrunn, A.B. 87, *103*
Heimesaat, E. 245
Helmke, A. 33, 82, 84, 86, 94, 95, 96, 99, *104, 105,* 172, 199, 200, 203, 205, *217, 218*
Helms, R.B. *382*
Henke, M. *319, 370*
Herlth, A. 26, *29*
Herlyn, I. *235*
Hermans, A. 300
Herold, D.M. 125, *131*
Herrmann, T. 17, *28, 30, 31,* 36, *63, 64, 79,* 90, *104, 105,* 107, *120,* 121, 122, 130, *131, 159,* 200, *217, 218,* 298, *306,* 307, 308, 309, 310, 311, *318,* 341, *349, 350, 370*
Hersen, M. 71, *78*
Hetzer, M. *254*
Heymans, P.G. 238, *271,* 272, 276, *280*
Heyse, H. *217*
Hinde, R.A. 241, *254*
Hinderer, J. 24, *28*
Hobbs, S.H. *335*
Hoepfner, R. 298, *306*
Hoermann, H. *29*
Hofer, M. 87, *104,* 165, *169, 295*
Hoff, E.H. 59, *63,* 87, 91, 94, *104,* 146, 147, 148, *159,* 260, 267, *269,* 443, 445, 448, *459*
Hoffman, M.L. 39, *63,* 258, *269,* 271, 272, *280*
Hoffmann, N. *79*
Hofstätter, P.R. 15, *28,* 83, *104*
Hollenbeck, A.R. 23, *28*
Holz, W.C. 344
Home, H.L. *64*
Hoppensack, H.-C. 345, *349*
Hornemann, G. *254*
Houthakker, H.S. *383*
Hoyt, D.P. 96
Hudgins, B.B. 41, *64*
Hughes, H.M. 23, *28*
Hummell, H.J. 24, *28,* 287, *295*
Hunt, J. Mc V. 22, *28,* 387, 392, *394*
Husarek, B. 390, *395*

Ingenkamp, K. *183*
Inhelder, B. 275, 278, *280*
Innerhofer, P. 23, 26, *28,* 385, 391, *394,* 399, 401, *414, 415, 417,* 418, 419, 420, 421, 422, 425, 426, 427, 428, 429, 430, 432, 435, 438, *439,* 445, *459*
Insel, P. 23, *30*
Ipfling, H.J. 146, *160*
Ischi, N. 18, *29,* 33, 40, *63, 64,* 74, 75, 76, *78, 79,* 82, *104*
Ittelson, W.H. *295*

Jacobs, B. 200, *217*
Jaeger, A.O. 19, *29*
Jagodzinski, W. 24, *29*
Jahnke, J. 84, *104*
Jahoda, G. 379, 380, *382*

Jankowski, P. 309, *319*
Janowski, A. *219, 319*
Jenkins, R.L. 339, *349*
Jennessen, H. 392, *395*
Jermann, M. *236*
Jessor, R. 276, *280*
Jessor, S.L. 276, *280*
Johnson, D. *280*
Johnson, R.C. 307, *318*
Jonsson, G. 398
Josephson, E. *382*
Judson 408
Junk, J. 445, 449, *459*

Kaban, B. *415*
Kälvesten, A.L. 398
Kagan, J. 108, *197*
Kaiser, G. 207, 337, 338, *349, 350*
Kalveram, T. 22, *29*
Kaminski, G. 23, *29,* 283, *295,* 462, *480*
Kandel, D. 372, *382*
Kanfer, F.H. 41, *63,* 68, 74, *78,* 125, 126, *131,* 324, *335,* 389, *394,* 462, *480*
Kaplan, B. 23, *27, 254*
Karmilov-Smith, A. 275, 278, *280*
Kasielke, E. 91, *104*
Katkovsky, W. *169, 197*
Katz, J. 308, *318*
Kaufmann, F. X. 26, *29*
Keeves, J.P. 174, *183*
Keller, M. 257, *269,* 272
Keller, W. 241, *255*
Kempf, W.F. 22, *29*
Kendall, M.G. 469, *480*
Kennell, J.H. 242, 246, *254, 255*
Kenny, D.A. 24, *29*
Kent, R. *394*
Kern, B. 221, 225, *235*
Kessler, M. 397, 405, *414*
Kestenbaum, J.M. 167, *169*
Kestermann, G. 246, *255*
Keupp, H. *439*
King, H.E. 334, *335*
Kischkel, K.-H. 33, 94, *104,* 200, 205, *217*
Klackenberg, G. 400, *414*
Klapprott, J. 56, *63*
Klauer, K.J. *306*
Klaus, M.H. 242, 246, *254, 255*
Kleining, G. 149, *159,* 359, *370*
Kleiter, G.D. 22, *29,* 88, 89, *104*
Kligman, D.H. *254*
Kling, J. 334, *335*
Knörzer, W. *103, 217*
Kohlberg, L. 258, 259, *270,* 271, 273, *280*
Kohn, M.L. 59, 61, *63*
Komorita, S.S. *103,* 310, *318*
Korner, A.F. 242, *255*
Kornadt, H.-J. *306,* 308, *318,* 340, *349*
Kramer, K. 200, *217*
Krantz, D. 276, *280*
Krauth, J. 24, *29*
Kreft, W. 200, *216,* 309, 312, *317*
Kriegstein, M. v. 111, *120*
Kriszat, G. *295*
Krohne, H.W. *104, 131,* 202, *217,* 308, 309, 316, *318, 349*
Krohns, H.-C. 22, 24, *29,* 238, *283*
Krumboltz, J.D. 308, *318*
Künzel, R. 327, *335*
Kuhn, D. 272, *280*
Kukla, A. 185, *197*
Kumpf, M. 161, *169, 170*
Kurtz, J. 165, *170*
Kury, H. 238, *307,* 321, *337,* 343, *349*
Kurzeja, D. 338, *349*

Lang, A. 68, *78*
Lange, E. 225, 234, *235*
Langer, I. 146, *160,* 272, *280*
Langhorst, E. *460*
Lantermann, E.-D. 25, *30*
Lao, R.D. *169*
Laucken, U. 83, 87, *104*
Lawson, A. *269*
Lazarus-Mainka, G. 308, 317, *318*
Layton, B. 164, *170*
Leckie, G. *306*
Lefcourt, H.M. 390, 393, *394*
Lehr, U. 165, *169*
Levenson, H. 162, *169*
Levin, H. *350*
Levine, L.E. 258, *269*
Lewin, K. 15, 18, 19, *29*
Lewis, D.C. 372, *382*
Lewis, M. *254, 255*
Lickona, T. *280*
Liebert, R.M. 203, *217*
Liede, M. 463, *480*
Lienert, E.A. 24, *29,* 469, 470, *480*
Lighthall, F.F. *218, 319*
Lind, G. 222
Lindzey, G. 340, *349*
Linz, P. *349,* 353, *370*
Lippitt, R. *29*

Liverant, S. *170*
Littmann, E. 91, *104*
Lösel, F. 24, *29,* 338, 339, 340, 343, 344, 347, *349, 350,* 353, 354, 359, 361, *370*
Lohri, P. 121, 124, *131*
Lorenz, K. 241, *255*
Lortz, E. 24, *31,* 260, *270*
Lowell, E.L. *197*
Luce, R.D. 276, *280*
Lüthi, R. *397,* 401, 407, 408, *414*
Lukesch, H. 16, 17, 22, 24, *27, 28, 29, 30, 31,* 36, 51, 57, 59, *63, 64, 78,* 88, 89, 91, 93, *103, 104, 105,* 123, *131, 142,* 148, *159, 160,* 162, *169,* 205, 209, *217, 218,* 231, *269, 270,* 304, *306,* 309, 310, 311, 312, *317, 318, 349, 350, 370, 415, 439, 460*
Lukesch-Tomann, M. 82, 84, 86, 94, *105,* 200, *218*
Luria, A.R. 324, *335*
Lurie, O.R. 398, 403, *414*
Lytton, H. 325, 329, 330, 331, 334, *335*

Mac Andrews, C. 380, *382*
Maccoby, E.E. *62, 350*
Madle, R.A. 258, *269*
Magmer, E. 146, *160*
Magnusson, D. 20, *28*
Mahoney, M.J. 126, *131,* 389, 390, *394*
Main, M. 243, 249, *255*
Malikiosi, M.X. 165, *170*
Manheimer, D.T. 375, 381, *382, 383*
Manns, M. *78*
Marceil, J.C. 17, *29*
Marjoribanks, K. 23, 24, *29, 31,* 174, 175, *183*
Masendorf, F. 49, *63,* 200, *216*
Mason, W.A. 241, *255*
Matas, L. 252, *255*
McClelland, D.C. 187, 188, *197*
McCord, J. 338, 339, *350*
McCord, W. 338, 339, *350*
McGaugh, J.L. 66, *78*
McGinnies, E. 167, *169*
McKee, C.S. *169*
McRae, B.C. *169*
Meddock, T.D. 327, *335*
Medinnus, G.R. 307, *318*
Meel, J.M. van *306*
Mees, U. *78,* 470, *480*
Mehrabian, A. 26, *27*
Meierhofer, M. 241, *255*
Meili, R. *120*
Mellinger, G.D. *382, 383*
Merton, R.K. 125, 355
Mervis, C.B. 273, *280*
Meulemann, H. 23, *30*
Meyer, W.-U. *169,* 185, 186, 189, *197*
Miller, G.A. 85, *105,* 389, *394*
Miller, J. 162, *169*
Millimet, C.R. 201, *218*
Minsel, B. 26, *30,* 91, *105, 159,* 201, *218,* 309, *318,* 385, 391, *394, 441,* 442, 445, 447, 449, 450, *459, 460, 480*
Minsel, W.-R. 450, *459, 460*
Minsky, M. 126, *131*
Minuchin, S. 26, *30*
Mirels, H.L. 162, *170*
Mischel, W. 17, *30,* 37, *63,* 83, 89, *105,* 162, *170,* 259, 260, *270,* 390, *394*
Mitchell, S. 398, *480*
Mittenecker, E. 473, *480*
Mitzlaff, S. *370*
Moeller, C. *480*
Monachesi, E.D. 339, *349*
Moore, H. 149, *159,* 359, *370*
Moore, J. *382*
Moos, R.H. 23, 24, *30,* 204, *218,* 391, *394*
Moos-Jordans, A. 121, 123, 125, *131*
Morgan, P.K. 108
Morris, L.W. 203, *217*
Morrison, D.C. 334, *336*
Moser, T. 338, *350*
Mosychuk, H. 174, *183*
Müller, E. *235*
Müller, G.F. 26, *30,* 391, *394,* 399, *414*
Müller, H. 449
Müller, J.E. 312, *318*
Mulaik S.A. *105*
Munckhof, H.C.P. van den 306
Mundzeck, H. 257, *270*
Mussen, P.H. 148, *160,* 186, 194, *197, 280*

Nagl, W. *103, 217*
Neidhardt, F. 75, *78*
Neisser, U. 127, *131*
Nesselroade, F.R. 20, 25, *27*
Newcomb, T.M. *62*
Nicholls, J.G. 186, *197*
Nickel, H. *219, 319,* 442, *460*
Nobach, W. 321, *323,* 327, *335*
Nordholm, L.A. *169*
Norman, W.T. *105*
Novak, M.A. *255*

Nowack, W. *370*
Nowicki, S. 162, *169, 170*
Nye, F. 146, *159,* 339, *350*

Obitz, F.W. 162, *170*
Ochsmann, R. *169*
O'Connor, J. 372, *383*
O'Dell, S. 399, 405, *414*
Oerter, R. *30, 31*
O'Leary, K.D. *394*
Opp, K.-D. 24, *30,* 292
Oppenheim, B. 398, *480*
Ora, J.P. 25
Orlik, P. 298, 300, *306*
Osgood, C.E. 83, *105*
Oziel, L.J. *170*

Palola, E.G. 308, *319*
Papoušek, H. 242, 243, *255*
Papoušek, M. 242, 243, *255*
Parke, R.D. 62, *64,* 147, *160, 269*
Parry, H.J. 375, *382, 383*
Parsons, O.A. 167, *170*
Passini, F.T. *105*
Patry, J.-L. 18, *30,* 33, 37, 45, *64,* 71, 75, 76, *78, 79*
Patterson, G.R. 23, *30,* 40, *64,* 66, 69, 76, *78, 79,* 334, *335,* 364, 399, *414*
Pawlik, K. 88, *105*
Pechstein, J. *255*
Pedersen, D.M. 26, *30*
Peisert, H. 221, 222, *235*
Pennebaker, J.W. 324, *335*
Pernanen, K. 375, *383*
Perrez, M. 16, 18, 23, 24, 25, 26, *30,* 33, 59, *64,* 65, 67, 69, 72, 75, 76, *78, 79, 104, 142, 217,* 385, 391, *394,* 401, *415,* 445, *460, 461,* 463, 465, 475, *480*
Perry, N.W. 201, *218*
Pervin, L.A. 20, 26, *30,* 68, *79*
Peterander, F. 419, 420, 421, 426, 427, 428, 429, 430, *439*
Petermann, F. 24, 25, *30*
Peterson, D.R. 338, 339, *350*
Peterson, R.F. 334, *336*
Pfaundler, M.v. 241, *255*
Pfeiffer, P. 148, *160,* 265, *270*
Phares, E. 87, 93, 99, *103,* 310, *318,* 393, *394*
Phillips, J.S. 41, *63*
Piaget, J. 379, *383*
Piehl, J. 186, *197*
Pittman, D.J. 380, *383*
Polly, S. *170*
Popetan, P.A. 185, *197*
Popper, K. 17
Postman, L. 65, *79*
Prais, S.J. 375, *383*
Prechtl, H. 242, *255*
Preisig, E. 17, *30,* 33, 59, 62, *64,* 65, *79,* 463, 465
Pribram, K.H. 389, *394*
Prinz, R. *394*
Proshansky, H.M. 283, *295*
Pross, H. 382, *383*
Pütz, A. 308, *318,* 339, 340
Pumroy, D.K. *105*

Quay, H.C. *350*

Rahm, D. 147, *160*
Rau, L. 339, *351*
Rauer, W. *219, 319*
Rauh, H. *254*
Raven, B.H. 214, *217*
Rausche, A. 289, *295, 317*
Ray, R.S. *64*
Redd, W.H. 324, 327, *335*
Reed, L. *197*
Reed, S.K. 273, *280*
Reese, H.W. 20, 25, *27*
Reich, J.H. *254*
Reichold, F. *236*
Reid, D.W. 162, *170*
Reid, J.B. 334, *335*
Reif, M. 237, *257,* 259, 264, 268, *270*
Reinecker, H. 469, *480*
Reinert, G. *318*
Reisinger, J.J. 25
Repucci, N.D. 390, *394*
Resick, P.A. *335*
Rest, S. *197*
Ricciuti, H.N. *253*
Richard, M.P.M. *253, 255*
Richter, H.E. 26, *30,* 387, *394*
Rieckhoff, A. *160*
Rinke, R. 24, 238, *283*
Risley, T.R. *77*
Ritsert, J. 150, *160*
Ritter, J. 200, *217*
Rivlin, L.G. *295*
Robbins, L.C. 61, *64*
Roberts, M.W. *335*
Robin, A.L. 391, *394*

Robins, L.N. 399, *415*
Robinson, P.A. *64*
Rodman, H. 339, *350*
Roe, A. 90, *105*
Rogner, J. 202, *218*
Rollett, B. 111, *120,* 136, *143*
Room, R.G.W. 375, *383*
Roppert, J. 88, *103, 120*
Rosch, E. 273, *280*
Rosemann, B. 125, 126, *131*
Rosen, B.C. 82, *105,* 147, *160*
Rosenbaum, R.M. *197*
Rosenblum, L.A. *254, 255*
Roskam, E. 274, *280, 281*
Ross, M. 164, *170*
Rost-Schaude, E. 162, 167, *170*
Roth, P. 40, *64*
Roth, W.K. *460*
Rotter, J.B. 161, 162, 165, *170,* 186, *197,* 387, 389
Rudinger, R. 25, *30*
Ruebush, B.K. *218, 319*
Rumelhart, D.E. 126, *131*
Rutter, M.L. 397, 400, *414*
Ryans, B.G. 123, *131*
Ryckman, R.M. 165, *170*

Saal, E. 419, *439*
Sader, M. 126, *131*
Salk, J. 392, *395*
Satzstein, H.D. 39, *63*
Sameroff, A. 17, 20, *30,* 243, *253, 255*
Sandberger, J.U. 222
Sarason, I.G. 201, 203, *216, 218,* 308, *319*
Saslow, G. 68, 74, *78,* 125, 126, *131,* 462, *480*
Satir, V. 26, *30*
Sauer, C. *169*
Sauer, J. 171, 185
Sawin, D.B. 147, *160*
Sbandi, P. *439*
Scarboro, M.E. 324, *335*
Schaefer, E.S. 89, *105,* 246, *255*
Schaie, K.W. *280*
Schank, R.C. 126, 127, *131*
Schellhanner, E. 40, *64*
Schlaginhaufen, M. 398, 401, *414*
Schludermann, E. *169*
Schludermann, S. *169*
Schmid, J.R. 407, *415*
Schmidt, P. 24, *30,* 292
Schneewind, K.A. 17, 22, 24, 27, 28, 29, *30, 31, 63, 78, 79,* 82, 83, 91, 94, *103, 104, 142,* 148, *159, 160,* 162, 167, *169, 170,* 205, *217, 218,* 260, 265, *269, 270,* 287, *295,* 307, 309, *317, 318,* 339, *349, 350, 370, 415, 439,* 445, 448, 456, *459*
Schneider, J.M. 167, *170,* 443, *460*
Schnöring, M. 135, 136, 137, *143*
Schopler, J. 164, *170*
Schuch, A. 133, 161
Schuessler, K.F. 338, *350*
Schulte, D. 126, *131,* 321, *323,* 326, 327, *335,* 467, *480*
Schultze, J. 26, *31,* 69, 76, *78*
Schulze, H.J. 22, *29,* 420
Schwarz, M.N. 127, *132*
Schwarzer, R. 201, *218,* 308, 309, *319*
Schwenkmezger, P. 338, *350*
Schwitajewski, E. *131*
Sears, R.R. 347, *350*
Seeman, M. *170*
Seifert, K.H. 125, *132*
Seitz, V. 20, *31*
Seitz, W. 83, *105,* 289, *295,* 307, 308, 309, *317, 319,* 321, 339, 340, 342, *350, 353,* 354, 355, 357, *370*
Selg, H. 340, 341, 343, 344, 345, 348, *349,* 470, *480*
Seligman, M.E.P. 390, *394*
Seus-Seberich, E. 419, 427, 430, *439*
Sewell, W.H. 312, *319*
Shaheen, J. *169*
Shapiro, B. *415*
Shaw, D.A. *64*
Shepard, M. 398, 475, *480*
Short, J.F. 339, *350*
Siegelmann, M. 90, *105*
Silbereisen, R.K. *170*
Simon, J.G. 186, *197*
Simons, H. 340, *350*
Sixtl, F. 56, 332, *336*
Skinner, B.F. 33, 65, 66
Slater, P.E. 307, *319*
Smart, R.G. 372, *383*
Smith, B.O. 123, *132*
Smith, C.P. 201, *218*
Smith, L.M. 41, *64*
Snijders, J.T. 301, *306*
Snyder, C.R. 380, *383*
Sommer, G. 404, 405, *414, 415*
Sommer, H. 480
Souren, C.J. *306*

Spaendonck, J.A.S. *306*
Späth, H. 17, *27*
Specht, W. *103, 217*
Speck, O. 421, *439*
Spielberger, C.D. *103,* 203, *218*
Spitz, R.A. 241, *255,* 400, *415*
Springer, W. 354, *370*
Sroufe, L.A. 252, *255*
Staats, S. 165, *170*
Stacey, B. 380, *382, 383*
Stäcker, K.H. *31,* 36, *64, 105, 218, 270, 306, 319, 350, 370*
Stanley, J.C. 71, *78*
Stapf, A. 17, *28, 31,* 36, 51, 57, 59, *64,* 90, 96, *104, 105,* 122, *131,* 200, 205, 211, *217, 218, 270, 306,* 310, *318, 319, 349, 350, 370*
Stapf, K.H. 17, 20, 22, *31,* 36, 37, 39, 40, 44, 51, 57, 59, *63, 64,* 91, *105,* 122, 200, 205, *218,* 258, 259, 260, *270,* 286, 299, *306,* 307, 308, 309, *319,* 339, 341, 343, 344, 347, *350,* 354, 356, 359, 361, 362, 365, 369, *370*
Stark, G. *183*
Statistisches Bundesamt *236*
Stayton, D.J. *253*
Steffens 200
Steinbach, J. *160*
Stephens, M.W. 390, *395*
Stern, D.N. 243, *255*
Stevenson, H.H. 364, *370*
Stierlin, H. 26, *31*
Stokols, D. 23, *31*
Stolz, L.M. 147, 148, *160*
Strasser, E.M. 83, 84, 85, 86, 92, 93, 94, 95, 96, 97, *103*
Strauss, S. 272, 278, *281*
Strickland, B.R. 162, *170*
Strittmatter, P. 200, *217*
Strohmeier, K.P. 26, *29*
Strom, R. 388, *395*
Strotbeck, F.L. 339, *350*
Strotzka, H. 26, *30*
Suci, G.J. 83, *105*
Sullivan, E.V. 310, *317*
Sundelin 398

Tack, W.H. *31, 170, 295, 318*
Tammerle, M. 418, 419, 421, 425, 427, 428, 429, 430, *439*
Tannenbaum, P.H. 83, *105*
Tatsuoka, M.M. *295*
Tausch, A.M. 39, *64, 160,* 443, 450, 455, *460*
Tausch, R. 443, 450, 455, *460*
Teele, J.E. *350*
Tennenbaum, D.J. 338, *350*
Thalmann, H.-C. 398
Thane, K. *254*
Tharp, R.G. 461, 462, *480*
Thomae, H. 20, *31*
Thomas, A. 242, *256*
Thommen, B. *480*
Thorensen, C.E. 389, *394*
Thorndyke, P.W. 126, *132*
Tiffany, T.L. *350*
Tinbergen, E.A. 241, *256*
Tinbergen, M. 241, *256*
Tischler, A. 57, *63,* 91, 93, *104, 218,* 309, 310, 311, 312, *318*
Toman, W. *350, 370*
Trabasso, T.R. 279, *280*
Trautner, H.M. 312, *319*
Trouse, M.A. *254*
Trudewind, C. 23, *31,* 174, *183,* 186, 187, 188, 189, 195, 196, *197,* 390, 392, *395*
Tudor-Hart, B. *254*
Tücke, M. *63,* 113, *120*
Tukey, J. 276, *280*
Turiel, E. 272, *281*

Ubben, B. 46, *64*
Überla, K. 111, *120,* 122, *132*
Uexküll, J. v. 285, *295*
Unmacht, J.J. *170*
Utz, H. 338, *350*

Väth-Szusdziara, R. 94, 95, 96, 99, *103, 104,* 172, 199, 203, 209, *217, 218*
Veldman, D.I. 136
Viernstein, N. 39, *64,* 87, *105*
Vijftigschild, W. 297, 303, *306*
Villmow, B. 338, *350*
Villmow-Feldkamp, H. 338, *351*
Vogel, A. *439*
Vogt, I. 322, *371, 383*
Vuille, J.-C. *397,* 398, 399, 401, *415*

Wade, T.D. *254*
Wagner, H. 109, *120*
Wahler, R.G. 334, *336*
Waite, R.R. *218, 319*
Walberg, H. *31,* 174
Waldo, G.P. 338, *351*

Waller, M. 126, 127, *132*
Walter, H. 16, *28, 31,* 391, *395*
Walter, H.G. 172, *221,* 222, 225, *236*
Walters, R.H. 308, *317,* 340, 345, *348*
Ward, C.D. *169*
Ware, E. 162, *170*
Warnke, A. 401, *415, 417,* 418, 419, 420, 422, 423, 425, 427, 428, 429, 430, *439*
Washburn, N.F. *470*
Weede, E. 24, *31,* 234, *236*
Wehner, E.G. *319, 370*
Weiner, B. *169,* 185, 189, *197*
Weinert, F.E. 287, *295*
Weishaupt, H. 23, *30*
Weiss, J. 174, *183*
Wellenreuter, M. *235*
Wels, P.M.A. 238, *297,* 298, 300, 301, 303, *306*
Welten, V.J. *306*
Weltner, K. 113, *120*
Westmeyer, H. 16, 17, *28, 31,* 36, *64,* 65, 70, 71, *78, 79*
Wetter, H. *63*
Wetzel, R.J. 461, 462, *480*
White, B.L. 397, *415*
White, R.K. *29*
White, R.W. *256*
Wichern, F.B. 390, *395*
Wickmann 475
Wieczerkowski, W. 201, 203, *219,* 310, 311, 312, *319*
Widmaier, H.P. 221, 230, *236*
Willi, J. 26, *30*
Williams, W.C. 108
Wimmer, H. 26, *30,* 391, *394,* 460, *480*
Winder, C.L. 339, *351*
Wine, J. 203, *219*
Winkel, G.H. 334, *336*
Winkelmann, K. 18, 22, 23, *28, 31,* 40, 54, *63,* 67, 69, 76, *78*
Winston, A.S. 324, 327, *335*
Winston, P. *131*
Wirsing, M. 308, *318,* 340, *349*
Wit, J. de *306*
Wittig, A.A. 249, *253*
Wohlwill, J.F. 283, *295*
Wolf, B. 171, 173, 174, 175, *183*
Wolf, M.M. *77*
Wolf, R.M. 174, *183*
Wolk, S. 165, *170*
World Health Organisation (= WHO) 371, *383*
Wortman, C.B. 161, *170*
Wright, H.F. 69, *77*
Wüstendorfer, W. 339, *349, 350, 370*

Zängle, M. 24, *29*
Zébergs, D. 161, *170*
Zeiss, A. *170,* 390, *394*
Zeiss, R. *170,* 390, *394*
Zeltner, W. *63*
Ziegler, R. 24, *28*
Zigler, E. 20, *31*
Zola, I. *350*
Zuckermann, M. *218*
Zumkley-Muenkel, C. 408, *415*
Zung, B. 201, *216,* 308, *317*
Zwirner, W. 325, 329, 330, 331, 334, *335*

Sachregister

ABAB 71
- Design 467
Abiturient 221
Abhängigkeit, situative 107
Ablaufprozesse 355, 357
- hypothetische 353
Abweichung 338 f.
Abwertung 202
Achiever
- high- 90
- under- 90
Änderungswissen 385, 462
Ängstlichkeit 308, 316
Ähnlichkeitstransformation 111
Affektsteuerung 344
Aggregierungsniveau 86
Aggression 202, 337, 344 f.
- Selbst- 337, 340
Aggressionsfragebogen 344, 346, 348 FAF
Aggressionshemmung 345, 347
Aggressivität 339 f.
Aggressivitätsfaktoren 337, 340 f., 344
Aggressivitätshemmung 337
Aktionsraumdichte 283, 289 f.
Aktivitätsbereich 293
Aktivitätsverstärker 410
Akzelerator 7
Alkoholforschung 380
Alkoholkonsum 381
Alkoholmißbrauch 387
Alltagssituation 325
Analyse
- Bedingungs- 385
- diagnostische 461
- Diskriminanz- 366
- Faktoren- 24, 51, 59, 88 f., 91 f., 111, 118, 189, 207, 246
- Frequenz- 417
- funktionale 422, 462
- Interaktions- 418, 422, 427, 430 f., 434, 437 f.
- Item- 163
- Kontingenz- 75
- Pfad- 292
- Regressions- 173, 178, 180, 189, 194, 208, 214, 307, 377 f.
- sequentielle 328, 433 f.
- Sequenz- 321, 417
- sozialer Kontingenzer 76
- Varianz- 87, 166, 189, 193, 307, 311 f.
- Verhaltens- 74, 125, 391, 421, 423, 437, 467
- verhaltenstheoretische 73 f., 76 f.
Anforderung 228, 231, 234
Anforderungsskala 230
Angst 199, 202 f., 310, 312, 316 f.
- -dimension 307, 310, 316
- -fragebogen 307, 310, 316
- -indikation 238
Anomie-Hypothese 365
anomische Erziehung 355, 362
Anregungsdimension 285
Anregungsgehalt 191
Anregungsniveau 190
Anregungspotential 188, 196
Anregungsqualität 195
Anspruchsniveau 216
Antizipation 125, 128 f.
antizipatorisches Schema 128
Antwortkategorien 149 f.
Antwortlänge 157
Antworttendenz 83, 88
Antwortalternativen, irrelevante 54
Aptational disequilibrium 278
Art des Ins-Bett-Bringens 179 f.
Attribuierung
- Begabungs- 193 f.
- Fähigkeits- 196
- Kausal- 195 f., 188, 192
- Schwierigkeits- 191
- Zufalls- 191, 194
Attribuierungsfaktor 185
Attribuierungskonzept 186
Attribuierungsmuster 186 f.

Attribuierungsstrategie 191
Attribuierungsvoreingenommenheit 104, 186 f.
Attributionsforschung 162, 164
attributionstheoretischer Ansatz 171
auffordern 323 f., 327 f.
Aufgeschlossenheit 289 f., 292 f.
Auftretenswahrscheinlichkeit 66 f., 434
- Wieder- 66
Auftrittswahrscheinlichkeit 328
Ausbildung 230
Ausbildungsabsichten 222
Ausbildungsebene 221, 226
Ausbildungsentscheidung 226, 235
Ausbildungsfachwelt 234
Ausbildungsfinanzierung 224
Ausbildungsförderungswesen 223
Ausbildungsorientiertheit 228 f.
Ausbildungspläne 226, 229, 231
Ausbildungsverfahren 222
Ausbildungsverhalten 229
Ausbildungswahl 172, 221, 225 f.
Ausbildungswahlverhalten 222
Ausbildungswunsch 223 f.
Auslöser, kognitive 127
Aussagen 16, 21
- Existenz- 16
- singuläre 16
- universelle 16
Auswahl
- Klumpen- 222
- -verfahren 222
Auswertekategorien 249
Auswertung
- diskriminanzanalytische 24
- Tonband- 249
Autonomieerwartung 213
autoritäres Syndrom 211
Autoritätsperson 202

Bargmann-Test 88
Bedeutungszuschreibung 262, 264
Bedingungen 223, 392
- Erziehungs- 338
- externe verhaltensauslösende 389
- Lern- 257 f., 264 f.
- Löschungs- 324
- soziale 388
- Untersuchungs- 245
Bedingungsanalyse 24 f., 389
Bedingungswissen 15, 389
Bedürfnisse
- des Kindes 407
- Primär- 355
Befolgen 323 f., 328 f., 331 f.
Begriffssprache 410
Begründungsteil 162
Behandlung, statistische 476
Behaviorismus
- orthodoxer 389
- kognitiver 389
BEKI 326, 332
Bekräftigung 38, 121, 123 f., 389
- elterliche 258
- intermittierende 36
- negative 44, 258 f., 266 f., 269, 362
- positive 44, 54, 258 f., 265, 267, 269, 362
- soziale 65, 77
- verbale positive 54, 58
Bekräftigungsarten 62
Bekräftigungsdimension 125
Bekräftigungsform 124
Bekräftigungsintensität 33, 51, 55
Bekräftigungsitems 47, 54, 58
Bekräftigungskomponenten 124
Bekräftigungslernen 257 f., 262 f, 265., 354
Bekräftigungsmaßnahmen 58
Bekräftigungsoperationen 42
Bekräftigungspraktiken 36 f.
Bekräftigungspraxis 61
Bekräftigungstendenz 44, 50, 52 f., 58 f.
Bekräftigungstendenzverteilungen 53
Bekräftigungsvalenz 57, 67
Bekräftigungsverhalten 35 f., 39 f., 50, 54, 59 f., 62, 82, 96, 101, 121 f.
Bekräftigungsweisungen 298
Bekräftigungswert 36 f., 397, 389
Bekräftigungswirkungen 62
Belastungsdimension 285
Belastungsvariable 148
Belohnungen 334, 422, 424 f.
- materielle 54
Belohnungsitems 42, 46
Belohnungsmaßnahmen 41, 47, 54, 56
Belohnungssystem 76
Belohnungswürdigkeit 38
beobachtbares Verhalten 86
Beobachtbarkeit, prinzipielle 85
Beobachtererwartung 475
Beobachterreaktivität 75
Beobachter, Selbst- 38

Beobachtung
- erwartungswidrige 85
- Interaktions- 247
- nichtreaktive 65
- Verhaltens- 74, 247, 325 f., 418 f.
Beobachtungsdichte 85
Beobachtungslernen 257 f., 262 f., 265
Beobachtungsphase 248
Beobachtungsprotokoll 419
Beobachtungssystem 23, 466
Beobachtungsverfahren 22 f.
Beratung, schulpsychologische 461, 477
Beratungsbedürfnis 398 f.
Beratungsdienst
- Säuglings- 405
- Mütter- 405
Beratungskonzept 463
Beratungsmodell 474
Beratungssystem 464
Berechenbarkeit elterlichen Verhaltens 99
Bereichsspezifität 85, 158, 162
Berliner Projekt zur Verhaltensdiagnostik 66
Berner Präventive Elterntraining 402, 404 f., 406
Berufsausbildungserwartung 84
Berufsorientiertheit 227 f.
Berufsstatuserwartung 84
Berufswahl 172
Beschreibung, Situations- 146
Bestrafung 41, 61, 425
Bestrafungsintensität 56
Bestrafungsitems 42, 46, 54, 58
Bestrafungsmaßnahmen 41, 47, 50, 55
Bestrafungsreaktion 215
Bestrafungsverhalten 36
Bestrafungswürdigkeit 38
Beta-Koeffizient 56, 234 f.
Beurteilerfehler 83
Beurteilungsfaktor 83
Beurteilungskategorien 447
Bewährung, empirische 17
Bewältigungsversuche 161
Bewertung von Stimuli 37
Beziehung 208
- innerfamiliäre 359
- soziale 239, 243
Beziehungsebenen 291 f.
Beziehungsfähigkeit, soziale 388
Beziehungsqualitäten 206
Beziehungsverhältnis 212
Bias 19
Bildungsaspiration 213
Bildungsverhalten 229
Bindungskonzept 253
Bindungsverhalten 250
Brat-syndrom 324
Braunschweiger-Skalen 344
Bravheitssyndrom 298
BRSS 58

Chi-Quadrat 142, 327, 329 f., 332 f., 363
Chicagoer Ansatz 174
Child Rearing Practices Report 253
Cleverness-Syndrom 298 f.
Cluster 141
- -analyse 111, 113 f., 118, 135, 138 f.
- -analytische Verfahren 24
Clusterung 142
Cronbach's alpha 155
Cross-lagged-Modell 24

Daten 26
Datenerhebung 263, 449
Datenerhebungsverfahren 74
Datengewinnungsmethode 35, 65
Daten, Roh- 75
Datensammeln 17, 33
Delinquenter 337 f., 343 f., 347 f., 353, 357, 366
Delinquenz 357 f.
- diskriminierende Wirkung 367
- Entstehung jugendlicher 353
- erziehungsabhängige 355
- -genese 353
- jugendliche 387
- verstärkende Wirkung 367
demographische Variable 148
Dendogramm 113, 115, 140
denken 252
Deprivationsdimension 285
Design
- experimentelles 406
- mit der multiplen Grundkurve 71
- Reversions- 71
Determinante 461 f.
Determinationskoeffizient 210
Devianz 356, 367
- -art 354
- erziehungsabhängig 355
Diagnose 426
Diagnostik 437, 462
diagnostische
- Analyse 461

- Hypothesen 462
- Informationen 462
Diskriminanzanalyse 366
- mehrdimensionale 369
diskriminanzanalytische Auswertung 25
Diskriminanzfunktions-Koeffizient, standardisierter 367
Distalität 276
Disziplinierungstechniken 39
Disziplinschwierigkeiten 430
Drogen 372
- -konsum 322, 371 f., 379 f., 382
- -konsumgewohnheiten 372
- -mißbrauch 387
Droh-Vermeidungsmuster 436
Dunkelfeldfragebogen 342

Ebene
- Beschreibungs- 69
- des Verhaltensrahmens 69
- Erlebens- 26
- Kognitions- 68
- S-R- 387
- Verhaltens- 26, 68
- Wertungs- 68
Effekt-Gesetz, Zirkularität 65
Effektivität 437
Effizienzkontrolle 33
Ego-defense 164
Eigenaktivität 260, 269
Eigeninitiative 403
Eigenständigkeit 161
Einkommensunterschied 223
Einschätzung, Fehl- 82
Einstellungsbereich, Veränderungen im 444
Einstellungsüberprüfung 442
elterliche Unterstützung 365
Elternabend 426
Elternarbeit 420, 422
Eltern, Einfluß der 371
Eltern, Erziehungsmuster der 366
Elterngruppe 222
Elternhaus 228, 230
Elternhausklima 226 f., 232 f.
Elternklima 211 f.
Elternperson 145
Elternperzeptionen 86 f., 91, 93
Eltern, Training der 464
Elternvariable 206, 357
Elternziel 154 f.
Elternhaltung, erfolgsorientierte 356
Eltern-Kind-Beziehung 204, 215 f., 240, 252
Eltern-Kind-Interaktion 33, 83, 146, 326
Eltern-Kind-Paar 271
Eltern-Kind-Situation 263, 265 f., 268
Eltern-Kind-System 25 f.
Eltern-Kind-Übereinstimmung 96
Elterntraining(s) 385, 391, 397, 399 f., 404 f., 412 f., 417, 420, 441 f., 477
- lerntheoretisch orientierte 387, 389
- -programme 33, 387, 389, 391 f.
Elternverhalten 90 f., 101 f., 201 f., 215 f., 430, 454
- Strafen des 356
- Strukturierung des 23
- vom Kind perzipiertes 445
Elternverhaltensweisen 74, 97, 441, 445
emotionale Reife 387
Emotionality 203
Emotionstheorien 102
Empathie 237, 257 f., 265, 268 f.
Empörtheit 277
Entscheidungsdeterminante 271
Entscheidungsspielraum 237
Entscheidungstest 252
Entscheidungsverlauf 48
Entwicklung 239, 258
- des Kindes 387
- des Menschen 20
- hospitalismusähnliche 241
- moralische 71
- ontogenetische 321
- soziale 239
- von Empathie 257, 259
Entwicklungsbedingungen 387
Entwicklungsforschung 392
Entwicklungsmöglichkeiten 387
Entwicklungsprozesse 385, 387
Entwicklungsstörung 400
Entwicklungstheorie 272
entwicklungspsychologische
- Forschung 244
- Probleme 240
Ereignis
- -kategorie 67
- S- 65
Erfahrungsbereich 283, 285, 289 f., 292, 293
Erfolg 185
- Miß- 185
Erfolgserfahrung 191, 196
Erfolgskontrolle 461
Erfolgsmotiv 186
Erhebungsinstrumente 22, 309, 341

Erhebungsverfahren 75
Erklärung 33, 334
Erklärungsmodell 461 f.
Erklärungswert 16, 81
Erkundungsverhalten 249 f.
Erwartung
- Autonomie- 213
- Beobachter- 475
- Konformitäts- 213
- Leistungs- 215 f., 221, 225 f.
- normative 125 f.
- Schüler- 125
- Schulabschluß- 216
- Verhaltens- 127
Erwartungshaltung 162
Erwartungsinhalte 205
Erwartungswahrscheinlichkeit 390
Erwünschtheit 38
- soziale 86, 310, 312
Erwünschtheitsdimension 50 f.
Erwünschtheitseffekt 95
Erwünschtheitsgrad 39, 50 f.
Erzieher, nicht-restriktive 157
Erzieherrolle 138
Erzieherverhalten 272, 399, 407
Erzieher-Kind-Interaktion 65, 71, 74, 76 f.
Erzieher-Kind-Dyaden 65
erzieherische
- Kompetenz 385
- Verhaltensstile 59
Erzieherverhalten 121, 126, 128, 130, 133
- Beschreibung des 19
- Elternperzeptionen des 33
- Erklärung des 19
- -kategorie 68
- Kindperzeptionen des 33
- Varianz des 19
Erziehung
- anomische 355, 362
- Moral- 356
Erziehungsbedingungen 338
Erziehungseinflüsse 271
Erziehungseinstellung 283, 286 f., 290, 293, 385, 441, 445, 453, 456, 459
Erziehungsfähigkeit 401
Erziehungsfehler 423
Erziehungshilfe 420
Erziehungshintergrund 353
Erziehungsintensität 365, 367
Erziehungsklima 172, 206 f., 210, 213 f.
Erziehungskonfliktsituation 146
Erziehungskonzept 201
Erziehungsmerkmale 109 f., 112 f.
Erziehungsmittel 145 f., 150, 152, 154, 157 f.
Erziehungsmotiv 140
Erziehungsmuster 366
Erziehungsorientiertheit 260
Erziehungspraktiken 146, 286 f.
Erziehungsproblem 427
Erziehungsprozeß 123, 389, 407 f.
Erziehungsschwierigkeiten 385, 417 f.
Erziehungssituationen 57, 111 f., 121, 133, 135, 145 f., 367 f., 443 f., 459
Erziehungsstil 146, 205, 232, 271, 286 f., 291, 297 f., 311, 312, 337, 340, 342 f., 345 f., 357, 360, 362, 366, 390 f., 427, 463
- -Dimensionen 363, 367 f.
- elterlicher 308
- -forschung 17, 88, 92, 119, 176, 238, 307, 321, 418
- fremdperzipierter 57
- -konfiguration, zweidimensionale 357, 361 f.
- -konzept 299
- -merkmale 18
- perzipierter 82, 89, 121, 130, 307, 316, 442
- retrospektiv perzipierter 354
- selbstperzipierter 57
- -skalen 302
- -variablen 359, 361
Erziehungssyndrom 211
Erziehungstraining 471
Erziehungsvariablen 354
Erziehungsverhalten 48, 54, 67, 81 f., 87, 107 f., 121, 133, 135, 154, 201 f., 209, 227 f., 231 f., 234, 286, 309 f., 312, 317, 335, 339 f., 348, 364, 385, 407 f.
- elterliches 87, 89 f., 91, 93, 355, 385
- konkretes 61
- selbstperzipiertes 90
- situationsspezifisches 39
- sozial erwünschtes 61
Erziehungsverhaltensmerkmale 107, 110 f.
Erziehungsverhaltensstil 107, 113, 119
Erziehungsverhalten, Typisierung des 18
Erziehungsverhaltensweisen 108, 110, 271
Erziehungswissen 146
Erziehungsziele 91, 141, 145 f., 297, 407, 445
Eßprobleme 430
ethische Bedenken 400

Etikettierung(s)
- außerfamiliäre 354
- -prozesse 353
euclidische Distanz 275
Evaluation 408
Evaluationsinstrument 408 f.
Evaluationsmethode 444
Expertenkonzept 461 f., 477

Fachwahl 228, 232 f.
- -muster 221, 230
- -typ 229
- -verhalten 230
Fähigkeitskonzept 196
FAF 341 f., 344 f., 346, 348
Faktor 122
Faktorenanalyse 24, 51, 59, 88 f., 91 f., 111, 118, 189, 207, 246
faktorenanalytisch 357
Faktorenmatrix 52
Familie 387
- delinquenter Jugendlicher 368
- Prozesse in der 20
- Systemcharakter der 20
Familiendynamik 387
Familiengespräch 446 f., 449 f., 458
Familienhelfer 402 f., 408
Familienhilfe 397, 399, 401, 413 f.
Familienklima 172, 199, 204, 207, 287, 391
Familienkonflikt 445
Familienvariable 148, 151, 156 f., 159, 353 f., 357, 359
Family environment scale 24
Fehleinschätzung 82
Fehlerwertkurven 114, 139
Fehlverhalten 398
Finanzierungsart 224
Formenbildungsfähigkeit 177
Forschung
- Alkohol- 380
- empirische 17
- Entwicklungs- 392
- kriminologische 340
- Persönlichkeits- 18, 338, 348
- Therapie- 474
Forschungsleitfaden 284, 288 f.
Forschungsprobleme 21
Fragebogen 35 f., 40, 44 f., 162, 201, 246, 337, 340 f., 357, 442, 448
- Aggressions- 344, 346, 348
- Angst- 203, 307, 310, 316
- -beantwortung 48
- Dunkelfeld- 342
- Einstellungsüberprüfung mit 441
- Eltern- 59
- -gestaltung 87
- Home- 23
- psychometrischer 87
- -skala 342
- -untersuchung 200
- Validität des 57
- -verfahren 22, 33
- zur direkten Einstellung 442
Frageform 299
Freiburger-Persönlichkeitsinventar (FPI) 341
Freizeitaktivität 293
Freizeitgestaltung 293, 289 f., 292 f.
Fremdanamnese 420
Fremdkontrolle 469
Fremdkontrolliertheit 390
Fremdperception 81, 83, 87, 91 f., 98
Fremde-Situations-Test 251
Freundlichkeitsgesetz 436
Frustrationstoleranz 344

Gamma-Koeffizient 376
Gebotsorientierung 299, 344
Gefühlskontrolle 365
gehorchen 325
Gehorsam 324, 327, 334
Gehorsamsforderung 147
genetische Entfaltung 243
Generalisierung 202, 418, 424
Geschlechtsrollensozialisierung 148
Geschwisterzahl 312
Gesetzeshypothesen 17
Gespräch 228 f.
- Grundsatz- 407
Gesprächskategorien 454 f.
Gesprächsleitfaden 257, 261 f.
Gesprächspsychotherapie 458
Gesprächsthema 228 f.
Gesprächsverhalten 441
Gesundheit 398
Gruppenvergleich 72, 253

HABIT-Situation 142
Hamburger Bildertest 22, 115, 117, 135 f., 140, 408, 443, 445 f.
Handeln 147
- individuelles 389
Handlungsabsicht 172
Handlungsebene 465

Handlungseffektivität 390
Handlungsfähigkeit 171, 176 f.
Handlungskategorien 54
Handlungskompetenz 287, 390
Handlungskontrolle 392
Handlungslogik 438
Handlungsschema 432
Handlungssituation 274 f., 281
Häufigkeiten, pre-Test 451
Hausaufgabenproblem 428, 430
Hausbesuche 248, 251
Header 127
Hedonismus 272
Herkunft 222, 234
Heuristik 462
- negative 21
- S-R-K 68
Hilfe 425
Hilfsbereitschaft 161, 168
Hochschulsozialisation 222
Hospitalismus 241
Hypothese, diagnostische 462
Hypothesenprüfung 74

2 I 450 f.
IAR-Verfahren 189
Ich-Botschaften 445 f., 451 f., 457 f.
Ichdrucksetzungsmotivation 356
Ideenkritik 17
idiographisch, falsifizierbar 65
idiographische(r)
- Bedeutung 36
- Bekräftigungswert 37
- Bekräftigungsvalenz 57
- Betrachtung 17
- Forschungsmethoden 17
- Theorien 17
- Verfahren 17
- Verstärkerhypothesen 65, 71
- Verstärkervalenzen 44
Idiographisierung 35, 37
ignorieren 42, 413
Illustrationen 45
Imitationslernen 407 f.
Imitationsverhalten 324
Implementierung 461
Indikator
- Status- 178 f.
- Umwelt- 178
Individualtheorien 17
Informant 82
Informationen, diagnostische 462
Informationserhebung 420, 437
Informationsverzerrung 419
Inkonsistenz 202, 363
- elterliche 356
- individuelle 56
Instrumentenkonstruktion 36
Intelligenz
- soziale 297 f., 442
- verbale 301
Intensität 46 f.
Interaktion 175, 299, 330, 410, 413, 435
- Eltern-Kind 33, 83, 326
- Erzieher-Kind 65, 71, 74, 76 f.
- familiäre 171, 257 f., 259, 261 f., 264, 321
- Mutter-Kind 83, 85, 247, 323
- Qualität der 248
- soziale 73, 240, 300
Interaktionismus, symbolischer 127
Interaktionsanalyse 418, 422, 427, 430 f., 434, 437 f.
Interaktionsbeobachtung 247, 385, 417, 427
Interaktionscode 332 f.
Interaktionsdeterminanten 321
Interaktionsdichte 19
Interaktionsformen 204, 206 f., 212 f.
Interaktionsklima 323
Interaktionsmerkmale 204
Interaktionsmuster 434, 437
Interaktionspartner des Kindes 65
Interaktionsproblem 428
Interaktionsprozeß 428
Interaktionsprozeßanalyse 453
Interaktionssequenz 373
Interaktionssituationen 19, 262
Interaktionsstrom 431, 438
Interaktionssystem 321
Interaktionsverhalten 258 f., 261, 264 f.
Interkorrelation 345, 348
Internalität 165, 167
Interpretation 418
Intervention 385, 405, 409, 422, 436, 437, 462, 472
- in der Familie 389
Interventionsansätze 26
Interventionsdurchführung 462
Interventionserfolg 475
Interventionsforschung 25
Interventionsplan 419
Interventionsplanung 462
Interventionsprogramme 385
Interventionsverlauf 477

Interview 248, 466
Interviewmethode 148

jugendliche Delinquenz 388
Jugendlicher
- delinquenter 321
- nichtdelinquenter 353, 365 f.
- straffälliger 337

Kategorie 141
- Antwort- 149 f.
- Beurteilungs- 447
- Gesprächs- 454 f.
- semantische 273
Kategoriensystem 323, 431 f.
Kausalattribuierung 186 f., 192, 196
Kausalattribuierungsmuster 185, 190, 194
Kausalerklärung 190
Kausalfaktoren 185, 195
Kausalkette 292
Kennenlernen 417
Kindbefragung 36
Kindmerkmal 101
Kindperzeptionen 86, 91, 93, 97, 101
Kindreaktions-Spezifität 36 f.
Kindverhalten, angestrebtes 385
Kindverhaltenskategorie 69
Kindverhaltensweisen (KV) 38 f., 51, 74
Klassifikation 136
- der Motive 137
Kleinkindforschung 241
Kleinstkindforschung 237
Klima 209, 233
- -aspekte 205
- -dimensionen 206 f., 210
- Eltern- 211 f.
- Erziehungs- 206, 210, 213 f.
- Familien- 172, 199, 204, 207, 287, 391
- -muster 233
- -skalen 205
- -variable 207, 232
Klumpenauswahl 222
Körperkontakt 404
Koexistenz 16
Koexistenzgesetze 16
Kognition 203
- moralische 278
- deontische 272
kognitive
- Aspekte des Lernens 387
- Auslöser 127
- Dimensionen 47
- Ebene 411
- Funktionen 23
- Kompetenz 391
- Kontingenzen 126
- Kontrolle 161
- Prozesse 259
- Struktur 272, 278
kognitiver Raum 274
kognitives
- Modell 121, 126
- Schema 260
Kommunikationsfähigkeit 176 f., 180 f.
Kommunikationsprozeß 408
Kommunikationsstrategie 408
Kompakttraining 427, 437
Kompetenz
- erzieherische 385
- kognitive 391
- verhaltenstheoretische 464
- -vermittlung 463
Konditionieren, operantes 67, 393
Konfigurationsfrequenzanalyse 24
Konflikt 279, 421
Konflikterzeugungsqualität 279
Konfliktlösungskompetenz 413
Konfliktlösungsqualität 279
Konfliktsituation 145 f., 151, 158
Konformitätserwartungen 213
Konsequenz-Koinzidenz-Matrix 73 f.
Konsequenzen 38
Konsistenz 99, 155, 342, 363
Konsistenzkoeffizient 53, 56, 343
Konstrukt 203
Konstruktion 38
- Item- 203
Konsumgewohnheiten 371
Kontakt 164
Kontext
- -bedingungen 26
- situativer 107
Kontingenz
- -analyse 70, 75 f.
- kognitive 126 f.
- -management 67, 77, 393, 463
- soziale 463
- -tabelle 249
- technologische Hypothesen 67
- theoretische Hypothesen 70
Kontrasteffekt 344
Kontrollfunktion 67
Kontrollgruppe 448, 451 f., 473
Kontrollgruppen-Design 448

Kontrollgruppen-Plan 385
Kontrollmöglichkeiten 163, 167
Kontrollüberzeugungen 161 f., 165 f.
Kontrolle 360, 368
- des Problemverhaltens 462
- Effizienz- 33
- elterliche 308
- empirische 477
- Erfolgs- 461
- Fremd- 469
- Gefühls- 365
- indirekte 356
- kindorientierte 107, 110
- kognitive 161
- normorientierte 107, 110
- Verhaltens- 331, 334
kontrollierender Reiz 66 f.
Kontrolliertheit, Fremd- 390
Kooperation 421, 471, 473, 476 f.
Kooperationsproblem 421
Kooperativität 420
Korrelation 453, 455, 459
- Rang- 454 f.
- Schein- 234
Korrelationen
- Interpretierbarkeit von 16
- multiple 305
Korrelationsanalyse 24
Korrelationsberechnung 312, 316
Korrelationskoeffizient 210, 275, 292, 303, 315
Korrelationsmatrize 156, 302
Korrelationsmodell 470
korrelationsstatistisch 357, 363
Korrelationsstudien 15
Kotherapeut 462
Krankenhaus 245
Kranker, psychisch 400
Kreißsaalroutine 246
Kreuzvalidierung 340
Kriminalisierungseinflüsse 354
Kriminalitätsentstehung 337
Kriminologie 337 f.
- neuere 353
kriminologische Forschung 340
Krisensituation 401

Ladungsreinheit 51
Längsschnittuntersuchung 252 f., 399
Landauer Sprachentwicklungstest 173, 176
Lebensphase 243
Lebensraum 191
Legitimationskonzept 125
Lehrer 464
Lehrer-Schüler-Verhältnis 164
Lehrerverhalten 73, 123, 125
- fremdperzipiertes 40
Leistung, Schul- 81, 99, 201, 208, 214 f., 225
Leistungsanforderung 309
Leistungsangst 172, 199 f., 207, 209 f., 213 f., 309
Leistungsaspekt 207
Leistungsbereich 52, 208, 216
Leistungsbereitschaft 100
Leistungsdruck 187 f., 190 f., 195 f., 215
Leistungserwartung 215 f., 221, 225 f.
Leistungsfähigkeit 161
Leistungsmotiv 39, 197 f.
Leistungsmotivation 186
Leistungsmotivforschung 171
Leistungssituation 119, 141
Leistungsverhalten 40, 51
Leistungsvermögen 223
Lernbedingungen 257 f., 264 f.
Lerneffekt 410
Lerngeschichten 71, 419
Lernprozeß 257 f., 263, 368, 397, 461
Lernpsychologie 380
Lernziel 257 f.
Lernen 52, 262 f., 265, 407
- Bekräftigungs- 262 f., 265, 354
- Beobachtungs- 263, 265
- Imitations- 407 f.
Lernens, kognitiv-motivationale Aspekte des 387
Lerntheorie 96
- soziale 165, 389, 392
Lernumwelt 171, 173 f., 179 f., 387
Lernbedingungen 173
Lernforschung 176
Lernmerkmale 175
Lernvariable 181
Liebesentzug 55
Live-Situationen 443
Lob 259
Locus-of-control 390
Locus-of-control-Konstrukt 161
Löschung 41
Löschungsbedingungen 324
Löschungsmöglichkeit 425
Logopädie 430

Marburger
- Konzept 238
- Modell 125, 297, 303
- Skalen 37, 57, 121 f., 300, 304, 307, 309 f., 316, 337, 339, 341, 343 f., 347
- Strenge-Skala 356 f., 368
- Unterstützungs-Skala 358
- Verfahren 36 f.
- Zweikomponenten-Konzept 321
Marburger Erziehungsstil
- Ansatz 212
- Konzept 211, 299
- Skalen 91, 200, 313, 342, 346, 354
Maßnahme
- Belohnungs- 41, 47
- Bestrafungs- 41, 47
- -items 45, 54, 59
Mediator 462
Mediatorenkonzept 462 f.
Mediatorenmodell 465, 471, 474, 476 f.
Mediatorensystem 463 f.
Medikamente, psychoaktive 373, 375, 377 f.
Medikamentenkonsum 371 f., 379
Merkmale
- emotionale 100
- Erziehungs- 109 f., 113
- Erziehungsverhaltens- 107, 110 f.
- Kind- 101
- leistungsbezogene 100
- leistungsrelevante 92
- objektive 26
- Persönlichkeits- 81 f., 84, 102, 293
- soziographische 311, 313 f.
Merkmalsdistanz 275
Merkmalsformulierung 87
Messung
- proximale 276
- Umwelt- 276
Meßinstrumente 444
Meßverfahren, psychologische 441
Methoden
- diagnostische 25
- empirische 20
- faktorenanalytische 88
- Interview 148
- pfadanalytische 24
- therapeutische 25
Methodenentwicklung 20
Methodologie 20
Migration 388
MINICPA 274
Mißerfolg 165, 185, 191
Mitentscheidungsspielraum 265 f.
Mittel
- einsichtsfördernde 152
- Erziehungs- 145 f., 150, 152, 154, 157 f.
- motivierende 152
- -orientierung 355
- vorschreibende 153
Mittelwertdifferenzen, itemspezifische 52
Mittelwertunterschiede 360
Mittelwertsvergleiche 87, 343
Modell
- Beratungs- 474
- cross-lagged- 24
- der Begleitung 397, 401 f.
- des moralischen Urteils 279
- eines kontinuierlichen Therapieverlaufs 471
- Erklärungs- 461
- interaktionales 20
- kausales 234
- kognitives 121, 126
- kognitiv-lerntheoretisches 298
- Korrelations- 470
- Mediatoren- 465, 471, 474, 476 f.
- Mehrebenen- 24
- Münchner Trainings- 417 f., 421, 427 f., 432, 437
- Mustererkennungs- 275
- pfadanalytisches 283, 294
- Prozeß- 238, 271, 278
- Regressions- 469
- Reiz-Reaktions- 389
- Sprach- 178
- transaktionales 20
- -verhalten 258 f., 261, 266 f.
- Zweikomponenten- 121 f., 200, 298
Modelluntersuchungen, LEWINsche 18
Moderatorvariable 98
Moral-Erziehung 356
moralische
- Entwicklung 271
- Kognition 278
moralisches Urteil 271 f., 275, 279
Motiv(e) 138
- Erziehungs- 140
- Klassifizierung der 137
- -konfiguration 133, 135
- -konstellation 135 f.
Motivation 135, 418
- Ichdrucksetzungs- 356
- kindbezogene 141

motivationale Aspekte des Lernens 387
Münchner Training
- -modell 417 f., 421, 427 f., 432, 437
- -programm 385
Mütterberatungsdienst 405
Multiple baseline design 65, 467
Mustererkennungsmodell 275
Mustererkennungsprozeß 273
Mutter-Kind-Bindung 249
Mutter-Kind-Interaktion 83, 247, 321, 323, 432
Mutterunterstützung 361
Mutterverhalten 73, 90

Nachbarschaftshilfe 404
Nachbetreuung 418, 426
Nähe, räumliche 85
Negative action 325
Neonatal Assessment Scale 239, 242, 246
Neugeborene 246
Neurotizismus 338
Nicht
- -Aktives Zuhören 447, 457
- -delinquenter 353, 357, 365 f.
- -Delinquenz 368
- -Ich-Botschaft 447, 450 f.
Normalverteilung, Standard- 411
normative Erwartung 125 f.
normativer Rahmen 230
Normwerte 188
Normen
- der Gesellschaft 407
- erzieherische 141
- settingspezifische 69
- Situations- 70
- soziokulturelle und funktionale 321
- System- 92
- Verhaltens- 142
Noten 225
- Vorschlags- 225
Null-Antworten 46

Öko-Kontext 288 f., 291
Ökologie 283 f., 293
Ontogenese 243
Operant, generalisiertes 324
operantes
- Konditionieren 67
- Konzept 66
- Paradigma 41, 65
Operationalisierung 129 f., 188, 203, 294, 309, 316, 326, 329, 446, 476
Operationalisierungskonzept 209
Organismusvariablen 462
Outcome 128 f.
- -kategorien 130

Paarvergleich 46 f., 49, 55 f., 332
pädagogische Einheit 387
Paradigma
- operantes 41, 65
- verhaltenstheoretisches 476
Parameter
- allgemeine 19
- elterliche 36
Parent Child Relations Questionnaire (PCR) 246
Parental Attitude Research Instrument (PARI) 246
PARI, siehe Parental Attitudes
Partizipation
- -dimension 286
- Umwelt- 283, 293
Partnerverhaltensweisen 70
PEE 448, 456 f.
Peer-group 287, 344
Persönlichkeitsdiagnostik 19
Persönlichkeitseigenschaft 286
Persönlichkeitsforschung 18, 338, 348
Persönlichkeitskonstanten 18
Persönlichkeitsmerkmale 81 f., 84, 102, 293
Persönlichkeitsstruktur 321, 353
Persönlichkeitstheorien 86 f., 338
Personen-Umwelt-Bezug 171
Perzeption
- Eltern- 86 f., 91, 93, 97
- Fremd- 81, 83, 87, 91 f., 98
- Kind- 86 f., 91, 93, 97, 101
- Selbst- 81 f., 87, 91 f., 98
- soziale 84
Pfadanalyse 24, 292
Pfadkoeffizient 235, 292
pfadanalytisches Modell 283, 294
Physical control 325
Planen 242
Plausibilitätstest 277
Positive action 325
Post-punishment increase 344
Prägnanz des zu beurteilenden Verhaltens 86
Prävention 397, 399, 401, 403, 405, 408
Präventive(s)
- Elterntraining 397 f., 404 f., 412 f.
- Intervention 403

Primärbedürfnisse 355
Prinzip, ethisches 272
Prisonierung 358
Prisonierungseffekt 340
Problemlösungsstrategie 408
Problemsituation 161
Problemverminderung 442, 444
Problemverhalten 419, 463
- Kontrolle des 462
Prophylaxe 400
projektive Verfahren 87, 108
Protokoll 248
Prototyp 273, 275
Prozesse 33
- Ablauf- 355, 357
- Etikettierungs- 353
- Entwicklungs- 385, 387
- Erziehungs- 389
- kognitive 121
- kognitiv-motivationale 389
- Lern- 257 f., 263, 268, 387, 461
Prozeßmodell 238, 278
Prüfungsangst 200, 310, 312
Psychoanalyse 321
psychoanalytische Sicht 202
psychodynamische Ansätze 461
Psychologe 464
Psychologie
- der Repräsentation und des Verstehens von Texten 121
- der Testrepräsentation und des Textverstehens 126
- experimentelle 243
Psychopathie 338
Punitivitätsdifferential 39

Querschnittdesign 209
Querschnittsuntersuchung 201

Rangkorrelation 454 f.
Rating 46, 330
- -verfahren 47
Reaktanzeffekte 442
Reaktionen, Mutter-Kind- 434 f.
Reaktionsklasse 41, 67, 324, 432 f.
Realität, deontische 272
Regelstruktur 276 f.
Regression, multiple 304, 316
Regressionsanalyse 173, 178, 180 f., 189, 194, 208, 214, 307, 377 f.
Regressionsgerade 469
Regressionsmodell 469
Reife
- emotionale 387
- motorische 247
Reiz 66 f.
- sozialer 461
Reiz-Reaktionsmodell 389
Reiz-Reaktionszusammenhänge 67
Restriktivität 152
Retardierung 387
Retestkoeffizient 55
Reversionsdesign 71
Risiko 400
Rohdaten 75
Role-taking 258
Rollenbewußtsein 141
Rollenbild 168
Rollenspiel 423
Rollenvorstellungen 382
Rollenwahrnehmung 127
Rotation, Varimax- 111
Rückmeldung 259, 265

Säuglinge 242
Säuglingsberatungsdienst 405
Saliency 276
Sanktion 201
Sanktionsformen 206, 214
Sanktionsverhalten 81, 92 f., 195, 202, 207, 214 f.
Satzbildungsfähigkeit 177
SCREE-Test 122
Script 126
Sequenzanalyse 321
Sektorisierung 403
Selbständigkeit 227
Selbstaggression 337, 340
Selbstakzeptierung 101, 199, 201, 203 f., 209 f., 212 f.
Selbstbeobachter 38
Selbstbeurteilung 90
Selbsteinschätzung 96, 212, 455
Selbstidentität, negative 356
Selbstkontrolle 389
Selbstkonzept 100, 186 f., 195 f., 208
Selbstmordversuch 340
Selbstperzeption 81 f., 87, 91 f., 98
Selbstregulation 324
Selbstverantwortlichkeit 265, 390 f., 393
Selbstverstümmelung 340
Selbstwertgefühl 102, 172, 201 f., 216
Selbstzweifel 203
Self-Rating-Scale 408

S-Ereignis 65
Signifikanz 472
- -kriterium 470
- -prüfung 470
- -test 411
Situation 17 f., 68, 260, 299, 389
- Alltags- 325
- Bekräftigungs- 39
- bestrafungswürdige 39
- Erziehungs- 57, 111 f., 121, 133, 135, 145 f., 368, 443 f., 459
- Handlungs- 274, 281
- hypothetische 147
- Interaktions- 19
- Konflikt- 39, 145, 151, 158
- Krisen- 401
- live- 443
- psychologische 387
- Problem- 161
- soziale 299 f.
Situationismuskonzept 135
Situationsbereiche 147, 151 f.
Situationsbeschreibungen 40, 52, 146
Situationsdefinition 19
Situationsgegebenheit 391
Situationsitems 47, 49 f., 52, 59
Situationskategorien 38
Situationsklassifikation 19
Situationskonzept 119
Situationsnormen 70
Situationsschilderung 267
situationsspezifische Erfassung 40
situationsspezifische Erwünschtheit 69
situationsspezifisches Bekräftigungsverhalten 62
Situationsspezifisches Erziehungsverhalten 39
Situationsspezifität 35, 37, 70, 85, 260 f.
Situationsstil 120
Situationstypen 39
Situationstypologie 19
Situationsvariablen 68 f.
Situationsvorgabe 162, 263
Situationswahrnehmung 19
SKINNERsche Konzepte 66
Social disability 355, 365
Social perception 84
SOFI 221
sozialaffektiver Bereich 253
Sozialkontakte 294
Sozialökologie 389, 391 f.
Sozialpartner 240
Sozialpotenz der Familie 366
Sozialstatus, bildungsrelevanter 60
Sozialverhalten, kindliches 40, 237
soziale
- Bedingungen 388
- Beziehungsfähigkeit 388
- Erwünschtheit 86, 310, 312
- Intelligenz 297 f., 442
- Lerntheorie 165, 393
- Umwelt 240, 462
sozialer
- Interpretationstest 300, 304 f.
- Reiz 461
soziales Verhalten 237
Sozialisation 161, 171, 353
Sozialisationsagenten 44 f., 393
Sozialisationsforschung 27, 171, 238, 283, 288, 391 f.
- familiäre 15, 20, 33, 288
- ökologische 23, 26, 283 f., 288
- restriktive familiäre 355
- sozialstrukturelle 23
- theoriebezogene familiäre 17
Sozialisierung, Geschlechtsrollen- 148
Sozialisationsfunktion 265
Sozialisationsgeschehen 284
Sozialisationshintergrund 338
Sozialisationsprozeß 133, 285, 287, 289, 392
Sozialisationsverhältnisse 223
Sozialisationsverhalten 232
Sozialisationsvorgänge 237
Sozialisationswirkung 355
soziodemographische Variable 98
Spiele 181 f.
Spielverhalten 249 f.
Spontanverhalten 61
Sprachentwicklung 176 f.
Sprachförderung 177 f.
Sprachmodell 178
S-R-Ebene 387
S-R-K-Kette 68
Subgruppenunterschiede 120
Suggestibilitätstest 301 f., 355
Sukzessionsgesetze 16
symbolischer Interaktionismus 127
Symptomveränderung 444
Syndrom
- autoritäres 211
- brat- 324
- Bravheits- 298
- Cleverness- 298 f.

- egalitäres Erziehungs- 211
System 23
- Beobachtungs- 23, 466
- Beratungs- 464
- Eltern-Kind- 25 f.
- Verstärker- 463 f.
Systemcharakter der Familie 20
Systemqualität 242

Scheinkorrelation 234
Schema 126
- antizipatorisches 126 f.
- evaluatives 128 f.
- Handlungs- 432
- kognitives 260
- normatives 128 f.
- retrieval 127
- S-R- 432
Schicht 233
Schichteffekte 228
Schichtindikator 172
Schichtkonzept 283
Schicht, soziale 16, 148
Schichtspezifität 231
Schichtunterschiede 206
Schichtvariable 148, 226, 233
Schichtzugehörigkeit 172, 223, 230, 232, 234 f., 312
Schlafstörung 430
Schülererwartung 125
Schulleistungen 81, 99, 215 f., 201, 208, 214 f., 225
Schulleistungsverhalten 51
Schulpsychologie, traditionelle 461
Schulunlust 309 f., 316
Schulvergleichsuntersuchung 200
Schulangst 123, 125, 309
- -dimension 125
Schuldgefühl 202
schulpsychologische Beratung 461
Schwangerschaft 404

Stabilisierung 417, 424
Stabilität 81, 96, 202, 213, 450
Standard-Normalverteilung 411
Statusabhängigkeit 182
Status der Eltern, sozioökonomischer 59
Statusindikator 178 f.
Status, Sozial-, bildungsrelevanter 60
- sozio-ökonomischer 221
Stereotype 86
Steuerung 431 f.
- individuelle 389
Steuerungsmechanismen 389
Stichproben 94, 222, 310, 325, 341, 373, 406, 473
Stichprobenorganisation 467
Stichprobenplan 470
Stichprobenunterschiede 53
Stichprobenzusammenhang 344
Stigmatisierung 353
Stil
- induktiver 272
- konflikterzeugender 272
- konfliktlösender 272
Stimuli, Bewertung von 37
Stimulus
- akzelerierender 66
- dezelerierender 66
- diskriminativer 66
- facilitating 66
- inhibiting 66
- Konfiguration 127 f.
Störeffekte 46
Strafen 153, 259, 334, 411, 422, 424, 428
strafendes Elternverhalten 356
Straffälliger 348
Strafverhalten 308, 347
Strenge 200 f., 211, 298, 302 f., 308 f., 312, 316, 321, 339 f., 343, 345, 347, 356, 359, 360, 367 ff.,
Stressor 285
Struktur 126
Studien, korrelative 16
- prospektive 400
- retrospektive 400
Studienabbruchsquoten 224
Studienfach 234
Studienfinanzierung 223

Tatsachenwissen 15
Tau-Koeffizient 469, 472 f., 477
Tau-Test 469
Temperament, aktiv-extravertiert 283 f., 289 f., 292 f.
Test
- Bilder- 107
- Chi^2- 362, 450
- -durchführung 311
- Entwicklungs- 239
- Fremde-Situations- 251
- Landauer Sprachentwicklungs- 173, 176
- Plausibilitäts- 277
- SCREE- 122

- Screening- 111
- Signifikanz- 411
- -skalen 315
- sozialer Interpretations- 300, 304 f.
- Suggestibilitäts- 301
- t- 357
- -theorie, klassische 442
- tau- 469
- 2 I- 16
Textverstehen 127
Theorie
- der Wahrnehmung 127
- Emotions- 102
- Entwicklungs- 272
- kognitive 33, 36
- kognitiv-strukturelle 271
- Lern- 96, 165
- naive Verhaltens- 87
- Persönlichkeits- 86 f., 338
- Test-, klassische 442
therapeutische Einheit 387
Therapieentscheidung 418, 422
Therapieerfolg 467 f., 473, 476
Therapieforschung 474
Therapiekontrolle 438, 478 f.
Therapie, Verhaltens- 389 f., 418, 468
Therapieverlauf 469, 471, 474
Time-out 413
Tokensystem 472
Tonbandauswertung 249
Tonbandgerät 249
Tonbandmitschnitt 249
Training 418, 423, 426
Trainingserfolge 426, 437
Trainingsphase 418
Trainingsprogramm 393
Trainingsziel 429, 433, 446
Transfer 426
transituationaler Geltungsbereich 70
Treatment, künstliches 71
Trennschärfekoeffizienten 52
Trinksitten 380, 382
Trinkverhalten 380
Trunkenheit 379

Übergangswahrscheinlichkeit 434 f.
Überprotektion 356
Überprüfung, empirische 47
Überzeugung, instrumentelle 145 f., 148, 158
Umwelt 26, 272, 275 f., 279, 390, 392, 425
Umweltaspekte 205
Umweltbedingungen 392
Umweltbewertungen 26
Umwelteinflüsse 186 f.
Umwelt, familiäre 23, 205, 212, 226 f., 294 f.
Umweltgegebenheit 391
Umwelt, häusliche 172, 185, 197, 190, 192 f., 195, 199, 387 f.
Umweltindikator 178
Umweltmerkmale 24
Umweltmessung 276
Umweltpartizipation 283, 293
Umwelt, physische 407
- proximale 278
- schulische 474
- soziale 240, 462
Umwelttaxonomie 194
Unerwünschtheit 38
Unerwünschtheitsdimension 50 f.
Unerwünschtheitsgrad 39, 50 f.
Ungehorsam 323, 327, 334
Ungleichheit, soziale 285
Unterschichtsfamilie 427 f.
Untersuchungsbedingungen 245
Unterstützung 39, 200 f., 238, 240, 297 f., 301 f., 308 f., 316, 321, 340, 347, 365, 367, 369, 422
- elterliche 365
- Mutter- 361
Unterstützungsskala 312, 344
Unterstützungswert 340
Unzufriedenheit 216, 360
Urbanisierung 293
Ursachenerklärung 194
Ursachenzuschreiben 167
Urteil 84
- moralisches 271 f., 275, 279
Urteilerübereinstimmung 86
Urteilsprozeß 275
Urteilsrelevanz 273
Urteilstäuschung 83
Urteilsübereinstimmung 85 f.
Urteilsverhalten 238

Valenz 127 f.
Validität 57, 441, 459
Validitätseinschränkung 442
Variable
- affektive 208
- Belastungs- 148, 357, 359
- demographische 148
- der häuslichen Umwelt 192

- Einstellungs- 293
- Eltern- 355, 357
- Erziehungs- 354
- Erziehungsstil- 359, 361
- Familien- 148, 151, 156 f., 159, 353 f.
- Klima- 207, 232
- Lernumwelt- 181
- Moderator- 98
- Nutzungs- 294
- ökologische 283, 294
- Organismus- 462
- Persönlichkeits- 283, 286
- Schicht- 148
- soziodemographische 98
- sozioökonomische 420
Varianzanalyse 60, 87, 166, 189, 193, 307, 311 f.
Varimaxrotation 111, 122
Veränderungsagenten 25
Veränderungsexperimente 26
verbale Vorgabe 45
Verbalverhalten 443
Verbot 325
Verbotsorientierung 200, 298, 308
Verfälschungsquellen 83
Verfahren 47
- Datenerhebungs- 74
- dimensionale 228
- dusteranalytische 24
- IAR- 189
- Marburger 36
- projektive 87, 108
- Paarvergleichs- 48
- Rating- 47
- statistische 89, 94
Vergleichstest 301
Verhalten 19, 68, 85, 86, 389, 412, 425, 465, 475
- abweichendes 321
- Bekräftigungs- 35 f., 39 f., 50, 54, 59 f., 62, 82, 96, 101, 121 f.
- beobachtbares 86
- Bestrafungs- 36
- Bindungs- 250
- elterliches 99, 240
- Eltern- 90 f., 101 f., 201 f., 215 f., 430, 445, 454
- Erkundungs- 249 f.
- Erzieher- 19, 33, 121, 126, 128, 130, 272,287, 399, 407
- erzieherisches 146, 148
- Erziehungs- 39, 48, 54, 61, 67, 81 f., 87, 107 f., 133, 135, 154, 200 f., 209, 227 f., 231 f., 234, 286, 309 f., 312, 317, 339 f., 348, 355, 364, 385, 407 f.
- Fehl- 398
- Gesprächs- 441, 450, 453
- Imitations- 324
- Kind- 69 f., 385
- Lehrer- 48, 73, 123, 125
- Leistungs- 40 f., 51
- lernzieladäquates 447
- lernzielrelevantes 441
- Modell- 258 f., 261, 266 f.
- Mutter- 331
- nicht lernzieladäquates 447
- normverbales 443
- paraverbales 443
- Problem- 419, 446, 462 f.
- reales 459
- Sanktions- 81
- Schulleistungs- 51
- Sozial- 40 f., 51, 62, 237
- Spiel- 249 f.
- Spontan- 61
- sprachreales 441, 444
- Straf- 347
- Trainingsziel-relevantes 441
- Trink- 380
- Ziel- 465, 467 f.
- Zielkind- 69 f., 73
Verhaltensänderung 25, 422, 427, 430, 437
Verhaltensanalyse 74, 125, 391, 421, 423, 437, 467
Verhaltensbeobachtung 35, 74, 325 f., 418 f.
Verhaltenscodierung 326
Verhaltensdefizit 67, 429, 465, 468, 475
Verhaltensdispositionen 461
Verhaltensdomäne 22
Verhaltenseinschätzung durch die Kinder 441
Verhaltensereignisse 66
Verhaltenserklärung 19
Verhaltenserwartung 127
Verhaltensfrequenz 468
Verhaltenskategorien 67 f.
Verhaltenskette 66 f.
Verhaltenskontingenz 391
Verhaltenskontrolle 331, 334
verhaltenskontrollierende Funktion 68, 461
Verhaltensmessung 70
Verhaltensmuster 243, 247

Verhaltensnorm 142
Verhalten, Prägnanz des zu beurteilenden 86
Verhaltensprozesse 258
Verhaltensrahmen 70, 464
Verhaltensregulierung 110
Verhaltensrelevanz 162
Verhaltensrepertoire 299, 444
Verhaltensschwierigkeiten 461, 466
Verhaltensskala 332
Verhaltenssteuerung 392
Verhaltensstil 59
Verhaltensstörung 399
Verhaltenstendenz 243
verhaltenstheoretische Analyse 65, 71, 73 f., 76 f.
verhaltenstheoretisches Erklärungsmodell 461
Verhaltenstheorie 17, 33, 35, 87, 130, 445
Verhaltenstherapie 389 f., 418, 468
Verhaltenstraining 476
Verhaltensüberschuß 465, 468
Verhaltensvorgabe 268
Verhaltensweisen 38, 70, 74, 97, 327, 332, 371, 445
Vermeidung 41
Verstärkerentzug 41
Verstärkerhypothesen 65, 70 f.
Verstärker, negativer 66
- positiver 60
Verstärkersystem 463 f.
Verstärkertheorie 65
Verstärkervalenz 35, 44
Verstärkerwert 36
Verstärkung
- innerfamiliäre 356
- negative 41 f., 107, 110
- positive 41, 107, 110, 324
- soziale 476
Verstärkungsoperationen 41 f., 44 f.
Verstehen 127, 417
Verstimmung, depressive 345
Versuchsplan 149
Versuchsplanung 26, 65
Verwahrlosung 388
Verwirklichungsgrade 233 f.
Verzerrung 84, 88
Verzerrungsbedingungen 84
Video 423 f.
Videoaufnahme 247, 249, 251
Videoaufzeichnung 418
Videoband 330
Videobeobachtung 408, 438
Videofeedback 407, 422
Videofilm 407
Videokamera 326, 449
Videoregistrierung 75, 475
Vierfelder χ^2 473
- -analyse 375 f.
Vineland Social Maturity Scale 408
Vokalisation 249
Vorbereitungsphase 418
Vorhersage-Ergebnis-Diskrepanz 278
Vorschlag 331

Wahlverhalten 223
Wahrnehmung 81, 90, 121
- Fremd- 83
- Rollen- 127
- Selbst- 83
- Theorie der 130
Wahrnehmungsleistung 242
Wahrnehmungslogik 438
Wahrnehmungsübereinstimmung 85
Wahrscheinlichkeit
- Auftretens- 66 f.
- bedingte 331 f.
- Wiederauftretens- 66
Wartegruppe 441, 448
Weiterbildung 464
Wiederholungsreliabilität 55
Wirklichkeit 17
Wissen
- Änderungs- 385, 462
- Bedingungs- 15, 385
- erziehungstechnologisches 72
- gesetzartiges 15
- implementationstechnologisches 72
Wissensart 17
Wissensebene 410
Wochenbett 247
Wochenbettroutine 245 f.
Wochenbettzeit 244
Wohndichte 292
Wohnraumdichte 289
Wortschatz 176 f., 181

Zeitraster 77
Ziel 147, 152, 158
Zielgruppe 464
Zielorientierung 355
Zielsetzung 25
Zielverhalten 465, 467 f.
Zielvorgabe 147

Zielvorstellung 432
Zielkind 462 f., 464 f., 472
Zielkindverhalten 69, 73
Zugangschancen 225
Zuhören 445 f., 451 f., 457 f.
Zusammenarbeit 417, 420
Zuschreibungsprozeß 390
Zuwendung 177, 182, 201, 333
Zuwendungsform 410
Zweikomponentenkonzept 17, 258, 354
Zweikomponentenmodell 121 f., 200, 298, 356, 362
Z-Wert 410 f.